Alfred Döblin:
Zwei Seelen in einer Brust
Schriften zu Leben und Werk

Deutscher
Taschenbuch
Verlag

dtv

Von Alfred Döblin
sind außerdem im Deutschen Taschenbuch Verlag erschienen:
Berlin Alexanderplatz (295)
Die Ermordung einer Butterblume (1552)
Ein Kerl muß eine Meinung haben (1694)
Der Überfall auf Chao-lao-sü (10005)
Babylonische Wandrung (10035)

Ungekürzte Ausgabe
September 1993
Deutscher Taschenbuch Verlag GmbH & Co. KG,
München

ISBN 3-530-16695-2 (unter dem Titel
«Schriften zu Leben und Werk»)
Umschlaggestaltung: Celestino Piatti
Gesamtherstellung: C. H. Beck'sche Buchdruckerei,
Nördlingen
Printed in Germany · ISBN 3-423-02445-3

Das Buch

«Mir ist als Arzt der Dichter meines Namens nur sehr von weitem bekannt. Wenn ich ehrlich sein soll, ist er mir eigentlich gar nicht bekannt. Ich habe im Berliner Osten eine mittelgroße, nicht allzu große kassenärztliche Tätigkeit, ich bin Nervenarzt und bin den Tag über einigermaßen dadurch beschäftigt. Meine literarischen Neigungen sind nicht groß, Bücher langweilen mich erheblich, und was insbesondere die Bücher des Mannes anbelangt, der, wie Sie sagen, meinen Namen trägt, so habe ich sie gelegentlich bei Bekannten in die Hand genommen ... Dieser Herr scheint ja eine große Phantasie zu haben», so der Nervenarzt Döblin über den Dichter Döblin. – «Zwei Seelen in einer Brust» umfaßt 66 größere und kleinere Texte Döblins zu Leben und Werk, darunter eine beträchtliche Zahl nur verstreut publizierter oder erst aus dem Marbacher Nachlaß erschlossener Schriften. Sie sind ein unersetzbarer Schlüssel zum Verständnis dieses großen deutschen Autors, der es, wie Günter Grass einmal gesagt hat, «wagte, mit seinen Widersprüchen zu leben».

Der Autor

Alfred Döblin, geboren am 10. August 1878 als Sohn einer jüdischen Kaufmannsfamilie, war Nervenarzt in Berlin; dort Mitbegründer der expressionistischen Zeitschrift «Der Sturm». 1933 Emigration nach Paris. 1940 Flucht nach Amerika und Konversion zum Katholizismus. Nach dem Krieg Rückkehr als französischer Offizier nach Deutschland. Herausgeber der Literaturzeitschrift «Das goldene Tor» (1946–1951) und Mitbegründer der Mainzer Akademie (1949). 1953 Rückkehr nach Paris. Er starb am 26. Juni 1957 in Emmendingen bei Freiburg.

Alfred Döblin
Werkausgabe in Einzelbänden

Bereits erschienen:

Jagende Rosse/Der schwarze Vorhang und andere frühe Erzählwerke (2421)
Die drei Sprünge des Wang-lun. Chinesischer Roman (2423)
Wadzeks Kampf mit der Dampfturbine. Roman (2424)
Wallenstein. Roman (2425)
Der deutsche Maskenball von Linke Poot/Wissen und Verändern! (2426)
Reise in Polen (2428)
Manas. Epische Dichtung (2429)
Unser Dasein (2431)
Pardon wird nicht gegeben. Roman (2433)
Amazonas. Romantrilogie (2434)
Der Oberst und der Dichter oder Das menschliche Herz/ Die Pilgerin Aetheria. Zwei Erzählungen (2439)
Der unsterbliche Mensch/Der Kampf mit dem Engel (2440)
Hamlet oder Die lange Nacht nimmt ein Ende. Roman (2442)
Drama, Hörspiel, Film (2443)
Briefe (2444)

Alle Bände sind einzeln erhältlich

Diese Werkausgabe Döblins ist textidentisch mit der von Walter Muschg begründeten und von Anthony W. Riley – in Verbindung mit den Söhnen des Dichters – herausgegebenen Ausgabe des Walter-Verlags, Solothurn (früher Olten).
Herausgeber dieses Bandes: Erich Kleinschmidt

INHALT

SCHRIFTEN ZU LEBEN UND WERK

INHALT

BIOGRAPHISCHE BEMERKUNGEN

Geboren 10. August 1878 zu Stettin als Sohn eines Kaufmanns[1], bis 1888 in Stettin auf der Vorschule des Realgymnasiums[2] und in Privatunterricht[3], von da ab in Berlin[4], das Köllnische Gymnasium[5] bis zum Abiturium 1901[6] absolvierend. 1901–1905 Studium[7], wesentlich Medizin, auch Philosophie[8], in Berlin; die letzte Zeit in Freiburg i. B.; dort Approbation[9] als Arzt und medizinisches Doktorexamen[10]. Drei Jahre rein irrenärztliche Tätigkeit[11] an der Kreisirrenanstalt Regensburg; Buch bei Berlin; Privatirrenanstalt bei Berlin. Darauf Übergang zur inneren Medizin[12] mit Assistenten- und Ausbildungszeit in Berlin. 1911 niedergelassen als Spezialarzt[13] in Berlin, 1912 verheiratet[14]. Mit Ende 1914 als landsturmpflichtiger Arzt zum Heeresdienst eingezogen.[15]

Hand in Hand mit medizinisch-klinischer und wissenschaftlicher Arbeit und philosophischer Beschäftigung literarische Tätigkeit lebhafter 1901 einsetzend, jahrelang hinter der konkurrierenden andern zurücktretend, erst in den letzten Jahren im Vordergrund der Tätigkeit. Nach einem nicht publizierten lyrischen Roman («Die jagenden Rosse» 1901)[16], 1902/03 ein zweiter streng stilisierter Roman («Der schwarze Vorhang»), der später im «Sturm» abgedruckt wurde.[17] 1906 der Einakter «Lydia und Mäxchen» bei Joh. Singer Straßburg, Elsaß.[18] 1907 ein musikphilosophisches Buch: «Gespräche mit Kalypso über die Musik», teilweise im «Sturm» publiziert.[19] 1908 ein nicht publizierter Einakter «Komteß Mizzi»[20]. Eine Anzahl Essays, Bemerkungen, Kritiken in den Zeitschriften Her[warth] Waldens[21], bes[onders] «Der Sturm», dort auch erster Abdruck einiger der bis 1903 zurückreichenden Novellen[22], die 1912 bei Georg Müller München («Ermordung einer Butterblume») herauskamen. 1916 «Die drei Sprünge des Wang-lun», chinesischer Roman[23], bei S. Fischer Berlin. 1917 «Die Lobensteiner reisen nach Böhmen» zwölf Geschichten und Novellen bei Georg

Müller München.[24] Neuere Essays und Novellen in der «Neuen Rundschau» S. Fischer Berlin.[25]

DOKTOR DÖBLIN

Selbstbiographie

Es sind nicht leichte Erschütterungen und Erregungen, unter denen ich diese Lebensbeschreibung beginne, die mich treiben, sie anzufangen. Es ist ein unnatürliches körperliches Feuer, eine Hitze, der ich mit der Selbstbetrachtung, der Rückschau begegnen will. Mir hilft nicht Brom, ich kann nicht schlafen, mein Appetit ist wie erloschen. Ich muß nachdenken, das Drängen in meiner Brust besänftigen, die rastlose Unruhe, die mich über die Straßen und Plätze treibt und wieder auf mein Zimmer zurück, hinlegen, hinschweigen. Ich gehe und sehe kaum einen Menschen, ich verlaufe mich, da ich nicht nach dem Straßenschild blicke; gequält bin ich sehr, verfolgt. Und ich hoffe, verfolgt von mir selbst.

Ich nähere mich jetzt den Vierzig. Viele graue Haare habe ich an den Schläfen, vieles, was mich früher sehr gelockt hat, ist mir jetzt nichts. Ich gehe über die Straßen, sehe stolze Wagen fahren – und ich bin neidisch; ich möchte auch meine Ruhe haben, die Sorge los sein, die sich mir immer nähert. Schöne Mädchen, stolze Fräulein mit lächelnden Herren: es ist mir nichts, das geht mich nichts an, das ist laues ödes Wasser; ich bin zu sehr gebrannt und geglüht worden; wie soll mein Organismus nicht so vernünftig sein und noch irgendein Gefühl dafür hergeben, noch irgendeine Kraft daran vergeuden. Ich verstecke mich nicht vor diesen Weibern; etwas wie Mitleid gegen sie habe ich und ein ganz fernes, kaum gezeichnetes schmerzliches Erinnern, eine blasse Traurigkeit, die ich belächeln kann. Ja, das ist ein Fortschritt: sie schreien mir nicht mehr zu: du bist allein, einsam,

durchaus und völlig verlassen, – so daß mir die Kehle zugeschnürt war, ich auf mein Zimmer kroch, mich verkroch, die Fenster zuschloß, um nicht Tritte zu hören, nicht [L]achen, nicht Lautenklimpern, nicht die heimkehrenden Spaziergänger. Mir wurden solche entsetzlichen Abende und Halbnächte in Freiburg[1] gut in die Erinnerung geätzt, wo ich tagelang, tagelang keine Silbe sprach, öfter vor mich [hin] summte und sang, bloß um wieder meine Stimme zu hören, die mir tröstlich wie die eines Fremden klang; ich sprach auf der Straße Kinder an, meine Stimme war mein einziger Freund. Ich suchte nicht diese Einsamkeit, ich habe sie so nie gesucht; ich lief frei herum, blieb in Einzelhaft! Was nützten mir die Berge, das blitzend schöne Wetter, die Berge und Wälder und Seen? Ich habe jahrelang und noch jetzt einen Haß auf sie gehabt, einen Widerwillen; sie bereiteten mir Pein; es ist, als ob ich allein in ein großes Vergnügungslokal trete und niemand spielt, alle Tische leer: wer soll sich da freuen. Bitterkeit: das ist der richtige Ausdruck; so empfinde ich oft genug jetzt noch Wälder. Wenn ich nicht schwermütig verliebt in sie bin, reif, weich, zärtlich, sohnsmäßig ergeben mich auf eine Wurzel setze, zu den Blättern aufblicke und mich in einem Grabe dünke, – in einem schönen weltfremden Raum. Die Tierchen um mich herum, die Käfer: alles stumm, sargmäßig, und doch mich rufend, daß ich mich lang hinstrecke, ausstrecke.
Ich lüge in diesen Zeilen nicht, ich will mir ja helfen. Noch freilich bin ich nicht ruhig, noch gar nicht.
Gibt es einen Vater, zu dem man aufblicken kann? So schön einhüllend müßte das sein. Es ist schlimm für jemand wie mich, daß er viele Stunden über, Tage, ja Monate gehetzt ist und niemand ihn aufnimmt. Ein Gott[2] – es ist ein schöner Gedanke; er ist stolz und menschenkennerisch, der Gedanke, – er sagt: nicht an einen Menschen kann ich mich wenden, mir hilft nur Gott; das Mißtrauen gegen die Menschen hat uns diesen Gott eingegeben.
Sonderbar ist, daß mich oft der Trieb befällt, eine Selbstbiographie zu schreiben. Ich wehre mich dagegen: ich sei noch jung genug, ich habe mehr zu tun als rückzublicken; aber meine frühere

tiefinnerliche Überzeugung: «ich habe noch Zeit» ist sehr verblaßt. Manchmal kommt es mir vor, als ob ich diese russische Weite in dem Gefühl meines Lebens nicht mehr habe; die Kraft ist mir irgendwie geknickt, alle meine alten, sehr stolzen, kalten Gefühle kann ich nur noch denken: die Sicherheit ist weg; ich habe das Gefühl: so weit ist das Leben nicht, so viel Zeit habe ich nicht; nicht mehr. Manchmal sitzt es mir sogar im Nacken: ich soll noch etwas literarisch arbeiten, es hetzt mich, ich solle nicht faul sein. Und dabei war früher mein köstlichstes Gefühl: «Ich kann faul sein, ich kann flanieren.» Dies und daneben die tiefinnere Sicherheit, rocher de bronce[3]: «Mir kann nichts passieren. Das Schlimmste ist sterben, eine größere Variation bietet das Leben nicht, und was tut mir das Sterben? Es ist mein Schicksal, ich bleibe, verbleibe darin, mein Bett ist größer geworden, ich kann mich besser strecken.» Darum fühl ich mich auch in manchen Stunden dem Wald so nahe, den Tieren so freundlich, wahrhaft brüderlich, auch der Luft, dem Donner, dem Eisen, Stein: so bewußtlos stumm und sicher inwendig bin ich wie sie; ich donnere und es ist vorbei, es war eine unzeitliche Regung trotzdem; so unberührbar stolz ist all dieses Tote, Bewußtlose, und doch Seiende. Der Tod hat für mich keinen Stachel[4], wir kennen uns, innerlich sitzt er in mir, er ist meines Wesens Kern: So war es früher, so fühlte ich. Und etwas auch jetzt. Aber die Angst des Daseins überwältigt mich oft, sie erstickt mich, ich vergesse mich, bin eine arme, umgetriebene Kreatur, dem der Tod nur der Erlöser, Retter heißt, dem er sich als Flüchtling naht – nicht mehr um als Zechgenosse mit ihm die Beine unter einen Tisch zu strecken. So verwandelt, zermürbt, aufgerührt bin ich jetzt. Und fast von Jahr zu Jahr mehr. Wie schmählich werde ich noch hinsterben. Wie meiner unwürdig wird da vieles sein.

Es hilft mir nicht, daß ich schreibe und schreibe. Es beruhigt mich nicht. Es wird wieder Geschriebenes. Es soll nicht geredet werden von mir, sondern von Doktor Döblin.

Dieser ziemlich kleine bewegliche Mann von deutlich jüdischem Gesichtsschnitt mit langem Hinterkopf, die grauen Augen hinter einem sehr scharfen goldenen Kneifer, der Unterkiefer auffällig zurückweichend, beim Lächeln die vorstehenden Oberzähne entblößend, ein schmales langes, meist mageres, farbloses Gesicht, scharflinig, auf einem schmächtigen, unruhigen Körper, – dieser Mensch hat kein bewegtes äußeres Leben geführt, dessen Beschreibung abenteuerliche oder originelle Situationen aufzeigen könnte. Hat nur in zwei Städten, Stettin[5] und Berlin[,] gelebt, eigentlich nur in Berlin[6], nämlich von seinem zehnten Jahr ab, vorübergehend ein halbes Jahr als Knabe in Hamburg[7], hat in Freiburg seine beiden letzten Studiensemester abgemacht[8] in seinem sechsundzwanzigsten Jahr, war dann als Medizindoktor etwa ein Jahr an einer Irrenanstalt bei Regensburg[9], weitere zwei Jahre an der Irrenanstalt Buch bei Berlin[10], dann immer noch Assistenzarzt trotz seinen nunmehrigen dreißig Jahren in Berlin an einem Krankenhaus.[11] Nach drei Jahren verheiratet[12], Innerer Arzt in Berlin.[13] Kaum daß er einmal einen Ausflug nach Basel[14] machte auf seiner Rückkehr als junger Doktor von Freiburg, daß er zur Weltausstellung ein zwei Wochen Brüssel Antwerpen Ostende sah[15]; auch ein paar Tage München passierte.[16] Er war Berliner mit blasser Ahnung von anderen Orten und Gegenden.

Stettin, eine trübe verkommende Provinzstadt nach seiner Erinnerung, mit einem grellen Jahrmarkt auf dem Paradeplatz, Spielplätzen auf den Treppenabsätzen eines tief herabsteigenden Rathauses, hatte er als zehnjähriger Junge mit seiner Familie unter schlimmen Umständen verlassen: Sein Vater hatte das vermocht. Der war ein – ja sage ich: besserer Schneidermeister oder Konfektionsfabrikant; er hielt sich jedenfalls eine Anzahl Schneider und Zuschneider, auch Schneiderinnen, Näherinnen; diese hatten in oder bei der Wohnung einen oder mehrere Arbeitsräume: lange Zuschneidetische, auf denen Tuche mit ungeheuren Scheren zerschnitten wurden; dann waren riesige Regale da mit Tuchballen. Gearbeitet wurde im Auftrage einiger fremder Firmen; er entsinnt sich[,] häufig den Namen einer solchen angeblich großen Hamburger Firma mit Respekt, mit tiefem

Respekt aussprechen gehört zu haben. In der Wilhelmstraße[17], dann in der Friedrichstraße Ecke Unter den Linden[18] – aber in Stettin, – wohnte seine Familie; man sah auf die baumbestandene Allee; einmal zog hier, wie er sich entsinnt, der alte Kaiser Wilhelm[19] nach dem Paradeplatz zu; Fürst Bismarck[20] war dabei, der hatte einen runzligen gelben kleinen Kopf unter einem ungeheuren blanken Kürassierhelm; dieser Zug verwunderte ihn mehr, als er ihm imponierte, besonders der viel gepriesene Bismarck enttäuschte ihn. Der alte Kaiser starb[21]; das wurde ihm in der Schule, dem Friedrich-Wilhelm-Realgymnasium[22][,] gesagt, wo er Sextaner war und schlecht, sehr schlecht Latein und Rechnen kapierte. Nach der Todesnachricht ging er mit dem Taschentuch [in] der Hand nach Hause; er schien sich dann und wann eine Träne zu trocknen; er glaubte, das gehöre sich so, – er war aber gar nicht traurig, sondern nur unklar, wie er sich nach den wehmütigen großartigen Redewendungen des Klassenlehrers benehmen sollte. Nicht viel später wehten zum zweiten Male die Fahnen halbmast beim Tode des Sohnes[23] jenes Kaisers; er sah sich aus dem Eckfenster oft diese Fahnen an; er konnte mit dem Ereignis nichts anfangen und ging viel auf die Straße, um zu sehen, was die anderen, die Erwachsenen[,] machten.

In dem Hause seiner Eltern wohnte zuletzt die alte Mutter[24] seines Vaters; sie hatte ein langes schmales Zimmer. Da fand man sie eines Morgens tot im Bett. Bei der Beerdigung lief er, als nicht offizieller Teilnehmer, nebenher ein Stückchen mit; da fand er vor einem Hause einen Auflauf, ließ den Leichenwagen fahren, fragte, was es da im Flure gäbe; ein Mann sagte: «Da hat ein Mann ein Kind bekommen.» Worüber der Junge nachdachte. Das unbegriffene[,] von ihm nicht als Spott erkannte Wort ist ihm noch heute ins Gedächtnis eingeprägt.

Er war ein sanfter, sehr besonderer, auch stark vom Vater gehätschelter Junge. Wegen seines großen Schädels hatte er den Beinamen «Dickkopf» bei seinen Geschwistern, – sie waren vier Brüder[25] und eine Schwester[26]; er war das vorjüngste Kind. Leidlich lernte er in der Vorschule, schwer wurde ihm schon die

Sexta; er saß weit hinten: Aber zu Hause las und las er, schmökerte, was ihm in die Hände fiel. Während die Geschwister auf der Straße, am Rathaus, mit Peitsche und Kreisel spielten, las er. Seine Augen waren schon damals kurzsichtig; die schlechte Anlage dazu hatte ihm der Vater vererbt. Eine Brille, die der Augenarzt anordnete, lehnte aber der Vater ab; er mußte schon damals bei manchen Fächern ganz vorn vor der Tafel sitzen. Er hatte blonde, hellblonde Haare, die bis auf die Schultern fielen; damals galt er als hübsches Kind. Er lief viel allein auf den Straßen herum; einmal lief er auf den Jahrmarkt; da war an einer Bude eine Moritat angemalt, grell bemalte Leinwand, entsetzliche Totschlagsszene; der Junge lief ganz verwirrt nach Hause, das Bild konnte er nicht loswerden, es ängstigte ihn viel; lange Jahre später noch verließ ihn nicht der schreckliche Eindruck, dessen Pein er sich zu entziehen suchte.
Dunkel präludierten geschlechtliche Dinge, zwischen dem neunten und zehnten Jahre. Er bemerkte öfter mit Erstaunen den wechselnden Füllungszustand seiner Geschlechtsorgane, aus dem Bad aussteigend sagte er einmal einem seiner anwesenden Brüder, wie lästig das doch eigentlich sei; er schämte sich weder des Vorgangs noch daß einer ihn in dieser Verfassung sah; er wußte nicht, was das war; es war nicht mehr als eine ärgerliche Sache. Ein andermal aber lag er mit mehreren andern Kindern, – sie waren erst zwischen acht und neun Jahren, – auf einer Kellertreppe; was sie da wollten und warum man ihn dahingezogen hatte, wußte er nicht. Da lag ein etwa gleichaltriges, vielleicht noch jüngeres Mädchen; sie berührten es, – es lag auf dem Gesicht, – an den heimlichen Stellen; er auch, ohne daß er etwas anderes als ein unklares Gefühl von etwas Unanständigem hatte, worüber man nichts sagen darf. Es übte keinerlei Einfluß auf ihn aus, noch lange lange Jahre später hatte er keine Vorstellung von den weiblichen organischen Besonderheiten und ihrer Funktion. Ja, als er das erste Semester Medizin studierte in seinem dreiundzwanzigsten Jahr, wußte er noch nichts Genaues und wunderte sich bei seinem ersten Gang durch die Anatomiesäle in Berlin

über die weiblichen Leichen, die offenbar einen Schnitt in der Mitte unterhalb des Schambogens hatten; er wollte immer einen der Arbeitskameraden danach interpellieren, tat es nicht aus Schamgefühl, – er hätte sich unsterblich blamiert. Denn es hieß so tun, als wäre man mit allen Wassern gewaschen, – damals und schon viel viel früher; es hieß so tun.

Öfter ging er in die Synagoge, wo sein Vater mitsang im Chor. Der Vater war sehr musikalisch, spielte Geige und Klavier, beides mäßig, lehrte die ältesten Kinder die Anfangsgründe. Er hatte eine lockere Hand und schlug nicht selten. Der Vater zeichnete auch kleine Bilder, die er austuschte.

Am besten konnte aber der vielseitig begabte flatterhafte energielose Mann etwas anderes. Seine Frau hatte vielen Grund[,] auf ihn eifersüchtig zu sein. Zule[t]zt tat es ihm eine seiner Schneidermamsells an[27]; es ging zu Hause die Rede davon, daß er mit dieser jungen, recht hübschen Person sich in Gärten treffe. Der Vater war auch sonst wenig zu Hause, von einem Familienleben war kaum die Rede; jetzt blieb er viele Abende auch weg. Einmal erwischte ihn die Mutter in irgendeiner Stettiner Gartenöffentlichkeit, zerbrach ihr unter Geschrei den Sonnenschirm. Später schlug der Vater seine Frau im Korridor, ich glaube mit einer Elle, nach einer Szene. Eines Tages erklärte der Vater[,] eine Reise nach Mainz vorzuhaben, verabschiedete sich in jeglicher Ruhe, der Junge half ihm noch beim Anziehen der rechtzeitig von der Reparatur gebrachten Zugstiefel. Eines frühen Morgens aber kam die Mutter mit vielem Geschrei und Weinen in die Stuben, wo wir schliefen; ein Telegramm oder ein Brief des Vaters war gekommen: er schrieb aus Hamburg, er ginge nach Amerika[28], «goldene Berge will ich Euch bieten».[29]

Damit war die Familie zerstört. Es war vorher da eine sich gut entwickelnde Wohlhabenheit. Momentan mußte alles liquidiert werden; zur Aufnahme der Warenbestände kamen Vertreter aus Hamburg. Der Junge ging mit seiner Mutter später einmal durch die Linden, er guckt nach allen Seiten, ob man ihn nicht

ansieht, er schämt sich des stadtbekannten Eklats, daß sein Vater mit einer Schneidermamsell nach Amerika durchgebrannt [ist]. Sofort wurde er aus der Schule genommen, kam in traurige Privatstunde. Die Frau hieß Sauter[30], sie wohnte irgendwo hoch, es war sehr hell bei ihr, meist unterrichtete sie Mädchen. Man saß da vormittag an einem Tisch, sie ließ schreiben, schreiben, schreiben; man meldete: «Frau Sauter, zwei Seiten!» Dann schrieb sie auf die erste Zeile des neuen Blattes einen frischen Satz, – den hatte man sorgfältig wieder an zwanzigmal nachzuziehen. Also Erziehung zur Kalligraphie. Die Mädchen lernten auch französische Gedichte: «France adorée, douce contrée!»[31]
Das jammervolle Intermezzo dauerte nicht lange. Meine zuerst ganz kopflose Mutter wurde von ihren wohlhabenden Brüdern nach Berlin gezogen.[32] Eine endlos lange Eisenbahnfahrt dritter Klasse. Schließlich dicht vor Berlin konnte der Junge ein natürliches kleines Bedürfnis kaum mehr bewältigen, wagte es aber nicht zu melden; denn die Mutter unterhielt sich über die Berliner Verhältnisse mit Reisegefährten. Als der Schlesische Bahnhof kam, drängte sich der Junge fassungslos an die Tür, und ein dünner, lang fließender Bach bezeichnete seine Tätigkeit und seine Erlösung; schleunigst wie ein Dieb stieg er an Jannowitzbrücke[33] mit aus. Unterwegs erfuhr er, daß sie Blumenstraße[34] wohnen würden; ein Herr sagte, das sei mitten in der Stadt; da sei viel Qualm.
Die Wohnung war klein. Man war in recht ärmliche Verhältnisse geraten.[35] Der Vater schickte nichts, die Mutter besaß kaum etwas, ihre Brüder hielten alles über Wasser; der älteste Sohn[36], eben Tertianer in Stettin, mußte als Lehrling ins Geschäft zu dem großen N. Israel in der Spandauer Straße.[37] Es hieß, daß das etwas Kolossales sei, man sprach von dem kleinen alten Chef wie von einem König, die kleinen Geschäftsdetails waren das Gesprächsthema. Sie wohnten eng aufeinandergepackt in wenigen Zimmerchen zur ebenen Erde; am Morgen des ersten Tages sah der Junge als erstes Zeichen der Großstadt Berlin einen Aushängekasten schräg rechts gegenüber am Haus von

dem Schreiblehrer Rackow.[38] Vor dieser Tafel stand er oft, er bewunderte die fabelhaft gezirkelten sicheren Figuren, er hielt es nicht für möglich, daß man so schreiben könne; aber er war in Berlin. Man gab ihn in eine Gemeindeschule[39] in der Nähe. Die Schule befand sich in einem Hinterhaus. Er kam in die dritte Klasse. Er hatte nicht den geringsten Eindruck, degradiert zu werden, erst allmählich im Lauf der Jahre wurde ihm eingeprägt, besonders durch den Umgang mit den reichen unterstützenden und nicht unterstützenden Onkels, daß er einer armen Familie angehöre. In dieser Schule reüssierte er. Er bekam sogar einmal eine Prämie, einen Atlas; da in diesem Atlas vorn ein Zettel eingeklebt war, daß das Buch aus der und der «Buchhandlung und Antiquariat» stamme, war er besonders stolz, denn er wußte nicht, was ein Antiquariat sei. Und seiner Tante bemerkte er, daß er ein antiquarisches Buch erhalten habe, – und wußte sich dann, belehrt, nicht genug zu schämen und wußte nicht, wie sich herausdrehen.
In dieser Schule gab es einen Turnlehrer, dessen Leidenschaft Dauerlauf war. Man turnte wenig, marschierte selten, er übte Dauerlauf. Fünf Minuten, zehn Minuten, zwanzig Minuten; immer mehr fielen ab, machten schlapp. Der Stettiner hielt meist gut mit; ihn hielt der Ehrgeiz.
Dann kam ein schönes halbes Jahr: da war der Vater in Amerika gar nicht gut vorangekommen, nichts war ihm geglückt, alles war so teuer dazu im Dollarland, – das Ganze war nur ein verlängerter Ausflug mit Begleitung gewesen. Die Mutter ließ sich bewegen, die Armut drängte ja auch die Frau, die sich von früh bis spät plackte, koch[te], wusch, ein Zimmer vermietete, den Herrn bediente für seine paar Pfennig, man zog nach Hamburg im Frühjahr.[40] Da hatte der Vater eine Stellung gefunden in dem Geschäft, mit dem er schon früher gearbeitet hatte. Man wohnte viel schöner als in Berlin, im dritten Stock, ein Feld resp[ektive] ein umzäunter rasiger Exerzierplatz lag viereckig weit vor ihnen, drüben stand die Kaserne.[41] Er kam in eine Volksschule.[42] Schwer konnte er sich unter den neuen Schulverhältnissen einle-

ben. Als es hieß, daß er und sein neben ihm sitzender Bruder Juden seien, mußten sie ein kleines jüdisches Gebet, das sie konnten, in der Stunde dem Lehrer vorsingen. Ein andermal nahm ihn auch der Lehrer mit, über die Treppen ging man, in einem Zimmer saß eine Lehrerin, da mußte er ein Frühlingslied, das er kannte, dem Fräulein darbieten; er sang frei ohne Scham. Wenig hat er von Hamburg gesehen, bisweilen half er der Mutter die Markt[t]asche vom Altonaer Markt tragen. Die Elbe hat er nie gesehen, ein[-,] zweimal die Alster. Denn man blieb nicht lange im dritten Stock dort vor dem Exerzierplatz. Rasch hatte sich der Ehehimmel wieder verdunkelt. Von anonymen Briefen war zu Haus die Rede. Es stellte sich bald heraus, daß jene infame Schneidermamsell, unseligen Stettiner und Amerikaner Angedenkens, von ihrem Herrn und Meister nach Hamburg placiert war, daß der Vater eine Art Doppelleben führte; er war ein Amphibium, aber bei der Familie saß er auf dem Trockenen. Die Mutter hatte dringenden Verdacht, daß ihr Gemahl sich in Amerika zum zweiten Mal habe trauen lassen[43]; das Wort «Bigamie» fiel oft, aber es waren nur Besprechungen der Mutter mit den ältesten Geschwistern. Man war eine geschlossene Gruppe gegen den Vater, den man sehr wenig sah. Es hieß auch gelegentlich, der Vater und jene Mamsell hätten ein Kind; das waren solche ängstliche verwirrenden Behauptungen, die aus den anonymen Briefen stiegen.

Und als dann die Anwesenheit der jungen Dame in der Nähe[44] durch Beobachtung erwiesen war, zog die Familie – wieder nach Berlin.[45] Es war ein schöner Sommerausflug gewesen. Dem Jungen, dem späteren Doktor Döblin, mehrfachen Autor von Kindern, Büchern und planlosen Handlungen, gelang es nur[,] eine und die andre Erinnerung aus dem Ort zu retten. Man sah ihn in der Schule als etwas Feineres, Vornehmes an, begleitete ihn nach Hause, drängte sich ihm auf; er war noch immer merkwürdig sanft und hörte gern zu. In dem großen Abortraum und vor Gartenzäunen bewunderten sie auch gelegentlich sein dort tätiges wasserspeiendes Organ und fanden die Weiße auffallend, was sie ihm später bei Invektiven nicht vergaßen. Einmal sollte er etwas einkaufen, hatte das Eingekaufte in die Tasche gesteckt, wollte vor dem Exerzierplatz einen Stein mit der Linken über den Zaun werfen; siehe: da verwechselte er die Begriffe, warf mit der Rechten –, in der er das Restgeld im Papier trug! Das war ein Jammer. Er kletterte über den Zaun; es dauerte lange, bis er alles beisammen hatte. Einmal kam er auch blutüberströmt nach Hause: man schoß gemeinsam mit Bogen aus Korsettstangen, ein Pfeil traf ihn; gegen den Jungen resp[ektive] seinen Vater erstattete der Vater Anzeige, ein Kriminalkommissar beguckte sich die Narbe, die Sache las er mit Stolz in der Zeitung.[46] Er hatte nicht geschrien aus Schmerz, sondern weil es ihm schien, daß sich das so gehöre bei fließendem Blut, und weil er so Aufsehen erregte und den andern Jungen ärgerte.

GEIST UND GELD

Ich lebe[1] weder jetzt von meiner «produktiven» literarischen Arbeit, noch habe ich früher davon gelebt. Man konnte nämlich schon im Jahr 1910 nicht von einem Jahreseinkommen von 2000 Mark leben, und die großartigen 3000 Mark, die ich eine lange Anzahl Jahre später einzog, waren in Butter umgerechnet noch nicht 100 Pfund, oder gerade ein Anzug. Ich bin Arzt und habe eine große Abneigung gegen Literatur. Viele Jahre habe ich keine Zeile geschrieben. Wenn mich der «Drang» befiel, hatte ich Zettel bei mir und einen Bleistift, kritzelte im Hochbahnwagen, nachts auf der Rettungswache[2] oder abends zu Hause. Alles Gute wächst nebenbei. Ich hatte weder eine Rente noch einen Mäzen, dagegen, was ebensoviel wert ist, eine erhebliche Gleichgültigkeit gegen meine gelegentlichen Produkte. Und so geht's mir noch heute gut. Auch jetzt beziehe ich, bei einfacher Existenz, nur einen Bruchteil meines Bedarfs aus «produktiver»

Arbeit, – voriges Jahr habe ich mir die erste Sommerreise in den Spreewald gestattet[3] –, aber das Bruchteil macht mir Spaß, auch darum, weil es mir Gelegenheit gibt, mich kämpfend mit den Verlagsunternehmern herumzuschlagen.[4] (Bekanntlich bedroht jeder Anspruch des Autors die Existenzbasis der Verleger und der Autor hat doch schließlich nur eine vom Verlag konzedierte Existenzbasis.) Ich tue meine Facharbeit, bin aktiv in allen möglichen Organisationen[5], ärgere mich, tanze (ziemlich schlecht, aber dennoch), mache Musik, beruhige einige Leute, andere rege ich auf, schreibe bald Rezepte, bald Romankapitel und Essays, lese die Reden Buddhas[6], sehe mir gern Bilder in der «Woche» an[7], das alles ist meine «Produktion». Wenn mir eins davon oder das andere Geld bringt: herzlich willkommen. Im übrigen bin ich ein Mensch und kein Schuster.

DER EPIKER, SEIN STOFF UND DIE KRITIK

Man liege Monate, Jahre über einem Werk, konzentriere, seine Zeit miterlebend, über einigen hundert Seiten seine Seele, Phantasie, Denkkraft, Erfahrung, gebe zuletzt sein Werk von sich: man erwarte in Deutschland keinen Widerhall! Wenn es hoch kommt, wird man – Kritiken empfangen.
Früher – sehr lange her – saßen und standen die Epiker vor ihren Zuhörern: sie sprachen, sie wirkten, sie waren lebendig. Auf Stoß erfolgte Widerstoß, man wußte, man war da: man sah, hörte, fühlte die, für die man da war. Die Städte haben alles zerstört. Jeder sitzt vor seinem Papier und malt drauf los; er kann sich an dem Kratzen der Feder laben. Die Menschenmassen sind ohne Zusammenhalt, sie berühren sich nur; es ist eine bloße Äußerlichkeit, daß sie eine gemeinsame Sprache reden. Zu ungeheuren Verbänden haben sich die Völker ausgewachsen, Verbände, in denen neben anderen Krankheiten die Industrie wütet,

der entfesselte durch nichts dirigierte und alles, alles absorbierende Erfindergeist, der die ineinander gefugten europäischen Nationen zu dem Ideal der Sprungfedermatratze und der Zahnpaste geführt hat. In den riesigen Menschenverbänden verhallen nicht nur alle Einzelstimmen, auch der kleine Kreis wird von dem großen Strudel verschlungen: so sitzt, wer etwas sagen will, vor dem toten Papier, um sich tote Wände, – und geht er unter Menschen, begegnet er bestenfalls – dem und jenem, der ihn «gelesen» hat, der ihn «schätzt», eventuell «außerordentlich schätzt», noch mehr schätzt als den oder den –.

Das Schlimmste aber unter dem Publikum ist das Gros der Kritiker. Sie sind noch nicht einmal Publikum. So wie ein Genußmensch die Geheimnisse der Liebe entwürdigt, entwürdigen sie durch ihre Blicke und Griffe das Werk. Mir ist das, was man Kritik nennt, immer als ein Unfug erschienen. Mir scheint nur die «Kritik» berechtigt, die aus einem liebenden oder kämpfenden Herzen kommt: schlagen, vernichten oder streicheln, verehren; das ist alles. Kunstbetrachtung ist Frivolität. Ist ein Hohn auf das, was der Arbeitende geleistet hat oder leisten wollte. Das Gros der Kritiker kennt aber nicht Liebe oder Haß, sondern nur Profession, und ferner eine Schamlosigkeit: «Kunst».

*

Und nur daraus kann ich eine Berechtigung der «Kritik» ableiten, daß auch das Gros der Arbeitenden nur Profession kennt. Kellerluft und Spinngewebe gehören zusammen.

*

Es ist eine neuerliche Sitte, und kaum mehr Sitte, daß Urteile über Kunstwerke, Besprechungen als quasi Illustration und Exempel für irgendwelche Ansichten und theoretische Postulate irgendwelcher Kritiker nebenbei und anhangsweise vorgebracht werden. Ist das Opus, um das es sich dreht, belangvoll, so entspricht diese Behandlung nicht der Würde eines solchen Werkes, sondern nur der theoretisierenden Einfalt, und die Herausgeber von literaturfördernden und kunstbeschützenden Zeitschriften haben die Pflicht, diesem Brauch der Kritiker zu steuern. Die Autoren müssen sich von den Tageszeitungen schon unerhört viel gefallen lassen. Wichtige und wichtigste Bücher werden entweder totgeschwiegen oder völlig unzulänglich bei einem Allerweltsfrikassee serviert. Hinzu kommt bei zahlreichen sehr großen Zeitungen die unheilvolle Verbindung mit einem Buchverlag, dessen Propaganda einen großen, oft den Hauptteil des gesamten kritischen Raums beansprucht. Bleiben die paar großen und ernsten Zeitschriften. Ich frage die Redakteure und Herausgeber solcher Zeitschriften: was ist wichtiger, fördernder für Literatur und Leben: die Theorie, das Postulat, der ästhetische Einfall eines spekulierenden Kopfes oder das Werk von Männern, die vielleicht jahrelang ihre besten Instinkte und intensivsten Augenblicke an einige hundert Seiten gewandt haben. Sind unsere Opera Gegenstände für ästhetische Spekulationen oder hat nicht die Kritik an unseren Werken zu lernen? Wenn anders unsere Opera Stücke vom gewachsenen Leben sind, an das man nur mit Aufmerksamkeit und strenger Zurückhaltung herangehen darf.

Es ist in den letzten Jahrzehnten ein sonderbarer Zug unter die Kritiker gekommen, wie mir scheint parallel mit einem Darniederliegen gewisser Arten von Kunst: die Herren verlieren oft gänzlich den Sinn für ihren Aufgabenkreis, spielen sich auf oder fühlen sich als Schaffende, kaum als etwas anderes als der über den sie schreiben. Und schreiben auch gar nicht «über» den Künstler, sondern tichten munter auf eigene Faust, und das künstlerische Werk ist ihnen Denkmaterial, Anregungsmaterial wie irgend etwas anderes. Diese neue Art der Schriftstellerei ist, wenn sie gekonnt wird, sehr interessant und rechtfertigt sich selbst. Sie wird aber in der Regel nicht gekonnt, zu schweigen davon, daß die eigentliche Kritik daneben als selbständiges Fach bestehen bleibt und – verwaist! Es soll niemand, der sich in die-

ser Art produktiv fühlt, behindert werden seine Art spielen zu lassen; aber gegenüber solcher dionysischen Kritik[1] werden die Autoren sich das Recht wahren, die Achsel zu zucken und zu sagen: was geht das mich an.
Mir ist der und jener X, Y etwa als ein feiner Kopf bekannt; mir scheint, er gehört vielleicht in die Gruppe derjenigen, die kritisch in der geschilderten Art gelegentlich produktiv sind. Aber wenn ich jahrelang über einem Opus gelegen habe und die Bände stehen da: was geht mich X, Y an? Und wen geht dann X, Y an?

***

Vor einem Buch von mir, einem Roman «Wallenstein», haben einige[2] gesagt: man lasse doch die alten historischen Kamellen; besonders jetzt, wo ein viel blutigerer Krieg abgelaufen ist und ungeheure Konsequenzen ganz in unserer Nähe gezogen werden, was soll der dreißigjährige Krieg vor drei Jahrhunderten. Als Flaubert seine «Salambo» veröffentlichte[3], haben die Pariser[4], die Verehrer der «Madame Bovary» die Nase gerümpft über die tobsüchtige Sammlung von Archäologie. Ich stehe zu dem Wallenstein-«Stoff» anders als Flaubert zu dem der Salambo. Sainte-Beuve hat drei ausführliche Artikel über die «Salambo» verfaßt[5] (drei, drei Artikel, ausführliche; wir sind in Frankreich und nicht in Deutschland der dionysischen Oberflächlichkeit); Flaubert in einer Antikritik[6] verwahrt sich dagegen, unecht in Bezug etwa auf den Tanittempel gewesen zu sein: «Ich bin überzeugt, ihn so, wie er war, rekonstruiert zu haben.»[7] «Aller Wahrscheinlichkeit und meinen Eindrücken nach glaube ich etwas gemacht zu haben, was Karthago ähnlich sieht.»[8] Aber dies sagt er und sagt weiter: «Ich lache über die Archäologie[!] Wenn die Farbe nicht einheitlich ist, wenn die Details dissonieren, wenn die Sitten nicht aus der Religion, wenn die Tatsachen nicht aus den Leidenschaften folgen, angepaßt an die Gebräuche[,] und die Architektur an das Kl[ima], wenn, mit einem Wort, keine Harmonie vorhanden ist, so bin ich im Unrecht.

Sonst nicht.»[9] Dies liegt mir mehr und ist mir noch nicht genug.

Als ich einen «chinesischen» Roman[10] schrieb, ging ich einige Male in das Berliner Völkerkundemuseum[11], las eine Anzahl chinesischer Reisebeschreibungen und Sittenschilderungen: aber wie verkehrt sind schon die Ausdrücke, die ich hier gebrauche: «lesen»: ich habe niemals daran gedacht, mich mit China zu befassen, der Gedanke etwa, nach China zu fahren, ist mir nicht im Traum eingefallen: ich hatte ein seelisches Grunderlebnis oder eine Grundeinstellung, diese ließ ich mit höchster Schonung gewähren und legte ihr vor, unterbreitete ihr, wessen sie zu ihrer Auswirkung bedurfte. Burlesk kam es mir vor, daß einer der ersten ausführlichen Hinweise auf das Buch von einem Sinologen von Fach[12] stammte, der – sogar meine Hauptfigur echt fand.[13] So wenig habe ich mich aufnehmend, beobachtend mit dem wirklichen China befaßt, daß man nach Niederschrift des Buches vergeblich in meinem «Gedächtnis» nach den wichtigsten Daten Chinas, ja nach den Realien meines Romans gesucht hätte: diese Realien – historischen, ethnologischen, geographischen – waren von mir ja gar nicht als Tatsachen angenommen, überhaupt gesehen werden, sondern im Rahmen eines ganzen flutenden psychischen Prozesses, als seine weiteren Vehikel, Beförderungsmittel, Anregungsmittel, – so daß nach Erlöschen des Gesamtablaufs nur eine düstere Erinnerung an die einzelnen Wegsteine verblieb, an denen die Erregung vorbeifloß. So zahlreiche Bücher bin ich in jener Zeit über China durchgegangen, aber man hätte mich schon eine Stunde nach der «Lektüre» vergeblich gefragt, was nun eigentlich in dem Buch stand: ich hatte doch damals mehr zu tun als mich mit chinesischen Porzellanen, mit der Rolle des Lamaismus, mit der Frauenfrage in China zu beschäftigen. Wenn ich mit meinem Buch fertig wäre, nahm ich mir öfter vor, wollte ich mich einmal mit dieser oder jener Sache beschäftigen, die mir ganz interessant schien; habs nachher nicht getan, was ging mich, der nicht einmal Europa kennt, China an, von Lao-tse[14] abgesehen. Mögen sich Psychologen mit dem merkwürdigen Befund befassen –, der in der Literatur nicht neu ist –, daß die so gewonnene Landschaft, Atmosphäre, die Städte- und Menschenbilder oft überraschende Ähnlichkeit mit nachweisbaren Realien, haben – gibt uns die Natur einen Finger, so haben wir sie bei der ganzen Hand –: der Autor hat die Pflicht, sich gegen jedes – lobende oder tadelnde – Konfrontieren mit den Realien zu verwahren. Man kann einen Menschen nicht konstruieren aus den Nahrungsmitteln, die er zu sich nimmt, obwohl die Nahrungsmittel ihn erhalten, ja beeinflussen.

***

Man fragt: wen kümmert der dreißigjährige Krieg?
Ganz meine Meinung. Ich habe mich bisher auch nicht um ihn gekümmert. Ich erinnere mich dunkel aus der Schulzeit, vom dreißigjährigen Krieg gehört zu haben, es war einige Zeit nach Luther[15], Genaueres habe ich nicht behalten; er soll mit dem westfälischen Frieden geendigt haben; eine trostlos öde Sache mit vielen Schlachten, vielen Gegnern: ich wußte niemals, welche Gegner immer an einer Schlacht beteiligt waren. Im Jahre 1916 aber kam mir, als ich in Kissingen war[16], plötzlich angesichts einer Zeitungsnotiz, – ich glaube die Anzeige eines Gustav-Adolf-Festspiels[17] – das Bild: Gustav Adolf[18] mit zahllosen Schiffen von Schweden über die Ostsee setzend. Es wogte um mich, über das große grasgrüne Wasser kamen Schiffe; durch die Bäume sah ich sie aus Glas fahren, die Luft war Wasser. Dies bezwingende völlig zusammenhanglose Bild verließ mich nicht. Es nötigte mich, trotz meiner Abneigung gegen das Wirrsal dieser Zeit, einige historische Bücher der Periode zu lesen. Nein, wieder nicht zu lesen, und dies ist das Wesentliche, vielmehr festzustellen, was ich eigentlich von ihnen wollte und warum mich diese Vorstellung, diese blendende Vision von meerüberfahrenden Koggen und Korvetten nicht verließ. Ich wollte dieses Wogen, das um mich ging, dieses unablässige Fahren, Sprache werden lassen; Gestalten drängten heraus. Ich «las» die Bü-

cher und später zahllose andere, so, – wie die Flamme das Holz «liest». Es ist mir niemals ein «Faktum» zu Gesicht gekommen; wie ein Magnet tippte mein Gefühl über die Seiten und zog heraus, was zu ihm gehörte. Neigung, einer unbelebten toten Masse Atem einzuflößen? Keine Rede. Mir ist keine tote Masse vor Augen gekommen, der dreißigjährige Krieg ist mir noch heute ein versiegeltes Buch wie vor 20 Jahren. Einfühlung? Ich weiß davon nichts, aber genau das Gegenteil habe ich noch jetzt im Gefühl: Ausfühlung. Zur Einfühlung gehört ein liebendes Hinknieen, sich Bemühen und der Drang gerecht sein zu wollen (es ist also etwas, was die Kritiker von heute haben – müßten.) Da ich vom dreißigjährigen Krieg aber keine Kenntnis nahm, durch innere Blendung und Okkupation an jeder Teilnahme mit diesen zweifellos interessanten Ereignissen behindert war, wie soll ich zu einer Einfühlung gekommen sein. Dumpf verschlossen wie ich damals war, hatte ich nicht das geringste Vermögen zu lesen. Ich suchte Reize, Reize, mich zu erlösen. Ich suchte, rang nach der Hebamme, die mich entbinden sollte, nach der Geburtshelferzange. Das waren die Akten, die Bücher. Sie waren nicht mein Stoff.

***

Ja, ich muß folgendes feststellen: manches was mir in den Büchern und Akten vor Augen kam, schien mir ohne weiteres geeignet – mein Eigentum zu sein. Man meint: ich hätte beschlossen abzuschreiben? Nein, es war für mich zurechtgestellt, ich hatte Glück, daß ich es fand, darauf stieß. Manchmal saß ich ganz verblüfft da und sagte mir: das ist ja schon alles da, so stimmt es ja, diese Ereignisse, dieser «historische» Zusammenhang. Bis ich einfach konstatierte: es ist nur schön, daß sich die Natur schon in meinen Gedankengängen bewegt hat; so brauche ich mich nicht zu bemühen. Ich hatte das Zentrum in mir, hier war die Peripherie, ich hatte nur nötig, die Radien zu ziehen: das Rad war fertig zum Laufen.

***

Über das Zentrum aber läßt sich nicht viel sagen, weil es bekannt ist, daß man nicht in die Sonne sehen kann. Und nimmt man grünes Glas zum Sehen, so ist es doch nicht mehr die Sonne, sondern eine Vermutung über die Sonne. Das Rad lief, getrieben von dem laut pulsenden Motor, der in mir saß. Von Drehung zu Drehung stieß es der Motor weiter, fraß es den Weg. Bei einem Werk so großen Umfangs, wie ein episches es in der Regel ist, kommt sich der Autor wie ein Schwimmer vor, der hineinspringt und sagt: es heißt schwimmen oder untergehen. Wer groß plant, sich Ziele setzt, oder zu dicht beieinander Ziele setzt, geht eher unter, als wer ruhig hineingeht mit Vertrauen auf die Sicherheit seiner Arme und Beine und die Taktfestigkeit seines Herzens. Dieses: Schwimmen und Sehen, wie weit man kommt, ist überhaupt etwas, was die lebendige Produktion, nicht bloß die literarische oder allgemein künstlerische verlangt. Man kann es bei Rednern beobachten; sie stehen auf, haben zwei drei Notizen und nun entwickelt sich alles; aus dieser Wendung folgt jene, die Zwischenbemerkung führt zu einer weitauslassenden Betrachtung, die Rede wird vor uns, mit uns, an uns. Man muß sich immer wieder an die Dinge heranschleppen und sehen, was dabei aus uns herausspringt; man braucht weiter nichts, man darf weiter nichts. Ein Produkt entsteht bei der Produktion: dieser Satz klingt komisch, aber es ist sicher, daß das Produkt vor der Produktion höchstens geahnt wurde. Beim Produzieren treten die Kräfte des Materials, des Wortes, Klanges, der Begriffe, Assoziationen, die seelischen des Menschen erst in Erscheinung; ohne sie ist alles vage, kann die Schlacht nicht geschlagen werden, gibt es kein Resultat. Beim Produzieren tritt der Stier erst hervor, den man bei den Hörnern fassen will; man sieht dann erst, ob man ihn fassen kann. Man lebt im Augenblick, stirbt gelegentlich auf Grund irgendwelcher Banalitäten: aber so, in dem Hin und Her des Moments, entwickelt sich eben alles und ist. Vergangene Produktion, Vergangenes hinterläßt Spuren und mit ihnen, bereichert, verengt, verknöchert, meßbar tritt man an Neues heran, verläuft man weiter. Weiß man von seinen Spuren, so kann man sogar planen, als Mensch disponieren und quasi verfügen. Jedoch ist alle Verfügung in der Regel nie sehr genau, nur mutmaßlich und vor allem –.

Vor allem, wer über sich planend verfügt, ist bereits verarmt und erschöpft. Oder verschüchtert. Wer sich nicht diese Willkür und Freiheit bewahrt, überschätzt seinen planenden Verstand, legt sich auf das Tote fest. Es ist das letzte Refugium die Zuversicht auf diesen Quell, – wenn die Balken, auf denen man gelaufen ist, brechen. Wenn eine Schnecke noch jung ist, kann man ihr das Gehäuse zerbrechen; was drin ist, braucht nicht zu Grunde gehen, produziert ein neues Gehäuse.

Was ist es letzten Endes, das man – im Leben und in der ästhetischen Produktion – dauernd tut als: Vorkämpfen gegen den klar und hart gewordenen Ablauf des Toten, Vergangenen – zu Gunsten des Dunklen, Weichen, sich erst Enthüllenden, dauernd an der Enthüllung Verhinderten, – zu Gunsten des Momentanen. Man kämpft um das Recht der Minute. Der Moment: das bin ich. Ich kann mir ein Ziel stecken, werde immer wieder überrumpelt von Dingen, die ich nicht geahnt habe. Zuletzt aber sage ich nicht: ich werde abgelenkt. Zuletzt bekenne ich mich zu der – Ablenkung.

Eine schwere Aufgabe, und dies ist keine Ästhetik für jedermann und keine Volksreligion.

***

Das Zentrum meiner innerlichen Arbeit an diesem Buche «Wallenstein» aber war – um noch anhangsweise dies zu berühren – im Augenblick, wo ich dieser innerlichen Arbeit Spielraum ließ, Ferdinand.[19] Um dessen Seele geht es. Hier kann ich nichts unklar gelassen haben, habe ihn und von ihm aus die ganze Umwelt mit intensivster Deutlichkeit gefühlt, und nur seinetwegen habe ich die lange lange Zeit über dem Buch gehangen. Ist es mir nicht gelungen, dies Zentrum darstellend deutlich zu machen, leuchtet diese Sonne nicht, so ist mein Buch Kunstgewerbe und

ich kann Tassen malen gehen. Eine Sonne wird erst zur Sonne dadurch, daß etwas da ist, worüber sie leuchtet, daß sie Blumen erzeugt, Höhlen in Finsternis wirft, daß Menschen unter ihr sich freuen und verderben.
Dies ist die Grundkonzeption des Buches, ein Kaiser, ein latenter Kaiser, von anderen irdischen Gewalten, Maximilian von Bayern[20], niedergehalten, leidet in dieser irdischen Schicht, wird von einem andern tellurischen Gesellen, aber der Potenz aller Potenzen, Wallenstein, mit dem Ultramaximum der Kraft gefüllt und über das Tellurische hinausgeschoben. So weit der erste Band: Ferdinand kann durch irdische Mittel nicht höher, das Reich der Erde und seine Herrlichkeit ist nicht nur in seinem Besitz, sondern er ist gesättigt vom Besitz. Es gibt extensiv kein Mittel. In ihm vollziehen sich dann alle Konsequenzen einer solchen Lage. Das Gefühl, allen Reichtum in sich und also unter sich zu haben, verläßt ihn nicht mehr. So verstärkt es sich in ihm, daß er zum Schluß ohne Bewegung – alles von sich abtut. Dies will durchfühlt sein. Die Absetzung Friedlands auf der Regensburger Tagung[21] ist ein nur so faßbares Ereignis; wer den Ferdinand dieser Tage nicht im Griff hat, braucht nicht weiter zu lesen; es gibt dann nur noch bunte Tassen. Ferdinand gesteht: er könne sich wenden wohin er will, er tue recht. Von dem Augenblick an gibt es in ihm keine eigentliche Entwicklung mehr, sondern nur ein Ausbreiten, ein Deutlicherwerden, sich Differenzieren. Die Dinge treten von jetzt ab unter einer kaum durchdringbaren Luftschicht an ihn heran; einen letzten Stoß erleidet er durch die Umstände beim Abfall Wallensteins; danach kommt er zur völligen Sicherheit seines Gefühls, und die längst vollzogene Lösung vom Kaisertum, vom Reich der Welt und ihrer Herrlichkeit, wird nun auch für die Augen sichtbar.

***

Nein, dies ist schlecht gesagt: Lösung vom Reich der Welt und ihrer Herrlichkeit. Dies sieht nach Heiligenleben, Entsagung, Flucht in unirdische Regionen aus. Es ist keine asketische Flucht zu irgendeinem Gott und vor irgendeine Göttlichkeit. Zum Schluß, schon lange vor dem Schluß ist Ferdinand ein Mann, der nicht mehr weiß, was gut und böse ist, der «Sünde» nicht mehr fühlen kann. Ferdinands Weg ist eben dieser: rein zu diesem Ziel kommen, – immer wieder gestört, aber zuletzt maßlos sicher – keine zwingenden Einflüsse von dieser unterworfenen «Welt» zu erfahren.

Wie schlecht, wie oberflächlich deutsche Kritiker lesen, kann man aus der Tatsache ersehen, daß einer berichtete, der Kaiser verzweifle zuletzt. Tolstoi sagte einmal von den Kritikern: «Sie sind meistens geschulte, unterrichtete und gebildete Schriftsteller, bei denen die Fähigkeit, von der Kunst gerührt zu werden, vollständig verkrüppelt oder ganz verloren gegangen ist.»[22] Eine andere Rolle als das Fruchtbare und Schöne zu erfassen und an andere weiter zu tragen, kann ich der Kritik nicht zusprechen. Aber was, wenn die Träger der Kritik gar keine Aufnahmeorgane besitzen? In diesem Buch, von dem ich redete, verzweifelt der Mann Ferdinand gar nicht. Seine Seligkeit kommt zum Durchbruch. Er hat nicht dem Thron entsagt, sondern ihn sich selbst überlassen. Der Thron ging ihn nichts mehr an. Der Kaiser endet in Schauer und Freudigkeit da, wo er enden muß.

Die Welt um ihn, die sich nicht erschöpft, geht weiter. Ich hatte kein Recht, den Kaiser der Welt gegenüber zu stellen wie Dante[23] sich seiner Hölle. Der Kaiser ist Fleisch vom Fleisch der anderen; wir sind unter Menschen. Ich konnte sie verschieden geben, ihnen wechselnde Namen und Masken umhängen: ich möchte aber nie das – Kaiserliche, ich meine das Ferdinandische, in ihnen vergessen haben. Und wenn es nur von fern leuchtet. So ist Ferdinand nichts Vereinzeltes unter den tausend Personen: er ist kein Held, er ist unter ihnen wie sie mit ihm sind. Ich sagte: er ist die Sonne; aber die Pflanzen und Steine und chemischen Elemente sind auch von Sonnenart. Man wird mir nicht vorwerfen, ich hätte mich nicht bestimmt für den «Helden» entschieden. So bestimmt habe ich mich für ihn entschieden, daß das Buch von A bis Z nur das Lied des «Helden» singt.

AUTOBIOGRAPHISCHE SKIZZE

In Stettin 1878 geboren, als Knabe nach Berlin gekommen, bis auf ein paar Studienjahre dauernd in Berlin ansässig und an dieser Stadt hängend. Gymnasialbildung, Medizinstudium, eine Anzahl Jahre Irrenarzt, dann zur inneren Medizin; jetzt im [B]erliner Osten spezialärztlich praktizierend.

Als Pennäler schon literarisierend; der erste Roman[1], lyrisch, Ich-[R]oman, in der Prima. Als Student der Roman «Der schwarze Vorhang», der vor zwei, drei Jahren gedruckt wurde.[2] Mir war aber die ganze Literatur zuwider; ich hatte keine Lust, mich mit den Verlegern herumzuschlagen; Medizin und Naturwissenschaft fesselten mich außerordentlich. Ich habe in einer verbissenen Wut, doch nicht durchzudringen, nicht einmal in meiner Umgebung, dazu auch in Hochmut und Gewißheit: «ich weiß schon was ich kann, ich habe Zeit», ein ganzes Jahrzehnt nichts Rechtes vorgenommen.[3] Sondern mich in Psychiatrie und Klinik herumgetrieben, bis in die Nächte bei Laboratoriumsarbeit biologischer Art; es gibt eine Handvoll Publikationen von mir dieser Art. 1911 wurde ich aus dieser Tätigkeit gerissen, mußte in die mich erst fürchterlich abstoßende Tagespraxis.[4] Von da ab Durchbruch oder Ausbruch literarischer Produktivität. Es war fast ein Dammbruch; der im Original erst fast zweibändige «Wang-lun» wurde samt Vorarbeiten in acht Monaten geschrieben[5], überall geschrieben, geströmt[6], auf der Hochbahn, in der Unfallstation bei Nachtwachen, zwischen zwei Konsultationen, auf der Treppe beim Krankenbesuch; fertig Mai 1913. Vorher hatte ich die tröpfelnden Novellen des verflossenen Jahrzehnts zum Bande «Ermordung einer Butterblume» zusammengefaßt[7]; erschien bei Müller-München. 1913/14 schrieb ich den Novellenband «Lobensteiner»[8] als Erholung von der «Wang-lun»-Arbeit. August bis Dezember 1914 der Roman «Wadzeks Kampf mit der Dampfturbine».[9] Dann kam der Krieg; ich flottierte in Lothringen und im Elsaß herum.[10] Mitte 1916 warf ich mich an den «Wallenstein»[11]; ich schrieb in großer Ruhe; monatelange Krankheitspausen; fertig Ende 1918. Rückkehr in die Praxis.[12] Seit da Kleineres: die Szenenreihe «Lusitania» (Genossenschaftsverlag Wien)[13], Essays und politische Satire (Linke Poot: «Der deutsche Maskenball»)[14], ein Schauspiel: «Die Nonnen von Kemnade» (erscheint nächstens).[15] Seit zwei, drei Monaten über einer neuen großen epischen Arbeit[16]: Nichthistorie, aber zukünftige, aus der Epoche um 2500 – Höhegewalt der Technik und ihre Begrenzung durch die Natur. – Von meiner seelischen Entwicklung kann ich nichts sagen; da ich selbst Psychoanalyse treibe, weiß ich, wie falsch jede Selbstäußerung ist. Bin mir außerdem psychisch ein Rühr-mich-nicht-an und nähere mich mir nur in der Entfernung der epischen Erzählung. Also via China und Heiliges Römisches Reich 1630.[17]

BERLIN UND DIE KÜNSTLER

Hemmt oder beeinträchtigt Berlin wirklich das künstlerische Schaffen?

Ich beantworte getrennt: Hemmt die Stadt das künstlerische Schaffen? und dann: Hemmt Berlin das künstlerische Schaffen? Beide Fragen nur von mir für mich beantwortet. Im Krieg machte ich ein Experiment zur ersten Frage: monatelang, monatelang eingepfercht in ein winziges Landstädtchen[1], ein schauderhaft idyllisches Großdörfchen, fuhr ich öfter zu bestimmten Zwecken dienstlicher und nichtdienstlicher Art[2] nach Straßburg im Elsaß. Das war wie ein elektrischer Schlag, wenn ich vom Bahnhof auf die Häuser blickte, nun eine Straßenbahn bestieg, ein Warenhaus betrat. Am Kleberplatz[3] der Strom der flanierenden Menschen, die hundert Gesichter, hundert Beschäftigungen, Anschlagsäulen, Stiefelputzer, Aufrufe der Behörden, die kerzengerade ausgerichteten neuen Straßenteile[4], die pompöse und sachliche Post: das war mein Element. Das war mehr als der einsame Schornstein der Fabrik in meinem Großdorf und der Rangierbahnhof, mein Labsal. Ich pfiff zu allen Zeiten auf die grünen Wiesen der Ausflügler, auf die sentimentale Stille der Natur, – ich kenne auch eine Natur, sie ist aber anders als die der Sonntagsausflügler um Erkner[5] mit der Mittagspause auf grüngestrichenen, wackligen Klappstühlen, so in Woltersdorfer Schleuse[6] mit anschließender himmlischer Fahrt auf richtigem Wasser. In so einem Warenhaus ist mir nichts unsympathischer als die Bücherabteilung; die Abteilung zwischen Nachttöpfen und Brennscheren ist mir ein zu gewaltiger Zynismus der Handelsherren. Sie ist eine Unverschämtheit, aber eine famose, ich könnte es nicht besser machen. Das Ganze hat mächtig inspiratorisch belebende Kraft. Hier bin ich Mensch, hier darf ich's sein.[7] Ich schwindle nicht: diese Erregung der Straßen, Läden, Wagen ist die Hitze, die ich in mich schlagen lassen muß, wenn ich arbeite, das heißt: eigentlich immer. Das ist d[as] Benzin, mit dem mein Motor läuft.

Und nun Berlin. Das Chaos von Städten. Im Begriff, ein London von Internationalität zu werden; Volksgemisch erst, jetzt ein Völkergemisch. Vierunddreißig Jahre laufe ich hier herum[8], immer neugierig, beobachtend, wie sich das bewegt und wie es sich ruckartig entwickelte. Das zuckte durch alle, man konnte nicht still dabei bleiben, man mußte daran teilnehmen. Die Kunst, die Bilder, Plastiken, Bücher, Romane, Theater, Gedichte waren mir nie interessant, dieses Schmachtende, Zahme, Preziöse, auch Aufgedonnerte, das farbige papierne Zeug zum Ansehen, zum Delektieren. Ich bin nicht für Genuß. «Genießen macht gemein»[9]: das ist beinah richtig, besser: Genießen ist Sache der Da-

men und Schlafmützen. Auch den «Geist» schenkte ich hin; bezaubert stand ich nur vor Häuserbauten, an Fabriktoren. Nichts verstehe ich von Mathematik und Maschinen, aber eine surrende Dynamomaschine in einem Keller, an dem ich vorbeigehe, wühlt mich auf; ich gehe beschenkt «wie im Traum», es ist ein Anruf, meine Kraft ist wieder da.
Berlin ist wundervoll. Die Pferdebahnen gingen ein, über die Straßen wurden elektrische Drähte gezogen, die Stadt lag unter einem schwingenden, geladenen Netz. Dann bohrte man sich in die Erde ein; am Spittelmarkt[10] versoff eine Grube; unter die Spree ging man durch bei Treptow[11], der Alexanderplatz veränderte sich, der Wittenbergplatz[12] wurde anders: das wuchs, wuchs! Am Leipziger Platz der zauberhafte Wertheimbau[13], eine Straßenfront, wie belanglos ihr gegenüber das Herrenhaus[14], das Haus der ertrunkenen, schon längst begrabenen Herren.[15] Am Schiffbauerdamm[16], in der Brunnenstraße, die A.E.G.[17]: eine Lust! Und weiter draußen in Tegel Borsig[18], und in Oberschöneweide noch einmal die A.E.G.[19] Und das rebelliert, konspiriert, brütet rechts, brütet links, demonstriert, Mieter, Hausbesitzer, Juden, Antisemiten, Arme, Proletarier, Klassenkämpfer, Schieber, abgerissene Intellektuelle, kleine Mädchen, Demimonde, Oberlehrer, Elternbeiräte, Gewerkschaften, zweitausend Organisationen, zehntausend Zeitungen, zwanzigtausend Berichte, fünf Wahrheiten. Es glänzt und spritzt. Ich müßte ein Lügner sein, wenn ich verhehlte: öfter möchte ich auskneifen, das Geld fehlt; aber ebenso oft würde ich zurückkehren, Simson, der nach seinen Haaren verlangt.[20]

Als ich noch Schüler war[1], fiel Dostojewski zuerst auf mich. Die Besuche in der kleinen Lesehalle eines Berliner Vereins für ethische Kultur[2] sind mir fest in Erinnerung. Raskolnikow[3] las ich Abend für Abend in der Schönhauser Straße[4], bei Tag wurde Goethe und Schiller gepaukt. Der Widerwille gegen die disziplinscharfe versklavende Schule war außerordentlich. Es gab tägliche aussichtslose erbitternde Kämpfe. In die Athmosphäre der Abneigung wurde Goethe mit eingeschoben. Dunkel erinnere ich mich noch eines gelegentlichen Entzückens am Tasso[5]. Das war Entzücken ästhetischer Art, wie zugleich an Sophokles[6] und Homer[7]: dies hielt nicht lange stand. Es versank geräuschlos in den mächtigen aufrührenden Erregungen, die Dostojewski ausströmte.[8] Nichts kam gegen die Stärke dieser Erregungen auf. Hier war Widerstreben, Energie, Revolution. Gegenüber Wedekind[9] war Dostojewski ganz unliterarisch.
Ich kann mich aus einer noch weiter zurückliegenden Jugend, besser Kindheit, der ersten Kolportageromane erinnern[10], die uns wöchentlich einmal ins Haus geliefert wurden. In ebensolche beinah entsetzliche, ganz unerlaubte Spannung und Unruhe wurde ich durch die abendliche Lektüre in der Schönhauser Straße versetzt. Sie hebelte mich endgültig aus Schule und Ästhetik heraus. In eine undeutlich, aber heftig gefühlte Offensive gegen den ästhetischen Klüngel wurde ich getrieben. Es war garnicht der ganze Roman Raskolnikow, der diese Wirkung hatte, sondern eigentlich nur eine Anzahl Seiten. Die Handlung im einzelnen überschaute ich gar nicht, es waren mir zuviel Figuren. Aber unter einzelnen Seiten konnte ich mich, als wären sie zentnerbeladen, gar nicht halten. Ich nahm nur die Musik des Buches an, scheute mich, zu Details herabzugehen. Genau so, wie ich als Quartaner[11] vom Prinzen vom Homburg[12] von Heinrich Kleist mitgenommen wurde bei einer Aufführung, ohne unter der Massivität des Eindrucks die Sache eigentlich zu

verstehen, auch ohne ihr näher treten zu wollen. Ich ließ dann jahrelang nichts an diesen Eindruck heran, vermied es, das Buch zu lesen, sprach mit niemandem über das Stück. Den Raskolnikow war ich damals nicht imstande ganz zu lesen, das heißt, den Romanablauf weiter und zu Ende zu verfolgen. Ich schlug irgendwo auf, wobei ich sorgfältig vermied, etwas, das ich schon gelesen hatte, nochmal zu lesen. Das Ende des Buches und viele Stücke aus der Mitte las ich erst viele Jahre später.
Das zahme klassische Ensemble kam sehr lange Zeit völlig aus meinem Gesichtskreis. Es wurde mir fremd. Ich erinnerte mich Goethes garnicht. Langsam stellte sich eine Verbindung her zwischen dem klassischen Ensemble einschließlich Schule und Lehrerschaft mit dem stumpfen Bürgertum. Mit denjenigen Elementen, die mir jetzt in der Nähe und von weitem begegneten, die den Staat politisch betreiben, Zeitungen herausgeben, Bilder sammeln, Museen bauen, in Konzerte und Theater laufen, Schauspielerphotographieen ansehen, – langweilige, oft verächtliche Elemente, die nur Widerstand repräsentieren. Dieselben bürgerlichen Schichten, sah ich, sind es, die das klassische Ensemble verehrten.
Zur selben Zeit lief die amoralistische Woge Nietzsches[13] über mich. Diesen las ich mit physischem Zittern. Es war nicht ein Ideal, das er aufstellte, was an mich schlug, sondern die Begegnung mit einem tiefen aufgewühlten Menschen. Sein beispielloser Lebensernst. Damals lernte ich auch den [«]Idiot[»][14] von Dostojewski kennen. Es war jahrelang mein liebstes Buch, das ich nie zu Ende las. Es erfreute mich schon, wenn ich es in der Hand hatte. Ich nahm es überall mit, las immer wieder, irgendein viertel Kapitel, ohne es zu verstehen, da ich mich ja um die sogenannten Zusammenhänge garnicht kümmerte. Den Schluß habe ich sicher einige hundertmal gelesen, Wort für Wort. Aber fast die Hälfte des Buches kenne ich möglicherweise heute noch nicht. Die übliche Methode der Lektüre, dieses profane Abtuen, vermochte ich auf dies Buch nicht anzuwenden. Bedeutend größer wurde meine sachliche Kenntnis von den [«]Karamasows[»][15].

Hierfür den Grund anzugeben, bin ich nicht imstande. Neu, unbuchmäßig lebendig erschienen mir viele Teile auch dieses Werkes. Jedoch muß ich Dostojewski wohl damals schon leicht von mir entfernt haben; jedenfalls vermochte ich die [«]Karamasows[»] fast ungestört, wenn auch hier und da geblendet und noch wochenlang fixiert, ordnungsmäßig durch und zu Ende zu lesen. Ich weiß und wußte, wer der reale Mörder war: etwas ähnliches wäre mir bei den früheren Büchern nicht vorgekommen.
Noch vom Beginn des Krieges ist mir in Erinnerung eine gesprächsweise heftige Gegenüberstellung des lebendigen, aktiv antreibenden Dostojewski und Goethes, des muffigen Gottes der Gebildeten, der Vertrockneten, vom Volk Abgefallenen. Tolstoi[16] war mir zu sanft, christlich elegisch. Dann dachte ich eine lange Zeit auch nicht viel mehr an Dostojewski.
Ich wurde älter, beobachtete, schrieb. Bisweilen erinnerte ich mich Dostojewskis als eines enormen historischen Phänomens, als einer Seelenkraft, die mir aber jetzt nicht helfen konnte. Den [«]Idiot[»] hielt ich noch immer gelegentlich in den Händen, las die und die Seite und kehrte zu meinen Dingen zurück: er konnte mir nicht helfen. Eine merkwürdige Vorliebe stellte sich für Stendhals Buch «Rot und Schwarz»[17] ein, für das Nüchterne, Skeptische, Beobachtende, Sachliche darin; sein romantisches Brimborium fand ich überlebt. Die Natur, die Sachlichkeit lockte mich auf Schritt und Tritt. Es hatte sich allerlei mit mir verändert. Mehr Material war eingedrungen, die Übersicht war höher, die Durchdringung aktiver, weniger hingerissen geworden. Ich konnte dem Material schon etwas gegenüberstellen, was selbst Sprödigkeit und Entschiedenheit war. Daraus folgte größere Entfernung vom Material, Zurückhaltung und Skepsis. Während ich bisher länger eingeatmet hatte, wurde jetzt die Ausatmung tiefer und länger.
Nach Kriegsende, als ich meine Bücher zu Hause wieder auspackte, fielen mir die Gespräche mit Eckermann[18] in die Hände.

***

Rührend bei Goethe:
Er verseufzt Jahr um Jahr im Winter die trübe Zeit vor dem kürzesten Tag. Er sitzt seinen Freunden gegenüber, schenkt ihnen, während er selber nichts nimmt, Wein ein. Er unterhält sie von alten und neuen Dingen.
Seine Marienbader leidenschaftliche Liebe im hohen Alter.
Er nimmt überall seinen Geologenhammer mit, prüft das Gestein.
Bei dem Lissabonner Erdbeben[19] fand ihn, als er noch jung war, sein Diener nachts am Fenster, den Himmel beobachtend, von dem Gefühl eines entsetzlichen Vorganges tellurischer Art heimgesucht.
Am Strand hebt er einen Knochen auf: es ist der Zwischenkiefer.
Die Herleitung der Farbe aus dem trüben Medium und der Helle.
Er lebt so lange. Seine schweren Alterskrankheiten, die er immer überwindet. Sein spielendes Sterben.
Seine Launenhaftigkeit. Der Wechsel seiner seelischen Färbung.
Seine Freude am Denken, an guten Gedanken.
Die Weite seiner Interessen. Das Gefühl, daß man an alles heran muß. Hinter allem, in allem steckt etwas.
Das Nebeneinander von heftigen Begierden und größter Ruhe und Sachlichkeit.
Seine Ungeniertheit, Natürlichkeit im Verhältnis zu seinen Trieben. Er fordert die Gesellschaft heraus, aber will es nicht.
Wie rasch er über den Tod anderer hinwegkommt, etwa über den seines Sohnes[20]. Der Tod ist etwas Wertloses, es läßt sich nichts damit anfangen, daß einer tot ist.
Er trinkt gern. Er ißt gut. Er hält viel von Kenntnissen, aber nichts von Gelehrsamkeit.
Er hat schon zu Mozarts Zeiten gelebt.
An Lord Byron[21] kaut er viel herum. Der gefällt ihm und, er sagt es nicht, der wurmt ihn. Diabolisch, Mädchenverführer, Parlamentsredner, Abenteurer, Griechenlandfahrer: das ist größerer

Stil als Goethesches Privatleben, Ministerschaft in Weimar. Er hält das aber anderen vor.
Ein Mensch, der Gedanken hat, viele, wechselnde. Er schüttelt sie von sich ab und stellt sich wieder neu hin.

***

Voltaire[22] zieht sich nach der Schweiz zurück und fängt an, von da die Welt mit Aktualitäten zu bombardieren. Er greift ein.
Goethe geht in und um Weimar herum, spaziert in seinem Garten. Zeitungen, Bücher, Bilder, Steine kommen in sein Haus; er liest, diktiert. Er wächst und stirbt. Über sein Haus greift er sichtbar nicht hinaus. Er betrachtet sich als ein Ding an sich.
Dostojewski, Voltaire, einige Religionsstifter und Helden waren Führer. Goethe war nur Goethe. Vorwürfe wurden ihm deshalb schon zu seinen Lebzeiten gemacht.
Es ist ein Unrecht, wenn sich niemand um die Führerschaft kümmert, besonders der, dem sie zusteht. Es gibt zweierlei Führerschaft. Eine Zeit, die unter verrotteten Einrichtungen leidet, ist geneigt, den Kampf gegen die verrotteten Einrichtungen für den wichtigsten, für allein wichtig zu halten. Es gibt noch etwas, das langsamer als Einrichtungen ist, sich aber auch verändert, viel langsamer verändert und gepflegt werden muß: die menschliche Artung selbst – Vorstellungen, Antriebe, Gefühlsweisen. Hier ist der Boden der zweiten viel seltneren Führerschaft.

***

Goethe schrieb deutsch. War im Sinne der heutigen Zeit kein Deutscher. War so Deutscher, wie Dante[23] Katholik war: nämlich bevor es Protestanten gab.
Auf eine kurze deutschtümelnde Periode[24] kam Italien[25]. Er drängte auf tausend Wegen über Deutschland hinaus, um sich zu nähren und zu erweitern. Er verbreiterte seine Grundlage.

Heute: nur wer wirklich national ist, kann international belangvoll sein. Damals: nur das Omninationale kann sich national behaupten. Schließlich: er hielt den Zusammenhang mit der Natur im Denken und in seiner Artung aufrecht.

***

Zweierlei: Führer und Wortführer. Die Herren der Bücher, Rednerbühnen, Theater, öffentlichen Meinung sind Wortführer. Sie werden in der Regel von anderen Kräften geführt.

EINDRÜCKE EINES AUTORS BEI SEINER PREMIERE

Da ich ein Stück[1] – vor zwei Jahren – geschrieben hatte, mußte ich meine Sünde büßen und nach Leipzig fahren.[2] Ganz so war mein Gefühl: alle Fehler, Leichtfertigkeiten der Arbeit werden mir jetzt grell vor Augen gestellt werden. Und dann: sie können spielen, loben, tadeln, was sie wollen – an den vier Akten von acht Wochen, da ich daran schrieb[3], mein Herz, man kann es gar nicht berühren.

Ein Hauptbahnhof, der mich beglückte; weite einfache Hallen, aber dieses Netzwerk der Eisenträger, spielerische Eleganz und strenge Sachlichkeit, Nüchternheit zusammen. Ich blickte mir minutenlang den Bahnhof an; er war ein Geschenk. Über einen breiten Platz in die sehr lebendige Stadt. Ich kannte sie noch nicht, kenne ja überhaupt wenig Städte; teils ist es Geschick, teils Wille; die Dinge sind sehr aufdringlich. Aber diese Stadt ist ein schönes Wesen. Eine Straße gleich an der Bahn heißt Goethestraße[4]: ich bin ersichtlich nicht mehr in Preußen. Ich sah mit eigenen Augen das Bild des tiefen und reichen Weimarer Man-

nes in Bronze an einem Hauptplatz[5]; ich war nicht mehr in Berlin, wo man ihn im Tiergarten zwischen Bäumen versteckt[6] (aber er hätte diese Akazien vorgezogen dem Anblick dieser Rudel Börsengötter und Verdiener auf der Straße). Wer in Berlin zu Bronze oder Stein werden will, muß aus dem Kommiß stammen; also vom Major aufwärts. Schöne Boulevards sah ich in Leipzig, wohlgepflegte Alleen. Prächtige Schaufenster, ganze Reihen moderner Geschäftshäuser. In kleinen Seitenstraßen und auf dem und jenem Platz alte bemalte Bauwerke und zahllose Durchgänge. Mitten zwischen dem Großstädtischen stehen Idyllen der kleinen Höfe mit Fässern. Man gibt hier gern und weitläufig Auskunft; mit der Richtigkeit steht es ebenso wie zu Hause. Ich pendelte kreuz und quer, bis ich an eine grüne Promenade kam. Man zeigte mir ein sehr hohes rotes Dach, das war das Theater.[7] Ich hatte wirklich einen Augenblick Scheu, hineinzugehen; mir taten die Leute leid, die mein Stück spielen sollten. Ich hatte Scham, dazu ein Mitgefühl mit ihnen, so wie vor sehr langen Jahren mit Fritz Mauthner[8], mit dem ich jetzt öfter Grüße tausche: ich schickte ihm als Student meinen ersten Roman[9], aber unter einem schamhaften Pseudonym. Er bat mich, zu kommen – ich kam nicht, ich konnte nicht. Ich erbat mein Manuskript zurück; er schickte es, postlagernd, unter dem falschen Namen. Die Post gab mir meine Handschrift nicht zurück, da ich mich nicht legitimieren konnte und wollte; die Handschrift ist verlorengegangen.
Als ich in der Loge dieses Theaters saß und der Probe zuhörte, erschrak ich. So erschrak ich vor vier Wochen, als Tilla Durieux ein Kapitel meines neuen Romans öffentlich vorlas[10]; es war mir schrecklich, peinvoll, schnitt mir ins Herz; ich mußte mich langsam gewöhnen. Man probierte eine Gruppenszene des zweiten Aktes[11]; die Stellungen, Bewegungen wurden immer von neuem so und so versucht; die Spielerinnen mußten jedesmal ihr vorgeschriebenes Entzücken frisch herausbringen. Eine sonderbare und lehrreiche Sache. Hier sieht man, was der Großmeister verlangt: man muß die Poesie kommandieren können; gute Sa-

chen werden getrennt und kalt gemacht. Der Laie glaubt, wenn er etwas «gefühlvoll» ausdrückt, damit sei es geschehen. Man erkennt den Dilettanten an der Überschätzung des Gefühls. Mein tiefstes Erstaunen erlebte ich aber, als drei Pilger am Schluß dieses Aktes[12], drei Hauptfiguren, auf die Bühne traten und langsam ihren Dialog abwickelten. In einem ganz jungen Einakter[13] hatte ich eine tollgewordene Bühnenszenerie geformt, die sich gegen den Dichter wendet, deren der Dichter vergeblich Herr zu werden sucht. Hier sah ich die drei Menschen ganz anders, als sie mir vorgeschwebt hatten, und – sie waren gut, ja manchmal schien mir: besser als ich sie mir gedacht hatte. Eine lehrreiche Geschichte. Offenbar bin ich mit meinem Text nur Materie für die Spieler. Es ist ja im Prinzip mein Stück, anderseits auch nicht. Der eine[14] der drei Herren (Ambrosius im Stück) hatte seine Rolle wirklich so vertieft, verfeinert, beseelt – daß er völlig seine Figur war, seine Dichtung, nicht meine. Er hatte eine Auffassung von der Rolle, die viel reicher und stärker durchädert war, als ich vorsah; ich protestierte gar nicht, ließ sie ruhig spielen. Solch Stück ist beinahe nichts weiter als ein Rahmen, ein Netzwerk von verschiedener Engigkeit, in dem sich die Schauspieler bewegen. Die bringen ihre Qualitäten mit; ein Narr, der sie hindert, ihre Qualitäten einzusetzen.
Nach vielen Proben dann die Hauptprobe. Weiß man, was Prostitution ist? Und weiß man, was Zusammenklang, Kameradschaftlichkeit ist? Ich schwebte bei der Hauptprobe zwischen diesen beiden Gefühlen: man fällt über mein Herz her, man stellt mich hin, stellt mich bloß – und dann: wie sie sich mühen, wie der Regisseur[15] unermüdlich, unerbittlich, mit feinster Feinheit als mein Kamerad wirkt, wie die Schauspieler alle kameradschaftlich an einem Gesamtwerk arbeiten, zu dem ich etwas geliefert habe, wie sie selbst etwas liefern. Der Bühnenarchitekt[16] und der Regisseur hatten sich den Kopf zerbrechen müssen, wo ich leichtsinnig gehüpft war. Der letzte Akt dieses Stücks stellt eine mittelalterliche Gerichtsszene dar; ich hatte mir ein Gewühl von Menschen auf einem Markt gedacht; Tag und Nacht waren in

meiner Phantasie Realitäten. Hier war die Bühne und der Geist des Stückes Realität: einfacher kantiger Aufbau, rechts die Verbrecherin, das Weib[17], links der Richter[18], der Mann; darüber wechselnd nicht das Licht des Tags und der Nacht, sondern die Farben der Stimmung. Ich habe in Berlin bei ununterbrochenem Theaterbesuch kaum eine so durchgeistigte Auffassung des Raumes und des Lichts gesehen (neben diesem Kronacher vielleicht Martin[19] und Jeßner[20]). Die Aufführung brachte mir viel Leiden; es zeigte sich: ich bin mit dem Stück noch sehr verbunden, es riß fatal an mir. Über die Bühne ging das Weib, die Äbtissin eines Klosters (Cesare Borgia[21] auf dem Papstthron), in immer neuen Gestalten, neuen Kleidern; eine wunderbare Spielerin. Das Weib und die Schönheit wollten ihren Triumph; der Mann und die Strenge standen gegen sie auf, warfen sie nieder. Der Kampf der beiden ist noch heute nicht beendet. Ich war zufrieden mit ihr. Nach dem Ausspruch des kompetentesten Dramatikers kann der Stückeschreiber nichts tun als der Zeit einen Spiegel vorhalten.[22] Das menschliche Schicksal kann man nur entfalten, ausbreiten. Der Neuruppiner Bilderbogen[23] ist recht für meinesgleichen.

Schwer zog ich aus dieser Stadt, in der ich Freunde und Freundinnen gefunden hatte. Sonderbar, daß ich mich am Abend vor klatschenden Leuten verbeugen mußte. Ich bin euer Spiegel, euer Herz; was soll das: sich verbeugen.

Ich ging noch am Bachdenkmal[24] vorbei. Ach, habt ihr's gut in Leipzig. Ich muß wieder zu Zieten[25] und Scharnhorst[26].

BEMERKUNGEN ZU
«BERGE MEERE UND GIGANTEN»

Nach meinem Roman «Wallenstein» war ich 1919/20 heftig politisch mitgenommen, hatte fortlaufend, auch schriftlich, Stellung genommen. Mit der «Linken Poot».[1] Das war eine andere Stilart, Sprechweise; es war gut, sie besonders zu benennen. Kant war ja auch nicht Kant als Geographieprofessor, der er auch war.[2] Dann plänkelte ich, es kam ein mittelalterliches Schauspiel («Die Nonnen»).[3] Inzwischen hatte ich am Ostseestrand[4] 1921 einige Steine gesehen, gewöhnliches Geröll, das mich rührte. Steine und Sand nahm ich mit nach Hause. Es bewegte sich etwas in mir, um mich.

Wie ich zu Kriegsende aus Elsaß-Lothringen[5] den «Wallenstein» ohne Schlußkapitel[6] nach Hause brachte, fühlte, suchte ich in mir herum, wie ich ihn enden sollte. Am besten, dachte ich manchmal, gar nicht. Dann wurde ich damals, Anfang 1919 in Berlin, von dem Anblick einiger schwarzer Baumstämme auf der Straße tief betroffen. Er muß dahin, dachte ich, der Kaiser Ferdinand. Das, was mich berührte, die Gefühlsströmung, das neue Geistige, griff sofort an, was es fand. Nahm in Beschlag, was eben eine andere verwandte, hinfließende, abströmende Geistigkeit hinterließ. Wie schwach, das mit der Wendung «neue Einstellung» abzufinden. Wir sind fürchterlich im Denken verstümmelt durch das tägliche praktische Handeln mit seinen klaren Anforderungen, durch die Notwendigkeit rascher Entschlüsse, durch die Gewohnheit. Rätselhafte Dinge verlieren nach zehnmaliger Wiederkehr alles Rätselhafte, ohne im geringsten geklärt zu sein. Das meiste Entdecken und wissenschaftliche Denken besteht darin, dem dummen Schlund der Gewohnheit und des praktischen Umgangs Stücke zu entreißen und ihre Dunkelheit zu zeigen. Ich «stelle mich neu ein»; das war nur Symptom für einen inneren Vorgang. Wie ich die schwarzen Baumstämme sah und mich betroffen fühlte, erfolgte eine Kindbewegung im Mutterleib.

Der Kaiser Ferdinand mußte sogleich auf diesen Weg. Ich lachte, aber ihm war keine Frist gegeben. Ich fühlte, das ist ein Bruch. Das ist schon nicht mehr der «Wallenstein», sondern etwas Neues. Aber ich sollte und mußte den Kaiser, wie auch seine Vergangenheit war, dahin führen. Wenn er auch in dieses neue Reich sich nur verirren und darin nur verkommen sollte. Und was sollte er auch da anders; ich fand mich ja selbst darin nicht zurecht. Aber diesen wunderbaren Punkt mußte ich dem Buch geben. Ich freue mich noch heute darüber, daß ich mich um keinen Widerspruch, Regel, Konsequenz kümmerte, sondern hinsetzte, was ich mochte, was ich liebte über mich hinaus.

Es blieb nicht bei dem Punkt. Mir geht es so: ich kann einige Dinge, die mich anfänglich sehr fesseln, nicht planmäßig verfolgen. Sie entschwinden mir. Ich weiß nicht, wo sie hinkommen; aber wenn sie wichtig sind, treten sie wieder und immer wieder auf, und dies ist die Art, wie ich diese Dinge «verfolge». Es ist eine Art Feuerprobe, die die Dinge erfahren. Kommen sie nicht wieder vor mich, so sind sie ausgemerzt und waren nichts. Zwischen dem Politischen hatte ich mich 1920 einige Monate noch – ich weiß nicht, wie ich darauf kam – mit Biologie befaßt, die mich jahrelang nicht bekümmert hatte, und dann mit allerlei aus den Naturwissenschaften. Ich roch da hinein und da hinein. Exzerpierte von Ameisen und wie sie ihre kuriosen Kohlfelder bauen, dann Astronomisches und Geologisches. Wohin das wollte, wußte ich nicht. Eine Notiz in einem historischen Buch[7] von der Abbatissa Judith von Kemnade riß mich für einige Monate in eine ganz andere Bahn. Die Steine an der Ostsee aber rührten mich. Zum ersten Male, wirklich zum erstenmal ging ich unsicher, nein ungern nach Berlin zurück, in die Stadt der Häuser, Maschinen, Menschenmassen, an denen ich sonst fest, ganz fest hing. Ich hatte den Wunsch[,] noch länger in der freien Natur zu sein und einmal diese, diese Dinge um mich herum laufen zu lassen.

Ich bin von klein auf Städter, Großstädter; mit fünfzehn Jahren[8] sah ich auf einer Landpartie den ersten Kirschbaum. Mich um

Tiere, um das Land zu bekümmern schien mir lächerlich, romantische Fexerei, alberne Zeitvergeudung. Preußische Strenge, Sachlichkeit, Nüchternheit, Fleiß ist mir auf dem Berliner Gymnasium[9] anerzogen worden. Ich kann mich noch erinnern meiner fast atemlosen Freude, als die ersten Drähte für die Elektrische in Berlin ausgespannt wurden[10] und daß ich zum Spott einiger Kameraden mit wirklichem Entzücken ein halbes Dutzendmal nach Kroll[11] zog, nicht aber zum Theater, sondern um neben dem Eingang in den Kellerraum zu sehen, wo eine Maschine stand, die ich gar nicht verstand, aber die mich auch gar nicht losließ.[12] Bis in meine letzten Jahre hatte ich etwas gegen die Natur, habe es oft gesagt und auch geschrieben. Mich widert noch heute das Aufsuchen ästhetisch schöner Landschaften an. Es ist erbärmlich, an einer Wolkengruppe nichts zu finden als die schöne Schattierung. Die Welt ist nicht zum Begucken da. Junge Fräuleins sind nicht das Maß aller Dinge.

Dann aber kam es, ich sagte schon, nach dem Kriege über mich. Mit dem inkonsequenten Punkt am Schluß des «Wallenstein» fing es an. Die Steine in Arendsee.[13] Es hatte mich. Die Askese der preußischen Schule ließ nach. Oder setzte sich um. Die Träne quoll, die Erde holte mich.[14]

Ich fixierte die Aufsätze über die Natur: «Das Wasser»[15], «Die Natur und ihre Seelen»[16], «Buddho und [die] Natur»[17]. Wollte die Sachen zu einer Broschüre zusammenstellen[18], tat es nicht, konnte es nicht. Der Leitsatz dieser Anschauungen war: «– Ich – bin – nicht.»

Ich erlebte die Natur als Geheimnis. Die Physik als die Oberfläche, das Deutungsbedürftige. Ich merkte, nicht nur ich hatte keine Stellung zur Natur, zum Weltwesen, sondern zahllose andere auch nicht. Ganz anders, verblüfft, sah ich jetzt in die Lehrbücher, vor denen ich sonst Respekt hatte. Ich suchte und fand nichts. Sie wußten nicht um das Geheimnis. Ich sah, ich erlebte täglich die Natur als das Weltwesen, das ist: das Schwere, das Farbige, das Licht, das Dunkel, die zahllosen Stoffe, als eine Fülle von Vorgängen, die sich lautlos mischen und durchkreuzen. Es passierte mir, daß ich über meiner Kaffeetasse saß und mich nicht zurechtfand vor dem, was da geschah: der weiße gepulverte Zucker verschwand in der braunen Flüssigkeit, löste sich. Ja, wie ist das möglich: «Lösung». Was tut das Fließende, Flüssige, Warme, dem Festen, so daß es nachgibt, sich hinschmiegt. Ich weiß, daß mir oft ängstlich, körperlich ängstlich, schwindlich unter diesen Dingen wurde, – und, ich gesteh es, manchmal ist mir noch jetzt nicht wohl.

Einige Monate war der Druck dieser Dinge so stark, daß ich mich willentlich von ihnen abwandte. Ich mußte es. Ich mußte etwas schreiben, um sie loszuwerden. Etwas anderes, ganz anderes schreiben. Resolut machte ich mich daran. Am besten etwas Episches. Da konnte ich mich am leichtesten hineinwerfen, es würde mich weit wegtragen. – Es ging mir sonderbar.

Kritiker hatten mir vorgehalten[19], ich müßte immer mit großem historischen Apparat arbeiten. Sie bestritten also meine Phantasie. Das ärgerte mich. Ich wollte diesmal gewiß nichts Historisches machen. Außerdem hatte ich eben die mittelalterliche Judith hinter mir. Ich wollte diese heutige Zeit. Etwas Scharfes, Aktives gegen das «Geschehen» der Natur. Ich gegen mein Nichts. Und episch, in Bewegung, konnte das nichts weiter sein als: diese Zeit über sich hinausgetrieben. Mit der Gegenwart an sich war nichts anzufangen; ich bin nicht Zola[20] oder Balzac[21]. Ich mußte einen leeren Raum haben, von dieser Zeit an. Also die Zukunft. Das war das prächtigste Feld für Aktivität und Phantasie. Ich war glücklich, als ich es fand.

Erst warf ich ein paar Proben hin. Das erste, was ich von dem Buch schrieb, war die Fahrt des Negers Mutumbo, später eingebaut in das «Grönland»-Buch, Seite 432 des fertigen Werks.[22] Da fährt einer über das Meer, brennt Löcher hinein, hat einen Zauberschleier, das Meer muß über seinem Kopf haltmachen. Dann kam der Plan einer Riesenexpedition; ich wußte zuerst nicht wohin. Aber ich wollte nicht in die Luft zu den Sternen gehen, es sollte ein tellurisches Abenteuer werden, Ringen mit der Erde. So: diese Menschen, nichts weiter als eine Bakterienart auf der

Rinde der Erde, werden übergewaltig durch Gehirn und Geschicklichkeit. Sie nahmen den stolzen herrischen Kampf mit der Erde selbst auf. Rasch hatte ich, Ende 1921, das Ziel Grönland: Eiswüste, darauf gerichtet die Vulkane von Island. Ich hatte direkt das Bild heizender Öfen: die Vulkane als Öfen, mit Riesenschornsteinen, Hitzeträgern, Hitzekanälen versehen, die über das Meer westlich nach Grönland reichten. Die Vulkane massiv umbaut, die Erde in der Tiefe gelockert.
Ende 21 tastete ich mich, getragen von der Sache, die mich mit ihren Weiten, ihrer Grenzenlosigkeit ungemein erfreute, stolz und übermütig machte wie einen Reiter, der auf einem Pferd über eine Steppe jagt, tastete ich mich an das Terrain heran: atlantisches Meer, Island, Grönland. Konsumierte in der Staatsbibliothek[23], Stadtbibliothek[24] Atlanten, Geographiebücher, Spezialkarten, wanderte durch das Meeresmuseum[25], Naturkundemuseum[26]. Zugleich wurde mir der Hintergrund klarer. Ich fixierte in dem großen schwarzen Leinenheft[27], in dem ich die Pläne meiner Romane hingeworfen hatte: «Die große Stadt. Aufbau ihrer Industrie und Technik. Sie ist gewaltig. Gewaltiger als die Natur. Zuerst kamen die Könige. Gesang von den Rittern. Die Geschichte dieser Erde. Die Kriege. Die Wissenschaften. Dann kamen die Arbeiter. Die Große Stadt. Berlin. Was in ihnen lebt. Der Kampf der Natur mit der Technik. Die erotischen Typen. Wie zum Schluß ein Vulkan sich öffnet. Oder wie die Häuser leer gelassen werden. Sie lassen sich nicht von den Häusern beherrschen. Die Entfremdung der Menschen von der Natur.» Epos und Hymne. Hymne auf die Stadt.
Anfang 22 war ich so ungeduldig geworden, daß ich meine Berufsarbeit für vier Wochen hinlegte[28], um die Ausführung zu fördern. Es drehte sich nur um das Island-Grönlandabenteuer. Ich zeichnete Spezialkarten von Island, trieb Vulkan- und Erdbebenkunde. Es ging rasch ins Geologische und Mineralogisch-petrographische hinein. Wie immer schrieb ich zugleich und arbeitete im Material. Ich lebe da von der Hand in den Mund. Jedenfalls zunächst. Allmählich bekomme ich, im Arbeiten, einen

Überblick über meinen Bedarf und lege eine Materialsammlung an. Die wächst während meiner Arbeit, im Briefordner alphabetisch nach Schlagworten geordnet, zu einem dicken Volumen an. Im ersten Vierteljahr 1922 wurde das Island-Grönlandbuch hingehauen. Ich wußte ungefähr, woher die ganze Bewegung kam, noch gar nicht, was draus werden wollte.
Aber etwas merkte ich bald in diesem Beginn: ich war ausgezogen, um den schrecklichen mystischen Naturkomplexen auszuweichen. Und – saß mitten drin. Mitten drin. Ich hielt mineralogische, petrographische, geographische Bücher in der Hand, betrachtete Steine im Museum! Von einer anderen Seite kommend war ich wieder hier eingedrungen. Versunken. Es hatte sich wieder erhoben. Die stärkste Waffe, die ich gegen diese schweren, die Brust beengenden Gedanken erhob, hatte nichts genutzt. Es ging mir selbst, wie das Thema sagte: die menschliche Kraft gegen die Naturgewalt, die Ohnmacht der menschlichen Kraft. Ich hatte, ohne zu wissen und wollen, ein Spiegelbild meiner kleinen Spezialbemühung gegeben. Aber doch war ich nicht derselbe, wie vor Beginn des Buches. Jetzt beengten mich diese Gefühle von der Natur nicht mehr. Ich sage immer: «Natur». Es ist nicht dasselbe wie «Gott». Ist dunkler, ungeheurer als Gott. Das volle schwirrende Geheimnis der Welt. Aber doch etwas von «Gott». Es scheint mir richtig, daß man sich diesem furchteinflößenden Rätsel nur mit Schuhen in der Hand und nur selten nähert. Jetzt, wo ich schrieb, fand ich, das Geheimnis hatte sich verwandelt in meinem Gefühl. Ich fand in mir vor eine sichere starke nach Ausdruck verlangende Gewalt und mein Buch hatte eine besondere Aufgabe: das Weltwesen zu preisen.
Ich – betete –. Das war die Verwandlung. Ich betete und ließ es gehen. Ich widerstrebte nur so leise, wie man im Gebet widerstrebt. Mein Buch war nicht mehr der gigantische Kampf der Stadtschaften, sondern Bekenntnis, ein besänftigender und feiernder Gesang auf die großen Muttergewalten. Etwa im Mai 22, als ich mich auf einige Monate nach Zehlendorf zurückgezogen hatte[29], sprach ich es in der «Zueignung» des Buches aus.[30] Ich

hatte die Waffen vor dem autonomen Willen in mir gestreckt. Und wußte und weiß: eine autonome Macht hat sich meiner bedient.

Um diese Zeit, Mai 22, ließ ich das im Prinzip fertige Island-Grönlandbuch liegen, begann systematisch von vorne zu schreiben. Auf meinem Planzettel[31] steht:

«Im ersten Buch wird die Eroberung der Welt beendet. Der Plan der Abschmelzung des Grönlandeises. Es gab Stadtviertel mit nationalen Resten, die sich hassen. Ein Neger von der Goldküste. Die Maschinenherren bedienen sich des Gewaltmenschen. Eine Szene: das Niederkartätschen der Zuvielen und dann der Maschinenherren selbst. Die Leichen der Erschossenen einbalsamiert, hingen an den Säulen, jahrzehntelang, aber waren nicht stumm. Bewegten zu einer bestimmten Stunde die Arme, schrien gellend. Das war Mutumbos Uhr. – Der Wahnsinn nach der Enteisung Grönlands. Sie wollen alle Stadtschaften verwüsten. Damals die Umwandlung der Vergnügungsstadt, der Messingstadt.

Eine Figur: hochaufgeschossener, völlig junger Mensch mit tiefliegenden Augen; hat Omnipotenzschwindel. Er wollte von Göttern abstammen, an die er zu glauben befahl. Läßt sich in Tierfiguren verehren. Er richtete einen Hügel auf; dort in einer kesselartigen Vertiefung sein Palast mit den Masten. Der Grönlandzug wird von ihm empfangen und niedergeworfen.

Die Ausdehnung dieser Herrschaft über die Erde. Das erschütternde Bild von der Flucht und dem Rückzug afrikanischer und arabischer Herden aus dem Stadtbereich.

Die letzten Menschen haben die Fähigkeit sich zu verjüngen. Sie können nicht sterben. Der Prozeß der Verjüngung, beziehungsweise des Festhaltens auf einer bestimmten Altersstufe; schlafartige Versenkung. Diesen gegenüber die Natürlichen, die Älteren. Ihr letzter Kampf.»

Dies wurde über und um das Island-Grönlandbuch herum gestreut und geplant. Daß ich so viel und immer mehr um das Zentralbuch hereinstreute, hatte auch den heimlichen Vorteil, daß

ich mich wieder und immer wieder davon – abzog, daß ich mich wenigstens vorübergehend – drückte.
Die beiden ersten Bücher sind diese Untermauerung, die Einleitung. Es fesselte mich da rasch, zu verfolgen, plastisch zu sehen und plastisch hinzustellen, wie sich unter dem Ausblühen und Vordringen der Technik die Menschheit, der soziale Organismus und die Tierart Mensch, verhalten. Es war keine Möglichkeit ausführlicher zu werden; aber alles, was ich anfaßte, war in Gefahr zu einem ganzen Buch auszuwachsen. Ich mußte rechts und links kappen und bremsen. Zu meiner eigenen Erholung und um immer wieder Luft zu schaffen, weitete ich von Zeit zu Zeit den Bericht – denn ganze Teile konnten nur Bericht sein – zu einer oasenhaften Erzählung, ließ Vorgänge sich ausweiten. Da ist die Melise von Bordeaux, der ganze Uralische Krieg und andere kleinere Abschnitte. Nach der synthetischen Ernährung und dem Uralischen Krieg war zunächst kein Fortgang, keine Übergipfelung möglich. Es war ein anderes Register ziehen. Nach den Massen und der Gedrängtheit der ersten Bücher mußte mehr Lichtes und Personales kommen. Ich bin ein Feind des Persönlichen. Es ist nichts als Schwindel und Lyrik damit. Zum Epischen taugen Einzelpersonen und ihre sogenannten Schicksale nicht. Hier werden sie Stimmen der Masse, die die eigentliche wie natürliche so epische Person ist. Das Einzelschicksal einer Stadtschaft, einer repräsentativen, Berlins, lief nun ab; Marduk, der zweite Konsul, sein Freund Jonathan und die Frau Elina begleiteten, enthüllten tönend den Vorgang. Diese beiden Bücher, das dritte und vierte, wurde ein Roman für sich. Völlig zu Ende wurde das Thema des ganzen Werkes in ihnen geführt, noch über das Island-Grönlandabenteuer hinweg. Marduk und Elina waren die ersten, die die Waffen gegen die Natur, und eigentlich gegen sich, niederlegten. Marduk wurde aufgebrochen, geschmolzen von Elina und fand zur Erde zurück. Er fand hinter, unter seinem gewalttätigen Leben sich.
So war ich an meinem Grönlandblock vorbeigelaufen. War über ihn hinausgeschossen. Was sollte ich mit ihm machen. Es war

keine Sorge. Das war das Einzelschicksal, das inselhafte, bedrohte, einer Stadtschaft gewesen. Die ganze Technik, der ungeheure Machtapparat der westlichen Menschheit lebte noch. Sie mußten den Weg Marduks gehen. Das Bild ist so:

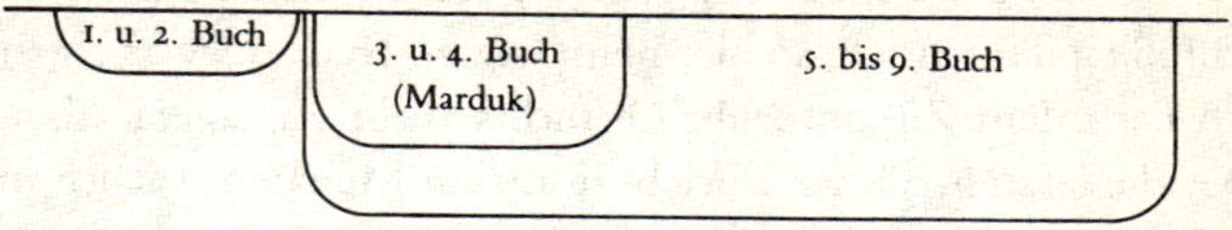

Das 1. und 2. Buch läuft bis zum Zusammenbruch der Technik und bleibt da stehen. Marduk führt in zwei Büchern an das Ziel des ganzen Werkes. Die gesamte Menschheit braucht einen längeren riesig ausholenden Weg, um viel später an dasselbe Ziel zu gelangen. Dies das 5. Buch bis zum Schluß.
Nach den Mardukbüchern hatte ich mich in einem Übergangsbuch, dem 5., an die beiden Urmassive, das Island-Grönlandwerk, heranzuspüren. Dann fing ein ganz neues Lied an. Das eigentliche große. Ein neuer Geist machte die anfängliche Zeichnung fertig. Es war noch einmal der Uralische Krieg, aber nicht kurz und mit leerem Ausgang, sondern in voller Breite und mit dem Auswirken aller Konsequenzen. Jetzt erlebt diese ganze Menschheit ihr Schicksal.
Im allgemeinen dirigiert wurde ich von einem Plan, den ich so fixiert hatte[32]: «Marduks Reich. Währenddessen das entsetzliche Weiterwachsen der Erfindungen. Der Sturz der Erfindungen auch über das Reich. Dies Teil I. Teil II: Der Kampf gegen die Natur. Grönland als Höhepunkt. Sturz der Natur über die Angreifer, Mißlingen des Unternehmens. Teil III: Das sanfte Einfinden. Troubadoure.»
Jedoch war das nur die allgemeine Wachstumsrichtung. Das Einzelne machte sich im Augenblick, entwickelte sich nach den Umständen. Übrigens bewegte sich die ungeheure Natur nicht gegen die Menschen. Die Menschen zerschlugen sich an ihr. Diejenigen, denen das Herz aufging, die Augen geöffnet wurden, erlebten ein reicheres Schicksal als Marduk. Kylin und Ve-

naska sind nicht Fortsetzungen von Marduk und Elina. Die Figuren der letzten Bücher haben keine selbständige Existenz, sind dicht an die Natur gedrückt. Venaska vor allem ist gar nicht von der – örtlichen und epischen – Landschaft losgelassen.
Wie ich beim «Wallenstein» lange gezögert hatte, bis ich das Schlußkapitel schrieb, so hier beim letzten Buch. Es war eigentlich nach dem Zusammenbruch nichts mehr zu sagen. Als ich aber die letzten Bücher schrieb, in diesen Monaten war ich mit vielem, was ich schrieb, längst fertig. Der innere Druck war behoben. Zuerst hatte ich eine Ungeduld gehabt, an die Dinge heranzukommen, jetzt mich davon abzulösen. Schon lange und oft hatte ich gefragt: «Wie stehst du jetzt?» Es war mir ein glückliches Gefühl, als ich – im Mai 23 – das Geschick Venaskas erfaßte: die schmerzensreiche sehnsüchtige Seele senkt sich in die entsetzlichen tobsüchtigen Giganten, nennt sie ihre Brüder, und sie sterben willig. Die Seele in der Natur. Wir sind nicht an die anderen Gewalten verloren. Wir können uns bewegen. Das mächtige Gebiet der natürlichen «Seelen». Es ist schon nicht mehr dieses Buch. –
In einigen Punkten war das Buch für mich eigenartig. Einmal stilistisch. Ich liebe sonst Knappheit, Gegenständlichkeit. Hier konnte ich Impulsen rein sprachlicher Art nicht widerstehen. Es ging ins Weite, Farbige. Es war, als wenn sich alles autonom machen wollte, und ich mußte auf der Hut sein. Das hohe Niveau mancher Partieen, ihr feiernder, hymnischer Charakter trug dazu bei. Ich will auch gestehen, daß ich das Gefühl hatte, nicht im Gebiet eigentlicher oder gewöhnlicher Prosa mehr zu sein, im Sprachlichen. Wohin die Reise geht, weiß ich nicht. Die alten Versformen erscheinen mir unmöglich. Man soll nichts zwingen, nicht wollen und alles werden lassen.
Dann die Frauen. Ich bin bisher nicht wie die Katze um den heißen Brei gegangen. Sie waren mir einfach nicht wichtig genug. Dazu tut sich leicht, wo Frauen auftauchen, die Idylle, oder Psychologisches, Privates auf; sie sterilisieren das Epische. Man muß sie anders nehmen, wenn man sie episch heranziehen will.

Man muß ihnen die Giftzähne brechen; das Süße, Wichtigtuerische, Kleinzänkische, Interessante an ihnen erst einmal zerknakken. Dann bleibt die richtige Frau übrig. Das nicht mehr eigenbrötlerische Outsider-Ding, sondern das simple elementare Biest, die andere Artung Mensch, Mann-Weib.[33] Denn man muß bedenken, daß die Frau noch anderes tut als wie die entartete Frau «lieben», nämlich wie ein Mann fressen, saufen, krank sein, böse und zahm sein. Ich kam beim Schreiben einigermaßen ohne die Frauen aus. Ich mußte meine Männer davor schützen, durch sie lächerlich und dämlich gemacht zu werden, wie nun einmal «liebende Wesen» werden. Im Zusammenhang mit meinem Thema jetzt, im Gefühlsrahmen dieses Werks bekam ich die Frauen beim Griff. Das prächtige Phänomen Weib war da. Die Naturerscheinung, die Natur Weib. Das war gar nicht so verschieden vom Mann. Es war einfach eine Mannigfaltigkeit der Natur in punkto Mensch. Mir leuchtete auch nicht ein, daß es nur Mann und Weib gibt. Es muß noch Drittes, Viertes geben. Das waren die variierenden Typen des letzten Buches. Die Grenzen zwischen Mann und Weib verwischten sich mir unaufhörlich. Aber es war gerade durch das Verschwimmen der Grenzen ein ungeheurer Reiz in der Beziehung der Menschen gegeben. Ich trat jenseits von Normal und Pervers. Ihr «Sinn» wurde mir klar von meinem Grundgefühl aus.

Ich hab schon genug gesprochen. Ich beschäftige mich ungern mit alten Arbeiten, auch darum – ich sagte schon –, weil ich schon woanders bin, und was nützt der Blick auf das Alte. Obendrein hat dieses letzte Buch für mich etwas Singuläres, Furchtbares. Hilft es einem andern, was ich gesagt habe? Ich weiß nicht. Im ganzen muß man langsam lernen, Fremdartiges zu sehen. Das Rätselhafte ist nach zehnmaliger Wiederholung nicht mehr rätselhaft. Ich schreibe weder schwere Bücher, noch leichte Bücher. Ich gebe Daten, – die, wie es scheint, neu und fremd sind. Die «Schwere» oder «Leichtigkeit» solcher Daten ist belanglos, Privatsache.

Lebt für lange Zeit wohl, Balladeuse, M[a]rduk, isländische Vulkane, grönländische Gletscher, Venaska, Giganten. An unsern Früchten soll man uns erkennen.[34] Ihr seid ich und nicht-ich. Ich bin froh, daß ich kein Schnüffler bin, euch wie ein guter Wirt empfangen habe, als ihr in meinem Hause Platz nahmt. Ich habe euch nicht nach woher und wohin gefragt. Wir verstehen uns am Händedruck und Blick, auch jetzt, wo ich euch Lieben und Schönen zur Türe begleite.

DEUTSCHE ZUSTÄNDE – JÜDISCHE ANTWORT

Sie fragen mich, Herr Redakteur: «Wie hat sich für Sie die Stellungnahme zum jüdischen Problem im Laufe der Jahre und der Ereignisse geändert? Welches war der auslösende Vorgang oder die auslösende Erkenntnis? Welche Formulierung geben Sie dem Judenproblem und welche konkreten Ziele sehen Sie dafür?» Sie schreiben weiter, daß eine große Masse von Juden ein unmittelbares Interesse an derartigen Äußerungen habe. Wollen Sie mich recht verstehen, Herr Redakteur: ich glaube wohl, daß an solchen privaten, autobiographischen Bemerkungen Interesse besteht, – wer hört nicht gern Diskretes von seinem Nächsten –, aber ich bin nicht sicher, ob man die Dinge, um die es sich hier handelt, nicht auf ein etwas kleines, niedriges Niveau, eben das des privaten Erlebnisses, zieht. Was soll uns in dieser Zeit Psychologie? Ich verstehe Sie dann wohl recht darin, daß Sie annehmen, ein privates Erlebnis, eben meines, sei charakteristisch für eine Epoche und seine Mitteilung fördere die Entwicklung. Nun in diesem Sinne will ich, also zur *Sache,* sprechen.

*

Im Laufe der Jahrzehnte – ich bin in Deutschland, in Stettin, geboren[1], auch meine Eltern[2] und Großeltern[3] waren Preußen – hat sich eine wirkliche «Änderung», Umwälzung in meinem Verhalten zur Judenheit und zum Judentum kaum vollzogen. Es hat aber mehrmals eine Akzentverschiebung stattgefunden. Zu hause hatte ich Vater und Mutter, von denen ich wußte, und erfuhr, daß sie sich für Juden hielten und daß ich also Jude sei; kaum aber habe ich mehr bemerkt. Einerseits nahm ich am protestantischen Religionsunterricht, dem offiziellen, nicht teil, andererseits ging ich 2–3 Jahre unregelmäßig in eine Art jüdischen Religionsunterricht, er war aber nicht obligatorisch und kontrolliert, so ging man meist nicht hin. Es war eine langweilige Stunde, in der man seine Arbeiten für Mathematik zu machen pflegte. Dann genoß ich aber ½ Jahr eine monströse Vorbereitung zur Einsegnung. Wenn das eine, der Unterricht in der Schule, eine Farce war, so war diese «Vorbereitung» eine Schande. Der «Lehrer» war der Rabbiner einer kleinen Synagoge, natürlich ein guter frommer Mann. Wir bekamen in lateinischer Schrift die notwendigen hebräischen Sätze aufgeschrieben, auch ihre sinngemäße Übersetzung, und lernten sie auswendig, und dann, und hauptsächlich, erhielten wir die Niederschrift einer Einsegnungsrede, einer Tischrede, die wir an der Festtafel zu Hause hersagen mußten. Diese Rede hatte gut fünf normale Schreibmaschinenseiten Umfang, enthielt einen fromm sein sollenden, hochmoralischen, mit Citaten geschmückten blühenden Unsinn, es war eine beispiellose rhetorische Kanzelgespreiztheit, die wir unseren Gästen verzapfen mußten, – die darauf schon eingestellt waren. Den Blödsinn hatte man auswendig zu lernen von A bis Z, und das war die Haupttätigkeit und das Centrum des Vorbereitungsunterrichts zur Barmiz[w]a.[4] So wurde man [in] die Gemeinde Israels aufgenommen.

Für diese «Gemeinde Israels», auf die man in so bewundernswerter Weise vorbereitet wurde, hatte ich schon früh, und später noch weniger, kein Interesse. Das wird jeder normale Mensch verstehen. Es gehört schon ein geistiger Schwächezustand dazu, hier nicht zu rebellieren, ob ich mich irrte, ob vielleicht doch etwas daran sei, ging ich ab und zu in die[se] oder jene Synagoge Berlins. Gesang und Orgel waren schön, – das Benehmen der Leute aber, der sogenannten «Beter», die in furchtbarer Geschwindigkeit bald laut, bald leise vor sich Texte aus einem Buch murmelten, das sie vor sich hatten, wozu sie Schaukelbewegungen mit dem Rumpf vorführten, war mir unverständlich und nie sympathisch. Ich konnte nicht und konnte nicht diese Leute lieben und mich zu ihnen nähern, die ich während dieser angeblichen Gebete sich mit ihren Nachbarn unterhalten sah, ja die mitten drin irgendeinen, der sie störte, ausschimpften, worauf sie friedlich ihr Pensum weiterbeteten. Es lag daran: ich hatte eine andere Vorstellung vom Beten, – wenn man schon beten wollte. Aber das ganze Beten leuchtete mir nicht ein. Weder die Manipulation noch der, an den sie sich angeblich richtete, bedeutete mir etwas. Von «Gott» erfuhr ich in der Literatur, Wissenschaft und Philosophie (meinen Schopenhauer las ich als Sekundaner)[5] viel mehr, was mir deutlich war. Die ganze Affaire dort mit Gemeinde und Synagoge lehnte ich ab, und ich erinnere mich noch aus meiner Schulzeit, wie ich einmal von einem reichen Onkel[6] am Roschhaschanafest[7] am Vormittag in die Synagoge Oranienburgerstraße[8] mitgenommen wurde (wir Proleten konnten ja, selbst wenn wir wollten, an den Feiertagen nicht in die kostspieligen Synagogen gehen) [,] und da saßen sie alle hier und aufs feinste angezogen und sahen, unten bei den Männern und oben bei den Damen, so wohl genährt und reich aus, und ich wurde von jenem Abscheu erfüllt, den ich immer bei dem so dick zur Schau getragenen Glück der Reichen empfand. Und als wir dann nachher gingen, begleiteten wir einen Bekannten meines Onkels in seine Wohnung, ganz in der Nähe in der oberen Friedrichstraße[9], der Mann war ein Junggeselle, seine Wirtschafterin hatte schon das Frühstück gerichtet und komplettierte es für uns, und ruhig, sich etwas selbst ironisierend, aßen die Herren dicke Schinkenbrote und tranken Rotwein. Ja, sie machten selbst Witze darüber. Aber mich brachten solche Dinge nie zum Lachen, diesen Humor verstand ich nicht und habe ihn auch später in den jüdischen Cabaretts mit Ingrimm abgelehnt und ihn gehaßt.

Von hier aus also habe ich nie erfahren und akzeptiert, Jude zu sein. Diese angeblich jüdische Gemeinschaft, eine familiär versippte Gemeinschaft, in der ich gegenseitige Hilfe, aber keinerlei Radikalität, keine geistige Entschlossenheit fand (sondern das Gegenteil, nämlich Lauheit, Bequemlichkeit und bürgerlichen Muff), diese Gemeinschaft war nicht meine.[10] Negativ aber, von außen erfuhr ich von klein auf, daß ich «Jude» war. Nur die Kehrseite des Judeseins, die Herabsetzung, Verachtung, den bösen giftigen Haß der Verfolger habe ich kennen gelernt – und akzeptiert.

Ich habe den Haß immer akzeptiert als die Herausforderung von Gegnern, so wenig, so nichtig mir die bekannte Judenheit, das mir bekannte Judentum war. Das war, wie ich gut weiß, nicht meine Spezialhaltung, sondern die der meisten aufrechten Männer, denen ich begegnete, und die ebenso weniges mit dem Judentum verband. Es ist überflüssig zu erzählen, wie einen der Antisemitismus in den Berliner Gymnasien umgab[11], verhüllt bei einigen Lehrern, offener bei andern, und gar bei den Mitschülern.

Daß *du* Christ und *du* Jude bist, schwebte unausgesprochen über jeder noch so freundschaftlichen Beziehung, und das war nicht etwa die Feststellung eines Volksunterschieds, sondern die Feststellung: «Ich bin ein richtiger Mensch, mit dir stimmt etwas nicht, aber wir wollen nicht diskutieren.» Ich wußte das, aber es ließ mich kalt, es hat in mir auch nicht eine Sekunde ein Minderwertigkeitsgefühl oder Selbsthaß erzeugt. Ich hatte schon früh – die Umstände brachten das mit sich – meine Position gegen die ärgerliche Welt bezogen. Was an einzelner Erbärmlichkeit aus ihr gegen mich fuhr, konnte mir gleich sein und mich nur noch härter machen. Es ist auch unnötig zu erzählen, wie die schönsten äußerlichen Freundschaften bei Schulende (1901)[12] in die

Brüche gingen, wir waren, infolge des Antisemitismus, nicht mehr imstande, eine gemeinsam harmonische Abiturientenfeier zu veranstalten. Selbstverständlich blühte herrlich der Judenhaß auf der Berliner Universität, die ich dann besuchte, – und als ich darauf Arzt in Berlin war, da gab es judenfreie und gemischte Ärztevereine. Wir Juden hielten als Ärzte in der Irrenanstalt zusammen, die Front war ohne weiteres gegeben, und ebenso im Casino des Krankenhauses.

*

«Welches war der auslösende Vorgang[13] oder die auslösende Erkenntnis?»
Im Jahre 1923[14] (ich glaube, es war dieses) fanden in Berlin in der Gegend des Alexanderplatzes – die Dragoner- und Grenadierstraße[15] sind bevorzugte Straßen der Ostjuden, erste Generation oder Durchwanderer – fanden regelrechte Pogrome statt. Die Polizei, lau gegen die Angreifer, nahm jüdische Selbstschutzorganisationen fest. Der Vorfall war atembeklemmend. Welche Gründe man auch angab, es war ein unzweifelhafter Ausbruch des alten, nun massiv geschürten Judenhasses. Die «Atembeklemmung» hätte mich kaum weitergeführt. Aber es bestand am Ort eine geschickte juristische Organisation[16], sie benutzte mit gutem Instinkt die Umstände für einen Angriff auf die jüdische Intelligenz der Reichshauptstadt. Ich bekam eines Tages, in der Woche nach jenem Pogrom[17], – während ich noch für mich und mit andern auf die infame Polizei und die traurige Polizei schimpfte – eine Einladung in ein Privathaus am Belle-Allianceplatz[18], wo man ein Referat über die Lage erhalten würde. Es waren an vierzig Schriftsteller, Journalisten etc.[19] da, die meisten mir bekannt, Juden. Ich besinne mich schlecht auf das Referat und eigentlich nur auf zwei Dinge: erstens die wunderbaren Kuchen, die gereicht wurden, und meine Erregung und Unruhe. Man stellte uns die Vorgänge dar und fragte, was wir, Juden wie die Betroffenen, machen wollten. Eine fatale, aber richtige

Frage. Ich sprach zweimal, es ließ mich nicht still sein: zuerst protestierte ich dagegen, daß man uns für quasi reinjüdische Existenz eine jüdische außerdeutsche Heimat und Gemeinschaft andichten wolle; der Fall des Pogroms sei ja eindeutig und greulich, und man müsse seine Feder in Bewegung setzen, um die Niedertracht anzuprangern, auch offen als Jude müsse man sprechen, – aber immerhin und schließlich sind wir hier, allein hier zu Hause, – Goethe, Kant, Nietzsche, Heine, Beethoven: dies, allein dies sind unsere Stiefväter. Was die Herren hier eigentlich vorhaben, gehe auf eine unerträgliche Erschütterung unseres Bodens aus. Dies gefiel den meisten der Anwesenden. Bloß – mir nicht. Ich saß geärgert da und wurde mit mir nicht fertig. Die Diskussion ging weiter, ich hörte wenig zu, ich wußte nur, ich müsse mich nochmal zum Wort melden. Und ich sprach tatsächlich nochmal und suchte so zu tun, als ob ich das Erste ergänze, aber es war in greifbarem Widerspruch dazu. Es war das alte Thema: ob einem die Ostjuden, da in der Grenadierstraße, näher seien als die Deutschen nebenan, und ich müßte, ja ich müßte durchaus sagen und aussprechen, daß ich diese Ostjuden als meine Leute empfinde und daß ich eine Solidarität anerkenne. Ich sprach beim zweiten Mal bestimmt recht konfus. Aber ich war doch froh, daß ich dies herausgebracht hatte. Die Leute sagten mir nachher, daß man nicht daraus klug wurde, was ich nun eigentlich meinte. Genauso ging es mir. – Ich erinnere mich, daß ich in den nächsten Wochen mit wem auch immer mich über die Sachen unterhielt, eigentlich weniger, um mich aufzuklären als um mir meine Unsicherheit zu verdecken und meine Unruhe abzuschwächen. Ich ging öfter in die Pogromstraße, saß in den kleinen «Krakauer» Cafes da, betrachtete die Leute, sprach mit dem und jenem. Schließlich wurde mir deutlicher, was ich tun mußte und tun wollte: einmal feststellen, wer eigentlich das ist: die Juden. Daß meine Berliner Juden keine Juden, sondern irgendein verwischter bürgerlicher Mischmasch waren, war mir sicher; die Ostjuden waren zum Greifen etwas anderes, aber mir nicht deutlich. Ich hatte in einem Roman geistig eine Reise nach

China gemacht[20], in einem andern eine in den Dreißigjährigen Krieg[21], in einem dritten in eine utopische Zeit nach Grönland.[22] Nun wollte ich einmal eine reale Reise[23] in das Land meiner Väter machen.

Im Anschluß an jenen Abend kamen Vertreter der zionistischen Organisation zu mir, sie luden mich ein, Zionist zu werden[24], ich müßte mir vielleicht auch einmal Palästina ansehen: Aber mein Plan war schon fest: soweit, Palästina zu sehen, war ich noch nicht. Ich wollte zuerst einmal Juden sehen. Und entwarf einen Reiseplan, legte ihn meinem Verleger[25], und auch der Vossischen Zeitung[26] vor, die Angelegenheit war rasch subventioniert[27], ich konnte für einige Monate nach Polen, Ukraine, eventuell Litauen.[28]

Wie es mir da ging und wie es weiterging, darüber lassen Sie mich ein andermal berichten. –

WAS WAREN SIE FÜR EIN SCHÜLER?

Ich wurde in der Schule[1] maßlos gequält. Man behandelte mich als Rebellen und Aufrührer. Als Achtzehnjähriger schlug man mich noch. Als Zwanzigjähriger wurde ich auf eine Strafbank gesetzt.[2]

In der Quinta war ich noch ein guter Schüler gewesen. Später aber wurden meine Leistungen in der Schule von Jahr zu Jahr immer schlechter. Daran waren die geistigen Physiognomien der Lehrer schuld. Es waren Verärgerte, Philister, Beamtentypen.

Als einmal unter meinen Schulbüchern Schopenhauer und Kant gefunden wurde, sagte der Ordinarius: «Sie können auch was Besseres tun, als Das zu lesen».[3]

Als ich mein Abiturium in der Tasche hatte[4], spie ich auf der letzten Stufe der Schulfreitreppe aus, so ekelhaft war mir die Schule.

FERIEN IN FRANKREICH

Ich hatte keinen Grund, nach Frankreich zu fahren, erstens und zweitens, weil mich das Land nichts angeht, und drittens: es ist mir unsympathisch. Es fahren da dauernd Leute hin; kommen sie zurück, so machen sie Berlin schlecht. Eine öde Sache, denn die Herren haben keine Ahnung von Berlin. Was soll in Frankreich los sein. Mir ist nichts aufgefallen, was von da kam. Einige deutsche Literaturhistoriker[1] schreiben krampfhaft über französische Bücher – muß jeder sein Steckenpferd haben, sieht auch nach Völkerverbrüderung, Kosmopolitismus aus. Die Herren sollten sich lieber um uns kümmern – nein, lieber doch nicht.

Eine Bemerkung über das Wandern. Das ist nur des Müllers Lust.[2] Ich bin weder in Paris noch in Rom noch in London gewesen. Die Ansichten und Lebensformen anderer Leute will ich nicht so genau kennenlernen. Ich bin froh, mich meiner eignen zu versichern. Man sollte einmal ein Lexikon dummer Behauptungen zusammenstellen, «goldner Worte» Lebensregeln. Den Wust sollte man mit Kommentar festnageln. Dazu gehört: Reisen erweitert den Horizont. Da, wo kein Horizont vorhanden ist, erweitert Reisen das Mundwerk; und wo er vorhanden ist, der Horizont –. Ich habe auf meiner Polenreise[3] bei den sogenannten Juden, womit man den Rest des Judenvolkes bezeichnet, Männer gesehen und gesprochen, die zu den feinsten, schärfsten und tiefsten gehören, die mir begegnet sind: sie waren noch nicht so weit gereist wie von Berlin nach Magdeburg. Was tun unsre Kunstkreise selbst? Sie entdecken Südsee, Mexiko, afrikanische Küste. Die alte Magie wird ausgegraben: wer hat aber das Original produziert? Cooks Reisebureau? Autofahrer, Flugzeugler? Sieht nicht so aus.

Mir leuchtet im Ganzen nicht ein, was es einem helfen soll, neue Städte, Länder, Bauten, Naturen zu sehen. Meine nächste Nachbarschaft beschäftigt mich andauernd intensiv. Ich kenne hundert Leute, die sind in der halben Welt gewesen und haben nie mit einem Vergrößerungsglas eine Blume, einen Stein angesehen. Das würde sie mehr als eine Reise verblüffen und entzükken. Sie laufen wild in Italien und Äthiopien herum, gucken sich Alles an, immer durch ein Gitter, und was tun sie für sich, um sich, zu Haus? Pflegen sich nicht, ehren sich nicht, lieben sich nicht. Das zu tun wäre köstlicher und gesünder. Sie würden langsamer werden. Und schwerfälliger. Sie haben auch dicht bei sich nicht die allernächste Kleinwelt gesehen. Sie haben niemals, um etwas zu nennen, einen Kristall in die Hand genommen. Sie bewundern einen Orkan im Atlantischen Ozean oder schildern eine Vulkan-Eruption, aber sie haben niemals morgens beim Waschen aufmerksam das fließende, flüssige, herrliche Wasser über sich laufen lassen, das au[s] Röhren in ihr Zimmer gesprudelt kommt, das reiche, geduldige und stolze Element. Und sie lassen zehn Minuten darauf ein Stück Zucker in den Kaffee fallen – und nicht haben sie das Großartige gesehen, daß der Zucker, eine ganze Insel im Meer, sich auflöst, verschwindet, verschlungen worden ist: wie wunderbar, zum Staunen rätselhaft diese Katastrophe, diese «Lösung», die noch dazu dampft, «Wärme» in sich trägt. Ich habe eine alte Skepsis gegen das Reisen, wie es Einer haben wird, der leidenschaftlich gern über einen Strohhalm stolpert, statt über ihn wegzuhüpfen. Um einfach zu formulieren: mögen Die reisen, die dumm genug dazu sind.

***

So saß ich in diesem Jahr, die Ferien kamen näher und näher. Ich redete mir vorschriftsmäßig ein, ich sei erholungsbedürftig, abgearbeitet, obwohl mir vorkam, ich hätte die Hälfte meiner Zeit mit Nichtstun verbracht, und das Gespenst der Eisenbahn begann mich zu beschäftigen. Es tauchten besänftigende Erwägungen in mir auf, als das Gespenst nicht weichen wollte, etwa: man muß Experimente mit sich machen, auch die Dummheit kann reizvoll sein, die Dummheit ist die uneheliche Mutter der Klugheit, frisch gewagt, hat Gold im Munde.[4] Als das Gespenst mit dem Kalender gegen mich vorschritt, sagte ich: «Ein Mensch, der dauernd um den Alexanderplatz herumgeht, ist wie ein Tier, das auf seinem Kot verkommt.» Als der Kalender mir an der Kehle saß, war alle Weisheit dahin. Ich brüllte verzweifelt: «Hinaus in die Ferne!» Die Träne quoll, die Eisenbahn hatte mich wieder.[5]

***

Von allen Eisenbahnen, so flink und so schlank, gefällt mir am besten die nach – Frankreich. Wir kleinen Leute haben dies Jahr keine Wahl: wir gehen nach Frankreich. Wie ein Wasser in das Tal stürzen wir nach Frankreich, wie eine Heuschreckenplage stürzen wir über Frankreich.

Ich muß noch einmal mit Frankreich zanken, obwohl ich eine Heuschrecke sein werde. Es handelt sich um Anatole France[6] und Proust.[7] Die will ich nicht schlucken. Es wird, bei uns, ein ungeheurer Unfug mit Frankreich getrieben, mit der französischen Kunst, französischen Literatur, französischen Geistigkeit. Was berichten unsere Zeitungen von französischen Werken, wieviel, wie unbändig wird übersetzt. Sie predigen uns den und den Autor, diese Herren Übersetzer und die Agitatoren, und greift man dann zu einem Buch, du lieber Gott! Romain Rolland[8], welches Hallo haben sie mit ihm gemacht. Es grenzt an Rabindranath Tagore.[9] Sie sind Beide dritten, vierten Ranges. Wir haben ein halbes Dutzend davon selbstgebacken zu Haus. Barbusse:[10] er hat mich ungemein gelangweilt. Neuerdings geht der Proust um. Die Posaunen blasen, und wer ist es? Ein feiner Pointillist, er hat keine Ahnung vom Roman, nicht vom vergangenen, nicht vom gegenwärtigen, nicht vom zukünftigen. Offenbar ein origineller, ja besonderer Stilist im Französischen, aber zerflatternd, haltungslos, ein Sack, der sich aus hundert Löchern verspritzt. Er kann mit all seinen Feinheiten nichts anfangen. So viel konnte ich aus seinem übersetzten hochgepriesenen zweibändigen Un-roman sehen.

Alle Anregungen kamen uns aus Norden und Osten, man kann sagen, was man will. Der Westen sträubt sich, von uns etwas anzunehmen – aber wird es, kommt mir vage vor, eines Tages tun. Wenn ich an Tolstoi[11] und Dostojewski[12] denke, geht mir noch heute das Herz auf. Es bleibt stumm bei Flaubert[13], Zola[14]. Ich lasse den Kopf sinken bei Verlaine[15], Baudelaire[16]; sie haben keine Kraft über mich. Es ist ein hochkultiviertes Volk da drüben; sie sind im Ganzen wahrscheinlich höher kultiviert als die Deutschen. Sie haben eine große und mehrere kleine Revolutionen[17] machen können. Ihr Freiheitssinn ist sicherlich höher entwickelt und lebendiger als der deutsche. Aber ich empfinde die intensive Fremdheit. Es muß die Latinität des Volkstums sein, die daran schuld ist. Sie empfinden Deutsches als trop lourd[18]; das Französische kommt mir wiederum zu dünn vor.

***

Wie ist mir doch, wo ich das hinschreibe. Ich bin seit ein, zwei Jahren merkwürdig innerlich in Fluß. Ich bin dabei, eine neue Stellung zum – Geistigen einzunehmen. Und Einiges im Französischen, ich weiß nicht was, spricht mich, flüstert mich an. Der Mensch als Ich, als Seelenwesen, als Geistiges, geht mir ganz, ganz langsam auf – der Wollende, der Geistige im Naturplan. Ich kann das gar nicht beschleunigen, muß das ruhig kommen lassen. Es sind ja auch keine Gedanken, die so kommen, sondern innere Umformungen. Da tut mir Manches, Manches in der Latinität wohl, im Französischen. Übrigens auch im Hellenischen, das mir bis heute noch ganz verschlossen ist.
Mir tut das Gefühl wohl, das im Französischen die Dichtung viel stärker erfüllt als in Deutschland. Es ist schon lange vor Hebbel[19] [m]anches faul in Deutschland. Ein dumpfes Hin und Her, ein Brüten gibt sich für Gefühl aus. Schrecklich viel wird gedacht – was man so denken nennt. Hitzigkeit und Sexualität ist da; Alles steht fünf Minuten vor dem Mord. Unter dem Zeichen einer schauerlichen – und unechten – Blutbrünstigkeit stehen mo-

derne Literaturwerke in Deutschland. Das ist oft nichts weiter als ein Merkmal des Dilettantismus; es ist leichter, Kulissen zu «bemalen», als ein Bild zu malen. Aber zugleich ist es ein Merkmal, Symptom einer traurigen Gefühlsarmut. Wir müssen uns Alle beschuldigen, zu nahe am Tod und am Schrecklichen gedichtet zu haben und dadurch den Geschmack – und mehr als den Geschmack – in Deutschland verwildert zu haben. Groß ist der grausige, grausame Dostojewski, aber das Leben und die Menschenseele ist wohl noch größer. Es ist etwas von Monomanie und Askese, Wirklichkeitsflucht in unsrer Dichtung. Die Menschen sind Warmblütler; in unsrer Dichtung merkt man so wenig davon. Und wenn man nicht grausig ist, ist man gelehrt. Man doziert, will bilden. Dabei sind Viele im Leben gar nicht so schlimm. Sie wissen sich nur in der Dichtung zu benehmen, sie machen die Laster und Fehler der Andern mit. Wundert man sich dann, wenn die sogenannten Kitschautoren, die Courths-Maler[20] und so, reüssieren, weil die Menge besser weiß als die Autoren, daß auch die einfachen natürlichen Gefühle noch immer da sind, und besser sie im Kitsch finden als gar nicht.

***

Ich kam in Straßburg an.[21] Dutzend Male war ich im Krieg und vor dem Kriege dagewesen. Vom Krieg ist meine letzte Erinnerung[22] an Straßburg, wie ich einmal in Uniform hinfuhr, hinbefohlen vor ein Kriegsgericht, als Sachverständiger, um über einen Mann auszusagen, der auf meiner Station zur Beobachtung lag. Da saßen oben allerhand höhere Soldaten an einem Tisch; der an der Ecke war nur ein Scheinsoldat wie ich: er war ein Jurist und jetzt Kriegsgerichtsrat und spielte den Staatsanwalt. Mein Mann saß still zwischen zwei wirklichen Soldaten unten. Aber Gott weiß, ob das auch wirkliche Soldaten waren. Er war mit seiner Kompagnie nachts zu einem neuen Angriff in eine neue Stellung vorgerückt, aber als man in der neuen Stellung war, stellte man fest, daß er nicht da war. Er hatte sich seitlich in die Büsche geschlagen. Man faßte ihn erst viel später zu Hause. Die Herren oben, Soldaten und Jurist, machten ein regelrechtes Gericht; der Angeklagte wie ich und die Begleitsoldaten hörten und sahen verdutzt zu. Es war eine ganz unverständliche Prozedur mit Worterteilen, Vorlesen von Bestimmungen, automatisch trocknes Zitieren von Zeugenaussagen, die einen ganz weltfremden Stil hatten. Ich weiß nicht mehr, was draus wurde; gleich nach meiner Aussage entließ mich das Gericht.

Es fällt mir dabei ein – das gehört nicht hierher, ist aber ehern in mein Herz geschrieben –, wie ich selbst einmal in Saarbrücken[23] klagend vor meinem höchsten Chef[24], einem Generalarzt, erschien. Meine Patienten hatten über Hunger geklagt. Ich hatte ihre Gewichte und die Speisen lange sorgfältig nachkontrolliert, der Nährwert der Speisen war mir ungenügend erschienen. In der Küche schienen mir sonderbare Dinge vorzugehen, mein unmittelbarer Chef[25] hatte die Sache auf die leichte Achsel genommen. Jetzt stand ich vor dem Allerhöchsten vom Generalkommando in Saarbrücken. Er fuhr mich grausig an. Ich wollte vom Hunger meiner Patienten reden; er pfiff schneidig, ob ich genau wüßte, was ich täte; was das wäre, was ich wollte. «Haben Sie die Bestimmungen über das Beschwerdeverfahren im Kopf?» Ich gestand, keine Ahnung davon zu haben. Er wollte wissen, ob das eine Beschwerde über meinen Chefarzt wäre oder nicht. Gedrängt erklärte ich, ich wollte ihm vom Hunger meiner Patienten, von unsrer Küche erzählen. Das hätte ich meinem Chefarzt vorzutragen. Das habe ich bereits getan; es ändert nichts. Dann ist das eine Beschwerde, und ich habe das Beschwerdeverfahren innezuhalten. Alles in einem schrecklich scharfen Ton, dem des belästigten Militärs gegen den Zivilisten. Ich stand spontan auf, wiederholte: ich hätte geglaubt, ihm von den Klagen meiner Patienten berichten zu müssen, zum mindesten zu dürfen; ich war erregt; der Mann machte trotz seiner Schneidigkeit einen scheußlichen Eindruck auf mich. Selbst wenn Alles falsch war von dem, was ich vortrug, mußte er, der Arzt, den Fehler in den Formalien übersehen und der Sache nachgehen; ich war ordinierender Arzt. Wie ich aufstand und den Ton wechselte, machte er eine Handbewegung, ich sollte mich wieder setzen. In unfreundlicher, aber zahmerer Weise forderte er mich auf, meinen Spruch herzubeten. Er entließ mich dann kalt, ohne aufzustehen, ohne die Hand zu geben, ohne zu nicken, mit einem unnahbaren «Danke». Ein paar Tage darauf kam ich um Urlaub ein. Die Erregung über die Sache, die Unfähigkeit, durchzudringen, machte mich krank. Als ich nach drei Wochen wiederkam[26], war doch Einiges geschehen. Der Allerhöchste war eigens aus Saarbrücken hergekommen, hatte alle Räume durchwandert, war in der Küche gewesen; das Essen besserte sich, wenigstens vorübergehend. Ich – meine Tage aber waren hier gezählt, das wußte ich. Ich fiel ein bißchen die Treppe hinauf. Man schickte mich in die Nähe dieses Straßburg[27], wo ich auch unter den alten aktiven Herren strenge, aber menschenfreundliche Leute traf. Ein kleiner grüner Fluß[28] zieht durch die Stadt. Man geht am Ufer entlang, am «Quai», die guten Wäscherinnen arbeiten unten an den Ruinen; hat Alles den lebenssanften Ton von früher. Langsam führt das Wasser an das moderne offizielle Viertel.[29] Dieses Viertel – der alte Kaiserpalast[30], Universität[31], Hauptpost und ihre Straßenzüge – ist der guten alten Stadt Straßburg aufgepfropft. Das haben Fremde gebaut. Kein Mensch, der Dütsch spricht, baut solche schnurgraden breiten Straßen. Und die Franzosen, sehe ich sogleich, haben die Stadt auch nicht erobert. Ich meine nicht, daß sie dies ganze notwendige und grausig langweilige Viertel hätten abbrennen müssen; sie sprechen ja selbst kein Dütsch.[32] Aber sie hätten die beiden Landsknechte oben vom Kaiserschloß herunterholen können. Diese beiden maskierten Kerle dort oben: im Frieden, im Krieg, und jetzt sind sie schauerlich. Das ist verlogenes Mittelalter, Sang an Ägir[33], dilettantisch und so geschmacklos. Man baut hochmoderne, industrielle Straßen und setzt zwei Landsknechte mit Pluderhosen und Bratenspieß auf das Hauptgebäude, zwei Kerle wie Kinoportiers!

Ein paar Schritt weiter haben die neuen Herren eingegriffen. Ich wandere auf die Universität zu, durch diese hochoffizielle Straße, lasse die Bibliothek links liegen, die mich während des Krieges bei meinem ‹Wallenstein› trefflich unterstützt hat.[34] (Dieses Buch hat zwei Bände; es hätte auch vier haben können, oder vierzehn; es wäre dann vielleicht durch die Länge aufgefallen. Es geht [k]einen was an; ich hätte es ebensogut nicht schreiben können. Dabei hat das Ding Kraft; kein Einziger in Deutschland macht es mir nach; hätte es ein Franzose geschrieben, würden die deutschen Französlinge und Anglomanen die Tinte und Bewunderung nur so daran verspritzen. Aber jammere nicht, Liebling; es steht dir nicht.) Da hinten nun, am Abschluß der Straße, wo die Universität steht, fällt mir etwas Gelbliches auf. Vor der Universität war nie etwas Gelbes. Das Gelb paßt auch nicht in das Bild zu dem Grün der Bäume, dem Häusergrau. Was haben sie da angerichtet. Es wird ein Brunnen sein.

Und wie ich näher komme, steht links, wie immer, der junge Goethe[35], und in der Mitte, der Universität grade vor die Nase gesetzt, steht dieser lange gelbliche Farbenfleck, ein Obelisk aus gelblich-rötlichem Sandstein. Es ist ein Denkstein für Pasteur[36]. Ja, das ist so der Ausgleich. Stellst du deinen Goethe hin, stelle ich meinen Pasteur hin. Er ist nicht so einfach schön geraten wie der Goethe: sind ein paar fürchterliche allegorische Figuren um den Obelisken arrangiert. Es ist aber gut und stolz, den Pasteur hinzusetzen, sehr modern und von heut, ihn und keine Rückständigkeit von verehrungswürdigem Dichter. Weiß Gott, sie haben trotz des üblen Anblicks mit dem Pasteur auch auf diesem Platz gesiegt. Die Gegenwart, die Gegenwart und die Zukunft – und nicht die Vergangenheit, trotz der Jugend Goethes. Drin in der Universität wird freilich [a]lles beglichen werden. Dieses fabrikmäßige Schwatzen und Lehren in den Geisteskasernen.

Pasteur: das ist das richtige Zeichen. Sonderanstalten, Fachschulen für dies und das. Politisch hetzen und verwirren kann man auch anderswo. Die Zeit für irgendwie allgemeine «Bildung» und fix und fertige Universitäten ist unbedingt vorbei. Ein Atavismus, diese Universitäten. Die Leute, die drin «lehren», zufällige Gelehrte, private Herren, den Behörden bequem, sind teils ahnungslos, teils arrogant. Jetzt ist Kampf da, Streit, Widereinander.

GLEISWECHSEL IM HIRNKASTEN

Wirklichkeit, gelebt – und phantastische (meinetwegen Unwirklichkeit), wie die zueinander stehen, sich vermischen, abwechseln, kann im konkreten Fall wohl am besten ein Fremder sehen, nicht, der dies selbst erlebt. Wenn man mich dennoch danach fragt, so kann ich nur etwas sagen, was wahrscheinlich sehr obenhin ist.

Ich schreibe Bücher – einerseits – und habe Familie, kenne viele Menschen, übe eine praktische Tätigkeit, kümmere mich um Allerlei – andererseits. Geschieht nun eine Umschaltung, wenn ich aus dem einen in ein Buch steige und umgekehrt, oder was geschieht? Denn natürlich ist die Enteisung Grönlands[1] oder eine indische Dämonenunterhaltung[2] etwas anderes, als was am Alexanderplatz vor sich geht.

Wenn es Sie interessiert, wie ich ein Buch mache und nebenbei die richtige Straßenbahnlinie finde, so will ich Ihnen sagen: es ist die einfachste Sache der Welt. Man macht alles nacheinander. Sie rechnen ja auch und finden die richtige Straßenbahnlinie. Sie treiben Politik und können nachher denken. Einem Manne, der mich um Rat fragt, gehe ich zur Hand mit den praktischen Methoden und realen Kenntnissen, die ich habe, – und darauf habe ich etwas Kopfschmerz, langweile mich und komme unversehens, je nachdem, ins bloße Duseln, ins völlige Einschlafen oder ins Spintisieren. Vielleicht fällt mir schon etwas ein, wenn ich mit jenem Mann spreche: aber das hilft dem Mann und mir nichts; ich muß alles schön hintereinander tun. Und so geht es von sich aus.

Also Umschaltung. Aber sehr behagt mir der Ausdruck nicht. Es ist doch ein eigentümliches Durcheinander. Ich habe einen Bahnhof in mir; von dem gehen viele Züge aus. Manchmal fährt bloß einer, manchmal mehrere zugleich. Ich schicke mal den, mal den vor. Manchmal, wenn der eine läuft, kann der andere sich nicht halten und läuft auch.
Ich will das Bild auch lassen. Es ist so. Das Leben geht eine Zeit wie bei jedem sonst; dann ruft irgendein äußerer oder innerer Anlaß eine besondere Gemütsverfassung oder eine besondere, sehr konkrete Geisteshelle in mir hervor. Es brennt, wenn ich so sagen soll, ein besonderes, eigentümliches Gemüts- und Geisteslicht. Zugleich bin ich dabei genötigt, teilweise, wohlgemerkt teilweise, die Verbindung mit der gewöhnlichen vorherigen Beschäftigung zu lösen. Teilweise: denn ich bin manchmal imstande, mir äußerlich gar nichts anmerken zu lassen. (Da laufen also mehrere Züge, ein Haupt- und ein oder zwei Nebenzüge. Und sie laufen los auf ein Signal, – ich kann nicht sagen, welches.)
Weiter sage ich Ihnen nichts. Überlegen Sie einmal, was Sie sagen würden, wenn ich anfangen würde, Sie zu vivisezieren. –

DAS PSEUDONYM

Mein Pseudonym – denn Alfred Döblin ist mein «richtiger», bürgerlicher Name – war einige Jahre hindurch «Linke Poot». Unter diesem Namen schrieb ich politische Zeitglossen in Zeitschriften und Zeitungen[1], die ich dann auch zum kleineren Teil in einem Buch «Der deutsche Maskenball»[2] zusammenfaßte. «Linke Poot» – das sollte heißen[3]: Linke Pfote, linke Hand. Ich schrieb das alles gewissermaßen mit der linken Hand – denn zur rechten, eigentlichen Hand bin ich Romanautor. Es ist aber bedauerlich, daß ich bloß zwei Hände habe, denn ich habe noch eine naturphilosophische Seite[4], und für die habe ich nun keinen Namen. Drei Seelen wohnen, ach, in meiner Brust.[5] Oder soll ich jetzt ein anderes Organ wählen – und mich für die dritte Seele etwa nennen: «Hühner-Auge» (mit Rücksicht auf meinen philosophischen Blick) oder «Pod' Agra»[6], was mehreres auf einmal besagt: den Ursprung meiner Gedanken, meine seelischen Schmerzen und meine Bemühung, meine Gedanken durch Fr[a]gmentierung, falsche Interpunktion, vornehmer, edler zu gestalten.

ÖKONOMISCHES AUS DER LITERATUR

Bekanntlich sind an Büchern auch Schriftsteller beteiligt. Wenngleich nur mit dem Inhalt, dem Text, und 10 – 20 Prozent broschiertem Ladenpreis. Es interessiert vielleicht manchen, was ökonomisch dabei herauskommt. Bekannt zu sein ist wohltuend und schmeichelhaft. Ich werde zum Beispiel öfter genannt und gelte als sehr einnehmender Autor. Ich erhalte notleidende Briefe.

Im Jahre 1925 fiel meine Einnahme erheblich, trotzdem wieder ein neues Buch herauskam[:] «Reise in Polen».[1]

In diesem Jahre wurden von den 8 Büchern[2] im [g]anzen 2594 Exemplare verkauft, und ich hatte eine Einnahme von 2756,95 Mark davon.[3]

Das sind etwa 200 Mark monatlich. Hinzufügen möchte ich, daß ein Theaterstück «Lusitania» von mir in Darmstadt aufgeführt wurde und zwar zweimal.[4] Die Abrechnung für diese zwei Aufführungen ergab für mich 26 Mark 45 Pfennig.

Ich habe noch über drei andere Bücher zu berichten, die in andern Verlagen erschienen sind, und zwar zwei Novellenbände «Die Butterblume»[5] und die «Lobensteiner»[6] und ein Kriminalfall «Die beiden Freundinnen»[7]. Der Kriminalfall brachte mir in

beiden Jahren zusammen 1924 und 1925 immerhin etwa 1200 Mark und wurde in 3000 Exemplaren verkauft.
Die beiden Novellenbände blieben mehr im Bilde. Sie brachten in beiden Jahren zusammen etwa 70 Mark bei einem Verkauf von ca. 200 Exemplaren.
Zusammenfassend:
Im Jahre 1924 liefen von mir 10 Bücher – 11 Bände[8] –, davon 8 erzählende. Sie wurden in etwa 6200 Exemplaren verkauft; ich hatte davon insgesamt etwa 4500 M[ark].[9]
1925 liefen 11 Bücher, davon 9 erzählende. Sie wurden in etwa 5000 Exemplaren verkauft. Ich hatte davon etwa 3500 Mark.
Bei ununterbrochener literarischer Arbeit also und einem oft genannten Namen brachten mir 1924 elf Bände noch nicht 400 Mark monatlich und 1925 zwölf Bände noch nicht 300 Mark monatlich.
Das als abschreckendes Beispiel. Vergreife sich niemand an der Literatur. Es sind noch nicht die schlimmsten Zahlen. Ich frage mich nur: wir Schriftsteller setzen doch immerhin das ganze Verlagsgeschäft, den Verkauf von Papiermengen in Bewegung; die Setzer könnten ohne uns nichts drucken, die kolossalen Denkmalsteine sind für uns. Ich finde: entweder ist mein Resultat zufällig kläglich oder ich habe die Situation nicht erfaßt. Man muß sich an die Maschinen und Papierballen hängen, «Literatur ist etwas Überholtes».
Ihr irrt Euch colossal, daß ich das sagen werde. Aber hier werde ich weiter nichts dazu sagen.

*

Ein Nachtrag. Ich hatte vom «P[EN-K]lub» gehört[10] und daß er besonders gegen das Ausland eine Repräsentation des deutschen Schrifttums darstellen wolle. Weder ich noch einer meiner, zum Teil recht namhaften Bekannten war je zur Mitgliedschaft aufgefordert worden. Ich fragte ein Mitglied dieses Klubs, als dieser Klub zwei Jahre bestand, danach. Und ich bekam dann eine Einladung und auch das Mitgliederverzeichnis, das neben einer Zahl guter Namen eine überraschende Zahl sonderbarer enthielt. Ich nahm die Einladung zur Mitgliedschaft an, erklärte aber wegen meiner wirtschaftlichen Lage in der nächsten Zeit weder die 12 Mark Jahresbeitrag zahlen zu können, noch auch an Diners, die trocken 3,50 Mark kosten, monatlich teilnehmen zu können.

Darauf teilte mir der P[EN-K]lub mit, er nehme Kenntnis von meiner Mitteilung. Aber er bitte mich, – pardon, nein, – er «stelle mir anheim, meine Beitrittserklärung zu wiederholen», wenn meine wirtschaftliche Lage sich gebessert habe.

Ich war also abgelehnt durch die «Repräsentation» des deutschen Schrifttums und kann nun nicht repräsentieren.

Allen Interessenten zur Nachricht. Beileidskundgebungen verboten. Die Beerdigung findet vom Trauerhause aus statt. –

PHANTASIE ODER VORBILD?

Ich kann mich in keinem Falle besinnen, irgendwelche Personen meiner Umgebung weder porträtiert, noch auch bewußt Einzelzüge von ihnen für meine Bücher verwendet zu haben. Das Benutzen von beobachtetem Material für diese Bücher, soweit dieses beobachtete Material meine Umgebung ist, liegt mir bei meiner Arbeitsmethode vollkommen fern. Ich kann viel besser schreiben – und zwar viel sicherer und realer – über das, was in China und Indien vorgeht[1], als das, was in Berlin vorgeht.

Die Figuren bekommen ihre Lebendigkeit und die Zeichen ihrer Realität nicht aus einer Übereinstimmung mit wirklich beobachteten Figuren, vielmehr ... – hier kann ich endlich sagen, was bei der Produktion sich ereignet. Ich möchte aber das Beispiel von Walt Whitman heranziehen.[2] Dieser hat einmal erzählt, man habe ihm vorgehalten, er hätte nicht oder nicht oft genug die

Landschaft geschildert, in der er aufgewachsen sei und in der er jahrzehntelang gelebt habe. Er erwiderte, das sei nur in einer gewissen Hinsicht richtig, er hätte nämlich in seiner ganzen Dichtung nichts weiter getan als eben diese Landschaft geschildert, aber so wie einer, der die Merkmale dieser Landschaft in sich aufgenommen und die Details der Merkmale wieder vergessen hat. In seinen Büchern findet man nichts weiter, als eben diese Meeresküste und diese Sandhügel, auf denen er sich jahrzehntelang getummelt habe.

Mit dieser Transformation möchte ich auch bezeichnen, was vom Material meiner Umgebung, von den beobachteten Figuren in mein eigenes Werk und in die Bücher überging. Es findet eine Verwandlung statt . . .

STILLE BEWOHNER DES ROLLSCHRANKS

Meine Werke, von denen niemand weiß.

Da habe ich ein kleines Buch liegen[1], den ersten «Roman», den ich schrieb. Ich schrieb ihn in der Schule als Primaner[2], er wurde vor dem Abiturium fertig. Er wurde zwischen Schularbeiten und Nachhilfestunden, die ich zu geben hatte, geschrieben.

Als das Büchlein in tiefster Heimlichkeit fertig war . . . nein: – der Inhalt. Der Roman ist «den Manen Hölderlins in Liebe und Verehrung gewidmet».[3] (Die Gedichte Hölderlins trug ich[,] wo ich ging und stand, mit mir herum.)[4] Der Titel des Romans: «Jagende Rosse». Ein lyrischer Ich-Roman. Gar keine Handlung; nur seelischer Entwicklungsgang in lyrischer bildhafter Beschreibung. Es treten keine Personen neben dem Ich auf.

Der Held ist im Anfang in jugendlicher ländlicher Enge; dann stürzt er sich in das Leben, das breit als Meer geschildert wird, dann lassen seine Begierden nach, und das Problem des Buches

taucht auf: was bleibt nach den Begierden? Der Held geht in die eisige Aszese, in die Selbstversenkung, wo er die «Wahrheit» sucht. Schon glaubt er sich am Ziel, – da sieht er: er hat sich im Kreis gedreht; es sind seine Begierden in anderer Form. – Dann abfallende Handlung: seine Verzweiflung, Resignation, schließlich tobsüchtige Krise: und nun nach Schwäche und Rekonvaleszenz Durchbruch zum offenen Leben.
Sie sollen noch Stilproben hören. Der Beginn[5]: «Glänzende Augen. Junges Träumen. Der Wind geht über Land und Gärten, rührt an die Gräser vor mir, summt auf, legt sich, lau, herbe. Mein Sinn spielt und hascht sich mit ihm; die Gedanken schweifen, jagen, vergehen, sind wieder da. Bläst wieder auf: Du, oh du. Ja wie ich in die Äste starre. So herausgedrängt bin ich aus mir, – hin zu –, wohin nur? Vergessen, verloren bin ich. Da lieg' ich im kalten Gras, will den Sonnenschein etwas fragen, bin doch anders zu ihm als sonst, fremder, ferner.»
Aus dem aszetischen Teile[6]: «Todesstille. Wanderer, Weiterwanderer. Die Hunde bellen noch um mich, Lust und Schmerz. Ich habe zum Tändeln keine Zeit. Leben und Sterben: was ist mir das[?] Ich bin gewandert, ich wandere weiter. Es dämmert leise. – Es schwillt und atmet in mir, überirdisch, leise. Es ist, als ob tief innen in mir eine Musik anhöbe, tiefes Summen im Baum. Eine dehnende Kraft will wieder Sprache gewinnen: Die Seele, Seele. Es zieht mich, daß ich zittere –.» – Der Schluß[7]: «Rausch ab mein Blut. Zwitschere leise. Ich will jetzt zu den Menschen, meinen Brüdern, meinen Schwestern und Geliebten. Mich verlangt es so nach meinen Menschen.» –
Es hat keinen Sinn – wenn man 10 bis 15 Jahre warten muß, bis das erste Buch gedruckt wird[8] – das Frühere hervorzuholen. Sehr Bitteres, Sonderbares, Schamhaftes hängt an diesem kleinen Buch, das ich im [ü]brigen ganz mit meinem Namen zeichne.
Es ging dann so mit ihm: Damals war Fritz Mauthner[9] der angesehenste Berliner Kritiker. Ich schickte ihm mein Manuskript.[10] Er bat mich schriftlich, es ihm teilweise vorzulesen, da seine Au-

gen schlecht wären. Ich fuhr bis zum Grunewald[11], dann – schämte ich mich, fuhr nach Hause, bat um – Rücksendung. Postlagernd, falscher Name. Als ich das Päckchen abholen wollte, sollte ich mich legitimieren, konnte es nicht: es war ja gar nicht mein Name. Da ließ ich das Manuskript – auf der Post. War wochenlang verzweifelt über den Verlust der Arbeit. Schrieb dann alles nach den Konzepten, die ich noch hatte, noch einmal. Ließ es aber nun fest und sicher liegen. (Nach zwei Jahren schrieb ich dann einen Roman, der – sechzehn Jahre später gedruckt wurde.)[12] – – –

Dann ein mißratenes Theaterstück: «Komteß Mizzi»[13], ein Einakter. Das ist die durch einen Prozeß seinerzeit bekannt gewordene Wiener Komteß. Das Stückchen spielt in dem Freudenhaus des väterlichen Grafen, der auch seine Tochter verkauft. Eine viel zu schwere, belastende Vorgeschichte wird entwickelt. Mizzi wird von ihrem Vater geliebt. Sie sucht ihm mit ihrem Liebhaber zu entweichen; denunziert den Vater. Polizei. Der Liebhaber wird vom Vater niedergeschlagen, Mizzi ersticht sich. Die Sache ist von A bis Z verfehlt. Ich habe später daraus zwei Filme gemacht[14], die Sache ist nicht besser geworden. Kranke Tiere muß man vergiften oder ersäufen.

Das sind so stille Bewohner meines Rollschranks. Liegt noch da der Beginn eines «Bauernkrieg»-Romans[15], das Material zu einem «Untergang des alten Byzanz»[16], eine «Musikphilosophie»[17].

Warum das fallen gelassen ist? Es muß vieles zusammenkommen, damit eine große Arbeit möglich wird. Vor allem muß der Boden für die Last, die auf ihm errichtet werden soll, tragfähig sein. Ein Stoff muß bald sehr elastisch, bald sehr hart sein, – muß wie ein Schwamm vieles aufsaugen und dann wieder wie ein Hammer sein, mit dem man schlägt und dann als Brücke in schöne neue Länder führen, in wirkliche Heimaten, und dann – Daher. –

VON EINEM ZAHNARZT UND SEINEM OPFER

Als die Ferien nahten, bedachte ich allerhand, was ich beenden, mitnehmen mußte, wollte ganz ohne Ballast auf die Reise gehen. Da stellten sich noch – wie mir schien, zur rechten Zeit –, eines Nachts bei mir Zahnschmerzen ein, im linken unteren Weisheitszahn. Den Zahn kannte ich, er war schon plombiert; als er mir im Vorjahr weh tat, hatten ihn ein paar Jodstriche beruhigt. Ich dachte Sonntag nachts: «Es ist gut, ich habe noch Zeit bis Sonnabend; ich werde ihn wieder pinseln lassen.» Montag klingelte ich den Zahnarzt an. Da ist er verreist. Es ist ein Vertreter da.[1] Er will mir den Zahn auch pinseln. Und streicht ihn auch Dienstag schön braun an. Voriges Jahr war darauf alles so gut geworden, aber diesmal kommt eine fatale Nacht, ein gräßliches Bohren, Spannen, Drücken, daß ich mit Unruhe den Morgen erwarte, nur um ans Telephon zu laufen: «Es ist nichts mit dem Pinseln; was soll man machen?» «Ja, dann muß er raus.» Ich bin bedenklich; ich frage: «Sagen Sie, das können Sie doch auch ordentlich?» Das frage ich wirklich. Er: «Aber natürlich!» «Und mit einer Einspritzung, mit Anästhesie?» «Natürlich.»

Der Mann wohnt bei mir um die Ecke. Ich denke: «Zahn ziehen, was ist das schon?» Es ist zwar ein Vertreter, aber mein Zahnarzt hat ihn selbst ausgesucht. Und in einem nicht ganz echten Gleichgültigkeitsgefühl gehe ich Mittwoch, den schlimmen Mittwoch, zu ihm, um die Ecke – ich wäre wahrhaftig bald um die Ecke gegangen. Ich gehe kurz vor [m]einer Sprechstunde hin; so *en passant* wollte ich es abmachen.

Er ist ein junger, schlanker Mann, nach Sprache und Art von nicht besonderer Bildung, trägt einen tadellos weißen Mantel. Es ist niemand sonst da; ich kann gleich den Stuhl besteigen. Dann reiße ich den Mund auf, seine Spritze fährt mir links unten durch die Schleimhaut in eine dunkle Tiefe. Er sticht, sticht, er stößt weiter, wie weit wird er denn stoßen, so habe ich das noch

nie erlebt. Ich sage, wie er den Spieß herauszieht: «Das war ja ungeheuer tief!» Er arbeitete hinter mir: «Ja, man muß an den Nerv heran; der läuft da.» Ich denke mir: «Woher weiß er, wo der bei mir läuft?» Dann steht er vor mir. Wir warten die Anästhesie ab. «Merken Sie schon was?» Er sagt gelegentlich «Herr Dublin» zu mir, mit u. Ich konstatiere: «Gefühllosigkeit, Taubheit, nein. Aber, was ist das nur: ich habe solch Stechen, solch merkwürdiges Prickeln in der Zunge.» «Es kommt schon.» Mir ist irgendwie ungemütlich, ich fange an, mein Schicksal zu besänftigen; ich frage ihn: «Sie vertreten viel?» Ja, aber er hätte auch eine eigene Praxis, im Norden Berlins; im Winter gehe er meistens nach Arosa. Als Eistrainer. So auf zwei Monate. Wieder fährt der Schreck in mich. Er fragt mich: «Sind Sie Arzt?» «Ja, Nervenarzt.» «Ich habe auch mit Nervenärzten zu tun gehabt. Am besten hat mir Professor Sch.[2] geholfen. Ich habe eine schwere Kopfgrippe gehabt. Davon habe ich etwas zurückbehalten, so ein Kauen mit dem Mund.» Und dann stellt er sich ans Fenster und zeigt mir, und da sehe ich wirklich die merkwürdige Bewegung, die sein Mund ausführt. Mein Inneres seufzt. Ich bin sehr bedrückt. Eine leichte Taubheit hat sich links eingestellt, kein totes Gefühl wie sonst; das fatale Zungenstechen geht weiter. Da tritt er mit einer zweiten Spritze vor mich. «Wozu denn noch eine Spritze?» «Zur besseren Blutstillung.»
Was er bei dieser Einspritzung machte, tat mir nicht weh. Aber doch saß ich, faktisch, mit hochgerissenen Knien! Denn die Flüssigkeit der Spritze wollte und wollte sich nicht entleeren, obwohl er drückte und drückte. Ganz ungeheuer stemmte er sich. Ich dachte: jetzt wird er die dünne Kanüle abbrechen; er stürzt mir mit der ganzen Wucht in den Mund. Er ist mir nicht in den Mund gestürzt; er hat die Spritze glücklich herausgeholt; er hatte mir etwas Schlimmeres getan.
Zuerst packte er meinen Zahn. Und brach ihn ab. Dann holte er zwei Zangen und arbeitete an den Stümpfen. Dann staunte er, daß es doch blutete, so sehr, und tupfte. Dann sagte ich «nein», denn das Gefühl stellte sich schon wieder an der kranken miß-

handelten Stelle ein. «Das ist ja nicht möglich nach so kurzer Zeit.» Ich war trotz seines Widerspruchs aufgestanden: «Aber ich konstatiere es. Ich fühle, was Sie machen. Außerdem, ich muß zu meiner Sprechstunde.» Ich war rasend über den hilflosen Menschen, rasend über mich.

Nur eine halbe Stunde spreche ich mit meinen Kranken, dann mußte ich die Türe schließen. Dieser Schmerz! Dieser Schmerz! Ich habe das, trotz aller Neuralgien, nie erlebt. Dieses Flammen und Feuern in meiner Backe; ich fühle, sie war schon gedunsen. Ein Auto, und hin zu einem anderen Zahnarzt, einem richtigen, der selbst da war, nicht um die Ecke, weit im Westen. Mir mußte einer helfen. Was war das für eine grauenhafte Fahrt. Die Knie zusammengepreßt, saß ich, die Hand über die linke Backe, in Furcht vor jedem Stoß des Autos. Draußen heller Sonnenschein und die Masse Menschen im Tiergarten, in den Cafés unter den bunten Schirmen. Wie ich nichts begriff, wie das alles von mir abgewichen war. Meine Zunge, es ist etwas mit meiner Zunge geschehen, das ist noch schlimmer als die Backe, meine Zunge ist so steif und spannt sich. Endlich am «K. d. W.»[3] und bei dem Zahnarzt. Es war mir schon besser, wie ich in seinem Wohnzimmer um den Tisch lief, er, ein älterer, sehr freundlicher Mann, zu mir hereinkam. Ich war wie aus einer Räuberhöhle wieder unter Menschen. Ich klagte ihm, was mir passiert war, er gab mir Beruhigungsmittel, ich schluckte Morphium. Dann saß ich bei ihm im Stuhl. Er erzählte mir allerlei Gutes, es könne halt jedem mal etwas passieren, es werde sich schon wieder geben, der schlimme Zahn habe jetzt Luft, und, – ich begriff ihn – er suchte mich abzulenken. Er erzählte von interessanten biologischen Versuchen, die er an wachsenden Hundeschädeln gemacht hatte, vom Einfluß der Zahnbildung auf die Entwicklung des ganzen Schädels; ich sah die Bilder, sah die Schädel. Dann legte er mich auf die Chaiselongue, ich trank einen Kognak – und wirklich, ich fuhr ruhiger nach Hause.

Eine schlimme Nacht, trotzdem ich Tabletten auf Tabletten schluckte, aber der Tag war besser. Nur geriet ich, obwohl ich diesen Tag und den nächsten noch leidlich, aber halb abwesend, meine Arbeit tat, in eine zunehmende Unruhe, Erregung, Spannung. «Sie sind so sensibel», besänftigte der Zahnarzt; es sei wirklich nichts zu sehen. Aber mein Inneres konnte ihm nicht glauben; mein Schmerz, meine Unruhe war zu sonderbar, das war kein bloßer Nachschmerz. Er sagte, ich solle am Sonnabend ruhig in meine Ferien gehen. Aber, als am Sonnabend früh die Kinder abfuhren, lag ich verdrossen im Bett, kaute an meinem Mund, machte Umschläge, die ich nicht ertrug, und blieb dumpf da. Unter dem Kiefer schwollen die Drüsen schmerzhaft an, ich konnte den Mund schwer öffnen. Und endlich am Nachmittag, in der sehr stillen Wohnung, war ich nicht mehr der Überempfindliche: ich wiegte, beinah beruhigt, in meiner Ehre wiederhergestellt, das Thermometer – ich hatte Fieber! Also!

Der so liebenswürdige und witzige Arzt kam da selbst, beunruhigt, zu mir; wir plauderten und lachten hin und her. Draußen aber verriet er meiner bestürzten Frau: ich sei eigentlich kein zahnärztlicher Fall mehr; ein Chirurg müsse kommen. Ich wußte: ich hatte eine Mundbodenentzündung, eine Phlegmone[4], von der erlauchten Hand meines Eistrainers. Aber ich war ihm nicht böse, ich hatte keinen Groll, es war ein Unglück, ich war selbst zu ihm gegangen; es war so nah. In aller Frühe am Montag erschien der berühmte Chirurg.

Ich war froh, als er da war, die Nacht war über-über-lang gewesen. Ich freute mich, daß er kam, denn jetzt würde ich – Morphium bekommen. Ein kräftiger Mann mit einer Hornbrille; wie wohltuend seine Menschlichkeit. Es geht rasch, aber absolut sicher. Ja, eine Schwellung, die ginge nach rechts unter das Kinn, man müsse weiter Umschläge machen, aber – es sei doch besser und sicherer im Krankenhaus oder in der Klinik? Ich wollte in die Klinik; ob ich auch Morphium kriegen würde. Und lag schon mittags oben in der Klinik, im Westen. Und – schlief endlich, endlich, nach einer Spritze.

Wie lange? Bis gegen vier – da fing es an, im Zimmer zu ziehen. Es gab einen kalten Wind. Ich sah nach dem Fenster; das Fenster war auf; aber es sollte sehr heiß sein, «schwül» hatte die Schwester gesagt. Es zog, es zog; ich kroch unter meine Bettdecke, biß die Zähne zusammen. Meine Zähne fingen an zu klappern, meine Beine zitteren, die Arme schüttelten. Ach, es war ein Schüttelfrost. Meine medizinischen Kenntnisse waren ganz hin, kamen nicht auf. Hätte ich selbst einen so liegen sehen, nach einer lokalen Infektion, so hätte ich gewußt, was das ist. So – fror ich bloß, hielt mich in den Pausen fest und – ärgerte mich, daß keine Schwester da war. Aber eine Klingel sollte auf meinem Tisch sein. Ich faßte neben mich; da fiel etwas herunter. Das war die Klingel. Wo war sie? Ich tastete unter das Bett. Ich wollte sie finden. Ich suchte unter dem Tisch, warf eine Flasche, ein Glas um. Dann kroch ich schüttelnd aus dem Bett, trat in eine Pfütze und suchte. Wenn ich bloß meine Brille hätte. Ich kroch an die Wand, tastete, von wo wohl die Klingel abging. Dann war das Schütteln wieder so stark, daß ich mich an das Bett zurückschleppte, mich einpackte, mich ärgerte und wartete. Wie die Tür aufging, war es meine Frau, die erschrak. Dann kam die Schwester, die Klingel wurde festgemacht. Aber mir war schon ganz wohl. Unmäßig, übermäßig wohl. Mir war warm über den ganzen Körper, heiß, flutend, angenehm heiß, als wenn ich in einem Bade läge. Doch nun kam das Fieber. Manches Fieber kommt wie Brand, macht dumpf, macht den Kopf wirr, man dreht sich im Karussell. Aber dann gibt es ein anderes Fieber, und dies hatte ich. Es tut wohl, erweitert die Poren der Haut, man ist plötzlich in ein erschlaffendes Tropenklima entrückt. Es ist, als ob unser Körper eine Erinnerung an den menschlichen Uraufenthalt in den Tropen hätte, in der Krankheit sich dahin zurückzieht, zuückfindet, da Genesung sucht unter Palmen. Wie froh ich geworden war. Ich, bis dahin verdrossen, finster, konnte sprechen, konnte lachen. Meine Gedanken waren so frei, so behende. Die Morphiumwirkung mußte längst vorbei sein, und – ich hatte gar keine Schmerzen mehr! Ich betastete meinen Hals; er tat kaum weh. Ich konnte den Mund mehr öffnen. Das Fieber war hochgeschnellt. Ich aber lag da und genoß mein Fieber. Der Professor mochte kommen; etwas zurückhaltend von «Euphori[e]» sprechen und noch reservierter mir eine Nachtschwester empfehlen, ich – lag froh da, und das Wasser floß von mir. Man schwitzt in den Tropen. Man ist nicht akklimatisiert. Ich schwitzte; mein Körper warf, ohne ein Medikament, einen Tee genommen zu haben, ganze Bäche aus sich. Es ging den Nachmittag, die Nacht, den nächsten Tag und nachlassend Tage lang. Dabei sank das Fieber, draußen war es schwül, es gab Gewitter, ich lag in den Tropen, schwitzte, trank, schwitzte, trank.

Es war ein «septischer» Schub gewesen, aber mein Körper hatte eine Krise daraus gemacht. Er hatte sich dem Gegner gestellt, den Bakterien, die aus meinem Mundboden schon einen Vorstoß in das Körperinnere machten. Nur der eine Ritt gelang ihnen, dann war mein Körper hinter ihnen her, mit Feuer und Wasser, mit Fieber und Schweiß im Gegenstoß, zog einen Wall um sie, kerkerte sie ein. Was ist für eine Kraft in einem lebenden Körper! Über welche Mächte verfügt er! Kleine Löcherchen brachen in meinem Mund auf, daraus wurden die Feinde gejagt. Im Eiter sickerten sie heraus; ich blieb tagelang dabei, die scheußliche Bitterkeit auszuspeien.

Der Professor, immer vorsichtig, immer sicher, lachte mich an: «Sie sind über den Berg.» Ich war über den Berg, ich hatte den Weg nicht gemerkt. Aber wie Tag nach Tag verging – ich rüstete mich schon zum Aufstehen –, da merkte ich es. Da war ich wie einer, der in Gefahr ist, aber erst nachher, wie er sie überstanden hat, erschrickt. Und dieser zwiefach schwere Rückweg zum Leben: der körperliche und der seelische. Der Widerwille gegen die Nahrung; «Sie müssen essen, Sie müssen zu Kräften kommen», aber dieser Ekel, mehr als Appetitlosigkeit. Und der schlimmere Rückweg, der seelische. Alles steht da; blickt man zum Fenster hinaus, sind die Geschäfte, fahren Autos, aber man versteht es nicht, man blickt so von weitem, von einer dunklen Weite her. Zeitungen, Bücher: ja man kommt aus einer anderen Welt.

Und langsam nähert man sich wieder dieser diesseitigen Welt, erkennt alles und sich wieder, verschmilzt wieder damit.
Welch Strudel von Katastrophen in diesem Monat: Hochwasser, Überschwemmungen, Revolution, davon las ich jetzt in den Zeitungen. Ich mußte da hineingerissen sein. Ich hatte dabei eins abgekriegt. Beinah – wie listig, wie unscheinbar hinterlistig – hätte mich die Hand eines gefährlich ahnungslosen oder ungeschulten Zahnarztes erwischt und an einem abgebrochenen Zahn davongeschleppt.
Gegen Hochwasser kann man nichts. Gegen gefährliche Ahnungslosigkeit aber gibt es allerhand. Schließlich – auch gegen die eigene Bequemlichkeit. Besser zehn Minuten Auto als eine Ewigkeit Leichenwagen, lieber Sohn.

BRIEFE, DIE MICH NICHT ERREICHEN

Den kleinen Bericht «Von einem Zahnarzt und seinem Opfer» hatte ich geschrieben aus keinem Grunde und mit keiner anderen Absicht, als ein Erlebnis zu schildern. Ich war statt auf eine Ferienreise dicht an ein Verhängnis geführt worden, die Niederschrift hatte den Schock etwas von mir abgelöst. Als nun der Bericht in der Zeitung stand, an demselben Ort, wo noch vor kurzem Robert Musil meinen «Manas» analysiert hatte[1], da dachte ich, ich hätte mein Leiden und Mißgeschick doch nicht vor den Leuten ausbreiten sollen, ich müßte mich schämen, man wird mich bedauern. Man – hat mich nicht bedauert. Ein einziges Telephongespräch fragte, wie es mir ginge. Dann kamen Briefe von Menschen, denen es ähnlich gegangen war wie mir, so schrieben sie; schmerzliche und klagende Mitteilungen. Dann erschien eine Dame in Trauer bei mir. Sie war mit ihrem Mann nach München gefahren zu einer Sitzung, und es sollte sich auch eine Erholung anschließen. Da befällt den Unglücklichen, den kräftigen hochangesehenen Mann, Mitte dreißig, eine Halsentzündung, und es wird daraus eine Sepsis, vier Professoren sind um ihn, und er muß sterben, der große Schnitter läßt sich kein Bein stellen. Was soll ich ihr sagen? Sie ist fassungslos und ob nicht etwas versäumt sei. Aber ihre Dokumente zeigen: man hat den schrecklichen hämolytischen Streptokokkus aus dem Blut des Kranken gezüchtet, das Bild war von Anfang an schlimm. Was soll ich ihr sagen?

Und dann die Briefe der Zahnärzte. Was wollten sie? Mich bedauern, mich beraten? Es hat mich keiner von ihnen bedauert. Nicht einmal der, der mich beschädigt hat. Er hat mir einen eingeschriebenen Brief gesandt, in ungelenkem Deutsch, in dem er sich «weitere Schritte» gegen mich vorbehält.[2] Nun, diese Schritte werden nicht so schlimm sein wie der erste. Zuletzt aber haben eine Anzahl Zahnärzte wegen meines Berichtes sogar ihren Reichsverband mobilisiert. Und das hat nun wirklich eine erstaunliche Sachlage ergeben.

Somit «verstummt der Mensch in seiner Qual»[3], ich habe mein Mißgeschick geschildert, und – das wollen die Herren nicht. Sie wollen es nicht, weil der Bericht sie in ihrem Standesgefühl kränkt. Aber ich bin auch ein Stand, ich bin Schriftsteller. Was ich geschrieben habe, ist mein persönliches Erlebnis, und solch Erlebnis, mit dem Hintergrund eines schweren Verhängnisses, mitzuteilen, ist schon Recht jedes einzelnen Menschen und noch das ganz besondere, fast zur Pflicht gediehene Recht des Schriftstellers. Eigentlich bin ich sogar noch ein Stand, nämlich der Stand der Leidenden. Wir Leidenden sind nur schwach organisiert, im Gegensatz zu der robusten Gegenpartei der Ärzte und Zahnärzte. Unsere Organisation hält nicht, weil eine Anzahl von uns trotz aller Bitten und Verschwörungen unvermutete Erholungsreisen antreten, von denen sie nicht wiederkehren. Aber gelegentlich, wenigstens solange wir leben, können wir doch, dürfen wir doch, bitte, sagen, wie es uns geht? Die Herren Briefschreiber unter den Zahnärzten sind dieser Meinung nicht. Sie sind für Ordnung, bedingungslose Bewunderung in Bausch

und Bogen. Ach nein, meine Herren, unser jämmerlicher Stand kennt keinen Respekt, sondern nur zögerndes und ängstliches Vertrauen und unter Umständen kein Vertrauen. Wir sind völlig der Meinung, daß die Ärzte der Kranken wegen da sind, und daß uns die Ärzte, auch die Zahnärzte, sehr sorgfältig anhören. Ich soll die Zahnärzte in Bausch und Bogen herabgesetzt und ihr Ansehen diskreditiert haben[?] Aber was glauben die schriftunkundigen Herren, wie anders sieht ein Angriff aus der Feder eines Schriftstellers aus, als dieser klagende Bericht, der sich zuletzt fast ganz in Selbstbeschuldigung auflöst. Nein, ich habe nichts, gar nichts gegen «die» Zahnärzte; der Akzent liegt auf «die». Ich habe in meinem Bericht zwei genannt, einen vorzüglichen und einen minder vorzüglichen, und den letzten auch nur im Ensemble einer Geschichte, worin er weder der Held noch der Schlemil[4] ist. Der bin ich leider selbst. Und nicht einmal im Ensemble meiner Geschichte habe ich von dem minder vorzüglichen mit Groll gesprochen, mit dem Groll, mit dem er mir droht, der sich noch heute von seiner zärtlichen Berührung nicht erholt hat.
Und nun will ich dem Gebiß die Giftzähne ausbrechen und zwischen mir, zwischen uns und dem andern Stand eine Goldbrücke bauen. Denn jene empörten schmähenden Briefsteller, die mich «ahnungslos» einen «Dilettanten», «Ignoranten», «Schmierfink» nennen, sind – gar nicht «die Zahnärzte»! Da liegt vor mir der Brief eines der prominentesten Zahnärzte Berlins, eines Professors. Er schreibt von «der sehr großen Freude», die ich ihm mit meinem Artikel gemacht habe. «Sie glauben gar nicht, wie nötig von Zeit zu Zeit solche Mitteilungen für die breite Öffentlichkeit sind. Sie haben sich nicht nur den Dank der Zahnleidenden, sondern vor allem den der gewissenhaften Zahnärzte erworben.» Ich hatte einfach und sehr egoistisch mein Malheur schildern wollen. Aber nun glaube ich, muß das Ganze zu einer Unterhaltung der Zahnärzte unter sich werden. Ich kann mich aus dem Spiel ziehen und werde mit den andern gespannt zuhören.

ARZT UND DICHTER

Merkwürdiger Lebenslauf eines Autors

Ich bin auch Mediziner, und ich bin es nicht im Nebenberuf. Meine bisherige Laufbahn, sehr geehrte Herren, die Sie mich befragen, ist innerlich immer sehr ruhig und gleichmäßig, äußerlich recht still, um nicht zu sagen trist gewesen. Ich bin vor längerer Zeit in Stettin geboren[1] und noch nicht gestorben. Es wäre jedoch falsch, anzunehmen, daß ich eigentlich da bin, und das ist eben meine sehr stille, aber doch nicht triste Laufbahn.

Ich bin vor zahlreichen Jahren jung nach Berlin verschlagen[2], wo ich seitdem auf die sonderbarste Weise lebe. Das ist so. Erst wurde ich ernährt durch meinen ältesten Bruder[3], dessen Name darum in Gottes Mund sei. So habe ich auch studiert, Medizin, – Medizin darum, weil ich schon auf der Schule schrieb, aber die Literatur und noch mehr ihre Hersteller verachtete. Auch von meinem eigenen Schreiben hielt ich etwa so viel, wie ein Mensch, der an einem chronischen Schnupfen leidet, von dem Schnupfen etwas hält. Als ich fertig war mit dem Medizinstudieren[4], war ich Mitte zwanzig und hatte nichts so eilig, als mich dem Kampf um das sogenannte Dasein zu entziehen. Ich ging als Assistent in mehrere Irrenanstalten.[5] Unter diesen Kranken war mir immer sehr wohl. Damals bemerkte ich, daß ich nur zwei Kategorien Menschen ertragen kann neben Pflanzen, Tieren und Steinen: nämlich Kinder und Irre. Diese liebte ich immer wirklich. Und wenn man mich fragt, zu welcher Nation ich gehöre, so werde ich sagen: weder zu den Deutschen noch zu den Juden, sondern zu den Kindern und den Irren.

Ich habe mich Jahre hindurch in Irrenanstalten herumgetrieben, habe auch einiges über meine Kranken geschrieben.[6] Und mir fällt ein, ich habe aus der Anstalt Buch[7] einmal einen Fall von Hysterie mit Dämmerzuständen veröffentlicht[8] – das war etwa 1906/07, vor zwanzig Jahren, den ich analysierte und dessen Störungen ich auf Veränderungen in der seelischen Dynamik und

Energetik zurückführte[9]: ich will sagen, mir hat persönlich Freud[10] nichts Wunderbares gebracht. Dann mußte ich aber aus den Anstalten, die mir lieb und heimisch geworden waren, hinaus. Das Dunkel, das um diese Kranken war, wollte ich lichten helfen. Die psychische Analyse, fühlte ich, konnte es nicht tun. Man muß hinein in das Leibliche, aber nicht in die Gehirne, vielleicht in die Drüsen, den Stoffwechsel. Und so gab ich mich einige Jahre an die Innere Medizin.
In dem Land nun, das ich da betrat, wußte man nichts von Joseph.[11] Sie hatten Lungenentzündungen, waren herzkrank, zukkerkrank, und das fiel alles über Menschen, die freundlich oder böse, gedankenvoll oder -arm waren. Ich trieb mich Jahre hindurch durch die Krankensäle und besonders die Laboratorien. Mäuse, Meerschweinchen, Hunde begegneten mir da in den Laboratorien: vorn im Pavillon suchte man die Menschen zu heilen, hinten die Tiere zu töten. Es war ein frischeres, aktiveres Leben als in den Irrenanstalten, es war ein ständiges Flottieren der Kranken. Dazu war da eine Unmasse gar nicht zu bewältigender Beobachtungen und Daten in Büchern und Zeitschriften, und alles wunderbar exakt, mitteilbar, kontrollierbar. Bis spät in den Nächten lag ich in den biologischen Laboratorien, und auf dem Rückweg strich ich durch die Krankenstation: da kamen die Fiebernden, Vergiftungen herein; war das ein Leben. Ich hatte schon vergessen, daß ich in den Irrenanstalten war und warum ich hierher gekommen war. Ich war 33 Jahre alt, da – ließ ich auch dies Leben.[12] Nicht freiwillig. Ich hatte geheiratet[13], und darum durfte ich nicht bleiben.
So war ich also mit Schläue lange Jahre dem sogenannten Existenzkampf ausgewichen – und mußte jetzt hinein. So hatte ich mich in die Medizin festgebissen und mußte sie loslassen. Es war in dieser Krise, dieser Verlorenheit, daß ich wieder schrieb, nach einigen Novellen einen dicken chinesischen Roman.[14] Ich war jetzt praktischer Arzt am Halleschen Tor in Berlin[15], tat viel Dienst auf Rettungswachen, Tag und Nacht, fuhr morgens monatelang in ein Privatkrankenhaus[16], vertrat hier und da. Auf den

Treppen, in den leeren Wartestunden schrieb ich, konnte schreiben, wo ich ging und stand. Und dachte unendlich oft mit Sehnsucht zurück an die Laboratorien, an die Krankenbetten. Damals, oder etwas später, belegte ich auch einen Arbeitsplatz in der Charité[17] zu biologischer Weiterarbeit. Es war – kurz vor dem Krieg – nur ein letztes Aufflackern. Ich war nach Lichtenberg gezogen[18]; die freie Praxis zeigte ihre Vorzüge – und die Wissenschaft begann ich von draußen mit Skepsis zu betrachten. Die Einschachtelung in den Krankenhäusern wollte ich zu meiner Existenz nicht mehr. Die Wissenschaft: ich verfolgte noch immer, was die Zeitschriften brachten, hörte, was die Kollegen arbeiteten. Aber es bekam langsam ein anderes Gesicht. Ich konnte sehr wenig von dem brauchen, was ich die langen Jahre gelernt hatte. Und ich verlernte auch mehr und mehr davon. Es war wirklich nicht brauchbar. Es war Gelehrsamkeit, aber es waren keine wirklichen Kenntnisse. Ich sah, mit wie wenig man auskommt. Und dann war es lauter Diagnostik. Ja, was hatte ich die Jahre über in den Irrenanstalten und Krankenhäusern gelernt? Wie die Krankheiten verliefen, welche es waren, – und ob sie es wirklich waren, woran diese Leute litten? Es schmeichelte meinem Denktrieb – auch dem meiner Chefs –, zu wissen, wie alles verlief. Wir wußten, und damit basta. Behandlung, Einfluß – lernte man nur nebenbei. Nein, man lernte es nicht, man luchste es den anderen ab. Draußen, wie ging es da zu? Sie wußten nicht so viel wie ich, manche Kollegen, unter die ich geriet, – aber das Leben war kurios. Die Patienten waren kurios. Zu Tausenden liefen sie notorisch zu Kurpfuschern, Magnetopathen, und was weiß ich. Und wurden – auch gesund. Was für drollige Sachen man in der Sprechstunde erlebt, ist nicht zu sagen. Jeder Arzt kennt das. Eine Anzahl Mittel treffen den Nagel auf den Kopf, andere wieder –. Da kam monatelang ein alter Mann in meine Sprechstunde, zog regelmäßig eine kleine Flasche und eine Schachtel aus der Tasche und stellte sie vor mich; ich sollte sie ihm verschreiben. Er hatte Altersbeschwerden; die Tropfen waren blaues Wasser, die Pillen enthielten Eisen, Blaudsche Pil-

len[19]; die nehmen bleichsüchtige Mädchen. Ich fragte ihn im Beginn manchmal, wozu das sei. Ja, er nimmt die immer, und damit gut. Später kam heraus, daß seine Schwester, die schon tot war, die Sachen auch genommen hatte. Übrigens erkannte mich der alte Mann offenbar gar nicht; ich hatte eine Wohnung, in der auch vorher ein Arzt gewohnt hatte; der hatte ihm oder seiner Schwester die Tropfen und Pillen verschrieben, und nun ging er automatisch immer in diese Wohnung und stellte die Sachen auf den Tisch. Einmal durchbrach er sein Geheimnis und meinte abziehend, die Hämorrhoiden würden schon besser. Ein andermal erwähnte er, das sei für das Wasserlassen. Er scheint tot zu sein, oder vielleicht sitzt er im Siechenhaus. – Die Menschen sind eine wunderbare Gesellschaft; man kann eigentlich nur gut zu ihnen sein und sich seines Hochmuts schämen. Ich fand meine Kranken in ihren ärmlichen Stuben liegen; sie brachten mir auch ihre Stuben in mein Sprechzimmer mit. Ich sah ihre Verhältnisse, ihr Milieu; es ging alles ins Soziale, Ethische und Politische über. Ich fragte mich da öfter, ob ich einen schlechten Tausch gemacht hatte, als ich die klinischen Kurven und die Meerschweinchen verließ. Mir schien: nein.
Mein chinesisches Buch[20] (ach, die Literatur!) irrte von Verleger zu Verleger, von Stadt zu Stadt durch das große Deutschland.
Als S. Fischer es nahm, kam der Krieg, und da – blieb es wieder liegen. Ich kam wirtschaftlich nicht weiter als Doktor; die Schriftstellerei war auch nichts. Und um der ganzen Affäre noch einen besonderen Schwung zu geben, hatte ich ein Kind[21], und das zweite sollte kommen.[22] Aber eigentlich hat es der Himmel immer gut mit mir gemeint –.
Zum Beispiel jetzt, als ich auf dem Nullpunkt saß: da brach der Krieg aus, ich mußte weg, und als Doktor verkam ich nicht und Frau und Kinder nicht. Nach dem Kriege stieg mir, mit schon drei Jungens[23], das Wasser bald wieder an den Hals. Es ist nicht leicht, sich eine Praxis zu gründen und kein Geld zum Warten zu haben. Rüstig hatte ich schon drei Romane, zwei Novellenbände, zwei Dramen geschrieben[24], was ja an Selbstmord

grenzt. Da fiel die Inflation vom Himmel. Sie hat viele ruiniert, mich saniert. Ich war nämlich kurz zuvor Berliner Kritiker für ein Prager Blatt geworden[25], was erst nichts war, aber jetzt. Als auch dieses Manna in der Wüste[26] zu fallen aufhörte, hatte ich in meines Herzens Verblendung noch einen Roman geschrieben, einen utopischen.[27] Ich reiste nach Polen[28], aber auch das war nichts. Da kam ich auf den Gedanken, ein indisches Buch zu schreiben[29] und meinen Verleger[30], der gutmütig meine Bücher druckte, großzügig, gewissermaßen tropisch anzupumpen. Über utopische Perspektiven, die ich ihm zu diesem Zweck vorsetzen konnte, verfügte ich noch aus dem vorletzten Roman, der eigentlich eine Vorübung zu diesem Schritt war. Der Schritt gelang. Der vierte Junge wurde geboren.[31] Und ich lebe auf Vorschuß.

Jetzt übe ich in Berlin eine neurologisch-psychiatrische Kassenpraxis.[32] Ich muß aber gestehen, daß mir das interessanteste Objekt für meine psychologischen Überlegungen mein Verleger ist. Er leiht mir ununterbrochen Geld. Was in dem Mann vorgeht, möchte ich wissen. Ich möchte nicht in seiner Haut stekken. Es ist, um einfach und relativ ernst zu sein, so, daß ich nach meilenlanger medizinischer Vorbereitung, nach jahrzehntelanger literarischer Arbeit weder ärztlich noch literarisch existenzfähig bin. Sie fragen: warum? Meine Herren, das ist leicht auszurechnen. Sie müssen einmal eine Kassenpraxis haben und wissen, was dabei herausschaut, wenn man nicht wie ein Tier von früh bis in die Nacht arbeitet. Da kann aus mir, der sich in letzter Zeit einige Mittagsstunden freigehalten hat (nicht zum Schlafen), nichts werden. Und die Literatur? Oh, mein armer Verleger. Das Herz bricht mir, wenn ich an ihn denke; denn mir fehlt es ja an nichts. Von allen meinen Büchern habe ich zuletzt eine reale Jahreseinnahme von nicht zweitausend Mark gehabt![33] Also weniger als ein kleiner Angestellter verdient, ein ganz kleiner. Eine bessere Stenotypistin mit Ahnung hat über 150 Mark im Monat; ich habe aus sämtlichen Büchern, einschließlich ein neu herausgekommenes[34], immerhin soviel wie die ganztägige

Stenotypistin mit Ahnung. Ob ich aber nicht besser getan hätte, gleich Stenotypistin mit oder ohne Ahnung zu werden? Lieber als Bücher schreiben? Nein, nein.
Und da muß ich ein großes Wort sagen, das, seitdem ich schreibe und arzte, eine Wahrheit in mir ist. Es ist eigentlich eine fabelhafte, aber komische Einrichtung, daß, wenn ich mich hinsetze, phantasiere und schreibe, mir einer dafür noch etwas bezahlt! Wenn ich zu einem Kranken gehe, und ich habe eine nachdenkliche Viertelstunde mit ihm verlebt, habe vielleicht das Gefühl, ihm wohlgetan zu haben, dann – soll ich mir dafür noch etwas bezahlen lassen? Als ich Assistenzarzt war, habe ich oft ein merkwürdiges beschämtes Gefühl beim Gehaltsempfang gehabt: ich kann jeden Tag hier durchgehen durch die Säle, ich erlebe und erfahre viel – und man bezahlt mir dafür. Wenn man eine Familie hat und sechs Kopf stark ist, wird man zwar gedrängt, an Geld zu denken. Aber etwas stimmt dabei nicht. Und ich kann nur lachen, wenn Theoretiker von Wirtschaft und Wirtschaft sprechen und sonst nichts sehen. –
Zum Schluß, da ich über meinen ärztlichen Beruf sprechen soll, ein Wort zur medizinischen Wissenschaft und eins zur Praxis. Man wird Ende dieses Jahres, wenn man Lust dazu hat, von mir ein Buch[35] mit Betrachtungen und Gedanken über die Natur lesen. Ich habe da nichts, noch nichts über Krankheit und Gesundheit gesagt. Dazu bin ich noch nicht vorgedrungen. Aber ich ahne etwas. Nur bitte ich, zu gestatten, daß ich hier dazu schweige. Und die Praxis, wie ich darüber denke: sie ist Arbeit, Tätigkeit und viel Inhalt. Es gibt Privat- und Kassenpraxis. Die Kassenpraxis – ich spreche es aus – ist die natürliche, dem Arzt angemessene, weil sie einfach und anonym Arzt und Patient gegenüberstellt und das Finanzielle aus dem Spiele bleibt. Die heutige Art dieser Betätigung taugt nicht viel. Doch ist ihr Prinzip richtiger, natürlicher als das der Privatpraxis. Nur insofern sehe ich etwas Gutes an den hohen Honoraren, als – solch Honorar ein Opfer

bedeutet; es ist eine aktive Leistung des Kranken, die ihn zu weiteren verpflichtet; auch: sich zur Gesundung anzuspannen.
Ich versichere Sie, meine sehr geehrten Herren, die mich nach dem Beruf neben der Schriftstellerei fragen: ich werde, wenn die Umstände mich drängen, eher, lieber und von Herzen die Schriftstellerei in einer geistig refraktären und verschmockten Zeit aufgeben, als den inhaltsvollen, anständigen, wenn auch sehr ärmlichen Beruf eines Arztes. –

EINE KASSENÄRZTLICHE SPRECHSTUNDE

Mein Gebiet ist: Nerven- und Gemütsleiden; meine Patienten – ich wohne weit im Osten Berlins[1] – gehören fast ausschließlich den Arbeiter- und kleinen Angestelltenkreisen an. Selten verirrt sich jemand aus den gehobenen Ständen zu mir. Und ich gestehe, nicht betrübt darüber zu sein. Die «Gebildeten» und Bessersituierten habe ich vor dem Kriege einige Zeit als Arzt genossen[2]; ich habe sie mit Vergnügen verlassen, als ich sah, was vielen, den meisten unter ihnen der Arzt war: einer, den man für seine Leistung bezahlt (oft auch nicht bezahlt). Sie kaufen sich für ihr Geld einen Arzt, am liebsten eine Kapazität. Man muß sich anstrengen, um sie zufriedenzustellen. Ich möchte nicht. Ich mag nicht. Ich leiste, was ich kann und bin. Sie können nichts von mir mit Bezahlung erreichen. Ich bin sehr altmodisch, liebe Damen und Herren, wie Sie sehen, gar kein Amerikaner; ich bin nicht für «neue» Sachlichkeit, sondern für die alte Persönlichkeit.
Was sich bei meiner Praxis an «sozialer Fürsorge» ereignet, – ja, ich will Ihnen einiges davon sagen, was mir einfällt. Was war heut? Ich war verreist, war einen Tag in Zürich gewesen[3], wo ich aus meinen Büchern vorlas, es war nichts Rechtes, schien mir, ich klang nicht recht, dann hatte ich in Mailand Freunde besucht[4]

und mich an ihnen gelabt; nun saß ich wieder an meinem Schreibtisch, ging zur Wartezimmertür und öffnete. Lauter Männer, an zwanzig Männer, eine einzige alte Frau in der Ecke; so ist es an manchen Tagen. Einer kommt herein; er sieht mich zweifelnd an, er riecht stark nach Fusel. Er fängt loyal mit mir zu sprechen an, es ginge noch nicht recht mit der Luft bei ihm, und so weiter. Er sieht mich immer weiter zweifelnd an, schließlich meint er, ich sei wohl ein Vertreter von dem Fräulein Doktor, und ich geleite ihn brüderlich zur Tür: er hat sich in seinem freudigen Zustand um eine Hausnummer geirrt, aber das schadet nicht, sagt er, nächstes Mal kommt er zu mir, falls sie ihn gesund schreibt.

Ein älterer Mann, ehemals selbständiger Handwerker, jetzt hilft er seiner Frau im Gemüsekeller; ihn hat auf seinem Rad von hinten ein Auto angefahren, vor fünf Wochen; der feine Herr konnte sich Zeugen suchen, während er bewußtlos lag, er hat bloß einen, der auch wacklig ist. Ich habe den Mann schon öfters gesehen; er kann im Geschäft nichts mehr recht machen, vergißt viel; aber die Versicherung, die hinter dem Auto steht, zahlt nichts, weil er angeblich falsch gefahren ist. Aber das sei unwahr; der Mann weint wieder und flucht. Ich muß schwer mit ihm arbeiten. Was nutzt da Psychoanalyse und Suggestion und Coué[5] und Willenstrainierung; ich muß mit ihm kämpfen – und das ist hier «soziale Fürsorge» –, muß ihm den ganzen Fall und Unfall ausreden, da die Sache offensichtlich aussichtslos ist. Er hat kein Geld zum Rechtsanwalt, jetzt soll sich der Staatsanwalt der Affäre annehmen. Der Mann wird trotz alledem kein Querulant werden; er wird verbittert aus der Sache hervorgehen, aber wir werden uns schon durchsteuern; es wird auch etwas Honig für das Selbstgefühl daraus abfallen.

Übrigens: er kommt auch für seine Tochter. Sie ist 23 Jahre alt, ein strammes, rotbäckiges, blondes Mädchen, – aber –. Seit einem Jahr bleibt sie in keiner Stellung, überall rückt sie aus: man «schikaniert» sie. Fragt man sie: wie, in welcher Weise, so schweigt sie zu Hause; mir aber hat sie erklärt, es fielen gelegentlich Worte, die auf sie gemünzt seien, man lacht manchmal über sie, jetzt geschieht es auch zu Haus. Eine Fensterscheibe ist im Hausflur zerbrochen, natürlich ist sie daran schuld; man hat es noch nicht gesagt, aber es wird bald kommen. Der Mann, der Vater, sitzt hier heute, weil er, der selbst so geschlagen ist, nun dies mit dem Mädchen erlebt und nicht weiter weiß. Das Mädchen – kenne ich selbst gut, sie ist ein paarmal in meiner Sprechstunde gewesen; warum doch? Wegen – Anämie! Das hab' ich selbst gesagt und geschrieben. Sie hat mich hinters Licht geführt. Da ist nun die primitivste soziale Fürsorge, die ich da zu üben habe: den Mann langsam lehren, das schwere Wort «Geisteskrankheit» auszusprechen, und das Mädchen mit der üblichen Schlauheit aus der Gesellschaft für einige Zeit zu entfernen. Sie ist ja gefährlich; heute lachen sie im Haus über sie, morgen knallt sie einen nieder.

Es sitzen dann nacheinander Fälle bei mir auf dem Stuhl, die das tägliche Brot des Kassenarztes sind: sie sind «krankgeschrieben», aber sind sie auch wirklich voll, hundert Prozent, arbeitsunfähig? Das ist hier die Frage. Sie wollen ihr Krankengeld, sie wollen etwas «ausruhen», es sind morbide, brüchige Menschen, sie sind ja auch passager «krank», eigentlich ein bißchen immer «krank». Soll man sie zur Arbeit schicken? Die Krankenkassen wissen, wieviel hier dem Takt und Feingefühl des Beurteilers überlassen ist, ihre «Vertrauensärzte» durchschauen die soziale Krankheit des Patienten hier, es bleibt nicht bei meiner Entscheidung, auch die Seite drüben, die Kasse, kann sich melden. Da setzen sie sich nacheinander hin, zeigen ihre Krankenscheine vor, blicken mißtrauisch oder ernst vor sich, und das Geplänkel geht los. Man ist Arzt und doch nicht bloß Arzt. Organisch ist an den Leuten nichts oder fast nichts zu finden. Schmerzen hier und Schmerzen da, im Kopf, im Hals, im Rücken – er sagt es –, der eine sieht schwach und abgearbeitet aus, der andere ist muskulös, aber das besagt schließlich auch nichts. Oft drängen mißliche Arbeitsverhältnisse sie zum Arzt, oft sehen sie Arbeitslosigkeit voraus und melden sich und werden auch rasch krank. Es heißt:

geben, was möglich ist, aber auch den Gesundheitswillen, nein den Arbeitswillen drüben anfachen, – ein schwieriges Kapitel, wir können die Wirtschaftsordnung nicht ändern und müssen auf unsere Weise suchen, die Schärfen in ihr zu mildern.
Es tritt ein jüngerer Mann herein, mit Hornbrille, ein unterer Angestellter. Er setzt sich nicht; die körperliche Untersuchung ergibt nur Zeichen einer leichten Gefäßneurose. Aber er geht, nachdem er die Anordnungen erhalten hat, nicht, er zieht sich übermäßig langsam an, das letzte Wort ist noch nicht gesprochen. Ich frage zum dritten Male, ob zu Hause alles in Ordnung sei, bei der Frau, bei dem Kind, dränge auf Details, trotzdem er alles ablehnt, dabei einen glühroten Kopf hat. Dann stellt sich heraus: es ist ein Ehefall, und meine Medikamente und Anordnungen werden nicht viel wirken. «Kümmert die Frau sich nie um Sie?» «Nein, – es liegt an mir. Es ist eine andere dazwischen.» «Bei Ihnen?» «Ja.» Und dann kommt es heraus: er hat seine Frau, vor drei Jahren, «nur aus Dankbarkeit» geheiratet, weil er in ihrer Familie aufgenommen wurde nach dem Tod seiner Mutter, hatte mit dem Mädchen ein Verhältnis, konnte sich den Konsequenzen nicht entziehen. Nun hat er eine kennengelernt, eine Freundin seiner Frau, er liebt sie, aber sie will nicht. Sie will die Ehe nicht zerstören. Es ist ein strenges ernstes Mädchen; er will sich «am liebesten heute» scheiden lassen, seine Frau weiß nichts davon, aber das Mädchen, das schon Pech mit ihrem ersten Verlobten hatte, will nicht. Warum sucht der Mann mich auf? Weil er Kopfschmerzen hat, gedankenlos ist, sich in der Nacht von einer Seite auf die andere wirft. Begreiflich, auch ohne Medizin. «Können Sie nicht mal mit dem Fräulein herkommen?» Es wird schwer gehen; sie will sich überhaupt von ihm lossagen. Jetzt weint er und setzt sich. «Dann kommen Sie mit ihrer Frau her; die wird bestimmt kommen.[»] Daß er's verspricht, ist auffällig; er gibt die Partie schon auf; es scheint, der Mann hat seelisch sehr dunkle Hintergründe.
Ist das nun, oder das Ganze, Seelsorge oder Sozialfürsorge? Es geht Hand in Hand. Ich kann ihnen keine Kohlen verschaffen

oder nicht zu einer anderen Wohnung oder Frau oder zur Arbeit verhelfen. (Ach, die Wohnungsfrage. Es könnten ganze Abhandlungen geschrieben werden über die Wirkung der Wohnungsnot auf den Verlauf der Ehen, auf den Alkoholismus, auf die Abtreibung und ihre Folgen, auf den Bevölkerungszuwachs, also auf die Kriminalität.) Sie wollten etwas von der sozialen Fürsorge und den Ärzten wissen; ich habe Ihnen etwas aus meiner heutigen Nachmittags-Sprechstunde erzählt. Es geht so Tag um Tag. Wir sind alle nur so private Sozialbeamte mit ärztlicher Erfahrung. Wir sind, wenn ich es recht sehe, an einem kritischen, wenn auch öffentlich nicht sichtbaren Punkt als leise Puffer zwischen den jedem bekannten gesellschaftlichen Gewalten eingefügt. –

[LEBENSLAUF FÜR DIE PREUSSISCHE AKADEMIE DER KÜNSTE]

Ich bin in Stettin geboren[1], lebe aber seit 1888 ständig in Berlin. Ich habe nach meinem Medizinstudium[2] Assistenzarztstellen an mehreren Irrenanstalten und Krankenhäusern versehen[3], – 1911 bin ich Oktober in die freie Praxis in Berlin getreten.[4] Seit Januar 1912 bin ich verheiratet[5], habe vier Jungs: Peter, Wolfgang, Klaus, Stefan (15, 12, 10, 1 Jahr).[6] In Berlin wohne ich im Osten[7], meine Praxis ist eine 4/5 Kassenpraxis, neurologisch-psychiatrisch.

Ich will nicht vergessen: ich stamme von jüdischen Eltern[8]. Und zweitens: ich habe meine literarischen Werke nie als Kunstwerke im heutigen Fachsinn betrachtet und sie so geschrieben, sondern als geistige Werke, die dem Leben dienen, welches geistiger Art ist. –

ABERGLAUBE UND BERUF

Ich habe beobachtet, daß es kritische Tage gibt, – kritische Lebensepochen, von denen einige mit negativem, andere mit positivem Vorzeichen verlaufen; wenn man das abergläubisch nennt, bin ich abergläubisch. Es kommen Tage, an denen nichts funktioniert, sie bringen nur eine Serie von Malheuren, dann unternehme ich nichts mehr, ziehe mich zurück – und die Erfahrung bekräftigt mich in meinem Glauben ... Die Zahl 13 ist mir nicht sympathisch. Ob Dienstag, Freitag oder Donnerstag Glückstage sind, kann ich nicht entscheiden, aber meistens sind sie kritisch. Langjährige Beobachtungen haben mich zu der Überzeugung gebracht, daß ganze Zeitabschnitte unter dem dämonischen Einfluß unkontrollierbarer Kräfte verlaufen.

ZWEI SEELEN IN EINER BRUST

Der Nervenarzt Döblin über den Dichter Döblin:

«Mir ist als Arzt der Dichter meines Namens nur sehr von weitem bekannt. Wenn ich ehrlich sagen soll, ist er mir eigentlich gar nicht bekannt. Ich habe im Berliner Osten eine mittelgroße, nicht allzu große kassenärztliche Tätigkeit[1], ich bin Nervenarzt und bin den Tag über einigermaßen dadurch beschäftigt. Meine literarischen Neigungen sind nicht groß, Bücher langweilen mich erheblich, und was insbesondere die Bücher des Mannes anbelangt, der, wie Sie sagen, meinen Namen trägt, so habe ich sie gelegentlich bei Bekannten in die Hand genommen; aber was ich da erblickte, ist mir völlig fremd und auch total gleichgültig. Dieser Herr scheint ja eine große Phantasie zu haben, ich kann da aber nicht mit. Meine Einnahmen erlauben mir weder Reisen nach Indien noch nach China.[2] Und so kann ich gar nicht nachkontrollieren, was er schreibt. Ich lese außerdem dergleichen Dinge lieber [o]riginal, nämlich direkt Reisebeschreibungen, wovon ich übrigens ein großer Liebhaber bin. Ich kann mit dem Herrn, ich meine den Autor, der denselben Namen trägt wie ich, auch seines Stils wegen nichts anfangen. Er ist mir einfach zu schwer, man darf von abgearbeiteten Leuten nicht verlangen, sich durch so etwas freiwillig durchzuarbeiten. Erlauben Sie mir übrigens eine allgemeine Bemerkung, die etwas politisch oder ethisch klingt. Mehr als die Bücher dieses Autors sind mir seine gelegentlichen Äußerungen bekannt, die mir meine Zeitung bringt, die ich natürlich lese. Ich muß gestehen, ich werde aus dem Mann nicht klug, politisch und allgemein. Mein Appetit, ihn kennen zu lernen, wächst nach diesen Äußerungen keineswegs. Manchmal scheint es mir, er steht bestimmt links, sogar sehr links, etwa links hoch zwei, dann wieder spricht er Sätze, die entweder unbedacht sind, was bei einem Mann seines Alters durchaus unzulässig ist, oder tut so, als stünde er über den Parteien, lächle poetische Arroganz. Kurzum: Sie sind es gewesen, Herr Redakteur, der mich nach meiner Meinung über den Autor, den Mann mit der roten Nase, gefragt hat; die zufällige Namensübereinstimmung hat Sie dazu verleitet, ich selbst hätte mich nie mit ihm befaßt, so wenig wie mit den anderen jungen Autoren, und ich sage noch einmal kurz: der Herr ist [mir] beinahe unbekannt, er interessiert mich nicht, ich bin mit ihm weder verwandt noch verschwägert, und ich sehe ruhig seinem Urteil über mich entgegen, da Sie mir ja angekündigt haben, Sie wollen ihn auch über mich befragen. Seine scheinbar spaßhaften Anwürfe werden mich nicht berühren.»

Der Dichter Döblin über den Nervenarzt Döblin:

«Ich bin Ihnen sehr dankbar, Herr Redakteur, obwohl ich zu Ostern, wie Sie sich denken können, allerhand zu leiden habe, unter Umfragen usw., daß Sie diese merkwürdige Frage an mich gerichtet und in gewisser Hinsicht meine Kenntnisse bereichert haben. Ich bin eben beschäftigt mit einem Berliner Roman[3], ich meine, einer epischen Arbeit in normaler Sprache[4], die sich mit dem Osten Berlins, der Gegend um den Alexanderplatz und das Rosenthaler Tor herum beschäftigt. Da war mir Ihre Bitte, mich über den Nervenarzt meines Namens zu äußern, ein interessanter Wink. Vielleich kann ich da noch etwas Material holen, dachte ich mir, nicht bloß bei der Heilsarmee, auf dem Viehhof, aus Kriminalakten. Ich fuhr also hin und will Ihnen berichten. Der Mann macht einen lebhaften und nicht gerade schlechten Eindruck. Ich war in seiner Sprechstunde, habe in seinem Wartezimmer gesessen. Solch Wartezimmer ist das merkwürdigste Milieu, das man sich denken kann. Und als ich mich dem Herrn vorstellte und wir uns angelacht hatten – wir stammen, weiß Gott, aus den verschiedensten Gegenden –, da erzählte er mir vieles, was ich mir sogar mit seiner Erlaubnis sofort notierte. Diese Kassenärzte sind nicht zu beneiden. Ich sah die eigentümlich drangvolle Arbeit, in der er sich bewegte, und dabei noch mit besonders gearteten Kranken. Ich bin überzeugt, er ist kein besonderes Exemplar in dieser Branche, aber gerade so, wie er da anonym arbeitete, gefiel er mir ganz gut. Er ist mein gerades Gegenstück, fiel mir zwischendurch ein, wie er da sachlich hantierte, sprach, aufmerkte: ich immer ein Einzeltänzer, Primadonna, wie einmal mein Verleger[5] sagte, er grauer Soldat in einer stillen Armee. Ich bin überzeugt, ich habe keinen besonderen Eindruck auf meinen Namensvetter gemacht. Einige Male wurde mir ganz bänglich, als er mich ansah mit einem psychotherapeutischen Blick. Ich habe derlei Defekte, wahrscheinlich Komplexe, und der Routinier da roch wohl so etwas. Seien Sie mir bitte nicht böse, wenn ich Ihnen gestehe, daß ich aus diesem

Grunde meine Kenntnisse und unsere Bekanntschaft mit diesem Namensvetter nicht sehr vertiefte. Ich habe, ehrlich gesprochen, mich nicht sehr wohl auf dem Stuhl ihm gegenüber gefühlt; da fallen einem gar zu viel unangenehme Dinge ein. Aber ich bewahre dem schlanken, nicht großen Mann mit der Doktorsbrille ein gutes Gedächtnis und würde mich eigentlich freuen, wenn Sie mir verraten würden, was dieser Anonymus, dem ich sicher nicht Autor, sondern bloß Mensch gewesen bin, Ihnen über mich erzählt hat.»

KUNSTWERK UND NATURWERK

Gefühl vor einem Buch von mir[1]: es ist ein Lebewesen, wirkt wie eins, hat seine Zeit wie eins. Es sind meine Jahre 1922, 1923. Das läuft, atmet, fliegt auf 600 Seiten, auf 50 Seiten. Es ist eine Lebensform außerhalb der Zellen, Molekeln, nicht weit entfernt von dem, was man eine parapsychische Materialisation nennt. Ja, so sind Worte eines Lebenden, lebende Worte. Statt des Astralkörpers lebende Worte: das ist beinah noch eine feinere Art als die gewöhnliche Materialisation.

Schon immer wende ich mich gern von meinen eigenen Büchern, diesem scheinbar nur «Geschriebenen», ab. Mir ist das Unheimliche an ihnen deutlich, – ihre andere Daseinsform, – ihre Ablösung aus meinem mir unverständlichen Daseinskern. Ihr Hinschweben, Berühren da und dort, – meine abgelebten Jahre, die doch nicht von mir abgelebt, nicht meine Jahre waren. Ein geistiges Wesen hat eine andere Entstehungsart und Lebensart als ein körperliches. Es zieht etwas Wolkenartiges wie ein Gewand hinter sich her. Darin hüllt es sich, schützt sich vor der übrigen Welt und grenzt sich ab, auch von seinem Mutterboden, seinem Erzeuger. Immer ist das Sonderbare, kaum zu Nennende, Geistige, das ganz und gar Fluidale der Werke von einem

Wust umgeben. Darin lagert das Geistige und sargt sich ein. Der Erzeuger wirft selbst gern und viel solche Decksubstanz anorganische, über das Werk.
Das Buch, die Werke gleiten leicht und natürlich, oft unter intensivem Widerstreben und Widerwillen, bei einer gewissen Dunkelheit aus mir. Mein Verstand läuft dann eifrig darum. Ich kratze dem Geschöpf wie ein Hund sein Lager. Ich mache vieles schlecht, faslig, unvorsichtig. Hennen treten gelegentlich Küken, wie sie aus dem Ei kommen, tot.
Wahrhaftig: Das Buch, das Werk ist nicht «mein» Werk und Kunstprodukt, so wenig ich selbst «mein» Werk und Kunstprodukt bin. Es ist aus einem mitgeborenen Zentralpunkt, einer Keimzelle in mir entstanden wie der junge Sproß aus dem «Auge» der Pflanze. Ich verstehe, warum Naturwerke oft Kunstwerken ähnlich sind, – welch Zauberwerk ein Schneckengehäuse, die Zeichnung der Schildkrötenhaut, die Struktur eines Knochens; –: das hat einen einfachen, beschämend einfachen Grund: Der Mensch ist selbst Natur, seine Kunstwerke Naturwerke. Die Natur denkt nicht anders wie der Mensch. Der Mensch ist geschaffene und schaffende Natur. Und die Natur von Art des schaffenden Menschen. Darum haben ihre Produkte gleiche Merkmale. (In dem, was wir das Hellste nennen, im Bewußtesten, Geistigen, schlägt durch und ist allein machtvoll dasselbe, was im Finsteren machtvoll ist. Ein Einwand gegen das Hellste, gegen den Geist? Nein, gegen die Finsternis).

ERSTER RÜCKBLICK

I
Dialog in der Münzstraße[1]

Es ist Mittag. Ich sitze in einem kleinen Café am Alexanderplatz, und mir fällt ein: in dieser Gegend, hier im Osten Berlins, sitze ich nun schon, seit ich nach Berlin kam, seit vierzig Jahren.[2] Hier bin ich zur Schule gegangen[3], es kamen kleine Lücken, Studienzeit[4], Assistentenzeit[5], Krieg[6], aber immer wieder ging es zurück zwischen Alexanderplatz und Jannowitzbrücke[7], später noch östlicher, bis nach Lichtenberg[8] hinaus. Mir fällt ein: ich möchte hier manchmal weg, nach dem Westen.[9] Es gibt da Bäume, der Zoo ist da, das Aquarium und dann gar der Botanische Garten[10] mit den Treibhäusern, die dampfen, – ah, das sind leckere Dinge.

Guten Tag, Herr Doktor. – Guten Tag. – Wie geht's Ihnen? Im Café am hellen Tag? – Ist so meine Stunde (wenn ich bloß wüßte, wer der Kerl ist). – Was macht die Praxis? – Danke, danke, ein Jahr wie das andere. Man kommt so durch. – Und die Kinder? Wissen Sie, Sie müßten weg von hier, für Sie ist doch das eigentlich nichts. Sie müßten nach dem Westen, unter die Menschen. – Hm, und wie? – Soll ich Ihnen sagen, Herr Doktor, hab Sie ja schon öfter hier gesehen, hatte zu tun, ja, ich wüßte schon was für Sie, aber Sie wollen nicht. – Na nu, warum denn nicht? – Nee nee, machen Sie keine Fisemantenten.[11] Sie wollen nicht. Kann mir schon denken, wenn ich Sie ansehe. Ist nicht wegen der Praxis oder so. – Nu bin ich aber schwer neugierig. – Können Sie auch (setzt sich an meinen Tisch, den Hut nimmt er nicht ab, das ist hier so üblich). Hat mir ein Doktor gesagt, Kollege von Ihnen, sind ganz andere Dinge. Ja. Wissen Sie, haben Sie mal gehört: sexuelle Erniedrigung der Frau? – (Ich staune Bauklötze, ich kriege einen Schreck, Donnerwetter, was ist das.) – Na ja, hängt damit zusammen. Manche Menschen wollen nicht, wollen durchaus nicht, was sie sollten, obwohl sie's könnten. Man soll's nicht für möglich halten. Mir hat's der Doktor auf den Kopf zugesagt. Ist nicht Impotenz, im Gegenteil. Erst sagt man: schlapper Kerl, keine Traute, dann kommt's heraus: er will gar nicht. Man erniedrigt sich. Aus Vergnügen, aus Spaßvergnügen. Komisch, was? Das gibt's. – Donnerwetter (das sind die Freudbrüder[12], damit gehn sie hausieren). – Na, was sagen Sie nun? – Da muß ich mal erst meine Tasse austrinken. So. Nun sagen Sie mir, was soll denn da für ein Vergnügen bei sein? – (Er tuschelt an meinem Ohr, schiebt den Hut zurück, grinst). Sadismus! Gegen sich selbst! – (Ich hab's erwartet, platze heraus, ich lache meilenlang. Das Café geht in Stücke.) Großartig. So was passiert einem in der Münzstraße. – (Er strahlt.) Na, was sagen Sie, Doktorchen? – (Jetzt sagt er Doktorchen, nachher machen wir Güterteilung.) Da stecke ich mir erst 'ne Zigarette an. Sie auch? Also, wie gesagt, also es ist sehr, wirklich sähr schön! Warten Sie noch einen Moment, ich muß noch mal lachen, es sind meine Restbestände. So, das wäre heraus. Jetzt habe ich mich bis zur Siegessäule[13] hingelacht. – Wie steht's also mit der Sache, Doktorchen? – Ausgezeichnet. Bloß bei mir ist kein Geschäft damit zu machen. – (Der Kerl kneift das Auge.) Sagt jeder. – Sehen Sie mal durchs Fenster, neben dem Ober vorbei. Da sehen Sie Leute, lauter graue, einfache Leute, die vorbeilaufen und was tun. Das sind wir Arbeitsmänner, das Proletariat. Sehen Sie sich die an und dann mich. – Gemacht. Den Unterschied möchte ich in preußischen Pfandbriefen[14] haben. – Passen Sie auf, jetzt kommt die Bibel: das ist mein Herz, und das ist mein Blut, oder so ähnlich. Ist Neues Testament.[15] Diese Leute hier und diese Straße, das ist das Blut. Und hier sitzt das Herz. Diese Leute, das ist die Luft, und ich bin die Lunge. Und dann: das ist die Armee, und hier sitzt ein Soldat. – (Er schnüffelt, beobachtet mich verdächtig, kratzt sich das Kinn.) Verstehe ich nicht. – Wenn Sie mein Leben kennen würden, – ich meine, mein ganzes Leben, früher, würden Sie es schon verstehen. Ganz ohne Sadismus. Wie sich das so zusammenläppert, was man Leben nennt. Wenn man es hinterher betrachtet, steckt eine klare Logik drin, der Sinn. Sie erzählen da von Freud[16], mit der Erniedrigung, oder Adler.[17] Nach denen entwickelt sich die ganze Welt aus Defekten. Erst ist ein Loch da, und dann entsteht was drum rum. Aber bei mir ist prinzipiell damit nichts zu machen! Defekte, die habe ich wie jeder anständige Mensch. Im übrigen steht bei mir geschrieben: ich bin hier zu Haus, und es geht mir gut, es geht mir vorzüglich. (Obwohl ich gern ins Grüne möchte, einmal einen Baum zu sehen oder einen kleinen See.) Ich bin eine Kröte und kröte hier vergnügt herum. Ohne Sadismus. Auch ohne Masochismus. Die liefere ich nur in Romanen. Ich bin ein Arbeitsmann und ein Proletarier. Übrigens, wenn Sie mich nach dem Kurfürstendamm bringen, kröte ich da auch herum. Ich bin gar nicht kleinzukriegen. Ich bin nämlich vom lieben Gott geschaffen, und der hat mich aus einem fetten Stück Erde gemacht.[18] Einige andere Herren, ich will keine Namen nennen, hat er aus Irrtümern hergestellt, die ihm so zwischendurch unterlaufen sind, am Schabbes[19], bei der Nachspeise. – (Der Kerl schnüffelt, wischt raus.) –

II
Ankunft in Berlin

Wollen Sie bitte, Herr Doktor, statt dieser Dialoge, die ja schrecklich interessant sein mögen, nicht lieber etwas von sich erzählen? –

Also, ich bin vor vierzig Jahren nach Berlin gekommen, nachdem ich vorher geboren bin. Ich kam in Berlin in einem Zustand an, der sich nicht sehr unterscheidet von meiner Geburt, zehn Jahre vorher, in Stettin. Es war gewissermaßen eine Nachgeburt. Es hat aber keiner etwas davon gemerkt. (Ich bin ja wirklich in Stettin nur vorgeboren.) Wir fuhren also von Stettin nach Berlin. Meine Mutter unterhielt sich im Zug mit Leuten, die die Stadt kannten. Unsere Gegend, die Blumenstraße[20], wurde sehr

schlechtgemacht, da sind viele Fabriken und Rauch, das Gespräch war sehr lebhaft und in einem Fluß. Ich wagte nichts zu sagen, genauer, etwas zu fragen. Ich saß in Geburtswehen. Mir wurde bänglich und immer bänglicher. Es betraf meinen Bauch. Die Wehen nahmen an Heftigkeit zu. Und als wir uns den Häusern Berlins näherten, war ich am Ende meiner Kraft. Ich stand am Fenster, es war finster, spät abends, ich gab nach. Das Kind war da, es lief in meine Hose, mir wurde wohler, ich stand in einer Pfütze. Dann setzte ich mich beruhigt. –
Nachher fuhren wir durch die fremde große Stadt, und da geschah das zweite Wunder. Wir setzten uns in einen Zug auf einem hellen Bahnhof. Der fuhr ab, durch die Nacht, fuhr ein paar Minuten, dann hielt er, und – wir waren wieder auf demselben Bahnhof. Ich glaubte mich zu irren. Aber das Spiel wiederholte sich zwei-, dreimal. Wir fuhren, derselbe Bahnhof kam, und nachher stiegen wir aus und waren bald zu Hause. Ob wir im Kreis gefahren sind? Aber warum und wozu, und schließlich sind wir doch angekommen. Erst als ein gereifter Mann habe ich den rätselhaften Vorgang durchschaut. Es wurde mir klar und klarer: wir waren Stadtbahn gefahren. Die Bahnhöfe sehen sich abends ähnlich in Berlin, besonders wenn man aus Stettin kommt. Wir waren von Friedrichstraße nach Jannowitzbrücke gefahren. Aber es war mir ein unvergeßbares Erlebnis; es übt seine beruhigende Wirkung noch heute auf mich aus.
Wir waren sechs Personen, die da so zauberhaft reisten: meine Mutter, zweiundvierzig Jahre alt[21], und wir fünf Geschwister[22], lauter Stettiner Vollheringe[23], vier Jungen und ein Mädchen, ich der vorjüngste. Wir hatten den Staub, ich auch das Wasser Stettins von uns geschüttelt. Denn da war uns etwas geschehen. Wir waren aus einem kleinen Paradiese vertrieben worden.

III

Man bereite sich auf eine baldige Katastrophe vor

In Stettin an der Oder lebte einmal mein Vater. Der hieß Max Döblin[24] und war seines Zeichens ein Kaufmann. Da das aber eigentlich kein Zeichen ist, so war er Inhaber eines Konfektionsgeschäftes[25], welches nicht ging. Worauf er eine Zuschneidestube eröffnete, die einen guten Verlauf nahm. Dieser Mann war verheiratet und hatte es im Laufe der Jahre, wenn auch nicht zu Geld, so doch zu fünf Kindern gebracht. Auch ich war darunter. Er war mit vielen Neigungen und Begabungen gesegnet, und man kann wohl sagen: was ihm seine Begabungen einbrachten, nahmen ihm seine Neigungen wieder weg. So daß also die Natur in diesem Mann ein merkwürdiges Gleichgewicht hergestellt hat. Eines Tages nun wurde dieses Gleichgewicht auf eine besonders heftige Weise gestört; wie und wodurch, das werde ich gleich erzählen. Jedenfalls beschloß der Mann in seiner Unruhe, nach Mainz zu fahren. Dies wird alle Kenner Stettins in Erstaunen versetzen. Denn wenn man in Stettin aus dem Gleichgewicht gerät, fährt man nicht nach Mainz. Bisweilen nach Gotzlow[26] oder Podejuch[27] oder, wenn es schlimm wird, in die nahegelegene Klapsmühle. Aber Mainz ist ungewöhnlich. Und es war in der Tat ein Haken dabei, den niemand merkte, nicht einmal ich, obwohl ich schon über neun Jahre war. Der Haken war: wie mein Vater nach Mainz fuhr, kam er da nicht an. Das lag an der Richtung seines Zuges. Der nämlich nach Hamburg fuhr.

Und als der Zug in Hamburg hielt, ging die Bewegung in meinem Vater noch weiter. Auch Hamburg war nicht das Richtige. Nicht Mainz, nicht Hamburg, es sollte und mußte noch weiter sein. Es war Amerika. Das Wasser liegt zwischen Hamburg und Amerika. Neunundzwanzig Ozeanflieger sind schon in dem Wasser ertrunken. Mein Vater wollte und mußte herüber, der Drang in ihm war zu groß. Er nahm sich ein Schiff.[28] Obwohl das Gleichgewicht in meinem Vater gestört war, war er doch so besonnen, kein Flugzeug zu nehmen, – vielleicht darum nicht, weil es damals keine Flugzeuge gab. Jedenfalls: er fuhr zu Schiff, wie schon Kolumbus, und darum kam er an. Ob die Freiheitsstatue schon 1888 im Hafen von Neuyork stand[29], weiß ich nicht. Bestimmt richtete sie mein Vater damals in Gedanken auf. So weit also hatte der Stettiner fahren müssen, um sein Gleichgewicht wieder herzustellen. So sonderbar war das Schicksal. Er hatte gesagt, er wolle nach Mainz fahren, aber schon das Billett stimmte nicht, der Zug fuhr anders, das Wasser kam, und nun saß er in Amerika.

Und er war auch nicht allein gefahren. Er hatte sich einen Mechaniker, einen Doktor, zur Herstellung seines Balancements mitgenommen, einen Leibdoktor, Leibmechaniker. Es tut nichts zur Sache, daß es ein junges Mädchen war. Frauen eignen sich ja für viele Berufe, sie werden Juristen, Abgeordnete, Minister, warum nicht auch Mechaniker. Ja, man erkennt die Besonnenheit unseres Amerikareisenden auch daran, daß er sich ein Mädchen und keinen Mann mitnahm. Denn wer versteht sich besser auf Herstellung des Gleichgewichts, auf alle Schwankungen der horizontalen und vertikalen Lage, als junge, unschuldige Mädchen. Das Mädchen, das mit ihm über den gewaltigen Ozean fuhr und von ihm erkoren war, hieß Henriette, und mit Nachnamen – sagen wir – Hecht[30]. Es war merkwürdigerweise ein Fischname, wie das die Wasserkante mit sich bringt. Aber sie war – ein rätselhaftes Spiel der Natur, eine Paradoxie – vollkommen Fleisch. Offenbar hatten die Hechte im Laufe der Generationen ihre Natur verändert, und so stand sie lieblich vor dem Mann, der mein Vater war, und er fand Wohlgefallen an ihr.

Mein Vater hatte zwei Augen, ein linkes und ein rechtes. Mit dem rechten Auge blickte er immer auf seine Familie. Das linke aber war bei ihm weitgehend selbständig. Während das rechte Auge stets von Sorgen getrübt war, schwer bewölkt und zu Regengüssen geneigt, freute sich und lachte das linke, und das Hochdrucksgebiet war weit entfernt. Damit man nicht die sonderbare Verschiedenheit seiner beiden Augen erkannte, trug er

eine goldene Brille. Die deckte alles, und dadurch wurde er ein ernster Mann, der er ja auch war, ein vielseitiger Mann.
Meine Mutter war eine einfache Frau. Und da sich ihr Mann zu Hause öfters die Brille abnahm, so wußte sie, daß er schielte. Und sie war, wie das nun einmal Frauen sind, neugierig, wohin er schielte. Für das rätselhafte Naturspiel an sich hatte sie gar kein Interesse. Die reine Wissenschaft war ihr egal. Wie sie auch später auch gar kein Organ dafür hatte, den wunderbaren, schon erzählten Vorgang zu ergründen, der darin bestand, daß ihr Mann nach Mainz fuhr, aber es kam ein Zug auf dem Bahnhof an, der fuhr nach Hamburg an der Elbe – blinde Gewalt der technischen Kraft –, und kaum war der Zug dort angelangt, wird der Mann von einem Ungestüm erfaßt, muß nach St. Pauli an den Hafen, wird in ein Schiff verstaut und soll und muß über den Ozean, obwohl dieser so tief ist und später viele darin ertranken. Nichts davon interessierte meine Mutter. Sie blieb bis an ihr Ende dabei: der Mann ist mit einem Weib ausgerückt. Eine schrecklich einfache Formulierung. Mein Vater hat später sehr darunter gelitten. Sagen wir: etwas gelitten. Sagen wir: gar nicht. Er ist vorsichtigerweise nämlich nicht wiedergekommen.[31]
Meine Mutter also interessierte sich heftig in Stettin, wohin mein Vater schielte. Und je mehr sie die Geheimnisse seines linken Auges zu ergründen suchte, um so dunkler wurden die Schatten über seinem rechten. Aber das schreckte sie nicht. Es war nicht Heroismus bei ihr, es war Temperament und Unbesonnenheit, die leicht in Heroismus ausarten, wobei ihnen aber gar nicht wohl ist.
Mein Vater bemerkte mit dem linken beweglichen Auge in Stettin viele Menschen, Einwohner und Einwohnerinnen, Steuerzahler und Steuerzahlerinnen. Aber nicht das interessierte ihn, ob und wieviel sie Steuer zahlten, sondern ob sie männlich oder weiblich waren. Er nahm eine simple naive Trennung vor. Er war eine Art Fleischbeschauer. Die männlichen fielen gleich ab. Blieben die weiblichen. Die waren in großer Zahl in Stettin vorhanden. Ich kann mich nicht genauer auf sie besinnen, denn ich

war damals so klein. Aber ich erinnere mich, wie ich öfter als ganz kleiner Junge von einem Dienstmädchen an der Hand ins Freie geführt wurde, Kinderwagen fuhren mit, es ging in ein Tanzlokal draußen. Da saß ich dann auf der Bank, und im Saal tanzten viele erwachsene Menschen, große Männer und große Frauen, die Frauen kenntlich an den Röcken, die Männer meist in Uniform, mit Schnurrbärten, Soldaten, gewaltige Männer, die stark schwitzten. Solche Mädchen muß auch mein Vater in Stettin entdeckt haben, und die Entdeckerfreude ließ ihm keine Ruhe. So gehen berühmte Gelehrte noch nachts in ihre Laboratorien, blicken in ihre Mikroskope oder rechnen oder stellen noch einmal ihre Apparate zusammen, fangen mitten in der Nacht an zu destillieren, den Schmelzpunkt zu bestimmen. Schließlich: ist die Entdeckung eines Menschen, einer Menschensorte nicht ebenso merkwürdig und beunruhigend und aufregend, wenigstens für den, der sie macht? Und andererseits: ist die Entdeckung eines neuen Elements oder einer chemischen Verbindung seelisch anders, beglückt sie anders, erregt, entflammt sie anders als die eines neuen Menschen? So hängt die Liebe mit der Entdeckerfreude zusammen. Mein Vater muß viel gesucht und viel entdeckt haben. Er betrieb die Wissenschaft gründlich und mit Ausdauer, und es hätten sich ihm da große Perspektiven eröffnet, wenn diese Wissenschaft staatlich anerkannt gewesen wäre. Es war offenbar die Disziplin, für die er am begabtesten war.

Aber während meine Mutter sonst keinen Anteil nahm an seinen vielen anderen Neigungen – er komponierte ja, dichtete, zeichnete –, in dieser einen Passion wurde sie mitgerissen. Wenigstens hier knüpfte sich zwischen ihr und dem Mann ein gewisses eheliches Band. Wenn der Mann auf seinen Kriegspfad ging und sein linkes Auge in Aktion trat, dann geriet auch sie in Erregung. Der Geschichtsschreiber muß leider feststellen, daß sie sich auf dem Pfad nicht ebenso bewaffnete wie der Mann. Er trug Rosen, sie aber schwang einen Regenschirm. Er war geladen mit Zärtlichkeit und hohen männlichen Gaben, sie aber mit Zorn. Er ging einsam wie ein Hirsch Wasser suchen[32], sie aber trug Geschosse, ihn beim Trunk zu stören. Das waren die Unterschiede zwischen den Ehegatten. Sie dachte an ihre Kinder, die Familie und daß dies ihr angetrauter Mann war; er aber: wie schön es sich in der Sonne spazieren ging Arm in Arm, – ach, es war nicht der Arm seiner Frau. Es war überhaupt nicht immer derselbe Arm. Der Mann lebte in starker Unruhe. Er hatte die Weite der Natur entdeckt und die Mannigfaltigkeit der Stettinerinnen. Er wechselte die Quellen seiner Erquickung. Erst spät gewöhnte er sich an eine, und das war das Allerschlimmste, denn diese Quelle war nun zufälligerweise nicht seine Frau. Eigentlich muß man sagen, das Gegenteil wäre ein Zufall gewesen. Denn es gibt notorisch Millionen Frauen auf der Welt; warum soll ein Mann grade seine eigene Frau lieben? Das wäre doch ein höchst merkwürdiges Zusammentreffen! So war es bei meinem Vater. Die Frau, die starke Frau mit dem Regenschirm, nahte. Gerüstet mit Zorn und mit der entschiedenen Abneigung, hier irgendwie etwas zu «verstehen». Sie trug mit sich Legitimität, Pathos, Ansprüche. Die Tragödie war eingeleitet. Der donnernde Jupiter[33] zeigte sein Dasein. So wandeln Menschen im Grünen, und eine Wolke zieht sich zusammen, und sie regnen ein. Man glaubt im Grünen zu wandeln, und schon hat man den Regenschirm vergessen.

Als damals in Stettin in unserem Hause das Gewitter in Aktion getreten war und nicht aufhören wollte, dachte der Mann, so scheint es, an die Wilden in Afrika. Sie haben nichts an, aber sie haben ein Strohdach über sich. Wenn ein Mann an einen andern Arm denkt, so ist es schlimm; wenn er aber an ein anderes Dach denkt, dann ist es gefährlich, und das Verhängnis ist kaum aufzuhalten. Mein Vater fing unter den ständigen Gewittern an zu träumen, vorwiegend von Mainz, der Zug fuhr aber nach Hamburg, dann kam das Meer und Amerika. Was weiter kam, träumte er nicht. Es ist das Schlimme an den Träumen, daß sie zu früh aufhören. Er hätte auch träumen sollen, was nach Amerika kam.

IV

Die Geschichte wird noch einmal erzählt

Erzähle noch einmal die Geschichte. – Wer, ich? Warum? – Frage nicht. Erzähl sie mir noch einmal. Bitte. –
Hm. Also, wenn es durchaus sein soll. –
Es gab eines Morgens in Stettin einen furchtbaren Tumult bei uns im Hause, Weinen und Geschrei, meine Mutter lief eine Treppe hinauf, Gespräche mit den älteren Geschwistern, fremde Leute kamen. Ein Brief war aus Hamburg eingetroffen, mein Vater, damals zweiundvierzig Jahre alt, war auf der Fahrt nach Amerika. Er schrieb in seinem pathetischen, großartigen Stil – der Mann konnte Ihnen schreiben, die rührendsten Briefe –: «Goldene Berge werde ich euch bieten.»[34] Vorausgegangen waren jahrelange Streitigkeiten zwischen Mann und Frau, Weibergeschichten. Zuletzt drehte es sich, wie gesagt, um ein junges Mädchen, eine seiner Arbeitnehmerinnen, zwanzig Jahre jünger als er, ein Nähfräulein mit dem Vornamen Henriette[35]. Meine Mutter hatte ihr aufgelauert, Tätlichkeiten waren vorgekommen – wenn ich mich recht besinne, auch zwischen den Eheleuten. Es gab ein Tohuwabohu bei uns in Stettin, Verwandte der Mutter kamen, Geschäftsfreunde des Vaters, die Bestände wurden aufgenommen, an den hinterlassenen Schulden hatte meine Mutter noch viele Jahre abzuzahlen. Wir Kinder natürlich sofort aus den höheren Schulen genommen und provisorisch zu einer kleinen Privatlehrerin[36] geschickt. Das ist das Leben. Rette sich wer kann.
Während bei uns alles drunter und drüber ging, der Tag mit Unruhe, Sorgen und Weinen anfing und ebenso endete, während meine Mutter ihre Verwandten alarmierte und für uns bettelte – trieb sich der Mann, der diese Familie gegründet hatte, in Neuyork mit dem jungen Mädchen herum, das zwanzig Jahr jünger war als er, saß mit ihr in Tingeltangels, bewachte sie eifersüchtig, und er lebte da monatelang[37] in Neuyork in Liebe und Freude, bis das Geld alle war.

Er ist dann nach Europa zurückgekehrt und hat mit dem Mädchen bis an sein Lebensende[38] zusammen in Hamburg gelebt. Meine Mutter hat ihn einen Bigamisten genannt, aber das ist nicht wahr. Sie hat sich erst spät, als sie eine Erbschaft machte[39], von ihm scheiden lassen.[40] Er hat in Hamburg ein kleines, sehr ärmliches Dasein geführt, zuletzt mußte er unterstützt werden.[41] Uns hat er einmal nach Hamburg kommen lassen[42] – war ein Streit mit der Henriette vorausgegangen oder besann er sich auf seine Pflichten? Aber das Wort Pflicht kam in seinem Lexikon nicht vor – er hatte geschworen, es sei nun alles aus mit dem Mädchen. Der Eid hielt kein halbes Jahr. Dann kamen anonyme Briefe, und wir saßen wieder im Osten Berlins. Er tat auch einmal so, als wolle er sich Arbeit in Berlin suchen, hatte schon Stellung, dann behagte ihm dies und jenes nicht, er verschwand ohne Abschied, es kam ein Telegramm vom Lehrter Bahnhof[43], und – er saß in Hamburg, am alten Fleck.

Der Mann hat sich wohlgefühlt in Hamburg in seiner Armut und Kümmerlichkeit. Mein ältester Bruder hat ihn gelegentlich besucht, hat auch die Gefährtin des Mannes gesprochen, sie wohnten zusammen[44] in einem armen Stadtteil, proletarisch in sauberen Räumen. Der Mann hatte zuletzt einen ehrwürdigen weißen Bart, trug seine goldene Brille und sah wie ein alter Volksschullehrer aus. Er hat sich viel mit Freimaurerei beschäftigt.[45] Am Ende befiel ihn ein Halsleiden. Es war der Kehlkopfkrebs. Daran starb er.[46] Mein Bruder hat die Leiche im Regen auf den Friedhof begleitet, es ging sonst keiner mit, und hat das Grab richten lassen.[47] Er, der am schwersten von all dem Unglück getroffen war, hatte damals noch eine schreckliche Aussprache mit der Frau. Sie war selbst leidend[48], konnte sich wenig bewegen. Sie sagte, daß sie an allem unschuldig gewesen wäre.

– Der Mann hat sich in verbrecherischer Weise aus einer wahrscheinlich schweren Situation gerettet. Er war roh genug, seine ganze Familie den Verwandten seiner Frau aufzubürden. Er dachte sich: verkommen werden sie nicht, das Hemd ist mir näher als der Rock. Über Nacht hatte er uns alle in Not gestoßen und zu Bettlern gemacht. Er war ein Lump, nehmt alles nur in allem.

– Es ist nicht recht, meinen Sie, so streng über einen nahen Verwandten, den eigenen Vater, einen Toten zu urteilen? Ich müßte nicht Sohn meiner Mutter sein und nicht alles mitgemacht haben, wenn ich diesen Ton unterdrückte. Ich kann so urteilen nur mit Worten, er hat mit Taten über uns geurteilt so streng wie möglich: Ihr seid mir schlechte Luft, und hat sich allen Herzenspflichten und juristischen Pflichten eines Vaters entzogen. Ich habe nicht den Eindruck, daß ihm das schwergefallen ist. Der Vater hat über seine Familie geurteilt, es war aber, unter Berücksichtigung aller Umstände, nicht nötig, so hart, so wegwerfend grausam über die Familie zu urteilen. Alles Recht der Persönlichkeit in Ehren, aber man macht es sich zu leicht, wenn man glaubt zur Persönlichkeit zu kommen, indem man die Verantwortung zerbricht. Wir leben in keinem Beduinenstaat, der Vater hat nicht Allmacht über die Familie, er muß sich meine Antwort gefallen lassen. Wenn die Sünden der Väter heimgesucht werden an den Kindern bis in das dritte und vierte Glied[49], so haben die Kinder das Recht, die Väter vor ihr Tribunal zu ziehen und Klage zu erheben. Der Mann ist tot. Vor dem großen Reinigungsfilter, in das wir alle eingehen werden, will ich haltmachen und still sein.

V

Zum dritten Mal!

Du mußt ran, zum drittenmal. Du sollst noch einmal davon sprechen. – Aber was denn? Von dieser Sache? Ich hab es schon zweimal gesagt. Warum denn? – Du wirst es schon sehen, du weißt es schon, fang nur an. – Ich weiß nicht. – Fang an. –
Seine Eltern waren sehr strenge Leute. – So ist's recht. Fang mit den Eltern an. – Sie verheirateten ihn mit fünfundzwanzig Jahren.[50] –'Sieh mal, wie du alles weißt, mein Junge. Immer sachte

so weiter. – Er war schwach, nachgiebig. Er widerstrebte wenig, er ließ sich verheiraten, er macht eine gute Partie mit der Freudenheim[51], eine schöne Person und Geld. Du lieber Gott, das sind doch alles keine Entschuldigungen. – Wir wollen doch einmal sehen. Nur weiter. – Es ist nicht viel weiter. Sie kriegen Kinder, sein Geschäft geht kaputt, er macht eine Konfektionsstube auf. Dann –. – Was ist dann? – Dann sterben seine Eltern.[52] – Ah. So. Dann sind also die Eltern tot. – Ja. – Das ist wohl ein wichtiger Punkt? – Ich muß einmal sehen. Ich muß doch einmal sehen. Also die Eltern sterben. Sie haben ihn verheiratet. Der Mann ist allein. Daraus ergibt sich eine gewisse Schwierigkeit für die Frau. Aber ich habe etwas vergessen. – Bitte. – Es wird mir schwer, davon zu sprechen, aber ich muß es wohl sagen. Also: der Mann und die Frau stimmten nicht gut zusammen. – Wegen der Partie? Ich meine, weil seine Eltern das Ding gedreht hatten? – Auch deswegen, von ihm aus. Aber das ist es nicht. Sie stimmten nicht zusammen. Überhaupt nicht. – Hm, hm. – – Ja. Es ist wohl nicht schön, wenn ich davon spreche. – Ich denke, man soll Wahrheiten ruhig aussprechen. Es klärt. Man sieht vielleicht dann auch anderes besser. – Die Frau nämlich, meine Mutter, war nüchtern, aus einer Kaufmannsfamilie. Er, der Hamburger[53], war ein Luftikus, ein begabtes Wesen. Er war sehr begabt. – Nun, und? – Er verfügt über ein ganzes Arsenal von Begabungen. Er spielt Violine, Klavier, ohne Unterricht gehabt zu haben. Wir selbst hatten bei ihm ja die ersten Musikstunden. Das Klavier, weiß ich noch, war eine Zeitlang ein Kasten ohne Beine; oben auf der Platte wurde bei Tag meist zugeschnitten. Es fiel Staub zwischen die Tasten von den Stoffen, man mußte einen Blasebalg nehmen, um ihn zu entfernen. Der Mann komponierte. Ein Stück von ihm setzte sogar der Musiklehrer[54] unserer Schule, des Friedrich-Wilhelmstädtischen Realgymnasiums[55], für Orgel. Er saß über Büchern auf Kompositionslehre. Er sang, und nicht schlecht. Er schrieb Gelegenheitsgedichte, war ein fixer Zeichner. Er war geschickt im Entwerfen von Kostümen. Eigentlich ein unheimlich talentierter Knabe; lauter künstlerische Dinge. Die Begabungsfülle war, glaub ich, von mütterlicher Seite auf ihn gekommen. Seine Mutter[56] war eine geborene Jessel; der Komponist des «Zinnsoldat» und anderer Operetten: Léon Jessel, ist sein Vetter.[57] Aber bei meinem Vater gedieh nichts recht.

Erstens war er ein Luftikus und trieb nichts beständig, dann hatten sie ihn zu Hause natürlich nichts lernen lassen – das hat ihn sehr gegrämt –, und nachher hing die Familie an seinem Bein. Das waren wir, fünf Stück, und die Frau. Er war auch ein triebhaftes Wesen, ohne allen Ehrgeiz. In dem Mann, ja ich seh ihn noch vor mir, war etwas Weichliches, Schlaffes, Schwächliches und Ruhendes. Er lebte so hin mit seinen Gaben. Er schlenderte, fühlte sich nie eigentlich unglücklich. Ein Windhund, nehmt alles nur in allem. Aber kein unedles Tier.

– Dies ist alles sehr gut, was du sagst. Du siehst, wie nötig es war, daß du noch mal anfingst. Also ruhig weiter. – Es sind schlimme Dinge, die ich spreche. Ich weiß sie gut, aber ich erinnere mich ungern daran. Es führt geradewegs zu mir. – Aber bitte, wir haben Zeit. Ich dränge gar nicht. Wird es sehr schwer? – O nein, es geht schon. Also, wovon sprach ich, meine Mutter, ja. Meine Mutter hatte nicht viel Respekt vor ihm. Sie nannte ihn: «gebildeter Hausknecht». Ein böses Wort. Ein schlimmes Kapitel, dieser Kaufmanns- und Geldstolz in der Familie meiner Mutter.[58] Das waren alles sehr lebhafte, aktive, praktische Leute, Verdiener und einige auch Genießer. Was darüber lag, war unbekannt! Nein, nicht bloß unbekannt, sondern lächerlich! Es war Anlaß zum Höhnen, zum Ironisieren. Wie wenn Indianer oder Neger zu uns kommen und die Kinder sie ausspotten. Eine fürchterliche Sache. Von dieser Seite her kam eine der Minen, über der die Ehe meiner Mutter mit diesem vielbegabten weichlichen Mann aufflog. Das ist es. Ich muß es schon sagen.

Ich kann davon sprechen, denn ich habe diesen Hohn, diese Borniertheit, diese bittere, anmaßende Härte selbst kennengelernt. Ich hätte nicht gewagt, nicht wagen dürfen, meine Schreibereien zu Hause zu zeigen. Es wußte lange Jahre niemand zu Hause, daß ich schrieb. Und als 1906 von mir ein kleines Theaterstück[59] in einer Matinee zusammen mit einem Stück von Paul Scheerbart[60] aufgeführt wurde, da kam es nicht unter meinem Namen, dem meiner Familie, heraus, sondern unter einem Pseudonym.[61] Aber schon vorher, etwa 1902, war mir unter diesem häuslichen Druck etwas fast Schweres, eigentlich nur Tragikomisches, passiert. Da ich vermied, meinen Namen unter meine Schreibereien zu setzen, hatte ich meinen ersten Roman[62], er liegt noch in meinem Rollschrank[63], an Fritz Mauthner[64], der damals Kritiker in Berlin war – es ist seitdem kein Theaterkritiker seines Ernstes in Berlin erschienen –, geschickt unter einem Pseudonym.[65] Mauthner war augenleidend, er lebte im Grunewald[66], schrieb mir nach der Anatomie, wo ich damals arbeitete, an meine Deckadresse: ich möchte ihn besuchen, ihm selbst aus dem Manuskript vorlesen, er sei augenleidend. Eine ganz sonderbare Scheu und Furcht hielt mich zurück davor, ihn zu besuchen. Ja, ich weiß, woher ich diese Scheu habe. Ich hatte also schon ein schlechtes Gewissen vor meinen Arbeiten. So hatte sich das eingeprägt. Bis ins zweite Glied. Ich fuhr einmal bis zum Grunewald, um ihn aufzusuchen. Dann hatte ich es geschickt eingerichtet, daß es schon dunkel war und ich in der Finsternis den Weg zu ihm nicht fand. Vom sichern Hafen schrieb ich ihm einen Brief, worin ich ohne Angabe der Gründe um Rücksendung meines Manuskriptes bat. Und jetzt fängt die eigentliche Tragikomödie an. Mauthner schickte das Manuskript an meine Deckadresse an ein Paketpostamt. Oranienburger Straße. Und als ich dort erschien, um mein Manuskript abzuholen, gab man es mir nicht. Pakete werden nur gegen Legitimation ausgehändigt. Aber wie sollte ich mich legitimieren. Ich zeigte Mauthners Karte vor. Das genügte nicht. Ich war ratlos – und ich blieb ratlos. Das Gegebene, nämlich den Tatbestand, zu erklären, wagte ich nicht. Das schlechte, das grausam schlechte Gewissen! Das zweite Glied! Oh, das ist ein Leiden. Daß so etwas möglich ist. Man hätte mein Manuskript geöffnet, ich – hätte mich zu Tode geschämt. So ist dies Manuskript unabgeholt auf dem Paketamt liegengeblieben. Lange Monate habe ich darunter gekrankt. Die Handschrift meines ersten Romans (die «Jagenden Rosse») ist auf diesem Paketpostamt weggeworfen oder eingestampft. Eine Abschrift hatte ich nicht. Ich faßte einen Entschluß: ich schrieb nach den Skizzen, Entwürfen und aus der Erinnerung das Ganze noch einmal[67], mit Bitterkeit, über mich verzagend. Ganz schwarz wurde ich darunter.

Ja. Es ging so weiter und blieb so. Als ich schon Arzt war und ein Buch von mir erschien, fragte meine Mutter: «Wozu machst du das? Du hast doch dein Geschäft.» Sie meinte die ärztliche Praxis. Um sie zu beruhigen, mußte ich ihr sagen, daß ich etwas damit verdiene. Es war nicht wahr (übrigens finde ich jetzt, wo sie nicht mehr lebt: die Frau hatte nicht so unrecht. Eigentlich – hätte ich's lassen sollen –). Es war ihr eine Spielerei, das Schreiben, eine Zeitvergeudung, unwürdig eines ernsten Menschen. Das war noch ganz ein Charakterzug der Menschen, die aus kleinen Verhältnissen in das Reich kamen und Geld verdienen mußten, und sonderbar, es war ganz und gar nicht das, was ich später in Polen bei den Juden traf[68] und was mich da so sehr tief erfreute, die Ehrfurcht vor dem Buch, die Ehrfurcht vor dem Geist. Mein Vater hatte solche verschütteten Gaben mit sich getragen. Er war – ethnologisch das Opfer der Umsiedlung. Alle seine Werte waren umgewertet und entwertet. Darum, darum also gedieh seine Ehe nicht. Erst in meiner Generation ist wieder die Besinnung, auch die freudige Besinnung auf die Herkunft und die alte Ehrfurcht schwer und langsam wieder aufgekommen. Ich – habe die große Umsiedlung überstanden.

Meine Mutter, ich kann jetzt ruhig weitersprechen, es war doch gut, daß ich es sagte, meine Mutter hatte keinen Respekt vor ihrem Mann. Er galt auch bei ihren Brüdern[69] nichts. Da fängt, jetzt seh ich besser, fängt der Mann, der im übrigen ein Schürzenjäger ist, an, außerhalb des Hauses Luft zu schnappen, nämlich die Luft, die ihm im Hause fehlt. Der Mann wird langsam ein verlogner Rebell, – verlogen; er wagt sich nicht heraus. Solange seine Eltern leben, duckt er sich. Dann wird er frech. Ich

kann auch sagen: mutiger, entschlossener. Er wird oft erwischt. Er vernachlässigt ganz evident seine Frau. Er ist außerdem älter geworden, er ist an die gefährlichen Vierzig geraten, und da muß er die H.[70] treffen. Das legt das Schicksal wie ein Experiment auf ihn. Er gerät in Flammen, der Mann wird das noch nicht gekannt haben, es ist offenbar eine wirkliche, ganz starke Liebesleidenschaft. Er ist reif dafür. Es wird vieles damals in ihm die Leidenschaft geschürt haben und Holz zum Feuer gewesen sein. Es war die Krise in seinem Leben. Nun kommt sein Wagen ins Rutschen und Rollen. Zu Haus wächst die Kälte, die Unfreiheit, der Streit. Da – rückt er einfach aus. Endlich, endlich. – Was sagst du: endlich? – Es kam mir so. – Du bist blaß. Es trifft dich wohl sehr. Vielleicht hören wir jetzt auf. – Nein, danke. Ich kann sprechen. Ich bin doch kein Jüngling mehr, daß mich Einsichten umwerfen. Ich sehe alles klar. Ich sprech es jetzt gern aus. Es fürchte die Götter das Menschengeschlecht! Sie halten die Herrschaft in ewigen Händen und können sie brauchen, wie's ihnen gefällt.[71] – Können wir weitersprechen? – Doch. Es war die Krise im Leben meines Vaters. Er rückt, er rückt einfach aus, dieser Mann. Es tut mir wohl, das so zu sehen. Jetzt bitte ich[,] etwas aufhören zu dürfen. – Gut, gut. Wir haben ja Zeit. – (Eine lange Pause, geschlossene Augen. Dann:) Fahren wir fort. Also mein Vater, der war abgeschwommen von Stettin.
Das kann er jetzt. So weit ist er. Es geht ganz leicht. Es ist dann gar kein Grund anzunehmen, daß dieser Mann jemals wiederkehren wird. Denn warum? Gewissensbisse, wenn sie überhaupt auftreten, treten zurück hinter dem Gefühl des neuen Daseins, der Freiheit. Wird sich seine Frau ändern? Nicht die mindeste Chance. Sie hängt an ihm, er ist ihr Mann, aber ihre Naturen sind sich fremd. Es findet keine Berührung statt. Bei dem blutjungen Mädchen drüben ist er aufgeblüht. Er fühlt sich da wohl. Es ist sein, unbegrenzt sein Element. Seine Existenz. Er wird bei ihr bleiben. Es wird aus ihm vielleicht nichts werden mit allen seinen Gaben. Sein Vater hatte ihn zwingen wollen, etwas Falsches zu werden. Resultat: Desertion, der Mann um sein

halbes Leben betrogen, seine Familie Bettler. Man hätte ihn jung laufen lassen sollen oder ihm eine derbe oder sehr kluge Frau geben, Kandare oder ganz lose Zügel. Jetzt ist er deklassiert. Immerhin aber: er lebt, lebt, man verstehe, er lebt in dieser Klasse, auf einem andern Kontinent, seiner Natur entsprechend. – Nun wollen wir aufhören. Es ist wohl alles gesagt. Für jetzt. – Ja. Was soll ich aber zu dem Ganzen sagen[?]

Unanfechtbar wie sein hartes Urteil über seine Familie ist das Urteil seiner Familie über ihn. Ich kann daran nicht rühren. Für den, der noch andere Taten hinzunimmt, die Taten anderer, seiner Eltern, wird das Urteil schwer. Man gelangt zu keinem Urteil. Nur zu einem Kopfsenken. Zu einer Anklage vielleicht nach einer andern Richtung. Schließlich bleibt eine Einsicht, eine Lehre, eine Warnung, für jetzt, für uns, die wir leben.

VI
Übrigens hatte er eine Schwester

Der Mann[72], von dem ich sprach, hatte übrigens eine Schwester[73], die in vieler Hinsicht ganz sein Gegenteil war. Sie war von der strengen Art seiner Eltern. Diese Frau hätte vorzüglich zu ihm gepaßt. Sie hieß Henriette, merkwürdigerweise auch Henriette, und hatte einen Mann, einen höchst weichen, etwas trottelig lebendigen Herrn mit viel Gemüt und Herz. So weit ich sah, hatte er es nicht gut bei ihr. Sie war höllisch klug. Sie hatte mächtig und stramm zu Hause die Hosen an. Als sie an einem Herzschlag starb, noch nicht alt, es kam ganz rasch und unerwartet, verheiratete sich der Mann, man möchte sagen stehenden Fußes, weiter. Er lebte selig auf. Der hätte es wagen sollen auszurücken. Sie hätte ihn vom Nordpol, von den Fidschiinseln, vom Kap der allerbesten Hoffnung an ihre liebende Brust zurückgeholt.

VII
Ehre, dem Ehre gebührt

Meine Mutter habe ich in der Erinnerung als eine Frau, die bis in ihr Alter ansehnlich war. Sie gab viel auf ihr Äußeres, ließ sich noch in ihrer letzten Krankheit frisieren, liebte Schmuck und Putz. Sie war von großer Wärme für ihre Kinder und später für ihre Enkel. Das Besorgen von Wäsche und Unterzeug war ihr eine Herzenssache. Sie war nicht sehr klug, ihre Schwester[74] war viel klüger. Das schulmäßige Bildungsniveau ihrer Familie stand im allgemeinen nicht hoch. Sie war in Samter[75], in der Provinz Posen, geboren, wo ihr Vater[76], den ich als kleinen Mann mit einer weißen Halsbinde in Erinnerung habe, kleiner Kaufmann war, Dorfkaufmann mit Materialwaren. Seine Kinder sprachen Deutsch, aber auch Polnisch und schon etwas abgeschwächt Jiddisch. Wenn meine Mutter an Verwandte schrieb, schrieb sie gern in jiddischen Buchstaben[77], die an Türkisch oder Arabisch erinnern; von meinem Vater ist mir das nicht bekannt. Übrigens stammt auch er aus Posen, aus der Stadt Posen selbst. In Samter war meine Mutter aufgewachsen, ihre Brüder[78] waren schon früh, um 1865, nach Breslau und Berlin gezogen, sind begüterte Holzhändler geworden, die Firmen florieren noch heute. Meine Mutter, im Exil in Berlin, war mit uns und dem Haushalt von morgens bis abends beschäftigt. Eine Zeitlang vermietete sie Zimmer. Sie wusch selbst, ein Mädchen konnte sie sich nicht halten. Sie war tapfer und rüstig. Man ist nicht lange Zeit sehr unglücklich. Sie hatte eine eigentümlich skeptische und resignierte Lebensauffassung. Ihre Kernsprüche verraten eine bedauerlich gute Bekannschaft mit dem Dasein: «Wie einem ein Haus einfällt, fällt's mir auf den Kopf» und die mehr beruhigenden Sätze: «Wie einer will» und: «Es ist schon immer wie geworden, es wird auch weiter wie werden ...» Sie konnte großartig deklamieren, und wir können noch das herrliche Gedicht auswendig, das sie an trauten Abenden aufsagte. Man muß es laut aufsagen, mit heroischen Gesten, so dringt man am ehesten in seinen Geist ein:

«Geh Meister, nimm mich auf zum Schüler,
Ist's einem ernst, so ist es mir.
Ich werde nicht nach Wochen kühler,
Mich treibt nicht eitle Ruhmbegier.
Nach andern, ja nach schönern Reizen
Verlangt's allmächtig meinen Sinn:
Drum, Meister, laß mich Maler werden –»

Weiter weiß ich nicht. Außerdem übermannt mich die Rührung. Ich weiß nur, es endet kolossal schmerzreich mit den Worten: «Vom Liebchen auf das Leichenbett.»[79]

VIII
Vom Schicksal der entwurzelten Familie

Der älteste Sohn, Ludwig, reüssierte großartig. Er war echtes Kaufmannsgewächs mit dem Familiensinn der Mutter, der Musikneigung des Vaters. Er wurde der Ernährer der Familie, der zweite Vater. Er kam ins Geschäft zu den Holzonkels[80], machte sich selbständig[81] und verließ erst die Familie, als er sich verheiratete.[82] Auf ihn fiel die Hauptlast, die der entflohene Familiengründer abgeworfen hatte, und er trug sie brillant.

Wir Jüngeren besuchten in Berlin Gemeindeschulen[83], ich allein bog nach drei Jahren ins Gymnasium[84] zurück. Bei uns allen schlug das Blut des Vaters stark durch. Hugo[85], der zweitälteste Sohn, hielt es nur kurze Zeit als Kaufmannsstift in einem Geschäft aus, dann mußte er zum Theater. Rasch hatte sich auch der lustige Knabe in die Tochter seines Lehrers verliebt, das war Paul Pauli, der alte Baumert aus den Webern[86], und die Tochter, Martha[87], geheiratet.[88] Man kennt ihn von Berliner Bühnen und vom Film.

Im jüngsten Bruder, Kurt[89], steckte die Musikleidenschaft, er kam vom Klavier nicht los, wurde ein ausgezeichneter Pianist. Aber da war keine Möglichkeit zum regelrechten Studium, er

blieb im Geschäft. Er verband sich zuletzt mit dem ältesten Bruder.
Die Schwester Meta[90] ist schon tot. Sie wurde 1919 bei den Lichtenberger Unruhen[91] von einem Granatsplitter getroffen, als sie vormittags aus ihrem Haus trat, um Milch für ihre kleinen Kinder zu holen. Sie konnte noch, den Splitter im Leib – sie wußte nicht, was ihr passiert war – die Treppe hinaufgehen. Da blieb sie dann liegen. Auf dem Bett fand man Blut an ihrem Mantel. Sie lebte noch einen Tag.
Ich war damals nicht weit von ihr in Lichtenberg und habe diesen Putsch und die grausigen, unerhörten, erschütternden Dinge der Eroberung Lichtenbergs durch die weißen Truppen miterlebt. Um dieselbe Zeit, wo in unserer Gegend die Granaten und Minenwerfer der Befreier ganze Häuser demolierten, wo viele in den Kellern saßen und dann, schrecklich, wo viele füsiliert wurden auf dem kleinen Lichtenberger Friedhof in der Möllendorfstraße – man muß die Leichen da vor der Schule liegen gesehen haben, die Männer mit den Mützen vor dem Gesicht, um zu wissen, was Klassenhaß und Rachegeist ist –, um dieselbe Zeit wurde im übrigen Berlin lustig getanzt, es gab Bälle und Zeitungen. Nichts regte sich, als dies in Lichtenberg geschah, und die vielen Zehntausend Arbeiter in Berlin blieben alle still. Damals habe ich gesehen, wie notwendig es war, daß diese sogenannte Revolution zurückgedrängt wurde. Ich bin gegen die Unfähigkeit. Ich hasse die Unfähigkeit. Diese Leute waren unfähig zu einer Handlung. Mit Schlappschwänzen, Dummköpfen und Phrasendreschern muß man Fraktur reden. So ist es damals gegangen, und wer Fraktur geredet hat, ob er links oder rechts ist, ich steh auf seiner Seite. Es war um diese Zeit – ich muß weiter davon sprechen – einmal eines Mittags die ganze Siegesallee, die Bellevuestraße, der Potsdamer Platz gestopft voll mit Menschenzügen. Wer diese Menschenmassen gesehen hat und bei ihnen Wagen mit Maschinengewehren, Tausende kräftiger Männer, und diese Masse, Arbeiter, tat nichts als Hoch und Nieder schreien, und eine andere große Arbeitermasse zog neben ihr, in

anderer Richtung, sang auch die Internationale und schrie «Nieder», wo die drüben «Hoch» schrien – wer dies erlebt hat, der wird wissen, welchen Widerwillen ich gegen solche erbärmliche «Revolution» empfand. So fremd, so feindlich mir die weißen Truppen waren, ich trat zurück und sagte entschlossen: dies ist gut, sie sind besser als die drüben. Hier geschieht ein gerechtes Gericht. Entweder sie wissen, was Revolution ist, und sie tun Revolution, oder ihnen gehören Ruten, weil sie damit spielen.

Ich wollte von meiner Schwester sprechen. Ich konnte an dem schrecklichen Vormittag, wo die Beschießung von der Warschauer Brücke[92] her einsetzte, nicht zu ihr. Das Feuer aus schwerer Artillerie auf die Frankfurter Allee war zu stark. Sie war auch rasch in eine nahe chirurgische Klinik[93] gebracht worden. Als die Zeichen einer inneren Verblutung deutlich wurden, machte man ihr noch einen Leibschnitt. Umsonst. Ein großes Gefäß war angerissen, sie starb in der Narkose. Meine Mutter war damals schon schwer leidend, sie wohnte in Lichtenberg bei ihrem ältesten Sohn.[94] Als ich mit dem Ehemann[95] meiner Schwester zu ihm in die Wohnung kam, hörte meine Mutter meinen Bruder nebenan krampfhaft weinen bei der Nachricht. Ihr Gesicht war steif, wie es die Krankheit machte, ihre Hände und der Kopf zitterten stärker. Sie sagte gleich: «Sie ist tot.» Und dann: «Warum sie und nicht ich.» Meine Schwester hatte es nicht sehr gut zu Hause gehabt. Sie war unter der Wahnidee des Bürgertums aufgewachsen: «Du sollst, mußt und wirst heiraten.» Obwohl wir nichts hatten, vermied man alles, um sie in ein Geschäft zu stecken. Kein Gedanke war der Familie fremder, als daß die Tochter einfach wie jeder andere Geld verdient und sich auf eigene Füße stellt. So ging die Schwester herum und wurde lange, lange nicht verheiratet. Mein ältester Bruder zog unter Riesenopfern eine große Summe als Mitgift aus seinem Geschäft. Der Mann[96], den sie dann heiratete, war schon vor der Ehe zweifelhaft. Sie wurde gewarnt, aber sie wollte von Haus weg, sie wollte ihre Wirtschaft. Eine kurze schlimme Ehe. Der Mann hatte sie des Geldes wegen genommen. Nach ein, zwei

Jahren war die Ehe geschieden. Die Frau hauste einige Jahre mit ihren Möbeln allein, dann – es konnte ja so nicht bleiben, und noch immer, noch immer war der einzige Weg die Heirat –, dann heiratete sie wieder, einen Handwerker, einen sehr einfachen, ordentlichen Mann. Mit ihm fuhr sie nach Konstantinopel, nach Antwerpen. Wir haben sie da einmal besucht. Sie hatte aus der ersten Ehe dieses Mannes, er war Witwer, zwei Kinder übernommen, und da sie arm waren und nichts hatten, bekamen sie noch vier Kinder. Sie hatte früher zu Hause bei uns oft erregte Tänze mit meiner nicht weniger leidenschaftlichen und heftigen Mutter. Später stand die Tochter, die vielgeprüfte und erfahren Frau, aufs herzlichste auch mit ihr. Ihr Schicksal war schwer wie das meiner Mutter, aber sie bestand es ebenso tapfer wie sie und wurde nicht gebrochen. 1914 wurde Antwerpen beschossen und von den Deutschen eingenommen. Sie hat diese Belagerung und Beschießung mit ihren Kindern mitgemacht, auf einem großen Transport kam sie gleich nach der Einnahme Antwerpens[97] nach Deutschland[98].

Obwohl sie sich schwer mühte, war sie doch immer guter Laune und gab rechts und links Rat und war sehr beliebt. Es war ein Ende, das gut zu ihrem Bilde paßt, das sie dann traf: der Tod beim Einholen von Milch für ihre kleinen Kinder. Die Kinder[99] sind dann gut herangewachsen, sie gehen in die Schule oder, siehe da, sogar die Töchter, sind schon selbständig, stehen auf eigenen Füßen, obwohl sie jung sind. Es geht ihnen allen gut. Dies sage ich, in einem leisen Denken, daß sie es selber hört.

IX
Lebensabschluß meiner Mutter

Wir zogen von der Blumenstraße nach der Landsberger nahe dem Friedrichshain, dann nach der ganz neuen Marsiliusstraße[100] gegenüber der Fabrik, in den vierten Stock – ich konnte von da auf den Hof meiner Gemeindeschule[101] herüberblicken

nach der Blumenstraße. Dann kam der Grüne Weg[102], wo wir auch einmal die Ehre hatten, den alten Herrn, den Hamburger, als Gast bei uns zu sehn.[103] Die Familie trat langsam aus dem Stadium des Bettelns heraus, hauptsächlich durch die Arbeit des ältesten Bruders. Wir wohnten in der Wallnertheaterstraße[104], folgten dem ältesten Bruder, als er sich selbständig machte[105], nach der finsteren Markusstraße[106] und später noch östlicher in die Memeler Straße[107] an der Warschauer Brücke. Allmählich schmolz die Familie zusammen. Als erster verließ Hugo, der Schauspieler, das Nest: er heiratete sehr jung[108], und meine Mutter hatte von ihm das erste Enkelkind.[109] Dann heiratete der älteste Bruder[110], und wir waren noch zu dritt bei der Mutter. Dann kam die Eheschließung meiner Schwester[111], und ich ging auswärts studieren.[112] Blieb noch bis kurz vor ihrem Ende[113] der jüngste Bruder[114] bei meiner Mutter.
Im Leben der Frau vollzog sich da um 1908, wie sie schon über sechzig Jahre war, eine glückliche Wendung. Ein sehr heller Lichtstrahl fiel in ihr Leben: sie erbte einen großen Betrag von einem ihrer Brüder.[115] Sie war von dem Augenblick an wirtschaftlich selbständig und gut gestellt. Es entsprach ihrer Art, daß sie uns von dem, was sie hatte, gab, soviel sie nur konnte. Sie ging jetzt in Sommerfrischen, machte kleine Reisen, auch einmal eine große, nach Antwerpen zu meiner Schwester.[116] Aber schon damals hatte sie rätselhafte Zeichen eines Leidens an sich. Ihr rechter Arm zitterte, ihre rechte Hand zitterte, und es war solch merkwürdiges Reißen in dem Arm, das gar nicht weichen wollte, durch Einreiben nicht, durch Elektrisieren und Massieren nicht. Es war 1910. Ich zeigte sie meinem damaligen Chef am Urbankrankenhaus, Albert Fränkel[117]. Er sagte kopfschüttelnd, es sei eine putzige Sache, man müsse beobachten. Nach einem halben Jahr war alles deutlich: der Arm war steifer geworden, sie konnte sich nicht das Haar mehr machen, das Zittern der Finger hatte einen eigentümlich rhythmischen Charakter, das Pillendrehen zwischen Daumen und Zeigefinger. Es war der Beginn der Schüttellähmung, der Paralysis agitans[118]. Die dann ihren

langsamen schweren furchtbaren, langsamen schweren jämmerlichen Verlauf, Ablauf, Hinablauf nahm. Langsam stellte sich die Spannung, Steifigkeit und Härte auch im rechten Bein ein, griff nach links über. Den Kopf befiel ein Zittern, die Gesichtsmuskeln wurden eigentümlich streng. Sie wußte nicht, was sie hatte. Man sagte ihr: es sind die Nerven. Und sie sagte, ja, das sei nicht wunderbar nach dem, was sie alles hinter sich hätte, die Arbeit der langen Jahre, allein mit fünf Kindern, dann noch abvermietet und selbst gewaschen. Ich fuhr mit ihr nach Wiesbaden[119], sie besserte sich, aber das war alles Trug. 1914, Ende Juli im Trubel der Kriegsgefahr, brachte ich sie nach Öynhausen[120]. Die Bahnhöfe waren von Soldaten gefüllt, auf der Rückfahrt lagen Posten an manchen Brücken. Ich fuhr mit Russen, die rasch nach Hause wollten. Ich konnte mich in Berlin kaum aus dem Zug pressen, so stürmten neuen Menschenhaufen in die Coupés. Aber Öynhausen tat der alten Frau nicht gut, die Bäder schwächten sie. Ich erinnere mich noch, wie sie mich später in der Frankfurter Allee einmal besuchte, Oktober 1914 zum Geburtstag Peters[121], meines Ältesten. Sie kam mit Geschenken; es ging sehr, sehr langsam die Treppe herauf und herunter.

Ende 1914 wurde ich einberufen[122], ich sah sie zwei Jahre nicht[123], meine Urlaube waren mit eigenen Krankheiten erfüllt.[124] Dann kam ich nach Lichtenberg, wo sie wohnte mit dem jüngsten Bruder.[125] Welches Bild. Ich stieg die Treppe hinauf. Ich wußte, sie hatte eine Krankenschwester bei sich. Ich klingle, es öffnet niemand. Ich klingle und klopfe. Da bewegt sich drin eine Tür und ein ganz langsamer schnurrender Schritt naht. Drin wird die Kette abgenommen, und sie steht da. Das ist sie, die «Oma». Ihr Haar ist schlohweiß und dünn. Es ist heut noch nicht gekämmt, es hängt ihr seitlich über die Ohren. Die Frau ist so klein, so klein. Sie steht starr mit rundem Rücken vornübergebeugt, den Kopf hat ihr das Leiden stark auf die Brust gedrückt, die Hände hält sie wie Pfötchen fest gegen den Leib. Sie blickt kläglich, so kläglich, wie bittend von unten herauf. Dicke Säcke sind unter ihren Augen, an den Oberlidern hat sie gelbe Flecke. So steht sie an der Tür. «Du bist es, Fritz. Warum kommst du denn gar nicht?» Eine monotone, leise vibrierende Stimme, der Klang von früher ist da, aber brüchig. Ich habe sie langsam in die Stube geführt, die Schwester war einholen gegangen, ich setzte sie auf einen Stuhl. Ich habe damals bei ihr gewohnt, die Urlaubstage. Obwohl sie äußerlich so sehr verändert war, von der Krankheit an den Boden gedrückt, hatte sie noch ganz ihre alten Gewohnheiten und ihre Art, die Hausfrau, die rechnete, die Mutter, die sich kümmerte, alles greisenhaft. Sie ließ sich gern erzählen, lachte auch gelegentlich. Sie war unbehilflich wie ein Stock, mußte gesetzt, gefüttert und gewaschen werden. Aber noch konnte sie, auf die Füße gestellt, die kleinen Schritte machen; wenn sie aber fiel, konnte sie sich nicht aufrichten. Es kam das Kriegsende, wir waren alle wieder da, es besuchte sie bald der, bald der. Sie zog zu meinem ältesten Bruder[126], bei der Beschießung Lichtenbergs[127] trug man sie in den Keller.

Ich will nicht schildern, was geschah, als sie das letzte Jahr nicht mehr sitzen konnte, wie sie bettlägerig wurde. Wer diese Krankheit kennt, weiß: das ist das Ende vom Lied. Die Menschen bleiben in ihrer Unbehilflichkeit wie ein Stein auf dem Fleck liegen, auf den man sie gelegt hat, und der Druckbrand befällt ihr Fleisch. Da lag sie denn in ihrem letzten Jahre in ihrem Zimmer – mein Bruder war mit ihr nach dem Tiergarten gezogen[128] –, behütet von der Krankenschwester, ein Gerippe mit starren Gliedern, aber doch noch mit den unverkennbaren lieben Leidenszügen unserer Mutter. Das war ihr dünner weißer Scheitel. Ihr Blick. Sie litt nicht so viel. Die sie sahen, litten mehr. Es gibt Morphium und noch stärkere Dinge. Ich behandelte sie mit anderen zusammen. Manchmal setzte man sie auf, sie war wie eine Puppe aus einem einzigen Stück, furchtbar von Wunden bedeckt, an der Hüfte, den Hacken, den Schultern, der schreckliche Druckbrand. Meist war sie klar, aber auch viel verwirrt, von dem schleichenden Wundfieber, von Betäubungsmitteln, von senilen Delirien. Bis die Ruhe eintrat und die Seele ein Erbarmen hatte und den Körper losließ.

In Weißensee liegt sie neben ihrer Tochter[129]. Auf ihren Grabstein haben wir die Worte setzen lassen: Die Liebe höret nimmer auf.[130]

X
Vermittlung der Bekanntschaft mit einem Familienmitglied

Wir haben die Ehre, ein Mitglied dieser Familie vorzustellen, den in Berlin ansässigen Alfred Döblin, den vorjüngsten Sohn der Familie. Sein Bild legen wir in mehreren Exemplaren bei, ferner seinen Handabdruck[131]. Er ist als Sohn des obengenannten Max Döblin und seiner Ehefrau Sophie, geborene Freudenheim, am 10. August 1878 in Stettin geboren.

Er ist 160 Zentimeter groß. Nacktgewicht 114 Pfund; Brustumfang, Einatmung: 92 cm, Ausatmung: 86 cm; Kopfmaße: Umfang 58,5 cm, Längsdurchmesser 22 cm, Querdurchmesser 16 cm. Er ist heriditär stark kurzsichtig und astigmatisch.

Gesichtsfarbe meist blaß, sichtbare Schleimhäute mäßig durchblutet, die Muskulatur schwach entwickelt, kaum Fettansatz. Die Reflexe an den Pupillen auf Lichteinfall und Naheinstellung sind regelrecht, die Reflexe der Kniesehnen und Achillessehnen deutlich gesteigert. Händedruck beiderseits gut, keine Auffälligkeiten der motorischen Kraft. Kein Schwanken beim Augenschluß, kein Zittern der Hände. Normale Stich- und Berührungsempfindlichkeit der Hautdecke. Rachenreflex vorhanden. Die Brust- und Bauchorgane sind ohne Befund.

Das Gesicht ist schmal, die Haare dunkelbraun, gut vorhanden, mit grauen untermischt, die Augenfarbe ist graublau. Am Mund fällt der Überbiß auf, angeblich in der Familie erblich, ebenso wie die Kurzsichtigkeit. Der Gaumen ist hoch. Im Gebiß fehlen: Eckzahn links oben, I. Backzahn rechts oben, Weisheitszahn links unten und rechts oben.

Der Knochenbau ist grazil. Der Untersuchte gehört im ganzen mehr dem mageren beweglichen Typ an, den Kretschmer[132] in die schizoide Reihe stellt.
Die Nase ist charakteristisch stark, auch lang, liegt im Profil in einer Linie mit der zurückfliehenden Stirn. Sie ist, vorn abgebogen, die eines Juden. Ethnologisch ist er kein reiner Typus, es liegen nordische Akklimatisationseinflüsse vor, erkenntlich an dem Langschädel, der graublauen Augenfarbe und der Farbe der Kopfhaare, die angeblich in der Jugend flachsblond war und erst später nachdunkelte. Mehrere Kinder des Untersuchten zeigen den nordischen Anpassungstypus noch deutlicher.

Seine Handschrift analysiert Dr. Max Pulver[133] (Zürich) wie folgt:

Sein Temperament:
Eine Legierung aus nervös und motorisch: beispielloser Aktivitätsumfang; sehr zart, aber subtil sinnlich mit umfassender Ausstrahlung in die entferntesten Ätherregionen, so gut wie in die Abgründe des Kollektiv-Unterbewußten.
Der Elan zur Gestaltung ist das erste, dann ein weit ausgreifendes Umklammern breiter Gebietsgruppen.
Stoff existiert für ihn nicht, alles ist seelenhaft, in einem fast gasförmigen Aggregatzustand.
Selbstdisziplin drängt zur Analyse; die bürgerliche Gründlichkeit wird durch Abgründigkeit ersetzt.
Mut und Lust des Fabulierens, Märchen auf analytischer Grundlage.
Die schöpferische Welle immer wieder durch Selbstkontrolle gestaut, immer wieder durch ihre immanente Leichtigkeit weiter schwingend.
Gigantische Ausmaße der Fabel wie des Arbeitsschwunges.

Das private Ich:
Hellfühlig im Zusammenhang mit physischer Schwäche; bescheiden, umhegt von Enge, Notwendigkeit des Druckes; der Alltag gebrochen, aber nicht zerbrochen.
Hier gütig, aber knapp, Diplomatie gebrauchend aus menschlicher Rücksichtnahme.
Durch die Pressung notwendigerweise etwas empfindlich, ebenso wie durch die ungeheure Dilatation seines Wesens.
Als Verteidigung Sarkasmus, Spott.
Ehrgeizimpulse können die persönliche Selbstbescheidung gefährden.

Unter Menschen:
Größeres Selbstgefühl, direkt, fast naiv.
Kann mit der Türe ins Haus fallen, zeigt kleine Eitelkeiten, aber auch Mut, seine Gesinnung zu vertreten.
Trotzdem Routine der Öffentlichkeit gegenüber vorliegt, macht ihn diese bis zu einem gewisen Grade sich selber fremd.
Ich-Impulse mischen sich ein.

Sein Beruf:
Kinder- oder Nervenarzt.
Dazu Künstler.
Große sensible Aufnahmebereitschaft, unerhörte Fähigkeit analytischen Eindringens, namentlich in der Richtung des Seelisch-Unbewußten.
Dabei starke Verankerung in der Physiologie; wahrscheinlich mehr Neurologe als Psychoanalytiker.
Die Worte «medizinisch» und «Literatur» zeigen charakteristische Schreibstörungen.
Kollision der Interessen wahrscheinlich in ihrer Projektion subjektiv gefärbt.

Gesundheit:
Zäh, mit einiger Ökonomie im Energieverbrauch; dabei sind

Schwächezustände nervöser Art registriert, daneben Stoffwechselstörungen wahrscheinlich.
Die sehr ungewöhnliche Wesenszusammensetzung erlaubt hier keine weitere Prognose.

Betrachtung und Betastung seiner Hände, vorgenommen von der ihm unbekannten Frau Marianne Raschig[134]:

Aus der kleinen, nicht weiten, feingliedrigen Hand mit fühlerartig zugespitzten, nervösen Fingern, von denen Zeige- und kleiner Finger schmal und so zart und biegsam sind, daß sie wie gewunden erscheinen, spricht Hypersensitivität, eine seelische Anpassungsfähigkeit, die Eingebungen und seelischen Kundgebungen hemmungsfrei folgt, von ihnen fast überschwemmt wird und in einer Art medialen Trancezustandes empfängt.
Die vielen Linien der Innenfläche zeigen trotz Eigenart und bizarrer Formung große Harmonie und Klarheit (besonders fällt die doppelte, breite, helle Merkurlinie – zum kleinen Finger gehend – auf). Der hohe, von geschwungenen feinen Linien durchzogene Venusberg (Daumenballen) verrät Schönheitssinn, stark ausgeprägtes Empfinden für Form.
In dem interessanten Handbild fällt besonders das einer Wünschelrute ähnliche Gebilde auf, welches, aus Saturn- und Merkurlinie gebildet, den Apolloberg (unter dem Ringfinger) umgreift. Auf diesem Berg ist ein aus vielen Linien gewebtes großes Schrägkreuz zu sehen, das – schon in alten Büchern «croix mystique» genannt – auf mystische Unterströmungen und metaphysische Gaben hinweist.
«Sie geben zuviel Nervenkraft aus. Ihre Nägel sind ganz auffallend rot. Lassen Sie sie länger wachsen. – Logik ist gut entwikkelt. – Sie haben viel innere Störungen und Stimmungen, das kommt unaufhörlich durch Sie, es ist etwas Mediales. Sie sind eine Art Medium. Die Sicherungen, die geistigen und äußeren, die ein medialer Mensch braucht, sind vorhanden, sind entwik-

kelt, aber Sie wenden sie nicht immer an. – Auffallend ist, wie nachgiebig, weich, wie enorm einfühlsam in andere Sie sind. Sie haben ein wirkliches Übermaß davon. Sie müssen viel mehr an sich denken. Egoismus fehlt ganz. – Sie sind sehr impulsiv. Dinge, die Sie angefangen haben, führen Sie zu Ende. Sie haben da eine große Beständigkeit und Zuverlässigkeit. – Ihr Pflichtgefühl ist enorm. Es ist wirklich zu groß. Sie sind da ständig auf dem Qui-vive. Das ist nicht ganz gut. Man kann dann und wann auf dem Qui-vive sein, aber dieses ständige. – Sie sind ganz und gar nicht befangen. Sie haben einen ausgesprochenen eigenen Willen, eine Selbständigkeit, ein eigenes Wesen. – Die Lebenslinie ist sehr gut, sehr lang; Sie stammen wohl aus einer langlebigen Familie? Aber denken Sie an Ihre Nerven, die Nägel, und die Kraft mehr nach außen lagern. Sie neigen auch zu Grübeleien. – Merkwürdig ist das hier: es kommt Ihnen Glück oder Erfolg, vielleicht noch in diesem Jahr, vom Ausland. Haben Sie da Verträge oder Verhandlungen? Handelt es sich um Übersetzungen Ihrer Bücher? Ja, also von da kommt etwas.»

Sie tastet unaufhörlich die Finger, Gelenke ab, dreht und wendet die Hände. –

Der oben Genannte, nach seinen ersten Berliner Eindrücken, nach Stettiner Erinnerungen, nach seiner Schulzeit gefragt, gibt folgende summarische Erklärung:

In Stettin der große Paradeplatz[135]. Wir wohnen in der Wilhelmstraße nahe den Linden.[136] Wir spielen auf der Treppe des Rathauses, man blickt zur Eisenbahn herunter. Ausflüge mit dem Dampfer und zu Fuß nach Gotzlow[137], ein Schulausflug, wobei die älteren Schüler großen Eindruck machten mit ihren tiefen Stimmen. Kaiser Wilhelm der Erste besucht Stettin, die feierliche Einfahrt, Bismarck ist dabei, er hat einen Kürassierhelm auf, der ist blank, kolossal und ihm viel zu groß. Als der Kaiser stirbt, fällt die Schule aus, Glocken läuten, man hält eine Rede in der Klasse, es sei ein schweres Ereignis. Ich weiß dann auf dem Nachhauseweg nicht, ob man jetzt weinen muß, zu Hause finde ich alles ruhig, und man nimmt von nichts Notiz.[138] Zuletzt nach der Familienkatastrophe[139] gehe ich an der Hand meiner Mutter die Linden entlang, ich schäme mich, ich denke, alle Leute sehen es uns an. –

Der Untersuchte gibt weiter an, er habe diesen seinen an der Oder gelegenen Geburtsort Stettin, welches der Sitz eines Regierungspräsidiums usw. ist, später noch einmal besucht.[140] Er wollte da Arzt an einem Krankenhaus werden, stellte sich vor, bekam einen Korb. Er sagte lächelnd: Die Stadt hat mir also wieder die kalte Schulter gezeigt. Er glaubt, seine Nase (siehe oben) habe nicht gefallen. Bei der Gelegenheit hat sich ihm auch das Bild der ganzen Stadt verändert. Er [fand] ein großes, ihm unbekanntes Villenviertel vor. Der Paradeplatz war ungewöhnlich langweilig. Der Treppenabsturz am Rathaus war ganz ungefährlich, es waren bequeme Stufen. Die Häuser waren niedrig. Die Stadt war sehr unbelebt und ohne Farbe. Der Untersuchte erklärt wörtlich: Ich stellte fest, daß ich in dieser Seestadt geboren bin, möchte es aber ebenso wie die Stadt dabei bewenden lassen.

Bitte ein paar Daten aus Ihrer Schulzeit. –

Aus dem Friedrich-Wilhelmstädtischen Realgymnasium[141] wurde ich 1888 genommen.[142] Damals saß ich mit zehn Jahren in der Sexta. Mit dreizehn Jahren, 1891, saß ich wieder in der Sexta, in Berlin, im Gymnasium[143], als Freischüler. Zwischendurch war ich Gemeindeschüler. Der Weg von der Sexta zur Sexta kann also umständlich sein. Das Gymnasium verließ ich nicht, ohne das Abiturium[144] erstritten und folgendes Zeugnis davongetragen zu haben:

Betragen und Fleiß: Sein Betragen war gesetzlich (!!), sein Fleiß ausreichend. Deutsch: Seine Aufsätze hatten meist befriedigenden Inhalt, wenn auch nicht immer in gehörig überlegter und mit genügender Sorgfalt ausgeführter Darstellung. Der Prüfungsaufsatz genügte. Von den im Unterricht behandelten Dichtungen und Abhandlungen hat er sich eine sichere Kenntnis

angeeignet und folgte der Besprechung stets mit regem Eifer und recht klarem Verständnis: Genügend.
Latein: Nicht zu schwierige Stellen der Schriftsteller versteht er in befriedigender Weise ins Deutsche zu übertragen. Von den häufiger vorkommenden Versmaßen des Horaz[145] besitzt er eine genügende Kenntnis. In der Grammatik und der Anwendung der grammatischen Regeln bewies er ausreichende Sicherheit. Das Urteil über seine Klassenleistungen lautet daher ebenso wie das über die schriftliche Prüfungsarbeit: Genügend.
Griechisch: Er hat diesem Gegenstande reges Interesse zugewendet. Mit den wichtigsten Versmaßen ist er wohl bekannt; eine Anzahl Dichterstellen hat er mit Sorgfalt seinem Gedächtnis eingeprägt. In der Grammatik hat er sich sichere Kenntnis angeeignet und in der Übertragung der Schulschriftsteller ausreichende Fertigkeit erworben. Das bestätigte die genügende Probearbeit. Daher kann er im Griechischen unbedenklich das Gesamturteil Genügend erhalten.
Französisch: Seine Kenntnisse sind hinreichend, um einen leichteren Schriftsteller genügend zu übersetzen. Obwohl seine Prüfungsarbeit, die er ohne jede Sorgfalt angefertigt, nicht genügte und auch die mündliche Prüfung große Schwächen in der Grammatik verriet, kann das Gesamturteil über seine Leistungen noch Genügend lauten.[146]
Geschichte und Erdkunde: Er kennt die epochemachenden Ereignisse der Weltgeschichte. Auf dem Gebiete der deutschen und preußischen Geschichte hat er sich bei sorgfältigem Fleiß eingehende Kenntnisse erworben. Über den Zusammenhang der Ereignisse wußte er hinreichende Auskunft zu geben. Seine Kenntnisse in der Geschichte verdienen daher durchaus genügend genannt zu werden. In der Geographie besitzt er ebenfalls genügende Kenntnisse.[147]
Mathematik: Die Lücken aus früherer Zeit hat er mit großem Fleiß ausgefüllt. Er kennt nun das vorgeschriebene Pensum so weit, daß er die nicht zu schwierigen Aufgaben dieses Gebiets selbständig lösen kann. Da seine Klassenleistungen wenigstens

in letzter Zeit und ebenso seine Prüfungsarbeit den Anforderungen genügten, so lautet das Gesamturteil: Genügend.
Turnen: Genügend.
Singen: Gut. Im Jahre des Heils 1900.

Ich war dreiundzwanzig Jahre alt, als ich das Gymnasium verließ, so äußert sich der oben Geschilderte und Untersuchte aus der charakterisierten Familie. Ich habe beim letzten Verlassen der Schule dort auf den Boden gespuckt.[148] Ich lege Wert darauf, daß dies festgestellt und zu Protokoll genommen wird. Man werde sich auf der völlig veränderten Schule nicht mehr auf ihn besinnen. Es seien ja natürlich jetzt andere Lehrer da, sogar der Lehrplan sei ganz verändert. Wenn aber einmal einer beim Vorübergehen an der Schule an dem großen Gebäude oder gar beim Betreten des Treppenhauses seiner gedenke, so bitte er gleich im Treppenhaus rechts, vor der untersten Steinfolge, nach unten zu blicken. Das sei die Stelle, wo er abschließend auf den Boden gespuckt habe.
Darauf schweigt der Befragte. Er wird mehrfach gedrängt, sich näher zu äußern und sich zu erleichtern. Er ist aber finster und macht einen verstockten Eindruck. Es bleibt uns nichts weiter übrig, da der Befragte hartnäckig schweigt und offenbar hier ein wichtiger Punkt zu seiner Beurteilung vorliegt, zu einem besonderen Mittel zu greifen. Wir verlassen den Befragten und schließen ihn in dem Untersuchungszimmer ein. Vorher aber legen wir, ohne daß er es merkt, auf einen Seitentisch einen Haufen weißes Papier und einen Bleistift. Auf das Fensterbrett legen wir Zigaretten und Streichholz. Wie wir am Abend wiederkommen, finden wir den Untersuchten auf dem Sofa schlafen. Das Licht brennt. Er hat offenbar stark geraucht. Am Boden vor dem Tisch liegen dichtbeschriebene Blätter. Sie sind numeriert. Das erste Blatt trägt die Überschrift: «Gespenstersonate».[149]

XI
Gespenstersonate

Dies ist das X-Gymnasium[150] in Berlin. Es nehmen Platz auf Bänken nebeneinander die Lehrer, Professoren und Doktoren. Sie sind fast alle tot. Sie sind gekommen und wollen hören, was ein ehemaliger Schüler der Anstalt, der zehn Jahre[151] mit ihnen gegangen ist, ihnen über ihre Schule zu sagen hat. Sie sitzen ruhig auf ihren Bänken, sie fürchten sich ganz und gar nicht vor dem Mann, der sie geladen hat. Sie werden sich nicht verteidigen. Daß nicht viel mit ihm los ist, haben sie schon immer gewußt. Der Einlader steigt auf das Katheder. Er ist unsicher. Er will sich wie gewöhnlich auf eine Bank setzen. Die Lehrer stoßen sich an, einige lächeln ironisch. Dann besinnt sich der Einlader, hält an der vorderen Bank einen Moment an, wie nachdenkend, tatsächlich überwindet er eine Hemmung. Nun steht er auf dem Katheder, die schwarze Tafel ist hinter ihm. Es gibt ein langes Schweigen, während dessen sich vieles im Innern des Einladers ereignet. Es dauert auffällig lange, bis er den Mund öffnet. Die Lehrer unten beobachten ihn wie einen schuldbeladenen Schüler.

Der Einlader beginnt alle Herren bei Namen zu nennen. Er spricht leise, ohne von der Tischplatte aufzusehen. Er hat große, enorm scharfe Brillengläser ohne Rand, dahinter sind seine Augen. Ab und zu nimmt er das Glas ab, dann erschrecken die Lehrer, die gerade hinblicken. Er hat große graublaue Augen, die tief liegen und ins Leere sehen. Sein Gesicht ist plötzlich unbekannt, metaphysisch fremd und doch merkwürdig eindringend, eine Landkarte, in der man sich nicht zurechtfindet. Es tut den Lehrern wohl, wenn er die Brille von der Tischplatte wieder aufnimmt. Er spricht.

– Ich habe Sie alle hergeladen, meine Herren Lehrer, die Sie mich ja kennen. Und ich danke Ihnen, daß Sie meiner Einladung gefolgt sind. Besonders denen danke ich, die nicht mehr unter uns sogenannt Lebenden weilen. Ich wußte voraus, daß Sie kommen würden. Ich wußte, daß Ihr Berufsinteresse Ihnen über die Strapazen des weiten Weges weghelfen würde. Ich dachte mir, meine Herren Lehrer, man soll nicht einseitig in der Welt sprechen. Ich wollte jetzt sprechen, aber Sie sollen dabei sein, wenn ich es tue. Ich spreche nicht, um mein Herz zu erleichtern. Mein Gespräch soll eine Auseinandersetzung mit Ihnen sein.

Ich bin in der Schule, an der Sie tätig waren, zehn Jahre gewesen. Von der Sexta bis zum Abiturium. Es war eine lange Zeit. Ich lasse es dahingestellt sein, ob es eine schöne Zeit war. Es war keine schöne Zeit. Eine schwere Zeit. Wenn ich – lassen Sie mich offen reden, Sie werden es ja auch tun –, wenn ich ganz offen sein soll, es war für mich eine recht schwere Zeit. –

An dieser Stelle schweigt der Einlader, trommelt auf die Tischplatte, fährt mit noch leiser Stimme fort.

– Sie werden – auf Sie wird das keinen Eindruck machen. Ich glaube überhaupt, daß ich schon jetzt im Beginn einen schwächlichen Eindruck, einen sentimentalen, auf Sie mache. Ich erinnere mich an Ihren Geschichtsunterricht, Herr Professor Kerka[152], Sie waren ein strenger, aber guter Mann, Sie trugen Preußengeschichte vor, – daß Friedrich der Große stark geworden ist durch die Härte seines Vaters.[153] Nietzsche hat Ähnliches gesagt: «Was man wird, wird man trotzdem.»[154] Es ist etwas daran. Ich finde nur (hier stockt der Einlader und schluckt und kaut), es war – doch etwas – viel bei Ihnen.

Professor Schattmann[155] (allgemein Dummkopf genannt; so nannte er nämlich gern andere; widerwillige Stimme): Darf ich Sie fragen: Sind Sie etwas geworden? Was sind Sie?

E.: Ich bin Arzt, Herr Professor. Außerdem schreibe ich.

Schattmann: Dann haben Sie [also doch] studiert.

E.: Ja, das habe ich.

Schattmann: Ja, dann weiß ich nicht, was Sie da wollen mit «schwer» oder «nicht schwer». Sie werden doch nicht anfangen, uns etwas vorzuplärren. Was wollen Sie denn. Dem einen wird's leicht, dem andern nicht. Das ist nun mal so. (Er sitzt, er hat durchdringende Augen. Das ist ein guter, ehrlicher Mann.)

E.: Eben, etwas darüber zu sprechen, hin und her zu sprechen, habe ich Sie hergebeten. Es ist die Frage, wie schwer man es einem machen muß und wie man dosieren soll. Das Leben ist nicht leicht, die Schule soll nicht verzärteln, wie manche Eltern tun. Mein Zuhause war nicht schlecht. Es war eng, gedrückt, wir waren gut zueinander. Besonders meine Mutter, die war eine besorgte, wirklich liebevolle Mutter. Ich sage nur das Beste von ihr und von allen. Im Grunde aber – wächst man doch allein auf. Auch die Schule soll ignorieren. Auch dies soll das Kind auf der Schule erfahren, das Leben wird später nicht anders tun. Aber – in einer Hinsicht unterscheidet sich sicher die Schule vom späteren Leben, das weiß ich doch jetzt auch: Dieses Ignorieren erfolgt im Leben draußen zufällig, in der Schule soll es planmäßig erfolgen. Ich habe ja auch im Leben die Möglichkeit, mich der allgemeinen Ignorierung zu entziehen und selbst etwas zu suchen, einen Menschen oder mehrere Menschen, die mich nicht ignorieren. Aber was kann ich bei Ihnen tun. Das Leben ist nicht für mich da – die Schule könnte es schon sein! Wollen Sie mich nicht mißverstehen, meine Herren Lehrer, ich will keinen beleidigen, ich denke mir nur: in gewisser Hinsicht hat der Lehrer dem Schüler zu dienen. Ganz allgemein und grob gesagt, aber es soll nicht demagogisch sein: die Schule soll dem Schüler helfen.

Schattmann (ohne aufzusehen): Aber zum Teufel, Sie sind doch etwas geworden.

E. (sehr leise): Ich – weiß – nicht –.

Schattmann: Was heißt das?

E. (schweigt).

Schattmann: Ich denke, Sie sind Arzt?

Bräuel[156] neben ihm nickt heftig.

E. (steht lange stumm, macht dann eine Bewegung, wendet sich offenbar innerlich mit einem Ruck von etwas ab, spricht in einem veränderten frischen Ton, der zuerst gezwungen klingt): Als ich also in der Schule anfing, ging es mir ganz gut. Mein erster Lehrer, in der Sexta, waren Sie, Herr Professor Haffner[157]. Sie hatten ein schweres Augenleiden, man hatte Ihnen ein Auge entfernen müssen. Ich war in Ihrer Klasse Erster, blieb Erster bis zur Quarta. Ich habe Sie gut in Erinnerung, Herr Professor. Eine kleine Leidensgeschichte passierte mir bei Ihnen, Sie wissen nichts davon. Es ist vielleicht nicht ohne Interesse, etwas Privates vom Schüler zu hören. Sie wissen, es gab in den Klassenzimmern einen Schrank zur Aufbewahrung für allerlei Material. Ich als Erster hatte den Schlüssel dazu. Den Schlüssel trug ich an einem Bindfaden um den Hals. Eines Tages – war der Schlüssel weg. Ich hatte ihn verloren. Der Bindfaden war bei irgendeiner Gelegenheit aufgegangen. Nun, es wäre ja ein leichtes gewesen, den Schaden zu reparieren. Ich hätte es melden können, ich hätte es zu Hause sagen können. Ich sagte es nicht. Der Schrank war zuletzt zufällig offen, ich ließ ihn offen und meldete es nicht. Ich war in ständiger Furcht, aus dem Schrank könnte etwas wegkommen, und dann hätte ich die Schuld daran, und außerdem kam heraus, daß der Schlüssel weg war. Es war ein unleidlicher Druck, monatelang. Zu Hause war jeder Pfennig heilig, ich mochte nicht nach Geld kommen, der Schlüssel sollte 1,50 M. kosten. Ich dachte an Sparen, aber nach Monaten, Monaten hatte ich erst 30 Pfennig zusammen. Ich träumte nachts von dem Schlüssel. Oft stellte ich mir die Situation vor, wie ich es offenbaren würde, und ich setzte tatsächlich öfter dazu an: also ich fasse mich an den Hals, wo ist mein Schlüssel, die Strippe ist entzwei, ich hatte ihn eben noch. Und dann wird in der Wohnung nach dem Schlüssel gesucht, und mir ist ein Stein vom Herzen gefallen. Dutzende Male ging ich nach Hause mit dem festen Entschluß: heute sage ich's. Ich habe es hingehalten bis dicht vor der Versetzung. Dann mußte ich es sagen, und dann war es gar nicht schlimm. Meine Mutter war nur besorgt, daß es mir in der Schule schaden würde. Sie ging gleich in die Schule, es war Nachmittag, Sie waren grade da, Herr Professor. Sie erzählte mir nachher, Sie waren da und sagten: Ja wirklich, der Schrank ist offen. Da wurde der Schuldiener geholt, der Schlüssel wurde angefertigt und – alles war gut. Es ist sonderbar, wie man sich schon so als Kind, ich war dreizehn Jahre, das Leben durch Ge-

danken schwer machen kann, durch Scham, durch Furchtsamkeit. Es waren viele drückende Momente in dem Jahr gewesen, ich weiß, die Schuld war bei mir. Das hat vielleicht für Sie kein großes Interesse. Es ist nur ein Privaterlebnis.
Bräuel (der Mathematiker, sehr eifrig): Oh, es hat für uns doch ein großes Interesse. Es bestätigt, was wir von Ihnen dachten. Sie hätten eben offen sein sollen. Es hat Ihnen auch später immer an Aufrichtigkeit gefehlt.
E. (ohne zu lächeln): Ich weiß es. Ich bin wenig offen gewesen. Hätte es mir aber bei Ihnen geholfen, Herr Professor? Zur Offenheit gehören immer zwei.
Bräuel: Nein. Niemals. Zuerst gehört zur Offenheit einer.
E.: Sie haben recht. Der sollte ich sein.
Bräuel: Ganz sicher.
E. (blickt ihn starr an): Ich – konnte nicht sprechen. Ich konnte es nicht. Und – warum waren Sie nicht der erste, warum haben Sie mir nicht die Zunge gelöst?
Bräuel: Das ist ja noch besser. Solle[n] wir auch damit zu tun haben. Wir haben doch nicht Charakterfehler zu heilen.
E. (zuckt, läßt die Schultern sinken, steht schlaff): Danke. (Nach einer Pause:) Dann also kam ich zur Quarta. Von da sank ich. Ich war erst noch ein leidlicher Schüler, dann wurde ich mittelmäßig, dann schwankte ich zwischen mittelmäßig und schlecht. Ich ging zur Schule, es war Dienst. So blieb ich bis zum Ende, bis zum Schreck des Abituriums.
Bräuel (die Hände faltend, breit, sich vergnügt nach links und rechts an seine Nachbarn wendend): Das bestätigen wir gern. Ich denke: alle. Sie waren eine traurige Figur.
Buttler[158] (der alte Butt, ein ausgezeichneter Mensch, Altphilologe): Aber Herr Kollege, lassen wir doch das.
E.: Nein, Herr Professor Buttler, ich bitte sehr darum, lassen Sie doch Herrn Professor Bräuel sprechen. Er gerät grade in Zug. Ich war eine traurige Figur. Die Meinung hatten Sie noch, als Sie vor einigen Jahren meinen Freund Kurt[159], den Rechtsanwalt, in Halensee[160] auf der Brücke trafen. Wir waren beide schon lange

aus der Schule. Sie erkannten ihn gleich wieder. Er erzählte, er sei jetzt Rechtsanwalt. Wie Sie staunten! Sie sagten: «Sehen Sie mal, ist doch noch etwas aus Ihnen geworden. Und Sie treiben Praxis? So so. Das können Sie also!» Dem war mal bei Ihnen folgendes passiert, er erzählt es noch heute: er mußte für eine mathematische Berechnung an die Tafel. Er hatte sich gut auf die Sache präpariert; denn er wußte, wie gern Sie ihm eins auswischten. Da stand er nun vorne, diesmal konnten Sie an ihn nicht ran, Sie saßen und lauerten. Die Aufgabe war richtig, aber der Junge war unruhig, und mit Kreide konnte er nicht gut schreiben. Da tadelten Sie wenigstens die Schrift: «Eine schlechte Handschrift ist ein Zeichen für mangelnde Wahrheitsliebe.» So, nun konnte er sich wieder setzen; die Sache war i[m] Lot. Auch nach mir erkundigten Sie sich in Halensee freundlicherweise. Es ging Ihnen nicht ein, daß wir überhaupt lebten, daß wir existenzfähig waren.

Bräuel (lehnt sich ruhig zurück): Ich nehme an, daß Sie sich draußen besser entwickelt haben als in der Schule.

E.: Ich verstand keine Mathematik auf der Schule, verstehe auch heute nichts davon.

Bräuel (blickt gelassen um sich, nickt dem Einlader freundlich zu): Man kommt draußen mit weniger klaren Köpfen aus. Das ist uns nicht unbekannt. In der Schule müssen wir auf Logik und Exaktheit achten.

Buttler: Aber bitte schön, Herr Einlader, Herr Doktor, bitte schön, sprechen Sie doch weiter! Uns interessieren wirklich Ihre persönlichen Eindrücke und Ihre Erfahrungen sehr. Es ist wie auf der Bühne: man sieht gern einmal das Stück von hinten. Sprechen wir doch davon. Die Geschichte mit dem Schlüssel in der Sexta war schon sehr lehrreich. Oh, man muß auf Kinderseelen achten. Aber ich sage immer: Zeit haben, Zeit haben! Hefte korrigieren, Konferenzen, man hat seine eigenen Interessen. Und dann der Lehrplan, das Pensum, ein Jammer.

E.: Sie sind sehr nett, Herr Professor, Sie sind gut wie immer. Mein Schiffchen war eben – beinahe am Kentern. Private Erlebnisse und Eindrücke. Mir fällt, wenn ich den Herrn Mathematiker höre, grade etwas ein. Ein Angsttraum. Den habe ich wie viele Menschen. Also ich träume, Herr Professor Buttler, ich muß träumen, ich bin so alt, wie ich wirklich bin, also dreißig Jahre, vierzig, fünfundvierzig, und dann muß ich aus einem Grunde, ich weiß nicht warum, aber ich muß hierher in die Schule gehen und mich in die Klasse setzen zu den Jungens. Ich muß mich neben sie auf eine kleine Bank setzen. Ich weiß, ich habe doch schon das Abiturium gemacht, ich habe doch sogar schon studiert, ich bin Doktor. Aber – ich sitze da, unglücklich, ich faß nicht, was das hier ist, man gibt mir die alten Bücher in die Hand, von Zeit zu Zeit stehe ich auf, um zu sagen, daß ich ja schon Examen gemacht habe, und ich habe schon studiert! Aber ich muß mich wieder setzen, es hilft nichts.

Bräuel: Nicht schwer zu erklären. Sie sind nicht fertig, Sie haben noch zu lernen. Sie haben etwas gutzumachen.

E. (die Augen leuchten auf): Wunderbar, Herr Professor! Daß Sie das wissen.

Andere Lehrer (durcheinander): Unsinn! Alter Dämonenglaube!

Bräuel (dreht sich zu ihnen): Der Mörder, den es zur Tatstelle drängt. In meiner Heimat erzählen sie noch andere Geschichten.

Andere Lehrer (es ist ein Zischeln, schwirrendes Reden): Dämonenglaube. Sie wissen es doch besser, Herr Kollege.

E.: Ich – träume von der Schule wie ein anderer nach einem Unfall! Im Krieg sind viele erkrankt nach Erschütterungen, Granatexplosionen, Bombenabwürfen. In ihren Träumen trat immer diese Situation vor sie; beängstigte sie. Warum? Es sind keine Mörder. Die Leute sucht im Traum wieder die Situation heim, die sie überrascht hat. Das ist die Gegenreaktion ihrer Seele. Sie ist erkrankt, weil sie sich damals nicht wehren konnte, weil sie zu heftig, zu plötzlich überrumpelt, überrascht wurde. Jetzt zaubert sie sich im Traum die Situation vor, geht sie von neuem an, und allmählich erstarkt sie daran. Der Schock heilt aus, das Gleichgewicht zwischen innerer Kraft und äußerem Stoß wird wieder hergestellt. So wie ein Boxer lernt, seine Bauchmuskeln gegen einen gefährlichen Schlag hart zu machen. Darum – darum träume ich von der Schule. Sie meinen, ich soll das Pensum nachholen? Nein, ich muß die Schule im ganzen, diesen Unfall, diese Granatexplosion, bewältigen. Sie ist bewältigt. Der Traum kommt nicht mehr. Aber es geht weiter. Das Resultat genügt mir nicht. Um meinetwillen, auch um anderer willen. Ich muß Sie nun real und direkt anfassen, meine Herren. Wir stehen auf gleichem Boden. Ihr Gesicht soll sich mir zudrehen. Jetzt kommt die Frage nach den Urhebern, den Schuldigen, den Verantwortlichen dieser Explosion!

Schattmann: Herr Einlader, Sie kennen mich, und wie Sie sagen, haben Sie keine schlechte Erinnerung an mich. Nun nehmen Sie sich zusammen und denken Sie einen einzigen Gedanken zu Ende, den aber konsequent. Sie sprechen mit Empfindung, im Affekt. Was soll das hier. Sind wir Männer? Sprechen Sie sich aus oder sprechen Sie sich nicht aus, wie Sie wollen, loben Sie, toben Sie oder tadeln Sie, gehen Sie zu Ihrer Mutter. Mich interessieren Ihre Träume nicht, bedaure. Sie haben bei uns etwas gelernt, Sie haben den Lehrplan bewältigt, Sie haben dazu allerlei Arbeiten an sich vornehmen müssen, das ist erfolgt. Wir sind kein Kindergarten. Sie stehen auf eigenen Beinen. Nun machen Sie mit den Sachen Schluß. Zum Teufel, wo gehobelt wird, fallen Späne.

Ein Turnlehrer[161]: Er war immer ein Schlappier, ein Drückeberger.

Geschichtslehrer[162]: Sachlich sein, das ist Preußentum, Herr Einlader.

E. (läßt sich nicht unterbrechen): Es ist aber geschehen, daß ich die Grenzen dieser Sachlichkeit erkannt habe. Es kommt darauf an: wie man gebracht wird zur Sachlichkeit und wessen Sachlichkeit? Ob ich diese Sachlichkeit will oder nicht will? Ob sie mir fremd oder genehm ist. Sie sagen: leisten, leisten. Ich frage, habe immer gefragt, schon auf der Schule, ohne es klar zu wissen: für wen leisten, für was sind diese Leistungen?

Schattmann (hart): Danach haben Sie nicht zu fragen. Das unterliegt nicht und unterlag nicht als Schüler Ihrer Kompetenz. Das haben Ältere und Klügere für Sie gedacht. Sie hatten zu leisten und sich an den Erfordernissen zu bilden. Was Sie sich dabei denken, ist gleich.
E. (wild): Das ist falsch! Leistungen, und wenn ich dabei vor die Hunde gehe! Für mich hat keiner zu denken, oder Sie haben gegen mich gedacht, Sie haben falsch gedacht. Ich hab gar nicht in Ihrer Rechnung gestanden. Ich will Ihre Klugheit aufdecken. Sie wollten mich, dieses Ich, mit Haut und Haaren zu Ihrer Sache machen. Zu einer Sache. Das ist es. Zum Träger Ihrer Sachlichkeit. Aber das war Barbarei, das ist keine Erziehung. Ich war Ihnen zur Bildung übergeben, ich war Ihnen nicht verkauft.
Schattmann: Unklare Phrasen. Gewäsch. Wirklich, Sie müssen noch einmal in die Schule.
E.: Ihr ganzes System hat uns nicht angehört. Es war noch stolz darauf, daß es uns nicht hörte. Dabei haben Sie nicht bemerkt, was geschah. Sie wollten das Wort «Ich» nicht hören. Ich pfeife auch auf das Ich. Aber bei Ihnen hat einer das Ich ausgesprochen. Ein einziger. Der Staat! Was sich «Staat» nannte! Und nicht bloß «Ich», sondern gleich herausfordernd «Wir» im Plural der Majestät. Wir, das waren die Hohenzollern, der Hohenzollernstaat, für den ich mein Ich aufgeben sollte. Wenn da solch großartiges Ich da war, das alle verschlang, die Schule verschlang, die Schüler verschlang und zu einer Sache machen wollte – ich sage nicht «nein» dazu; ich frage nur, und ich habe das naturgegebene Recht da zu fragen, das behaupte ich Ihnen gegenüber, zu fragen: wer war dieses Ich, was wollte dieses Ich? Ich darf es ansehen. Ich darf es abtaxieren. Und was mich anlangt: wofür wollte mich dieses Ich? Sagen Sie, Herr Professor Schattmann, Sie haben sich nie diese Frage gestellt!
Schattmann (zornig): Ja, Herr. Das habe ich getan. Ich bin Beamter. Sie scheinen den Staat nicht zu kennen. Ich habe ihm gedient.
E.: Aber ich habe ihm nicht gedient. Ich nicht! Ich diene noch

heute keinem Staat. Mich wird niemand dazu bewegen. Hölderlin, Schopenhauer, Nietzsche haben schon unter meiner Schulbank gelegen! Das waren meine Ichs! Ich habe schon als Quartaner gedacht und geschrieben.[163] Sie haben diesen Dienst am Staat freiwillig gewählt, mich und die anderen hat keiner gefragt. Wir waren Jungs, Schüler, Ware. Sie hielten es nicht einmal für nötig zu fragen. So nichts waren wir. – Es ist mir bitter, so zu sprechen. Es wird mir schwer, gerade gegen Sie zu sprechen, Herr Professor Schattmann. Ich möchte mir die Zunge abbeißen, daß ich es tun muß.

Schattmann: Sie bellen, mein Herr, Sie sind mehr unser Schüler, als Sie zugeben wollen. Ich möchte aber diese einseitig erregte Diskussion einen Augenblick unterbrechen und Sie fragen, was man sich erzählt. Es ist mir da zugetragen worden: Sie haben innerhalb der Schule, im Schulgebäude unten in der Treppenhalle, auf den Fußboden gespien. Absichtlich. Was zum Teufel soll das?

E. hat die Augen gesenkt.

Der Direktor[164]: Ich bitte auch um eine Erklärung. Mir ist die Sache eben erst zur Kenntnis gekommen, und ich möchte ohne eine zufriedenstellende Auskunft von einer weiteren Aussprache absehen.

E.: Ich will sagen, daß ich es getan habe. Ich möchte nur bitten, mich von einer Erklärung dazu zu dispensieren. Ich sehe voraus, der Augenblick ist bald da. Sie werden es dann verstehen.

Schattmann (scharf, schreit): Da ist nichts zu verstehen.

E. (ebenso laut): Wir sind nicht mehr auf der Schule, Herr Professor. Sie werden sich schon gedulden, bis ich davon sprechen will. Ich werde antworten, wenn es mir paßt. Was murren Sie? Sie haben jetzt keine Kraft, zu entweichen. Sie sind tot. Sie sind nicht mehr meine Lehrer, meine Vorgesetzten. Endlich habe ich Sie doch überlebt. Die Welt geht weiter über Sie. Hier sind Sie, Sie rühren sich nicht! Wir sprechen weiter vom Ich und von der Sachlichkeit. Und wie haben Sie die Sachlichkeit getrieben? Herr Professor Bräuel, haben Sie einmal über Ihren Mathematikunterricht nachgedacht? Da steht so ein Ich, ein armes uninteressiertes Ich, und Sie fangen an, mit mehr oder weniger Hohn, mit Selbstüberschätzung, mit Überschätzung Ihres Fachs – oh, Sie waren alle Päpste –, fangen an, auf das Ich einzuhämmern, Lehrsatz nach Lehrsatz, Beweis nach Beweis, Formeln auf Formeln. Was treiben Sie in das Ihnen unbekannte, Ihnen uninteressante, aber dennoch lebende Ich hinein, lauter Fremdkörper? Mir waren es Fremdkörper. Und um jeden Fremdkörper ein neuer Widerwille. Sie waren kein böser Mensch, aber Sie verstanden so viel vom Menschen wie eben ein Mathematiker. Und wie pensionsberechtigte Beamten verpflichtet sind, vom Menschen zu verstehen. Eine lächerliche Sache überhaupt, diese Mathematik auf den Schulen. Für die meisten wertlos, ein abseitiges Gedankenspiel, eine Qual, weil ohne Anschauung, ohne Ziel, ohne Bindung mit einem Leben. Man soll diese Art Abstraktion verbieten oder in die Akademien schicken. Übrigens nur diese Art Mathematik, die Mathematik von heute. Früher war es eine großartige Sache, das Geheimnis von der Zahl, eine Religion. Und wie verläuft so ein Schultag, ein sachlicher, im ganzen? Diesen Unterricht habe ich jetzt, und nach der Pause ist ein anderer, der ist gleichgültig, und so schleppen sich die Stunden hin, und zu Hause gibt es Schularbeit bis in die Nacht hinein – aber eine Stunde ist Geschichtsunterricht, da wird von den Thermopylen[165] und den Freiheitskriegen[166] gesprochen, und wir lesen vom Tell und dem bösen Geßler: «Denn eine Grenze hat Tyrannenmacht» und «Vom Himmel holt man sich die Rechte»[167], Verlogenheiten, um mich zu begeistern. (Der Einlader bezwingt sich, seine Mundwinkel zucken.) Ich pfeife auf Befreiungskriege, auf das Gerede von Fremdherrschaft. Was geht mich das an. Ein Soldat mit roten Hosen geht auf der Straße, hat ein Bajonett, nun ja, das ärgert einen. Aber die Fremdherrschaft zu Hause! Die Knechtschaft wird nicht besser, wenn sie ein Landsmann ausübt. Der Franzose in der Schule! Da habe ich's gesagt. Das sind sie gewesen. Darum habe ich mich für Ihren Geschichtsunterricht ebensowenig begeistern können wie für andere Fächer.

Der Unaussprechliche[168] (steht auf. Der Einlader nennt seinen Namen nicht): Das ist vollkommen richtig. Sie waren ein Rebell. Ein Widerspenstiger. Die Schule hat bei Ihnen versagt.

E. (zittert, wie er den Unaussprechlichen sieht): Jetzt würde ich bitten, es gäbe so etwas wie Beschwörungsformeln, Zauberei. Ein Kranker, der mich konsultierte, hat mir einmal gesagt, er habe besondere Strahlen in der Hand, Kurzstrahlen. Sobald er die Formeln ausspricht, zerspringt alles in Stücke. Daß Sie noch leben. Obwohl sie lange tot sind, daß Sie noch da sind.

Der Unaussprechliche: Ich gehöre zu Ihren Lehrern. Daß Sie mich hassen, weiß ich. Es ist mir eine volle Genugtuung, den schlechten Schüler jetzt wieder zu sehen. Er will paradieren. Eine Paraderolle. Sie mißglückt ihm aber.

E.: Als ich einlud, habe ich nicht an den gedacht. Ich hätte die Einladung nicht fertig bekommen. Das ist ein Lebensverkürzer. Ich will ihn nicht ansehen.

Der Unaussprechliche: Sie dachten wohl, daß wir Sie hier mit «Danke schön» reden lassen würden.

E. (dreht sich entschlossen zum Fenster): Herr Professor Konrad[169], ich sehe Sie, ich freue mich, Sie wiederzusehen. Wir hatten in den Oberklassen Deutsch bei Ihnen. Wir lasen etwas Goethe, aber vor allem Schiller, Sie wissen, die langen philosophischen Gedichte. Es ist kurios, Schiller scheint diese Gedichte für Schulzwecke geschrieben zu haben. Ich habe später nicht gehört, daß sie einer liest. Überhaupt die Klassiker, meine Herren, das große Gut, es ist schlimm, sinkt aus dem Volk oder berührt nicht das Volk und bleibt zuletzt wie ein Stein – in der Schule liegen. Tolles Kapitel, deutsche Bildung. Ich möchte nicht Klassiker sein. Sie lasen uns die Gedichte vor, Herr Professor. Dabei standen Sie vor dem Pult, einen Arm rückwärts aufgelegt, Ihre Kleider waren Ihnen zu weit. Sie waren ziemlich groß, schwungvoll dünn. Sie hielten immer den Kopf so zurückgebogen. Sie sprachen vom Wahren, Guten, Schönen. Wenn Sie es sagten, war es echt, die Worte tönten nicht bloß. Es war rührend, Sie zu sehen. Wenn Sie ein Gedicht vorlasen, glauben Sie mir, Herr Professor, dieses habe ich behalten, diese Haltung hat sich mir eingeprägt. Wenn ich an Schiller und den Idealismus von 1800 denke, denke ich an Professor Konrad, und dann – ist Schiller wahr. Schiller kann sich freuen, Herr Professor. Er hat es gut bei Ihnen gehabt. Wenn Sie ihn oben sehen, haben Sie keine Furcht, sprechen Sie mit ihm, erzählen Sie ihm, was Sie eben gehört haben.

(E. schweigt plötzlich, blickt auf das Pult. Er hat gesehen, wie ein Schein über Professor Konrad lief, als wenn der von Blut überströmt wäre. E. fährt fort:) Später einmal, in der Prima, sangen wir zusammen in einem großen Chor, draußen bei Kroll.[170] Die Proben waren in der Steglitzer Straße.[171] Es war Fausts Verdammnis von Berlioz.[172] Das hat mich ungeheuer gefreut, Sie da zu sehen. Hat mir kolossal wohlgetan, wie Sie da mitsangen, zwei Reihen rechts vor mir, Sie, der Lehrer, und ich, der Schüler. Ich war gleich zehnmal williger, Ihnen alles zu glauben, was Sie sagten, und die Arbeiten bei Ihnen zu machen. Einmal sah ich sogar zu meiner großen Freude, wie Sie sich bei dem Dirigenten entschuldigten, daß Sie das letztemal nicht da waren. Genau wie jeder andere machten Sie das und mußten das tun, freilich auf eine edle Art, wie Sie das so an sich hatten. Ich sah zu, ging rasch im Gedränge aus dem Saal. Ich freute mich. Ich war auch am nächsten Tage froh, und mein Wohlwollen verteilte sich auf die ganze Schule.

(Allgemeine Ruhe, Pause. Der Einlader blickt wieder auf:) Und was war Ihr Griechisch für ein Vergnügen, Herr Professor Buttler. Ich bin nicht mehr ganz sicher, Sie sind wohl schon bald nach meiner Schulzeit gestorben. Einmal fielen Sie oben auf dem Katheder hin, Sie waren ein alter kleiner Mann, sprachen so drollig aus einem Mundwinkel wie ein Pfeifenraucher. Ja, das weiß man noch lange, andres vergißt man. Es war Ihnen eigentlich jeder gut. Sie versuchten manchmal, streng zu sein, aber es gelang Ihnen nie. Ihre Herzlichkeit brach immer durch. Ihre Stunde war für uns immer eine Art Pause, man trieb Allotria, machte Arbeiten für andere Fächer, las mitgebrachte Bücher. Drollig, wenn wir auswendig Gelerntes, Homer oder Sophokles, hersagen mußten. Wir meldeten uns, es wurde rezitiert, natürlich mit Souffleur; stellten Sie sich daneben, dann ging es nicht weiter, Sie sagten unwillig: «Na, lassen Sie's sein.» Manche sagten drei- bis viermal dieselbe Partie her und ernteten von Ihnen Lob.

Buttler (lächelnd): Ich weiß. (Seine Nachbarn erstarren.) Nun kommen meine Schandtaten ans Licht.

E.: Herr Professor schämen sich nicht.

Buttler: Nein, gar nicht. Ich habs mir im Himmel abgewöhnt.

E.: Ja, manchmal kam es uns auch vor, als wenn Sie etwas merkten. Wenn wir bei Ihnen mit Papierkügelchen warfen oder Ihnen Zettel hinten an den Rock hefteten, schimpften Sie, nahmen es aber nie tragisch. Sie hatten uns erkannt. Im April oder Mai kamen viele von der Pause nicht in Ihre Stunde, manchmal fehlte die Hälfte der Klasse. Sie fragten: «Wo sind die andern, bitt schön?» Einstimmige Antwort: «Frühlingsfeier, Herr Professor.» Dann schickten Sie welche herunter, die andern zu holen, die kamen auch sehr langsam und erzählten strahlend und unschuldig von der herrlichen Luft, von dem schönen Wetter. Und dann setzte man sich ruhig. Sehen Sie, Herr Professor, niemals hätte das in der Lehrerkonferenz verlauten dürfen, Sie hätten es auf keine Weise verteidigen können. Ich versichere Sie aber gegen Ihre gelehrte Konferenz: das waren wohlige und pädagogisch herrliche Momente. Auch wie Sie selbst einmal heruntergingen, uns holen wollten und – selbst unten blieben. Und dann sagten Sie: «Wir müssen aber anfangen», und es ging leise die Treppen hinauf.

Buttler: Ich habe selbst den Mai geliebt, bitt schön, sogar auf dem kleinen Schulhof.

E.: Grau in grau malten die anderen Stunden, bei Ihnen tauchten wir in Farbe, Herz, Spaß, Welt, und daran konnte man selbst blühen. Sie erzählten, von sich, und was für ein Mann Ihr Lehrer Boe[c]kh[173] gewesen war. Das lief wie Milch ein.

Eine hämische Stimme: Andante con moto.
Eine andere: Was sagen Sie zu der Elegie? Erst gibt es Zucker, die Peitsche kommt noch.
Eine andere: Er macht den Vordersatz lang, aus Furcht, er bringt den Nachsatz nicht heraus.
Eine krähende Stimme: Was ist mit dem Ausspucken? Wie steht's mit der Sachlichkeit? Schützen Sie keine Gefühle vor.
E.: Den Nachsatz haben Sie schon gehört. Bureaukraten, Lehrbeamte wollten mich zum Rekruten, zu Ihrer Sache machen. Diese Sache zu sein, lehnte ich ab. Ich lehnte Ihren Götzendienst ab.
Schattmann: Das ist toll.
E.: Es war für mich Götzendienst. Sie waren seine Beauftragten, bezahlten Funktionäre, mehr nicht, ich hatte das durchschaut. Ich nicht allein. Da waren noch andere auf der Schule. Denen stand es nicht so auf der Stirn wie mir. Ich duckte mich oft, trieb Mimikry, aber man durchschaute mich. Ich war und blieb «Opposition». Ohne daß ich etwas tat, zog es mir von rechts und links bei Ihnen Abneigung, ja Widerwillen und Haß zu. «Übler Patron, schlechtes Element» nannte mich öfter der Turnlehrer[174]. Die Herren brauchten sich ja nicht zu beherrschen; ihnen hatte Gott den Mund und die üble Laune gegeben, uns die Ohren und die Parole: stillgestanden. Ich hatte, scheint es, etwas in mir, das Sie aufreizte. Sie merkten: ich und noch andere hatten nicht nur Ohren. Wider die göttliche Ordnung. Von Klasse zu Klasse wurde das durchgesagt. Es war wie ein Steckbrief.
Eine hämische Stimme: Man hätte Sie ausstoßen sollen.
E.: Sie hätten mehr auszustoßen gehabt, als Ihnen lieb war. Die Freischule hatten Sie mir schon der Tertia oder Sekunda entzogen[175]; ich war nicht würdig, ich war ein schlechter Schüler. Sie haben auch sonst wohlwollend an mir gehandelt. Auf mein Einjährigenzeugnis haben Sie mir eine schlimme Betragensnote gesetzt, die das ganze Zeugnis beinah wertlos gemacht hätte. Da saß ich auch einmal in der Sekunda[176], war bald zwanzig Jahr – um die Zeit ist man kein Kind mehr, ich drückte noch die Schul-

bank, ohne Ende, zweimal mußte ich zum Schluß sitzenbleiben, die Mathematik ließ mich nicht durch – da in der Sekunda las ich Schopenhauer, hatte ihn unter der Bank liegen. Plötzlich gab es Revision, man findet bei mir «Die Welt als Wille und Vorstellung»[177], der Herr Revisor sagt streng und verächtlich: «Sie sollten sich auch lieber mit anderen Sachen beschäftigen.» Aber ich tat es nicht. Ich schrieb schon damals allerhand[178], was man freilich nicht in der Mathematik lernt.

Bräuel lächelt geringschätzig.

E.: Sie meinen, es war nichts? Es war eine andere Denkkraft, von der Sie offenbar auch heute noch keinen Begriff haben. Um dieselbe Zeit saß ich einmal auf der Bank, flüsterte, gewiß zu Unrecht, mit dem Nachbarn. Da standen Sie, Herr Professor Rudner[179], vom Katheder auf, kamen ruhig den Gang entlang, zu mir: «Sie haben gesprochen?» und schlugen mit klatschend ins Gesicht. Und ich – die Wut ist noch heute in mir –, ich schlug nicht wieder. Das waren die Methoden der Sachlichkeit. Und zum Schluß, zum Abschluß, jetzt sollen Sie befriedigt werden, komme ich zum Ausspucken, meine Herren.

(Einlader kaut wieder, beißt an seiner Lippe, aber er ist nicht weich. Er blickt von unten herauf finster in den Raum. Der Lehrer bemächtigt sich eine Unruhe, sie drängen aus den Bänken, strömen aber merkwürdigerweise nach vorne zu.)

Schattmann: Heraus damit. Zum Teufel, sprechen Sie. Sagen Sie, was vorging.

E.: Ich habe kaltes Blut, Sie können von mir lernen. Es war Abitur. Natürlich kam ich auch in die mündliche Prüfung, da war nichts Besonderes dran, ich war kein guter Schüler. Der Schulrat[180] kam, der «Königliche Kommissar», ich weiß noch seinen Namen, wir waren alle festlich angezogen. Wir warten in einer Klasse. Aber die Prüfung beginnt nicht und beginnt nicht. Die Vorkonferenz mit dem Schulrat dauert sehr lange. Dann läßt man uns hinein. Und sogleich werde ich vorgerufen. Die Lehrer saßen da an einem Tisch. In der Mitte des Tischs der Schulrat. Der war so gut und so schlecht wie die andern, die da saßen. Sie hatten ihn informiert über mich. Über meine Leistungen wäre er wohl hinweggekommen. Das hätte ihn nicht in Zorn gebracht. Er schwenkte über mich eine Fahne, die ich kannte. Es war schmachvoll, beispiellos, was ich mir anhören mußte. Ich wurde wie ein Strolch, wie der dümmste Junge angeschrien. Angepöbelt. Wegen meines Betragens. Daß ich nicht verdient hätte, zur Prüfung zugelassen zu werden. Der Ausdruck «sittliche Unreife» fiel ein paarmal. Das wagte mir der Mensch, der Schulrat, der mich nie gesehen hatte, zu sagen. Er wußte, dieser Knabe, ich muß stillhalten. Ich fragte mich immer, während ich dastand: was habe ich nur getan? Aber mir schlug noch einmal die Fremdheit, Abneigung entgegen, und ganz offen, die ich schon kannte. Er mußte seine Wut an mir auslassen, er mußte mich moralisch ohrfeigen, er auch, weil er hörte, daß ich nicht von seiner staatlich konzessionierten Art war. Ich hatte nicht nötig, mich zu überwinden. Ich zitterte physisch. Ich fürchtete, ich könnte durchfallen und müßte hier noch länger bleiben. Dann – bestand ich. Beim Verlesen des Resultats durch den Schulrat gab es für mich die strenge Ermahnung und die Hoffnung, daß ich mich draußen zusammennehmen werde und die Lehren der Schule beherzigen werde. Nein, ich habe die Lehren der Schule nicht beherzigt. Nie habe ich das getan. Ich bin 'runter gegangen, und unten habe ich auf den Boden gespuckt. Jetzt haben Sie meine Antwort. Noch heute gehe ich im Bogen um die Schule herum. Noch heute widert sie mich an, die Bastille.[181]

Der Unaussprechliche: Gott sei Dank waren nicht alle wie Sie.

E.: Wer ist das wieder?

Der Unaussprechliche: Das wissen Sie doch. Spielen Sie kein Theater. Sie sind Schriftsteller, das macht zwar verlogen, aber bei uns verfängt es nicht.

E.: Kommt nur her. Drängt euch nur zusammen.

Der Unaussprechliche: Sehen Sie, wie er aus dem Häuschen kommt, wenn er mich hört. Hier verfangen seine Phrasen nicht. Der Schwadroneur. Der Aufhetzer. Lassen Sie mich nur vor. Er soll mir nur ins Gesicht sehen.

E. (kommt vom Katheder): Die Zeit des Zitterns ist aus. Es gibt kein Stillschweigen mehr. Von uns beiden ist einer lebend, der andere ist tot.
Der Unaussprechliche: Der Tote sind Sie.
Andere (lachend): So ist es.
E. (brüllt): Ruhe im Glied, alle, ihr Schatten, bloße Gespenster, Luft, ich puste euch weg, Papierfetzen, Fliegenbeine, Dreck. Wenn ich euch nicht gerufen und beschworen hätte, wo wärt ihr. Ihr wißt schon, warum ihr schweigt, wenn ich euch frage: wo haltet ihr euch auf? Ihr haltet euch nirgends auf. Ihr seid nur vorhanden in mir und in den vielen, vielen anderen, die ihr belehrt, nein, gedrillt und gequält habt. Aus ihnen allen habe ich euch hergerufen. Weiß Gott, ihr habt euch nicht verändert, ihr habt eure Glieder beisammen. Und Sie, Unaussprechlicher, Sie waren mein Lehrer, Sie Tigerseele, Sie Untier. Stellen Sie andern sich nicht in eine Reihe mit dem. Weil Sie Schatten sind wie er, halten Sie nicht mit ihm zusammen. Ich nenne ihn nicht bei Namen, sein Gift soll durch keinen Namen zusammengehalten werden. Das System ruiniert seine Funktionäre. Das System erzeugt Bösewichte oder begünstigt sie. Wie es Soldatenschinder und Soldatenselbstmorde begünstigt hat. Hier ist der Bösewicht.
Der Unaussprechliche: Ja, ich. Und hier ist der Rebell.
E.: Der ich war. Aber das wäscht Sie nicht rein, Herr Professor.
Der Unaussprechliche: Sie brauchen mir nicht viel zu erzählen, das weiß ich alles selbst.
E.: Ich schmeckte Ihnen wohl gut, zum Frühstück oder morgens, wenn die Galle in Fluß geriet.
Der Unaussprechliche: Ja, auch dazu waren Sie geeignet.
E.: Sie wollen mich zum Rebellen stempeln. Aber ich bin nie einer gewesen. Ich bin nicht von Haus aus aufsässig. Ich habe mich immer nur in einer anderen Welt aufgehalten als Sie. Ich habe und hatte mein Pflichtgefühl, meine Strenge, meine Sachlichkeit. Sie nimmt es mit Ihrer auf. Ich habe gewußt, warum Sie meine scheinbare, nur gegen Sie gerichtete Schlaffheit und Apa-

thie reizte. Sie rochen hinter Hölderlin, Schopenhauer, Nietzsche etwas Schlimmes, Gefährliches. Sie sagten «Empörung» und «Sittliche Unreife», aber es war Ihr «Nein» zu meiner Welt.
Bräuel: Soll das eine Verteidigung sein? Das ist eine Begründung der Anklage.
E.: Nichts begründet das! Für diesen hier nichts, dessen Namen ich nicht nenne. Ihre Teufeleien, mein Herr, in der Sekunda habe ich fast gänzlich vergessen. Aus der Zeit habe ich nur noch Ihr Bild, die Statue, das Piedestal und den Mann darauf mit den stechenden Augen. Schließlich bin ich Ihnen doch entwischt, und ich kam aus Ihren Klauen. Dann sind Sie mir einmal nachgestiegen.
Der Unaussprechliche: In der Prima als Vertreter.[182]
E.: Sehen Sie, wie Sie wissen.
Der Unaussprechliche: Ja, ich weiß. Einem Schuft, einem Aufsässigen nachzuspüren macht Freude.
E.: Mich, meine Herren, kennen Sie und halten mich nun für einen Feind von diesem. Aber ich habe erst in diesen Tagen einen anderen gesprochen, der mit mir zur Schule war, einen ruhigen Menschen, in angesehener Position. Wir sprachen von der Schulzeit. Und siehe da: er rannte, ohne daß ich daran tippte, den Namen dieses Unaussprechlichen! Er sagte: Wenn ich mich frage, ob es böse Menschen gibt, natürlich böse, grausame, so muß ich an diesen denken. Er ist mir unvergeßlich. – In der Prima, als einmal der Direktor erkrankte, ging es mir mit diesem so. Er, dessen Namen ich nicht nenne, weiß es, aber ich erzähle es doch. Er kam in die Klasse, setzte sich auf das Katheder, und zunächst verlief alles gut. Ich hatte das Pech, gerade vor ihm auf der ersten Bank zu sitzen. Während des Unterrichts saß ich ruhig, nur meine Hände bewegten sich spielend, ich spielte mit dem Bleistift. Ich war übrigens nicht nervös, sein Anblick machte mir gar nichts aus, denn wer war er? Ich hatte ihn hinter mir: die Vertretung. Aber er wußte es besser. Man kann auch eine Vertretung ausnutzen. Plötzlich hatte er es mit meinen Händen. Ich war zweiundzwanzig Jahre alt, was hatte er gegen meine Hände.

Ich hielt sie also ruhig. Aber wie die Stunde weiterging, bewegten sie sich wieder, faßten nach dem Federhalter, legten ihn hin. Da sagte er plötzlich: «Ich habe Ihnen schon mal gesagt, Sie sollen Ihre Hände ruhig halten. Sie setzen sich hinten auf die letzte Bank.» Ich: «Meine Hände bewegen sich vielleicht etwas unruhig, ich habe das nicht absichtlich getan, deswegen setze ich mich noch nicht auf die letzte Bank.» Er: «Sie nehmen Ihre Sachen und setzen sich nach hinten.» Ich: «Dies ist mein Platz, der ist mir vom Direktor angewiesen.»
(Der Einlader kaut und knirscht jetzt nicht. Er steht neben dem Katheder. Er ist ganz aus sich herausgekommen, sein Gesicht ist von Wut zerrissen, er hat den Arm gehoben.)
E.: Er ist aufgestanden und hat gesagt: «Sie haben zu gehorchen. Ich weise Ihnen jetzt diesen Platz an.»
Der Unaussprechliche: So ist es gewesen. Sie wollten offen gegen den Stachel löken. Aber bei mir drangen Sie nicht durch.
E.: Ich packte meine Sachen nicht. Ich blieb stehen. Ein merkwürdiges freies Gefühl war plötzlich in mir. Ich hatte kein ganz klares Bewußtsein, was hier vorging oder vorgehen sollte. Aber in solchen Momenten tut man Dinge, die sehr wahr, sehr prägnant, symbolisch sind. Da – läutete Pause. Er nahm seine Bücher, ging zur Tür, sagte: «Morgen sitzen Sie auf dem Platz, den ich Ihnen gegeben habe.» Ich antwortete nicht. Die Mitschüler sprachen in der Pause davon. Ich blieb dabei, ich setze mich nicht auf den Strafplatz. Wie kommt der Mann dazu, mich wegen unruhiger Finger auf einen Strafplatz zu setzen, ich bin Primaner, zweiundzwanzig Jahre. Es waren alle meiner Meinung.
Der Unaussprechliche: Das glaube ich. Glaube ich gern. Weil Sie aufwiegeln.
E.: Am nächsten Tag – unterlag ich. Er stand an der Tür, er ging nicht in die Klasse hinein, rief mich bei Namen: Sie sitzen ja noch nicht auf Ihrem Platz. – Das ist mein Platz. – Sie sollen Ihre Sachen nehmen und sich nach hinten setzen. – Ich werde mich beim Direktor beschweren. – Das können Sie. Jetzt setzen Sie sich auf den Platz. – Da war ich einen Augenblick still. Ich über-

dachte zwanzig Dinge auf einmal. Und war ganz ruhig. Ich will mir nicht mein Abiturium verderben. Es war wie beim Abitur selbst. Nur keinen Tag länger in der Bastille. Ich will keine Sekunde länger als nötig hier bleiben. Ich ducke mich. Für jetzt. Meine Stunde kommt schon. Ich nahm meine Mappe. Und setzte mich nach hinten. Wie ich mit meiner Mappe hinten stand, bevor ich mich setzte, haben Sie noch etwas von mir gehört. Ich glaube, Sie haben in Ihrer ganzen Schulzeit so Deutliches nicht gehört. Ich denke, Sie erinnern sich auch daran. Es war: Ich weiß schon aus der früheren Klasse, daß ich Ihnen zuwider bin, und das ist, allein das ist der Grund für meinen Strafplatz. Ich habe ja nur diese Stunde dagesessen, der Direktor erschien selbst, ich saß wieder auf meinem alten Platz. Der Direktor erörterte sofort den Vorfall, hörte den allgemeinen Ton der Mißbilligung, machte sich ein paar Notizen, und dann nichts mehr. Es scheint aber doch, dieses Erlebnis hat mir die «sittliche Unreife» beim Abiturium eingebracht.

Der Unaussprechliche: Ich hoffe.

E. (ringt mit sich, er setzt einen Fuß vom Katheder herunter): Das ist aber genug. Meine Herren Lehrer, hören Sie sich das an, Sie können doch das nicht billigen.

(Die Schatten dringen dichter gegen ihn an, sind ganz nahe. Man hört von ihnen nur einzelne unsichere Brocken: Sie haben sich nicht in die Schuldisziplin gefügt. Es ist ein Röcheln, Lechzen unter den Schatten. Schritt für Schritt kommen sie an. Der Einlader erkennt sie.)

E.: Wenn Sie mich als Feind haben wollen, dann bin ich's. Achtung! Vorsicht! Starkstrom!

(Der Einlader ist vom Katheder vor die erste Bank gesprungen, er hält gegen die Schatten seine bloßen Arme hin. Sie schnüffeln an ihm hoch. Sie haben sich verdünnt. Er tobt, schlägt um sich, dabei zischeln sie gieriger und fließen mehr auf ihn zu. Zuletzt steht der Einlader in einer dünnen losen Nebelwolke, aus der ein Rascheln kommt. Er selber raucht, lodert. Drei Schlangenleiber züngeln aus dem Rauch hervor, beißen um sich.

Plötzlich zerteilt sich der Rauch, glührot. Der Einlader steht in einem Feuer auf dem Katheder und lacht. Er hat die Brille in der Hand, und – er lacht und lacht!)

E. (lachend): Meine Pauker! Meine Pauker! Ich zank mich mit ihnen![183] Ich unterhalte mich mit ihnen. Sind mausetot, und ich unterhalt mich mit ihnen. Laß fahren dahin! Ewige Ruhe den Dahingeschiedenen! (Die Schatten, der Nebel hat sich an die beiden Fenster gedrängt. Die Scheiben platzen von der Glut. Die Lehrer sind im Nu draußen.)

E.: Raus! Die Rasselbande raus! Das Mottenpack. Guck an, ein Lehrerpult, das hohe Gericht, mein Klassenzimmer. Da hab ich gelernt. Wer lebt hier noch? Wer oder was? (Die Bänke schwälen, brennen, das Lehrerpult zuerst.) Wer lebt noch? War einst ein König in Thule[184], der fuhl jetzt von dem Stuhle. Freie Bahn dem Tüchtigen. Adieu, Herrschaften, ich verschwinde auch, wünsche allerseits gesegnete Mahlzeit. (Er geht durch die brennende Tür. Draußen ist stockfinstere Nacht, ganz still. Er geht im Feuersurren die Treppe herunter; unten im Treppenflur brennt er am Boden eine Stelle aus.) Wo einmal Spucke war, braucht nicht ewig Spucke zu sein. Auch Spucke ist sterblich. Das war, dieweil wir uns freuten, und jetzt sind selige Zeiten. Wir sind nicht für Briefe mit blauen Bändern drum und Locken. Weg mit Schaden, in den Müll. Wenn ich jetzt spucke, kommt es von einem Rachenkatarrh. Nun habt meinen Segen allesamt, verehrte Säulen, verehrte Treppen, verehrte Oberlehrer und Unterlehrer, ruhet in Frieden. Wir schreiben 1928, wir haben ein neues Parlament[185] und noch immer kein Geld, das sind unsere Sorgen, unsere einzigen Sorgen. Lebt wohl, winke winke, das Chaos hat euch, das Chaos soll euch weiter haben, es ist sehr schön im Chaos. Somit ist der Brief adressiert, frankiert, zugeklebt, abgeschickt. Nu aber raus. Die kriegen mich hier noch wegen Sachbeschädigung. Mal rasch einen Einstreifer. –

XII
Es wird Wasser in die Lauge gegossen

Die Untersuchungskommission hat den oben Genannten und Beschriebenen nach diesem Tage noch zweimal besucht und gesprochen. Einmal am Morgen nach der unvermuteten Einschließung. Da fanden wir ihn einsilbig, mürrisch. Wir brachten das Gespräch natürlich nicht auf den gestrigen Vorfall. Es war uns aber nicht uninteressant, zu bemerken, daß er, der am Tisch vor sich hinstierte und den Kopf aufstützte, nicht einmal nach dem Verbleib seiner Papiere fragte. Wir sahen bei dieser Sachlage ab, ihn zu behelligen oder durch Fragen gegen uns einzunehmen.

Grade eine Woche darauf traten wir vier wieder zusammen, um die Beobachtung fortzuführen. Wir luden ihn zu einem von uns, dem Dr. P.[186] ein, dem Zoologen, der ihm schrieb, er hätte einen ungewöhnlich guten französischen Kognak, den man unter seiner Assistenz probieren wolle. Da erschien er, wieder aufgeräumt, und die Unterhaltung verlief sonderbar und verquer, wie manchmal Gespräche mit ihm. Es kam burleskerweise im Beginn dazu, daß eigentlich er die Untersuchungskommission untersuchte. Wir waren vier Mann hoch bei unserem Dr. P. angetreten. Er kannte uns nicht genauer, hatte sich jedoch ruhig unsern Messungen und Fragen unterworfen, fragte nicht einmal: warum, wozu, zeigte jetzt plötzlich ein etwas unangenehmes Interesse für uns. Unser Mitglied R.[187] meinte, er wolle uns verkohlen und vielleicht so die ganzen vorher erhobenen Resultate unsicher machen. Uns andern schien, er war gut aufgelegt und auf seine Weise wohlwollend gegen uns und uns zugetan. Von diesem, wie gesagt etwas peinlichen Teil der Unterhaltung und der Ausfragung wollen wir nicht berichten. Er fing nun an zu pfeifen und sagte dann direkt: «Ihr habt mir meine Papiere gestohlen.» R. gab sie ihm sofort zurück. Wir hatten natürlich Abschrift genommen. «Sagt mal, was wollt ihr eigentlich damit?» Darauf meinte unser Dr. P. der Wahrheit gemäß, er sei Zoologe, und dann frech: ihn interessieren Zähmungserscheinungen, wie

sie sich etwa bei dem Untersuchten auf der Schule gezeigt hätten, er prüfe jetzt auch nach, wie die Wandervögel, Zugvögel bei künstlicher Änderung der Temperatur, in magnetischen Kraftfeldern verschiedener Stärke sich verhielten. Diese Antwort hätte ein anderer natürlich sehr krumm genommen. Er aber freute sich, die Methode interessierte ihn, und er wollte nun wissen, was Dr. P. aus seinen Papieren ersehen hätte.
Da schoß er aber selbst dazwischen und kam unvermittelt auf die Zeitlupe zu sprechen.[188] Der Untersuchte fragte uns einen nach dem andern nach der Zeitlupe. Unser Gast redete dann selbst: die Zeitlupe sei eine kluge, philosophische und sehr instruktive Sache, andererseits aber ein verlogenes Ding. Und von der Art der Zeitlupe seien alle Berichte, auch seiner. Sie ziehen Tatsachen beliebig zusammen oder strecken und dehnen sie, und dadurch kommt nicht bloß ein zeitlich verkürztes oder verlängertes Bild zustande, sondern ein falsches. Er argumentierte: «Nehmen Sie den Ozean. Gehen Sie an die Nordsee, wie sie stürmt, Wellen wirft, und schleppen Sie ein Dutzend Fässer an, füllen sie mit Wasser und tragen die Tonnen wieder an Land. Sie enthalten nun Meerwasser. Nun geht die Verkürzung weiter. Fahren Sie mit den Tonnen in ein chemisches Laboratorium und fangen Sie an, die Flüssigkeitsmenge einzudampfen oder im Vakuum einzuengen. Sie haben zuletzt eine kleine Schale mit einem gelbbräunlichen Satz vor sich. Das ist dann – das Meer. Gießen Sie einige Tonnen destilliertes Wasser hinzu, so ist es chemisch genau dem Ausgangswasser. Ist nun aber das Schälchen mit der gelben Tunke das Meer? Fehlen zehntausend Dinge. Ich kann auf den Wind, die Wellen, auf den Sturm darüber, den Schaum, die Farben, den Tang, die Schnecken, die Fische drin, die Möwen und die Segler nicht verzichten.» Und darum hätten wir die Papiere von ihm ruhig liegen lassen sollen. An dem Bericht sei nicht viel. Als wir zweifelten, gab er nicht nach. Obwohl der Bericht wahr sei, gebe er ein vollkommen falsches Bild. Er sei falsch von A bis Z – obwohl er wahr sei. Es fehlten eben in dem Bild die zehn Jahre, das seien also zehnmal Frühling, zehnmal

Sommer, Herbst und Winter, ferner zehnmal dreihundert Gänge zur Schule und zurück, zehn Jahre Heranwachsen, zehn Jahre häusliche Existenz. Mit anderen Worten: es sei Laboratoriumsextrakt, und wenn man die Tonnen Wasser hinzugösse, sei es noch immer nicht das Meer. Was da geschrieben stünde, sei eingekochte Lauge.

Unser Dr. P. meinte unvorsichtig, es sei wirklich scharfe Lauge. Das war sehr unvorsichtig. Wir haben sofort versucht, unserm Mitglied Winke zu geben. Aber unser Gast war schon zusammengezuckt. Er fragte kurz: «Sie finden?», kaute an seinem linken Zeigefinger. Er versank offenbar augenblicklich in Gedankengänge seines Berichts. Die Erregung, die sein Bericht atmet, war momentan auf seinen stark spielenden Gesichtsmuskeln. Er schob sein Kognakglas beiseite, schluckte langsam an einem Glas Fachinger[189]. Aber Dr. P. war gar nicht zur Räson zu bringen. Grade dieses auffällige Gebaren interessierte ihn, und er schoß weiter. Dieses unser Mitglied ist ein gefährlicher Begleiter bei solchen Expeditionen, ihm steckt das Aufspießen von Schmetterlingen zu stark im Blut, wir können ihn zu diffizilen Sachen nicht brauchen. Er ließ nicht los: Sie sind doch schon über fünfundzwanzig Jahre hinter der Schulzeit, sie arbeiten, üben Praxis, der Krieg ist dagewesen, Sie haben eine Familie, Gott weiß, was Sie alles schon erlebt haben. Haben Sie das nicht abreagiert?

Der Untersuchte: Nichts über schöne Worte! Abreagieren. Ich habe mir das Ding anreagiert, dann reagiere ich es ab. Ich habe Gift im Magen, dann nimmt man eine Sonde und wäscht mir den Magen aus. Eine niedliche Vorstellung. Eignet sich für höhere Töchterschulen. Es könnte doch sein, daß eine Verätzung Narben hinterläßt. Waschen sie die auch aus? Meinen Sie mit Abreagieren vergessen? Oder sich nichts mehr draus machen? – Nein, gewiß nicht. Ich meine nur Ihre Erregtheit. Sie sind noch oder scheinen noch so sehr darin. Es ist alles, was Sie da sagen oder schreiben, so um ein finsteres leidendes Gefühl herumgesponnen. Man weiß nicht recht, wo Sie da eintauchen. Vielleicht

ist es gar nicht die Schule, was Sie da eigentlich meinen, wovon Sie reden. – Was soll es denn sein? – Ich weiß nicht. Aber mir fiel auch Ihre Geschichte aus der Sexta auf, die mit dem Schlüssel. Ist das nicht ein bißchen sonderbar, finden Sie nicht selbst? So gar nicht sprechen zu können? Was verschweigen Sie eigentlich? –
An dieser Stelle hat sich das Gesicht des Untersuchten völlig entspannt. Er setzte das Glas Wasser, das er noch hielt, ab und hob seinen Arm mit einer feierlichen Geste, wobei er sehr fremd lächelte: Ich bin Ihnen sehr dankbar, mein Herr, daß Sie so sprechen. Die Dinge kommen jetzt auf das richtige Gleis. Ja. Ich habe die Gabe des Dichters – zu schweigen! Von Haus aus. Sie werden selten von mir das Wort «Dichter» hören, jetzt zwingen Sie mich es auszusprechen. Allem Singen geht ein Schweigen voraus. In mir schwieg es eben lange, furchtbar lange. Was ich sprach, war alles schief und falsch. Verzerrt. Es war nicht ich.
In der Schule aber wurde ich langsam ich. Menschen meiner Art ist es nicht gegeben, in gewöhnlicher Weise freundlich und nett zu sein. Wir werden das erst später, auf Umwegen. Ich konnte nicht sprechen, weil ich das leichte oberflächliche Tun und die dünne Sprache nicht annahm. Ich kannte schon eine andere, mit einer anderen Syntax und Grammatik. Und wie bin ich dann später an die Objekte herangewachsen, nein, aus ihnen herausgewachsen. Die Namen, die andere den Dingen geben, habe ich abgelehnt; ich stand schon in einem andern, natürlichen Duzverhältnis zu den Dingen. Versuchen Sie dann zu plaudern. Ich habe es später gelernt, und wissen Sie wie? Als mir aufging, daß diese leichte Sprache und diese Interessen enger und weiter doch zusammenhingen mit dem großen Ding, in dem ich mich tief und blind verwurzelt fand und das aus mir schwieg. So habe ich die Menschensprache von hinten herum gelernt. Und nun wissen Sie, warum ich schwieg und was das ist, dieses Schweigen. Aber: wer singen will, muß die Schläge in Kauf nehmen, die ihm das Schweigen und das falsche Sprechen eintragen, Herr Zoologe. Ich habe das übrigens immer gewußt. In mancher Hinsicht ist mein Schulerlebnis Allgemeinerlebnis, in mancher bleibt es

mein persönliches. Ich habe in der zweiten Potenz zahlen müssen.

Der Untersuchte nippte an seinem Glas Wasser: Ich habe die ganzen langen Jahre nicht an diese Dinge gedacht, und wenn ich zuletzt heftig davon sprach, so meinen Sie – und wenn ich auch widerspreche –, da haben wir einen Komplex bei dem Kerl, das ist ein Stück seiner Analyse. Naja. Schön. Meinetwegen. Für mich steht es so, und da ich vermutlich gegen Ihre Theorie doch nichts kann, so möchte ich um die Gnade bitten, eine Beobachtung mitteilen zu dürfen. Das liegt auch im Interesse von ähnlichen Typen, denen, die Ihnen sonst noch begegnen werden, und es wird vielleicht Ihre Auffassung von Kunst klären helfen. Geärgert habe ich mich bei den Erinnerungen als Mensch, den man mißhandelt. Damit komme ich schon ganz gut aus. Bewußte Erinnerung mit unverwüstlichem Ärger über einen Vorfall: das ist etwas Natürliches, etwas Gesundes und auch Nützliches. Aber ich muß Ihnen doch noch genauer die «Kraft des Schweigens» vorstellen, von der ich sprach und die eigentlich die Mißhandlung provoziert hat und sie auch überwunden hat. Ich erinnere mich aus meiner ganz frühen Kindheit, daß ich oft nicht zum Spielen gegangen bin, sondern friedlich zu Hause herumgesessen habe. Mit acht, neun Jahren las ich schon lieber als ich Kreisel spielte, und ich war dabei gar nicht verdrossen oder zurückgestoßen. Beachten Sie das letztere! Mir war es auf meine Art bequemer und durchaus wohl in mir. Ohne greifbare Gedanken zu haben, war ich schon als Kleines in mir beschäftigt, von etwas unterhalten, das wohlig und ruhig in einer Art Halbdunkel agierte. Da liegen ja für Sie die Schablonen bereit von den Erinnerungen an die Mutterbrust, der mütterliche Uterus, das Plantschen in Wonne und Fruchtwasser. O selig, o selig ein Embryo zu sein.[190] Sollen Sie alles haben, was Ihnen Spaß macht. Ich will nur meinen auch haben. Woher kommt zum Beispiel das, daß der eine diese alten seligen Erinnerungen festhält, der andere wieder Kreisel spielt? Das muß schon an dem einen oder dem anderen liegen. Mir kommt vor, und ich habe die Beobachtung

gemacht, die Menschen werden verschieden geboren und wachsen auch verschieden auf. Sogar im selben Milieu. Der eine wird größer, der andere kleiner, man kann es direkt messen. Der eine fällt mehr nach dem Vater aus, der andere mehr nach der Mutter und der dritte gar nach dem Großvater. Ich habe sogar gehört, es gibt eine Erblichkeitslehre. Das klingt alles peinlich banal, aber man soll sich sogar als Gelehrter nicht davor fürchten.
Man kann nun einen Regenschirm im Regen auf doppelte Art tragen: einmal richtig am Griff und einmal falsch an der Spitze. Wenn man ihn falsch auf der Spitze trägt, wird man eine Zeitlang auch nicht naß, nachher schon, wenn er überläuft. Daher empfiehlt es sich, einen Schirm am Griff zu tragen, was in allen besseren Schirmgeschäften beim Einkauf gleich gesagt wird. Das zu den Theorien. Also ich – trage den Schirm gleich am Griff. Und da sage ich aus eigener Beobachtung, ohne übrigens die Mutterbrust von mir zu stoßen: es gibt das Faktum einer natürlichen Anlage. Und das Erlebnis einer solchen Anlage. Welche Anlage etwas ist wie ein Auge, ein Finger oder die Milz, also etwas Kompaktes, Solides, das eine Funktion hat. Solch Ding erfüllt mit Vergnügen, mit Lust, mit Genugtuung, mit Sättigung. Es zeigt drolligerweise schon lange vor den «Leistungen» sein Dasein durch solche Gefühle an. Man ist unter Umständen lange Jahre ein Raffael auch ohne Arme, ohne Bilder. Solches Gefühl, solche Sättigung, die wie eine Luftblase in mir war, hatte ich schon sehr, sehr früh. Ich habe darum keine rechte Neigung gehabt, Kreisel zu spielen. Vielleicht habe ich auch nicht spielen können, aber das hat mich nicht geärgert oder enttäuscht. Es hat mich eigentlich nur legitimiert. Ich habe nicht recht gewollt, und weil ich nicht wollte, lief der Kreisel natürlich auch nicht. Gut, also wollen Sie festhalten: eine Anlage, eine Kraft war da. Keine Minderwertigkeit, lächerlich, und keine Überwindung einer Minderwertigkeit, eher Hochmut, aber auch das nicht. Nun, lassen wir das. –
Der Zwischenfall war beendet. Es gab auch keine Störung, als später unser Störenfried, Dr. P., der aus Baden ist, einwarf, bei

ihm in Süddeutschland hätten eigentlich in der Schule mehr die Lehrer von den Jungen zu leiden als umgekehrt. Da winkte der Untersuchte momentan ab: Man solle ihm nicht mit Süddeutschland kommen und Süddeutschland gegen sein Norddeutschland ausspielen. Er habe nicht viel für die süddeutsche Behäbigkeit und sogenannte Freiheit. Er sei Preuße. Und er lachte: Er schütze seine Schule noch immer gegen Süddeutschland! In seinem Bericht fehle als Wasser, wie gesagt, allerhand. Also außer den viermal zehn Jahreszeiten zum Beispiel auch Freundschaften, Kameradschaften mit dem und jenem, die Begeisterung für Wagner[191] und für Hugo Wolf[192] in den oberen Klassen und dann das Hinfinden zu Haydn und Mozart[193]. Dann die Bekanntschaft mit Dostojewski, der «Raskolnikow»[194]. In der Tertia[195] die Begegnung mit Heinrich von Kleist, der «Prinz von Homburg»[196], besonders aber das Fragment des «Guiskard»[197] und die «Penthesilea». Lange Monate eingesponnen in die Lektüre von Schopenhauer[198], die Gedichte von Hölderlin jahrelang in der Brusttasche.[199] In der Prima[200] oder schon vorher die Begegnung mit Nietzsche: die «Genealogie der Moral»[201], die ich mit Zittern und atemlos las. Den «Zarathustra»[202] mochte ich nicht so, er schien mir aufgeblasen, künstliche Prophetie und dazu ein unreines Genre, Mischung von Kunst und Philosophie, übrigens Pseudokunst, von ein paar echten Stellen abgesehen. Es ist philosophische Wagnerei. –

XIII
Das Leben Jacks, des Bauchaufschlitzers

Nachdem nun Jack der Bauchaufschlitzer[203] so vorgegangen war, in der Dachkammer, die er sich für einen Schilling gemietet hatte, und nachdem er sich durch die Erledigung seines Opfers noch in den Besitz von drei Schilling und einem Samtgürtel gesetzt hatte, holte er einen schon vorbereiteten Sack unter dem Bett hervor, steckte sein Opter hinein, welches Angela Kalb hieß, und trug es stückweise die Treppe hinunter. Es begegneten ihm Hausbewohner mit Wachsstreichhölzern auf diesem Weg und sagten: Guten Abend, Jack, wohin so spät. Er antwortete: Ich habe noch allerhand zu erledigen. Was sie mit Schauer erfüllte, denn sie wußten, wer er war und daß er in dem Sack wieder ein Mädchen ganz oder teilweise trug. Aber obwohl sie das wußten und überhaupt keine guten Gerüchte über seinen Ruf beziehungsweise kein guter Ruf über seine Gerüchte umging, wagten sie nicht zu fragen, wer es diesmal war und was er gerade von ihr heruntertrug. Denn sie dachten: Jeder kehre vor seiner Tür, und wer zuletzt lacht, lacht am besten. Damit grüßten sie denn Jack den Bauchaufschlitzer und wünschten ihm gute Nacht und gute Verrichtung, ihm und seinen Kindern und Kindeskindern. Jeder bat ihn nur, unten die Haustür zuzuschließen, denn es sei unsicher in dieser Gegend, und man könne nie wissen, was passiert. Das versprach er auch und beeilte sich, denn er hatte selber Furcht, und niemals ist ihm freilich etwas passiert, auch nicht, daß seine Opfer, die er eine Viertelstunde entfernt unter einem Weidenbusch deponierte, dort wieder zu Bewußtsein kamen. Er stellte dies bei seinen unzähligen Taten stets mit neuer Genugtuung fest. Selbst Ehepaare, die er gelegentlich zusammen erledigte und bei deren Abtransport er aus unbekannten Gründen besonders wieder ein Wiederaufleben befürchtete, blieben unter dem Weidenbusch leblos und sprachlos und machten ihm weiter keine Umstände. Jack war noch ein junger Mann, der viel lachen konnte; Gott, konnte der lachen.

Aber sie haben ihm einmal, als er nach getaner Tat in einer Kneipe nebenan Gulasch mit Gurken und vorher eine Ochsenschwanzsuppe für sechzig Pfennig aß, den Sack mit Inhalt gestohlen, den er neben seinen Stuhl gelegt hatte. Es war damals sehr kalt, und er wollte sich erst vor dem ungemütlichen Weg nach dem Weidenbusch stärken. Da machte er nun einen Höllenkrach über die Gäste hier, das arbeitsscheue Diebesgesindel, der Wirt verbat sich das, ein englischer Schutzmann kam herein und machte ihnen unter Vorzeigung seines Knüppels allesamt

Vorwürfe. Den Sack aber fand Jack richtig am Tage darauf mit Inhalt in der Kneipe wieder, wie er erwartet hatte, und einen frechen Zettel dabei, der ihn empörte: Schlepp doch deine dreckigen Weiber nicht in eine anständige Kneipe, du. Mach das zu Hause ab, Schweinehund. K. R. Beim Ausschütten unter dem Weidenbusch sah Jack dann noch große Knochen neben den Teilen seines Opfers; der Schuft hatte Rinder- oder Pferdeknochen zugelegt. Ich will nur sagen, dies war eine Wendung im Leben Jacks des Bauchaufschlitzers. Man hat ihn bekanntlich nie entdeckt, und die Person, die man für ihn aufhängte und so völlig erwerbsunfähig machte, war er nicht. Er war beleidigt von den Schikanen, denen man ihn jetzt aussetzte. Man zog ihn rechts und links wegen seiner Liebhabereien auf. Er konnte sicher sein, wenn er in aller Heimlichkeit eine Freundin erledigte, daß er gleich am selben Abend einen Trauerkranz unter dem Weidenbusch fand oder eine Laterne und einmal sogar einen Zaun um den Busch herum mit dem Schild: «Wegen Überfüllung geschlossen.» Fassen konnte er keinen, aber überall lächelte man. Sogar die Hausbewohner benahmen sich schlecht gegen ihn. Wohin sollte er sich wenden. Er war drauf und dran, vor Ärger sich selbst die Gurgel abzuschneiden. Er ist aber bloß umgezogen und hat in einer andern Gegend einen Handel mit Einpackpapier für Konditorwaren und Tortendeckel begonnen. So ist er anständig im gewöhnlichen Sinne geworden, aber Freude hatte er nicht daran, nein, niemals. Er brauchte nur Sonntags in seine alte Gegend zu fahren, um die Mißachtung zu sehen, die man ihm wegen seiner Neigungen entgegenbrachte. Menschengunst ist wetterwendisch. Das erlebte er in voller Schärfe. Er hat geheiratet, um darüber wegzukommen. Der Frau hat er gern, liebend gern geschworen, die Zicken von früher zu lassen. Er wollte es wirklich, denn er konnte schon nicht mehr mit Messer und Gabel essen, nur mit Löffel, so war ihm alles auf die Nerven geschlagen. Aber richtig runtergeschluckt hat er die Beleidigungen doch nicht. Er hatte eben, wie man so sagt, mit der Harke eins aufs Hauptgebäude gekriegt.

Um zum Schluß zu kommen: Die Frau übernahm den Mann, der schon von Suppenresten mager geworden war, mit hundertzwanzig Pfund. Nach einem halben Jahr hatte er seine hundertfünfzig Pfund überschritten. Sie hat ihn bis auf hundertneunzig gebracht, nicht nur weil sie ihm alles vorschnitt, sondern weil er auch sukzessive ganz faul wurde. Sie übernahm seinen Handel mit Tortendeckeln und Einpackpapier, und nach ein paar Jahren hatte sie eine kleine Konditorei mit einem Stammpublikum von Liebesleuten. Jack setzte sie an die Kasse. Er hat der Frau seinen Eid gehalten, und sie hat es ihm Zeit ihres Lebens gedankt. Er war manchmal besorgt, wenn er sich so dick und immer dicker an der Kasse vorfand, sie würde ihn eines Tages erledigen und einen dünneren für ihn hinsetzen. Denn die Konditorei war klein und der Raum beengt, und neue Läden waren in London schwer zu haben oder nur für teures Geld, und woher damit. Mit trüben Ahnungen betrachtete er die Dünnen, die in seinen Laden kamen; bei jedem fragte er sich: Dein «Nachfolger»? Aber sie sagte, als sie seine Gedanken erriet: Wie soll ich dich denn nachher wegschleppen, Jack, du denkst auch an gar nichts, wo ich doch nur leichte Arbeit machen kann, schon wegen meinem Bruch. Das leuchtete Jack ein, und er war wieder beruhigt. Redlich und nach bestem Vermögen hat sie ihn seinen alten Kummer tragen helfen. Sie umarmte ihn oft, wenn die Liebesleute hinten beschäftigt waren: Hättest du mich doch früher kennengelernt, Jack. Dann hättst du auf die ganze bucklige Verwandtschaft da geprostet. Er seufzte: Das wollen wir nicht so schroff hinstellen, Miß Cilly. Dann hätte ich dich auch zerkleinert, und was gekommen wäre, wäre doch gekommen. – Ein enttäuschter, beleidigter Mann ist unser guter Jack bis zuletzt geblieben, der auch nie wählen ging. Er liebte es, von der Kasse herunter die Mädchen seiner Kundschaft zu beraten, beriet sie sehr pessimistisch in ihren Verhältnisangelegenheiten, und es zeigte sich stets, daß er recht hatte. Wenigstens von da wurde ihm groschenweise Achtung zuteil, die er so notwendig brauchte für sein Innenleben. Er hat sich aber mit keinem Mädchen eingelassen, obwohl manche neugierig war, wie Liebe bei solchem Körperumfang ausfällt. Er blieb der Cilly treu. Denn an die war er gewöhnt, und die wußte auch mit seiner Diät Bescheid. – –

– Ich bitte um Entschuldigung, wenn die Geschichte so lang geworden ist. Ich wollte eigentlich nur von einem Sack erzählen, den ich aufgemacht habe, mit alten verstaubten Sachen drin, Schule von 1890 bis 1900 und so weiter, und da ist mir der Jack eingefallen, und die Geschichte ist mit mir durchgegangen. Entschuldigen Sie vielmals, bitte, ich fange nochmal an und nehme mich zusammen. Also:

Ich habe einen Sack aufgemacht und gezeigt, was drin ist. Ich schleppe viele solcher Säcke auf meinem Rücken. Soll ich alle aufmachen, einen nach dem andern, Lumpen zu verkaufen, alte Stiefel, alte Kleider, Flaschen, Papier? Schornsteinfeger! Heute wird gefegt! Klappen schließen! Das ist besser, Klappen schließen. Wenn ich den einen Sack öffne, kommen viele Männer heraus, bekannte und unbekannte, lebende und tote. Wenn ich einen andern öffne, kommen die kleinen Mädchen raus. Es kommen viele Gespräche heraus, die ich geführt habe und die mit mir geführt wurden, auch viele Gespräche, die ich weder führte noch die mit mir geführt wurden. Ein Sack enthält Leistungen, ein Sack ungetane Taten. Ein Sack ist voller Überflüssigkeiten und Vergeudungen. Alle aufmachen? Warum? Wozu? Ich will es tun, wenn ich Lust habe zu träumen und mit ihnen auf meine Art spiele.

Jetzt – liege ich auf einem frühlingsmäßig grünen Hügel, der ganze Plunder ist um mich, ich atme und lebe. Es gibt eine Insel, ich glaube in der Südsee. Da erscheint zu einer genau berechenbaren Stunde des Abends an einem bestimmten Tage im Meer ein Wurm in ungeheuren Massen. Die Eingeborenen kennen die Stunde. Der Wurm ist eßbar. Sie fahren in ganzen Flottillen heraus und fangen die Tiere. Woher die Tiere kommen, wie die Genauigkeiten des Auftauchens, diese Empfindlichkeit zu verstehen ist, weiß man nicht sicher. So erscheint mir das Leben. So sind meine Gedanken. Ob sie eßbar sind, weiß ich nicht. Aber sie sollen ruhig und neu zu ihrer Stunde aus dem Meer auftauchen, sie sollen immer von neuem kommen, Gedanken und Handlungen. Sie werden an mir keinen Detektiv finden – schon darum nicht, weil ich klug genug bin, um zu wissen, daß man doch nur fünf Meter weit sehen kann. Und das Wahrste weiß man auch ohne Bewegung; ich kann also ruhig hier auf dem Hügel auf dem Rücken liegen bleiben. Ich wachse, auch als Mensch, auch mit dem Geist, mit meinem Willen, nicht anders wie ein Baum. Ich möchte mit Äpfeln vollhängen. Vögel sollen auf mir nisten. Im Winter will ich im Schnee stehen, die Engerlinge zwischen meinen Wurzeln.

Und dies alles, obwohl ich nicht anders bin als du und du und du, du ein Bureauangestellter, du die Aufsicht in einem Warenhaus, du ein Schauspieler (ich kann keinen «Arbeiter» nennen, für den bin ich ein Bourgeois), ich ein kleiner Doktor in Berlin O, der an Schlaflosigkeit leidet und dem auch nichts geschenkt wird. – Und nun adje, Kinderchen, adje Sie. Ich werde mich sachte auf die Strümpfe machen. Grüßen Sie mir Ihre Waschfrau. Und beißen Sie mich nicht, wen ich Sie mal geärgert habe. War nicht so schlimm gemeint. Geht alles vorüber. Sehen Sie, ich geh auch vorüber. –

ERGÄNZUNGEN ZU «ERSTER RÜCKBLICK»

[Mutter und Tochter]

Man saß wieder in Berlin.[204] Derselbe qualmende Osten wurde wieder gewählt zum Wohnen. Zuerst der obere Teil der Landsbergerstraße nahe am Friedrichshain[205], später die Marsiliusstraße[206], eine neu angelegte Verbindungsstraße zwischen Blumenstraße und Große[r] Frankfurter. In der Landsbergerstraße wohnte man auch im dritten Stock. Das ist dem späteren Doktor als eine Scene unvergeßlich. Die Mutter war eine hitzige Frau; sie hat sich erst in hohem Alter eine gewisse Sanftmut zugelegt und die ihr innewohnende liebende Mütterlichkeit erst da richtig und ungetrübt hervortreten lassen. Sie war im übrigen eine sich grade tragende, durchaus ebenmäßige Frau mit frischen nicht unschönen Gesichtszügen; sie war nicht wenig eitel: gern besah sie sich im Spiegel, legte viel Wert auf ihre Haartracht; vielen Ärger machte ihrem ältesten Sohn[207] ihre Neigung, sich auch zu pudern, die Augenbrauen mit einem Stift [zu färben], – auch daß sie sich jünger kleidete, als ihrem Alter zustand. Sie hörte sich gerne von gelegentlichen Bekannten eine junge schöne Frau nennen; sie war damals Mitte vierzig.[208] Sie war die Tochter eines anscheinend wohlhabenden Mannes aus der [P]osenschen Provinz[209]; ihr ältester Bruder[210] hatte die Ehe mit dem noch unselbständigen Sohn[211] des Stettiner Kaufmanns[212] vermittelt; Geld spielte dabei eine wichtige Rolle. Der Vater brauchte sofort die Gelegenheit, sich zu verneigen vor seinen Eltern; solange sein gefürchteter Vater lebte, soll die Ehe musterhaft gewesen sein; seine Eskapaden begannen erst, als die Luft ganz rein war. Die Mutter war keineswegs von Intelligenz, sie hatte etwas Biederes, menschlich Gutartiges, Freundliches, überaus Wohlwollendes, das sie gegen alle Welt offenbarte, am liebsten und stärksten im Verkehr mit ihren Kindern, denen sie der Halt und das Centrum der Familie war. Aber ab und zu brach etwas Hitziges, Wildes, Unkultiviertes bei ihr aus, und zwar fast nur im Umgang mit ihrer einzigen Tochter[213], dem zweitältesten Kinde. Streit mit ihr war fast an der Tagesordnung; zu dutzenden Malen schrie die gequälte Tochter, deren Zukunft gänzlich dunkel und daher drückend war, sie verließe das Haus. Bei einem Streit wollte die Mutter das Mädchen schlagen; die war damals etwa 17 oder 18 Jahre alt.[214] Von Zimmer zu Zimmer dort im dritten Stock der Landsbergerstraße flüchtete sie weinend, schreiend, außer sich. Schließlich sprang sie im Vorderzimmer auf das Fensterbrett, riß das Fenster auf und schien sich herausstürzen zu wollen. Die Mutter erstarrte an der Tür, rief entsetzt den ältesten Sohn; drohend rief das Mädchen, sie stürze sich heraus und nehme sich das Leben, wenn man sie nicht in Frieden ließe. Mit allgemeinem Weinen, gegenseitigen Vorwürfen endete die Affaire. Der älteste Sohn ging wütend herum: «Der Fluch der Mutter ruht auf der Familie»: Es hieß nämlich, die Großmutter[215] hätte einmal ihre ganze Familie verflucht; die großartige Phrase kam bei vielen Gelegenheiten mit typischen Gesten zum Vorschein: Auch die Mutter selbst verfluchte im Zorn oft den oder jenen ihrer Kinder, am meisten die Tochter, ohne daß dies der Liebe Eintrag tat; jedoch gelang es der Mutter eigentlich nie, oder erst im hohen Alter, Stellung zu ihrer Tochter zu nehmen; zu vielen Zeiten hatte es das Mädchen zu fühlen, zu hören, daß sie der Mutter, der Familie eine Last sei. Sie konnte doch nichts dafür, daß sie kein Junge war. [U]nd zu dem Entschluß, dem fast so begreiflichen, sich auf eigene Füße zu stellen, wodurch sie sofort eine andere Position in der Familie erlangt hätte, drang sie nicht. Sie war zu klar auf Heiraten eingestellt, wie die Mädchen dieser Bourgeoisie besonders noch damals; der Sprung vom heiratsfähigen Bürgermädchen zur Verdienerin war degradierend: dazu blieb kaum viel Wahl: Verkäuferin, Heimarbeiterin etc.; sie hatte nichts gelernt, lernte auch nichts; Berufschancen wären für eine gelernte Person der besseren Stände auch damals genug gewesen. So blieb sie jahrelang im Haus, bis sie recht spät, – denn sie war keine Schönheit, aber eine für ihren Bruder sehr besorgte, sehr gutartige, stark zerzauste Person, – durch das Geld ihres ältesten Bruders[216], des späteren Familienernährers einen Mann[217] fand, – auch kaum ein Jahr –. Es ging ihr nicht gut in der Jugend zu Hause, der Mann lief ihr bald davon, zuletzt heiratete sie[218], nachdem der größte Teil ihrer Mitgift verloren war, einen Handwerker, einen Witwer, mit mehreren Kindern, lebte in ärmlichen Verhältnissen, mußte alle Zeit ihre Verwandten um Hilfe angehen, gebar mehrere Kinder[219], wurde eine schmächtige, verarbeitete Frau, die aber niemals ihres Lebens und ihrer mühseligen Arbeit überdrüssig wurde, sich erstaunlich zurechtfand, eine gute nachsichtige Frau, die mit großer Liebe und Teilna[hme] . . . [Hier bricht der Text ab.]

ZUR PHYSIOLOGIE DES DICHTERISCHEN SCHAFFENS

[Fragebogen:]

«I. *Erste Inspiration:* Können Sie uns merkwürdige Beispiele nennen, wie Ihnen der erste Einfall zu einem Werke kam?

II. Wie *fixieren* Sie den ersten Einfall? Haben Sie ein Notizbuch bei sich und denken Sie intensiv an Ihren Plan oder suchen Sie sich eher abzulenken?

III. *Arbeitszeit:* Arbeiten Sie zu bestimmten Stunden oder Tageszeiten? Zwingen Sie sich zur Arbeit, auch wenn Sie keine Lust haben? Brechen Sie ab, auch wenn Sie Lust haben, weiterzuarbeiten?

IV. *Arbeitsmaterial:* Haben Sie bestimmte Gewohnheiten, was die Art und Anordnung des Schreibmaterials und der Schreibutensilien betrifft? Können Sie überall arbeiten? Wo am besten?

V. *Arbeitshygiene:* Enthalten Sie sich während intensiver Arbeit von bestimmten Genüssen und verschaffen Sie sich bestimmte Genüsse (Stimulantien)?

VI. Machen Sie *Brouillons* (Entwürfe)? Wie ist die Technik dieser Brouillons?

VII. *Das Manuskript:* Schreiben Sie schnell herunter oder langsam und mühevoll? Korrigieren Sie während der Arbeit? Korrigieren Sie nach Fertigstellung? Oder gar nicht?

VIII. *Korrekturfahnen:* Ändern Sie noch viel und Wesentliches in den Korrekturfahnen?

IX. Lesen Sie das *fertiggestellte Buch noch einmal?* Ärgern Sie sich sehr über (scheinbare oder wirkliche) Unvollkommenheiten? Haben Sie oft Lust, es noch einmal zu schreiben?»

[Antworten Alfred Döblins:]

1. Eine schwere Frage; ich könnte sie nur in meterlangen Gesprächen beantworten. Es ist eine sehr komplizierte Sache, ungeeignet für einen Fragebogen.
2. Ich habe keine «ersten Einfälle». Wenn ich etwas Schreibmögliches, Schreibwürdiges, zum Schreiben Lockendes in mir bemerke, ist es immer schon ein ganzes Gewächs und Geflecht. *Späterhin* kaum «Einfälle».
3. Fast meist gegen Mittag; früher mehr abends; wahrscheinlich bloß Gewohnheit, aus praktischer Notwendigkeit heraus. Bin nämlich zurzeit sonst ärztlich beschäftigt und abends von dem langen Tag ermüdet.
4. Ich kann zu Hause, auf der Straße, im Lokal – überall schreiben, aber fast nur in Berlin. Auswärts fühle ich mich gestört.
5. Nein; Kaffee, Alkohol – alles unnötig, störend.
6. Es wird alles gleich geschrieben; wenn ich gelegentlich «entwerfe», habe ich mir die Partie schon verdorben.
7. Ich schreibe rasch und glatt. Zögern bedeutet eine Hemmung, Schwäche der Eingebung, nicht volle Hingegebenheit; da stimmt dann was nicht, und das beste ist: aufhören. – Ich korrigiere hier und da, später, nehme Stücke heraus. Vieles korrigiere ich gar nicht, weil ich festgestellt habe: der erste Fluß war schon gut.
8. Ich ändere allerlei in der Korrektur, das Ganze steht da mehr vor mir; meist langweilt mich aber die Sache schon in der Korrektur.
9. Nein, das fertige Buch interessiert mich nicht; es ist weder vollkommen noch unvollkommen, sondern nicht lesenswert für mich. – Ich schreibe jedes Buch «nochmal», jawohl: das ist nämlich das nächste Buch. –

ZUKUNFTSPLÄNE

Mich beschäftigt das soziale Problem der Menschen, die, aus irgendeinem Grunde aus der eigenen inneren Sphäre herausgerissen, sich nicht ohne weiteres einer anderen Klasse anschließen können, das Problem der Menschen, die «zwischen den Klassen» stehen.
Mein neuer Roman betitelt sich: «Berlin Alexanderplatz» und handelt von einem Mann, der, aus dem Zuchthaus kommend, ein neues Leben versucht und schließlich, hin- und hergeworfen, erkennt, daß es nicht darauf ankommt, ein sogenannter anständiger Mensch zu sein, sondern darauf, den richtigen Nebenmenschen zu finden. Diese Erkenntnis hilft ihm, sich selbst wiederzufinden. Im Anschluß an die neue Umgebung findet er auch seine Sicherheit im Leben wieder.

WAS WAR UNS DIE SCHULE?

1. Ist die Schule überhaupt von bestimmendem Einfluß für Ihre Entwicklung gewesen?

Ja, und zwar insofern, als diese Schule mir die Schlechtigkeit des gesamten früheren Herrschaftssystems in Reinkultur vor Augen brachte; das Bild ist unvergeßlich geblieben.

2. Hat die Schule Ihre besonderen Fähigkeiten erkannt und entwickelt, oder ist sie eine Hemmung dieser Entwicklung gewesen?

Nein. Die Schule hat mich im ganzen zu hemmen und zu vernichten gesucht.

3. Hat ein Ereignis aus Ihrer Schulzeit, das mit dem System der alten Schule zusammenhing, bestimmend auf Ihre Entwicklung eingewirkt und in welcher Weise?

Ein besonderes Ereignis? – Nein.

4. War die Schulzeit für Sie eine Zeit der Freude, oder denken Sie ungern daran zurück?

Eine Zeit des Schauderns und Widerwillens – die Strafe zu 10jährigem Zuchthaus.

5. Wünschen Sie Ihren Kindern die Schulerziehung, die Sie selbst genossen haben, oder würden Sie eine Schule vorziehen, die auf dem Boden der eingangs skizzierten neuen Erziehungsgrundsätze steht?

Ich kenne Ihre Schulideale nicht genügend; aber ich wünsche eine menschliche Schule, in der das Kind aktiv ist, auch gegen den Lehrer.

ALFRED DÖBLIN ERZÄHLT SEIN LEBEN

...

So ist meine ganze Schreiberei [i]mmer solche unbeendete Bemühung gewesen, ein Heranpirschen an Einsichten. Ich habe im Laufe der Jahre eine Anzahl Bücher geschrieben. Kein Buch ist fertig. Ich bestreite, obwohl ich Mitglied der Akademie der Künste bin[1], daß meine Bücher etwas mit Kunst im heutigen Sinne zu tun haben[2]. Ich tadle Kunst nicht, ich stelle nur fest, ich habe immer eine Abneigung, einen Widerwillen gegen die

Kunst gehabt[,] und meine geistige Tätigkeit dient anderen Dingen. Es handelt sich um einen ständigen Besinnungsakt. Es ist ein ununterbrochenes und ernstes Gespräch an die Wahrheit heran, eine Auseinandersetzung und Herausarbeitung dessen, was ich sehe und erfahre und eine Stellungnahme dazu, ein Ja[-] und ein Neinsagen. Man kann auf verschiedene Art denken. Wir gebrauchen das Wort denken nur für die Tätigkeit im Logischen und Abstrakten, ich bin der Meinung, man kann auch in Tönen denken, musikalisch, [in] Stein, bildnerisch, in Häusern, architektonisch, aber auch in Phantasieprodukten. Das sind alles verschiedene Arten, zum Teil Stufen des Denkens[,] und jeder Art wohnt Wahrheit inne, und wie die Berührung mit der abstrakten Wahrheit[,] mit irgend einer Erkenntnis, erfreut und fördert, so erfreut und fördert und nützt die Berührung mit der Wahrheit und der Ordnung der Musik und der Literatur.

Ich will keine Einzelheiten davon erzählen, wie ich selber zu kämpfen hatte, wie ich erst ohne eigene Praxis saß, halbtags Assistent war, andere Kollegen vertrat, Tag und Nacht Dienst auf Unfallstationen tat, wie es wirtschaftlich ein ununterbrochenes Lavieren gab und mir fortwährend ein recht kräftiger Wind um die Ohren pfiff. Das gehört zum Dasein, es wird keinem etwas geschenkt und wir sind auch nicht da[,] um als Rentiers zu leben.

Um von dem Charakter meiner Arbeiten etwas zu sagen: mein Denken und Arbeiten geistiger Art gehört, ob ausgesprochen oder nicht ausgesprochen zu Berlin. Von hier hat es empfangen und empfängt es dauernd seine entscheidenden Einflüsse und seine Richtung[;] in diesem großen nüchternen strengen Berlin bin ich aufgewachsen, dies ist der Mutterboden, dieses Steinmeer der Mutterboden aller meiner Gedanken. Es gehört zu de[m] [P]erfidesten in Deutschland, daß man auf Berlin schimpft, von seiner Schlechtigkeit, Verderbtheit und was sonst redet. Berlin hat auch Vergnügungslokale, zu einem guten Teil für Fremde. Wenn man aber über ein Haus reden will, betrachtet man nicht ein Seitenzimmer oder guckt in den Mülleimer. Ich weiß nur, daß diese Stadt, in der man in den schrecklichsten Mietskasernen der Welt wohnt, fast nur Arbeit und Arbeit und Arbeit kennt, daß nur Arbeit hier ein gutes Gewissen hat und niemals Verngügen[,] und wer dies nicht weiß, kennt Berlin nicht und kann über unsere Stadt nicht reden. Diese Mietskasernen und Fabriken sind durch Jahrzehnte mein Anschauungs- und Denkmaterial gewesen, und ob ich von China, Indien und Grönland sprach[3], ich habe immer von Berlin gesprochen, von diesem großen starken und nüchternen Berlin, das nur ein wirklicher Mann lieben kann, dieses Berlin, das eine eigene fabelhaft ausdrucksreiche Mundart besitzt, derer sich aber lächerlicherweise die eigenen gebildeten Bürger der Stadt schämen.

Und wenn Sie mich fragen, welche Themen ich gewählt habe und aus diesem steinernen Boden gezogen habe, so sind es diese:

Ich sah, wie hier der Einzelne verschwand, wie es hier nur tätige und leidende Massen gab: das große Kollektivum, eine Volksmasse in einer revolutionären Bewegung zur Abwälzung seiner Not, das war das Thema meines ersten Buches[4], schon vor dem Krieg. Der Krieg kam, ich war in Lothringen im Seuchenlazarett[5], ich dachte nach und schrieb in einem andern Buch[6] von den eisernen Kräften des Krieges und wie es möglich ist, zur Gewaltlosigkeit und zur wirklichen Ordnung zu kommen. Wieder in Berlin zwischen den alten Mauern sah ich die sozialen Kämpfe und habe aufgezeichnet[7], was Technik und Industrie aus dem Menschen machen und wie sie aus Werkzeugen der Menschen zu Tyrannen über den Menschen werden. Noch in einem vorletzten Buch[8] wählte ich ein indisches Milieu, das Thema war schon sehr aktiv, das Buch erklärte, es g[e]lte aufzuräumen in der Welt und durchzubrechen durch alten Wust. Im letzten Buch[9] dann stand ich offen in Berlin, es war ein langer Weg, ich bin zu Hause, aber ich weiß, der Weg ist noch nicht zu Ende.

Ich habe im Beginn den Satz zitiert[10]: die Erziehung eines Kindes

muß vor seiner Geburt beendet sein. Ein Leben also besteht darin, seine Geburtsmitgift, sein Erbe zu Ende zu leben, aber dann auch noch das Seinige zu tun, um die weitere Zukunft vorzubereiten von sich aus. Man hat zur Klarheit über sich und die Dinge um sich zu kommen[,] und dies ist die Aufgabe jedes Einzelnen, die ihm keiner abnimmt. Darum ist mir nicht bange darum, daß ich auf keins der heutigen Schlagworte und Programme eingeschworen bin und also mit keiner Herde laufe. Es hat mir immer genügt, daß ich auf meinen eigenen zwei Beinen stehe. Eine gewisse Einsamkeit bleibt keinem ernsthaften Menschen erspart. Ich habe das auszusprechen in einer Zeit, die in schauerlichster Weise die sehr guten Worte vom Kollektivum, von der Masse der Gemeinschaft mißbraucht. Sie sagen Kollektivum und es ist ein zusammengetrommeltes Rudel, d[as] bald wieder auseinander läuft. Zusammenschlüsse von Menschen sind nötig für allerhand Zwecke und Aktionen, aber Selbständigkeit ist nicht weniger nötig.
Ich habe Ihnen im Augenblick nichts weiter von meinem Leben zu sagen, es enthält nicht viele äußere Handlungen, aber bestimmt ist das Denken und Formen, besonders das fortschreitende Denken auch eine Handlung. Und so schließe ich den Bericht von meinem Leben mit der selbstverständlichen Bemerkung, daß ich zwar schon eine gute Weile lebe, aber eigentlich eben erst anfange zu existieren.

ENTSTEHUNG UND SINN MEINES BUCHES «WALLENSTEIN»

Den zweibändigen Roman «Wallenstein» schrieb ich während des Krieges in den Jahren 1916–1918, den Schlußteil jedoch erst wieder zu Hause 1919. Zunächst hatte ich als Arzt in einem Lazarett für Infektionskrankheiten in Lothringen gearbeitet[1], lebte in einem kleinen Städtchen und betätigte mich dort auf seltsame Weise. Nachmittags und abends konnte ich schreiben, – natürlich gestört durch Dienstpflichten – und von der Gefahr durch Luftangriffe bedroht. Mein Zimmer lag im Oberstock des Hauses.[2] Wenn ich hinaufging, breitete ich mein Manuskriptmaterial oben von neuem aus; und war ich fertig, schleppte ich es zur Sicherheit hinunter. Nun es schlugen gar viele Bomben in der Nachbarschaft ein, aber weder mir noch dem Manuskript geschah was. Es hat auch den langen Rücktransport[3] neben mir im November 18 durch ganz Deutschland mitgemacht, und lag noch in dem schlimmen Revolutionswinter 18/19 in Berlin auf meinem Schreibtisch. Vielleicht ist etwas von der furchtbaren Luft, in der das Buch entstand, Krieg, Revolution, Krankheit und Tod in ihm.

Ich hatte jedenfalls damit, während des Krieges, vor, den «Krieg», wenn auch nicht diesen Krieg, zu schildern. Nein schildern ist ein falscher Ausdruck, besser: im epischen Ablauf hinzustellen, sichtbar und fühlbar, erlebbar werden zu lassen. Es haben ja später andere[4], besonders in den letzten Jahren, den Krieg, und zwar genauer diesen, geschildert. Ich gestehe, von keinem einzigen befriedigt zu sein. Krieg ist sehr, sehr vieles in einem; vor allem grenzenlose Dämonie und Entfesselung, Chaos; die Welt, bevor das Gotteswort hineinfiel; – daneben ist Krieg Widerstreben gegen den gräßliche Dämon, Behauptung der menschlichen Überlegenheit (ach, es ist jetzt eine Unterlegenheit!), – daneben ein tollgewordener Wirtschaftsprozeß, – daneben politisches Hetzen und Intrigenspiel. Ein furchtbares Ding, der Krieg; niemand soll ihn herbeiwünschen; es ist die Probe, die Versuchung, die der Mensch, diese unsichere Tiergattung, nicht besteht.

***

Wie kam ich darauf, den Dreißigjährigen Krieg und Böhmen und Wallenstein auszusuchen als meinen Schauplatz und meine Figuren? Zunächst war es nur die sehr naheliegende Ähnlichkeit zwischen 1914/18 und damals: ein europäischer Krieg. Ich tastete nach Büchern. Die Universitätsbibliothek Straßburg[5] im Elsaß gab mir her, was sie hatte, an deutschen und französischen Büchern aus dieser Zeit. Das ungeheure Schicksal Böhmens riß mich hin, und dieser Wallenstein, den ich so sah: als einen böhmischen Renegaten, ganz und gar kein Schillerscher «Held»[6], – ein moderner Industriekapitän, ein wüster Inflationsgewinnler, ein Wirtschafts- und, toller Weise auch, ein strategisches Genie, eine Figur, die nur die Parallele Napoleons I.[7] zuläßt. Neben ihm gab es einen Habsburger Kaiser, Ferdinand II.[8] Aber der war nach den Akten ein furchtsamer Trottel. Vielleicht wäre es nicht schlechter gewesen, so eine Figur ruhig als Repräsentanten des damaligen Machtsystems hinzustellen. Ich mochte es nicht. Ich wollte keinen Naturalismus. Es sollte keine Geschichte im Abklatsch, keine Reproduktion sein. Es sollte eigentlich – trotz aller und aller historischen Genauigkeiten – kein «historischer Roman» sein. Und bestimmt paßt diese Bezeichnung nicht auf die Überlebensgröße der hier gegebenen Vorgänge und Figuren. Da konnte ich auch keinen Trottel neben dieser Riesenmaschine Wallenstein brauchen.

Und wer ist dann Ferdinand II. geworden? Die andere Figur neben Wallenstein, nein, die eigentliche menschliche Leitfigur des Werks! Sie wird Zug um Zug erst in das schreckliche Spiel getrieben, und dann wird sie aktiv – und – geht. Dieser Ferdinand verläßt T[h]ron und Reich und zuletzt – die Welt. Der Krieg aber geht weiter. Und das Chaos hat sogar schon den ungeheuren Herrn, den es geboren hat, den Wallenstein[,] verschluckt. – (Ich hatte damals diese Haltung, die ich eben beschrieb, zum Verhältnis Krieg und Menschlichkeit; ich bin später sehr viel aktiver und entschlossener geworden; man findet mich vor wie nach auf keiner Seite des Krieges, aber ich kenne nun genauer Empörung und Selbstbehauptung gegen die tolle autonome Kriegerei und weiß, was man der Menschenwürde schuldig ist.)

***

Der «Wallenstein» hier ist das epische Lied vom großen erschütternden Krieg, von den Gewalten, die er aufrichtet, von seinen ungeheuren Menschen und Vorgängen, – und von der Menschlichkeit, die den Krieg durchirrt und ihn, ich denke, in einer nicht fernen Zeit niederwirft. In diesem Buche freilich sieht man sie weinen und klagen und zum Schluß davonschleichen.

MIT DEM BLICK ZUR LATINITÄT

Ihr Wunsch, sehr verehrter Herr Grautoff[1], ich möchte mich über mein Verhältnis zur französischen Literatur äußern, trifft mich in einem ganz besonderen Moment. Sie werden staunen, wenn ich diesen «besonderen» Moment beschreibe. Ich lese ein Buch von Balzac. Ich habe noch nie eins gelesen. Den Namen habe ich öfter gehört. Er wurde sehr gelobt. Aber die Leute, die ihn lobten, waren mir sehr verdächtig, jedenfalls gar nicht kompetent. Nicht Balzac[2] zu lesen – wie andere – gehört für mich ebenso zu den Selbstverständlichkeiten wie: in einer großen Stadt nicht die «Sehenswürdigkeiten» besuchen. (Ich gehe prinzipiell in die Seitenstraßen, in die «schlechten» Lokale, dann noch in die Geschäfte, Warenhäuser, ungern in die Theater. Ich habe keine Zeit für die internationale Einöde.)
Nun, mir hat jetzt ein Bekannter «Verlorene Illusionen»[3] von Balzac geliehen, und ich finde, es ist ein sehr guter Roman. Lachen Sie nicht, aber warum soll man nicht ruhig seine Meinung sagen. Dieser Roman ist von einer Kunstgattung, die bei uns, so-

weit mir bekannt ist, fehlt. Wir hatten einmal in Deutschland den biederen Gustav Freytag[4], aber er blieb mit [s]einem Werk stecken. In dem Buch von Balzac wird viele vernünftige und wichtige Arbeit geleistet, es ist ein damals bestimmt sehr nützliches Werk gewesen. Man war in der Gesellschaft eines geistreichen und lebenskundigen Mannes, man ging neben ihm durch die Kleinstadt, durch Paris, saß neben ihm in der Oper, betrachtete Menschen; sorgfältig konnte man seine Sprechweise prüfen und von ihm lernen und allerhand von ihm übernehmen. Bücher dieser Art sind enorm volksbildend; sie leisten für eine Epoche soviel wie zwei Universitäten.

Und wenn Sie mich fragen, was ich für heute von dem Franzosen Balzac denke, so sage ich schlicht und unumwunden: er wäre uns dringend nötig. Nicht seine Phantasie, seine Fabulierkraft (obwohl ohne diese Dinge ein Buch nicht steht), aber sein lebhafter und kühner Geist, vor allem seine elementare Verbindung mit Menschen und der menschlichen Gesellschaft, seine Kritik, seine präzise und einfache Art zu sprechen. Wir haben viele Schriftsteller, aber wenig Geister, hinter denen eine unverkümmerte Menschlichkeit steht – bei uns ist keine Überlieferung und zu viel Talent, viel Finsternis und Verkrampfung – ich brauche nicht alte Wahrheiten zu wiederholen.

Das ist also meine jüngste Begegnung mit der französischen Literatur. Sie müssen nicht immerzu lachen, aber es ist doch die Wahrheit. Welchen Grund sollte auch ein deutscher Autor gehabt haben, sich mit den Franzosen zu befassen. Die elementaren und wirklichen Eindrücke habe ich wie andere von Dostojewski erhalten.[5] Dostojewski ist der Vorbote von Freud[6], und aus der sehr ärmlichen und flachen Literatur unserer Anfangstage konnte uns nur solch mächtiges Phänomen wie der Russe heben. Wenn Zeitalter sich umdrehen und neue Perspektiven nötig werden, kommt es auf die neuen Perspektiven und die Zertrümmerung der alten an – dazu war bei uns der Russe gut und kein anderer, gewiß kein Franzose. Denken Sie an Anatole France[7] – was sollten wir mit dieser Ironie und Spielerei anfangen? Und

Baudelaire[8] und Rimbaud[9]: wer Dostojewski hat, hat sie auch und hat sie tiefer und systematischer. Man muß, um diese deutsche Haltung zu verstehen, unsere Lage, die Lage der deutschen Literatur 20 Jahre zurück kennen: der versandende Naturalismus, die drohende literarische Reaktion, die ausgehöhlte Klassik.

Inzwischen hat sich allerhand geändert. Die Vertiefung ist erfolgt, über den Expressionismus hinaus, es sind andere Dinge aktuell und konnten aktuell werden. Mir sind viele französische Bücher durch die Hände gelaufen, etwa Bernanos[10], sie schienen mir nicht belangvoll; für mich brauchten sie nicht übersetzt zu werden. Aber etwas anderes am Französischen zog mich und zieht mich dauernd an. Ich möchte es präzisieren: es sind nicht besondere französische Bücher, sondern die französische Schreib- und Denkweise überhaupt! Und Proust[11] war und ist mir da («Im Schatten der jungen Mädchen») Führer. Ich will schildern, wie es mir mit seinem Buch geht.

Denn es «geht» noch immer. Wenn Sie mich fragen, was in dem Buch geschieht und ob es eine Fabel hat oder eine Entwicklung, so weiß ich es nicht. Ich betrachte das Buch wie eine Landschaft, aus der ich Eindrücke ziehe – ich schlendere da nur herum, geographisch abgegangen bin ich die Landschaft nicht. So geht es mir mit den wenigen wichtigen Büchern, die mir begegnet sind: ich lese sie nicht, ich halte sie nur vor mich, lese und lese an *einer* Seite, tagelang an derselben, vermag auch dann noch keinen «Inhalt» anzugeben, aber ich bleibe dabei, und es ist eine ungeheuer wichtige Beschäftigung für mich. Ich liege in einer Art Dummheit da, aber ich kann mich nicht dazu aufschwingen, zu «lesen». Den «Idiot»[12] von Dostojewski habe ich so fast zwei Jahre (vor 20 Jahren) mit mir herumgeschleppt, ich habe immer dies oder jenes Gespräch aufgeschlagen und kam davon nicht los. Es wäre mir absurd und profan erschienen, hier richtig zu lesen wie in einem Buch. Es war eben kein «Buch», es war eine Begegnung. Genau so steht's – nicht ganz so intensiv – mit Proust. (Nicht mit dem in Deutschland sehr geschätzten Stendhal[13] – er hat offenbar trotz aller Reize nicht so viel spezifische Valeurs.) Wo es mir also mit Proust so geht, werden Sie von mir nicht verlangen, Ihnen zu erzählen, was ich denn eigentlich an ihm finde. Übrigens «lese» ich ihn seit Monaten nicht, er liegt drohend auf meinem Tisch, es kommt bald wieder seine Stunde, ich kann mich doch nicht entziehen. Es sind eben zu wichtige Fragen, die zwischen Proust und mir zur Diskussion stehen, und die brauchen Zeit; ich habe auch den Eindruck, daß ich mich gelegentlich planvoll der Debatte entziehe.

Denn, jetzt wird's mir klarer: Es steht einfach das «Französische», genauer das «Lateinische» zur Diskussion! Ein paar Seiten von Proust haben mir die Latinität, ihr spezifisches Gewicht, vorgeführt, und nun wiege ich das Gewicht in meiner Hand, in der anderen habe ich andere Gewichte. Sie müssen, Herr Dr. Grautoff, diese Dinge nicht einfach nehmen und müssen verstehen, warum ich eine Neigung habe, mich «zu drücken». Es handelt sich um große Entschlüsse, um wichtigste Entscheidungen für jemanden, dem Geistiges wichtig ist. Ich sehe vielleicht das Französische anders als Sie. Und bestimmt ist es mir etwas anderes als den Franzosen. Es handelt sich um Fragen der Hinneigung zur Welt, um die Art der Hinneigung, um die Art der Hinneigung zum Menschen (es ist eine wunderbare, ganz beglückende – ganz anders als ich Tiefseetaucher sie kenne). Um so etwas dreht es sich für mich, wenn ich durch das Fenster «Proust» nach Frankreich hineinsehe oder vielleicht auf dieser Schwelle «Proust» mich Frankreich nähere. Damit hängen ganze Fragenkonvolute zusammen: die Stellung zur Form, ja es folgen mittelbar politische Einstellungen daraus – das kann ich hier nicht ausführen. Alles das ergibt sich aus der intensiven (und halb geistesabwesenden, aber schlürfenden und tiefst interessierten) Beschäftigung mit wenigen Seiten Prousts. Ich horche jetzt sehr auf Französisches hin, aber Sie werden mich liebevoll langsam und wachsam sehen, im Gefühl, für mich – und vielleicht auch für einige andere – wichtige Entscheidungen zu treffen.

Dies wollte ich Ihnen, sehr geehrter Herr Grautoff, von meiner Haltung zur französischen Literatur gesprochen haben. Ich zeigte Ihnen – noch einmal – meine Haltung, meine werdende Haltung, zum Französischen, zur Latinität. Es werden mir durch ein paar Romanseiten von Proust, einige französische Elementarbegriffe klarer und klarer, und sie gehen in mich ein.

[FRAGEN AN ALFRED DÖBLIN]

...

Frage 4 [Zu Beruf und Schriftstellerei]

Nein. Zeitlich habe ich gelernt, literarische und ärztliche Dinge nebeneinander zu betreiben. Die ideelle Verbindung ist ein besonderes und großes Kapitel für sich.

Frage 5 [Joyce als literarisches Vorbild?]
Den Hinweis auf Joyce habe ich mehrfach gelesen. Joyce ist ein großartiger Schriftsteller, ein Pionier im Stilistischen und darum auch in der Darstellungsweise. Ich vermag selbst nicht zu analysieren, ob und welche Einflüsse von Joyce[1] bei meinem letzten Buch[2] nachweisbar sind. Ich weiß aber, daß mit wesentlichen Bestandteilen meiner Arbeit Joyce nichts zu tun hat, es kann sich nur um periphere Ähnlichkeiten handeln und es muß als bekannt gelten, daß geistige Strömungen vielfach zu gleicher Zeit an verschiedenen Stellen auftauchen. Das Eindringen des Unterbewußten und Durchschlagen des Unterbewußten und seine führende Rolle wird einem Kenner meiner Arbeiten beim [«]Alexanderplatz[»] nichts Neues sein. Die Irrtümer dieser Art stammen nur von einer Unkenntnis meiner früheren, als zu schwer verschrie[e]nen Werke.

Frage 6 [Kenntnis von der modernen Literatur des Auslands?]
Mir ist nicht viel von der modernen nichtdeutschen Literatur bekannt. Die deutsche Literatur drängt zweifellos enorm über die Grenzen des rein Literarischen hinaus. Es ist freilich genug berühmter alter Rückstand da.

Frage 7 [Gibt es einen literarischen Nachwuchs in Deutschland?]
Es sind da eine Anzahl Namen aufgetaucht, es sind junge und befähigte Menschen dabei. Eine Figur von größerem Format ist mir bisher nicht aufgefallen, aber es heißt da abwarten. Sicher ist, die jungen Leute gehen tapfer drauflos, reißen sich von der Ästhetik ab und suchen auf eine frische, nicht immer originelle Weise sich Boden unter den Füßen zu schaffen. Daß diese Generation die literarische Zukunft bringen wird, glaube ich nicht recht. Es ist noch sehr viel literarischer Rückstand und Vorkriegserbe in Deutschland in Macht. Und manche dieser [J]üngsten sind noch lange nicht zu der Jugend vorgedrungen, die nötig ist, um überhaupt als Mensch von heute zu gelten.

Frage 8 [Einflüsse aus der skandinavischen Literatur?]
Ich kenne Jens Peter Jacobsen[3] und die nordische Literatur aus den Namen Ibsen[4] und Björnson[5], die Maler Munch[6] und Zorn[7] sind mir bekannt. Das sind große Meister, aber wichtig ist mir wie andern doch mehr der russische Osten, Dostojewski[8], gewesen. Für die eigentlichen Formprobleme des Romans aber, bin ich mir gar keines Einflusses bewußt, ich sehe auch heute noch nicht, daß sich andere um die von mir konzipierte Idee des Epischen kümmern und sie gefaßt haben, denn ich halte den heutigen europäischen Roman für ein zivilisatorisches Degenerationsprodukt. Er ist keine Kunstform. Auch Joyce geht es nicht um diese Kunstform, auch Hamsun[9] und Proust[10] nicht. Diese Kunstform aber meine ich. Wenn Sie theoretisch sich für diese Gedanken interessieren, verweise ich Sie auf meine mehrfach niedergelegten Ansichten[11], besonders auf die große Ab-

handlung im Jahrbuch der Akademie der Künste: [«]Der Bau des epischen Kunstwerks[»].[12]

Frage 9 [Arbeitspläne?]
Nach dem [«]Alexanderplatz[»] habe ich ein Theaterstück «Die Ehe und das Kapital» geschrieben[13], [3] Scenen, die meine epischen Ideen in den Bau des Theaters hineintragen. Ich bin nämlich der Meinung, daß in derselben Weise[,] wie der Roman entartet ist, das Drama erstarrt und entartet ist. Ebenso wie der Roman unter der sinnlosen Tyrannei der Bericht[s]form, der Erzählung[,] steht, steht das Theater unter der Knute des Dialogs. Ich bin in diesem Stück, wie gesagt, einen Schritt auf dem Weg zu einer neuen Dramenform weitergegangen. – Eine direkte Fortsetzung[14] von [«]Berlin Alexanderplatz[»] plane ich nicht, aber eine indirekte. Thema ist wahrscheinlich das Berlin der Fabriken, aber Sicheres kann ich da noch nicht sagen.

[MEIN STANDORT]

Der also, der hier schreibt, trifft keine Wahl. Er stellt bei sich den Tatbestand einer Heimat und der Verbindung mit ihr fest. Wirklich, es ist eine Schicksalsverbundenheit mit den «kleinen Leuten», und er gibt ruhig zu, daß seine Gefühle und Urteile von hier aus – nicht nur von hier aus – bestimmt werden. Und so geht das, was ich sage, viele nicht an, aber ich kann nicht aus meiner Haut heraus. Ich bin nicht verbürgerlicht wie viele auch der kleinen Leute, die nur ein besseres Einkommen und Auskommen haben wollen, – ich habe einen Widerwillen gegen die «Feinheit», gegen den Wohlstand und seine geschminkten und gesättigten Menschen; ich habe eine Abscheu gegen den Gesellschaftsbetrieb der Reichen, gegen ihre freche und widerliche Art[,] die Kunst zu mißbrauchen als eine Abendunterhaltung.

Ein verbürgerlichter und ein kämpferischer Menschenschlag ist unter uns kleinen Leuten; ich kann nicht anders, gelegentlich verstehe ich und freue mich an den bürgerlichen Gütern, aber ich halte es nicht aus, zuviel Verwahrlosung, Verkommenheit, Gefühlsroheit, Vergessen der einfachen Menschennatur ist da, und ich will nicht. Darum, wer etwas anderes weiß, lese das nicht, was ich für mich schreiben werde.

Ich weise hin auf die Formulierung meines Satzes vorhin: «Er gibt ruhig zu, daß seine Gefühle und Urteile von hier aus – nicht nur von hier aus – bestimmt werden.» Was aber dies andere «von hier aus» ist, will ich sagen. Es ist die Disposition des geistig und also religiös eingestellten Menschen von heute in Deutschland, zu denselben «kleinen Leuten» zu gehören wie ich, und auch ohne mit ihnen ausgerissen zu sein. Das ist meine Behauptung. Die wirkliche, ich sage wirkliche Bildungsschicht Deutschlands gehört nicht zur Besitzschicht, sondern hat sich abgelöst von ihr, löst sich weiter von ihr und ist im Begriff[,] den Platz einzunehmen, den ihr ihr Instinkt und die Geschichte vorschreibt: an der Seite der Arbeiterschaft. Das sagte ich gestern, sagte ich heute und werde ich morgen sagen, und wenn einige mich angreifen und zwar besonders von Seiten der Arbeiterliteraten[1], denen ich, weil sie heimatlos und instinktlos [sind], nicht nach dem Mund rede.

Ich habe deutsche Kultur erfahren, mit sechzehn Jahren war mein größtes Erlebnis der «Prinz von Homburg» von Kleist[2], die «Penthesilea»[3] konnte ich nur halbeseitenweise lesen, so drang das in mich ein, den «Hyperion»[4] von Hölderlin trug ich bis zu meinem Abiturium[5] jahrelang in meiner Brusttasche mit mir herum, bis das Heft nur noch aus losen Blättern bestand; dann wurde in der Prima[6] Nietzsche[7] mein zitterndes unvergessenes Erlebnis. Ich gestehe, weder mit Goethe noch mit Schiller habe ich etwas anzufangen, Goethe dämmerte mir sehr spät, aber er wurde nie mein Mann. Mit diesen geliebten Geistern wuchs ich unter den Fabrikmauern auf, ein kleiner Mann unter kleinen Männern[.]

MEIN LEBENSGESETZ

[Ursprüngliche Brief-Fassung]

Sie wollen die Aufzeichnung eines schicksalgestaltenden Ereignisses, das, wie Sie sagen, der Lebenskurve eine besondere Richtung verlieh. Ich kenne nun vielleicht ein oder das andere Erlebnis äußerer Art, das Einfluß auf mein Leben hatte. Jedoch bin ich einigermaßen blind geboren und war durch irgendwelche Dinge dauernd verhindert, «lebens- oder schicksalsgestaltende Dinge» äußerer Art anzunehmen. Sie wollen das psychisch verstehen. Wenn Sie mich nach Fakten fragen, so bin ich nicht imstande, Ihnen irgendwelche konkretere Angaben zu machen. Es ist mir nicht viel begegnet. Ich bin immer wie ein Wasservogel gewesen, der im Wasser schwimmt, aber von dem Wasser, wie wenn die Federn beölt sind, abfließt. Aber ich erinnere mich von Kind auf nur dauernd einer gewissen seelischen Aura, einer Dunsthülle, die ich um mich herumtrug. Dabei war ich ganz offen, habe allerlei «erlebt», aber «das Gesetz, nach dem ich angetreten»[1], war übermächtig. Ich habe von meinem ganzen Leben nicht den Eindruck irgendeiner «Entwicklung» oder Veränderung im Kern, dagegen höchst prägnant aus ganz frühen Schuljahren habe ich im Gedächtnis das Gefühl eines Ruhens, einer Unbeweglichkeit.

Ich bin nicht geneigt hier primäre Sicherungen, planmäßiges «Zurückhalten» zuzugeben. Es steht mir zu fest in Erinnerung das dauernde Arbeiten in mir, die Expansivneigung, das Fühlen, Denken vom Zentrum her. Und nicht ich habe erlebt, sondern die äußeren Dinge haben mich erlebt.

Sie schreiben: das, was Sie bitten, sei eigentlich in meinen literarischen Werken enthalten, – also das Erlebnis und das plastische reagierende Ich. Nein. Es ist nicht in meinen Werken, ich glaube es nicht. Was man schreibt, aufschreibt, wozu man phantastisch gedrängt wird, das ist ein ganz besonderes Kapitel. Ein literarisches Werk ist nur ein weiteres einzelnes Symbol für die seeli-

sche Gesamthaltung eines Autors; es prägt den Autor nicht aus. (Und man soll überhaupt nicht so viel von Schriftstellern, Künstlern und weiß ich was reden, – vielleicht nur, weil wir sprechen können, haben wir Bedeutung; aber das eigentliche breite Lebensfeld liegt bei der großen Masse, den vielen «Einzelnen» und bei den Lesenden nur soweit sie selbst «Einzelne» sind.)
Ich könnte Ihnen allerlei «Leitmotivisches» aufzeichnen, die Lebensmelodie: Es wäre eine Erzählung, ich schreibe breit. Ich bin auch noch zu frisch, um mich anzusehen. Es ist unnatürlich (wenigstens mir), sich selbst anzusehen. Ich habe den Grundsatz des normalen Menschen: «Erkenne dich nicht selbst.»[2] Vielleicht aber, wenn ich älter bin, verfalle ich auch der Perversion, mich zu bespiegeln. «Alter Trottel», werde ich dann zu mir sagen, «du siehst mir schön aus. Und das kam sich so großartig vor; – hat einen Rock und ist nichts drin.» Ich werde mich Ihnen wieder vorstellen, wenn ich dies Alte-Kleider-Geschäft aufmache in Firma.

MEIN LEBENSGESETZ

[Überarbeitete Fassung]

Es ist mir nicht viel begegnet. Ich bin immer wie ein Vogel gewesen, der im Wasser schwimmt, von dem das Wasser, wie wenn die Federn beölt sind, abfließt. Ich erinnere mich von Kind auf dauernd einer gewissen seelischen Aura, einer Dunsthülle, die ich um mich herumtrug. Ich habe von meinem ganzen Leben nicht den Eindruck irgendeiner «Entwicklung», dagegen höchst prägnant das Gefühl eines Ruhens, einer Unbeweglichkeit.
Ich bin nicht geneigt «Zurückhalten» zuzugeben. Es steht mir zu fest in Erinnerung das dauernde Arbeiten in mir, die Expansivneigung, das Fühlen, Denken vom Zentrum weg. Mir kommt

vor: viel stärker war es die Sache der äußeren Dinge, mich zu erleben, als ich sie.
Was man schreibt, wozu man phantastisch gedrängt wird, ist ein besonderes Kapitel. Ein literarisches Werk ist nur ein Symbol für die seelische Gesamthaltung eines Autors: es prägt den Menschen nicht aus, daß er Autor ist, nicht ganz und sehr täuschend. Ich könnte allerlei «Leitmotivisches» aufzeichnen. Ich bin noch zu frisch, um mich anzusehen. Es ist unnatürlich, sich selbst anzusehen. Ich habe den Grundsatz des normalen Menschen: «Erkenne dich nicht selbst.»

REINES VERGNÜGEN AM THEATER

Ich habe bisher drei Theaterstücke[1] geschrieben. Das erste wurde einige Jahre nach seiner Niederschrift in Süddeutschland aufgeführt[2] und von nationalistischen Studenten ausgepfiffen («Pfui!», «Juden raus!»).[3] Das zweite wurde ein paarmal in Mitteldeutschland gespielt[4], seine weitere Aufführung in anderen Städten scheiterte an der Furcht vor den Katholiken; sie setzten in einer großen Stadt[5] dem Direktor des Theaters so zu, daß er vor der Aufführung einen Regisseur zu mir nach Berlin schickte und mich um Auflösung des Vertrags bat; ich war bereit (denn wenn ich etwa nicht bereit gewesen wäre, hätte man, vertattert und verärgert wie man war, eine jämmerliche Aufführung herausgebracht, und ich wäre schon vor der Aufführung k. o. gewesen).
Das dritte Stück[6] habe ich vor etwa eineinhalb Jahren geschrieben. Vorher erzähle ich noch, daß ich sonst eine Bibliothek von sogenannten Romanen geschrieben habe. Daß ich eine Neigung habe, solche Bücher zu schreiben, hatte zur Folge, daß ich mit meiner nicht kleinen Familie die ganze Zeit immer dicht am Existenzminimum lebte; denn diese Neigung hinderte mich, mich

restlos, also alle Stunden des Tages, meinem ärztlichen Beruf hinzugeben. Und während in der Gegend, wo ich wohne, ärztliche Kollegen, die sicher nicht grenzenlos mehr konnten als ich, nach einer Zeit hier ein gutes Auskommen hatten (weil sie sich nämlich voll und intensiv ihrer Praxis und der Ausdehnung ihrer Praxis widmen konnten), lungerte ich an meinem Existenzminimum entlang. Man braucht ja, um solche wertlosen Bücher zu schreiben, nicht nur die eigentliche Schreibezeit, sondern auch eine immer wieder einsetzende «Kontemplation», immer wieder sitzt man irgendwo und «denkt an nichts», und das sind die wichtigsten Zeiten des Lebens und der Produktion. Und einmal, das war vor etwa zwei Jahren[7], da ging es mir mit der Art zu existieren und wertlose, unverwertbare Bücher zu schreiben, ganz schlecht. Mein Verleger kündigte mir den Kredit, er rechnete mir wahrheitsgemäß vor, daß ich Schulden bei ihm hatte, Schulden, Schulden, – und daß ich ihm sogar noch ein, vielleicht zwei Bücher, also mindestens ein Jahr Arbeitszeit schulde. Er hatte zweifellos recht; in Geldsachen hört schließlich mal die Gemütlichkeit auf. (Es gibt freilich, in Klammern, einen wohl veralteten «Glauben» an einen Autor, ein inneres Zutrauen zu ihm, aber auch dazu war ich zu ungeschickt, das habe ich mir nie und bei keinem erwerben können.) Schweigen wir über das verfluchte Jahr, das dann kam; nur meine entschlossene Wut und die Hilfe von Jakob Wassermann[8] hat mich durchgetragen. Ich berichte dies alles, denn ich bin kein Einzelfall; es geht allen, die schreiben, bis auf wenige Ausnahmen, so, – und sogar die, die sich prominent und auf der Höhe glauben, wissen, wie es um sie steht. «Es fürchte die Götter das Menschengeschlecht, sie halten die Herrschaft in ewigen Händen und können sie brauchen, wie's ihnen gefällt.»[9] Es ist keine Zeit[,] zu denken und zu schreiben, zu finden und anderen zu übermitteln; es ist nur eine Zeit, zu verdienen. (Mein letztes Buch[10] hat mir dann etwas auf die Beine geholfen; wie lange, – so liege ich wieder auf der Nase, da ich doch von meiner Art, meiner Unart, zu denken und zu schrei-

ben, zu finden und anderen zu übermitteln, nicht lassen kann und nicht lassen werde.)
Wie es mir aber ganz zuletzt, eben mit meinem Theaterstück[11] erging, will ich noch erzählen. Da hatten wir in Berlin einen kleinen diskutierenden Kreis[12], und an uns trat eines Tages ein Theatermann[13] heran, ob wir (es gehörten auch Schriftsteller[14] dazu) nicht für ihn etwas hervorbringen könnten. Wir debattierten nun in alter Weise weiter, auch über Stoffe für ein Stück, über Themen allgemeiner Art, und das war manchmal ganz lustig, manchmal lebendig, manchmal auch langweilig. Im ganzen kam natürlich nichts dabei heraus. Nur ich – setzte mich eines Tages hin, denn ich hatte einen regelrechten Einfall, Figuren und eine Form wurden mir deutlich, einiges erzählte ich davon abends bei unseren Zusammenkünften, aber nur einiges, das meiste behielt ich für mich, denn ich arbeite nur für mich (und wie hätte ich auch die ganzen langen Jahre schreiben können, wenn ich, einsam und ohne Hilfe und Anhang, wie ich bin, für «andere», für etwa einen Theatermann also, hätte schreiben wollen; es ist nichts los mit ihm). Und als ich nun in aller Lautlosigkeit mein Stück geschrieben hatte, las ich eines trüben Abends einen Akt diesem Kreis vor und – wurde mit eisigem Schweigen begraben. Und dann gab ich das Stück dem Theatermann, – und er schwieg, und in einer Zeitung[15] las ich plötzlich gedruckt, daß der Theatermann zwar den Plan meines Stückes gebilligt habe, aber da ihm die Ausführung nicht zusage, von einer Übernahme des Stücks absehe. Dann sagte mir ein Musiker[16], der die Musik zu dem Stück schreiben wollte, ich solle das Stück doch einem ihm nahestehenden anderen Theaterdirektor[17] vorlesen, und das tat ich, an einem trüben Abend (ja, dumm, ahnungslos und kindisch muß der Mensch sein, immer wieder dumm, ahnungslos und kindisch), sie saßen da, streckten die Beine lang aus, rauchten Zigarre und Pfeife, und ich wurde mit eisigem Schweigen begraben.
Als dann das Stück in ein, zwei Städten[18] gut vom Stapel lief, ereigneten sich drei drollige und weniger drollige Dinge, und ich

genoß die Freude, ein Stück geschrieben zu haben, in vollen Zügen, – nachdem ich die langen Jahre vorher nicht weniger voll die Freude genossen hatte, sogenannte, aber nicht ganz richtige «Romane» geschrieben zu haben. In einer Provinzzeitung[19] also stand eines Tages, das Stück (das vorher kein Hund beschnuppern wollte) sei gar nicht von mir; ich habe es quasi bloß aufgeschrieben nach dem Diktat – ja, ich sage nicht wessen.[20] Also das Glück war da: ich hatte eine Klage wegen Feststellung, Beleidigung, Schadenersatz und weiß ich was noch anzustrengen.[21] In einer anderen Stadt beschäftigte man sich wochenlang damit, das Stück herauszubringen, und als es dann kam und ein paarmal gelaufen war, verbot man es.[22] A propos: in jener ersten Stadt[23] spielte man es auch blo[ß] zweimal, dann – ja wie sag ich es meinem Kinde – mußte die Hauptdarstellerin[24] in eine andere Stadt fahren und eine Nebenrolle spielen, und wenn man eine Nebenrolle wo spielt, kann man natürlich wo anders nicht die Hauptrolle spielen, und so war jedenfalls – nicht gerade ich, aber immerhin bis auf weiteres – das Stück k. o.
Zum Schluß, nämlich gestern, überreichte mir der Briefträger einen Brief von meinem Verlag bzw. Bühnenvertrieb[25] mit einer Abrechnung. Die müssen Sie kennen, dann wissen Sie was von der Freude am Stückeschreiben. Also: das Stück ist in der einen Stadt[26] achtmal gelaufen, eine Aufführung haben wir gratis dem Staat für seine «Winterhilfe» überlassen, worauf er den Betrag einsteckte und das Stück verbot; von sieben Aufführungen also sind etwa 10 000 Mark bei der Bühne eingekommen. 10 000 Mark steht prächtig an der Spitze der Abrechnung! Und ich strahle schon, Sie müßten sehen, wie ich strahle, dann fahren meine Augen weiter, Zahlen, Zahlen, krieg ich noch mehr, immer noch mehr, großartig, ich drehe das Blatt, steht da: – belasten wir Sie mit 123 Mark fünf Pfennig. – Jawoll, ich soll 123 Mark fünf Pfennig zuzahlen. Sie fragen[,] wieso 10 000 Mark Einnahmen am Theater und ich zahle 123 Mark fünf Pfennig zu – ja, das geht mit ganz natürlichen Dingen zu, vollkommen natürlich. Also so: Von vornherein kriege ich als Autor von den

10 000 Mark bloß 10 Prozent, gleich 1000 Mark; gehen gleich 3 Prozent ab, «Inkasso Zentralstelle», na, tut nicht weh. Dann zieht sich gemächlich von meinen schon nicht mehr 1000 Mark der Verleger 15 Prozent ab, der Komponist bekommt 35 Prozent, es erscheint ein Posten «25 Prozent Kommission von 54 Mark und von 31 Mark» – zweifellos richtige Beträge –, dann hat der Verleger 180 (180) Exemplare des Manuskripts hergestellt und versendet, das bemerke ich an den 400 Mark[27], die ich, großzügig, wie ich bin, und weil ich gerade dabei bin, bezahle; Copyright-Gebühren, Stempelgebühren sind immer Posten, denen man gern begegnet; schließlich erinnere ich mich, daß ich eine schwere ganze Woche zu den Proben gewesen war, für die ich mir 300 Mark habe vom Verlag schicken lassen: diese 300 Mark geben mir den Rest. 10 000 Mark hatte die Bühne Kasse aus meinem Stück, 400 Mark hat das Abschreibebüro eingenommen, 150 Mark der Verlag, 276 Mark der Komponist, die Inkassostelle hat 20 Mark verdient (20 Mark sind auch nicht zu verachten) – Schauspieler, Theaterarbeiter, Zeitungen haben ihren Vorteil gehabt – ich zahle drauf mit 123 Mark und fünf Pfennigen.

Jetzt sitze ich da, überblicke alles, Prozesse, Verbot, 123 Mark fünf Pfennige, und erwäge ernsthaft, ob ich nicht jede weitere Aufführung des Stückes verbieten werde. Auf den Leim geh ich nicht nochmal. Noch ein Erfolg und ich bin ruiniert. Die soziale Gerechtigkeit erfordert doch wirklich, daß Bühnenleiter, Verleger, Inkassostellen, die wirtschaftlich stärker sind als der Autor, sich ihre Stücke allein schreiben.

Döblin am Alexanderplatz

[Döblin] sagt:
«Jeder Stoff erfordert seinen Stil. Er bestimmt den Stil genau und beschränkt dessen Freiheit auf eine enge Auswahl von Möglichkeiten. Ich würde sagen, jedes Thema kann nur in einem einzigen Stil bearbeitet werden. Mein vorletztes Buch[1] hatte einen indischen Stoff. Ich versuchte mehrere Federn, um Inhalt und Sprache auszubalanzieren, bis es mir voll bewußt wurde, daß es unmöglich ist, die Handlung in gewöhnlicher Sprache zu erfassen. Ein mythischer Stoff unterscheidet sich grundsätzlich von einer Begebenheit des Alltags. Für solch einen entgegengesetzten Stoff habe ich ein gutes Beispiel in meinem Werk ‹Berlin Alexanderplatz›. Ein mythisches Thema muß in einer langsamen, fließenden, rhythmischen Sprache vermittelt werden. Der Rhythmus war für mich ein Führer aus diesem Irrgarten und brachte mich auf die berühmte wogende Sprache, die zum indischen Thema paßte. Manchmal ist es umgekehrt. Ich habe einen stilistischen Einfall. Der Einfall durchdringt mich, hält mich fest, ich höre Sätze und Worte, die ganze Konstruktion der Erzählung. Auch die Form bringt den Inhalt hervor. Sie entwickelt ihn genauso, wie sich der Inhalt einen Stil und eine Form erzwingt. So ein formales Werk ist ‹Berlin Alexanderplatz›. Dort ist es eine gewöhnliche Sprache, die Sprache der Menschen, wie sie sie sprechen. Eine berlinische, einfache Sprache. Hier muß das ganze Berlin sein. Diese Sprache kennt nur eine Art der Handlung und eine einzige Lehre. Hätte ich vielleicht eine bestimmte Handlung in den Roman einschieben wollen, so hätte es mir die Sprache nicht erlaubt. Sie schloß ganze Passagen aus, die den Stil des ganzen Romans zur Karikatur gemachten hätten.»
Aber die Mehrzahl der etablierten Schriftsteller schreibt über moderne Probleme in dem Stil, in dem sie begonnen haben, oder glauben Sie, daß deren Sprache durch ihren vielleicht verdienten Ruhm eingängiger geworden und heute besser verständlich als gestern ist?

«Heinrich Mann[2] getraut sich, noch im alten Romanstil über Chemie zu schreiben. Das sieht dann allerdings so aus, als ob sich ein Fußgänger ohne Schlittschuhe auf eine Eislaufbahn begibt. Thomas Mann[3] hat von Anfang an seinen unveränderlichen Stil mit nur wenig Möglichkeit an Variation.
Heute herrschen andere Verhältnisse, wirtschaftlich wie auch politisch. Unsere Stimmen klingen mit anderen Worten, in denen sich ein ganz neues Leben widerspiegelt. Die Reklame, die Straßen, die Zeitungen. Das, was die Manns schreiben, interessiert uns nicht mehr. Das kann man nicht mehr wiederholen. Es gibt Dinge, zu denen man nicht mehr zurück kann.»

Und doch haben Sie einen Roman über Wallenstein geschrieben?

«Ja, er wird sogar bei Ihnen übersetzt.[4] Er kam nach Durychs[5] ‹Irrwege› heraus. Ich glaube, zwischen uns besteht ein großer Unterschied in der Auffassung eines historischen Stoffes. Ich würde mich freuen, Durych in der Übersetzung zu lesen. Ich habe viel über ihn gehört und gelesen.[6] Mein ‹Wallenstein› entstammt ganz und gar der Realität. Ich habe den üblen Krieg mitgemacht. Ich habe das elementarste und älteste Schicksal in modernster Form verarbeitet. Es ist ein einheitliches Werk, mit Symbolen durchsetzt, die im Boden dieser Großstadt wurzeln.»

Man erzählte mir von Ihrer Verwandtschaft mit James Joyce.[7] Ich kenne Joyce und mich interessiert Ihre Beziehung zu seinem Werk.

«Wissen Sie, das ist so. Wer nur mich kennt, Joyce aber nicht, bemerkt bei mir nur eine konsequente und gerade Entwicklung. Wer mich nicht kennt, aber dafür Joyce, schreibt Joyce einen Einfluß auf mein Werk zu.
Ich lese Joyce gerne. Sollte er mein Verwandter sein, so bin ich stolz auf meine Verwandtschaft. Ich sehe, daß wir beide die ganze Welt sehen.»

Ich glaube, daß die Ähnlichkeit in der Technik Ihrer Bücher besteht.

«Bei mir gibt es einen Monolog, Joyce hat Monologe, ich habe Symbole, Joyce symbolisiert. Die Großstadt hat uns durchdrungen. Joyce spricht wie ich mit dem ganzen visuellen Wörterbuch, über das auch ich verfüge, wenn ich das Fenster öffne. Aufschriften von Schachteln, Konserven, Plakate, Reklamen, ‹Nicht aus dem Fenster hinauslehnen› usw.»

Und die Unterschiede?

«Ich baue die Form eines Romans wie ein episches Gebäude, Joyce ist dagegen. Epik läßt sich mit allen heutigen Mitteln machen. Joyce hat sich 24 Stunden aus der Welt herausgeschnitten und erlebte darin eine Odyssee. Meine Romane erfassen das Ganze, sie haben einen Handlungsablauf, den Joyce ausschließt. Ich schrieb für das L. B. B. V. eine größere Studie über ihn.[8]
Aber Joyce ist nicht der einzige, der mit mir verglichen wird. Natürlich ist er am ehesten mit mir vergleichbar. Dann ist da noch John Dos Passos[9] und andere. Aber von allen bin ich allein wirklich episch. Heute gibt es eigentlich keine epischen Hochgebirge, es gibt nur Versuche. Die vollkommene Form der Epik verkörperten Homer und Cervantes.[10] Don Quichote, das ist ein Charakter, der seiner reinen Epik wegen in allen Epochen des Geistes sichtbar und greifbar sein wird.»

Stört nicht in der Epik die Verwendung von Ausdrücken, die unsere Zeit optisch formen?

«Nein. Auch Dinge, die nicht mehr existieren, beschrieben bleiben sie gegenwärtig wie eine Hellebarde oder eine Handschar.[11] Ich hoffe, bei Ihnen stellt sich eine klare und präsente Vorstellung ein, wenn Sie diese Worte benutzen. Und vor allem, nur die Wirklichkeit kann episch sein. Die Realität darf nie unglaubhaft erscheinen, wenn sie nicht schon in ihrem Verlauf unglaubhaft erschiene. Mein Herr, vierzig Jahre lebe ich hier. Das, was ich hier denke, ist wahr.»

Es kommt mir typisch deutsch vor, Sätze mit Tagesbegriffen zu füllen und dadurch hauptsächlich eine zeitgenössische Wahrnehmung der Welt in einem politischen und politisierten Schrifttum zur Geltung zu bringen. Ich als Ausländer kann die deutsche Politik nicht verfolgen. So nimmt man einem Buch die Wahrhaftigkeit, denn was ich nicht verstehe, muß ich doch nicht einfach als Wahrheit anerkennen. Ich hoffe, Sie wollen mich nicht dazu zwingen.

«Überhaupt nicht, ganz im Gegenteil. Ich möchte überhaupt gegen das Politisieren protestieren. Meine Sprache vermag nicht zu täuschen, ob ich rede oder schreibe. Ich habe dazu im Januar einige offene Briefe geschrieben.[12] Sie sind ganz privat entstanden. Jemand – wahrscheinlich ein Patient[13] – bat mich um Rat in dieser Frage. Ich habe dann allen mit ‹Offene Briefe über geist[ige] Sachen›[14] geantwortet. Vor allem geht es bei jedem Menschen darum, daß er sich seiner selbst bewußt wird. Man braucht sich nicht so sehr um den Kaiser oder das Proletariat zu kümmern, sondern zuerst um sich selbst. Man muß unbedingt wissen, wo man steht. Das ist etwas ganz anderes, als Sokrates[15] meinte. Man muß wissen, was man will und wie man es will, bzw. mit welchen Mitteln. Alle Menschen denken über anderes nach, aber sich selbst kennen sie nicht im geringsten. In meinen Briefen empfehle ich das Politisieren nicht, im Gegenteil, ich warne vor der Beziehung und dem Kontakt zu irgendeiner politischen Partei. Das hat immer entweder Enttäuschung oder Korruption zur Folge. Es gibt doch auf der ganzen Welt keine Partei mit einer weißen Weste. Und dann: vor allem muß man denken. Denken, denken und durch das Denken wissen. Eine Überzeugung kann man nicht kaufen.»

Was für eine Meinung vertreten Sie eigentlich? Ihre Stellung und Ihr Ruf in diesem Stadtteil sind sehr sozialistisch.

«Ich vertrete das, womit man uns so lange gefüttert hat, bis es ins Lächerliche gezogen wurde. Ich vertrete, ohne daß man es mir dankte, – ich gestehe es – die Humanität, die Menschlichkeit und die Menschheit: ‹Menschentumsart›[16]. Heute ist meine Einstellung nicht populär, weil sie nicht eindeutig genug ist. Keine geistige Macht ist überzeugend genug, weil sie anfangs nie ein fertiges Programm vorweisen kann. Ich bin gegen jede Form von Diktatur, jede Revolution, jede Bourgeoisie. Das heißt heute, jede Mode zu verleugnen. Goethe[17], Nietzsche[18] und die modernen Naturwissenschaften prägten unsere Zeit. Von da sind wir gekommen und hier sollten wir weitermachen. Keinesfalls aber auf dem Weg zum proletarischen Byzantinismus[19], zu dem sich Deutschland galoppierend hinbewegt.»

Warum schreibt in Deutschland niemand Poesie? Es scheint mir, als wäre sie eine ganz verlassene Stadt.

«Bei uns hat die Poesie keine Möglichkeit zu existieren. Es gibt hier noch nicht einmal den Ansatz dazu, diese sportliche Poesie oder diesen poetischen Sport zu betreiben. Es wird wenig Lyrik produziert, wenig gedruckt. Wir sind ein unruhiges Land. Ein Land, das die Realität braucht. Wenn die Lage ruhiger wäre, würde es gehen. Wir haben aber dafür nicht die volkswirtschaftliche Grundlage. Sie fehlt. Man kann sie auch nicht aus Frankreich holen. Frankreich teilt mit uns auch nicht die gleiche Beziehung zu Geist und Materie. Blicken Sie zurück. Wie still und friedlich war die Geschichte, wie langweilig die Historie, als Dehmel[20] und Rainer Maria Rilke[21] dichteten. Das geht jetzt nicht. Die Realität drängt sich immer wieder vor.»

[RÜCKKEHR ZUR NATUR]

Ich komme von einem langen Ausflug wieder zurück, zu dir, zur Natur. Es sind Jahre, daß ich dich nicht angesprochen habe. In meinem ungeheuren und schweren Buch[1] hab ich zu dir gesprochen, – denn wie soll ich anders sprechen als in einem Buche; noch weiß ich es nicht anders, – dann bin ich gewandert, wirklich und bildlich. Ich kam dazu, ich weiß nicht mehr wie und warum, das Ich zu preisen, den Menschen, – seine Siege über die Natur. Ich will jetzt nichts mehr wissen von Siegen. Ich weiß auch nicht, ob das Siege waren, was ich sah, oder ob es nicht etwas anderes war.

Das ungeheure Dasein der Natur nimmt mich wieder hin. Es ist Mai, 1931 schreibt sich das Jahr, die Bäume sind in ein pa[a]r Tagen straff und begrünt geworden; sie standen noch vor acht Ta-

gen wie magere Krüppel da, und schon rauscht es überall von Blüten. Welche herzerhebende Pracht bei der Fahrt in die Stadt; Fabrike[n] vom wuchernden Grün umgeben, von Explosionen der Fruchtbarkeit. Aus allen Winkeln wuchert Gras. Wenn man jetzt Flugzeug fahren würde, würde man die Welt in Grün und Weiß sehen, weiches organisches Leben hebt sich von unten auf, die Erde wächst wie ein Kuchenteig unter der Hefe, und alles umgibt Wärme, Feuchtigkeit, elektrische Spannung.
Ach in was für Tagesdinge war ich hineinverloren und erlebte dies nicht, nicht den Schnee im Winter, nicht den Herbst.
Der starken furchtbaren Welt nähere ich mich wieder. Heiterkeit, goldene, komm. Tod, goldener, komm. Schmerz, goldener, komm.
Ich klingele. Es kommt das Land, in dem es nicht Tod und Leben gibt[.]

«ICH BIN NICHT IM STANDE, ‹STELLUNG› ZUR RELIGION ZU NEHMEN.»

Ich bin nicht im Stande, «Stellung» zur Religion zu nehmen. Denn dazu müßte ich in irgend einer Weise außerhalb der Religion stehen. Es ist mir aber nicht ein einziger Abschnitt meines Lebens bewußt, in dem nicht Dinge, die ich als «religiös» empfand, mich zentral beherrscht haben. Immer wieder wurde ich zum Aufwerfen von Grundfragen gedrängt, – und es gab verschiedene Fragen, verschiedene Antworten, verschiedene Intensität des Sondierens, wechselnde Radikalität der Forderungen, aber – und das möchte ich gleich sagen – dahinter stand immer ein einziges, gleichbleibendes Grundgefühl, eine Grundsicherheit, eine bald mehr, bald weniger helle Grundeinsicht, die sich «religiös» nannte und die mir so sicher war wie meine eigene Existenz.

Ja, sie war und ist mir sicherer als meine eigene, vereinzelte, schwächliche Existenz, und das elementare Ruhen in dieser Grundsicherheit hat sich mir schon als Student in dem Satz formuliert: «Mir kann nichts passieren.» Er war kein tröstender, beruhigender Satz, den eine Furcht sich zuspricht, sonderen eben das sichere Gefühl von der überindividuellen Realität, in der ich mich vorfinde, die Sicherheit in der Wahrheit.

Ich habe mich von keiner der mir bekannten Religionsformen abgewandt, aber ich vermochte mich auch nicht ihnen, oder einer von ihnen, wirklich zuzuwenden. Ich habe das oft und intensiv bedauert. Denn so oft ich in Kirchen, katholischen und evangelischen, oder in einer Synagoge war, empfand ich die Freude und das Glück und die tiefe menschliche Wahrheit, die in der realen «Gemeinde» liegt. Es war wie ein Mantel, den man dunkel und warm über sich zieht. Die unbestimmte Vielheit, das war ein menschliches Pendant zu dem Überindividuellen, das ich als religiös empfand, – es paßte gut zu diesem großen Allgemeingefühl. Dabei nahm es dem Individuum nichts von seinem besonderen Vermögen, seinem Zusammenhang mit diesem religiösen Grund. Aber ich konnte doch nicht «Ja» zu diesen oft ergreifenden und tiefsinnigen, wahrheitstrotzenden Religionsformen sagen.

Warum nicht? Ich konnte nicht annehmen, was sie mit den Worten «Gott» und anderen umschrieben, aber auch bezeichneten. Was ich da hörte, war wunderbar, hatte viele Dimensionen, – aber wenn ich den Gottesdienst verließ, so war das Leben um mich herum davon nicht ausreichend berührt und gewürdigt, – dieses Leben, diese Welt, diese Natur ist wahr, und die Lehren, die ich in den Gottendienst und aus den Schriften mitnahm, waren tröstlich, halfen, hatten Suggestivkraft, aber sie erreichten nicht die Wahrheit dieser Welt, in der ich lebte und als deren Teil ich mich vorfand. Ja, diese Welt hat ihre eigene Geistigkeit. Zu dem Grundgefühl in mir sagte ich nicht «Vater». Blühend, vergehend, massiv, gewaltig und zerbrechlich stand und floß um mich herum diese Welt, ich verstand sie gut, wie Siegfried, als er

Drachenblut geleckt hatte[1], – mein Grundgefühl und dies hier paßten so gut zusammen, wir sahen Aug in Aug einander, – ich konnte auch jene religiösen Wendungen verstehen, – aber ich mußte feststellen, daß meine eigene Einsicht, mein eigenes, festes und sicheres Gefühl durch diese Wendungen nicht ausgesprochen wurden.

*

Ich war schon früh den Weg der Naturwissenschaften gegangen. Obwohl ich schon als Gymnasiast mich «literarisch» betätigte und meinen ersten Roman[2] schrieb, bin ich nicht den Weg zu irgend einer Geisteswissenschaft gegangen, sondern – unmittelbar – zur Natur und ihrer Lehre. Damals sagte ich: ich will erkennen, und darum gehe ich zur Naturwissenschaft. Der Tatsachenregen hat mich dann viele Jahre halb blind gemacht. Ich fühlte mich wohl und zu Hause, dem geisteswissenschaftlichen Denken ging ich weiter aus dem Wege, und es sind erst zehn Jahre her[3], seit ich wieder die Augen aufmache. Die Religionsformeln betrachtete ich jetzt wieder, und ich – sehe unverändert: mein Grundgefühl und das drüben gehen nicht zusammen.

*

Ich sehe nicht, – sehe noch nicht, wenn man mich nach dem Christentum fragt, – die beherrschende, fordernde Seelengewalt des heutigen Christentums. Die produzierende, expansive, ausgreifende, sich ausgliedernde Seelengewalt. Ich sehe Kirchen, fromme und unfromme Christen, ringende, höchst ernste, oft überernste Menschen christlichen Bekenntnisses. Aber wo ich sie gesprochen habe – ich rede von Protestanten, – fand ich nichts, worin sie sich von andern ernsten und vertieften Menschen unterschieden. Das heißt:
Ihr Glaube hat keine spezifische und keine besonders und eigenartig produzierende Seelengewalt.

Die Dogmen waren symbolisch verblaßt, verdünnt bei ihnen. Ich sah aufgeklärte freigeistige Menschen, die ein unbestimmtes Gottesgefühl hatten und ein sittliches Empfinden, das jeder billigen muß. Aber dies – sah ich – waren nicht die Bezwinger und Führer dieser Periode.
Es kommt mir vor, als ob das heutige Christentum – ich meine das protestantische – das ungeheure fabelhafte Faktum des Jesus von Nazareth nicht genügend ausmünzt, und daß das Ungeheure und Beseligende dieser Erscheinung nicht lebendig genug erlebt wird. Es müßte eigentlich ein Sturm von Gefühl und Tatkraft aus dieser Gestalt hertosen. Ich muß es aussprechen: was ich, der freilich nicht viel davon sieht und hört, erfahre, läßt mich vermuten, daß da vieles vergessen, verschlafen ist, in Alltagsreden abgeschliffen, so, daß die Propagatoren der ganz unaussprechbar wegreißenden Erscheinung weniger seine Propagatoren als Staub auf ihm sind. – Aber vielleicht weiß ich da zu wenig.

*

Woran soll ich anknüpfen? Jesus hat die Geldwechsler aus dem Tempel gejagt, denn dies sei ein heiliger Ort. Aber ich – empfinde die ganze Welt, diese Erde, den Himmel, die Sterne, die Naturgesetze, das Leben, das Geborenwerden, Wachsen und Sterben so, als heiligen «Ort». Es ist mein unerschütterliches Wissen, daß hier «Schicksal» und das Wahrste und Heiligste abläuft, dicht bei uns und mit uns und an uns, und ich weiß nicht, wie man da irgend etwas abtrennen kann.
Was fange ich an mit «Glauben», im Unterschied zu einem «Wissen», zu dem Wissen etwa, das die Physik, Chemie und Biologie gibt? Hier ist Wahrheit, Realität – und das Geheimnis zugleich und in eins. Ich kann keine Mythologie (ich will keinen mit diesem Ausdruck kränken) annehmen, aus Frömmigkeit. Jede Mythologie entstammt einem anderen Sehen, Erleben und Fühlen, es sind andere Menschen als ich, die das gefühlt haben.

Dabei bin ich durchaus kein «Diesseitiger» im Sinne eines Materialismus, – die Realität muß aber ohne jene mythologischen Zwischenglieder mit dem fühlenden, denkenden, wollenden Ich zusammenklingen, und sie kann es und tut es, weil die Welt selbst im Großen, Überindividuellen ichhaft, geistig ist. Dies Wissen muß man erst haben und ihm zustimmen, um zu verstehen, wenn ich sage: alles, was man dazwischen legt, trübt die Wahrheit, und trübt die Reinheit des Zusammenklangs.
In tötlicher Weise hat unsere Epoche «Wissen» und «Religion» auseinandergerissen. Es ist eine Hilflosigkeit, wenn einer da lernt und an einer anderen Stelle betet.
Es ist mir etwas Ungeheuerliches und beinahe Frivoles, wenn man so existiert. Wo doch unmittelbar um uns, mit uns und in uns Schicksal abläuft und das Geheimnis der Welt zum Greifen nah ist. Davor aber darf man nicht flüchten, man muß es ansehen, sich einfühlen und seinen Ort finden. Das heiß ich beten, – zugleich wissen und glauben und sich erhalten und handeln.

*

Wie, nebenbei bemerkt, steht solche Religiosität zur Natur selbst? Religion bildet die Natur, religio format naturam[4], – aber die Religion fällt nicht aus der Natur heraus, es ist ja diese Natur selbst, der wir angehören und die geistig und geheimnisvoll, voller Formen und neuen Ansätze ist, welche auch «Religion» erzeugt. Die Natur hat diesen Bewegungsantrieb und fabelhaften Stachel in sich, sie treibt über sich hinaus, natura parit religionem – und religio format naturam. (Ich bitte, mein Küchenlatein zu entschuldigen.)
Dies ist die Erde und ihr Gesetz. Aber darüber läßt sich noch viel sagen.

NACHWORT [ZU «GIGANTEN»]

Dies ist die zweite Fassung des Stoffes meines 1921–23 geschriebenen[1], 1924 erschienenen[2] epischen Werks «Berge Meere und Giganten». Nachdem die ersten Auflagen dieses Buches ihren Weg zu Lesern gefunden haben – mit schöner epischer Ruhe und Gelassenheit neun Auflagen in acht Jahren –, habe ich die Möglichkeit, an eine zweite Fassung heranzugehen. Ich hatte das schon lange, eigentlich bald nach der Beendigung der ersten Niederschrift.

Das Buch hatte von Haus aus zum Stoff die Enteisung Grönlands, ein technisches utopisches Abenteuer, und zwar vor dem Hinterrunde eines besonderen Bildes von der Natur. Bei der Arbeit aber legten sich mir um die knapp 250 Seiten dieses Stoffes 350 andere.[3] Und es begann sich in dem Buch Inhaltliches und Formales in einer Weise zu decken, die mich nach dem Heraustreten aus der eigentümlichen Produktionsluft vollkommen verblüffte. Im Buch war als ein Hauptthema die Schrankenlosigkeit der Natur, ihr Wuchern und Überwuchern geschildert worden. So war mir, sah ich jetzt, das Buch selber durch immer neue Einfälle, Erfindungen, Episoden, Ausmalungen ganz aus den Fugen und auseinander geraten. Bis in den Stil hinein, sah ich, hatte sich dieses Wuchernde, Schrankenlose gedrängt. Das Buch erinnerte mich im ganzen selbst an eine der überfließenden Figuren aus dem Kapitel Giganten. Eine Episode, die Geschichte des Maschinenfeindes Marduk, war mir zu zwei Büchern ausgewachsen und stellte einen vollständigen, selbständigen Roman vor, einen richtigen Ableger.

Dies nun wollte ich «in Ordnung» bringen. Und wie ich mich vergnügt an die Arbeit machte, da – ging es nicht. Ich wollte kürzen und streichen; aber da ich kein Dramaturg bin, wollte ich es mit Vernunft tun. Das ging nicht. Wenn ich strich, da schlug nicht erst die Quantität in Qualität um. Die veränderte Quantität war sogleich veränderte Qualität, ein anderes Buch.

Besonders ärgerlich aber war es, als ich bemerkte: ich wollte überhaupt nicht bloß streichen und kürzen. Ich wollte etwas ganz anderes.
Ich war einfach nicht mehr derselbe, der 1921–23 das Buch geschrieben hatte. Es war nicht nur der Stil; der war nur ein einzelnes Merkmal. In einem entscheidenden Punkte wich ich ab von dem Buche: in der Grundeinstellung zur Natur und Technik. Da hätte ich also die Sache einfach liegen lassen sollen? Nein, da waren im alten Buch der Vormarsch der Technik, die drängenden Fragen um Maschine, Mensch und Natur. Dinge dieser Art sind immer neu anzufassen und zu revidieren. Der technische Vormarsch in der ersten Fassung, sein äußerer Verlauf, seine Katastrophen, fand ich, waren konsequent entwickelt. Nun mußte ich die Dinge um den Vormarsch – Ausgangspunkt, Richtung, die gesamte Orientierung – neu fassen. Das frühere Buch sah die Natur an, fühlte sich in sie ein und erhob ihr Geheimnis und ihre Unerschütterlichkeit in allem Entstehen und Vergehen. Es unterwarf sich und feierte die Ziellosigkeit, das rätselvolle Auf und Ab. Das neue Buch hatte einen Mann hinter sich, der eine menschliche Aufgabe erkannt hat, der einen Sinn kennt und ihn sogar in dieser «Natur» sieht, der die Rolle des Willens, der Kraft und der Erkenntnis weiß und den Eingriff in die Natur in seine Rechnung stellt.
Die Natur ist ein Ding, das den Stachel und den Widerspruch in sich trägt. Ich esse: das ist nicht gegen die Natur. Ich fälle Bäume und jage: das ist nicht gegen die Natur. Ich baue eine Stadt und konstruiere eine Maschine: das ist nicht gegen die Natur und – zugleich ist es gegen die Natur! Gegen welche Natur? Gegen die vorhandene. Der Mensch und seine Technik trägt über die vorhandene Natur hinweg und formiert eine neue. Und dann etwas Zweites, das ich gelernt habe. Ja, wir sind auch gegen die Natur, gegen jede Natur! Keine Natur, keine Formung kann uns fesseln, wir sind in einer ständigen Bewegung, auf einer ständigen Flucht. Und jede Natur, so sinnvoll sie ist, müssen wir als eine Eierschale hinter uns lassen. Das ist Menschenart. Es ist das

Wahrste und Allermenschlichste in uns, das uns bei aller Daseinsfreude von Ablösung zu Ablösung treibt, jede Natur, alles Gewordene in Frage stellt. Wir haben ein stolzes, freies, selbstverantwortliches Ich in uns. Da bin ich also nicht mehr geneigt, Beifall zu klatschen, wenn «Berge» und «Meere» über Menschen, auch wenn sie «Giganten» sind, fallen. Ich muß mich auf seiten der «Giganten» stellen.
Ich kann aber Unterschiede im menschlichen Handeln sehen. Es gibt Fehler, Verstöße, Entartungen. Hier ist von der gigantischen Entartung des Menschen die Rede. Und wenn Technik und Maschine in der menschlichen Gesellschaft nicht ausgewogen werden, wenn sie sich autonom machen, so muß ich sprechen: vom Sinn und Unsinn der Maschine in der menschlichen Gesellschaft.
Wie ich verfuhr? Ich tat das Eine und unterließ nicht das Andere. Die erste Fassung, das Buch von der geheimnisvollen Natur und von den leidenden, umgetriebenen Menschen, steht an einem Pol meines Empfindens. Es hat seine Wahrheit. Dies Buch der Naturanbetung, Verehrung und der menschlichen Hilflosigkeit lasse ich unberührt stehen. Ich ändere nichts daran. Im Handel wird es zunächst vergriffen bleiben.
Hier das zweite Buch nimmt seinen Anlauf von der geschichtlichen Situation der heutigen Menschheit. Denn sie ist diese Maschinenmenschheit. Es wird geschildert, wie sie sich im Maschinenwesen einkrusten und einschalen will, wie die Kruste erstikkend wirkt und wie die Menschen sie unter unsäglichen Anstrengungen sprengen. Der Titel «Berge Meere und Giganten» gehört dem ersten Werk, das unverändert neben diesem hier bestehen bleibt. Sich selbst nennt das zweite: «Giganten».

MEIN BUCH
«BERLIN ALEXANDERPLATZ»

Der Lesezirkel[1] hat mich eingeladen, an einem seiner Abende[2] über die Entstehung und den Stil meines 1929 erschienenen epischen Werks «Berlin Alexanderplatz» zu sprechen und Stellung zu nehmen zu den kritischen Äußerungen zu dem Buch, die in der Presse laut geworden sind. Ich habe angenommen und folge auch gerne dem Wunsch, meinem Vortrag einige Worte vorauszuschicken.

Es wäre eine lange Geschichte zu erzählen, wie ich zum Stoff und zu dem Grundmotiv des Buches kam. Hier will ich nur sagen: mein ärztlicher Beruf hat mich viel mit Kriminellen zusammengebracht. Ich hatte auch vor Jahren eine Beobachtungsstation für Kriminelle.[3] Von da kam manches Interessante und Sagenswerte. Und wenn ich diesen Menschen und vielen ähnlichen da draußen begegnete, so hatte ich ein eigentümliches Bild von dieser unserer Gesellschaft: wie es da keine so straffe formulierbare Grenze zwischen Kriminellen und Nichtkriminellen gibt, wie an allen möglichen Stellen die Gesellschaft – oder besser das, was ich sah – von Kriminalität unterwühlt war. Schon das war eine eigentümliche Perspektive.

Dann etwas anderes. Ich kenne den Berliner Osten seit Jahrzehnten, weil ich hier aufgewachsen bin, zur Schule ging, später auch hier meine Praxis begann. Während ich früher sehr viel von der Phantasie hielt, und zwar von einer möglichst schrankenlosen Phantasie, wurde im letzten Jahrzehnt der Blick, eigentlich mehr die Aufmerksamkeit, für meine eigene Umgebung und für die Landschaft, in der ich mich bewegte, den Berliner Osten, geschärft. Hier sah ich nun einen interessanten und so überaus wahren und noch nicht ausgeschriebenen Schlag von Menschen. Ich habe diesen Menschenschlag zu den verschiedensten Zeiten und in den verschiedensten Lagen beobachten können, und zwar beobachten in der Weise, die die einzig wahre ist, nämlich indem man mitlebt, mithandelt, mitleidet. Ich habe den Frieden hier gesehen, im Krieg sah ich sie gelegentlich, wenn ich auf Urlaub kam[4], und dann war ich wieder mitten zwischen ihnen beim Spartakusaufstand 1919, in der Inflation und in der Folgezeit. Wie ich die Menschen sah, davon gibt das Buch eine Probe.

Ich habe weiter eine philosophische, ja metaphysische Linie zu berühren. Jedem meiner größeren epischen Werke geht eine geistige Fundamentierung voraus. Das epische Werk ist in einer künstlerischen Form, möchte ich sagen, die Weiterführung und Konkretisierung, auch die Erprobung der bei der geistigen Vorarbeit erreichten Gedankenposition. So daß in der Regel am Schluß solchen epischen Werkes meine Gedankenposition bereits wieder überwunden und erschüttert ist. Es beginnt mit einer Sicherheit und endet mit einer neuen Frage. Hier nun, als grundbetont und Fundament des Buches «Alexanderplatz», lautet meine Position so, und ich habe sie in der vorangegangenen naturphilosophischen Schrift «Das Ich über der Natur»[5] dargelegt: Diese Welt ist eine Welt zweier Götter. Es ist eine Welt des Aufbaus und des Zerfalls zugleich. In der Zeitlichkeit erfolgt diese Auseinandersetzung, und wir sind daran beteiligt. Jetzt erfolgt der Anschluß dieser philosophischen Gedankenreihe an die frühere von der Kriminalität. Die Gesellschaft ist von Kriminalität unterwühlt, so sagte ich. Was heißt das? Es ist Ordnung und Auflösung da. Aber es ist nicht wahr, daß die Ordnung, ja auch nur die Form und die Existenz real wäre ohne die Auflösungsneigung und die faktische Zerstörung. Da geht denn also in dem Buch «Berlin Alexanderplatz» Franz Biberkopf aus dem Gefängnis. Er ist von Natur gut, was man so nennt, und obendrein ist er ein gebranntes Kind und fürchtet das Feuer. Und wie er in die Welt geht, siehe da, er will anständig sein, er will die Gesetze dieser Welt, wie er sie sich denkt, ehrlich und treu ausführen, – und – es – geht nicht! Es geht nicht. Schlag um Schlag fällt auf ihn nieder und erledigt den Mann; ich könnte auch sagen, erledigt diese Gedankenposition.

Vom Stil des Buches und den kritischen Auseinandersetzungen

nur ein paar Bemerkungen. Immer wieder, besonders jetzt nach Erscheinen der englischen und amerikanischen Übersetzung[6], weist man auf Joyce[7] hin. Aber ich habe Joyce nicht gekannt, als ich das erste Viertel des Buches schrieb.[8] Später hat mich ja sein Werk, wie ich auch öfter gesagt und geschrieben habe, entzückt, und es war ein guter Wind in meinen Segeln. Dieselbe Zeit kann unabhängig voneinander Ähnliches, ja Gleiches an verschiedenen Stellen erzeugen. Das ist nicht weiter schwer verständlich. Die Kritik[9] hat das Buch teils sehr erhoben, teils halb erhoben und etwas beschimpft, teils nicht erhoben und wütend beschimpft. Sie haben alle Recht. Besonders die, die das Buch beschimpft haben und noch weiter beschimpfen, bitte ich, mich in ihr Herz zu schließen, denn ich verdiene es (sowohl das Beschimpftwerden, wie das Insherzschließen). Näheres mündlich!

ALTES BERLIN

Die Gegend Berlins, die mir am vertrautesten ist, ist die Gegend von der Blumenstraße bis zum Spittelmarkt[1]. Ihre Achse bildet die Jannowitzbrücke[2]. Das Märkische Museum[3] mit dem Roland[4] steht da, die Spree zieht hier durch, die Fischerbrücke[5] und Waisenbrücke[6] führen über das Wasser. In der Wallstraße[7] bin ich zur Schule gegangen, das Köllnische Gymnasium habe ich vorige Woche, nach einunddreißig Jahren zum erstenmal wieder betreten[8], und habe auch gegenüber die Buchhandlung wieder getroffen, die früher (lang ist es her) den Namen «Bohne» trug.[9] Hier vor dem Haus verunglückte tödlich, vom Auto hingeworfen, unser Englischlehrer Rosenberg[10], ich glaube vor 10 Jahren. Die Waisenbrücke habe ich noch als Holzbrücke zum Aufziehen gekannt, und wenn wir in der Schule manchmal zu spät kamen, konnten wir schwindeln: «Die Brücke war hoch». An der Waisenbrücke Ecke Stralauer Straße stand das Waisenhaus, da konnte man nicht vorbeigehen, ohne daß man von Frisörlehrlingen verfolgt wurde, – sie wollten einem gratis die Haare schneiden. Denn da war die Frisörschule. Jetzt steht da ein Steinkasten, ich weiß nicht, was er ist, die Brücke ist aus Stein, und auf dem hügligen Park an der Wallstraße haben sie das Märkische Museum errichtet, mit Recht hier, denn hier ist sehr altes und echtes Berlin, – täglich durch Jahrzehnte habe ich mich hier getummelt, jeder Fleck ist mit Erinnerungen beladen, und wenn ich von Berlin träume, wovon kann ich träumen, wenn nicht von der Wallstraße, von der Stralauer Brücke[11], von der Jannowitzbrücke.

Ja, die Jannowitzbrücke (genannt Brünowitz Jacke) ist jetzt im Begriff ein tolles modernes Bauwerk zu werden[12], ein fantastischer Kran steht darüber, durch Holzgänge muß man sich unten durchwinden, Bettler, Bettler, Zettelverteiler, dann zieht sich die Brückenstraße[13], die ehemals sehr feine, gutbürgerliche Brückenstraße, nach der Neanderstraße hin, auch einstmals ein guter Wohnsitz (das führt über die Prinzenstraße zum Moritzplatz, ach wieviel Erinnerungen, wie ein Schwamm ist solche Stadt, oder bin ich solch Schwamm?). Gehen Sie durch die Brückenstraße bis zur Köpenicker, sehen Sie sich die alten grauen Häuser an, – da in einem wohnte als Junge der jetzige Professor Gotthold Weil[14], der nun Ordinarius der vorderasiatischen Sprachen in Frankfurt ist, – er hat sich einmal vergeblich bemüht, mir die hebräischen Anfangsgründe beizubringen, aber ich bin und war und werde sein fremdsprachen-blind. Gehen Sie noch durch die Rungestraße am Köllnischen Park vorbei durch die Inselstraße (ich schlage ein Kreuz, mein Herz krampft sich zusammen, einunddreißig Jahre sind um, aber dies ist noch immer das Köllnische Gymnasium), gehen Sie über die Fischerbrücke. Hier ist, Sie wissen es, ältestes Berlin. Den Mühlendamm muß man zu seiner richtigen Zeit gekannt haben, mit den Trödelläden da, wo jetzt die Sparkasse[15] ist. Zwei Kurfürsten stehen sehr gut am Ausgang der Brücke[16], vom geschäftswilden Spittelmarkt flutet hier das Leben nach dem Alexanderplatz, vorbei an dem Hygienischen Institut der Stadt (das ist das Eckgebäude neben Bernward Leineweber) über den alten vertrauten Molkenmarkt[17]. An einem Eckhaus sehen Sie da Elefanten- oder von wem sonst Zähne oder Rippen hängen; die hat man hier ausgegraben, – wir sind jetzt zahmer, wenn wir wollen, aber wir wollen nicht immer. Gehen Sie hin und her durch diese Straßen, gehen Sie in ein paar von den kleinen Kneipen, zu den Kahnschiffern an der Fischerstraße, in die Breitestraße (das ist die Grenze dieses Bezirks). Es gibt zu sehen, zu hören, zu riechen.

MEIN ERSTER ERFOLG – MEIN ERSTER MISSERFOLG

Der erste Erfolg, Mißerfolg, Sie haben nicht gefragt: bei wem? Man kann Erfolge, Mißerfolge haben bei sich, bei seiner Frau, seinen Freunden, bei Herrn X oder Y, beim Publikum. Hat man Erfolg, wenn man gelesen, aber mißverstanden wird? Wenn man deutlicher als heute wirklich etwas leistet mit seinen Büchern, also in einer vernünftigen Gesellschaft, soll man und kann man von Erfolg, Mißerfolg sprechen, und das muß einem etwas ausmachen. Heute wirkt die Frage korrumpierend. Heute kann man, weniger oder mehr vergnügt oder zähneknirschend, seine Sache machen und damit basta.
Ich habe übrigens bis auf eine Ausnahme[1] immer sehr niedrige Auflagen gehabt, bei einem Hauptwerk[2] noch nicht eine einzige. Aber da gibt es auch heute einen Lichtblick: ich sah, andere hatten meine Erfolge, sozusagen. Ich sah eine Wirksamkeit, sie schrieben mich nicht ab, aber behielten mich (während sie mich sonst anspuckten) in ehrenvoller Erinnerung. Das tröstet, sozusagen. Und mir kommt vor: ich bin nicht aus den «Erfolgen» herausgekommen, sozusagen.

ERFOLG

Ein Umzug und seine Folgen.

Sie wünschen zu einer Arbeit, die sich mit meiner literarischen Produktion beschäftigt[1], auch einen Artikel von mir selber; aber ich möchte nur ein paar Notizen geben. Ich hatte lange meine fast ausschließlich kassenärztliche Praxis[2], eine neurologisch-psychotherapeutische, im Osten Berlins, in derselben Stadtgegend, in der ich aufgewachsen war, in die Gemeindeschule, später ins Gymnasium[3] ging. Hier habe ich fast alle meine Bücher geschrieben, – im Beginn meiner Praxis wohnte ich am Halleschen Tor, Blücherstraße[4], nahe dem Urbankrankenhaus, wo ich «innerer» Assistenzart[5] war und wo meine Frau famulierte[6], es war vor dem Krieg. Die Bücher, die ich schrieb, waren meist schwere Fracht; die Freunde der Literatur bemerkten sie, – einen Roman schrieb ich schon auf der Schule[7], – Novellen, die ich als Medizinstudent schrieb, zeigen den Einfluß des biologischen und psychiatrischen Denkens, und wenn ich eins von der Medizin für mein Schreiben gelernt habe, ist es der biologische Blick, der Sinn für die realsten Realitäten, für die Physiologie gegen die abstrakte «Psychologie» oder was sich so nennt. Das Medizinische ist so in mein Denken und meine Arbeit übergegangen, und wenn ich vor Jahrzehnten mich entschloß, Medizin zu studieren, so war genau dies der Grund, «erkennen, was die Welt im Innersten zusammenhält»[8], und ich finde noch immer, nicht die Philosophie, sondern Biologie und Medizin – breit genommen – ist der richtige Weg dazu. Darum läuft bei mir auch im strengen Sinne Medizin und literarische Arbeit nicht nebeneinander, wenn sie sich auch im Alltag voneinander absetzen. Ich habe diese Denkart, die meine literarischen und naturphilosophischen Bücher aussprechen, Naturismus genannt; es ist eine Denkart, die dem «Idealisten» ein Greuel ist, und das möge so sein.

Meine Arbeiten brachten mir zwar einen gewissen literarischen Namen und die Wahl in die Preußische Akademie der Künste[9], in dessen Senat ich sitze[10], aber geringen materiellen Erfolg, so daß Praxis und Schreiben dringend beieinanderbleiben mußten. Dann kam es vor über zwei Jahren zu einer Wendung, und als ich den ersten, und wahrscheinlich auch einzigen, Erfolg[11] bei einer größeren Anzahl von Menschen hatte, faßte ich einen katastrophalen Entschluß. Man muß lange genug Kassenarzt gewesen sein, um ihn zu verstehen. Ich wollte einmal sehen, wie eine Privatpraxis[12] ist. Ich wollte, nachdem ich nun schon die fünfzig hinter mir hatte, einmal weg von der Bürokratie, von der Schreibarbeit im Sprechzimmer und mich wirklich allein um Krankheiten und ihre Behandlung kümmern. Mir kam vor, ich hatte im Laufe der Jahre schon viel vergessen, aber andererseits mir auch eine andere Vorstellung von Kranksein erworben, und darum wollte ich mich einmal, frei von der Bürokratie der Kassenpraxis, kümmern. Es war ein völlig fantastischer Irrtum. Warum? Ich hatte einfach keine Patienten. Ich hatte ein simples Faktum vergessen: eine Praxis, und nun gar eine Privatpraxis muß aufgebaut werden, langsam, langsam. Aber – soviel Zeit hatte ich ja gar nicht. Weder hatte ich Lust wie ein Anfänger zu warten, dazu gehören Nerven und Jugend und Optimismus, noch (jetzt muß ich es aussprechen) wollte ich ganz ehrlich die «Privatpraxis». Die «besseren» Leute schon, die ich auf der Straße in der westlichen Gegend sah, wohin ich Wahnsinniger verzog, – ich dachte: ein Experiment, warum soll man einmal nicht experimentieren, – mochte ich alter Berlin-Ostler nicht. Vielleicht wenn ich länger ausharrte und auch hinter ihre Kulissen schauen könnte, wäre es anders. Aber ich fühlte mich hier am falschen Platz, und schon nach einem halben Jahre meldete ich mich wieder zur Kassenpraxis.

Sie lesen genau «meldete ich mich wieder». Denn wenn man Dummheiten macht, macht man sie gründlich. Ich hatte mich nämlich – so mir nichts dir nichts – abgemeldet, denn ich meinte es wirklich ernst mit der Privatpraxis, komisch aber wahr, so wenig kennt man sich. Jetzt nun zeigt sich zum Überfluß, ich hatte die Rechnung ohne den Wirt gemacht. Denn Abmeldung

ist leicht, Zulassung schwer, auch die außerordentliche. Ich hörte nichts, ich sah nichts, und als ich mich erkundigte, erfuhr ich (jetzt werden Sie staunen): ich sei Jungarzt. Sie fragen, warum, ich bin doch bald Mitte fünfzig, siebenundzwanzig Jahre approbiert[13], immer in Berlin niedergelassen, und nun plötzlich Jungarzt? Steinach, Woronoff oder plötzlich[e] Amnesie?[14] Keineswegs. Sondern völlig in Ordnung. Wer nicht kommt zur rechten Zeit, der – wird Jungarzt. Was soviel bedeutet, er zählt unter den Frischgemeldeten.
So steht es. Es gibt wunderbare Dinge auf der Welt, und man erlebt immer Neues und Überraschendes, mit sich und mit anderen. Und man kann dazu stehen, wie man will: das Beste, was das Leben gibt, ist doch die Abwechslung.

[NOTIZEN ZU VORTRÄGEN ÜBER SEIN WERK AUS DER ZEIT DES PARISER EXILS]

[Über das Werk vor 1933]

1.) Wang-lun 1912/13[1]
Die Ohnmacht des Menschen vor dem Schicksdal. Chines[ischer] Boxeraufstand[2][,] die Welt ist da, die taoist[ischen] Wahrhaft Schwachen wollen sich vom Staat zurückziehen, das bedeutet Aushöhlung, der Staat wehrt sich, sie werden zerschmettert.
Das Vorwort[3] stellt d[ie] Frage.
Das Ende gibt keine Antwort, wiederholt die Frage.

2.) 1916[4] Wallenstein
Die Welt, der Staat[,] Krieg wird in den Vordergrund gerückt, die Größe und Furchtbarkeit dieser Welt wird gezeichnet und die Seele des Krieges, Wallenstein der furchtbare kalte Täter und Tote. Ihm gegenüber der Passive, der

Zuschauer[,] der Besänftigte, der [o]hnmächtige Kaiser, läßt sich von ihm tragen, tritt ihm nie feindlich gegenüber, entweicht verzweifelt in die mystische Natur.
Für den Stil: 218, Bd. 2.[5] Schlecht Wallenstein u[nd] Kaiser Bd. I 351[6] und anderes.
Ich bleibe bei dem Thema dann.

3.) Die Frage des Täters und seines Gegenspielers ist aufgeworfen: jetzt das Urthema: der gewaltige promethe[ische] Mensch u[nd] d[ie] Natur «Berge Meere und Giganten».[7] Es wird zu einer Feier der Natur; es spielt in einer utopischen Zeit, über die Zukunftskriege geht es in eine Menschheitsepoche, wo man die Erde selbst angreift, verändert, – und sich verändert. Die Schaffung eines sechsten Erdteils, die Enteisung Grönlands mit einer [my]thischen Technik, die [u]ntierartige Entstellung des technischen Menschen, der Sturz der Natur über sie, das Ende dieses Menschen; [B]ewegung schwer zu schildern.

4.) Dann ein großer Schritt: ich entdeckte den Täter, Polenreise[8], den lebenden Menschen, «Das Ich über der Natur»[9], «Manas»[10] gesangsartig.
Beginn und Schluß.

5.) Diese[r] Manas in die reale Welt, in diese Wirklichkeit, Berlin, hineingestellt[11], unter realen Umständen heute[,] das ist «Berlin Alexanderplatz»[12] (n[ach] dem échec[13] von «Manas»).
Franz Biberkopf
Titelblatt[14]
Eventuell vom Tod.[15]

6.) So bin ich zur Gesellschaft gekommen und auch, da es sich um eine Gegenüberstellung handelt, zur Gesellschaftsdurchleuchtung u[nd] -kritik.

[Zum Buch «Pardon wird nicht gegeben»]

I Dank, Rückblick auf Akademie u[nd] Studenten.[16] Keine Konkurrenz mit Philologen. Beleuchtung von innen, Bloßlegung der Impulse, Material. Beispiel von Mutter und Kind – Werk u[nd] Autor. – «Pardon»[-]Buch Entstehungsgeschichte, Material[.][17]

II In Maisons-Laffitte[18], Stoffwahl, kein fremdes Material. Älteres Bild vorhanden: Loi[19], das strenge Schicksal, die Zwangsläufigkeit d[es] Geschicks.

III Vorlesen.

IV Die Umwandlung.

a) Dies das Material und die Absicht. Formal: Schicksalstragödie, 3 Arten, Moira[20], Ibsens Erblastigkeit[21], die Gesellschaftslage polit[isch], histor[isch] u[nd] d[ie] Familie als Repräsentant.

b) Folge: abstrakte Form als streng, kein Naturalismus.
Plauderei, kleine Stücke.
Ausgang die Situation von Karl.
Dies als Paradigma, für deutsche Situation 68, 70.[22]
Ich persönlich nicht viel politisch, aber gelegentliche Sünde, die bloßer Parteiangriff bedeutet: Lusitania[23], Ehe[24].
Der Moloch Öffentlichkeit 418.[25]
Wie war mein Leben? «Ich bin nur durch die Welt gerannt[.]»[26]
Mozart[27]. Man atmet[.]
Ich war Arzt, das Leben geht anders weiter[.]
Kinder u[nd] Kranke.
Ein Sonderfall[.][28]
Natur «Einleitung» 222 und Schlußlied.[29]

[Notizen zu «Pardon wird nicht gegeben»]

I «Pardon» gesellschaftskritisch, am Ende, das [A]llgemeine[,] deutsche Situation. Wie fing es an, wie führte es dazu?

II Welche Ausgangssituation? Berlin um 1900/10.
Genossen mit Hölderlin, Kleist, bis jetzt.[30]

A Personen Einfluß Schopenhauer[31], Nietzsche[32] (das der Vitalismus[33], Biologismus[34]) – von außen Dostojewski[35] und Ibsen[36], etwas Stendhal[37], seine Strenge, nicht seine Romantik (der Limes), im Gegensatz zu den Süddeutschen und Österreichern, d[ie] Hofmannsthal[38], Rilke[.][39]

B Besonders d[ie] Anonymität der Technik, d[ie] Arbeiterschaft, Maschine bei Kroll[40], der Arbeitsgeist, Abneigung gegen Psychologie.
Daher einf[acher] Entschluß in keine Geisteswissenschaft zu gehen, sondern die Naturwissenschaften, und dann die Psychiatrie.

III Allgemein-Impuls.
Was dann beim Schreiben geschah, vermag ich nicht anzugeben; ich kann nur feststellen, was sich als mein Willen entpuppte: die freie Phantasie und die Sprache in ihr Recht zu setzen; dann kleine Gesellschaftsschilderungen abzulehnen, – aber große Massen zu bewegen, historisch. Und dann eine neue Welt, Realität sich aneignen und ihr mit der Frage nach dem Menschen zu begegnen.

DER 27. SEPTEMBER 1935

Es ist heute der 28. September 1935, der gestrige Tag ist verstrichen, und wenn ich mich jetzt, mittags, erinnern soll, was gestern gewesen ist, so fällt mir kaum etwas ein. Es war ein Tag wie jeder andere, ein Tropfen, der aus einer Wolke, die ich nicht kenne, in einen Brunnen fiel oder in einen Sumpf oder in ein Meer, das ich auch nicht kenne, dazwischen liegt der Tag, mein Tag, denn es ist unleugbar, daß ich es war, der ihn gelebt hat, wie ihn auch Millionen andere gelebt haben, dazu Millionen Tiere, Millionen Pflanzen und die Sterne und das Meer und die Berge, und alles ist jetzt hin, einen Tag älter, auch ich dabei, ich, ich sage ich, aber heute ist mir das zweifelhaft, gestern kam es mir schon eher so vor, sicher ist mir jetzt nur: es gab am 27. einen beginnenden und einen endenden Tag, was der Astronom und der Bauer und der Seefahrer als Sonnenaufgang und Sonnenuntergang, Aufstieg und Abstieg der Sonne bezeichnet, da bin ich dann, dies ich, das hier, was jetzt sitzt und schreibt, wie alles was lichtempfindlich ist, wach geworden, überall hat der Lärm begonnen, wir sind eine Anzahl Stunden herumgewimmelt, man ist um einen Tag älter geworden, das heißt schwächer, um einen Tag abgenutzter, verbrauchter. Man ist ja ein Rädchen, ein Schräubchen oder ein Dampfballen in einer Maschine, die man nicht kennt, und die hat den gestrigen Tag mit Sonnenaufgang und Sonnenuntergang produziert, wie sie heute unabhängig von mir und unweigerlich und nicht zu verhindern den 28. produziert hat, und morgen den 29. und später andere, und unendliche Jahresmassen gänzlich ohne mich, wie sie auch vorher unendliche Jahresmassen ohne mich heraufgezogen hat, ohne dieses eine kleine zweibeinige Menschentierchen, das hier über dem Papier sitzt und an dem Tage von gestern bald hungrig, bald satt, bald schlafend, bald wach die Zeit verbrachte.

Was war nur morgens, beim Aufstehen, vor dem Aufstehen? Richtig, ich wachte auffallend frisch und munter auf, dabei hatte

ich jämmerlich geschlafen, mich von 4 Uhr ab hin und her geworfen, hatte die halben Stunden gezählt. (Ich sage immer ich, aber es ist nur mein Bewußtsein, das dies dunkle Wort gebraucht, es ist für den Tagesgebrauch bequem, gemeint ist jenes komplizierte Menschentierchen, das im Augenblick hier die Feder führt und von dem ich sonst genau so wenig weiß, wie jeder andere.) Schließlich bewegte es sich in der Wohnung, das erste Licht kam, es war elektrisches, nebenan aus dem Badezimmer, es war zwischen halb sieben und 7, dies war also der 27. September, ein Tag in einer Woche, in einem Jahr, in einem Jahrzehnt, das Meer schwemmte eine neue Welle an, ich wurde von ihr getragen und war da. Dann, nach dem Licht, weiß ich nichts Bestimmtes. Es kam natürlich das Anziehen des Kleinen, seine Stiefel und später dann bin ich selbst aufgestanden, habe die Fensterläden aufgemacht u. s. w. Meine Frau wird aufgestanden sein, wahrscheinlich habe ich ihr noch im Bett die große Binde umgelegt, mit der sie ihr krankes Knie schützt. So waren wir denn alle aufgestanden, der volle Tag war da, man ist in der Wohnung hin und hergegangen und wir haben getan, was an uns war, um den Tag auszufüllen, wie es unsere Maschine uns befahl, wir mußten sie waschen, kleiden, füttern, entleeren, zwischendurch atmeten wir, dachten Näheres und Ferneres, wurden von Stimmungen bestürmt, von einigen wußten wir, woher sie kamen, von anderen nicht.
Wir gingen an den Kaffeetisch, ich kann ruhig sagen wir, ohne damit eine andere Person zu meinen als dies ich, aber warum soll ich nicht zu dem, was sich da an den Tisch setzte, auf den grün bezogenen Stuhl mit der geschwungenen Lehne, wir sagen, warum ich, es ist ja gar nichts Einzelnes, es ist unheimlich zusammengesetzt, offenbar eine ungeheure Masse, von der ich nicht den 1000. Teil kenne, was soll die freche Intimität zu dieser komplizierten Masse auf zwei Beinen. Wir blickten auf den Tisch. Briefe waren keine mit der Post gekommen. Wir, also ich erwarte seit gestern eine Nummer des Neuen Tagebuch[1], mir hat einer aus Corsika geschrieben[2], es sei ein Artikel da gegen

mich und der Redakteur Schwarzschild[3], den ich fragte, hat gleich geantwortet, er sei eigentlich erstaunt, daß ich erst jetzt von dem Artikel höre, er schicke das betreffende Heft gleich mit. Aber bisher ist das Heft noch nicht da und ich bin leicht geärgert, ja es ist im Hintergrund eine finstere Gespanntheit da: was will man schon wieder von mir, und wer will was? Ist es nicht schon genug, daß man hier in einer Ecke, beinah am Grund einer Schlucht sitzt und muß man einen da auch noch hetzen, und zwar einer, der in derselben Schlucht sitzt? Bisher weiß ich nur, daß der Artikel von Ludwig Marcuse[4] ist und den Titel hat «Döblin greift ein».[5] Meine Frau meint, das sei ironisch, ich weiß nicht, ich habe mich mit Marcuse bei Gelegenheit des Schriftstellerkongresses[6] hier freundschaftlich unterhalten, wir haben unsere Adressen ausgetauscht, – was ist nun das wieder für eine Sache, daß man heute freundschaftlich spricht und morgen einen angreift. Die böse Feder der Schriftsteller! Dieses tödliche Vis-à-vis des Schriftstellers mit dem anonymen leeren Blatt, das ihn tausend Dinge vergessen läßt und eine gefälschte Realität hervorlockt. Als wenn solch Papier hypnotisch wirkt und einen verborgenen andern Menschen hervorlockt. Aber was habe ich alles, seit ich in der Emigration bin, von Schriftstellern, freilich auch von andern Menschen erfahren. Verlasse deine Heimat, verlasse deinen Einfluß und schon bist du nichts. Da hilft dir nicht, daß du dem und jenem geholfen hast, da hilft dir nicht der Stapel der Bücher, die du selber geschrieben hast. Sie brauchen dich nicht, also bist du nichts, – höchstens braucht man dich noch um sich höhnisch und hämisch an dir zu reiben.
Dann kam der Vormittag. Der Satz ist leicht gesagt und die Sprache hilft einem sehr über alle Lücken hinweg. Natürlich kam der Vormittag nicht, es ergab sich allerhand im Herumgehen, Herumstehen, Herumsitzen in der Wohnung, das einfache Existieren, woraus die grobe Masse des Tages besteht, aber die man nicht melden kann. Unsere Sprache ist dafür nicht gemacht, und außerdem, jeder würde sagen, wozu das aufschreiben und melden, das wissen wir ja alle selbst, – aber eigentlich weiß man

es nicht selbst, es wäre sehr lohnend, in diese Banalitäten hineinzuleuchten. Denn gewiß hat ein Haus Fenster und Türen, ein Dach, ein Fundament, Zimmer verschiedener Art, eine große Vorderfront und Rückfront, aber alles ist aus Stein gebaut, immer dieselben Ziegelsteine oder derselbe Beton und dabei dasselbe Eisen, bald so bald so geformt, und ich frage: muß man nicht auch wissen, was der Ziegelstein ist und das Eisen und der Beton? Aber der Ziegelstein, der den Tag baut, ist sehr schwer zu beschreiben, ja sehr schwer zu finden, lassen wir jetzt davon, sprechen wir dunkel, geheimnisvoll und fetischistisch wie nun einmal die Sprache ist: es kam der Vormittag. Da ging ich mit dem Staubsauger durch die Zimmer, und zwar diesmal in zwei Abteilungen, denn an diesem Tag sollte der Fußbelag des Eßzimmers mit Salmiak gereinigt werden. So mußte ich also erst und sofort das Eßzimmer bearbeiten, dann warten bis die Schlafzimmer gemacht waren. Und darauf (aber es kam allerhand dazwischen, was ich nicht mehr weiß) kam die schwierige Frage, die ich schon zwischendurch frühmorgens beim Kaffee und auch beim Staubsaugen erwogen hatte: was interessiert mich eigentlich heute, woran soll ich mich setzen, um es zu schreiben, soll ich überhaupt schreiben? Das ist das pythische Orakel. Ich muß die Antwort erwarten von jemand, der ich auch bin und der ich offenbar auch nicht bin. Es ist ja da ein Ding, das absolut nicht pariert. Es hat Launen und ist sehr ähnlich der Maschine, dem Organismus, dem Berg, der auch Hunger hat, ich weiß nicht worauf, und launenhaft gut und schlecht schläft. Ich bekam nicht gleich von ihm eine Antwort, der Zeiger schwankte, das Orakel konnte sich nicht entscheiden. Da riet mir meine Frau, ich brauchte heute vormittag nicht runter gehen, wir würden ja nachmittags gehen und abends wäre eine Elternversammlung in der Schule, so hätte ich genug Bewegung. Was mir einleuchtete. So nahm ich denn meine Papiere vor und saß am Schreibtisch. Ich gehe in solchen Situationen gern auf die Straße, das Schreiben zwischen vier Wänden ist oft schief und unwahr und es macht schief und unwahr, auf der Straße orientiert man sich rascher, und wenn man schon nicht wie es die Umstände mit sich bringen, die Umstände dieser Gesellschaft, mit und für die Menschen arbeiten kann, so doch wenigstens vor ihnen und unter ihnen. Und dann der Abstraktion, der abstrahierenden Kraft des weißen Papiers entgehen. Welche Realität und Wahrheit, die tausend Lügen zerschlägt, hat schon der einfache Straßenlärm, und dann die tausend Passanten, das sichtbar vor uns aufgebaute Bild eines menschlichen Zusammenlebens, ja des staatlichen Gefüges, der gesellschaftlichen Ordnung, des Treibens der Organismen, die leben wollen.

Ich saß am Schreibtisch und breitete allerhand Papier vor mir aus und meine Blicke versuchten sich an ihm, ich beschnüffelte sie. Das ist nun ein enges Pariser Zimmer, wohnlich, es führt auf einen Hof, im 2. Stock, die anstoßenden Häuser haben 7 Stock, es ist nicht sehr hell und hat vormittag wenig Sonne, aber es hat die Stille, die unter Umständen ein Arbeitsraum auch haben muß. Links steht das Regal mit den Büchern, die ich aus Deutschland retten konnte, vor mir das Fenster mit dem Blick auf andere Fenster, es ist der Schlund des Hofes, aber links ist der Schlund offen, da kann ich allerdings nicht hineinsehen, da hat ein Nachbarhaus Bäume und einen Garten, zur Rechten steht die Chaiselongue. In Berlin hatten alle diese Möbel ... [Hier bricht der Text ab.]

DER ANFANG EINES TAGES

Der Tag war, so wie jeder andere, war wie ein Tropfen, der aus einer Wolke fiel, die ich nicht kenne, in einen Brunnen, einen Sumpf, ein Meer, die ich ebenso wenig kenne. Indessen verging der Tag, mein Tag, denn es läßt sich nicht bestreiten, daß ich ihn natürlich genauso verlebte, wie auch Millionen andere ihn verlebten, unter ihnen Millionen Tiere, Millionen Pflanzen und die Sterne und das Meer und die Berge; und nun ist alles vergangen, wir sind einen Tag älter geworden, so auch ich. Ich sage schon wieder «ich», aber heute stiegen in mir Zweifel auf, ob das «Ich» war. Wahr ist, letzten Endes, nur eins: Es gab einen Anfang des Tages, und es gab ein Ende des Tages, es gab das, was für den Astronomen, den Bauern, den Seefahrer besteht zwischen Sonnenaufgang und Sonnenuntergang, es gab einen Aufstieg der Sonne und einen Abstieg der Sonne, und da wurde ich, dieses «Ich», das jetzt sitzt und schreibt, weicher, so wie alles, was leicht reagiert.

Überall begann man zu lärmen, eine gewisse Anzahl von Stunden hasteten wir einer um den anderen herum, wir wurden einen Tag älter, d. h. schwächer, einen Tag verschlissener. Denn jeder von uns ist ein Rädchen, ein Schräubchen, eine Dampfwolke in einer Maschine, die wir nicht kennen. Und eben diese Maschine, die gestern den 27. September besaß, den gestrigen Tag besaß seit Sonnenaufgang, lebt und schafft heute, ebenso unabhängig von mir, unweigerlich und unabänderlich den 28. September, und morgen den 29. September, und später andere, eine unendliche Anzahl von Jahren, ohne mich, genauso wie sie auch früher eine unendliche Anzahl von Jahren geschaffen hat ohne mich, ohne dieses kleine zweibeinige Menschen-Tier(chen), das jetzt, klein und dumm, über dem Papier sitzt und sagen soll, was es gestern getan hat, wie es gestern die Zeit verbracht hat, ob hungrig, ob satt, ob schlafend, ob wachend.

Was war morgens beim Aufstehen, vor dem Aufstehen? Richtig, ich erwachte besonders frisch und munter, obwohl ich sehr schlecht geschlafen hatte, seit vier Uhr hatte ich mich hin und her gewälzt und jede halbe Stunde gezählt. (Ich sage immer «ich», aber meine Ausdrucksweise, meine Denkweise zwingt mich, zu diesem unklaren Wort Zuflucht zu nehmen. Mit diesem Wort, das für den alltäglichen Gebrauch so bequem ist, ist aber jenes komplizierte Menschen-Tier gemeint, das in diesem Moment hier die Feder führt, und über das ich im großen und ganzen sowenig weiß, wie über irgend jemand anderen auf der Welt.) Schließlich, man begann sich in der Wohnung zu bewegen, erschien das erste Licht; es war elektrisches Licht aus dem angrenzenden Badezimmer; es war zwischen halb sieben und sieben; das war also der 27. September, ein Tag in einer Woche, in einem Jahr, in einem Jahrzehnt; das Meer wälzte eine neue Welle heran, sie brachte auch mich mit, und so sollte ich verantwortlich werden für diesen Tag und unter ihn meine Unterschrift setzen. Dann, nach dem Licht, erinnere ich nichts bestimmtes. Natürlich zog man das Kind an, zog ihm Schuhe an, und später, – nun, da stand ich selbst auf, öffnete die Fensterläden usw. Wahrscheinlich stand auch meine Frau auf, wahrscheinlich legte ich ihr noch im Bett einen Verband an, mit dem sie ihr krankes Knie schützt. So standen wir alle auf, es wurde vollends hell, in der Wohnung ging man hin und her, und wir taten alles, was uns oblag, um den Tag so auszufüllen, wie es uns unsere Maschinen diktierten; wir mußten sie waschen, kleiden, füttern, entleeren und gleichzeitig atmeten wir, dachten an Naheliegendes und Entfernteres, wurden von Stimmungen bestürmt, wobei wir von einigen wußten, woher sie kamen, und von anderen nicht. Das häusliche Leben schrieb uns vor, was zu tun war. Wir setzten uns an den Tisch, um Kaffee zu trinken (ich kann ruhig «wir» sagen, ohne dabei eine andere Person im Sinn zu haben als dieses «ich», denn warum soll ich nicht «wir» zu dem sagen, was sich an den Tisch auf den grünbezogenen Stuhl mit der gebogenen Rückenlehne setzte? Es ist eine unheimliche Masse, über die ich auch nicht den tausendsten Teil weiß, wozu also diese blöde Intimität?) Dann riet mir meine Frau, heute vor dem Mittagessen nicht auszugehen, weil uns nach dem Mittagessen bevorstünde spazierenzugehen, und abends Elternabend in der Schule wäre, so daß ich genügend Bewegung haben würde. Das überzeugte mich. Also nahm ich meine Papiere und setzte mich an den Schreibtisch. In einem solchen Fall gehe ich gern auf die Straße: Das Schreiben zwischen vier Wänden ist oft unrichtig und falsch und wirkt oft unrichtig und falsch, auf der Straße orientiert man sich schneller, und wenn es schon verboten ist, wegen der Verhältnisse, der Verhältnisse in dieser Gesellschaft,

mit den Menschen und für die Menschen zu arbeiten, dann doch wenigstens unter ihnen sein und sie vor sich haben! Außerdem: Fortkommen von der Abstraktion, von der abstrahierenden Kraft des weißen Papiers! Welche Wirklichkeit und Wahrheit, die das Gespinst der Lügen zerreißt, hat schon der einfache Straßenlärm, und dann die Tausenden Vorübergehenden, das anschauliche Bild, das vor uns entsteht aus dem Zusammenleben der Menschen, den staatlichen Strukturen, der gesellschaftlichen Ordnung, der Arbeit der Organismen, die leben und leiden ...
Ich breitete vor mir den ersten Teil eines Drehbuchs[7] aus, der zweite sollte begonnen werden. Ich sah ihn durch, begann sofort mich dafür zu interessieren und ließ alle Fragen hinter mir. Ich nehme die Untersuchung der Sache direkt in Angriff und beginne mit dem Detail. Der erste Teil handelt von einer Emigrantin, einer Fürstin aus der Scheinwelt vergangenen Adels. Ich gab dem Drehbuch den Titel «Natascha macht Schluß» und den Untertitel «Eine Fürstin wider Willen». Sie trägt noch zur Genüge Vergangenes, Verlogenes und Trügerisches ihres Milieus in sich und dann – hier kommt der schwere Moment – will sie ein «Mensch» werden. Ein Mensch, d. h. ein abstrakter «Mensch». Sie weiß nur, was sie nicht will, aber sie weiß nicht, was sie will. Man kann schon im voraus sicher sein, daß es ihr nicht glücken wird. Und dann, zu Beginn des zweiten Teils, trifft sie einen Zollbeamten. Den ehrlichen Burschen rührt, wie sie bei ihm Zuflucht sucht, und sie beschließen, gemeinsam Mensch zu spielen. Sehr schnell findet Natascha bei ihm ein Gewehr, weil er Zollbeamter an der Grenze ist. An diesem Punkt beende ich die Erzählung. Mein Kopf und meine Feder haben angefangen zu arbeiten.
So also ist der Tagesanfang des 27. September 1935, des Tages eines Mannes von 57 Jahren, der sich nach einer schlaflosen Nacht gut fühlt, der Kaffee getrunken hat und sich nach einem schlechten Sommer hinreichend frisch und munter fühlt. (Sein eigener Rheumatismus in der Schulter war gut geheilt, aber das Knie seiner Frau war immer noch nicht gesund). Er saß an die-

sein Tag in Paris (wie er das auch jetzt tut), wohin es ihn aus einem ihm feindlichen Deutschland verschlagen hatte. Heute am 27. September 1935 steht ihm noch bevor, einige wichtige Momente zu erleben (es fällt uns leicht dies vorherzusagen, denn heute ist der 28. September): einen halbstündigen Spaziergang mit seiner Frau zum Place M[a]ss[én]a[8], wo in einem Café ein bejahrter Mensch, der rechts von ihm und seiner Frau, die den Spaziergang heute gut überstanden hat, sitzt, seine Aufmerksamkeit auf sich zieht. Der bejahrte Mensch leidet an Schüttellähmung, er gießt ein Glas schwarzen Kaffee nach dem nächsten in seinen ständig zitternden Mund; zweitens, die Elternversammlung in der kommunalen Schule, die sein Jüngster besucht. Diesen Kaffee (leider wird der Mensch sein ganzes Leben von diesem «falschen» Kaffee verfolgt) sollte man an die Wand stellen und erschießen, – warum gießt man den falschen Kaffee nicht ins Meer oder macht Asphalt aus ihm und reserviert für uns den richtigen?
«Oben» wanderten mir allerlei unangenehme Gedanken herum, aber «unten» empfanden meine Zunge, meine Speiseröhre, mein Magen Vergnügen, das sich bald auf die Muskeln, die Haut und offensichtlich auch auf die Eingeweide übertrug – so konnten die unangenehmen Gedanken oben nicht widerstehen, anfangs blieb nur ein Gedanke ohne Unannehmlichkeiten, aber bald darauf war überhaupt kein Gedanke mehr übrig, nur etwas, zu dem ich «Unsinn» sage. (Wenn ich über Kaffee spreche, möchte ich nicht von der Milch schweigen, sofern sie natürlich ist, oder noch besser, wenn es sich um Sahne handelt!) Echter heißer, starker Kaffee mit natürlicher Milch (aber auch ohne sie) wirkt wunderbar. Während mein Kopf noch an allerlei dumme und unangenehme Sachen dachte, witterte meine viel klügere Nase schon Kaffee, und ich setzte mich an den Tisch. Es gibt wenige Dinge, die ich mit größerem Vergnügen täte und die dieser Maschine, diesem staunenden Berg, angenehmer wären, als heißer, leicht gesüßter Bohnenkaffee; in der Fremde habe ich ihn nur in Österreich bekommen; in Berlin bei Aschinger; in Paris an den

Ständen des «Maison du café»; mit diesem Kaffee im Magen surrt die menschliche Maschine so leicht, der Kummer verliert sein Gewicht, ich ordne mich in ein neues Sternensystem ein, dessen Zentrifugalkraft mich beinahe zum Schweben bringt. Es gibt einige Weine, die ich zauberhaft und würzig finde, ich liebe es, von Zeit zu Zeit einen herrlichen Tee zu trinken, aber mit echtem Kaffee läßt sich hinsichtlich seiner anregenden, berauschenden Kraft nichts vergleichen. Dann brach der Morgen an. Dieser Satz läßt sich leicht sagen, die Sprache hilft dem Menschen sehr, alle Lücken zu schließen. Natürlich brach der Morgen nicht an, er kam nur in verschiedenen Dingen zum Ausdruck: im Gehen, im Stehen, im Sitzen in der Wohnung, [das ist] die bloße Existenz, aus der ein roher Tag besteht, über den man jedoch nichts schreiben kann. Unsere Sprache ist dafür nicht geeignet, und außerdem sagt jeder: wozu das beschreiben und darüber diskutieren, da wir es doch alle kennen, – aber im Grunde genommen kennen wir es nicht, und es hätte sehr viel Sinn, diese Alltäglichkeit näher zu betrachten. Denn selbstverständlich hat ein Haus Fenster und Türen, ein Fundament, verschiedene Zimmer, eine große Fassade und eine Rückwand; ganz aus Stein gebaut, genauso aus Ziegeln oder aus Beton und dabei genauso aus Eisen, dem man diese oder jene Form gibt, und ich frage: Muß man nicht auch wissen, was Ziegel sind, was Eisen ist, was Beton? Aber diese Ziegel, aus denen ein Tag gebaut wird, zu beschreiben, ist sehr schwer, ja, schwer zu finden, lassen wir das jetzt, wir werden dunkel, geheimnisvoll und fetischistisch sagen, wie es unsere Sprache vorschreibt: «Der Morgen brach an». Dann ging ich mit dem Staubsauger durch die Zimmer und (dieses Mal) in zwei Anläufen, weil an diesem Tag das Parkett des Eßzimmers gereinigt werden mußte. Deshalb mußte ich schnell mit dem Eßzimmer beginnen und dann warten, bis das Schlafzimmer fertig war.

Und danach (in dieser Zeit geschahen mehrere Dinge, an die ich mich schon nicht mehr erinnere) stellte sich mir die schwierige Frage, die ich schon beim Morgenkaffee und bei der Arbeit mit

dem Staubsauger mehrmals überdacht hatte: Was mich heute im Grunde genommen interessiert, worauf ich mich konzentrieren soll, was ich beschreiben soll, ob ich überhaupt schreiben soll? Das ist das Orakel der Pythia. Ich muß auf die Antwort von jemandem warten, der ich ist und offensichtlich zugleich nicht ich ist, das ist eine Sache, die sich auf keine Weise entscheiden läßt.
Sollte ich «du» sagen zu der diffizilen Masse auf zwei Beinen? Wir sahen auf den Tisch. Mit der Post waren keine Briefe gekommen. Seit gestern warten wir auf eine Nummer des «Neuen Tagebuchs»[9]; man hatte uns aus Korsika geschrieben, daß in dieser Zeitschrift ein Artikel gegen uns veröffentlicht worden ist, und der Redakteur Schwarzschild, bei dem wir nachgefragt hatten, hatte sofort geantwortet, daß er eigentlich erstaunt sei, daß wir von dem Artikel erst jetzt erfahren hätten, und daß er uns gleichzeitig mit dem Brief ein Heft der Zeitschrift schicken wolle. Aber bis jetzt ist die Zeitschrift nicht da, und das erzürnt uns ein wenig, ja, all diesem liegt eine finstere Geschichte zugrunde: Was will man (schon) wieder von uns, und wer will etwas?...

ALFRED DÖBLIN

Geboren in Stettin (Pommern), 10. 8. 1878, kam mit meiner Familie 1888 nach Berlin, wo ich bis 1933 lebte. Besuchte die Volksschule, kam auf das Gymnasium als Freischüler, studierte Medizin, wurde 1905 als Arzt approbiert und machte das Doktorexamen, ließ mich 1911 in Berlin nieder, übte ärztliche Praxis bis zuletzt.[1] Kassenpraxis wurde mir 1933 als Mitglied des Vereins sozialistischer Ärzte abgesprochen.[2]
Literarische Arbeiten ab 1900.[3] Hauptsächlich Episches, auch Dramen, Philosophie, Ästhetik, literarische und politische Kri-

tik (als «Lin[k]e Poot»).[4] 192[8] Mitglied der Preußischen Akademie der Künste[5], 1933 zum Austritt gezwungen.[6]

Romane:
«Der schwarze Vorhang» 1902.[7] «Die drei Sprünge des Wanglun» 1913[8], französisch übersetzt.[9] «Wadzeks Kampf mit der Dampf[turbine]» 1915.[10] «Berge, Meere und Giganten», 1923[11], italienisch übersetzt.[12] «Wallenstein». Zwei Bände. 1918[13], tschechisch übersetzt.[14] «Manas». 1926.[15] «Berlin-Alexanderplatz», 1928[16] (französisch, englisch, amerikanisch, italienisch, spanisch, holländisch etc.).[17]

Philosophie und Essays:
«Das Ich über der Natur» 19[2]7.[18] «Unser Dasein» 1932.[19]

Zeitkritik:
«Gespräche mit Kalypso über Musik» 1907.[20] «Der deutsche Maskenball» 192[1].[21] «Reise in Polen» 1926.[22]

Autobiographisches:
«Zu Haus und auf der Straße» 1928.[23] «Wissen und Verändern» 1931.[24]

Dramen:
«Lusitania» 1920.[25] «Die Nonnen von Kemnade» 1921.[26] «Die Ehe» 1929.[27]

Novellenbände:
«Ermordung [einer] Butterblume» 191[3].[28] «Die Lo[b]ensteiner reisen nach Böhmen» 191[7].[29] «Ritter Blaubart und Miß Ilseb[i]ll» 19[23].[30]
Der Vertrieb meiner meisten Bücher wurde 1933 meinen Verlegern ausdrücklich untersagt[31]; ich gehörte auch zu den «verbrannten» Autoren.

In der Emigration verfaßt:
«Babylonische Wandrung»[32], Roman, Querido-Verlag, Amsterdam. «Pardon wird nicht gegeben», Roman, Querido-Verlag, Amsterdam[33] (übersetzt, englisch, italienisch, polnisch).[34] «Jüdische Erneuerung», Essays, Querido Verlag, Amsterdam.[35] «Flucht und Sammlung des Judenvolks», Essays, Querido Verlag.[36]
Ich verließ Ende Februar 193[3][37] Deutschland, weil ich mich (nach zahllosen Presseangriffen)[38] bedroht fühlte. Außerdem, warum sollte ich in Deutschland sein, wo man meine Bücher verbot und «verbrannte», mich aus der Akademie wies, wo kein Verleger meine neuen Arbeiten drucken konnte, da ich nicht zur Schriftstellerorganisation[39] zugelassen war, – wo man mir die ärztliche Kassenpraxis nahm, – meinen Söhnen die Berufe sperrte, – und von wo man mir (merkwürdiger Scherz) zum Schluß noch ins Ausland eine große Steuerforderung nachschickte?[40]

PERSÖNLICHES UND UNPERSÖNLICHES

Ein Manko?

«Aus meinem Leben»? Es gibt angeblich einen Minderwertigkeitskomplex, der bei der Bildung eines Charakters beteiligt ist. Ich sehe mich als kleinen Jungen, etwa fünfjährig, still und friedlich zu Hause, auf dem Hofe; ich bleibe da, während die anderen wegrennen. Ich war ein sanftes nachdenkendes Kind. War ich durch ein Manko dazu gezwungen? Es ist mir nicht bekannt. Ich könnte vielleicht als Manko meine Kurzsichtigkeit notieren. Aber die trat erst später hervor und hinderte mich gar nicht, mutig bei den Schulkämpfen zwischen Achilles und Hektor mitzuschlagen, dauernd mit zerbrochenen Brillengläsern. So sehe ich nicht, daß mich eine Organminderwertigkeit zum Sinnen und Träumen gebracht hat.

Ich finde es übrigens drollig, daß gerade ein «Adler»[1] auf diese Theorie kam; es muß kein richtiger Adler gewesen sein. Ein richtiger hätte gewußt, daß seine Krallen und sein Schnabel keine «abgeleitete Kraft» sind.

Schönschrift.

Was ich werden wollte? Mit 10 Jahren Kalligraph, Schönschreiber. Es gab nämlich in Berlin, in der Blumenstraße[2], gerade gegenüber unserer Wohnung einen Zaun, woran ein Unterrichtsinstitut, eine private Schule (Rackow)[3], ein Tableau mit Schriftproben angebracht hatte. Besonders die Rundschrift gefiel mir. Täglich studierte ich an diesem Schild. Zur Schönschrift bin ich nicht gelangt. Aber wenn ich eine sehr saubere abgezirkelte Handschrift sehe, befallen mich noch heute Kindheitsbeklemmungen – und ich träume von dem verlorenen Paradies, wo ich selber dicke Rundschrift geschrieben hätte.
Vielleicht, vage Vermutung, hat ein höheres Schicksal darum verfügt (um mich an einen Aufstieg glauben zu machen), daß mein ältester Sohn ein begabter Buchentwerfer wurde und zum Beneiden wunderbare Schriften hinwirft.[4]

Medizin.

Später, um die zwanzig, wollte ich Philosophie treiben und wissen, was die Welt im Innersten zusammenhält.[5] Und habe dazu Medizin studiert. Meine Bekannten wunderten sich darüber und dachten, es sei ein bloßer Brotberuf. Aber ich stammte aus einem armen Hause und war mir bewußt, daß ich *nie* Geld verdienen würde. Ich brauchte nichts, ich vermißte nichts; ich zweifelte nicht, daß ich das bißchen, was ich zur Existenz brauchte, schon irgendwo finden würde. Spaziergänge durch die wohlhabenden Straßen von Berlin erfüllten mich darum jahrelang mit einem doppelt begründeten Entzücken. Einmal, weil sie allerhand Schönheiten zeigten: Schmuck, Kostüme, Möbel; und das andremal: weil ich das alles nicht brauchte. Aber erkennen, was die Welt im Innersten zusammenhält!

Man kann sich meine ersten Studien (Medizin) nicht merkwürdig genug vorstellen. Denn was «erkennt» man als Medizinstudent von heute im Seziersaal, auf dem Präparierboden oder bei physiologischen Übungen? Ich gestehe offen: es war höchst langweilig, und ich machte mir absolut nichts darüber vor, daß mich die Namen der Knochen und Gelenke und die Muskelzukkungen, die peristaltischen Bewegungen des Darms und der Mechanismus der Urinsekretion nicht interessierten. Ich war sozusagen reingefallen. Hochmütig und geärgert blieb ich notgedrungen bei der Suppe, die ich mir eingebrockt hatte. Bis «es» doch kam, das Staunen, aber erst in der Klinik, vor den kranken Menschen. Das ist ein langes Kapitel.

Die Gans.

Unvergeßlich aus meiner Kindheit ist mir, es fällt mir gerade ein, noch folgende Szene: wir wohnten in der Blumenstraße und unsere Mutter hatte – großes Ereignis – eine Gans gekauft. Und wie sie morgens in die Küche kommt, wir wohnten Parterre, war die Gans weg, gestohlen. Gans, einschließlich Gänseklein. Meine Mutter weinte; groß der Schmerz der Familie, wir waren fünf Kinder und klagten wochenlang.
Mein Magen sehnt sich noch heute nach dieser Märtyrergans. Erst im Paradies werde ich sie essen.

Von Liliencron zu Kolbenheyer.

In meiner Studentenzeit war ich öfter mit Richard Dehmel[6], mit Detlev von Liliencron[7], auch mit dem astral- und alkoholgläubigen Paul Sche[e]rbart zusammen. Später mußte ich tristen Figuren wie Wilhelm Schäfer[8] und gar Herrn Kolbenheyer[9] aus dem Sudetenland begegnen. Ob diese Herren, nachdem sie «befreit» sind, nun endlich zu schreiben gelernt haben? Ich verrate ein Geheimnis, wenn ich mitteile, daß man in der verflossenen Dichterakademie jedesmal in ein schallendes Gelächter ausbrach, wenn ein «Schriftstück» des Kolbenheyer eintraf.

Mit der Medizin ging es mir so: ich konnte mich an der heutigen Medizin nie erfreuen. Warum? Sie ruht auf keinem Weltbild, dem ich zustimme. Sie scheint mir klar und hell, aber nicht tief genug. Der Mensch, seine Gesundheiten; seine Krankheiten sind ohne solch Weltbild nicht erkennbar und nicht zu behandeln. Daher bleibt all unser Diagnostizieren äußerlich und ebenso das Verordnen. Wer sieht nicht am Meer den Einfluß des Mondes auf das Meer, Ebbe und Flut? Was tun die Gestirne mit uns? Wie roh sind wir in der Auswahl der Nahrung! Ebenso roh wie in der Auswahl der Menschen, mit denen wir uns umgeben. Aber wähle einer in dieser chaotischen, zusammengewürfelten Welt!

Daher hielt ich mich immer mehr an das Gesellschaftliche und suchte das Einfache, Natürliche, Wahre in dem Einzelnen zu sehen. Im Ganzen glaube ich sagen zu können: sehr leidet heute der kleine Mann, der ärmere, bürgerliche Mann, der Arbeiter, in den Städten. Er fühlt deutlich, wie er verkommt, besonders jetzt, wo es zu Ende ist mit dem alten Sozialismus, der noch Hoffnung gab.

Ich habe viel Ärger in meinem Leben damit gehabt, daß ich meine Gedanken nicht von anderen bezog, sondern von Anfang an selbst durchdachte; ja, ich nahm sie nicht an, wenn ich nicht auf eigenem Wege zu ihnen gekommen war. Immer gab es Menschen, die einen zu ihrer Meinung bekehren wollten, und zwar mit Haut und Haaren, und auf die Weise, die ihnen gut dünkte. Das gelang ihnen bei mir in keinem Fall; und es wurde mir nachgetragen. So habe ich mit dem Expressionismus Fühlung gehabt, weil wir uns eben trafen, und ich konnte manchem Expressionisten eine gewisse Hilfe und Reverenz erweisen. Wenn ich selber aber schrieb, so ging das weit über den Rahmen einer bloßen «Schule» hinaus, und sie wandten mir den Rücken und stießen mich in den Haufen des ahnungslosen Pöbels. Ebenso erging es mir bei der Psychoanalyse, ebenso bei dem Sozialismus, beim Marxismus. Die Dinge müssen in *meinem* Garten wachsen! Ich kaufe nicht auf einem Markt.

Erfolg.

Es ist mir dadurch geglückt, sehr wenig populär zu werden. Jakob Wassermann[10] sagte mir einmal, als zu meinem Erstaunen ein Buch von mir «ging»: «Sie wollen ja keinen Erfolg.»
«Erfolg» ist mir in der Tat ein fremder Begriff. Zu sagen: ich will ihn nicht, wäre übertrieben; er scheint aber nicht zu mir zu gehören. Mich wundert sogar oft, daß Leute an meinen Arbeiten, an dem, was ich forme und mit Aufmerksamkeit und Ruhe schreibe, Interesse finden. Das ist aber wohl schon eine Art Resignation, die zu weit geht.

Literatur und Politik.

Man sucht einen oft in die «Politik» zu ziehen. Sie meinen es nicht schlecht. Aber die Tagespolitik und ein Wesen wie ich passen schlecht zusammen. Wer sich um die Wurzel bemüht und um die Zusammensetzung des Bodens, aus dem die Pflanze kommt, kann schlecht sich zugleich um das Blumenflechten und um das Arrangement eines Beetes, eines Parks kümmern.
Literatur ist keine einheitliche Sache. Man soll nie sagen: Literatur befaßt sich exakt mit x oder mit y. Alles zu seiner Zeit! Sie grenzt an Kunst und ist Kunst – grenzt aber auch an die Wünsche unserer Politiker und ist Aufklärung, Agitation. Sich darum die Augen auskratzen?

Tod.

Ich halte den Tod, wenn er nicht zu früh kommt, für ein sehr natürliches, uns angepaßtes Ereignis. Im Laufe einiger Jahrzehnte haben wir reichlich Zeit, uns mit den Mängeln und Ecken unserer Person zu befassen.
Man kennt sich allmählich gründlich und möchte umziehen.

SELBSTPORTRÄT

Da schlendert nun ein älterer Herr, Zigarette im Mund, Hände in den Manteltaschen, trägt eine scharfe Brille, hat ein glattes lebendiges Gesicht. Es ist *Alfred Döblin,* der in Paris ebenso spaziert wie einst in Berlin. Nur Arzt darf er hier nicht sein; wie würde er sich erst über die Pariser freuen, wenn sie deutsch sprächen und ein bißchen berlinerten. (Er wird eben sechzig[1], ein Stettiner.[2]) Es ist lange her, daß er sich (1900–1910) in die Wellen der neuen geistesrevolutionären Strömung[3] warf. Nach einigem Herumplanschen hier (siehe einige Novellen und Essays[4]) bekundete er Realistik und Phantasie (dazu eine philosophisch-mystische Unterströmung) in den Romanen «Wang-lun» (1916)[5], «Wallenstein» (1920), bis zum «Berlin Alexanderplatz» (1929). Im Ausland legte er ein bilderreiches Buch «Babylonische Wandrung»[6] vor, die tragisch-burleske Emigration eines Gottes, dann ein knapperes Werk «Pardon wird nicht gegeben»[7], gesellschaftskritisch, zuletzt das zweibändige «Land ohne Tod»[8] ein Gegenüber der mythischen Welt südamerikanischer Indianer und der europäischen Zivilisation, eine Art epischer Generalabrechnung mit unserer Zivilisation.

EINDRÜCKE VON NEW YORK

Der amerikanische P[EN]-Klub lud zu einer Sondertagung nach New [Y]ork ein.[1] Ende April[2] fuhr ich von Le Havre ab auf einem nicht großen Schiff (man sagt Boot)[.] Im Hafen sah ich den schrecklich umgestürzten Bau des verbrannten Schiffes «Paris» liegen.[3] Garde mobile patrouillierte. Und nun die Seefahrt, die erste über den Ozean. Sie begann noch lange nicht. Das Schiff lag die Nacht und den halben Vormittag über die Abfahrtzeit hinaus in dem französischen Hafen, ich hätte noch so schön zu Hause in meinem Bett liegen können, statt dessen lud das Schiff, die ganze Nacht hindurch rasselten und donnerten die Ladungen über meinem Kopf, vom Quai klangen die Schreie. So begann diese Fahrt mit einer unvergeßlichen Nacht. Ich hielt es nicht für möglich, aber sie endete doch; unfaßbarerweise fuhr das Schiff schließlich ab. Erst fuhr ich allein in meiner Cabine, in Southampton traten zwei Begleiter ein, ein großer und ein kleiner Junge, ich war erstaunt, als bei der Rückkehr in die Cabine soviel Menschen es sich da bequem machten, sie sprachen mit einem älteren Herrn englisch, sie fragten mich englisch, was ich nicht verstand, der St[eward] vermittelte, er übersetzte aus meinem Französisch. Als ich aber nach 10 Minuten in den Raum zurückkam, sprach mich der Jüngere von den beiden deutsch an, er hatte mich mit jemand anders deutsch sprechen hören, und nun waren sie österreichische Jungen, die nach Amerika wollten, wo sich schon ihre Eltern aufhielten; die erste Etappe England lag hinter ihnen. Es waren zwei nette Jungens von völlig verschiedener Art, beide offen und frisch, Pfadfinder, der Ältere sehr auf Gesellschaft aus und bald Abend für Abend beim Tanz in seinem ersten Smoking, der Kleine in der 3. Kl[asse], wo er sich leicht anfreundete; er hatte einen Widerwillen gegen die Feinen.

Die Seefahrt. Etwa 9 Tage lang.[4] Es läßt sich viel über sie schreiben, es bewegt sich ja in dichtester Nähe auf so einem Schiff allerhand um einen herum. Auch über die Fahrt selbst, über das Meer läßt sich viel sagen; einiges will ich nicht unterdrücken.

Wir kamen so nach Southampton, welches ein ungeheurer Hafen ist, imposant besonders durch die unabsehbare Prachtreihe von Riesenkränen, die sich in einer langen Linie hinzieht. Man schaute dem Einsteigen und Aussteigen der Passagiere zu und von der dritten Klasse stiegen welche, um besser zu sehen, auf das Deck der ersten: da kam die hohe Polizei in Gestalt des Deckst[ewards] und scheuchte sie herunter, obwohl sie da oben keinem etwas zu Leide taten, aber er wollte es nicht, es war die Ordnung. Er war ein kleiner dicker Mann, der die Leute erst ohne sie anzusehen englisch, dann französisch und schließlich deutsch aufforderte zu gehen. Die größte und erfolgreichste Energie entwickelte er in deutsch und er gelangte damit auch an sein Ziel, sie gingen, ebenso kopfschüttelnd wie ich. Er war ein Deutscher wie übrigens noch andere St[ewards], die man auf diesem nichtdeutschen Schiff traf, sie fuhren, manche schon seit Jahrzehnten die Strecke Hamburg–Le Havre–New York hin und her, und ein St[eward] erzählte mir auch, daß sein Sohn bei der deutschen Marine stünde. Im [ü]brigen aber, bestand eine große Zahl Passagiere, in beiden Klassen, aus deutschen Flüchtlingen, und zwar aus jüdischen. Es war ein richtiges Auswandererschiff, sein Charakter wurde durch die auch vorhandenen Amerikaner, die zurückkehrten, nicht sehr verändert. Die Flüchtigen waren in Hamburg eingestiegen. Auf dem Büro der Schiffahrtslinie hatten sie sich versammelt zur festgesetzten und endlich eintretenden Stunde, vor dem Büro standen die Autobusse, die sie geschlossen nach dem Hafen und aus dem Lande fuhren. Sie erzählten alle, welche schrecklichen, schmerzlichen Abschiedsscenen sich da bei jeder Abfahrt eines Schiffes nach Amerika abspielen, zwischen Auswanderern und den Angehörigen, die zurückbleiben müssen. Und nun sind sie auf dem Schiff, reden, sprechen, sie können zum ersten Mal seit langen Jahren sprechen, aber nur manche tun es. Das Gefühl des Drucks läßt nicht nach, es gibt Dinge[,] über die sie in vollkommener Stummheit verharren. Der und jener, höre ich, ist in einem Lager gewesen; er verrät nichts davon, es sind Dinge, die er aus seinem Bewußtsein verdrängt[.] Mir fällt dabei ein, daß sie sich drüben über die Erfindung von Gr[e]uelmärchen beklagten: hier sehe ich die Realität: man schweigt, man ist unfähig zu sprechen, man lehnt ab zu sprechen, ja überhaupt zu wissen. Für mich ist es ein merkwürdiger Anblick, diese Flüchtigen bedient zu sehen von offensichtlich deutschstämmigen St[ewards], ein sonderbares, plötzlich umgekehrtes Verhältnis. Man hat keine angenehme Empfindung dabei. Das Gefühl der Flüchtigen, Verjagten gegenüber diesen Angestellten ist kein ungetrübtes. Man macht

Bemerkungen an den Tischen; man weist darauf hin, daß dieser und jener St[eward] sich höflich, ja ehrerbietig nur mit englischen und amerikanischen Gästen und Tischgruppen unterhält, an den Tischen der Flüchtigen aber mit Ruhe steht und sich quasi herablassend erkundigt, ob man zufrieden ist und ob man Wünsche hat. Ich fand immerhin auch sehr aufmerksame und menschlich interessierte St[ewards], die deutsch sprachen.

Worin die Gespräche der Auswanderer bestanden? Sehr selten in Klagen. Meist tauschten sie Gedanken über ihre Pläne aus, suchten Verbindungen, horchten[,] was die andern vorhatten. Was mir so ungeheuer auffiel, aber nicht hier zum ersten Mal, sondern schon 1933 in Paris, war, daß diese Vertriebenen zwar alle davon sprachen, daß sie wegen keiner Verbrechen, sondern einfach als Juden vertrieben seien, daß sich aber sonst und darüber hinaus keinerlei Kollektivbeziehungen zwischen ihnen anspannen. Jeder war isoliert, privat und blieb es. Das Ganze wurde als Schicksalsschlag angesehen und darin blieb man stecken. Man kann es nicht ändern und geht in ein anderes Land. Ab und zu gab es zionistisch gefärbte Debatten, aber nur von kurzer Dauer, das war «Politik», die meisten interessierten sich nicht dafür, sie hatten andere Sorgen.

Inzwischen fuhr das Schiff und die Fahrt hörte nicht auf. Die Mahlzeiten wurden endlos ausgedehnt, die Passagiere wechselten zu jeder Tageszeit, wenn möglich, ihre Kostüme, auf Deck wurde gespielt, gelegen, man hatte seine Tagesordnung, und doch half sie nicht über die Länge der Zeit hinweg. Und diese Eigenlebendigkeit des Schiffes! Man vergaß selten, daß man auf einem Schiff war. Alles an diesem Gefährt bewegte sich, der Boden, die Kleidungsstücke an der Wand. Wenn man durch die schmalen Korridore ging, so stolperte man über seine Füße. Es gab Tage, wo man viele bei den Mahlzeiten vermißte. Da lagen sie in den Cabinen, besonders der 3. Klasse, zogen sich die Decke über den Kopf, verdunkelten den Raum und suchten zu schlafen. War man auf Deck, so bot der Horizont an den unruhigen Tagen ein beirrendes Schauspiel: er stand nicht still, er schnellte auf und ab. Man merkte es stärker am Horizont als sonst woran, wie sich das Schiff bewegte. Im Bett, beim Liegen gab es andere Bewegungen; man glaubte von Welle zu Welle zu rollen, dann schien das Schiff über Wogen zu reiten. Alles milderte sich, sobald man draußen war und sich ablenkte.

Es konnte nicht ausbleiben, daß die Fahrt doch ein Ende nahm. Das kleine auf die Schiffskarte gesetzte Fähnchen unten an der Wand näherte sich dem neuen Kontinent, und nun wurde auch die Abschiedsgala angesagt. Es war ein großes Abendessen, bei dem alles sich in Festtracht warf. Schon sonst empfand ich es als etwas merkwürdiges, daß zugleich leicht schauerlich und großartig war, wie das Schiff abends durch den dunklen Ozean fuhr, das Wasser rauschte um den kleinen Körper, draußen war völlige Finsternis, das Schiff strahlend hell, und in dieser Nacht, in Gegenwart dieser stummen Naturgewalten, umfaßt von ihnen, blies eine Trompete und lud zum Abendessen ein, und die geputzten Damen und Herren setzten sich vergnügt in Bewegung. Unten arbeiteten dabei unablässig die mächtigen Maschinen und ihr leises Zittern, das sich dem Schiffskörper mitteilte, zeigte den Kampf mit dem Wasser an. Die[s]mal, bei der Abschiedsgala, kam noch etwas anderes hinzu. Für viele war dies Schiff ein Auswandererschiff; aber man hatte jedem auf seinen Platz Faschingsmützen, Knallbonbons, Kindertrompeten und Knarren hingelegt. Man bereitete sich auf einen sehr fröhlichen Abend mit Tanz, Musik und Gesang vor. Und so geschah es auch. Man sah wunderbare Kostüme. Ja wunderbare Kostüme auch bei den Auswanderern, bei den Damen. Sie hatten, was ihnen an Geld zur Verfügung stand drüben, oft nicht anders verwenden können, als es in Kleidung anlegen. Und so amüsierte sich das, tanzte und lachte, es wurde für den Zuschauer ein gespenstiges Schauspiel, und für manche der Tänzer und Tänzerinnen selber war es nicht anders, denn sie wußten und sagten: sobald wir den Fuß auf amerikanischen Boden setzen, sind wir arme Leute, Proletarier.

Die ersten Mö[w]en zeigten sich, man sah Land. Ich dachte, das erste, was ich zu sehen bekäme, wäre die Freiheitsstatue, aber die kam sobald nicht. Wir hatten draußen kühles Wetter, wir bewegten uns in eine warme, ja heiße Zone hinein, es blies einem vom Festland her warm entgegen. Nun stieg alles auf Deck, am Spätnachmittag, um die Annäherung an New York, die Einfahrt in den Hudson zu erleben. Bald zeigt sich auch das erste kleine, dann immer größer werdende Gebilde der Freiheitsstatue zur Linken, und schon wurde, während die Zahl der Schiffe um uns sich vermehrte, von den Kennern an Bord den Neulingen hinten im Nebel etwas gezeigt, was sich zunächst schwer unterscheiden ließ, die bekannte Wand, die Riesensilhouette der Wolkenkratzer. Und die Kenner beeilten sich die einzelnen Spitzen und Höhen zu benennen. Aber wir konnten uns damit nicht aufhalten, denn ein letzter Akt im Schiff selbst begann. Das kleine Schiff des Einwanderungskommissars hatte sich unserm genähert, die amtliche Kommission stieg an Bord und saß in dem Salon, und wir wurden heruntergerufen. Das war die erste menschliche Begegnung mit dem neuen Kontinent. Sie war, obwohl eine amtliche, trotz mancher Nebenumstände durchaus nicht unangenehm, ja schon aufklärend. Die Beamten sprachen deutsch und englisch gleichermaßen fließend. Wir mußten, auch ich als Besucher unter den Einwanderern, auf den Stühlen, den Fauteuils und den angenehmen Sofas des Salons Platz nehmen, eine Reihe von uns schob sich an der linken Wand zum Tisch des einen Kommissars vor, man rutschte vorwärts, die andere an der rechten Wand zum andern Kommissar. Ich bemerkte viel Nervosität, eine ängstliche Unruhe bei mehreren meiner bisherigen Begleiter. Ja, dies war wieder ein behördlicher Vorgang, sie hatten viele schlimme erlebt, sie konnten noch bei keinem ruhig ausharren. Einer nach dem andern setzte sich in den Stuhl vor den Kommissar, der ein freundlicher älterer Mann war und keinem zusetzte, ja, der sogar Frauen, die noch auf ihren Mann warteten, bald ermächtigte auf den Peer zu den Verwandten zu gehen, noch bevor die Formalitäten ganz beendet waren. Es war doch ein Aufatmen und Strahlen, wenn man den Salon verließ und draußen die Sperre durchschritt.

Auf dem Schiff, in der 3. Klasse, befand sich auch eine Schar jüngerer Amerikaner, die an den Kämpfen in Spanien auf Seiten der Republikaner teilgenommen hatten, sie hatten während der Fahrt sich öfter abends auf dem untern Deck versammelt und spanische, baskische, italienische Freiheitslieder gesungen. Es war schon auf [dem] Schiff bekannt, daß ihnen bei ihrer Ankunft ein festlicher Empfang zu Teil werden würde. Und da hörte man denn nun, das Singen und Rufen und Reden unten, eine große Menschenmenge hatte sich versammelt, und wenn ein neuer herunterkam von den Kämpfern, ging der Jubel wieder los. Es wurde dunkel, man wartete bei seinem Namenbuchstaben auf dem Quai auf das schwere Gepäck, man begegnete seinen Freunden und Bekannten, die Reisegesellschaft war schon zerstreut, New York begann, es rief schon mit seinem roten, erregenden Himmel.

***

Nun will ich keine zusammenhängende Darstellung dieses flugartigen Aufenthaltes in New Yo[r]k geben, der ja nur wenig über zwei Wochen dauerte. Ich will mich auf Einzelbilder und Skizzierung und bloße Skizzierung und Wi[e]dergabe von Eindrücken beschränken.

Abends, bei der ersten Einfahrt vom Hafen in die Stadt, es ist Sonnabend Abend[5]: die Menschenmassen auf den Straßen, man fährt durch einige dunklere und weniger belebte Straßen, dann fluten die Menschen in einem gradezu ununterbrochenen Strom an, es sieht ganz besonders aus, wie zu einem Fest, wie der Marsch zu größeren öffentlichen Veranstaltungen, aber ich höre und man lächelt, davon sei keine Rede, dies sei eben das abendliche New [Y]ork in einer großen Straße, und dazu ist heute Sonnabend und schönes Wetter. Was sind das für merkwürdige Wagen, Autos, die da fahren[?] Sie tragen oben auf dem Dach drei weiße Lichter? Es sieht schön und festlich aus. Man sieht die [W]agen überall. Es sind Taxis, die frei sind. Wir fahren über eine Erweiterung von Straßen und dann in eine Art Boulevard ein, auf dem das Leben schon einen gradezu fantastischen Umfang angenommen hat. Das ist eine der großen Avenuen, die von Norden nach Süden die Stadt durchziehen, man kann schon nicht sagen Verkehrsadern, es sind die großen Hauptschlagsadern, von denen nach rechts und links in exakter Regelmäßigkeit die kleineren Gefäße, die Straßen abgehen. Diese Straßenerweiterung, über die ich staune, ist der Timessquare, wie man mir sagt, wir sind hier in einem Zentralpunkt der Stadt. Die Unmasse der Wagen nach beiden Seiten, vor allem aber das Übermaß von Licht an den Häusern, von Lichtern, Laufbändern, von farbig bewegter Reklame, die aufflammt, sich dreht, verschw[i]ndet, ein blendendes Bild, es ist ein ganzer Jahrmarkt. Hier locken mit diesem Licht, mir rotem[,] mit grünem, besonders Filmtheater. Man zeigt mir rechts und links beim Durchfahren Hochhäuser. Aber erstens ist es abends und zweitens sitzen wir im Auto und man kann schwer in die Höhe blicken. Aber schon hier bekomme ich einen andern Eindruck von diesen Riesengebilden, für die ja Europa keine Parallele hat. Draußen bei der Einfahrt hatte ich die Wand angestaunt, die sich da im Nebe[l] erhob, diese dunkle Riesensilhouette, die man aber schon von vielen Bildern her kennt und die ich nun wieder erkannte. Es stimmte, diese Gebäude waren so hoch. Aber große und größte Höhe garantiert noch nicht unbedingt eine Wirkung, und ich gestehe, ich nahm ohne besonderes Gefühl von dieser Reihe von Gebäuden und ihrem Größenwachstum Kenntnis. Ich empfand nicht einmal ein übermäßiges Staunen. Das wurde bei der Annäherung und gar bei der Durchfahrt durch die Straßen anders. Aber es wurde auch anders, wie ich vermutet hätte. Es wurde kein Staunen wie vor Kolossen, wie vor steinernen Ungetümen, vor einer modernen Sorte von Icht[h]yiosaurus[6] aus Eisen und Beton. Nein, wie ich durch die Straßen fuhr, sah ich aus hunderten und hunderten kleinen Fenstern Licht blitzen.

Bis zu einer Höhe, die mein Blick nicht erreichen konnte, funkelten überall rechts und links kleine Lichter, und die erhoben sich über dem bunten Gefunkel der Filmtheater und der Magazine. Es war ein überaus freundliches, wohltuendes, ja, man staune, heimliches Bild. Man war wie in einem Wald, aber in keinem Urwald in dem man sich verlief und verloren war, sondern in einem mit bekannten Bäumen, mit bekannter Richtung, mit sicheren Wegen. Und dieser anfängliche Eindruck verstärkte und bestätigte sich in den nächsten Tagen. Es gelang keinem dieser Riesengebilde mir wirklich zu imponieren; sie konnten es machen wie sie wollten, sie konnten eine Spitze haben, oben einen Hahn aufstecken, sich quadratisch glatt hochrichten, eine einzige Mauer bilden oder sich nach oben verjüngen, – sie gefielen mir und ich hatte sofort ein natürliches Verhältnis zu ihnen. Nach wenigen Tagen erkannte ich, daß sie schön waren. Sie waren gar nicht groß. Und sie waren ganz und gar nicht übermäßig groß. Sie stimmten vollkommen. Sie waren durchaus keine Riesenpilze, die so furchtbar in die Höhe hatten wachsen müssen, weil unten kein Platz war und weil der Boden soviel kostete, also gewissermaßen Höhenwachstum, Akromegalie[7] durch den Boden erzwungen. Es war ein neuartiger Stadttyp, der dem Stand der modernen Technik entspricht und zugleich sofort alles mitbrachte, was die Ästhetik erfordert. Ja, die Ästhetik. Ich besuchte im Laufe dieser Tage in New York ein erst kürzlich eröffnetes Museum, das Museum of Modern [A]rt.[8] In diesem selbst sehr modern konstruierten Gebäude kann man Bilder, und zwar hervorragende und exemplarische der führenden Impressionisten, Expressionisten, der Kubisten, Abstrakten, der Neu-Sachlichen finden, auch Architektonisches, Proben moderner Photogra[ph]ie, ja, in einem Raum werden künstlerische Filme der letzten beiden Jahrzehnte vorgeführt. Was ich schön an dieser Ausstellung fand, war im Grunde das, was kaum mehr als modern gilt und mehr einen überzeitigen Wert hat, die Kollektion von französischen Impressionisten besonders. Die Abstrakten, die Kubisten und andere habe ich von ihrem Anfang an begleitet, ich weiß, was sie wollten und was sie auch erreichten, sie haben sich durchgesetzt in vieler Architektur, im Kunstgewerbe, in der Reklame, im Theaterwesen. Aber sind sie wirklich modern, noch modern? Ich konstatiere jedenfalls, daß sie im Gegensatz zu früher mich nur wenig ansprachen. Sie hatten schon etwas von bloßem Experimentieren. Blickte ich dagegen im selben Museum aus einem der breiten Fenster hinaus wo sich die stadtüblichen hohen Gebäude erhoben, so stimmte ich zu. Diese Praxis der Gebäude geht über das hinaus, was in der Werkstatt geboten wurde. Und was wurde aus diesen Gebäuden abends und nachts? Draußen in der Ausstellung gab es die riesige Kugel, die kalkweiße Perisph[ä]re mit der hohen Spitze daneben, dem Symbol der Ausstellung. Sah man bei Tag dieses eigentümliche Arrangement, so war man erstaunt und man fragte sich, was das bedeute, es war groß, nicht grade häßlich, aber auch nicht viel mehr. Das änderte sich abends und nachts. Es war eine Konzeption für die Dunkelheit, es war ein Tagschläfer, der erst bei Eintritt der Dunkelheit erwachte. Bei Eintritt der Dunkelheit leuchteten die beiden kleinen Fenster hoch oben an der Spitze rot, es wurden rote Augen, die heru[n]terblickten, und unter der Riesenkugel begannen die Wasser farbig zu spielen und das ganze untere Gewölbe der Kugel mit Farbe, mit einem Gewoge von Licht zu umfassen, so daß die Kugel von dem sprudelnden Wasser hochgetragen wurde und auf dem Licht schwomm. Und die Kugel selber war nicht mehr kalkweiß, über sie liefen Lichter und Schatten wie Wolkenzüge, manchmal war die Kugel ein Globus, über den sich Erdteile bewegten. Am schönsten blieb das Bild der schwimmenden Wolken.

Ich wollte sagen, daß auch die Hochhäuser der Stadt in der Dunkelheit zu einer neuen Existenz erwachten. Ja, die ganze Stadt, – es ist richtig, was die Propaganda anzeigt: Lichtstadt – macht sich zum Körper einer neuen Erscheinung. Fuhr man den Hudson entlang, spät abends, über die großartige Hochstraße, von der man unten die amerikanischen Kriegsschiffe liegen sah, die zu Ehren der Ausstellung erschienen waren, so begann sich über einem am Himmel oben ein brüllend roter Feuerschein zu bilden. Die Lichter des Broadways warfen diesen Reflex. Und fuhr man bei Eintritt der Dunkelheit auf die Höhe eines Wolkenkratzers und blickte auf die Stadt, welch unvergeßliches Schauspiel. Hie und da begannen sich Lichter zu entzünden, das Lauflicht der Reklame glühte rot und grün auf, die Autos in den Straßen zündeten ihre Lichter an, aber dann kroch Licht die Häuser empor, und es dauerte nicht lange, (die Finsternis war eingetreten) und man war auf allen Seiten umgeben von einem Flimmern und Funkeln, von unzähligen Flämmchen. Die Hochhäuser der Stadt feierten die Nacht.

Der Blick von einem Hochhaus auf die Stadt herunter. Es gibt keine Stadt, die dem Beobachter Aussichtspunkte wie New [Y]ork stellt. Ich blickte vom Rockefeller-[C]enter und dem noch höheren Empire State Building herunter. Wenn man hoch fä[h]rt im Fahrstuhl, so zeigen einem über der Türe des Fahrstuhls die Zahlen an, in welcher Höhe man ist; der Zeiger fliegt immer [zehne]tagenweise, der Fahrstuhl schießt, zuletzt empfindet man ein Knacken in den Ohren. Oben weht ein kräftiger Wind, der Aussichtsumgang ist mit Glas verschalt, man hat eine Bar und Sitzgelegenheit. Der Blick ist nach allen Seiten frei. Ich freue mich[,] einem Nebel zu begegnen, der weich und silbrig leicht war wie der Pariser, er gibt den Dingen der Nähe und Ferne eine Art Glasur. Unten zogen sich die Avenuen hin, ganz kleine Autos bewegten sich, unzweifelhaft fuhren sie rasch, aber sie schienen nicht von der Stelle zu kommen. Auch die kleinen Menschenpunkte, die sich doch bewegten, machten den Eindruck, als ob sie sich nur mühsam vorwärts schoben. Man blickte auf eine Anzahl von Hochhäusern und konnte staunen: auf ihren Dächern standen noch kleine Häuser, Wohnhäuser mit Gärten. Übrigens, steigt man noch höher, blickt man vom Flugzeug herab, – ich sah solche Aufnahmen, – so verändert sich das Bild völlig, und nun macht diese Stadt mit ihrem Wechsel von hohen, mittleren und kleinen Häusern, von kompakten und spitzen Emporragungen den Eindruck einer Ansammlung von

Denkmälern, beinahe einem ungeheuren Friedhof mit einer Fülle von Grabsteinen.
Es ist nicht so leicht und so bequem, in New York zu spazieren und zu flanieren wie in Paris. Der Spaziergänger, der bequeme Schlenderer gehört nicht in das Bild der New [Y]orker [S]traße. Man trifft zwar auch gelegentliche Rasen- oder Parkstücke in oder bei großen Avenuen, wo Leute still sitzen. Aber das ändert nicht viel. Zwischen diesen Gebäuden können sich auch Denkmäler nicht halten. Ich habe nur wenige gesehen. Sie verschwinden ebenso wie Kirchen verschwinden. Das europäische Kirchengebäude will sich mit seiner Spitze über die Bauten der Umgebung erheben, es strebt. Diese Funktion haben ihm die Wolkenkratzer abgenommen. Ich fand es daher ganz natürlich[9][,] schließlich a[uf] ei[ner] großen Straße (ich glaube am Broadway) auf eine Kirche zu stoßen, die sich in einem gräßlich[en] Hochhause befand, – sie fügte ihre Signatur in die Fassade[,] gerade durch ei[ne] eige[ne] Kraft-Trennlinie eingetragen, und dieses ei[ne] besonders ausgestaltete Portal, sonst gab es Aufschriften und Läden und... [unleserlich], lehrte m[ich] nebenbei[, obwohl es sich um] das selbe Gebäude handelt[,] verkraften.
Das Rockefeller-[C]ent[er][10] überrascht mit seiner unerhörten Pracht. Ein Stolz für eine Stadt, solch Bauwerk zu besitzen. Ich wil[l] dies wunderbare Gebäude nicht schildern, es ist ja eine Gruppe von Bauten. Einmal saß ich auch im Radio Cit[y,][11] im Kino dieses Gebäudes, das ungeheure Massen faßt, aber es ist mit solchem Geschick und Geschmack eingerichtet, daß das Gefühl einer übermäßigen Weite nicht aufkommt. Auf der Bühne gab es eine berühmte Girlschau, mit mathematischer Exaktheit, aber ganz unmilitärisch, agierten einige Dutzend Mädchenbeine. In dem Kinostück kam eine gradezu shakespearische Scene vor: da hat eine Frau ihr Baby einem jungen Chauffeur im Wagen hinterlassen, sie ist verschwunden und er sitzt nun in seinem Wagen und redet und klagt dem Baby sein Leid. Und das Baby scheint zuzuhören und antwortet auf seine Weise, es lacht, grimassiert und quietscht, natürlich immer an der falschen Stelle. Wir flanier-

ten auch durch die weiten Räume, in denen der Sender arbeitet, diesem eleganten Konzertsaal, die Fülle der schalldichten Aufnahmeräume[.] Man demonstrierte uns die Television. Staunend gingen wir durch all diese großzügigen, ja luxuriös ausgestatteten Räume. Und welche ungeheuren Vorkehrungen man getroffen hat, um die Ventilation und die Temperatur in den Räumen richtig zu erhalten. Eine ganze Etage ist dafür geopfert.

In keinem Augenblick kamen mir, stellte ich fest, ein anderes Gefühl als das des Vergnügens und Mitstolzes an solchen Einrichtungen, die der ungehinderte menschliche Geist treffen kann. Ich grollte in keinem Moment der Technik. Nach dem Wandern durch diese Räume war ich nur der Meinung: es müßte doch der Geist, der solche Dinge schafft, der an Belehrung, Unterhaltung, Kunst und Wissen denkt, auch dazu gelangen, die Mängel zu unterdrücken, die an der technischen Entwicklung hängen, – ich meine ihren Mißbrauch. Hier arbeitet man mit technischen Instrumenten nicht für irgendwelche Zwecke, oder gar für zerstörerische. Hier waltet menschliche Tätigkeit, und wenn sie frei waltet, man sieht es hier, steht die Technik im Dienst der Bereicherung und Vervollkommnung der Menschheit. Ja, man bekommt hier andere Vorstellungen von Fortschritt, von Technik und ihren Folgen als in Europa.

Und da will ich gleich von einigen andern technischen Dingen reden, die mir auffielen. Da fahren Autobusse auf der Straße. Diese wichtigen Möbel sind länger und komfortabler als in Paris und Berlin. In den meisten war der Kondukteur, der Chauffeur der einzige Beamte im Wagen; zwei kleine Apparate hatte er neben sich, einen in den man sein Geldstück warf und den Empfang mit einem Klingeln anzeigte, ein zweiter ein Behälter zum Wechseln. Mit einer kleinen Fußbewegung öffnet und schließt der Chauffeur die Tür, ein Spiegel in Kopfhöhe erlaubt ihm die hintere Tür, durch die man hinausgeht zu kontrollieren; in manchen Wagen wirft der Chauffeur bzw. der Mechanismus auf dieselbe Bewegung hin, welche die Tür öffnet, auch Stufen herun-

ter, eine kleine Treppe[,] auf der man einsteigen kann. Auch auf den Métros die Mechanisierung, ein einziger Schalter zum Geldwechseln, sonst verschieden gestaltete Drehkreuze, die nach Einwurf der Münze den Einlaß freigeben. Die New [Y]orker M[é]tro steht aber an Bequemlichkeit und Komfort hinter der Londoner zurück, Mangel der Rolltreppen besonders.
In ein anderes Kapitel gehört die Einrichtung, die Größe, Weitläufigkeit und der Komfort der Warenhäuser und Geschäfte. Wenn ich sage, daß verglichen mit Macy, Wanamaker und Saks 5th Avenue die mir bekannten europäischen Warenhäuser klein wirken, so möchte ich nicht in die Trompete derer stoßen, die Amerika unsinnigerweise verschrien haben als das Land des Kolossalen und zugleich Unmenschlichen. Es ist mit den Warenhäusern so wie mit den Wolkenkratzern. Man hat sie nicht gesehen, wenn man nichts weiter an ihnen entdeckt als ihre Höhe. Ich habe zu wenig Kenntnis und Einblick in die Arbeit dieser Warenhäuser bekommen, aber sichtbar war die Klugheit, Zweckmäßigkeit und Großzügigkeit der [A]nlagen. Welch Vergnü[g]en, in diesen Räumen, die wirkliche Hallen sind, herumzugehen, sich umzusehen, sich von den Produkten locke[n] zu lassen und[,] wenn man will[,] zu wählen, man geht in einem Kreuzfeuer von Verführungen. Ich will den Geschmack anderer Großstä[d]te nicht herabsetzen, und es bleibt mir sicher, daß Paris noch lange das Scepter führt, aber in einzelnen Dingen, nicht nur baulicher Art, sah ich in New York Feineres und Raffinierteres als anderswo. Dieser Geschmack, die Phantasie der Schaufensterdekoration in den großen Straßen stellt jedenfalls alles in [den] Schatten, was ich in den westlichen europäischen Großstädten sah (ich möchte übrigens nicht unterschlagen, daß ich nicht so entzückt bin von dem Geschmack mancher amerikanischer Zeitschriften, in Bezug auf ihr Bildmaterial; eine peinliche Süße, ein leeres kitschiges Lächeln macht sich da unerhört breit)[.]
Man hat mir von Museen und Bibliotheken erzählt, und ich hatte gedacht, sie werden ein bißchen größer sein als die, die ich

kenne, auf ein paar tausend Bände mehr oder weniger kommt es mir aber nicht an. Aber ich sah doch etwas anderes. Sie haben nicht nur mehr Bücher, sie wissen auch mit ihnen umzugehen, sie zur Verfügung zu stellen und sie zu benutzen. Ich ließ mich durch mehrere große Bibliotheken führen. Diese weiten Lesesäle, für alle erdenklichen Spielarten des menschlichen Wissens eingerichtet, leicht zugänglich, bequem nebeneinander. Wie gut läßt es sich da arbeiten und es saßen auch überall jüngere und ältere Männer und Frauen und arbeiteten. Vorzügliche Handbibliotheken überall. Wie staunte ich über die deutsche. Wie froh wäre ich, hätten wir in Paris ähnlich gut eingerichtete. Und wie kann man sich hier rasch informieren und sich belehren lassen auf Gebieten, in denen man nicht zu Hause ist. Was Zeitschriften anlangt, so hat ja neuerdings die Pariser Nationalbibliothek für sie einen modernen und vorzüglich eingerichteten Saal eröffnet. Aber auch da steht New York nicht zurück. Welches Gewimmel in der ... [Hier bricht der Text ab.]

[TAGEBUCH MAI 1940]

Sonntag 5. Mai 1940
Notizen vom Krieg.
Zuletzt der englische Rückzug bei Trondheim.[1] Chamberlain[2] soll blaß und mit tiefen Linien im Gesicht gesprochen haben. Die Deutschen sprechen im Radio von der englischen Katastrophe. Jedenfalls steht jetzt Stalin[3] bzw. Mussolini[4] im Vordergrund; er hat erklärt, «im Augenblick» nicht sein «non-belligerance» zu verlassen. Interessant, daß sich Amerika – oder Roosevelt[5] – an Sondierungen und Vermittlungen beteiligt. Die französ[isch]-engl[ische] Flotte jetzt sehr stark im Mittelmeer. Es bleibt eine

entscheidende Frage: welche Bedeutung hat das Flugzeug? Ist es im Kampf gegen Großschiffe etc. wirklich wichtig, oder gar überlegen? Also eine neue Waffe, Umwälzung? Italien beobachtet den Norwegenkrieg und zieht daraus seine Schlüsse.

6. Mai 1940. Das Warten auf die Entscheidung Italiens bzw. Mussolinis. Welche Consequenzen zieht er aus dem Malheur bei Trond[h]eim? Die Frage bleibt, ob die Posit[ionen] bei Nar[v]ik zu halten sind. Die Flotte steht bei Alexandrien; es gibt eine Armee unter d[em] Engländer Wavell[6] u[nd] eine unter Weygand.[7] Schon sind die engl[ischen] Hande[l]sschiffe aus dem Mittelmeer gelenkt. Immer noch die Frage Bluff oder Ernst? Diese stellte ich noch vor Polen Sept[ember] 39. Ich halte ein[en] gemeins[amen] Plan Moskau Rom Berlin über Teilung im Balkan für wahrscheinlich. Es würde dann auch offener Krieg mit Rußl[an]d da sein. Schwerer Krieg. Und lang, da weder Engl[an]d noch Fr[an]k[rei]ch nachgeben kann. Also mit Dauer rechnen.

Interessant d[er] amerikanische Plan, mit Kanada eine Eisenbahn nach Alaska zu bauen; russ[ischer] Krieg. –

Habe selbst vier norweg[ische] Pakete gemacht. Eine «Räuberballade»[8] mit Masereel[9] liegt noch.

10. Mai 1940. Heute Nacht 5–6 Fliegeralarm und Sirene; früh morgen um ½9 statt der üblichen Radioinformation der Meister Frossard[10] selbst, kündigt an, daß Hitler in Luxemburg, Holland, Belgien einmarschiert sei, es seien Bomben geworfen; auch auf einen Flugplatz bei Paris. Die Insel Island[11] ist von den Engl[än]dern besetzt worden; endlich eine Beweg[un]g. Dies alles fällt zusammen mit der noch nicht abgeschloss[enen] engl[ischen] Ministerkrise nach dem Mißerfolg bei Trond[h]eim; man will da ein aktiveres und breiteres Ministerium. – Klaus[12] in Urlaub, seit 5 Tagen; muß möglicherweise sofort zurück; unsere Sorge be[tref]fs Wolf[13] im Saargebiet natürlich größer. Unruhe und Spannung, aber es kommen nach der langen unsicheren Spannung jetzt wohl sehr wichtige Schläge. Werden die Deutschen in Holland Belgien aufgehalten? Hitler rennt dem Traum der «Landung in Engl[an]d» nach. – Und wird nicht bald Mus-

solini (nach einem vielleicht vereinbarten Plan) jetzt auch losschlagen? Kritische, gefährliche Situation. Hitler will die franz[ösisch]-engl[ischen] Kräfte zweifellos zersplittern und seine Centralstellung ausnutzen. – Es kommt eine Zeit schwerer Opfer, schwerer Erregungen. – Ich schreibe die letzten Seiten meines 2. B[an]des[14]; Becker nach der Wendung, Gespräch mit Maus. Herrliches Sommerwetter, fast täglich im Park St. Germain; was kann jetzt Propaganda[15] leisten? Nachrichten! Aufklärung!

[TAGEBUCH 1945-1946]

Montag 3. XII. 45[1]
Baden-Baden – Die Tage vergehen langsam. Mein kl[eines] Wohnzimmer[2], schwach beleuchtet, ohne Stuhl, ist nicht geheizt. Ich war zu Dr. Hedinger[3] wegen m[einer] ‹Schulter›, er verschrieb Optalidon[4][,] lobt zur Beruhigung der neurot[ischen][5] Beschwerden Wildbäder[6], Zahndurchleuchtungen. – Trübe das Sitzen bei Tisch, das französische Geschwä[tz][7], dem ich nicht folgen kann und das mich auch nicht interessiert. Ich bin [der] älteste, weitaus älteste da; bin so völlig fehl am Platz, der einzige in Civil. Ich spiele da zwischen den jungen eine merkwürdige, mir unsympathische Rolle. Offenbar bemitleidet man mich.
Im Dienst[8] (Bad[ischer] Hof)[9] unterschreibt m[eine] Briefe ein «colonel», der Schullehrer ist[10], von 38 Jahren; ich habe nicht das Recht; aber die Briefe schreibe ich. Was soll ich hier? Es ist mein Job.
Rätselhaft[,] wie die Z[ei]tsch[rif]t[11] gelingen soll; fast 2 D[u]tz[en]d Briefe schicke ich raus (aber selbst bezahlt, privat)[,] um prinzipielle Zustimmungen[12] zur Sache zu haben. Bisher 0 Antwort. Die Post.

– Immer der Gedanke an das schreckliche Unglück unseres Wolfgang.[13] Es ist unfaßbar. Ich bete 3 × am Tage für ihn. Wie damit fertig werden[?] – Mein neues Buch[14] wird ihm gewidmet werden, – natürlich, – ich rühre an seine (und meine) Geschichte.

Donnerst[ag] 13. XII. 45
Es geht auf und ab. Ich habe heute die erste Zusage zu d[er] geplanten Z[ei]tsch[rif]t von Hausenstein[15] aus Tutzing in Bayern bekommen. Fast gleichzeitig aber eine[n] ebensolche[n] Werbebrief von Reifenberg[16] aus einem nicht definierten Neustadt[17] zurück.
Auf keinen der vielen Briefe nach Amerika[18] eine Antwort, abgesandt am 22. XI., auch nichts von Lion[19], Schweiz, 26. XI. – Ich habe hier bis jetzt noch kein Honorar erhalten.
Mein Zim[me]r hat ein[en] Stuhl bekom[me]n.
Das ganze bzw. halbe Bürohotel ist leer, die beaux arts sind zu einer réunion mit Déjeuner. Ich – bin nicht eingeladen, obwohl zu den beaux arts nach dem Schein gehörig.
Ich habe ein andres besseres Zim[me]r bei der Russ[ischen] Kirche[20] (10 Minuten von der Pension) abgelehnt. Das Gehen besonders aufwärts strengt mich an. Ich gehe überhaupt recht langsam und ungern; es fällt mir schwer. War heute (eigentlich überflüssigerweise) zum Röntgen der Zähne; Resultat: ein Granulom[21] an dem alten Wra[c]k von Weisheitszahn.
Mein r[echter] Arm (neural[gische] Schmerzen, Hitze, Glühen) und die rechte Schulter bessern sich nicht. Ich schlucke viel Optalidon. Von meinen jämmerlichen Augen will ich garnicht reden.
Habe schon lange nicht an meinem Roman geschrieben, – der arme arme Wolfer schwebt mir vor; ich war früher so hart gegen ihn; ich höre noch, wie er einmal als Kind sagte: «Papa haßt mich furchtbar.[»] Um so mehr war er mit E[rna] verbunden. Der Gedanke tut mir wohl.
Ich habe eine Arbeit über d[en] Nürnb[erger] Proceß[22] zu Ende

gemurkst. Und nun ist keine Stenotypistin da, weder frei[,] noch vom Arbeitsamt zu haben.

17. XII.

Mittwoch[23]; Sonnab[en]d abends permiss[ion][24] n[ac]h Paris. Man hat mir nicht die ordre de mis[sion][25] gewährt; ich muß wie ein gewöhnlicher Soldat den permissionaire[-Z]ug nehmen. Es kränkte mich. Aber man soll [sich] nicht kränken lassen.

Man behandelt mich auch sonst –. Wenn réunion des officiers ist, lädt man mich nicht ein.

Ich kann ja noch nicht genug französisch; und ich bin 67 Jahre alt; der einzige Civil, kontraktlich[26] angestellt. Jeder wirkl[iche] Leutnant von 25 Jahren ist mehr als ich.

Umgebung von Gymnasiallehrer[n] und, wenn es hochkommt, Universitätsprofessor nicht grade hohen Niveaus[.]

Sonderbare cas[e]s –. Sie hätten mich nicht bekehrt. Jeder Tag bringt irgend etwas, ein[en] Besuch, ein[en] Ärger. Heute Herr Bühler[27] und Berl.[28] Bü[h]ler junger unsympathischer Mann, Berl sein Lektor.

Ein Brief Viettas[29] ärgerte mich; er schreibt, von wie vielen Seiten er zur Mitarbeit aufgefordert wird. Ich – biete mich an; keine Antwort. Meine Zeit ist nicht da.

Ich sehe grau in grau über m[eine] Zukunft. Was leiste ich hier, was kann ich leisten[?] Ich fürchte mich wegen der Z[ei]tsch[rif]t. Keiner aus Amerika u[nd] sonst antwortet. Vielleicht die Post, – aber sie ist auch später so. Wie also vorwärts ko[m]men? Wenn man mir doch antwortete.

Ich will in Paris alle Briefe noch mal schreiben. Vielleicht lag es an der Adresse.

Mein Roman ruht –. Ich habe selten die Ruhe dafür.

D[er] Tisch bei der Popote[30]: M[a]d[a]m[e] Giron[31] (meine Chefin, die mir nicht grün zu sein scheint, was ich als gefährlich empfinde), der originelle M. Hepp[32], der pyknische Sauzin[33], der puritan[isch] sachliche[,] spitz rege Woytt.[34] Ich meist daneben (auch weil ich nicht verstehe) als steinerner Gast.[35]

5. I. 46 Sonnabend

Das neue Jahr, ich war 8 Tage in Paris, die kalten Räume, man ist noch immer nicht zuhaus[36]; jetzt wieder B[aden]-B[aden]. Wie es auf und ab geht. Sonnabe[n]d Nachmittag, trübe im Büro, zuhaus nicht geheizt. Meine «situation» noch immer nicht geregelt; es sieht nicht aus, als ob ich abgebaut werde. Ich spiele keine große Rolle unter den anderen hier. Meine Arbeit tritt nicht deutlich hervor. Der Raum ist noch nicht gesichert. Ich hatte zu m[einer] Überraschung drei pos[itive] Antwort[en] aus Amerika, von H[einrich] Mann[37], Kesten[38] und Feuchtwanger.[39] Th[omas] Mann[40], Mar[c]use[41] stehen noch aus.

Am Vormittag im Büro neuer Besuch vom Repräsentanten des Herder Verlags[42]; er brachte mir die nun schon bekannte Einladung d[es] Bernh[ard] Gut[t]mann[43] Freiburg, einmal herüber zu kommen[44], man stellt mir einen Wagen, es handelt sich um Contaktnahme und um Artikel für Zeitungen.

Dann kam ein ungewöhnlich langer und gedrückter leerer Nachmittag; ich legte mich[,] nachdem ich noch im Büro bis ½ 6 herumgesessen hatte, allein, zuhause hin und döste. Ich dachte, nach dem Abendessen [zu] sehen, der Tag ist zu Ende, und war im Hinausgehen aus dem Saal, als Colonel Boucher[45] und d[er] neu gekommene, mir sofort wenig sympath[ische], ehemal[ige] Theaterdirektor aus Straßburg[,] Faber[46][,] ich stellten, um mir von ihrem eben gemachten Besuch bei Schmittlein[47] zu berichten: wonach eigentlich dieser Herr der Chef des Bur[e]a[u] des lettres[48] würde, eigentl[ich] bloß für administrative Dinge. Ich stellte ihn, als B[oucher] gegangen war, allein, wir saßen noch bis nach 10 im Saal; ich war erregt, protestierte energisch. Es gab ein langes Gerede. Ich war enorm getroffen, empört; konnte nicht einschlafen; bin noch jetzt verstimmt (dies ist Sonntag vormittag fortgesetzt)[.] Werde ein compte rendu meiner bisherigen Tätigkeit geben.

Bin leider durch die finanzielle Rücksicht schrecklich gebunden.

Sonntag[49]
Nach der schlechten Nacht ein besserer Tag; morgends beim Kaffee begrüßte mich der (recht schmierige und unsaubere, ja ungepflegte) Herr, der immer in den Zähnen gräbt, freundlich, als wäre nichts geschehen. Eine Intrigue (Das Ganze, erfahre ich, ist ein Manöver des chef d[es] Beaux arts[50], der sich dieses Mannes gegen eine[n] andern bedienen will, T[h]imon[n]ier[51] vom Spectac[le][52], den er nicht mag und der sich um ihn nicht kümmert, – so wenig wie ich[.]

5. II. 46
Was für ein Leben. Zeit eindrücklich, ich hatte gut geschlafen, morge[n]s aber begann es, indem ich d[as] Bett gedank[en]los machte, (die Mühe des Packens)[,] denn m[eine] kostbare Lampe war beim Packen im [W]eg, u[nd] d[ie] Birne, mein Stolz zerbrach; dann natürlich so weiter –, bis ich mich anzog, trübe, matt, unlustig.
Meine Arbeit hier ist belanglos. Ich sitze im Büro und leiste faktisch nichts. Die Revue will man anscheinend nicht; man gibt keine Antwort, – vielleicht bin ich suspekt (zu links!), vielleicht hat man oben keinen Mut. Aber was tu ich hier? Avis für Ma[n]uskripte geben, – aber das ist doch kaum nötig, ach – fort auf bald auf –.
Meinen «Oberst»[53] habe ich verliehen und bekomme ihn nicht wieder –; ebenso die «Berge»[54] und «Flucht aus der Heimat»[55], wenn ich doch erst merkte, wie es mit Verleihen ist, – aber ich bin so alt, nein, ich lerne es nicht mehr. Ich schrieb «Als ich Abschied nahm – A[ls] i[ch] wieder kam»[56] – es wurde nur dabei klar: im «Wiederkommen» liegen für mich noch ungelöste Probleme: schon, als was bin ich wiedergekommen, als Dichter, als Franzose, als Beides?
Ich täte besser, zu reifen, auch einzusehen, zu hören, und zu warten. Ich sitze im Büro, lese, lese –.

5. III.
Morgens gleich trübe, verstimmt. Vor mir – was für ein Tag. Gestern abend bis ½12 mit P[ae]schke[57] im Zimmer; ein Mann anfangs 30, oft lebendig, unbesorgt. Ich sitze da, mit Sorgen. Muß diese jämmerlich Stelle halten, wo ich auf ein[em] falschen Platz sitze. Jeder fragt mich: was machen Sie eigentlich da? Ich: «Lektorposten», aber eigentlich hat keiner den Posten nötig; und was soll das auch, die Verlage sollen doch drucken, was sie verkaufen wolle[n]. Die «Revue» m[ö]chte ich teils, teils fürchte ich sie. Aber was mache ich ohne sie? Die sinnlose Tätigkeit für d[ie] Franzosen; alles halb und falsch. Wie d[er] Fall in Freiburg, wo d[er] Professor[58] sagte: er wünschte, Th[omas] Mann käme nicht zurück, sonst erwarte ihn ein Pistolenschuß in den ersten 6 Monaten – [;] der «Staatsrat» ...[59], der zu mir kommt und erklärt, sein bester Freund sei –, Ernst Jünger[60] –.
Ich bin hier nichts und überhaupt, was habe ich am Ende meines Lebens erreicht? Wie werde ich gesehen? Da reden und schreiben sie wesentlich über Kafka[61], und dann über Joyce[62], der ganz groß ist, – noch andre, – mein Name existiert nicht. Meine Art hat nichts bezwungen. Meine Bücher sind zu schwer, zu dick, zu voll, und zu verschlossen. Ich bin nicht einfach, nicht eindeutig genug. Wo meine «Zukunft» –[?] Ich habe mich schon überlebt, – ohne recht gemerkt zu haben, daß ich lebe. Ich erwarte nichts mehr. Ich bin ohne Hoffnung für mich. Wenn nur, wie ich dachte, der Glaube noch besser hielte. Es wird bei mir im[m]er zu abstrakt, – dieser Gehirnglaube.

Als ich Abschied nahm . . .

Morgens[1] um neun hörte ich am Radio: Der Reichstag sei in Brand gesteckt worden[2]; das Feuer habe gelöscht werden können; es sei gelungen, einen der Verbrecher an Ort und Stelle zu ergreifen; es handele sich um ein kommunistisches Attentat – eine unerhörte Untat, die sich gegen das deutsche Volk richte, und so weiter. Ich stellte den Apparat ab. Mir fehlten die Worte. Ich war allerhand vom Radio und seinen jetzigen Beherrschern gewöhnt: das war die Höhe. Offenbar war der Reichstag wirklich angesteckt worden [,–] von den Kommunisten? Solchen faustdicken Schwindel wagte man anzubieten. Man muß «Cui bono?»[3] fragen; wem nützte die Brandstiftung? Die Antwort lag auf der Hand.

Ich war unbekümmert für mich, wenn auch tief beunruhigt und empört – bis man mich anrief und fragte, was ich machen wolle. Ich war erstaunt: Warum? Nun, die Verhaftungen; ich solle mich vorsehen. Ich dachte: lächerlich! Das Telephon riß aber nicht ab. Dann kam man zu mir; es war immer dasselbe: ich möge, wenigstens vorübergehend, verschwinden; ich sei gefährdet, es gäbe Listen. Das leuchtete mir alles nicht ein. Die innere Umstellung von einem Rechts- auf einen Diktatur- und Freibeuterstaat gelang mir nicht sogleich. Gegen Abend war ich so weit. Meine Frau war auch dafür. Es war ja nur ein Ausflug; man läßt den Sturm vorübergehen; nur für drei bis vier Monate, dann sei man mit den «Nazis» fertig. Man besuchte mich, es gab Tränen. Ich lachte und war ruhig. Mit dem kleinen Koffer in der Hand zog ich ab, allein. Unten erwartete mich eine Überraschung. Ein Nazi, über der Uniform einen zivilen Mantel, stand vor meinem Arztschild, fixierte mich – und folgte mir zur Untergrundbahn. Er wartete ab, welchen Zug ich nähme, stieg in dasselbe Abteil. Am Gleisdreieck[4] stieg ich aus, er auch. Er ging hinter mir her.

Dann gab es ein Gedränge, ein ankommender Zug entleerte sich, ich lief eine Treppe hinunter und fuhr von einem anderen Bahnsteig in irgendeine Richtung, später an mein Ziel: Potsdamer Platz, Möckernbrücke.[5] Ich wollte zum Anhalter Bahnhof. Der Zug in Richtung Stuttgart fuhr gegen zehn. Ich fand einen Schlafwagenplatz. (Das Billett habe ich während der zwölf Jahre Emigration in der Brieftasche mit mir herumgetragen.)
Als ich abfuhr, stand ich am Gangfenster. Es war finster. Ich bin viele Male diese Strecke gefahren. Die Lichter der Stadt. Ich liebe das sehr. Wie war es mir immer, wenn ich von draußen hineinfuhr nach Berlin und dies sah: ich atmete auf, ich fühlte wohl auch, ich war zu Hause. Nun, ich fahre jetzt, ich lege mich schlafen. Merkwürdige Situation, gehört eigentlich nicht zu mir. Ein paar Stunden in Stuttgart[6]; friedliches Leben, die «Nazis» rufen zu Versammlungen auf – burlesk, warum laufe ich eigentlich weg? Eine alberne Sache; ich werde mich später schämen. Überlingen[7] – [ü]bernachten, Fahrt über den See, nach Kreuzlingen.[8] Jetzt die Grenzüberschreitung, in einem Auto, es geht alles glatt. Ich besuchte in Kreuzlingen einen Sanatoriumsarzt[9], bei dem ich ein Jahr zuvor[10] mit meiner Frau zu Gast war (welche frische heitere Zeit). Nun kam ich in der mir komisch und sinnlos erscheinenden Rolle eines Flüchtlings. Aber wer flüchtete denn? Wovor? Es sah doch überall so friedlich, normal, völlig normal aus! Bis ich eines Tages aus dem Sanatorium nach draußen gerufen wurde; man fragte nach mir. Es war (ich habe einen nicht zu starken Zahlenaberglauben) der 3.3.33.
Draußen stand, bis auf einen Jungen[11], meine ganze Familie. Oh, das war nun ein ganz anderes Bild. Meine Frau, heftig erregt, erzählte von ängstlichen Dingen in Berlin, von der fürchterlichen Hetze, von dem, was sie im Zug gehört hatte. Die ganze Familie wäre bedroht; sie könnten nicht bleiben. Nun, sie war da. Es erschreckte mich, der 3.3.33. Es machte mich bedenklich. Aber ich kam darüber hinweg; ich hatte mich mit anderen Dingen zu befassen, zum Beispiel mit dem Suchen einer provisorischen Unterkunft, mit Spazierengehen, Gesprächen, Planen. War ich

nun jetzt draußen, oder wartete ich bloß? Ich wußte es nicht. Es machte mir auch nicht viel aus. Meine Frau sah die reale Situation, sie wußte, daß sie von ihrer Häuslichkeit Abschied genommen hatte, daß die Kinder aus allem herausgerissen wurden, der Berg der Sorgen, die Wolke der Unsicherheit – sie weinte viel –; dagegen ich (was konnte ich gegen mich machen?) hochgestimmt. Ja, hochgestimmt. Wodurch? Mich begleitete in jenen Monaten das Wort aus dem «Taucher»: «Doch es ward mir zum Heil, es riß mich nach oben.»[12]
Was ward mir zum Heil? Ach, es war alles, nicht nur politisch, auch geistig unerträglich in Deutschland geworden. Es war, als ob der politische Wirrwarr, die Stagnation das geistige Leben erfaßte und es lähmte. Auf meinem Platz rang ich dagegen. Zuletzt, Ende 32, hatte sich in mir ein Bild festgesetzt[13], das ich nicht los wurde: ein uralter, verschimmelter Gott verläßt, seiner kompletten Verwesung nahe, seinen Wohnsitz im Himmel und fliegt, um sich zu erneuern und seine alten Sünden abzubüßen, auf die Erde zu den Menschen hernieder, er erst Gott und Herrscher, jetzt Mensch wie alle. Es war die Ahnung und Vorwegnahme des Exils. Ja, das Exil, die Ablösung und Isolierung, das Heraus aus der Sackgasse, dieser Sturz und das Sinken schien mir «zum Heil» zu sein. In mir sang es: «Es reißt mich nach oben.» Ich konnte mich nicht dagegen wehren. Ich war in einer einzigen gehobenen Stimmung (die auch auf das Buch, das ich das ganze Jahr über schrieb[14], übergriff).
So trat ich das Exil an. So – erging es mir, «als ich Abschied nahm».

Als ich wiederkam . . .

Und als ich wiederkam, da – kam ich nicht wieder. Es gibt einen schönen amerikanischen Roman mit dem Titel: «Du kannst nicht nach Hause zurück.»[15] Warum kann man nicht?

Du bist nicht mehr der, der wegging, und du findest das Haus nicht mehr, das du verließest. Man weiß es nicht, wenn man weggeht; man ahnt es, wenn man sich auf den Rückweg macht, und man erfährt es bei der Annäherung, beim Betreten des Hauses. Dann weiß man alles, und siehe da: noch nicht alles.

Ein mächtiger Ozeandampfer[16], der zum Truppentransportschiff umgewandelt war, trug uns, die zu dreien zusammengeschmolzene Familie[17], Anfang Oktober 1945 von Amerika nach Europa zurück, von der Neuen Welt in die Alte Welt. Sechs waren wir, als wir 1933 Nazideutschland verließen. Ein Sohn war nun Amerikaner geworden[18] und blieb drüben – einer hatte uns nicht folgen können, als wir 1940 nach Amerika gingen, und saß nun in Nizza jung verheiratet[19] – und einer konnte uns nicht folgen, die wir immer an ihn dachten und nicht wußten, wo er bloß blieb und warm er nicht schrieb: er lag seit dem 21. Juni 1940 im Soldatengrab in den Vogesen.[20] Vor dem Feind, dem Nazi, gefallen, unser Wolfgang; ein begnadeter Mathematiker[21], die Herzensfreude seiner Mutter.

Als wir Europa verließen, im Oktober 1940[22], da war das letzte von Europa das Lichterstrahlen Lissabons. Nachts fuhren wir aus, nachts kamen wir nun wieder an. Das gewaltige schwarze Schiff hielt an dem künstlichen Pier von Le Havre (der alte Pier war zerstört). Und dies war das erste, was ich von Europa sah, vom Schiffsdeck aus:

Unten, in der Finsternis, fuhr ein Wagen mit einem starken Scheinwerfer. Er warf sein blendendes Licht auf die untere Partie unseres Schiffes. An die offene Tür des Laderaums wurde eine breite Leiter gelegt. Und nun kroch, im Lichtkegel des Scheinwerfers, eine Anzahl Männer, alle gleich gekleidet, die Treppe hinauf. Sie sahen von oben wie Gnome aus. Sie verschwanden im Bauch des Schiffes, tauchten wieder auf, schleppten Kisten und Kästen, kletterten damit, immer zwei nebeneinander, die Treppe herunter, setzten ihre Last ab, und begannen wieder den Weg. Es war ganz maschinell, wie eine Theateraufführung inszeniert; man hörte oben kein Geräusch. Das waren – Deutsche,

Kriegsgefangene. So sah ich sie wieder. Ich hing fasziniert an dem Bild.
Als wir ausstiegen, standen sie in einem Haufen beieinander. Sie betrachteten uns Wanderer von jenseits des Ozeans, stumm, ohne Ausdruck. Die Leute gingen an ihnen vorüber, als wären sie nichts. Das war die erste, die furchtbare, niederdrückende Begegnung. Der unheimliche Eindruck (die Geschlagenen, die Gestraften, der Krieg) verließ mich auch nicht während des Aufenthaltes in Paris. Ich sah das arme, leidende Paris, das sich abends nicht gegen die Finsternis wehrte und froh war, wenn es seinen Schmerz in Nacht verbarg. Dann brach ich auf, nach Norden, nach Deutschland. Ich fuhr allein, wieder allein, wie bei der unbekümmerten Ausreise 1933.
Was ich dachte, was ich fühlte, als ich die Nacht über fuhr und man sich der Grenze näherte? Ich war oft wach und prüfte mich. Aber da meldete sich kein ursprüngliches Gefühl. Es meldete sich allerhand, aber nichts von früher. Ich bin nicht mehr der, der wegging. Ja, leicht und froh flog ich damals aus meinem Haus. Es war wie eine Befreiung von einer erstickenden Atmosphäre. Das Schicksal hatte mir das zugeworfen. Ich triumphierte: «Es ward mir zum Heil, es riß mich nach oben.» In der «Babylonischen Wandrung» lacht der entthronte Gott, nimmt mit Hochgenuß die als Strafe gedachte Veränderung auf sich und geht ungebrochen, eine einzige Heiterkeit und Lebensfreude, seines Wegs.
Dieser Gott war ich – nicht. Ich erfuhr es langsam, teils allmählich, teils ruckweise.
Las ich nicht in einem Artikel eines literarischen Heimkriegers[23] das Wort von den «Fauteuils und Polstersesseln» der Emigration? Es wird viel gedruckt, es könnte noch mehr gedruckt werden, die Ahnungslosigkeit hat ja keine Grenze. Zu fliehen von Land zu Land – alles verlieren, was man gelernt hat, wovon man sich ernährte, abermals fliehen und jahrelang als Bettler leben, während man noch kräftig ist, aber eben im Exil lebt – so sah mein Fauteuil und Polstersessel aus, und so der vieler, die hin-

ausgingen. Man schrieb und arbeitete wie nie, in seinen vier Wänden, und war nicht nur zur völligen Stummheit verurteilt, entmündigt, sondern noch mehr: degradiert, weniger als ein Analphabet des Landes, der sich wenigstens mit seinen Nachbarn unterhalten kann. Es gab Emigrationsgewinnler; gewiß, sie brachten es zu etwas in den fremden Ländern, die nicht das richtige Maß für sie besaßen. Wieviel waren es? Die meisten waren froh, wenn sie heil über den Monatsersten oder -fünfzehnten hinwegglitten. Kaufleute, Maler, Musiker hatten es leichter (mit Niveausenkung), Frauen, unbeschwert, entwickelten sich dann und wann vorzüglich. Aber wir, die sich mit Haut und Haaren der Sprache verschrieben hatten, was war mit uns? Mit denen, die ihre Sprache nicht loslassen wollten und konnten, weil sie wußten, daß Sprache nicht «Sprache» war, sondern Denken, Fühlen und vieles andere. Sich davon ablösen? Das heißt mehr, als sich die Haut abziehen, das heißt sich ausweiden, Selbstmord begehen. So blieb man wie man war – und war, obwohl man vegetierte, aß, trank und lachte, ein lebender Leichnam.

Nun fahre ich, geographisch, zurück. Am Bahnhofsplatz in Straßburg sehe ich Ruinen, wie im Inland: Ruinen, das Symbol der Zeit. Und da der Rhein. Was taucht in mir auf? Ich hatte für ihn geschwärmt, er war ein Wort voller Inhalte. Ich suchte die Inhalte. Mir fällt Krieg und strategische Grenze ein, nur Bitteres. Da liegt wie ein gefällter Elefant die zerbrochene Eisenbahnbrücke im Wasser. Ich denke an die Niagarafälle, die ich zuletzt drüben, dahinten in dem verschwundenen großen, weiten Amerika sah, die beispiellos sich hinwälzenden Flutmassen. – Still, allein im Kupee, fahre ich über den Strom.

Und dies ist Deutschland. Ich greife nach einer Zeitung neben mir: Wann betrat ich das Land wieder nach jenem fatalen 3.3.33? Welches Datum? (Ich habe etwas mit Zahlen.) Betroffen lasse ich das Blatt sinken, betrachte die Zahl noch einmal: der neunte November. Es ist das Revolutionsdatum von 1918. Datum eines Zusammenbruchs, einer verpfuschten Revolution – um diese Zeit[24] fuhr ich 1918 auch von Frankreich nach Deutschland hinein – und das Datum hat mich nicht losgelassen: um den «November 1918» habe ich in den letzten Exiljahren vier Romanbände[25] geschrieben. Wird alles wieder so kläglich wie damals verlaufen, soll und muß es diesmal nicht eine Erneuerung, eine wirkliche, geben? Die Glocke «9. November» hat angeschlagen, ich fahre in das Land, in dem ich mein Leben zubrachte und aus dem ich hinausging, aus seiner Stickluft floh, in dem Gefühl: es wird mir zum Heil. Und da liegt das Land, das ich ließ, und mir kommt vor, als ob ich in meine Vergangenheit blickte. Das Land hat erduldet, wovon ich mich losreißen konnte. Jetzt ist es deutlich geworden: ein Moloch ist hier gewachsen, man hat ihn gespürt, er hat sich hochmütig gespreizt, gewütet, gewüstet – und da sieht man, was er hinterlassen hat. Sie haben ihn mit Keulen erschlagen müssen.

Du siehst die Felder, wohlausgerichtet, ein ordentliches Land. Man ist fleißig, man war es immer. Sie haben die Wiesen gesäubert, die Wege glatt gezogen. Der deutsche Wald, so viel besungen! Die Bäume stehen kahl, einige tragen noch ihr buntes Herbstlaub. (Seht euch das an, ihr Kalifornier, ihr träumtet von diesen Buchen und Kastanien unter den wunderbaren Palmen am Ozean. Wie ist euch? Da stehen sie.)

Hier wird es deutlicher: Trümmerhaufen, Löcher, Granat- oder Bombenkrater. Da hinten Reste von Häusern. Dann wieder Obstbäume, kahl, mit Stützen. Ein Holzschneidewerk intakt: die Häuser daneben zerstört. Auf dem Feld stehen Kinderchen und winken dem Zug zu. Der Himmel bezieht sich. Wir fahren an Gruppen zerbrochener und verbrannter Wagen, verbogenen und zerknitterten Gehäusen vorbei. Drüben erscheint eine dunkle Linie, das sind Berge, der Schwarzwald, wir fahren weit entfernt von ihm an seinem Fuße hin. Dort liegen in sauberen Haufen blauweiße Knollen beieinander, auch ausgezogene Rüben. Dieser Ort heißt «Achern».[26] Da stehen unberührt Fabriken mit vielen Schornsteinen, aber keiner raucht. Es macht alles einen trüben, toten Eindruck. Hier ist etwas geschehen, aber jetzt ist es vorbei. Schmucke Häuschen mit roten Schindeldächern.

Der Dampf der Lokomotive bildet vor meinem Fenster weiße Ballen, die sich in Flocken auflösen und verwehen. Wir fahren durch einen Ort «Ot[t]ersweier»[27], ich lese auf einem Blechschild «Kaisers Brustkaramellen», friedliche Zeiten, in denen man etwas gegen den Husten tat. Nun große Häuser, die ersten Menschengruppen, ein Trupp französischer Soldaten, eine Trikolore weht. Ich lese «Steinbach, Baden», «Sinzheim», «Baden-Oos». Der Bahnhof ist fürchterlich zugerichtet: viele steigen um: Baden-Baden; ich bin am Ziel.

Am Ziel; an welchem Ziel? Ich wandere mit meinem Koffer durch eine deutsche Straße (Angstträume während des Exils: ich bin durch einen Zauber auf diesen Boden versetzt, ich sehe Nazis, sie kommen auf mich zu, fragen mich aus).

Ich fahre zusammen: man spricht neben mir deutsch. Daß man auf der Straße deutsch spricht! Ich sehe nicht die Straßen und Menschen, wie ich sie früher[,] vorher sah; auf allen liegt wie eine Wolke, was geschehen ist und was ich mit mir trage: die düstere Pein der zwölf Jahre. Flucht nach Flucht. Manchmal schaudert's mich, manchmal muß ich wegblicken und bin bitter.

Dann sehe ich ihr Elend und sehe, sie haben noch nicht erfahren, was sie erfahren haben. Es ist schwer. Ich möchte helfen.

[ZU «NOVEMBER 1918»]

Weil im Anschluß an die Worte, die ich in den wenigen Minuten zu sagen habe, eine kleine Partie aus meinem Werk von mir verlesen wird, möchte ich erklären, was mich zu dem Thema, zum Stoff dieses Werkes «November 1918» geführt hat und was überhaupt einen Autor zu diesem und jenem Stoff treibt.

Ein Schreiber, ein Schriftsteller, ein Dichter ist in unserer heutigen Gesellschaft in einer merkwürdigen Position. Er ist keine Behörde, er ist kein Amt, keine Zeitung, und doch ist er keine

Privatperson. Er wird darauf bestehen, wenn er ein echter Schreiber ist, daß er nur er selbst, nichts weiter als er ist, höchst persönlich, höchst privat. Er wirft nach jeder seiner literarischen Kundgebungen energisch die Tür hinter sich zu und verschanzt sich auf sich.

Aber andererseits befindet er sich im Besitz einer gewissen Rüstung, gewisser Mittel, die es gänzlich unmöglich machen, daß man ihn als Privatperson, als Herrn Krüger oder Herrn Müller nimmt, der sich über Tagesereignisse oder Familiendinge ausspricht.

Gewisse Mittel, sage ich. Was sind das für Mittel? Es ist das Wort, die Sprechkunst und die Phantasie. Zunächst einmal hauptsächlich die. Es lernen alle lesen und schreiben. Es lernen recht viele ganz leidlich schreiben. Aber da ist noch ein Unterschied zwischen denen, die ganz leidlich schreiben und ihr Geschreibe als Werk verkaufen können, und den nicht vielen, denen das Wort und die Phantasie als Gabe, aber nicht als Habe, nein als Bürde zugefallen ist, und die daran ihr ganzes Leben tragen. Wer diese Mittel hat, wer meinetwegen so geschlagen ist, kann sich drehen und wenden, wie er will: er ist keine Privatperson. Er hat kein Amt, aber er ist auch nicht bloß der Mann seines Namens.

Er möchte, stellt er sich vor, bloß dies und jenes Erlebnis mit den und jenen Gefühlen in Sprache und Phantasie umsetzen[,] – und schon rauben und schleppen ihn diese Mächte hinter sich her, nun auf eine andere Ebene, und es ist nicht mehr bloß sein Erlebnis. Eine Allgemeinheit, er mag sich drehen und wenden, wie er will, sieht sich erkannt, genannt, und jemand hat zu ihr ex cathedra gesprochen, ohne eine staatliche Berufung abzuwarten oder auch nach ihr zu verlangen.

Was geschieht nun, wenn solch ein Schreiber, statt sich mit seinen Seelenschmerzen abzugeben und nur Gedichte und Erzählungen zu machen, wenn er sich von öffentlichen Dingen, von jenen des Staates, der Gesellschaft, der Politik angezogen und berührt fühlt? Daß dies geschieht, ist im Grunde selbstverständlich. Das müßte eine merkwürdig verpanzerte Schildkröte von Mensch sein, dem heute nicht der Staat, die Gesellschaft, die Politik bis ins Haus und auf die Haut kriecht! Was also geschieht, wie wird sich ein Schreiber verhalten, wie wird er vorgehen, wenn ihn diese öffentlichen Dinge so bis aufs Blut nahegehen und er sich in sie so hineingerissen fühlt, daß er nicht ausweichen kann?

Denken wir an Aeschylos[1] – er war der Mann der «Perser», und wie hat Dante[2], der Florentiner, die Geschicke seiner Stadt miterlebt und in sein Gedicht getragen. Man kann nicht, wo solche Namen genannt werden, von vorneherein sagen: Der Autor soll die Hand davon lassen und bei seinem Gretchen bleiben.[3] Gewiß, Gretchen ist wahr und ewig wie Gras; aber es gibt ja auch andere Pflanzen in der Natur, auch Bäume, auch Tannen und Pappeln, ja sogar Palmen, – warum nicht in die Ferne schweifen? Es ist nicht immer das Gute, das so nah liegt.[4]

Der Schreiber wird darum kein politischer Autor werden. Er kann es gar nicht werden, er konkurriert mit gar keiner politischen Instanz, Partei, er hat nämlich, wofern er ein echter ist und er seine Gabe nicht zu einer Habe verwüstet, ein Amt, legitim, völlig unabhängig und auf einer anderen Ebene als der des Staates. Darum, wegen dieser Unabhängigkeit, Ungebundenheit, ja Willkürlichkeit seiner Art, steht auch «Freiheit» als einziges Wort auf der Fahne, die er führt.

Ein schwächlicher Autor [ist] einer, der sich seiner Natur nicht bewußt ist, der nach anderen öffentlichen Fahnen schielt und seine mindestens so hohe Öffentlichkeit, sie kann in den Winkel gedrängt sein, mißachtet.

Wie wird, um auf besagten Hammel zurückzukommen, aus einem Stoff wie «November 1918» etwas möglich, was nicht journalistisch und nicht Historie oder gar eine niedliche Liebesgeschichte [ist?] Krieg, Politik, viel Welt, massenhaft Vorgänge in vielen Schichten, – wie wird das mit tausend Farben zu einem eigenen sprechenden verkündenden Bild werden? Der Schreiber fragt nicht danach: Er hat das Bild, bevor er anfängt. Er greift,

ohne daß er es sich bewußt wird, nach einem Vorgang aus dieser Höhe, aus jener Tiefe, und unmerklich formt sich das Bild. Er ist selber erstaunt, wie es zusammenpaßt. Er ist froh und fühlt sich bestätigt. Aber noch mehr erstaunt ist er, wenn er sieht, was da zusammenpaßt. Er glaubt selbst nicht an ein Amt. Es gibt nichts Eigenbrötlerisches als solchen Schreiber. Das Werk führt ihn beim Fortschreiten, er bemerkt es oder bemerkt es auch nicht. Das Werk stößt über den Verfasser hinaus. Das gilt für alle künstlerischen Produktionen. Leichtes [ist] oft «künstlerisch», man muß erst dahinterkommen.
Was hatte ich, in Paris 1935 in Berlin 1918 zu suchen? Nun, das kam zu mir, das mußte schon irgendwelche Gründe haben, ich greife nach dem Fetzen, der mir als Einfall zuflog, und denke, ich werde mich schon an die Sache heranziehen. Und das kam so stückweise, da und da getappt im Dunkel, scheinbar am Faden der Tagesereignisse, – ich schob mich langsam Tag um Tag vom 9. November bis zum Jahresende vor –, aber alle Dinge blieben rasch nicht das, was bloß in der Zeitung stand, sie wurden mehr und mehr etwas anderes. Die Politik war nicht mehr bloß Politik. Die Dinge blieben auf der Erde, aber merkwürdige Lichter fielen auf sie und machten ihre Farben schwimmen, anderes schob sich vor, und es brauchte zwei Bände, drei Bände, bis es klar wurde, daß ich mich zwischen Himmel und Hölle bewegte und daß alle Dinge in diesem Raum standen, ja die Tagesvorgänge, die realpolitischen Dinge mit den Namen der und jener bekannter Politiker.
Aus all dem, wohinter ich treulich hertrabte und die Dinge erst nach Jahren begriff, will ich nichts Centrales vorlesen lassen – es würde zu viel Zeit beanspruchen – sondern nur eine kleine leichte Episode.

ALFRED DÖBLIN
SCHREIBT DEM «ULENSPIEGEL»

Sie wünschen für Ihre Zeitschrift im Hinblick darauf, daß ich am 10. August Geburtstag habe, einen Beitrag von mir. Nehmen Sie dies, was ich hier schreibe, als einen Beitrag.

Ich hatte vor 1933 eine schwache Ahnung von verschiedenen Gegenden Berlins und eine mehr deutliche von einer, der, in der ich lebte. «Ahnung» meint: die Örtlichkeit. Darüber hinaus gab es «Berlin» als ein Bild, das ich, wenn ich malen könnte, nach Art des Futuristen Severin[i][1] malen würde, wie den «Pan-Pan-Tanz». Dies Bild «Berlin» umgab wie eine Dunsthülle den kleinen geographischen Körper. Dem Ganzen, Ort mit Dunsthülle, gab ich öfter die Bezeichnung «Heimat» und ärgerte mich[2] über die Frösche im Sumpf, die «Stillen im Land», die Maulwürfe, die den Boden des Landes unterwühlten, welche Heimat nur um eine Dorfscheune mit Ententeich und um eine Wiese mit weidender Viehherde aufbauen wollten. Zur «Heimat» gehörte also ein Mückenschwarm und ein pfeifeschmauchender Bauer. Diese Enten- und Rindviehideologie hätte mich nicht zu ärgern brauchen, wenn ich nicht gewußt hätte, welche giftige Bosheit sich hinter der innig-treuen Naturschwärmerei versteckte. Die gigantische Pracht, mit der sich völlig grau in grau und ohne Pathos eine Großstadt mit Millionen Fenstern hinlegte, – wofür ein Walt Whitman[3] unserer Zeit ein glühendes Preislied nach dem anderen gesungen hätte – wurde von den Poetlein hinter dem Kuhstall, von den provinziellen Talentlein, die nur Schäferlieder[4] kannten, nicht gesehen. Sie wurden davon böse, weil sie nichts begriffen, die Spießer von anno dazumal, die sich in den viel zu vielen Straßen verirrten und froh waren, wenn sie wieder in ihrer Stammkneipe saßen, dem ruhenden Punkt in der Erscheinungen Flucht.[5]

Über diese ärgerte ich mich, wenn sie das erschütternd eintönige Berlin den «Wasserkopf» nannten. Für seinen Asphalt[6] hatten sie

nichts übrig, – mehr für die Autostraßen, die ihnen ihr späterer Herr[7] baute.
Was ist nun aber von dem, was ich «Heimat» nannte (und was schon lange in rasender Metamorphose lag) übriggeblieben, – von dem Engeren, in dem ich wohnte, und von dem Weiteren, das die Dunsthülle abgab?
Ich weiß nichts. Ich habe Bilder von Berlin im Kino und in Zeitschriften gesehen, ein Photograph hat es jetzt leicht, eine Stadt sieht wie die andere aus; sie alle sind kaputt. Es wird auch kaputt sein, was ich kannte, – die Schulen, die ich vor langer, langer Zeit besuchte, die Schulen, in die meine Kinder gingen, die Straßen, die ich täglich entlang spazierte, die Cafés, in die ich mich setzte.
Und besteht noch eine Kontinuität zwischen dem Menschenschlag, zwischen dem ich aufwuchs, und dem von heute? In vier Zonen soll die Stadt eingeteilt sein; das kann ich nicht realisieren, politisch wohl, aber nicht praktisch. Es wird mir nichts übrigbleiben, als eines Tages hinzufahren. Ich müßte sehen, wer sich als stärker erweist: Berlin oder die Politik, und auch: wie sich Berlin in den zwölf Jahren gehalten hat. Täglich mußte es ein Schlamm- und Jauchebad nehmen. Hat es die Kur gut überstanden? Der Doktor ist erfreulicherweise darüber gestorben.

BERLIN ALEXANDERPLATZ – HEUTE

Berlin. Und dies ist der Alexanderplatz.[1] Die Fremden nennen ihn mir jedesmal, wenn sie meinen Namen hören, wegen dieses Buches. Und wirklich, ich war ihnen und dieser ganzen Gegend des Berliner Ostens sehr vertraut. – Hier lebte ich Jahrzehnte. Ich kannte den Platz noch von Beginn dieses Jahrhunderts. Da erhob sich in seiner Mitte ein kleiner Hügel, darauf standen, von Bäumen und grünem Rasen umgeben, Bänke und man saß friedlich,

gewissermaßen im Freien, im Grünen, mitten auf dem Alexanderplatz. Der Hügel wurde dann planiert, die Zeit der Warenhäuser kam, an der Stelle einer grauen Schneiderakademie errichtete man das gewaltige Warenhaus von Hermann Tietz[2], das mehrere Blöcke einnahm. Die große Bronzesäule, eine Berolina[3], welche die Hand ausstreckt, stellte man auf den Platz vor dem Warenhaus. Zuletzt riß man hier das Pflaster auf, das war die Zeit der Untergrundbahnen. Und so sah der Platz früher aus: Weit offen, die rote Georgenkirche[4] an der Neuen Königstraße im Hintergrund, das düstere Polizeipräsidium[5] in der Alexanderstraße, und der Stadtbahnhof Alexanderplatz nach der Königstraße zu. Als ich die Stadt verließ, 33[6], hatte man schon begonnen, den Platz quasi zu ummauern und zu einem riesigen Hof zu machen, man errichtete Hochhäuser, es war die größenwahnsinnige neue Periode, und die Berolina, die als Wahrbild Berlins vor dem Warenhaus Tietz gestanden hatte, schob man in den Winkel zweier Hochhäuser.
Ich habe den Platz auf der Höhe seiner letzten Entwicklung nicht mehr gesehen. Ich bedaure es nicht.
Ich sehe ihn jetzt wieder. Ich komme aus der Königstraße[7], die stumm und menschenleer liegt. Das ehemalige Warenhaus Wertheim[8] ist zertrümmert, geschlossen, ausgebrannt. Ich stehe unter dem Stadtbahnbogen. Da ist noch das alte Lokal «Zum Prälaten», da mache ich Halt und betrachte die Menschen, die wenigen, die hier vorbeigehen und herumstehen, armselige, abgerissene Figuren. Wie ich mich neben sie stelle, höre ich, man spricht über Nahrungsmittel, natürlich. Neben mir steht ein russischer älterer Soldat. Er beobachtet wie ich. Er hört zu und geht nach einer Weile weiter.
Und dies ist der Platz selber, einmal erfüllt von einem wimmelnden Leben, von Geschäften und Kaffees umgeben, voller Straßenhändler, Reihen von Wagen über das Pflaster. Der Platz ist nicht leer, hier fahren einige Lastwagen und Frauen schieben Kinderwagen, in denen sie Holz und anderes transportieren. Vor dem Warenhaus Tietz, das schrecklich mitgenommen ist, dessen

Kuppel und Globus tief liegt, stehen Tische und Straßenhändler verkaufen das billige Zeug, das man jetzt in allen deutschen Städten feilbietet. Ich kann mich nur umblicken und fragen: wo ist dies und wo ist jenes? Ich gehe in die Seitenstraße und in die großen Straßen, die vom Platz ausgehen. Ich wandere die Münzstraße hinunter, hier gab es früher viele Lokale. Aber auch sehr zweifelhafte, auch viele kriminelle Dinge sind passiert hier, und ein ungeheuerliches Menschengewühl. Es schloß sich an das Scheunenviertel[9] und es geht zum Bülowplatz[10], wo die Volksbühne[11] stand. Die kleineren Lokale entdecke ich nicht mehr. Ich bin wie Diogenes mit der Laterne, ich suche und finde nichts. Ich kehre zum Platz zurück und erinnere mich an das Lehrer-Vereinshaus[12], wo es so viel Versammlungen gab, und ein großes Kaffee. Das Gebäude steht, gebrochen. Es gibt keine Versammlungen mehr.

Nein, das ist alles Geschichte, Vergangenheit. Hier wie in der Friedrichstraße, wie am Lützowplatz, wie am Stettiner Bahnhof, alles zerstört, zerbrochen, niedergetreten. – Die menschliche Siedlung zerstört, an der sie jahrhundertelang gebaut haben. Sie haben ungeheuren Fleiß daran gegeben. Sie wurden wohlhabend, aber sie konnten das ganze nicht meistern. Zuletzt fiel alles zusammen und so steht es jetzt da.

Aber von diesem Platz und seinen Menschen ist die Vernichtung nicht ausgegangen. Hier pulsierte friedliches menschliches Leben, so wie menschliches Leben ist, mit vielen Schwächen und mit Lastern und Verderbnis. Das ist alles hingesunken und zum Opfer geworden – die Wohnhäuser, die Warenhäuser, die Läden, die Kaffees, die Gaststätten, die kleinen versteckten Hotels, Aschinger, und mit ihnen die die vielen Gegenstände, die das tägliche Erleben erfreuen. Darin steckte nichts übertriebenes und Gewaltsames. Und wenn es jetzt mit Mann und Maus untergegangen ist und zum Mauerwerk zerfällt, so kam das Torpedo, das dies alles hier so komplett zur Strecke brachte, doch nicht von hier. Ich weiß, dieses Torpedo wurde anderswo gebaut, in einer Gegend der Stadt, die ich nie mochte, mehr nach den Linden zu, dort, wo noch das Denkmal des 2. Friedrich steht[13], den man den Großen nannte, und in der Gegend der Wilhelmstraße.[14]

WIEDERSEHEN MIT BERLIN

Frühmorgens kam ich an in Berlin, in Tegel.[1] Ich wußte noch nicht, daß die Stadt ein Schlachtfeld geworden war. Draußen sah alles leidlich aus. Ich wohnte in Hermsdorf.[2] Da fuhr man früher öfter sonntags hin, nachmittags. Jetzt wohnt man hier, meine Frau und ich, in einem Passantenhotel. Aber ein wunderbares Gefühl dennoch, hier zu sein. Ich stellte es langsam fest. Langsam traten die Häuser und Räume aus ihrer gleichgültigen Haltung hervor und rührten an etwas in mir, das zurückgetreten war. Ich erkannte die Bäume, ich erinnerte mich an sie, und sie erinnerten mich an mich. Das war anders als neulich in Straßburg oder in Saargemünd, wo ich mich vor Jahrzehnten oft bewegt hatte.[3] Als ich da durch die Straßen ging, erinnerten mich die Häuser und die Plätze auch an vieles, aber das lag weit zurück und kam nicht auf mich zu. Es stand nicht auf, um mich zu begrüßen. Eine Art Kühle floß in mich, und wie ein Gespenst ging ich durch die Straßen. Ich war nicht mehr wirklich, ich hatte mich überlebt. Hier aber in Hermsdorf war es gut und wurde es fast von Stunde zu Stunde besser. In mir vibrierte etwas und gab eine Resonanz, ein sonderbares, ungewohntes Gefühl; ein guter freundlicher Zustand.

Es kam vieles zusammen. Auch die Luft war besser, mir angepaßter, genehmer: übrigens bieten an diesem Ort die Bäume in der Hauptstraße einen eigentümlichen Anblick. Unten an ihren Stämmen hängen Zettel. Man bietet allerhand an, man will kaufen, verkaufen oder tauschen. Und diesen Anblick kenne ich, er ist mir unvergeßlich. Das war vor sieben Jahren, im Schicksalsjahr 1940, da kam ich auf der Flucht nach Toulouse[4], und da drängten sich Hunderttausende von Flüchtlingen zusammen, und man hatte sich verloren und suchte sich. Und da hatten auf dem Hauptplatz der Stadt an den Rathauswänden die Flüchtlinge solche Zettel angeheftet. Suchzettel. Und das bot einen merkwürdigen Anblick, weil die ganze Front des Gebäudes rundherum von einer gewissen Höhe an solche Zettel trug. Wenn der Wind kam, flatterten die weißen Blättchen auf, und das sah aus, als wenn sich Federn sträubten, das Gebäude schien davonfliegen zu wollen.

Daran erinnerten mich die weißen Papiere an den Bäumen von Hermsdorf. Ein Abgrund liegt zwischen damals und heute. Ich staune, daß ich den Abgrund heraufkriechen konnte.

Von hier führt eine Bahn nach Berlin. Sie war früher die Vorortbahn, mit Dampfmaschine. Jetzt läuft sie elektrisch mit Wagen wie die Untergrundbahnen. Es lassen sich enorm viele Menschen hineinstopfen. Wie sie sich drängen! Was sind das für Menschen, die in die Stadt wollen? Sie sind meist schlecht gekleidet, schleppen Säcke, Pakete: ein armseliges Volk, das sich müht. Es ist ein Notstand, man sieht es auf einen Blick. Das hat es früher nie gegeben. Viele Kinder sind dabei. Der Ausdruck der Erwachsenen ist unfroh und stumpf. Es geht ihnen allen nicht gut, darum können sie nicht froh sein. Man fährt nach dem Stettiner Bahnhof. Unterwegs zeigen sich die ersten Bilder einen fürchterlichen Verwüstung, einer maßlosen Zerschmetterung.

Als ich mich vor dem Stettiner Bahnhof umsehe, schallt da eine gewaltige Stimme aus einem Lautsprecher, der hier irgendwo angebracht ist. An der Haltestelle der Elektrischen hier, wo sich viele arme Leute sammeln und auf die Elektrische warten, die aber sehr selten kommt. Was ruft diese Stimme? Ein billiger Conférencier trägt seine Späße vor, in dieser traurigen Umgebung, am hellen Tage. Es soll die Leute wohl erheitern. Und nachher singt jemand aus dem Lautsprecher Verdi.[5] Ja, am Stettiner Bahnhof singt er laut Verdi. Vor diesen leeren Fensterhöhlen, in denen, wie es im Gedicht heißt, der Schrecken und das

Grausen wohnen.[6] Aber dieser Gesang ist grauenhaft. Wir machen, daß wir weiterkommen.

Und hier ist die Chausseestraße[7], die breite Straße, die sich nach Süden über die Weidendammer Brücke in der Friedrichstraße fortsetzt. Oh, dies ist ein tausendmal von mir begangener Weg zur Charité[8] hin und zu den naturwissenschaftlichen Instituten. Wir gehen an dem U-Bahn-Schacht vorbei, über den Damm. Man muß vorsichtig gehen, der Asphalt hat gebrannt und trägt Löcher. Das Naturwissenschaftliche Museum[9], das Archäologische, beherbergte einmal Tiere aus Vorzeiten. So sieht es nun selber jetzt aus. Verkohlt, zusammengebrochen. Die Institute, hier ist man ein- und ausgegangen vor Jahrzehnten. Gerade die Fassaden stehen da, die Treppen führen noch hinauf, ja ein Flügel scheint noch erhalten im Untergeschoß. Über den Rest ist die Zeit hinweggegangen. Hier herrscht jetzt am frühen Nachmittag Schweigen, ein unheimliches Schweigen. Als wir uns dem Lehrter Bahnhof[10] nähern, strömen uns Haufen von Menschen entgegen. Es ist derselbe Elendszug, dem wir schon unterwegs begegneten. Alles schleppt und ist beladen mit Taschen und Säkken. Und hier sehen viele besonders lumpig aus, einige geradezu wie Höhlenbewohner. Als wir am Bahnhof Savigny-Platz[11] aussteigen, hat sich das Bild verändert. Einige Häuser sind erhalten, und die Menschen, die sich hier bewegen, sehen besser aus, sauberer.

Wir werden nun über den Teil der Stadt begleitet, der früher Kurfürstendamm hieß und als eine Stätte des Luxus, des Reichtums und des Vergnügens galt. Es war eine breite Straße, mit Bäumen bepflanzt, ein Boulevard, der sich bis nach Halensee hinzog, mit Prunk- und Protzhäusern, mit Kinos und Bars. Wer bewegt sich jetzt hier auf der Straße, wer bevölkert diese Gegend? Man hat ihr übel mitgespielt. Der Reichtum ist verjagt. In den Wracks der Häuser sind gelegentlich Läden eingerichtet. Parfümerien, Blumengeschäfte. Ein Laden nennt sich Raumkunst, man sieht in den Schaufenstern sorgfältig und geschmackvoll angeordnete Schachteln, Lampenschirme, auch

Armbänder. Ab und zu stößt man auf eine Bar. Wir gehen am Café Wien vorüber, ja das gibt es noch. Man sitzt draußen im Freien. Es sitzen Leute an Tischen und spielen friedliches Leben. Und warum auch nicht? Es ist schönes Wetter, und das konnten die Bombardements nicht beseitigen. Elegant sehen die Gäste nicht aus, und was sie trinken, soll auch kein Kaffee sein, und was sie Schorle nennen, wird wohl nicht viel mehr als gefärbtes Selterswasser sein. Armut und Provinz, da wo früher Berliner Westen florierte. Manche Passanten, denen wir begegnen, scheinen aus der früheren Epoche zu stammen und gespenstern hier herum, ein bißchen wie wir. Sie suchen Klarheit und schnuppern Erinnerungen.

Das Trottoir ist immer wieder aufgerissen. Der Luftdruck hat die Platten verschoben. Man sieht hinten einen Turm mit einer rundlichen schwarzen Spitze. Diese Ruine ist die Kaiser-Wilhelm-Gedächtniskirche[12], ein verkohltes, durch und durch zerstörtes Wrack. Es ist nicht mehr viel an ihr, man kann von mehreren Seiten durch sie hindurchsehen. Erinnert sie noch an Kaiser Wilhelm? Das ist eine Frage. Das alte Romanische Café[13] ist auf. Man kann hineingehen, wenn man Lust hat. Es steht enorm weit offen. Man kann von der Straße bis in die Hinterräume blikken, bis in den ersten Stock. Aber niemand geht hinein. Es ist ausgebrannt. Drüben gab es ein Kino. Ich finde den Platz nicht mehr. Da gab es damals noch die Premiere eines Films nach meinem «Alexanderplatz».[14] Auch der dicke Schauspieler[15], der damals im Film die Hauptrolle spielte, ist nicht mehr. Er ist im Osten gestorben. Nur ich bin noch da – und konstatiere alles.

Die Berliner stürzen sich in die Kinos. Das Theater ist stumpf, man spielt lauter abgedroschenes Zeug oder krampfhafte Aktualität. Neulich hat man, höre ich, von Werfel den «Ja[c]obowsky» gespielt.[16] Da kommen auch Alliierte und andere Ausländer vor, auch Juden. Das wurde karikiert gespielt und lächerlich gemacht, und war für die Leute eine große Sache. Aber nachher wurde das gestrichen, und nun sagt man mir, sei das Stück langweilig geworden, wie andere.

Ein Gang vom Bahnhof Friedrichstraße nach den Linden... Wir haben uns mit einem Zeitungsmann verabredet[17], der mich ausfragen will, an der Bahnhofsuhr gegenüber dem Admiralspalast. Die Uhr an der Bahn gibt es noch, und man findet sich und spaziert los und sieht, was es alles nicht mehr gibt, was man aus seiner Erinnerung streichen oder in eine andere Sphäre seiner Gedanken einrangieren muß, zu den Verstorbenen. Aber man selber lebt. Es gibt nicht den Wintergarten[18], das große berühmte Varieté mit seinem Sternenhimmel, nicht das Zentralhotel. Ich kann ihre Ruinen nur mühsam identifizieren. In der Ecke zu den Linden gab es ehemals das große Victoriacafé. Du entdeckst Höhlen, rostige Eisenschienen und Mauersteine. So ist es überall.

Und das sind also die Linden, eine der großen Prachtstraßen der Stadt. Wie weit sie sind, wie leer, eigentlich ein Riesenplatz, der langgestreckt sich hinzieht. Keine Bäume. Man sieht über viele Häuser hinweg, durch Häuser hindurch. Hinten, am Pariser Platz, erkenne ich noch das Brandenburger Tor. Das steht quasi im leeren Raum. Es hat rechts und links nichts neben sich. Und auf seinem Dach, wo das Viergespann fuhr, liegt oder steht noch etwas, aber das Bild hat sich verändert. Wüst und leer war die Friedrichstraße, und so diese Linden, durch die sich früher die Scharen und die Wagen wälzten. Dort an der Kranzlerecke mußten Schutzleute den Verkehr regeln. Und als wir im Mittelgang stehen, nähert sich von der Friedrichstraße her ein junger russischer Soldat, Arm in Arm mit einer jungen Frau in einem einfachen blauen Kleid, einer Russin. Ernst gehen sie an uns vorüber über den Damm. Und das ist wie eine Halluzination: sich vorzustellen, über die verwüsteten menschenleeren Linden, zwischen den Ruinen dieser verwüsteten Stadt, spaziert am hellen Tag ernst und ruhig ein russischer Soldat mit seiner jungen Frau. Hätte sich dies Bild irgendeiner vor drei oder fünf Jahren auch nur in der Phantasie ausdenken können, oder vor 15 Jahren, als ich noch hier war? Es hat etwas Symbolisches und zugleich Apokalyptisches. Ich spreche davon zu dem jungen Zeitungsmann, der uns begleitet. Er zuckt die Achsel und meint allerhand und schließt seine politische Betrachtung mit der Bemerkung: so wie die Dinge jetzt laufen in Europa und in der Welt, kann noch allerhand anderes möglich sein. Die Entwicklung sei schlimm, ja zwangsläufig. Und wer könne wissen, was mit dem Westen geschähe, und ob nicht nach einer kleineren oder größeren Zahl von Jahren, wer weiß wie bald, solch russischer Soldat mit seiner Frau oder Braut Arm in Arm über verwüstete westliche Städte spazierte? Ja, diese russisch-angelsächsische Spannung, das ist hier in der Stadt das Hauptthema. Sie stecken nur in Kriegsgedanken, mit wem ich auch spreche. Sie können nur immer noch militärisch denken. All ihr politisches Denken ist militärisches Denken, sehr simpel und grob behauen, eine geistige Verarmung. Es muß nicht gleich Kriegswille dahinter stecken. Aber das verflossene Regime hat sie nur so denken gelehrt. Politik heißt Bildung von Armeen und losschlagen im geeigneten Augenblick.

Da steht ja auch das Denkmal des zweiten Friedrich[19], den sie den großen nennen. Man hat das Denkmal eingemauert in einen häßlichen viereckigen Steinkasten, und da steht er am Eingang der Linden vor dem Palais des ersten Wilhelm[20], des ersten neudeutschen Kaisers. Sein historisches Eckfenster ist auch nicht mehr da, sowenig wie das Opernhaus[21] gegenüber, dessen ungeheurer Bühnenbau Massen von Eisenwerk in die Höhe streckt. Aber warum hat man denn den zweiten Friedrich so sorgsam eingemauert? Ich erinnere mich noch aus 1933 einer Radioübertragung des Hitlerbesuches in Potsdam[22], am Grab dieses manchmal auch Flöte spielenden Königs. Potsdam wurde gegen Weimar gestellt. Es war der Auftakt. Das Abfahrtszeichen für die Fahrt in das Dritte Reich, zur Aufrüstung, zum Krieg und der Zerschmetterung wurde gegeben. Das Potsdamer Radiozeichen spielte wie zum Hohn «Üb' immer Treu und Redlichkeit».[23] Im Zeichen dieses zweiten Friedrich, der ja auch ein Schüler des Machiavelli[24] war, wollte man siegen. Man sah schon eine Koalition gegen sich voraus, und vielleicht hoffte man auch am Schluß noch auf ein ähnliches Wunder[25] wie das, welches den preußischen König rettete – übrigens Ironie der Geschichte: es war damals eine Russin, die russische Kaiserin, die den Preußen rettete. Aber die Russen haben jetzt den Irrtum revidiert, und so kann jener Soldat mit seiner Braut oder Frau über die verwüsteten Linden spazieren, und der Siebenjährige Krieg hat nun endgültig seinen Abschluß gefunden.

Wir gehen nicht weiter. Ich gestehe, diese Gegend habe ich nie geliebt. Hier an der Schloßbrücke, an der Puppenbrücke[26], stellte man uns oft als Schüler auf, in der Kälte, zu Kaisers Geburtstag am 27. Januar. Der zweite Wilhelm kam da zu Fuß zwischen seinen Söhnen und Generalen vom Schloß herübergeschritten, ging zum Zeughaus hinüber zur Paroleausgabe. An einem heißen Augusttage 1914 stand ich hier eingekeilt in einer dichten Menschenmenge vor diesem Schloß, das jetzt in Schutt liegt: die Menge sang ein Lied nach dem anderen, man zog die prangenden Linden herauf, ein Delirium lag über der Masse. Und später sah ich hier in denselben Straßen die Züge der revolutionären Arbeiter hinter roten Fahnen. Kapellen spielten die Internationale.[27] Ebert[28] saß in der Wilhelmstraße, die Weimarer Republik war da; drüben im Lustgarten und auf dem Schloßplatz versammelte sich die Arbeiterschaft am 1. Mai, ein Flaggenmeer. Nichts mehr davon, nichts von den Menschen, nichts von den Gebäuden, das Ganze ist jetzt eine Bodenpartie, durch die die Spree fließt. Historisches Geschehen, hier ist die Vergangenheit gründlich liquidiert.

EPILOG

[Manuskriptfassung]

Es ist wohl Zeit, einen Epilog zu schreiben.
Es liegt ein Haufen Bücher da, – «da» ist ein falscher Ausdruck, es muß heißen: er liegt vor, ist geschrieben, innerhalb fünf Jahrzehnten, aber ist nicht da. Einiges erscheint wieder auf der Bildfläche, das meiste nicht. Würde ich nun stolz oder stolzer sein, wenn alles da wäre, vor meinen Augen stünde, und wenn es gar, wie bei manchen mehr geschätzten Autoren, «Gesammelte Werke» von mir gäbe? Ich glaube nicht. Der Anblick würde mich nur wehmütig machen. Oh, es ist nicht die Zeit für «Gesammelte Werke», für solchen dicken Prunk. Wir haben alle viel zu viel Verschuldung. Es hat keinen Grund, sich zu rühmen.
Wenn die Städte in Ruinen liegen, wenn jeder sich schlecht und recht behilft, jeder am Vergangenen krankt und keiner weiß, was morgen wird, wo sich nirgends, auch nirgends Hoffnung regt (noch regen kann), da ist ein Ding wie ein «Sammelband»[1] richtig und angemessen: Bruchstücke, Torso[s], auf einem Platz nebeneinandergestellt. Wo fängt es an, wo hört es auf, man fragt nicht, man frage nicht danach. Es will so sein, wie es da ist, verstümmelt, und hier und da liegt auf dem Baugrund ein welker Kranz: «Daran gedenken . . .»

***

Was wollten diese Bücher? Jedenfalls ich erinnere mich noch, nicht ganz deutlich.
«Ich», der ich mich als «Ich» fühlte, wollte nichts mit ihnen. Es wurde nichts bewußt mit ihnen gewollt oder beabsichtigt, – vielleicht, ja gewiß unbewußt. Da fesselte mich zu irgend einer Zeit eine Meldung, eine Schilderung. Es muß wohl allemal eine besondere Nachricht und Schilderung sein, denn wenn sie wirkte und ich sie festhielt, dann war sie mir der Kern in einer

Mutterlauge[2], in einer übersättigten Lösung: nun schossen die Kristalle zusammen.

Ich kann auch sagen, mir fiel ein Faden in die Hand, das Ende eines Knäuels, und ich fing an, das Ganze aufzurollen, bis ich ans Ende gelangt war.

Was ich aber aufrollte, was da in Bildern aus mir, aus meiner Fantasie rollte, natürlich, das war ich, meine Art zu dieser Zeit, und dann noch mehr: etwas was unpersönlich, bloß natürlich in mir artikulierte und sich im Geistigen, im Fantastischen zu manifestieren beliebte, ein Meteorkosmos, eine Steinbildung, die sich aus meiner Substanz von mir löste.

Am Schluß war ich allemal zufrieden, daß es vorbei war.

Das überfiel mich öfter, im Abstand von Jahren, und Dinge dieser Art gehören (man liest davon auch bei anderen) eigentlich zur Alltagspsychologie aller sogenannten Produktiven. Nachher mochte ich die Geburt, mein «Produkt» nicht sehen, und wenn es mir später in die Hände fiel, erkannte ich es schlecht wieder und schob es von mir weg (Das begründet, warum mich der Anblick «Gesammelter Werke» degoutieren würde). Ich mochte das «Produkt» nicht; ein bißchen ekelte mich davor.

Eigentümlich die Befangenheit, die Aura in solcher Periode. Sie verlieh ein eigentümliches Wissen, ein überrationales, eine Hellsichtigkeit.

Der und jener meinte, ich wüßte was von China oder vom Dreißigjährigen Krieg. Faktisch lebte ich in diesen Menschen nur während der kurzen Spanne des Schreibens. Aufdringlich, prall stellten sich dann sehr plastische Scenen vor mich. Ich notierte sie, schrieb sie auf und schüttelte sie von mir ab. Da standen sie dann schwarz auf weiß. Ich war froh, nichts mehr mit ihnen zu tun zu haben.

***

Vom Schreibtrieb besessen war ich. Das begann sehr früh. Mit vierzehn Jahren machte ich die ersten Aufzeichnungen, in einem kleinen blauen Heft.[3] Und was notierte ich damals? Gott sei das Gute. Er sei das Gute in der Welt. Das bilde die Auflösung des Rätsels «Gott».

Schon früh merkte ich da, daß ich der Religion und Metaphysik verfallen war, und suchte mich zu entziehen. Ich las unheimlich viel, weniger schöne Literatur als Philosophie, noch in meiner Gymnasialzeit (also bis 1900)[4] Spinoza[5], Schopenhauer[6] und Nietzsche[7], am intensivsten Spinoza.

Warum suchte ich mich der Metaphysik und der Religion zu entziehen? Vielleicht weil sie mich in zwei Wesen teilten. Wenig konnte ich mich über die Dinge, die mich beschäftigten, aussprechen. Man diskutiert besonders in der Studentenzeit viel, aber da begegnete mir nichts und niemand, der mir geistige Geburtshilfe hätte leisten können. Und so blieb ich, der ich in der bürgerlichen Gesellschaft lebte, ein Mediziner, einer, der an den Dingen der Welt sehr interessiert und beteiligt war[,] zwischen ihnen, so gut er konnte (unordentlich ohne Disciplin[,] ohne Direktiven), sich bewegte. Im Inneren trug diese Gestalt aber eine andere Figur, die mit jener draußen, mit jenem Mediziner, jenem Dahinlebenden, zankte und mit ihr zu keiner Verständigung kam. Sie konnte zu keiner Verständigung gelangen.

***

Ich legte früh Wert darauf, nicht mit der Natur zu konkurrieren.[8] Es war mir von vornherein klar, daß man (als Ich, als Seele, als Geist) dieser Realität gegenüberstand. Es galt, nachdem überall naturalistische Prinzipien und Forderungen verkündet wurden, dies zu zeigen.

Um 1900, am Ende meiner Schulzeit, zu Beginn meiner Studentenzeit kam ich mit Herwarth Walden[9] in Berührung (er wohnte auch im Osten Berlin[s], in der Holzmarktstraße[10]; sein Vater war Sanitätsrat).[11] Wir moquierten uns über den damaligen Götzen der Bourgeoisie, Gerhart Hauptmann[12], und seine unechten Märchenspiele: der klassizistische Krampf um Stefan George[13] ließ uns kalt. Es gab schon damals den Autor der [«]Buddenbrooks[»].[14] Er kam nicht in Frage.

Man traf sich mit der Lasker-Schüler[15], Peter Hille[16], bei Dalbelli[17] an der Potsdamer Brücke. Man hatte Tuchfühlung mit Richard Dehmel[18] und mit Wedekind[19], mit Scheerbart[20].

Damals (1905) schrieb ich einen Einakter «Lydia und Mäxchen[.] Tiefe Verbeugung in einem Akt»[21], das 1906 im Residenztheater in Berlin bei einer Matinee mit einem Scheerbartstück[22] aufgeführt wurde. Der Einakter gab den Protest eines geschriebenen und gespielten Stücks gegen seinen Autor. Die Figuren und die Scenerie werden lebendig, machen sich selbständig, sprechen und verhalten sich anders als der Autor glaubte bestimmen zu können. Sie treiben in währender Aufführung den Verfasser und den Regisseur von der Bühne und führten frech und provokant das Stück zu einem anderen totschlaglaunigen Ende.

Damals saß ich übrigens als Assistenzarzt in Regensburg[23] in der Irrenanstalt und schrieb[24] eine sehr abstrakte lange Abhandlung (ich weiß nicht mehr, wie ich darauf kam) über Musik, in Dialogform, betitelt: «Gespräche mit Kalypso über die Musik und die Liebe». Das Opus wurde teilweise im «Sturm» abgedruckt.[25]

In den «Sturm» gab ich auch meine frühen Novellen fantastischer, burlesker und grotesker Art, die ich später unter dem Titel «Ermordung einer Butterblume» herausbrachte.[26]

Die Herrschaften um den «Sturm» (zu denen zeitweilig Rudolf Blümner[27], Lothar Schreyer[28], Stramm[29] und Maler wie Franz Marc[30], Kokoschka[31] stießen) goutierten diese Sachen. Sie schienen «expressionistisch» zu sein. Als ich aber das Visier hob und vom Leder zog, im «Wang-lun» 1912[32], da war es aus. Dabei war es erst mein Anfang. Kein Wort äußerte Walden oder ein anderer des Kreises über den Roman. Wir blieben dann freundschaftlich verbunden. Aber daß ich nicht zur Gilde gehörte, war abgemacht. Sie wurden (geführt von Stramm und Nebel[33]) immer mehr Wortkünstler, überhaupt Künstler. Ich ging ganz andere Wege. Ich verstand sie gut, sie mich nicht.

***

Expressionismus und die mit ihm zusammenhängenden Kunstarten erinnern an die ostasiatische Zen-[P]hilosophie.[34] Wie diese der gewöhnlichen «normalen», das heißt eingefrorenen Logik und Vernunft, so kehrte die Kunstart des Expressionismus der normalen, flachen, glatten «Schönheit» den Rücken. Besser sie attakier[t] sie und demolier[t] sie.

Es dreht sich hier also nicht um formalistische Bewegungen, wenn auch der Kampf um die Form geht.

Dies genügte mir nicht. Ich drehte der überlieferten «Schönheit» noch mehr den Rücken als meine Expressionisten, die mich deswegen für einen Abtrünnigen hielten. Ich hielt Literatur und Kunst überhaupt nicht für sehr ernst. Man hat sich, war meine Auffassung, der Worte und der Literatur zu be[dienen] für andere Zwecke, für die wichtigen Zwecke. Welche waren das?

Ich sah, wie die Welt, – die Natur, die Gesellschaft – gleich einem tonnenschweren eisernen Tank über die Menschen, über den Menschen rollt. Wang-lun, der Held meines ersten umfänglichen Romans, erfuhr dies. Er zieht sich, noch am Leben gebliebenen, mit einer Anzahl ebenso Geschundener von dieser massiven, gewalttätigen, menschenfeindlichen Maschine, genannt Welt[,] zurück und[,] ohne sie anzugreifen, fordert er sie heraus. Sie rollt dennoch über ihn und seine Freunde. Es ist bewiesen, in diesem Fall, sie ist stärker. Sonst – ist – nichts – bewiesen!

Der Vorgang war zu schwer und finster, als daß ich dabei stehen bleiben konnte. Ich merkte, ich mußte die Dinge weiter verfolgen. Ich mochte mich auch nicht vom Schweren und Finstern halten lassen. Und da schlug ich um und geriet ohne Absicht, ja eigentlich gegen meinen Willen, ins Lichte, Frische und Burleske[:] «Wadzek»[35]. Auf den «Kampf mit der Dampfturbine» sollte noch ein «Kampf mit dem Ölmotor» folgen.[36] Aber als ich die «Dampfturbine» geschrieben hatte, war inzwischen der Krieg (1914–18) gekommen, ich war als Militärarzt in Lothringen und im Elsaß[37], und der Kriegslärm, aber auch das Elend der Kriegskrankheiten, umgaben mich. Wochenlang Kanonendonner von Verdun herüber.

Ich sprang von meinem Pferd «Wadzek» und schwang mich auf ein neues, den «Wallenstein»[38]. Im «Wadzek» rannte atemlos der Mensch hinter der Technik her, er strampelte, schrie, stolperte und lag da und streckte alle [V]iere aus. Ein anderer kam, lief, rannte, keuchte – etc. etc.

Aber im «Wallenstein» stand einer und bewegte sich nicht. Das Buch müßte heißen «Ferdinand der Andere». Ich wußte es. Aber «Wallenstein» bezeichnet die Zeit und die Umstände. Hier ließ ich mich los. Ich planschte förmlich in Fakten. Ich war verliebt[,] begeistert von den realen Fakten, von den Akten, den Berichten. Rohes wollte ich am liebsten verwenden, ich konnte und mochte sie am liebsten einfach so hinsetzen[,] wie sie waren. So wie die Dinge in der Geschichte mitgeteilt wurden, waren sie gut, echt und vollkommen.

Zwischen ihnen, als ihr Anführer und Kommandeur, als ihr Motor, stand der Tatsachenmensch, der Kulissenschieber der Historie, Wallenstein. Er war Holz aus ihrem Holz, Eisen von ihrem Eisen, Granit von ihrem Granit, – bestimmt nicht Fleisch von ihrem Fleisch. Denn da ist kein Fleisch.

Und wenn ich diesen Mann nur sich selbst überlassen hätte, so wäre es [Dreißig]jähriger Krieg geworden. – Wozu das aber spiegeln und die Erinnerung daran heraufbeschwören, während der Donner von Verdun herüberschlägt? Ich wollte trotz der Besessenheit, der Weltlast etwas. Ja, was sagte ich dazu? Wo stehst du? Sagst du nichts? Siehst du nichts?

Also Ferdinand der Andere, der Kaiser (den ich zu machen hatte), seine Antwort und sein Schicksal. Welches Schicksal? Er – gibt es auf. Ja. So sah ich die Dinge damals. Auch er erlosch vor der «Welt». Nun, es bleibt einem nichts anderes übrig, als es aufzugeben. Das war meine Generaleinsicht damals. Ich fand[39] im

Grunde Gefallen an den ungeheuren und grandiosen «Phänomenen[»]. Den Menschen, sein Ich, sein Leiden – sah ich wohl, kannte ich. Aber ich erbarmte mich seiner nicht. Ich hatte noch nicht Stellung bezogen.
So wurde ich noch einmal herumgeführt, um weiterzukommen. Denn alle weltfrohe Umhüllung der historischen Vorgänge täuschte mich nicht über die Schwäche der Position. Wahr und wirklich stand es so. Aber ich konnte es nicht gelten lassen.

***

Da nahm ich kein einzelnes historisches Geschehen, sondern die Technik, die im Menschen liegende Kraft, vor, und begann[40] mit den «Berge, Meere und Giganten». Thema: was wird aus dem Menschen, wenn er es mit ihr so weitertreibt? Die Folgezeit hat uns dann einige Proben gegeben.
Ich konnte, in einem Zeit und Raum überfliegenden Buch, berichten von der Entwicklung und dem Mißbrauch der Technik, bis sie sich zu einer biologischen Technik steigert, mit Veränderung des Menschen, ihres Urhebers, selbst, und wie sie den Menschen durch Aufwühlen alter erdengrauer Kräfte in die Kreidezeit zurückführt. Entsetzt sinkt da, was vom Mensch noch übrig ist, in die Knie und opfert, opfert den ewigen Urgewalten.
«Opfer» und «Demut» waren gefunden. Ich muß damit den Weg der Massen und großen Kollektivkräfte zu Ende gegangen sein. Ja, bis hierher, bis zu dem Buch der Giganten hatte ich an der Großartigkeit der geschaffenen Welt gehangen, hatte nur immer ihre Partei ergriffen. Mit der erschöpfenden Anstrengung des Gigantenbuches war hier genug getan.

***

Es gab eine Pause, – bis ich wieder daran ging festzustellen, wo ich stand. Solch Ermittlungsverfahren erfolgt bei einem in Lektüre, in Gesprächen mit andern, mit sich, in Akten langer, eindringender Besinnung. Ähnliches geht auch meinen Büchern andeutungsweise, aber nur andeutungsweise voraus. Der eigentliche Prozeß der Besinnung und Feststellung erfolgt im Schreiben selbst.
Das Eigentümliche, das Bittere, das Fatale ist dann: Jedes Buch endet (für mich) mit einem Fragezeichen. Jedes Buch wirft, am Ende, dem nächsten den Ball zu.
Nachdem ich den «Massenweg» abgelaufen war, wurde ich vor den Einzelmenschen geführt. Ich zog nicht bewußt einen Schluß aus dem Vergangenen, aber mein Unbewußtes, das ich ja auch sonst unbekümmert für mich arbeiten ließ, tat es.
Ich fand mich einmal (in Berlin, in der Stadtbibliothek im Marstall)[41] bei der Durchsicht eines Reiseberichts[42] aus Indien mit vielen Bildern und mancher Historie. Das Milieu war mir fremd, war abenteuerlich, tropisch reich. Ich blieb dann an den Berichten von dem Kailas[a]berg[43], von Shiwa[44], dem Gott, von einem Totenreich, hängen. Und schon sah ich einen Menschen hier eindringen, einen aus unserer Welt, um sich von dem Jammer, d[en] er in diesem Jenseits fand, zerreißen zu lassen. Allen irdischen Schmerz will er, muß er auf sich stürzen lassen, mit allem Schmerz will er sich verbinden, weil er, aus einem Krieg, weiß: wir sind alle eines und dasselbe, Brüder: der Mörder und der Ermordete, der Henker und sein Opfer.
Und er wagt die Schreckensfahrt, bricht unter dem Jammer zusammen, – aber Sawitri, eine Frau (es ist eine Göttin, die göttliche Liebe), hebt ihn wieder auf, und als neuer Mensch, als Halbgott kehrt er zurück.
Das ist, in freien Rhythmen geschrieben, «Manas»[45][,] eine epische Dichtung.
Meine Bücher bis da hatten eine Art Achtungserfolg. Die Bühne (des Buchmarktes) wurde von ganz andern Autoren

besetzt. Man behandelt Liebes-, Ehe- und Kriminalgeschichten, gab viel Psychologie, – das gebildete Publikum liebte es, sich Bildung auch im Roman vorsetzen zu lassen. Es galt im allgemeinen, Zeitfragen, «kulturelle Probleme» mit philosophischem Einschlag durchzuhecheln. Ich nenne das die feuilletonistische, essayistische Degeneration des Romans.

Meine Bücher konnten da nicht mit. Ich hatte und gab Bilder, sah Gestalten, und alles war dicht, viel zu dicht für Zeitungsleser.

Zudem hatte jedes Buch seinen Stil, der nicht über die Sache geworfen wurde. Ich hatte keinen Stil, den ich ein für allemal fertig als mein Eigentum («der Stil ist der Mensch»)[46] mit mir herumtrug, sondern ich ließ vorsichtig den Stil aus dem Stoff kommen.

Hier nun, im «Manas», freie Rhythmen und eine indische Welt: das war zu viel. Dieses Buch wurde abgelehnt. «Wie sind Sie bloß darauf gekommen?», fragte mich entsetzt, nachdem das Unglück geschehen war, mein Verleger, der alte Fischer[47]. Ich war darauf gekommen. Das Buch war für mich formal in Ordnung, und sachlich eine Wendung. Von hier an datieren dann «personale» Bücher, – die Existenz vom Einzelmenschen erfahren.

***

Der «Manas» entließ mich, obwohl ich ihn in seine mythische Landschaft als Halbgott zurückkehren ließ, unbefriedigt. Die Frage, die mir der «Manas» zuwarf, lautete: Wie ergeht es nun einem guten kräftigen Menschen in unserer Gesellschaft, – laß sehen, wie er sich verhält und wie vor ihm die Menschen aussehen. Es wurde «Berlin Alexanderplatz»[48] (ein Titel à propos, den mein Verleger absolut nicht akzeptieren wollte, es sei doch einfach eine Bahnstation, und ich müßt[e] als Untertitel dazusetzen: «Die Geschichte vom Franz Biberkopf» –).

Natürlich schrieb ich dies Buch, besser: schrieb sich dies Buch

nicht in freien Rhythmen, sondern im Berliner Jargon, und blind, wie viele Kritiker in unserer Epoche sind, konnten sie leicht mit dem Buch fertig werden: Es war Joycenachfolge.[49]
Aber wenn ich durchaus jemandem hörig sein und folgen soll (was ich garnicht nötig habe, ich finde mich stofflich und stilistisch schon immer selbst zurecht, nach dem Vers «Ich wohn in meinem eignen Haus, hab niemandem nie nichts nachgemacht, und lachte noch jeden Meister aus, der sich nicht selber ausgelacht.»)[50][,] also, wenn ich schon einem folgen und etwas brauchen soll, warum muß ich zu Joyce g[r]eifen, zu dem Irländer, der die Dinge, die er exekutiert, an der gleichen Stelle kennen gelernt hat, wo ich sie auch gesehen, – aber nicht imitiert habe, bei den Expressionisten, Dadaisten etc.
Der «Alexanderplatz» hat seinen Stil, wie der «Manas» oder der «Wallenstein» (die man freilich dazu kennen muß).
Dies Buch war beim Publikum ein «Erfolg», und man nagelte mich auf den «Alexanderplatz» fest. Es hat mich nicht gehindert, meinen Weg weiter zu verfolgen und die Leute, die Schablonenarbeit in der Manier mancher Zeitgenossen verlangen, zu enttäuschen.
«Das Opfer» war das Thema des «Alexanderplatz». Bilder des Schlachthofes und der Opferung Isaaks, das Citat: «Es ist ein Schnitter, der heißt Tod»[51] laufen durch das Buch. Der «gute» Franz Biberkopf mit seinen Ansprüchen an das Leben läßt sich bis zu seinem Tod nicht brechen. Aber er sollte gebrochen werden. Aber er müßte sich aufgeben, so fühlte und dachte ich, – nicht bloß äußerlich gebrochen und umgewendet. Ich wußte freilich nicht, wie.
Ich setzte nun, um der Sache näher zu kommen, um hinter das Geheimnis solchen Bruchs und solcher Wendung zu kommen, abermals einen Menschen, einen Mann, der fest in seinem Fleisch sitzt, in Bewegung, diesmal einen wirklich schwer hochmütigen und sicher[e]n, einen babylonischen Gott. Ich suchte ihn zu drängen, sich aufzugeben. Dieser Gott, Konrad, war schuldbeladen, ein viel schwererer Verbrecher als Franz Biber-

kopf[,] der einfache Transportarbeiter. Aber er war noch weniger geneigt, zur Einsicht zu kommen.

Dies Buch, die «Babylonische Wandrung»[52][,] verspottet eigentlich die Opferidee des «Alexanderplatz». Der Gott Konrad denkt absolut nicht daran zu büßen; er fühlt sich nicht einmal entt[h]ront, abgedankt. In dieser Haltung verbleibt er.

So, mit diesem Buch, ging ich in's Exil[,] 1933. Es hatte mich nicht weitergebracht, im Gegenteil: es zeigte einen Widerstand, eine Sperrung und Versteifung in mir an. Es ist, als ob ich etwas nahen fühlte und mich verbarrikadierte.

1934, schon in Maisons-Lafitte[53] bei Paris, (ich hatte nun im Exil viel Zeit zu denken), da plänkelte ich herum mit und in einem kleinen Berliner Roman «Pardon wird nicht gegeben»[54]. Es wurde eine Familiengeschichte mit autobiographischem Einschlag.[55] «Autobiographisch» sage ich. Ich wagte mich also um einen Grad heran. Stolz hatte ich früher gewußt und gesagt: «Die Epiker haben Augen, um nach außen zu sehen.»[56] Ich mochte Lyrik nicht. Ich wollte Abläufe, Begebenheiten, Gestalten, eine steinerne Front[57], und nicht Psychologie. (Dabei beobachtete ich viel, und mein ärztliches Fach war die Psychotherapie –, der anderen.)

***

Sehr bald nach dieser Nachdenklichkeit, diesem leisen Tasten in Romanform, stieß ich auf Kierkegaard[58], in der Nationalbibliothek in Paris; und ich blätterte; zuerst ohne Geschmack an ihm zu finden, in dem zweibändigen «Don Juan»[59]. Aber Einzelnes ließ mich nicht los. Seit langer Zeit zum ersten Mal merkte ich auf bei einer Lektüre. Ich schrieb mir [e]iniges ab.[60]

Aber da in der großen stillen Bibliothek stieß ich noch auf etwas [a]nderes, auf etwas, das ich schon immer liebte: auf Atlanten. Und dann gab es herrliche bebilderte Ethnographien. Ich war gefangen, von Kierkegaard weggelockt.

Die Südamerikakarten mit dem Amazonasstrom: was für eine Freude für mich. Ich hatte immer etwas [übrig] für das Wasser[61], für das Element und die Ströme und die Meere. Im «Ich über der Natur» habe ich vom Wasser geschrieben[62], in den «Bergen» die Meere gefeiert.[63] Hier nun war der Amazonasstrom.
Ich vertiefte mich in seinen Charakter, dieses Wunderwesen von Strom, dieses Strommeer, das lebte, wollte ich feiern. Auch seine Ufer und die Tiere und Menschen gehörten dazu.
Eins zog das andere nach sich. Ich las von den indianischen Ureinwohnern, dann stieg ich in ihre Geschichte und wie die Weißen hier eindrangen. Wo war ich aber da hingeraten? Ein Rückfall? Wieder die alte, die andere Seite von mir: hymnische Feier, Preis der Wunder und Herrlichkeiten dieser Welt[?]
Bald fing ich jedenfalls an zu schreiben, mit der einzigen Idee: diesem Flußmeer zu geben, was des Flußmeeres war, auch seine Menschen als zu ihm gehörig zu zeichnen, und die Weißen nicht aufkommen zu lassen. Das wurde der erste Band: «Das Land ohne Tod».[64]
Aber zum Schluß mischte sich Las Casas[65] ein, der klagende Mensch. Ich konnte ihn nicht zurückdrängen. Ich ließ ihn zu bei der hymnischen Feier, – und schon war das Schicksal des Ganzen besiegelt.
Las Casas Auftreten machte alles andere zum Vorspiel.
Und nun trat der großartige Menschheitsversuch, die Jesuitenrepublik am Paran[á], hervor, das Christentum im Kampf mit der Natur und ein Kampf mit den unzulänglichen Christen. Es war ein neues Thema, ein zweites Thema. Ich konnte dem Thema nicht ausweichen, es lief mir nach, stellte mich. Aber ich wich ihm aus, ich entzog mich, so gut und so glatt ich konnte. Daher kommt in dem Band «Der blaue Tiger»[66] das Vibrieren des Stils, die Heiterkeit (vom «Konrad der nicht büßen will»[67]), die Anbetung der natürlichen Urmächte, aber mitten darin eine scheue und tiefe Ehrfurcht vor dem Pathos der Religion. Der Abgesang dieses Südamerikawerkes («Der [n]eue Urwald»)[68] kann nicht umhin, die finstere, trost-

lose, brütende Verlorenheit zu geißeln, in der wir (und ich) uns befanden.

***

Danach trat Kierkegaard aber wieder hervor, und jetzt[,] 1936, verschlang ich einen Band nach dem andern (oh damals waren meine Augen noch gut, ich konnte lesen und lesen, – verlorenes Paradies).

Ich zog lange Partien aus, schrieb Hefte voll. Er erschütterte mich. Er war redlich, ehrlich, wach, wahr. Seine Resultate interessierten mich nicht so wie seine Art, die Richtung und der Wille.

Und [w]eil ich nun wieder meine Abenteuerlust in Südamerika befriedigt hatte, wandte ich mich wieder den heimischen Gestaden zu. Ich dachte an Berlin, an die ferne, mir versunkene Welt, und prüfte im Geist, wie 1934 in «Pardon wird nicht gegeben», wodurch alles so gekommen war. Die alte Landschaft mußte ich hinstellen und nun, mit den Gedanken und in der Art, zu der ich nun gekommen war, einen Menschen, einen Manas und Franz Biberkopf, in diese Landschaft ziehen lassen, damit er sich (und mich) dort prüfte und erfahre.

Ich warf erst die Landschaft auf, gab (im 1. Band[69] des Erzählwerkes «November 1918») die Scenerie des Elsässer Lazaretts (dort war ich während der letzten Kriegszeit 1917/18 ordinierender Arzt)[70]. Und es trat mir hier der Mann[71], als Kranker, hervor, dem ich bestimmt hatte, seine (und meine) Last in die Existenz zu tragen.

Es gehen immer zwei Dinge zusammen: das tragische Versanden der deutschen Revolution 1918 und der Drang dieses Menschen. Es erhebt sich für ihn die Frage, wie überhaupt zum Handeln zu gelangen. Er muß es ablehnen, sich zu entscheiden. Er kann nicht zwischen zwei und drei Hilfen wählen. Es wird eine himmlische und höllische Geschichte.[72] Der Mann, Friedrich Becker, muß, von Halluzinationen umgeben, durch das «Tor

des Grauens und der Verzweiflung»[73] gehen. Er bleibt am Leben[.] Er findet sich dann gebrochen und verwandelt, als Christ (Band zwei und drei)[74].
Dies Christentum trägt er durch den Schlußband («Karl und Rosa»)[75]. Himmel und Hölle kämpfen um ihn. Er verkommt äußerlich; innerlich wird er zerfressen. Aber er wird aufgehoben.

***

Das Buch «1918» war mir vorausgegangen. Es wurde im Jahr 1941 in Californien beendet.[76] Zwischen Band 3 und 4 liegt das Jahr 1940, der Einbruch der Nazis in Frankreich, und für mich eine «Schicksalsreise» durch das Land, die ich später niederschrieb.[77]
Dann war mir das zuteil geworden, was meinem Konrad nicht, aber meinem Friedrich Becker wurde[78] (freilich ohne ihm zum Glück zu verhelfen).
Die Klärung war vollständig. Der Standpunkt war gegeben. In einem Buch «Der unsterbliche Mensch»[79] prüfte ich meine neue Situation durch. Ich sah mich in dem Haus um, das ich betreten hatte, und schritt durch die Räume, deren Türen mir offen standen. Nichts Neues wollte ich sagen. Ich wollte nichts erfinden. Ich wollte mitteilen, was ich vorfand und wie es hier aussah. Dies wollte ich beschreiben. Kein Roman, – eine Mitteilung, Beschreibung, – und ein Vergleich mit früher, daher der Dialog und das Auftreten des «Jüngeren».
Nachdem ich dies niedergeschrieben, niedergelegt hatte, – war es nicht so, wie nach einem Roman. Ich hatte schon früher lange Besinnungsakte zwischen Werken eingeschaltet, wobei ich mit meinem Bewußtsein, in Gedanken, und nicht in Bildern und Gestalten, das auffing, was die Person, die meinen Namen trug, zu sich und zur Existenz sagte. Da schrieb ich einmal (nach den «Bergen») «Das Ich über der Natur» und nach dem «Alexanderplatz» «Unser Dasein»[80]. Ein wenig war ich mit jeder solchen Klärung weiter gekommen, nur ein wenig. Ich fand: Die Gestal-

tung und das Vis-à-Vis mit einer ganzen wirbelnden Welt brachte weiter, der Contakt mit dieser Wirklichkeit bedeutete etwas. Jetzt, – wie sollte ich mich jetzt vor die Dinge schleppen? Wie sollte ich, der ehemalige Anbeter, vor sie treten? Mich wieder in ein Abenteuer stürzen, um mich zu versuchen? Denn eigentlich waren (nebenamtlich) alle meine epischen Bücher Teste. Es gab nichts mehr zu «versuchen». Ich hatte mich nicht mehr zu «versuchen». Ich hatte mich nur fester und sicherer zu etablieren, – Gestrüpp auszureißen, zu jäten und zu roden. Man muß wissen, und pflegen, was man hat. Man muß haben, was man hat. Was du ererbt von deinen Vätern hast, erwirb es, um es zu besitzen.[81]

Ich stellte fest: ich hatte mich nicht verloren, ich war kein Finsterling geworden. Da schossen überraschend ein pa[a]r Erzählungen auf; ich schrieb sie sehr schnell nieder und gestehe, ich weiß nicht recht, wie ich zu ihnen kam. Da ist «Der Oberst und der Dichter»[82] und die beiden heiteren Geschichten, die burlesken Späße und Mischungen von Ernst und Clownerie[:] «Märchen vom Materialismus» und «Reiseverkehr mit dem Jenseits».[83] Was wird es nun geben, fragte ich mich. Die Antwort war da. Ich nahm sie zur Kenntnis. Ich hatte außer den drei kleinen Erzählungen noch anderes skizziert. Ich kam darauf, sie irgendwie zusammenzufassen und sie auszuführen. Man müßte sie für «jemanden» erzählen, wie in «1001 Nacht»[84], dachte ich. Wie und für wen?

Aber wie ich fragte, schrieb ich schon und bereitete den Menschen vor, an den sie sich richten sollten.

Er lag krank da, er war verwirrt, zerrissen, – es war Edward, der vom Krieg heimkehrend sich nicht mehr in sich zurechtfand. Er wurde ein Hamlet[85], der seine Familie analysiert, um zu erfahren, was ihn krank und schlecht gemacht hat. Und in der Tat: Da liegt eine furchtbare Situation vor, und er hellt sie langsam auf. Die Wahrheit, nur die Wahrheit kann ihn gesund machen, – aus bloßen Zerstreuungs- und Ablenkungserzählungen werden indirekte und mehr und immer mehr direkte Mitteilungen, Be-

kenntnisse, Geständnisse. Ein fauler träger Zustand enthüllt sich, diese Familie kommt mehr und mehr in Gärung. Schließlich ist die Tragödie da.
Das Buch könnte eine neue Reihe einleiten, die dritte. Es wurde größtenteils auf deutschem Boden geschrieben.

***

Das also wurde in den Jahrzehnten hingeschrieben, und ich kann darauf blicken und soll sagen: «Das bin ich.»
Eine Art Denken ist das Ganze, manchmal (ausnahmsweise) abstrakt, meist aber eingewickelt in tausend Fakten und Begebenheiten. Das Denken mag nicht nackt gehen; es reißt eine Unmasse Tatsachen an sich, schleppt sie mit sich und zieht sie sich über den Kopf, Fragen kann ich stellen und Gedanken fassen, das Ganze aber, diese Maskerade, und warum diese und nicht jene Maskerade, das Ganze kann ich nur als ein Wachstum, als Bildung im Gewachsenen verstehen, und es gehört in das Gebiet der geistigen Ableger. (Der Ausdruck «Kunst» bringt nicht weiter.)
Produkte dieser Art durchbrechen die Form des Individuums. Wie im Körperlichen bei Geschwulsten sich Metastasen bilden, so stülpt der Geist solche Conception aus. Das vorangehende Denken könnte ich als bloßen Reiz vor der Knospenbildung deuten. So ließe sich, was hier jahrzehntelang ablief, botanisch und biologisch verstehen.
Ob hier irgendetwas Einfluß auf andre, auf das Volk hat, habe ich nie gefragt. Aber ich war mir bewußt, daß[,] auch ohne daß ich auf eine Umwelt blickte, sie irgendwie gegenwärtig war. Man wächst ja nicht allein. Irgendwie, selbst wenn man schon erloschen ist und nicht mehr Knospen treibt, wirkt man noch in d[as] große, in d[as] ungeheure Menschenwerk herein und ist gegenwärtig.

***

Mir kommt vor, ich träume das alles.
Was weiß ich eigentlich[?] Ich weiß, daß wir in dieser Weltära, gestoßen, gebannt in den düsteren schweren Kreis dieses Äons, daß wir Menschen es schwer haben. Wir stoßen uns an den Mauern, die uns umgeben; wir schlagen dagegen, hören unsere Hände klatschen und wie wir schreien, und das ist alles. Wir suchen auszubrechen aus dem Bagno[86], und das ist der ganze Sinn solcher Dichtungen, solcher fruchtlosen denkerischen poetischen Bemühungen.
Wir geben keine Ruhe. Wir können uns nicht bescheiden und den einfachen Weg zur Ruhe gehen. Unser verruchter Geist kann nicht still sein. Es ist sein Fluch, sein Kainserbe.[87] Jeder Tag wiederholt den Sündenfall.
Ach unser Geist träumt nur. Er hofft dennoch. Er möchte, aber weiß nicht wie. Oh es ist grausig hier. Satan geht mitten zwischen uns. Man darf nicht daran zweifeln. Man lasse sich durch die Helligkeit des Tages nicht betrügen. Auch Elektrizität, Physik und Radio besagen nichts.
Aber es gibt den strahlend hellen, ewigen, gütigen und gerechten Gott. Ohne Ihn ist ja auch der Graus unverständlich. Wie sehr wir uns von Ihm abgelöst haben, wie schwer wir uns vergangen haben, an der Tiefe des Falls, an der Beklemmung, Trostlosigkeit und Erbärmlichkeit hier erkennen wir es.
Aber wie für uns Sonne und Freude da sind, Zeichen und Reste himmlischer Vollkommenheit, so ist auch der ganze Himmel da, jetzt, in diesem Augenblick, und der ewige Gott, und der in Ihm und aus Ihm lebt, – Jesus unter uns genannt –, hat sich einmal in unser faules Fleisch gesenkt und in diesem wüsten Gehäuse das alte göttliche Feuer für immer wieder angezündet. Es loht in uns. Wie wäre anders das Glück zu verstehen bei der Annäherung an Ihn.
Nur Gott preisen, nur die Himmlischen loben sollte man[,] und zuerst diese Seine Bewegung, die vor dem Nichts schützt, Jesus von Nazareth, getragen von der süßen Gottesmutter, gelegen in der Krippe, erwachsen, Gnadenspender, Wundertäter, Lehrer

unter den Menschen, der sich geradeaus auf das Marterholz hinbewegte, um unsere Gärung und elende Verfaulung, die menschliche Verwesung aus der Welt zu schaffen. Denn Er sah, wir können uns nicht helfen und liegen schon im Abgrund.
Was kann die Existenz zum Inhalt haben, welche Aufgabe kann sie uns stellen, welche diese düstere Art unseres Daseins dennoch rechtfertigt, – wenn nicht die: unsere Reinigung, Erhebung, Aufrichtung im Auge zu behalten, das Faktum nicht aus den Augen zu verlieren, das uns den Trost gewährt, die Reinigung, Erhebung, Aufrichtung, die Befreiung von dem Bösen, aus der Verstrickung und der schändlichen Erniedrigung durch den Bösen, der durch unseren Alltag tobt.
Nur Gottes Blut, das aus Seiner eigenen Seite floß, vermag das.
Wohl dem, der mehr hat, als seine Augen, seine Logik und seine Mathematik. Aber auch das Leiden, die Wüstheit, die Wildheit, der Schmutz, auch das Glück, die Schönheit, die Zerknirschung und die Seligkeit des Herzens stammen nicht aus den Augen und aus der Mathematik.

EPILOG

[Endfassung]

Es ist wohl Zeit, einen Epilog zu schreiben.
Es liegt ein Haufen Bücher da, – «da» ist ein falscher Ausdruck, es muß heißen: er liegt vor, ist geschrieben innerhalb fünf Jahrzehnten, aber nicht da. Einiges erscheint wieder, das meiste ist verschollen. Würde ich nun stolz sein, wenn alles vor meinen Augen stände und wenn es von mir, als wäre ich ein sehr geschätzter Autor «Gesammelte Werke» gäbe? Ich glaube nicht. Dies ist nicht die Zeit für «Gesammelte Werke», für solchen dikken Prunk. Es soll sich jetzt keiner etwas vormachen.
Wenn die Städte in Ruinen liegen, wenn jeder sich schlecht und

recht behilft, jeder am Vergangenen krankt und keiner weiß, was morgen wird und sich auch nirgends Hoffnung regt (noch regen kann), da ist solch Ding wie ein «Sammelband»[1] richtig: Bruchstücke, Torso[s] auf einen Platz nebeneinandergekarrt. Wo fängt es an, wo hört es auf? Man frage nicht danach.

*

Was wollten diese Bücher? Ich erinnere mich noch. Ich, der ich mich noch als «Ich» fühle, wollte nichts mit ihnen. Es wurde nichts mit ihnen bezweckt, gewollt, beabsichtigt. Da fesselte mich zu irgendeiner Zeit eine Meldung, ein Bericht. Es mußte wohl allemal eine besondere Nachricht und Schilderung gewesen sein, denn wenn sie zündete und wirkte und ich sie festhielt, dann erwies sie sich als Keim in einer Mutterlauge[2], einer übersättigten Lösung: nun schossen die Kristalle zusammen.
Ich kann auch sagen, mir fiel ein Faden in die Hand, er erwies sich als das Ende eines K[n]äuels, und ich fing an, das ganze aufzurollen, bis ich ans andere Ende gelangte. Was ich aber aufrollte, was da in Bildern aus mir floß, natürlich, das war ich, meine Art zu dieser Zeit, und dann noch mehr: etwas, was unpersönlich, als Natur in mir arbeitete und sich im Geistigen, im Phantastischen zu formen beliebte, ein Meteor, eine Steinbildung, die sich aus meiner Substanz löste.
Am Schluß war ich allemal zufrieden, daß es vorbei war.
Das überfiel mich öfter, im Abstand von Jahren, und Dinge dieser Art gehören (man liest davon) zur Alltagspsychologie der «Produktiven». Nachher mochte ich die Geburt, mein «Produkt» nicht sehen, und wenn es mir in die Hände fiel, erkannte ich es schlecht wieder, und schob es von mir weg. Ein bißchen ekelte mich davor.
Eigentümlich die Befangenheit, die «Aura» in solcher Periode. Sie verlieh ein eigentümliches Wissen, eine Hellsichtigkeit.
Was wußte ich von China oder vom 30jährigen Krieg? Ich lebte in dieser Atmosphäre nur während der kurzen Spanne des

Schreibens. Aufdringlich, grell stellten sich dann plastische Szenen vor mich hin. Ich griff sie auf, schrieb sie nieder und schüttelte sie von mir ab. Da standen sie dann schwarz auf weiß. Ich war froh, nichts mehr mit ihnen zu tun zu haben.

*

Vom Schreibtrieb besessen war ich früh. Mit 14 Jahren machte ich die ersten Aufzeichnungen, in einem kleinen blauen Heft.[3] Und was notierte ich damals? Gott sei das Gute. Er sei das Gute in der Welt. Das bilde die Auflösung des Rätsels «Gott».

Früh merkte ich, daß ich der Religion und der Metaphysik verfallen war, – und suchte mich zu entziehen. Ich las unheimlich viel, weniger «schöne Literatur» als Philosophie, (noch in meiner Gymnasialzeit, also bis 1900)[4] Spinoza[5], Schopenhauer[6] und Nietzsche[7]. Am intensivsten Spinoza.

Warum suchte ich mich der Metaphysik und Religion zu entziehen? Vielleicht weil sie mich in zwei Wesen teilten. Wenig konnte ich mich über die Dinge, die mich beschäftigten, aussprechen. Man diskutierte in der Studentenzeit viel, aber da begegnete mir nichts, und niemand, der mir geistige Geburtshilfe hätte leisten können. Und so blieb ich, der in der bürgerlichen Gesellschaft lebte, ein Mediziner und einer, der an den Dingen der Welt sehr interessiert und beteiligt war, der zwischen ihnen so gut er konnte (unordentlich, ohne Disziplin, ohne Direktiven) sich bewegte. Im Inneren aber trug diese Gestalt eine besondere Figur, die mit jener draußen, mit jenem Mediziner, mit jenem Dahinlebenden zankte und mit ihr zu keiner Verständigung kam. Sie konnte zu keiner Verständigung gelangen.

*

Ich legte beim Schreiben Wert darauf, nicht mit der Natur zu konkurrieren.[8] Es war mir von vornherein klar, daß man dieser Realität gegenüberstand. Es galt, nachdem überall naturalistische Prinzipien als Forderungen verkündet wurden, dies Gegenüberstehen zu zeigen.

Um 1900, zu Ende meiner Schulzeit, im Beginn meiner Studentenzeit kam ich mit Her[warth] Walden[9] in Berührung (er wohnte auch im Osten von Berlin, in der Holzmarktstraße[10], sein Vater war Sanitätsrat).[11] Wir mokierten uns über die damaligen Götzen der Bourgeoisie, Gerhart Hauptmann[12] und seinen unechten Märchenspuk, über die klassizistische Verkrampfung Stefan Georges[13]. Es gab schon damals den Autor der «Buddenbrooks»[14], er kam nicht in Frage.

Man traf sich mit der Lasker-Schüler[15], Peter Hille[16] im Café des Westens, gelegentlich bei Dalbelli[17] an der Potsdamer Brücke. Man hatte Tuchfühlung mit Richard Dehmel[18], mit Wedekind[19], Scheerbart[20].

Damals (1905) schrieb ich ein Stück «Lydia und Mäxchen. Tiefe Verbeugung in einem Akt»[21], das 1906 im Residenztheater in Berlin, bei einer Matinee mit einem Scheerbartstück[22] aufgeführt wurde. Es war der Protest eines geschriebenen und gespielten Stückes gegen seinen Autor. Die Figuren und die Szenerie werden lebendig und machen sich selbständig. Sie sprechen und agieren anders als der Autor glaubte bestimmen zu können. Sie treiben während der Aufführung den Verfasser und den Regisseur von der Bühne und führen frech und provokant das zahm angelegte Stück zu einem blutrünstigen Ende.

Damals saß ich übrigens in Regensburg[23] als Assistenzarzt in der Kreisirrenanstalt und schrieb[24] eine abstrakte lange Betrachtung (ich weiß nicht mehr, wie ich darauf kam), betitelt: «Gespräche mit Kalypso über die Musik und die Liebe».[25] Das Opus wurde teilweise im «Sturm» abgedruckt. In den «Sturm» gab ich auch meine früheren Novellen, phantastische, burleske und groteske Stücke, die ich später in dem Band «Ermordung einer Butterblume» sammelte.[26] Die Herrschaften im «Sturm» (zu denen Rudolf Blümner[27], Lothar Schreyer[28], Stramm[29] und Maler wie Franz Marc[30], Kokoschka[31] stießen) goutierten diese Sachen. Sie schienen ihnen «expressionistisch» und Fleisch von ihrem

Fleisch und Blut von ihrem Blut zu sein. Als ich aber das Visier hob und vom Leder zog im «Wang-lun» (1912)[32] da war es aus, – dabei fing ich erst an. Kein Wort äußerte Walden oder ein anderer aus dem Kreis der Orthodoxen über den Roman. Wir blieben aber freundschaftlich verbunden. Sie entwickelten sich (geführt von Stramm und Nebel[33]) ganz zu Wortkünstlern, überhaupt zu Künstlern. Ich ging andere Wege. Ich verstand die drüben gut, sie mich nicht.

*

Expressionismus und die mit ihm zusammenhängenden Kunstarten erinnern an die ostasiatische Zen-Philosophie.[34] Wie dieser der «normalen», das heißt eingefrorenen Logik und Vernunft ausweicht, so kehrt die Kunstart des Expressionismus der glatten, flachen «Schönheit» den Rücken. Sie attackiert und demoliert sie. Es dreht sich dabei nicht um eine bloß formalistische Abwendung, wenn auch der Kampf bei ihm um die Form geht. Dies genügte mir aber nicht. Ich drehte der überlieferten «Schönheit» noch mehr den Rücken als meine Expressionisten, die mich deswegen für einen Abtrünnigen hielten. Ich hielt Literatur und Kunst überhaupt nicht für sehr ernst. Man hat sich, war meine Auffassung, der Werte und der Literatur zu bedienen, für andere Zwecke, für die wichtigen Zwecke. Welche waren das?

Ich sah, wie die Welt, – die Natur, die Gesellschaft – gleich einem tonnenschweren, eisernen Tank über die Menschen, über den Menschen rollt. Wang-lun, der Held meines ersten umfänglichen Romans, erfuhr dies. Er zieht sich, am Leben geblieben, mit einer Anzahl ebenso Blessierter von dieser gewaltigen, menschenfeindlichen Welt zurück, und ohne sie anzugreifen, fordert er sie heraus. Sie rollt dennoch über ihn und seine Freunde. Es ist bewiesen, in diesem Fall, sie ist stärker. Sonst ist nichts bewiesen.

Der Vorgang war zu schwer und finster, als daß ich dabei stehen bleiben konnte. Ich mußte die Dinge weiter verfolgen. Ich wollte mich auch nicht vom Schweren und Finstern fesseln lassen. Und da schlug ich um und geriet ohne Absicht, ja völlig gegen meinen Willen, ins Lichte, Frische und Burleske[.] «Wadzeks Kampf mit der Dampfturbine»[35] sollte noch ein «Kampf mit dem Ölmotor»[36] folgen. Aber als ich die «Dampfturbine» geschrieben hatte, war der Krieg (1914–18) gekommen, ich diente als Militärarzt in Lothringen und im Elsaß[37], und der Kriegslärm, aber auch das Elend der Kriegskrankheiten umgaben mich. Wochenlang Kanonendonner von Verdun herüber.

Da sprang ich von meinem Pferd «Wadzek» und schwang mich auf einen anderen Gaul, den «Wallenstein»[38]. Im «Wadzek» zappelte der Mensch atemlos hinter der Technik her, er strampelte, schrie, stolperte, lag und streckte alle Viere aus, dann kam ein anderer, lief, rannte, keuchte. Aber im «Wallenstein» stand einer und bewegte sich nicht. Das Buch müßte eigentlich heißen «Ferdinand der Andere». Ich wußte es. Aber «Wallenstein» bezeichnet die Zeit und die Umstände. Hier ließ ich mich los. Ich planschte in Fakten. Ich war verliebt, begeistert von diesen Akten und Berichten. Am liebsten wollte ich sie roh verwenden. So wie die Dinge in der Geschichte vorkamen, waren sie echt und vollkommen.

Zwischen ihnen, als Anführer und Kommandeur der Fakten, als ihr Motor, stand der Tatsachenmensch, der Kulissenschieber der Historie: Wallenstein, Holz aus ihrem Holz, Eisen von ihrem Eisen, Granit von ihrem Granit, bestimmt nicht Fleisch von ihrem Fleisch, denn da gab es kein Fleisch. Und wenn ich diesen Mann sich selbst überlassen hätte, so wäre es eben dreißigjähriger Krieg geworden. Warum das aber spiegeln und die Erinnerung daran heraufbeschwören, während der Donner von Verdun herüberschlug? Weder der dreißigjährige Krieg noch der Donner von Verdun besagten mir etwas.

Also Ferdinand der andere, der Kaiser (den ich zu machen hatte). Ihn setzte ich ins Gespräch mit den allmächtigen Fakten. Er antwortete auf den Donner. Ergebnis? Er gibt es auf.

So sah ich die Dinge damals. Wie Wang-lun erlosch Ferdinand vor der «Welt».

*

Nein, es bleibt einem nichts anderes übrig, als es aufzugeben. Das war meine Generaleinsicht von damals. Ich fand[39] offen und insgeheim Gefallen an den grandiosen Phänomenen. Den Menschen, sein Ich, sein Leiden sah ich wohl. Aber ich erbarmte mich seiner und meiner nicht.

So wurde ich noch einmal hier hergeführt. Denn alle weltfrohe Umhüllung der historischen Vorgänge täuschte mich nicht über die Schwäche der Position, über die Unentschiedenheit, die Mutlosigkeit dieses selbstmörderischen Gegenüber.

Da nahm ich mir dann keinen isolierten historischen Vorgang, sondern die Technik, die im Menschen liegende Kraft, vor, und begann[40] die «Berge, Meere und Giganten». Thema, diesmal ganz allgemein: Was wird aus dem Menschen, wenn er so weiterlebt? (Die Folgezeit hat einige Proben gegeben.) Ich rief mich quasi zur Ordnung.

Ich konnte in einem Epochen und Räume überfliegenden Buch berichten von der Entwicklung und dem Mißbrauch der Technik, bis sie sich zur biologischen Praxis steigert, Veränderungen am Menschen, dem Urheber selbst, vornimmt, und wie sie den Menschen in die Kreidezeit zurückführt. Entsetzt sinkt nun, was vom Menschen übrig ist, in die Knie und opfert demütig den Urgewalten.

«Opfer» und «Demut» waren gefunden, diese Erkenntnis, noch nicht die innere Macht. Ich war damit den Weg der Massen und großen Kollektivkräfte zu Ende gegangen. Ja, bis hierher, bis zu dem Buch der «Giganten» hatte ich an der Großartigkeit der geschaffenen Welt gehangen und ihre Partei ergriffen. Mit der erschöpfenden Anstrengung des Gigantenbuches war mir hier genug getan.

*

Es gab eine Pause, – und ich ging wieder daran, festzustellen, wo ich stand. Solch Ermittlungsverfahren stellt der eine an bei einer Lektüre, der andere in Gesprächen und in langer eindringender Besinnung. Ähnliches geht auch meinen Büchern voraus. Aber der eigentliche Prozeß der Besinnung und Feststellung erfolgt im Schreiben selbst. Das Eigentümliche, Bittere, Fatale ist dann: Jedes Buch endet (für mich) mit einem Fragezeichen. Jedes Buch wirft am Ende einem neuen den Ball zu.
Nachdem ich den «Massenweg» abgelaufen war, wurde ich vor den Einzelmenschen, den Menschen geführt. Ich zog nicht bewußt diesen Schluß aus dem Vergangenen, aber mein Unbewußtes, das ich ja auch sonst unbekümmert für mich arbeiten ließ, tat es.
Ich fand einmal (in Berlin, in der Stadtbibliothek am Marstall)[41] einen Reisebericht[42] aus Indien mit vielen Bildern und mancher Historie. Das Milieu war mir fremd, und war abenteuerlich, tropisch reich. Ich blieb hängen an den Berichten von Hinduismus, von Shiwa[44], dem Gott, von einem Totenreich. Ich sah einen Menschen hier eindringen, einen aus unserer Welt, der sich von dem Jammer, den er in dieser Welt der Toten findet, zerreißen lassen will. Allen irdischen Schmerz will er auf sich stürzen lassen, mit allem Schmerz will er sich verbinden, weil er (aus einem Krieg) weiß, wir sind alle eines und dasselbe, Brüder, die Mörder und Gemordeten, der Henker und seine Opfer.
Er wagt die Schreckensfahrt und bricht zusammen. Aber Sawitri, eine Frau (es ist eine Göttin, die göttliche Liebe) hebt ihn auf; als neuer Mensch, als Halbgott kehrt er zurück.
Das ist, in freien Rhythmen geschrieben, «Manas»[45], eine epische Dichtung.
Meine Bücher hatten bis da eine Art Achtungserfolg. Die eigentliche Bühne (des Büchermarkts) wurde von anderen Autoren besetzt. Man behandelte da Liebes-, Ehe- und Kriminalgeschichten, gab viel Psychologie und das gebildete Publikum liebte es auch, sich Bildung im Roman vorsetzen zu lassen; man servierte Zeitfragen, kulturelle Probleme mit philosophischem

Einschlag. Das ist die feuilletonistische, essayistische Degeneration des Romans.

Meine Bücher konnten da nicht mit. Ich gab Bilder, und alles war dicht, viel zu dicht für Zeitungsleser.

Zudem hatte jedes Buch seinen Stil, der nicht von außen über die Sache geworfen wurde. Ich hatte keinen «eigenen» Stil, den ich ein für allemal fertig als meinen («Der Stil ist der Mensch»)[46] mit mir herumtrug, sondern ich ließ den Stil aus dem Stoff kommen.

Hier nun, im «Manas», freie Rhythmen und eine indische Welt: das war zu viel. Dieses Buch wurde abgelehnt.

«Wie sind Sie nur darauf gekommen?», fragte mich entsetzt, nachdem das Unglück geschehen war, mein Verleger, der alte Fischer.[47]

Das Buch war für mich in Ordnung. Von hier an datieren die Bücher, welche sich drehen um den Menschen und die Art seiner Existenz.

*

Der «Manas», auch er entließ mich, obwohl ich ihn in seine myt[h]ische Landschaft als Halbgott zurückkehren ließ, unbefriedigt. Die Frage, die mir der «Manas» zuwarf, lautete: Wie geht es einem guten Menschen in unserer Gesellschaft? Laß sehen, wie er sich verhält und wie von ihm aus unsere Existenz aussieht. Es wurde «Berlin Alexanderplatz»[48] (ein Titel, den mein Verleger absolut nicht akzeptieren wollte, es sei doch einfach eine Bahnstation, und ich mußte als Untertitel dazusetzen «Die Geschichte vom Franz Biberkopf».) Natürlich schrieb ich dies Buch, besser, schrieb sich dies Buch nicht in freien Rhythmen, sondern im Berliner Tonfall. Aber blind, wie einmal Kritiker unserer Epoche sind, konnten sie bequem mit dem Buch fertig werden: «Nachfolge von Joyce».[49] Wenn ich durchaus jemandem hörig sein und folgen soll (was ich garnicht nötig habe, ich finde mich stofflich und stilistisch schon selbst zurecht. Mein

Vers ist: «Ich wohn' in meinem eignen Haus, hab niemandem nie nichts nachgemacht, und lachte noch jeden Meister aus, der sich nicht selber ausgelacht»)[50], also wenn ich schon einem folgen und etwas brauchen soll, warum muß ich zu Joyce gehen, zu dem Irländer, wo ich die Art, die Methode, die er anwendet (famos, von mir bewundert) an der gleichen Stelle kennen gelernt habe, wie er selbst, bei den Expressionisten, Dadaisten und so fort.

Der «Alexanderplatz» hat den ihm gemäßen Stil, wie der «Manas» oder der «Wallenstein» (die man freilich dazu kennen muß).

Dies Buch war beim Publikum ein Erfolg, und man nagelte mich auf den (als Schilderung der Berliner Unterwelt mißverstandenen) «Alexanderplatz» fest. Es hat mich nicht gehindert, meinen Weg weiter zu verfolgen, und die Leute, die Schablonenarbeit verlangen, zu enttäuschen.

«Das Opfer» war das Thema des «Alexanderplatz». Die Bilder vom Schlachthof, von der Opferung Isaaks, das durchlaufende Zitat: «Es ist ein Schnitter, der heißt Tod»[51] hätten aufmerksam machen sollen. Der «gute» Franz Biberkopf mit seinen Ansprüchen an das Leben läßt sich bis zu seinem Tod nicht brechen. Aber er sollte gebrochen werden, er mußte sich aufgeben, nicht bloß äußerlich. Ich wußte freilich selbst nicht wie. Die Tatsachen springen den Menschen an, aber bloße Starre rettet nicht.

*

Ich setzte nun, um das Problem zu ergründen, um hinter das Geheimnis eines Bruchs und solcher Wendung zu kommen, abermals einen Menschen in Bewegung, einen Mann, der gleichfalls gut in seinem Fleisch sitzt, diesmal einen wirklich exzessiv hochmütigen, einen babylonischen Gott. Ich suchte ihn zu drängen, sich aufzugeben. Dieser Gott «Konrad» war schuldbeladen, ein viel schwererer Verbrecher als Franz Biberkopf, der einfache

Transportarbeiter aus Berlin. Aber er war noch weniger geneigt, mit sich und an sich etwas vorzunehmen.
Dies Buch, «Babylonische Wanderung»[52], verspottet schrecklicherweise die Opferidee des «Alexanderplatz». Der Gott Konrad denkt absolut nicht daran zu büßen, er fühlt sich nicht einmal entthront, abgedankt, und in dieser Haltung verbleibt er. Ich weiß nicht, wie mir mein Plan so im Schreiben ausrutschen konnte. Ein spitzbübiger Kobold spielte mir den Streich. Es war ein Rückschlag. Ich stand im Kampf mit seinem Hin und Her.
So, mit diesem Buch ging ich ins Exil 1933. Es hatte mich nicht weitergebracht, und zeigte einen Widerstand, eine Sperrung und Versteifung in mir an. Es ist, als ob ich etwas nahen fühlte und mich verbarrikadierte.

*

1934, schon in Maisons-Laffitte[53] bei Paris (ich hatte im Exil viel Zeit zum denken) plänkelte ich herum in einem kleinen Berliner Roman «Pardon wird nicht gegeben»[54]. Eine Familiengeschichte mit autobiographischem Einschlag.[55] «Autobiographisch» sage ich. Das ist ein Fortschritt. Ich wagte mich an den Herd heran. Stolz hatte ich früher gewußt und gesagt: «Die Epiker haben Augen, um nach außen zu sehen.»[56] Ich mochte Lyrik nicht, ich wollte nur Abläufe, Begebenheiten, Gestalten, eine steinerne Front[57], – und nicht Psychologie. (Dabei beobachtete ich viel, und mein ärztliches Fach war die Psychotherapie – der anderen.)

*

Sehr bald nach diesem Tasten in Romanform stieß ich auf Kierkegaard[58], in der Nationalbibliothek in Paris, und blätterte, zuerst ohne Geschmack an ihm zu finden, in dem zweibändigen «Don Juan»[59]. Aber das Buch ließ mich nicht los. Seit langer

Zeit zum ersten Male merkte ich bei einer Lektüre auf. Ich schrieb mir einiges ab.[60]

Aber da, in derselben großen Bibliothek, stieß ich auf etwas anderes, das ich schon immer liebte: auf Atlanten. Und dann gab es herrlich bebilderte Ethnographien. Man hatte mich gefangen, von Kierkegaard weggelockt. Die Südamerikakarten mit dem Amazonenstrom: was für eine Freude. Ich hatte immer etwas für das Wasser[61], für das Element der Ströme und Meere [übrig]. Im «Ich über der Natur» habe ich vom Wasser geschrieben[62], in dem Utopiebuch die Meere gefeiert.[63]

Nun der Amazonenstrom. Ich vertiefte mich in seinen Charakter, dieses Wunderwesen, Strommeer, ein urzeitliches Ding. Seine Ufer, die Tiere und Menschen gehörten zu ihm.

Eines zog das andere nach sich. Ich las von den indianischen Ureinwohnern, stieg in ihre Geschichte, und las wie die Weißen hier eindrangen. Wo war ich hingeraten? Wieder das alte Lied, hymnische Feier der Natur, Preis der Wunder und Herrlichkeiten dieser Welt? Also wieder eine Sackgasse?

Bald fing ich an zu schreiben, tatsächlich mit der einen Idee: diesem Flußmeer zu geben, was des Flußmeeres war, auch seine Menschen zu zeichnen, und die Weißen nicht aufkommen zu lassen. So wurde der erste Band: «Das Land ohne Tod».[64] (Oh, sehr langsam macht man Fortschritte.)

Aber zum Schluß mischte sich Las Casas[65] ein. Der Mensch begann zu klagen. Die Stimme ließ sich nicht übertönen vom Rauschen des herrlichen Wassers. Ich ließ den Menschen zu bei der hymnischen Feier, und schon war das nächste Buch beschlossen, der Ball flog.

Las Casas Auftreten am Ende des ersten Bandes machte alles andere zum Vorspiel. Es wurde keine Sackgasse.

Und nun wurde es der großartige Menschheitsversuch, die Jesuitenrepublik am Paran[á]. Das Christentum steht im Kampf mit der Natur, und auch im Kampf mit den unzulänglichen Christen. Ein neues Thema, ich wollte dabei lernen und mich erproben. Ich konnte dem Thema nicht ausweichen, es lief mir

nach, es stellte mich, am Schluße des ersten Bandes vom «Land ohne Tod», als ich so tat, wie wenn ich ihm entronnen wäre.
Und dennoch, ich wich ihm aus, ich entzog mich, so gut und so glatt ich konnte. Von da kommt in den Band «Der blaue Tiger»[66] das Vibrieren und Schillern des Stils, von da auch die Heiterkeit (vom Konrad, der nicht büßen will)[67], von da die Anbetung der natürlichen Urmächte. Aber mitten darin steht unbeweglich eine scheue und tiefe Ehrfurcht. Religion steht da und schweigt –
Der Abgesang dieses Südamerikawerkes («Der neue Urwald»)[68] kann nicht umhin, die furchtbare, trostlose, brütende Verlorenheit, die nachbleibt, zu zeichnen.
Danach trat Kierkegaard hervor, und jetzt, 1936, verschlang ich einen Band nach dem anderen (oh! damals waren meine Augen noch gut, ich konnte lesen und lesen).
Ich zog lange Partien aus, schrieb Hefte voll. Er erschütterte mich. Er war redlich, wach und wahr. Seine Resultate interessierten mich nicht so wie seine Art, seine Richtung und der Wille. Er drängte mich nicht zur Wahrheit, aber zur Redlichkeit.
Und nachdem ich im Südamerikabuch meine Abenteuerlust befriedigt hatte, wandte ich mich den heimischen Gestaden zu. Ich dachte an Berlin, an die ferne Stadt und prüfte nun im Geist, ähnlich wie 1934 in «Pardon wird nicht gegeben», wodurch alles gekommen war. Die alte Landschaft wollte ich hinstellen und einen Menschen, eine Art Manas und Franz Biberkopf (die Sonde) in diese Landschaft ziehen lassen, damit er sich (mich) prüfe und erfahre.
Ich warf erst die Landschaft auf, gab (im ersten Band[69] des Erzählwerks «November 1918») die Szenerie des Elsässer Lazaretts, (in dem ich während der letzten Kriegszeit 1917–18 als ordinierender Arzt arbeitete).[70] Und es trat mir bald der Mann[71], als Kranker entgegen, den ich formte und bestimmte, seine (und meine) Last in die Erzählung zu tragen.
Es liefen zwei Dinge nebeneinander und zusammen: Das tragi-

sche Versanden der deutschen Revolution 1918 und der dunkle Drang dieses Menschen. Es erhebt sich für ihn die Frage, wie er überhaupt zum Handeln gelangen soll. Aber dies will er. Von wo aus, von welcher Basis. Er muß es ablehnen, sich hier zu entscheiden. Er kann nicht zwischen zwei und drei Sandbänken wählen, um sein Haus aufzubauen. Es wird eine himmlische und höllische Geschichte.[72] Der Mann, Friedrich Becker, wird von Halluzinationen umgeben. Durch das «Tor des Grauens und der Verzweiflung»[73] muß er gehen. Er bleibt am Leben. Er findet sich zuletzt gebrochen und gewandelt als Christ. (Das bringt Band zwei und drei.)[74]

Sein gewonnenes Christentum trägt er durch den Schlußband («Karl und Rosa»)[75]. Himmel und Hölle kämpfen weiter in ihm. Er verkommt äußerlich, innerlich wird er zerfressen. Aber – er wird aufgehoben.

*

Das Buch «1918» war mir vorausgeschwebt. Es wurde im Jahre 1941 in Californien beendet.[76] Zwischen Band drei und vier liegt das Jahr 1940, der finstere Einbruch in Frankreich. Eine «Schicksalsreise» durch das Land habe ich später darüber geschrieben.[77] Dann war mir selbst das zuteil geworden, was meinem Konrad nicht, aber Friedrich Becker wurde[78] – eine Klärung. Die Klärung war vollständig. Der Standpunkt war gegeben. Ein anderes Weltbild, ein anderes Denken war da. In einem Buch «Der unsterbliche Mensch»[79] prüfte ich meine neue Situation durch. Ich sah mich in dem Haus um, das ich betreten hatte. Ich schritt durch die Räume, deren Türen sich mir geöffnet hatten. Nichts neues wollte ich sagen, nichts erfinden, wollte nur mitteilen, was ich vorfand und wie es hier aussah. Kein Roman, nein – Mitteilung, Beschreibung – und ein Vergleich mit früher: daher der Dialog und das Auftreten des Jüngeren.

*

Nachdem ich dies niedergeschrieben, niedergelegt hatte, – ging es mir nicht so, wie sonst nach einem Roman. Ich hatte schon früher lange Besinnungsakte zwischen Werken eingeschaltet, wobei ich mit meinem Bewußtsein, in Gedanken, und nicht in Bildern und Gestalten, das auffing, was die Person, die meinen Namen trug, zu sich und zur Existenz sagte. Da schrieb ich einmal (nach den «Bergen») das «Ich über der Natur» und nach dem «Alexanderplatz» «Unser Dasein».[80] Ein wenig war ich mit jeder solchen Klärung weitergekommen, nur [ein wenig.] «Ich» fand: Die Gestaltung und das Vis à Vis mit einer ganzen wirbelnden Welt brachte weiter, der Kontakt mit dieser Wirklichkeit bedeutete etwas. Jetzt, – wie sollte ich mich jetzt vor die Dinge schleppen? Wie sollte ich, der ehemalige Anbeter der «Welt» vor sie treten? Das kam nicht in Frage. Alle meine epischen Bücher bis da waren Teste. Es gab jetzt nichts mehr zu «versuchen». Ich hatte mich nun vor die «Welt» zu stellen. Es galt sich fester und sicherer auf dem Boden zu etablieren, der keine rutschende Sandbank war.

Ich hatte mich nicht verloren, ich war kein Finsterling geworden. Überraschend schossen ein paar Erzählungen auf, ich schrieb sie schnell nieder und gestehe, ich weiß nicht recht, wie ich zu ihnen kam: wieder Koboldstücke. Das ist «Der Oberst und der Dichter»[82] und die beiden heiteren Geschichten, burleske Späße und Mischungen von Ernst und Clownerie[:] «Märchen vom Materialismus» und «Reiseverkehr mit dem Jenseits».[83]

Ich hatte aber außer diesen kleinen Erzählungen noch anderes skizziert. Ich kam darauf, sie zusammenzufassen und auszuführen. Man müßte sie, dachte ich formal, für jemanden erzählen, wie in «1001 Nacht».[84] Also wie und für wen?

Wie ich fragte, schrieb ich schon und bereitete schon den Menschen vor, an den die Geschichten sich richten sollte.

Er lag krank, war verwirrt, zerrissen – es war Edward, der vom Kriege heimkehrend sich nicht mehr in sich zurechtfindet. Er wird ein «Hamlet»[85], der seine Umgebung befragt. Er will nicht

richten, er will etwas Ernstes und Dringliches: er will erkennen, was ihn und alle krank und schlecht gemacht hat.
Und in der Tat: da liegt eine furchtbare Situation vor, und er hellt sie langsam auf. Die Wahrheit, nur die Wahrheit kann ihn gesund machen. Und aus vielen Zerstreuungs- und Ablenkungserzählungen werden indirekte und immer mehr direkte Mitteilungen, schließlich Bekenntnisse und Geständnisse. Ein fauler, träger Zustand enthüllt sich, die Familie kommt mehr und mehr in Gärung. Schließlich ist die Tragödie da, aber mit ihr die Katharsis.
Das Buch könnte eine neue Reihe einleiten, die dritte, wäre ich jünger. Aber einmal endet alles Fragen. Das Buch wurde größtenteils schon auf deutschem Boden geschrieben.

*

Das also wurde in den Jahrzehnten hingeschrieben und ich kann darauf blicken und soll sagen: «Das bin ich».
Eine Art Denken ist das Ganze, manchmal (ausnahmsweise) abstrakt, meist gebunden an tausend Fakten und Begebenheiten. Das Denken mag nicht nackt gehen, es reißt eine Unmenge Tatsachen an sich und zieht sie sich wie eine Kapuze über den Kopf. Fragen kann ich stellen und Gedanken fassen. Das Ganze aber, diese Maskerade, und warum diese und nicht jene Maskerade, diese Mixtur ist etwas Besonderes. Es ist Dichtung, Verdichtung, Wachstum, die Bildung eines Gewächses und gehört in das Gebiet der geistigen Keimung, Sprossung und Bildung von Ablegern. (Das Wort «Kunst» ist dunkel.)
Produkte dieser Art durchbrechen die Form des Individuums. Wie im Körperlichen sich bei Geschwulsten Metastasen bilden, so stülpt der Geist solche Produkte aus. Das vorangehende abstrakte Denken ließe sich als Reiz vor der Knospenbildung deuten.
Ob hier irgend etwas Einfluß auf andere, auf «Volk» hat, habe ich nie gefragt. Aber ich war mir bewußt, daß, auch ohne daß

man auf die Umwelt blickt, sie immer gegenwärtig ist. Man wächst nicht allein. Sogar wenn man erloschen ist und nicht mehr Knospen treibt, wirkt man in dem ungeheuren geistigen Gewebe und ist gegenwärtig.

*

Vielleicht träume ich alles.
Was weiß ich eigentlich[?] Ich weiß, daß wir in dieser Weltära, gestoßen, verstoßen, gebannt in den düsteren schweren Kreis dieses [Ä]ons, daß wir Menschen es schwer haben. Wir scheuern uns wund an den Mauern, die uns umgeben. Wir schlagen gegen sie und hören unsere Hände klatschen, und wie wir schreien. Wir suchen auszubrechen aus dem Bagno[86], und das ist der andere Sinn der «Dichtungen», solcher «schöpferischen», denkerischen, poetischen Bemühungen.
Aber wir geben keine Ruhe. Wir können uns nicht bescheiden. Unser verruchter Geist kann nicht still sein. Es ist sein Kainserbe.[87] Jeder unserer Tage wiederholt den Sündenfall. Unser Geist träumt und hofft dennoch, er erreiche etwas, er weiß nicht was.
Satan geht zwischen uns. Man darf nicht daran zweifeln. Man lasse sich durch die Helligkeit des Tages nicht betrügen. Auch die Elektrizität gibt nicht das wirkliche Licht, und die Atombombe sprengt nichts.
Aber es gibt den ewigen, gütigen und gerechten Gott. Nur vor ihm wird der Graus verständlich. Wie sehr wir uns von ihm abgelöst haben, wird deutlich. Die Beklemmung, Trostlosigkeit, die Erbärmlichkeit hier ruft nach ihm.
Wie Sonne und Freude als Zeichen und Reste himmlischer Vollkommenheit da sind, so ist der ganze Himmel da, und der ewige Gott, – «Jesus» unter uns genannt, – hat sich einmal in unser Fleisch gesenkt und in diesem wüsten Gehäuse das alte Feuer angezündet.
Nur Gott preisen, nur die Himmlischen loben sollte man, und

zuerst diese Bewegung, die uns vor dem Nichts schützt: Jesus von Nazareth, getragen von der süßen Gottesmutter, gelegen in der Krippe, erwachsen, Gnadenspender, Wundertäter, Lehrer unter den Menschen, der sich geradeaus auf das Marterholz hinbewegte, um unsere Gärung und Verfaulung, die menschliche Verwesung aus der Welt zu schaffen. Denn er sah: – wir können uns nicht helfen.

Was kann die Existenz zum Inhalt haben, welche Aufgabe kann sie uns stellen, wodurch die düstere Art unseres Daseins rechtfertigen, – wenn nicht dies: Reinigung, Erhebung, Aufrichtung verschaffen, die Befreiung von dem Bösen vorbereiten, sich lösen aus der Verstrickung, aus der schändlichen Erniedrigung durch den Bösen.

Wohl dem, der mehr hat als seine Augen, mehr als seine Logik und seine Mathematik. Glückselig der, der mühelos reifen konnte. Aber wohl auch uns, die wir Zeit unseres Lebens gefragt, gesucht und geirrt haben, wohl uns, wenn wir auch als Wrack noch in den Hafen einlaufen und am Fuß des Leuchtturms stehen oder liegen, den unser inneres Auge immer erblickt hatte.

UND ICH HABE DIE SIEBZIG ÜBERSCHRITTEN

Und so ist das Jahr 1948 zu Ende gegangen, und ich habe die siebzig überschritten.[1] Auf der unruhigen und unheimlichen Reise durch Frankreich im Sommer 1940[2] hatte ich oft das Gefühl des Beraubtseins und der völligen Entblößung. Es kam mir vor, als sei mir alles aus den Händen geschlagen. Dann erfaßte ich: ich nahm nur wahr, was schon bestand; es wurde mir demonstriert. Nun, 1948, geht es mir ähnlich. Das Alter und die zunehmende Kränklichkeit erschüttern und zermürben den Bau des Körpers. Es scheint, hier wird mir etwas weggerissen. Tat-

sächlich ist eine neue Situation im Entstehen. Stück für Stück werden Ziegel aus meinem Haus gerissen und man sägt Balken an. Mein Haus, aber das war ich nicht, das war ich nicht.
Das Haus war mir mitgegeben, aber es war mir nie gesagt, wie es mir vorkam: «Das Haus bin ich.»
Mein Körper, wußte ich schon lange, hat viele Schichten. Eine Anzahl Elemente bauen ihn auf, sie sind in der ganzen Welt verbreitet, sie sind aus der ganzen Welt zusammengezogen, sie werden harmlos «chemische Elemente» genannt, aber sie sind keine einfachen Gebilde, sie sind komplizierte Gestalten. Was sie aber sind und wie sie zu diesem Konzert «Ich» beitragen, das weiß ich nicht.
Man nennt dann Zellen die einfachste Grundform des Körpers[:] sie bilden sich, vergehen, sind sehr verschieden, und das ist eine Flora und Fauna.
Und wenn ich fühle, will, empfinde, begehre, – aus welcher Schicht kommt dies und aus welcher Schicht kommt jenes? Was de[ter]miniert? Was repräsentiert? Ich «empfinde» sage ich. Aber was alles ist darin, aus wievielen Welten zieht sich mein Ich zusammen. Bin ich überhaupt einfach?
Wenn jetzt Körperliches von mir abgeschlagen wird und der Bau zu morschen beginnt, so weiß ich nur: Einiges hier hat seine Rolle ausgespielt, aber es war, scheint es mir, schon vorher nicht das, womit ich mich wirklich identifizierte.
Ich habe bestimmt nicht mein Leben durchgestürmt: «Erst groß und mächtig, nun aber geht es weise, geht bedächtig.»[3]
Als irgendein Bürger lebte ich die größte Zeit meines Daseins in demselben Land, aus dem ich vor sechzehn Jahren[4] hinausging. Ich tat, was ich zu tun hatte, blickte viel auf die Natur und die Gegenstände, dachte und phantasierte allerhand, wovon ich einiges aufschrieb. Zuletzt, jetzt, ach in welcher zerrissenen und wirren Zeit, in welchem zerrissenen und wirren Land lebe ich.
Als ich das erste Mal Berlin aufsuchte[5] (ich berichtete davon), und wir uns von der Friedrichstraße her den wüsten menschenleeren Linden zubewegten, da näherte sich uns von der anderen

Seite der Linden ein junger, frischer, russischer Soldat mit seiner Braut. Arm in Arm spazierte er über die wüsten, menschenleeren Linden, im Hintergrund stand eingemauert das Denkmal des Königs Friedrich II.[6] [E]in apokalyptisches Bild empfand ich. Mein Begleiter[7] ergänzte auf seine Weise den Gedanken; er sprach von dem Vordringen des Ostens und bemerkte spitz, die Bewegung würde wohl nicht unter den Linden haltmachen. Wir sollten uns in zehn Jahren noch einmal darüber unterhalten. Dinge dieser Art hört man und liest man jetzt viel. Was für eine Zukunft malt man sich da aus, in einer Gegenwart, die schon so gequält und geschlagen ist.

Wenn aber gewiß diese Städte in Trümmer[n] liegen, wir stehen auf der anderen Seite der Schöpfung und bewegen uns von einer anderen Seite her, wo es keine Zerstörungen gibt. Dies alles ist die negative Seite der Welt.

Es ist dem Menschen eine Weltära auferlegt, sich in Völkern zu versammeln und sich mit zugehörenden Völkern zu vereinen. Aber dem Verlangen ist fast im Augenblick, wo es sich zu realisieren beginnt und wo die Abgrenzung gegen Dritte deutlich wird[,] beigemischt der Hang, sich mit den Dritten und Vierten zu messen und sich über sie zu erheben, – obwohl man weiß oder wissen könnte, wie wenig man der Dinge im eigenen Haus Herr wird. Und wieder einmal entsteht in dem Meer der Geschichte eine Welle[,] die aber nur gegen das starre Festland anrennt, um brandend zurückgeworfen zu werden.

***

Alter und Kränklichkeit sind über meine Schwelle getreten. Sie wohnen unter meinem Dach und bereiten mich auf einen neuen großen Umzug vor.

Eine Weile war diese Körperlichkeit und die Energie, die sie gab, eine Quelle von selbstverständlichem Behagen, und dies war der eigentliche Berechtigungsnachweis für das Dasein. Die Existenz in dieser Körperlichkeit schien ein ständig fließendes Gewässer

zu sein, aus dem man trinken konnte, wenn man wollte und solange man konnte. Jetzt – senkt sich der Spiegel des Wassers. Wird ein Flußbett sichtbar?
Ach, ich kenne Euch, die [I]hr wie ich in der Körperlichkeit steht, ich kenne Euch Bäume. Ich betrachte Euch täglich. Ihr steht vor meinem Fenster. Jetzt ist Winter. Ihr steht schwarz und holzig da. Ihr bereitet Euch auf einen kleinen Ausflug vor. Ihr ahnt den neuen Frühling. Es wird in Euch gären. Die Wurzeln im Boden fangen an, neue Fasern zu bilden und zu saugen und zu pumpen. Langsam setzt sich Euer Maschinenwerk in Bewegung. Es kommt der Ruck, der Stoß, das Abfahrtssignal; Ihr wisset es dunkel voraus, Ihr gebt Euch nicht Rechnung davon, Ihr braucht Euch keine Rechnung davon zu geben, denn es kommt alles über Euch und Ihr willigt ein. Dann bricht Euer Inneres durch zur Helle. Draußen ist die Sonne stärker und wärmer geworden. Eure Äste bedecken sich mit zarten Punkten; das werden Knospen. Sie runden sich, sie quellen auf, sie entfalten sich, erst bräunlich, dann grün, es sind Blättchen, es werden bald Blätter sein. Ja, es ist sicher. So war es schon früher, schon im vorigen Jahr, schon vor drei Jahren und vielleicht noch länger. Ihr habt es im Gefühl. Dann steht Ihr über Nacht verwandelt da, grün in grün, belaubt, seid ein Baum neben anderen Bäumen. Es ist April geworden. Ihr fühlt, es wird bald Mai und Juni werden. Es kommt Euch vor, als werden sich bald Blüten bilden; das ist der Lauf der Dinge, so wie nach April der Mai und Juni kommt. Und das heißt dann «der Sommer», und die Blüten werden sich öffnen und die Bienen werden über den Blüten kreisen und den Honig saugen, den sie zu ihren Waben tragen, da bauen sie Zellen aus Wachs, sie wohnen zu Hunderten zusammen, sie sind tüchtige Werkleute. Ameisen werden am Stamm hochkriechen.
So steht Ihr stark und rüstig eine Weile, im Sommer und im Herbst. Ihr seid jeden Augenblick da in der Zeit. Und dann bringt es die Zeit mit sich, – die aber keine fremde Zeit ist –, und Eure Blüten welken. Die Blätter spreizen sich noch eine Weile

und lassen sich behaglich vom Wind heben und senken, ihr schöner Tanz mit dem Winde. Dann fangen sie an, schwerer und müder zu werden und zu gilben, zu bräunen. Ihre Stengel werden trockener, mürber. Die Blätter lösen sich vom Baum. Sie verlassen Euch und vermischen sich mit dem Boden, mit der Erde, aus der Ihr wachst und auf der Ihr steht und die Euch Nahrung gibt. Und dann stürmt schon der Wind über Euch, – nicht um zu spielen, sondern um zu zerren und zu rütteln und die Blätter abzudrehen. Ich sehe schon, wie sie über den Boden tanzen, mit Staub vermischt, und vielleicht ist ja dieser Staub selber lange zerfallenes Laub. Und so grüßt von Jahr zu Jahr, im gleichen Baum eine Generation die andere, und die letzte heißt immer die «junge». Und Ihr steht wieder schwarz und kahl im Herbstnebel. Ihr fühlt voraus, es wird Winter, man muß nach Hause gehen, muß zu Hause bleiben und die Türen schließen. Denn draußen schnaubt ein schreckliches Ungeheuer und stößt an die Stämme und will ihnen die Flanken aufreißen: die Kälte, die Kälte. – So geht es Euch. Ihr geht eigentlich nie nach Hause, Ihr bleibt immer zu Hause. Aber wir Menschen –

Wir setzen nicht einfach Jahresringe an. Es gibt bei uns nicht solche Wiederholung, keine einfache Addition und nach Erreichung einer bestimmten Ziffer den Schlußstrich, die Natur läßt dich fallen, falls dich nicht vorher das Beil umgelegt hat. Uns befällt auch die Erschöpfung, – aber bei uns kommt es zu Ergebnissen.

Wer alt und älter wird, sieht um sich neue Generationen aufwachsen. Sie wissen nichts und gehen frisch in das Spiel hinein. Unsichtbar aber versteckt sind schon da die Millionen, die krank und siech sind und so hinleben. Umgeben sind aber beide, Gesunde wie Kranke[,] von Friedhöfen, auf denen die früheren Geschlechter ruhen. Nur ein Bruchteil, ein minimaler, der Menschheit lebt. Die ungeheure Masse, die die vergangenen Jahrhunderte bevölkert hat, ist tot. Aber erst das Ganze, das sich durch die Zeit bewegt und sich in ihr entfaltet, ist der Mensch, der Adam. Größer an Zahl und Bedeutung sind die Toten, die wir tot nennen, weil unser Verstand und unsere Sinnesorgane sie nicht erfassen. Ihr Leben flutet, zum Teil niedergeschlagen und befestigt in unserer Körperlichkeit, durch uns und über uns hinaus.

Geheimnisvoll durchwirkt, gewaltig und furchtbar für uns, die sich isolieren, ist diese Welt. Aber die Liebe hat sie geschaffen, und eben sie, die den Kern ihrer Wesen bildet, läßt sie nicht ruhen und nicht fallen. Es gilt für die ganze Schöpfung, was Jesaias sagt:[8]

«Wie der Regen und der Schnee vom Himmel niederfällt und nicht mehr zurückkehrt, sondern die Erde tränkt und bewässert und fruchtbar macht, und Samen zum Säen gibt und Brot zum Essen, so wird es auch mit dem Worte sein, das aus meinem Munde kommt. Es wird nicht leer zu mir zurückkehren, sondern alles vollbringen, was ich will. Es wird Erfolg haben bei allem, wozu ich es sende, spricht der Herr, der Allmächtige.»

***

Ich sitze in der Elektrischen auf dem Weg nach der Stadt.[9] Im Nebel stehen draußen die Hügel. Die Bäume sind entlaubt und schwarz. Traurig hängen die kahlen Äste. Aber die Früchte, die Samen, die Keime sind schon in den Boden gesunken und warten. Die Bäume können ruhig vertrocknen.

Und das rauscht so durch die Zeit, keine bloße Erinnerung, sondern ein Drang nach der Ewigkeit. Sie ahmen die Ewigkeit nach in der Zeit. Sie rennen hinter ihr her, durch das Sterben, durch den Tod hindurch, der kein echter Tod ist. Sie suchen sich wieder herzustellen. Darum dieser erschütternde Schrei, dieses Betteln der Fruchtbarkeit.

Vor ihnen, zwischen ihnen der Mensch. Dies ist ja seine Natur. Die Dreifaltigkeit, ein einziger Gott und dreipersönlich: gesättigte, geistige und gemütliche Fülle: der Schöpfer-Vater, aus dem aller Zeit der Sohn, das Wort, das liebende Bewußtsein tritt, welches sich ausschüttet.

Das große Grundgesetz ist nicht der Kampf ums Dasein.[10]
Durch die Sakramente werden wir von dem Dreifaltigen Gott schon in der Vergänglichkeit angehoben und an die eigentliche Realität, die Urliebe herangetragen.
Eine frohe Botschaft ist uns verkündigt. Blicke ich jetzt auf das Evangelium, wo ist das Finstere, Schwarze, Leidende, das mich früher erschreckte? Er kam in die Welt, um Liebe zu bringen. Nur nicht erkalten. Sich an Gott entzünden.
«Mitten wir im Leben sind mit dem Tod umfangen» singt ein altes Lied.[11] Aber das ist unvollständig. Hinzu gehört: «Mitten im Leben sind wir von Paradieses Glanz beschienen.»
Denn was sind Freude, Glück, Schönheit, Liebe, Innigkeit anderes, so selten und schwach und gestört sie auch bei uns auftreten, als ein Rest, aber mehr als eine bloße Erinnerung an unsere frühere, eigentliche menschliche Existenz.

***

So gewiß es ist, daß diese Weltära von Kriegen und Zwistigkeiten der Völker durchzogen ist und daß auch die Menschen einzeln miteinander streiten, obwohl sie die Wohltat des Friedens und des freundschaftlichen Zusammenlebens kennen, – so gewiß es ist, daß Krankheiten über die Menschen fallen, daß viele verkrüppeln, ertauben, erblinden, daß sie das Alter heimsucht und sie unbehilflich siech macht, – so gewiß es ist, daß sie gleichmäßig, wie sie auch ihr Leben geführt haben, vom Tode hinweggerafft werden, – so gewiß dies ist, so gewiß ist auch, daß sie alles dieses beklagen und nicht wünschen und den öffentlichen und privaten Zwistigkeiten, auch den Krankheiten, dem Alter und dem Tod zu entrinnen suchen. Und dieses hat jener Buddha[12], der so ins Herz getroffen wurde von den Fakten der Krankheit, des Alters und des Todes, gesehen und doch nicht in ganzer Vollständigkeit gesehen. Denn daß der Mensch diese Dinge überhaupt sieht, daß sie ihm schrecklich auffallen, daß er vor ihnen zurückprallt und von ihnen ins Herz getroffen wird, zeigt an: Der Mensch weiß noch etwas anderes. Er vermag das Los, das über ihn gefallen ist, nicht anzuerkennen und nimmt es nicht in sein Wesen auf. Diese bitteren und schlimmen Dinge stehen draußen. Sie stehen im Widerspruch nicht nur mit dem[,] was er wünscht, sondern mehr noch: mit dem, was ihm angemessen erscheint, zugehörig zu seiner Natur. Und er erkennt sie auch als widersprechend der Großartigkeit, Herrlichkeit und Schönheit der Schöpfung.

Er kann nicht anders, er sieht die Dinge als einen Makel, als eine von außen in das herrliche Gefüge eingedrungene Störung an. Unvermittelt stehen nebeneinander Schönheit, Großartigkeit und Ordnung der Welt und die Zwietracht, der Haß, die Bosheit, dazu auch die Krankheit, das Alter und der Tod.

Die antiken Griechen hatten den «Streit» mit der «Liebe» zusammengebracht in ihrem Wort «Eros».[13] Die Liebe ist aber süße Innigkeit, Wille zur Verschmelzung bis zur Aufgabe des Ichs. Eros, der Streit, ist der Kampf, mit dem Ziel der Selbstbehauptung und der Auslöschung des andern. Wenn oft Tod und Liebe, in Dichtungen und auch im Leben, zusammentreten, so zeigt das nur den Grad der natürlichen Entartung und die völlige Verdunklung der Wahrheit.

Im Frieden, im Glück, in der Liebe fühlen wir uns vollkommen dargestellt und zum Dasein gekommen. Von hier aus, und nicht umgekehrt, ist auf den Haß, die Kriege, auf Krankheit, Alter und Tod zu blicken.

So erscheinen Glück, Schönheit, Friede und Liebe als der menschliche Normalzustand. Das ist das «Paradies» der Bibel, und ist eine Erkenntnis und ein altes Wissen, eine tief begründete Erinnerung und keine Legende.

Niemand kann dieser Weltära ihren Charakter nehmen, wie er ihr durch Urschuld aufgeprägt wurde. Es sollte jeder Tod, jede Krankheit, jeder Streit an diese grausige Urschuld erinnern, wodurch das Elend in die vollkommene Welt getragen wurde. So kam es zum Zerreißen des Zusammenhangs mit dem Urgrund und zu der zunehmenden Verkümmerung. Daher das Drängen zur Rückkehr, zur Umkehr, ohne daß man von sich aus findet: Gewaltig ist man noch im Sturz. Der Urgrund selber mußte sich melden, als die Liebe, und zeigen, was Liebe ist. Das Wandern Jesu auf Erden ist darüber eine einzige Offenbarung und Belehrung. Er kann und will nur einzelne heilen. Innerhalb ihres jetzigen natürlichen Rahmens wird, auch von ihm, die Welt nicht wieder hergestellt. Aber diese einzelnen kann er vollkommen heilen, da er das schöpferische Wort ist.

DICHTEN HEISST, GERICHTSTAG ÜBER SICH SELBST HALTEN

Wieder einmal geht es mir sonderbar. Ich saß drüben in Amerika die längste Zeit in dem schönen, heißen und mir etwas zu stillen Hollywood, schrieb Werk auf Werk und versenkte, was ich geschrieben und also zur Welt gebracht hatte, still und gelassen in meinem Schreibtisch, wie es auch andere in meiner Nähe taten. Als dann der Krieg zu Ende war und man nach Europa zurückgehen konnte, da wurde es zwar möglich, langsam seinen Käfig zu öffnen, – was beherbergte er, Hunde, Katzen und Vögel, oder vielleicht böse Schlangen? – Und seinen lebendigen Inhalt ins Freie zu lassen, denn sie sollten und wollten sich zeigen, da richtete der und jener, der sich mir nun näherte, seinen Blick statt auf meine Tiere, die ich so sorgsam behütet und herübertransportiert hatte, auf den Besitzer dieser Menagerie, also auf mich selber, und fragte: «Wer bist du, erzähle uns von dir.» Um es kurz zu sagen: man legte mir nahe, mich selber anzuschauen, den Blick nicht auf die Welt, sondern auf mich und mein Leben zu richten und mich autobiographisch zu äußern. «Sie müssen doch viel erlebt und gesehen haben. Erzählen Sie uns doch davon etwas.» Ja, es ging mir sonderbar. Ich dachte: Ich habe so viel geschrieben, haltet Euch doch an das, was gehe ich euch an. Bin ich

eine Primadonna, um deren Privatleben man sich kümmert? Ich erzähle eine kleine Episode, ein Gleichnis:
Einmal kam ein Journalist zu einem Astronomen und ließ sich von ihm die Herrlichkeiten des Sternenhimmels zeigen und als der Astronom geendet hatte, fragte er seinen Besucher, der ihm anscheinend mit Interesse zugehört hatte: «Nun, Herr X., Sie sind stumm. Es ist überwältigend, nicht wahr?» Darauf der Besucher: «Entschuldigen Sie, Herr Professor, gewiß. Sie zeigen ja alles sehr deutlich, aber nichts für ungut: Sie haben Tinte an Ihrem Zeigefinger.»
Um es ohne Umschweife zu sagen: Ich mag die Autobiographien nicht. Ich halte nichts von den sogenannten Autobiographien. Es gibt farbige, die über ein ganzes Zeitalter berichten, wie Goethes: Wahrheit und Dichtung[1], oder wie das Buch von Kügelgen.[2] Es gibt auch Bücher, in denen der Autor sich wirklich intensiver und scharf selber anblickt, wie Rousseau in den «Confessions»[3] und es gibt wirklich Dokumente, verhüllte und offene, Werke einer echten Selbstanalyse wie einiges bei Dostojewskij[4] und gar wie die Bekenntnisse des heiligen Augustin.[5] Aber sogar in den besten Beispielen dieser Art läuft alles durcheinander, Enthüllung und Verdecken und Verdrängen. Das habe ich schon längst gemerkt, und darum sage ich: Wenn man schon dichtet, warum nicht ehrlich und ganz dichten.
Und wieviel besser und um wieviel klarer und schärfer als irgendwo sonst hat etwa Dostojewskij von sich gesprochen und sich dargestellt in seinem: «Brüder [Karamasoff]»[6], und in den Gestalten seines Romans: «Der Idiot».[7] Man denke an den Satz: An Euren Früchten soll man Euch erkennen[8], der Apfel und die Birne zeigen schon, von welchem Baum sie stammen. Und zweitens: Eine wirkliche Autobiographie ist nicht möglich. Man kann Vorgänge und Ereignisse seines eigenen Lebens berichten und auch Betrachtungen daran anschließen, aber tiefer geht es nicht. Wie soll man es auch machen, wie soll man an sich herankommen? Wir tauchen in diesen Schlund und bringen immer nur irgendein Bild mit. Denn man kann nicht zugleich der Mann

sein, der in den Spiegel schaut, und der Spiegel. Da ich es nie mit dem Roman, sondern immer nur mit der Epik zu tun hatte, mochte ich die heutige Psychologie nicht. Am unglücklichsten aber erscheint mir immer die Neigung, siehe Strindberg[9] u. a., sich auf sich selbst zu werfen und sich scheinbar zu psychologisieren. Welche unglückliche Neigung! Statt mit den Augen, wie es sich gehört, in die Welt zu blicken, statt zu hören, was es da zu hören gibt, und teilzunehmen an den Vorgängen draußen, und sich selber kritisch und vernünftig anzufassen, an seiner Seele zu bohren und sie nicht atmen zu lassen. Es hat mir immer genügt, um mir die Zunge zu lösen, etwas zu finden, zu empfinden und dann kam mein Inneres in Aktion und konnte sich darstellen, was es ist.

So stürzte ich mich, als die psychologischen Wellen hochschlugen, vor 30, 40 Jahren, statt auf mich, in die weit entlegene Geschichte eines chinesischen Boxeraufstands[10] in meinem Roman: «Die drei Sprünge des Wang-lun».[11] Oder ich wanderte einige Jahrhunderte zurück und begegnete da einem stillen, frommen und ratlosen Kaiser Ferdinand und seinem gewaltigen Feldhauptmann Wallenstein.[12] Wer überhaupt Augen hat zu sehen, sieht da. Und dies schien mir und scheint mir [n]och heute die legitimste Art, von sich zu sprechen.

Wenn ich aber in der letzten Zeit ein Buch schreibe wie die «Schicksalsreise»[13] so geschah es nicht, um einfach ein Buch zu verfassen, das von meinen letzten Jahren berichtet, sondern deutlicher, direkter, offener und entschlossener vorzugehen, als in den früheren Werken. Es geschah, um aus der Dichtung herauszuspringen und zu handeln nach dem Grundsatz: Dichten heißt Gerichtstag über sich selbst halten.[14]

WARUM SCHREIBEN SIE?
FÜR WEN SCHREIBEN SIE?

Warum ich schreibe?

Das habe ich mich noch nie gefragt. Ich glaube auch, diese Frage stellen, heißt den eigentümlichen und recht dunklen und komplizierten Mechanismus einer literarischen Produktion zu verkennen. Dem einen Schriftsteller geht es so, dem andern so – ich kann nur melden, was ich von mir weiß und an mir beobachtet habe.

Ich fühle schon lange, seit meiner Jugend, einen Drang zu schreiben. Es wäre daher in der Analyse des Einzelfalles zu ermitteln, was das Auftreten eines solchen Dranges zum Schreiben bedeutet, welche Quellen er im Seelischen hat und welche Funktionen er ausübt. Man müßte auch im Einzelfall feststellen, was psychisch geschehen ist und welches Resultat psychisch erreicht wurde (Abreaktion), nachdem man geschrieben hat. Gewisse Dinge wollen offenbar sprachlich geformt werden, und man möchte sie in die Höhe einer gewissen Sprachebene heben. Man befreit sich vom individuellen Druck. Man begibt sich aus dem Privaten in die Gesellschaft, welche hier repräsentiert wird, durch die Sprache. Man verläßt sein Kämmerlein. Man geht zwar nicht zum Priester, aber man sucht, dies in gewissen Fällen, Absolution. Man träumt und biegt gewisse Dinge um, nimmt ihnen ihre Stacheln und enthüllt sich. Das alles wird möglich durch die gesellschaftliche Natur der Sprache.

Die Möglichkeit dazu ist dem Schriftsteller und Dichter gegeben, und sie macht seine besondere Begabung aus. Darum also, scheint mir, schreibt man, sofern man nicht einfach Zweckschriftsteller ist, also sich schriftstellerisch an politische und andere präzise Themen heranmacht.

Soweit der innere Mechanismus, der psychologische. Was konkret dann in Erscheinung tritt, wird durch viele äußere Umstände bestimmt. Und hier nähern wir uns der zweiten Frage: Für wen schreiben sie?

Man äußert sich, man nimmt Stellung – was natürlich ist und gar nicht erst zu einem Postulat erhoben werden braucht. Dickens[1], der Engländer, erfuhr und litt unter der sozialen Not seiner Zeit. Er war ein sehr menschlicher Autor. So treten seine sozialen Romane ans Licht. Sie zeigen die sozialen Nöte, sie stellen sie dar, und dadurch, daß Dickens diese künstlerische Kraft der Darstellung besitzt und zugleich dieser Mensch Dickens ist, wirken die Romane und vermögen zu packen. Gerhart Hauptmann[2] könnte ein Sozialist sein, zur Zeit seiner [«]Weber[»], es wäre nicht weiter interessant. Aber er ist der König der Dramatiker, der darstellen kann (das wäre allein auch noch nichts), und ist der weiche, von Mitleid ergriffene Mensch aus Schlesien (was allein auch nichts wäre) – aber dieses alles zusammen ermöglicht die «Weber» und so schreibt er und kann er schreiben zum Schutz seiner Armen und um die harten Herzen zu erschüttern.

Baudelaire[3] – für wen schreibt er? Es liegt auf der Hand, daß hier kaum eine Berührung mit Fällen wie Dickens und Hauptmann besteht. Er muß sich befassen, seine Gedichte von sich geben, seine Gefühle sublimieren und sich an der urkünstlerischen Form reinigen und sich besänftigen. Für wen er da schreibt? Für sehr viele, für viele tausend Einzelner. Die bloße Darstellung irgendwelcher Zustände und Nöte bleibt Milieustudie und Material. Der wirkliche Schriftsteller verarbeitet und verwandelt es. Das leistet schon eine gewisse Sprachform. Aber die eigentliche Aufgabe des Schriftstellers besteht darin, einen Zusatz zu der beobachteten und erfahrenen Realität zu geben. Er ist durch seine Begabung und seine Menschlichkeit dazu befähigt. Er ist ein besonderer Repräsentant des Menschen, immer getrieben durch seine Natur und seine Fähigkeit zur neuen Erweiterung, Bereicherung und Überhöhung der Realität.

[BEMERKUNGEN ÜBER MEIN LEBEN UND MEIN LITERARISCHES WERK]

Ich bin geboren am 10. August 1878 in Stettin, Provinz Pommern, Deutschland, als viertes Kind unter fünf meiner Eltern. Vier von uns waren Knaben, ein einziges ein Mädchen.[1] Von uns leben heute, im Jahr 1951, noch zwei.[2] Der mir nächst ältere Bruder Hugo[3], ein Schauspieler, jetzt etwa 75 Jahre alt, seit der Nazizeit in der Emigration in Zürich in der Schweiz, – und ich selber, 73 Jahre. Der ältere Bruder Ludwig starb schon 1930[4], plötzlich, zwei seiner Söhne gingen nach Amerika und leben da mit ihren Familien[5], – aber eine Schwester[6] dieser beiden wurde noch von den Nazis ergriffen und zusammen mit ihrer Mutter[7] nach Auschwitz gebracht, wo sie umkamen. Das gleiche Schicksal erlebte mein jüngerer Bruder in der Zeit, zusammen mit seiner Frau.[8] Ich hatte eine Schwester[9], sie war die zweitälteste von uns, verheiratet und hatte Kinder[10], – sie wurde schon 1919 bei den Spartakusunruhen in Berlin von einer Kugel der weißen Truppen getroffen und starb am Tage darauf.[11] Mein Vater[12] war in Stettin ein Kaufmann, er trennte sich, da ich etwa zehn Jahre alt war, von seiner Familie, er lebte bis zu seinem Ende dann mit seiner Freundin[13] in Hamburg, ohne sich um das Schicksal seiner zurückgelassenen großen Familie zu bekümmern. Wir wanderten dann bald nach Berlin zur Familie meiner Mutter und dort verblieben wir und wuchsen wir Kinder auf. Was aus uns wurde, in diesen Jahren von 1888 –? Der Älteste wurde ein wohlhabender Holzhändler, die Schwester verheiratete sich und hatte Kinder, der dritte wurde Schauspieler, dann komme ich, der Medizin studierte und Arzt wurde, dabei auch schriftstellerte, der Jüngste, geboren 1880, ein glänzender Pianist, wurde Kaufmann, zuletzt in der Firma unseres ältesten Bruders, der nach dem Verschwinden unseres Vaters im Grunde Vaterstelle an uns vertrat.

Und nun zu mir, nach dessen Daten Sie fragen und nach sonstigen Angaben, welche mein Leben und mein Werk betreffen. Man schickte mich in Berlin erst in die Gemeindeschule. Als ich da Begabung zeigte, kam ich als Freischüler auf das humanistische Gymnasium in Berlin – Köllnisches Gymnasium – wo ich um 1900 mein Abiturium machte.[14] Ich habe schon in der letzten Schulzeit für mich selbst allerhand Poetisches geschrieben, z. B. einen noch unveröffentlichten lyrischen Roman auf den Spuren Hölderlins[:] «Die jagenden Rosse».[15] Ich habe auch schon angefangen, mich intensiv mit Philosophie zu beschäftigen, und es waren[,] unter Ablehnung von Kant, Schopenhauer und Nietzsche, die mich schon in der letzten Schulzeit enorm fesselten. Religion kam wenig an mich heran. Man war als Jude geboren und meine Mutter hielt die hohen Feiertage, aber darüber hinaus kam nichts Religiöses in unsere Familie. Man meinte früh in der Familie, ich müßte studieren, und das war mir schon recht, jedoch sah ich nicht, was ich studieren sollte. Man dachte an einen Beruf, der mich materiell rasch vorwärtsbringen könnte und redete vielfach von Zahnheilkunde. Ich entschloß mich zur Medizin aus einer einfachen Überlegung: Ich hatte mich schon an der Philosophie festgebissen, und nichts interessierte mich mehr als die Welt und ihr Allgemeinstes, ihre Gründe und Hintergründe kennen zu lernen. Und darum, man möge nicht staunen, studierte ich Medizin. Denn ich sagte mir, um zu erkennen, «was die Welt im Innersten zusammenhält»[16], mußte ich mich erst der Welt nähern, ihre Erscheinung und ihren Verlauf kennen lernen, ich mußte mich mit Naturwissenschaften befassen, und das war das Allerwichtigste. Ohne dieses Fundament konnte ich nicht solide und ernsthafte Philosophie betreiben. Das Medizinstudium aber setzte mindestens 2 Jahre intensiver Beschäftigung mit den Naturwissenschaften voraus, und sie befaßte sich alsdann mit dem Menschen, körperlich und geistig, und dieses schien mir die wahre und die beste Eintrittspforte in die Philosophie zu sein.

So trieb ich Medizin, während ich gleichzeitig auch philosophische Kollegs[17] besuchte, bis zum Jahre 1905, und machte

mein Doktorexamen und wurde als Arzt approbiert 1905 in Freiburg i[m] Breisgau.[18] Zuletzt hatte ich mich bei dem Studium spezialistisch mit der Psychiatrie und Neurologie befaßt und meine Doktorarbeit trägt den Titel: «Ein Fall von Korsakoff'scher Psychose».[19]
Während des Studiums schrieb ich literarisch weiter, kleine Aufsätze über Nietzsche[20], Auseinandersetzungen mit ih[m,] und kleine Novellen, die später mit anderen in meinem ersten Novellenband «Die Ermordung einer Butterblume» herauskamen.[21] Ich wurde Arzt in Irrenanstalten, zuletzt in Buch bei Berlin, dann Arzt im Städt[ischen] Krankenhaus Urban in Berlin.[22] 1912 heiratete ich[23] und praktizierte von da ab selbständig, als Innerer und Nervenarzt, erst am Halleschen Tor in Berlin, dann im Osten und in der Frankfurter Allee.[24] Meine Praxis war fast ausschließlich eine Kassenpraxis in einer proletarischen Gegend. Mir wurden von meiner Frau Erna, geborene Reis[s][25], die zehn Jahre jünger ist als ich, vier Söhne geboren, es sind jetzt erwachsene Männer, der älteste, Peter[26], ist längst Amerikaner geworden, nach jener Flucht aus Deutschland 1933 und haust jetzt in New York, zwei andere[27] sind Franzosen und leben in Nice und Paris und der zweitälteste[28] ist 1940 als französischer Soldat im Kampf gegen die Nazis gefallen.
Was der Ernst des Lebens ist, konnte ich schon früh erfahren, im Elternhaus. Das spätere Leben brachte mir reichlich, überreichlich davon. Meine Phantasie war lebhaft, ich dachte viel und beobachtete viel, ich lebte unter dem armen Volk in mäßigen Umständen. Hier im Osten Berlins entstanden die meisten Werke der ersten Periode meines Schaffens. Ich schrieb einen Roman, der sich befaßte, in China spielend, mit einer religiösen Erhebung armer Leute gegen die Regierung. Sie nannten sich die wahrhaft Schwachen, ich fand darüber einige historische Angaben, es waren nicht eigentlich sie, die sich gegen den Staat erhoben, sondern der Staat, der sie nicht dulden wollte, ihre Lehre des «Nichtwiderstrebens» haßte. Dieses Buch trägt den Titel «Die drei Sprünge des Wang-[l]un». Ich stand, als es 1916 heraus-

kam[29] als Militärarzt draußen im Heer. Das Buch wurde mit einem Preise ausgezeichnet.[30] Damit war ich, nunmehr Mitte [d]reißig Jahre alt, ins Schreiben geraten und nun liefen immer nebeneinander her ärztliche Praxis und Literatur. Und es war, nach 1918, noch etwas Drittes hinzugetreten: die Politik. Besonders die sozialen Dinge erregten und beschäftigten mich sehr und die üble Entwicklung, die nach der mißglückten Revolution von 1918 die Dinge in Deutschland nahmen. Ich stellte mich auf die sozialdemokratische Seite, mit Vorbehalten, ich war bis 1927 Mitglied der sozialdemokratischen Partei[31], trat aber dann aus, als ich sah, wie das Bonzentum hier die Oberhand gewann, von der geistigen Leere und Bewegungsfreiheit nicht zu sprechen. Es entstanden jetzt, ich kann schon sagen, Zug um Zug, eine Reihe von umfangreichen, epischen Werken, Romane, über deren Themen ich etwas sagen will. Aber neben de[n] Roman[en] brachte ich auch philosophische Arbeiten heraus, und in einem drängte ich, von der mechanistischen und realistischen Naturwissenschaft zu einer anderen Auffassung und Erkenntnis der Natur. Schon die Titel der beiden Hauptwerke auf diesem Gebiet verraten etwas über ihre Tendenz: «Das Ich über der Natur» und «Unser Dasein».[32] Nebenbei schrieb ich heftige politische Sat[i]ren, von denen einige gesammelt wurden in dem Band: «Der deutsche Maskenball».[33] Nicht gesammelt wurden, jedenfalls bis jetzt, zahllose kritische und kulturpolitische Essays.
Nach dem chinesischen Roman und einem kleineren Berliner Buch: «Wadzeks Kampf mit der Dampfturbine»[34] kam der zweibändige «Wallenstein»[35], und da nahm ich zum Milieu den Dreißigjährigen Krieg in Europa und stellte zwei Hauptfiguren nebeneinander, um die sich diese gesamte, brodelnde Welt ballte: der Träger der Macht, der gewaltige und raffinierte, bedenkenlose General Wallenstein, dessen sich der Kaiser bedient und bedienen muß, und der fromme Kaiser selbst, Ferdinand, der andere, der schwach ist und immer schwächer wird und schließlich der bösen Gewalt völlig das Feld räumt. Aber den Wallenstein ermordet man, und der Kaiser geht still und an-

onym hinter seinem Sarge her. – Dann das indische, in freien Rhyt[h]men geschriebene Epos «Manas»[36], die alte Linie wird weitergezogen: Ein indischer Held verzweifelt an dieser Welt der Kriege und Schlechtigkeiten und geht in die Unterwelt zu den Toten, um das ganze menschliche Elend und den Schmerz zu ertragen. Er ist schon am Erliegen, da hat sich sein Weib, die Sawitr[i], in Bewegung gesetzt, ist ihm gefolgt, aber sie ist kein einfaches Menschenweib, sondern ein göttliches Wesen. Sie rettet ihn, bringt ihn wieder an die Oberwelt, wo er seinen mächtigen Kampfruf erhebt. Und dann, 1928[37], «Berlin Alexanderplatz», in dem ein einfacher Transportarbeiter, Franz Biberkopf, nach einer Untat aus dem Gefängnis entlassen, wieder in das Leben eintritt, – entschlossen, nunmehr gut zu sein. Sein Milieu, seine Welt, seine Umgebung in Berlin-Ost, die ich gut kannte, wird hingestellt. Er kämpft, will gut sein. Aber das Böse fällt über ihn her. Keine göttliche Macht, wie die Sawitr[i] des «Manas», fängt ihn auf. Aber er hat eine Erkenntnis gewonnen – sie wird ihm durch den Tod in Worten formuliert: daß er sich selber gut vorkam, daß er forderte und forderte. Ein milderer Biberkopf äußert sich ganz zum Schluß.

Dann ist das Jahr 1933 nicht weit, ich habe mit meiner F[a]milie Berlin verlassen[38], war in Zürich[39] und dann auf lange Jahre in Paris.[40] Die deutsche Staatsangehörigkeit wird mir abgesprochen[41], ich werde französischer Bürger.[42] Und nun keine ärztliche Praxis mehr, denn ich fühle mich zu alt, um noch Examina vorzubereiten. Ich denke und schreibe, ich schreibe und denke, und verfolge den Lauf der Welt. Wir können uns noch gerade erhalten, aber die Kinder wachsen heran. Ich schrieb in Paris ein Werk in zwei Bänden mit einem südamerikanischen Stoff: «Das Land ohne Tod»[43] und «Der blaue Tiger»[44]. Und das stellt dar, eine große, eine ganz große Natur, die Landschaft des Amazonenstroms[45], die ich auf alte Weise wieder verherrlichen will. Aber das geschieht nur im ersten Teil des ersten Bandes. Dann gleite ich zu religiösen und menschlichen Fragen über. Und der zweite Teil stellt den großen Versuch der damaligen Jesuitenväter dar, dort am Amazonenstrom, da sich die Welt sonst in Kriegen zerreißt, einen wahrhaft christlichen Staat zu errichten. Der Staat ging nach zwei Jahrhunderten zu Grunde. Ich schildere den Verlauf. Während der Arbeit lernte ich auch viel vom Christentum. Und danach war ich reif für ein ganz großes Werk, das mich wieder nach Berlin führte: «November 1918»[46], ein Werk, in dem ich nun wie im «Wallenstein» den Kaiser Ferdinand, nun aber anders, einen Zivilisten, einen einfachen Lehrer in den Mittelpunkt stellte und als Gegenspieler nur die ganze andere tobende Welt. Das Thema dieser vier Bände wird: Wie dieser Friedrich Becker, willen[t]lich und unwillen[t]lich[,] sich dem Christentum nähert und schließlich Christ wird und nun nicht nur für sich selber Christ bleibt, sondern hinausgeht in das wilde Leben dieser Zeit und sein Christentum zu vertreten und durchzusetzen sucht. Es wird, wie vorauszusehen, nicht eine Tragödie, sondern ein Martyrium. Er erliegt dem Teufel, der ihn schon in den Klauen hält, nicht. Man hat von diesem Werk 3 Bände im heutigen Deutschland gedruckt, der erste Band konnte nicht erscheinen. Ich selber war, wie schon bei dem Südamerikabuch, nur noch dichter an das Christentum herangekommen. Ich hatte innerlich schon viele Dinge vorweggenommen, die noch kommen mußten und kamen. Die Folgen der Entwicklung beschrieb ich in dem Buch: «Schicksalsreise»[47]. Das vorher nur [g]eistig und im Innern [E]rlebte wurde auf eine besondere Weise, die von dieser irdischen Macht erdacht war, Realität. 1941 trat ich[48], wie dieses Buch[49] darlegt, in Los Angeles, Hollywood, zum Katholizismus über, mit meiner Frau und den beiden Söhnen, die in der Nähe waren, dem Ältesten und dem Jüngsten.

Ich schrieb dann noch, um mir selber meine geistige Situation klar zu machen, das Religionsgespräch «Der [u]nsterbliche Mensch»[50]. In Hollywood entstand dann auch und wurde nach meiner Rückkehr nach Deutschland in Baden-Baden vollendet, ein bisher ungedruckter, großer Roman «Hamlet»[51]. Ich schrieb auch noch hier im Lande eine größere Erzählung «Die Pilgerin

Ätheria»[52], welche zeigt, wie ein Mensch vergeblich gegen die Gnade Gottes kämpft. Eben habe ich beendet, in der Gefolgschaft jenes Religionsgesprächs «De[r] Kampf mit dem Engel»[53], ein Gang durch die Bibel. Ob diese 3 Werke noch zu meinen Lebzeiten herauskommen, in diesem Deutschland, weiß ich nicht.

JOURNAL 1952/53

Eingang

Es mag sich in bezug auf Entstehung und Art dieser Welt verhalten, wie es will – ich bin da, zusammen mit dem, was den Himmel und die Erde erfüllt. Wer ich bin, was ich bin, was mit mir ist, das weiß ich nicht. Ich finde m[i]ch so und so ausgestattet, eingelagert und angepaßt vor, wie ein Rädchen in einer unübersehbaren Ma[s]chinerie. Ich stelle fest: manches ist mir mitgegeben, manches nicht, – auch daß ich einiges erkenne, ist mir mitgegeben, aber nicht vieles. Immerhin besagt dieses, daß ich denke und mir einiges bewußt mache, daß ich doch nicht bloß ein Rädchen in einem Uhrwerk bin, oder daß dies ein besonderes Rädchen in der Uhr ist, und daß dieses Ganze, worin einem Rädchen Erkennen selbst in beschränktem Umfang mitgegeben ist, daß dies eine besondere Ma[s]chine ist. Was meine Rolle und Funktion hier anlangt, so wäre besonders zu fragen, ob mir allein dies mitgegeben ist, zu erkennen und erkennen zu wollen, – oder ob vielleicht noch anderen Gliedern des Ganzen und mit mir Verbundenen Erkenntnis als Eigenschaft zukommt.

***

Wenn diese Welt da ist und ich in ihr und mit ihr, und zwar so wie ich p[er]sönlich und privat bin, – wie hänge ich und meine Art und mein Schicksal, mein Tun und Treiben, Gedeihen und Verderben mit dem Schicksal, mit Ursprung und Wesen dieser Welt zusammen? Ich muß mir aber im [v]ornherein darüber klar sein, daß man sich nicht am eigenen Schopf aus dem Sumpf ziehen kann.

Der Frager gesteht, daß er sich sofort in doppelter Beleuchtung sieht: einmal im Rahmen der großen Zusammengehörigkeit, der gesamten Welt und dessen, was man Natur nennt. Das andere Mal findet er sich hier in einer Ecke dieser Natur, teilnehmend an ihren Abläufen, – und das andere Mal sieht sich der Frager durch seine Gabe des Erkennens unnatürlich und gegennatürlich.

***

Der Hinweis darauf, daß man sich nicht am eigenen Schopf aus dem Sumpf ziehen kann, ist immer und allemal nützlich, aber man muß ihn mit Reserve gebrauchen. Wenn einer sagt, der Mensch könne aus sich heraus kein Gegenüber der Welt werden, so gilt dieser Satz nur, wenn man den Menschen als einzelnes Naturobjekt gelten läßt. So aber hat man das, was Mensch heißt, sofort tödlich eingeengt und mit Voreingenommenheit betrachtet. Er fühlt, denkt, will und erlebt sich aber, – ich möchte sagen: Brust an Brust mit dem Ganzen. Denn er erlebt ja nicht die Natur der Wissenschaftler, objektiv, sondern in seinem Schicksal, und selbst wenn er sich in einer Höhle versteckt, erlebt er sie als Ensemble von Erfahrungen, von Schönheiten und Herrlichkeiten, Erwartungen und Enttäuschungen, beladen mit unverständlichen, ungeheuerlichen Schrecknissen, mit zauberhaften Reizen, die hier emporschießen, die er nicht an sich kennt. Ja, er steht, geht, schwimmt und fliegt in einem traumhaft wechselnden Ablauf.

In diesen Monaten war ich, da das Gehen mir schwerfällt, sehr viel an das Zimmer gebunden. Ich sitze in der Nähe des Fensters. Eine Reihe von Kakteen h[än]gt da auf schmalen Brettchen und will Licht. Zwischen den kleinen Töpfen vermag ich auf die Straße zu blicken.

Dies ist nun ein grauer regnerischer Septembertag. Die Stadt heißt Mainz. Die Frauen unten haben Schirme aufgespannt. Es bewegt sich da unten nicht viel. Ich versäume nichts. Versunken dämmere ich und lasse es passieren.

Dies alles, so erlebe ich es, zusammen mit der Stube, ist da und geht vor. Ich habe den Sinn für den Alltag verloren. Ein anderer Sinn hat sich vorgedrängt. Was ist das für ein Sinn? Wie sehe ich die Straße jetzt mit ihren Figuren? Die Frauen wandern auf dem [s]piegelglatten Asphalt, mit Kindern an der Seite und an der Hand. Die Frau und die Kinder bewegen sich. Sie geschehen. Es geschehen die Frau und die Kinder auf dem spiegelnden Asphalt im Regen. Gewiß denkt diese und jene da, die mit der schwarzen Markttasche, sie will einholen und das ist ihr Plan, an der Ecke bei dem Kaufmann, der jeden Morgen seine Schiefertafeln recht[s] und links mit neuen Zeichen bemalt und aushängt, er nennt die Waren, die er vorrätig hat, die Preise wechseln. Die Frau steht vor seiner Tür, sie wirft einen Blick auf die Tafel links und rechts, rafft ihren nassen Rock und tritt über die Schwelle. Sie verschwindet im Laden. Es ist ein Vorgang wie der Regen, der fortdauert. Schwere Lastwagen mit Anhängern rollen über den Damm und erschüttern das Haus. Es ist vorbei. Jetzt ist es bald 6 Uhr nachmittags. Der Himmel wird dunkler und dunkler. Die Wolkenmassen oben verlieren ihre Weiße, sie werden von einer unsichtbaren Sonne angestrahlt.

Und so geschieht das Vorrücken, das man Tag nennt. Er wird davongegangen sein, der Tag, der jetzt noch ist. Er wird geschehen sein. Aber er war nicht da als Tag, – es geschah Tag. Und das geht nun in den sogenannten Abend über und schwimmt ein in

Nacht, um dann langsam wieder vom Licht, von der Morgendämmerung überholt zu werden.
Und inzwischen werden von der Straße die Wagen und die Frau und die Kinder verschwunden sein. Der Kaufmann drüben hat seine Krei[d]etafeln von der Tür abgenommen, die Jalousieen vor den Fenstern herabgelassen und den Laden geschlossen. Und die Ruhe ist da und die Schwärze. Große elektrische Glokken brennen noch eine Weile. Ich werde dann nicht mehr am Fenster hinter den Kakteen sitzen.
Mein Körper liegt im Bett, und das, was man Schlaf nennt, hat mir Be[w]ußtsein und Willen genommen.

***

Ein anderer Tag. Ich habe meinen Sitz geändert, der Stuhl wurde mir zu hart. Ich sitze im Nebenzimmer auf einem Fauteuil an der Wand und bl[i]cke in den Raum. Mögen andere Schreiber dramatische Erlebnisse berichten, ich berichte, was ich von meinem Fauteuil aus an der Wand im Raume hier sehe. Das Radio unter mir spielt alte Tanzweisen. Viele Kakteen haben sich hier angesiedelt, kleine Töpfe, große Töpfe. Sie besetzen den Mitteltisch. Drüben an der Wand steigen sie an einer mehrstöckigen Etagere[1] hoch. Oben auf dem Buffet streckt eine zierliche Zimmerpalme ihre Wedel in die Höhe. Auch auf dem Boden Pfl[a]nzen. Sie wollen in diesem Raum die Oberhand haben. Aber sie sagen nichts und tun nichts. Ihre Blätter, ihr Körper atmet. Ihre Wurzeln saugen.
Sie stehen in verschiedenen Lebensaltern, diese Pflanzen und Pflänzchen. Eines ist wie das [a]ndere gut oder böse. Sie sind alle etwas, drücken etwas aus. Jedes Gewächs in seinem Topf hat seine Art. Einige tragen Blüten, tiefes Rot. Jedes führt ein Dasein, breitet sich aus. Es weiß nicht, was ihm geschieht, und wenn es soweit ist, wird es verdorren.
Kein allgemeines Geschehen in der Welt. Das Geschehen hat sich zu diesen Gewächsen zusammengezogen, es ist individuell ge-

worden. Kein grenzenloses Hinfließen, keine inhaltlose Zeit, sondern Leben in Abschnitten, [K]ei[m], Jugend und Entwicklung, Reife, neue Keime, langsames Verdorren und Welken. Das ist das Geschehen dieser einzelnen Gewächse. Immer bemächtigen sich welche der Gegenwart und verdrängen andere.
Aber der Himmel, der Regen, die Wolken und die ungeheure Gleichmäßigkeit der Gestirne, was ist das, was hat das für ein Gesicht, hat es eins? Spricht es etwas? Ich kann nur fragen. Gewisse Zeichen nehme ich als Antwort hin. Die Pflanzen sind wie Engel aus dem Himmel gefallen, sie sprechen von ihm, und Sonne, Mond und Sterne äußern sich dazu. Sie sind eine Botschaft von weither, und sind so wie wir Menschen und dazu in mancher Hinsicht mehr. Da schreibt ein Etwas keine Bücher, sondern stellt Pflanzen und Tiere hin, und das ist eine Sprache mit vielen Dialekten.
Es ist alles miteinander, füreinander und gegeneinander da. Und da muß ich wieder denken: es fließt aus einer einzigen großen Wesenheit und es bildet ein einziges Wesen.

***

Für manchen Zweck soll man sich damit begnügen, aphoristisch zu bleiben. Das Geschehen, die körperlichen und mit Sinnen erfaßbaren Dinge anlangend, so geschehen sie und die seelischen und geistigen Vorgänge eng an einander geschlossen. Sie in den wahren Zusammenhang zu bringen, bemühen sich die Religionen. Skepsis kann sich aus der Angriffslust ergeben, und dann geht und rutscht man weiter und endet in einer bequemen und unwürdigen Existenz. Der lähmende Pessimismus hängt mit der Skepsis zusammen und hat verschiedene Wurzeln. Mir scheint die Form des Pessimismus, die ihre Wurzeln in der christlichen und jüdischen Sündhaftigkeit hat, zu überwiegen. Aber man ist schon längst überchristianisiert und entchristianisiert.[2]

Dieses notierte ich im Herbst 52.
Schon lagen Schatten auf mir. Ich fuhr wie immer in das Bureau gegen 9 Uhr vormit[t]ags, zur Zitadelle[3] hinauf und hatte begonnen, nach Durchsicht einiger Briefe etwas zu diktieren. Die Sekretärin saß seitlich an ihrem Tisch mit dem Rücken gegen mich. Da fängt sie plötzlich an zu sprechen. Ich höre es. Und wie sie sich umdreht, sitze ich, berichtet sie später, in mich gesunken auf meinem Stuhl, habe ein eingefallenes bläulich weißes Gesicht. Und wie sie sich nähert, kann ich ihr zuflüstern, sie möchte den Doktor, den ich ihr nenne, anrufen, er möchte zu mir in die Wohnung kommen, mir wäre nicht gut, ich würde bald da sein. Ich murmelte auch: «kalt kalt». Kalter Schweiß fließt in Strömen von meiner Stirn und rieselt am Hals herunter. Sie nimmt ihr Taschentuch und sucht mich abzutrocknen, aber es läßt nicht nach.
Was war mir? Traumhaft verschwommen erschien mir alles, und ein eigentümlicher Druck und Schmerz meldete sich hinter dem Brustbein und stieg in den Hals hinauf. Ich war nicht bei vollem Bewußtsein. Man schleppte mich die kleine Treppe hinunter in das Auto, bald lag ich auf meinem Bett und wurde notdürftig entkleidet. Wenige Minuten später erschien meine Frau, der Arzt war grade gekommen. Sie begriff beim Eintreten die Situation sogleich. Die Sekretärin und der Chauffeur lehnten an meinem Bett, sie verschwanden jetzt. Und nun fingen der Arzt und meine Frau an, fieberhaft an mir zu arbeiten. Er gab mir Injektionen und ließ sie elektrische Heizkissen und auch Wasserheizkissen bringen. Sie machten Kompressen auf die Brust. Wärme, Wärme überall. Spritzen brachten den zunächst völlig aussetzenden, dann fadenförmigen Puls zurück. Da bat meine Frau den Arzt, der den Zustand für ernst hielt, doch unverzüglich einen Spezialisten hinzuzuziehen.
Ich hatte keine Beschwerden. Es hatte gleich im Beginn des Zustandes etwas eingesetzt, was mich überraschte: ein Wohlbeha-

gen. Ich fühlte mich zufrieden, die Schmerzen waren nicht erheblich, ich war froh, zu liegen. Ich dachte an Todesschweiß, aber mir war nicht ängstlich zu[m]ute. Stark lief der Schweiß mir noch immer vom Gesicht, von der Stirn den Hals herunter. Schwierig, das Schweiß zu nennen, es war eisiges Wasser, das ohne Grund meinen Körper verließ. Und während ich so lag, freute ich mich darüber, daß meine Frau da war und sprach. Während sie mich betastete, küßte ich zärtlich ihre Hand und war eigentlich wie nie. Später hörte ich, der Arzt hatte ein Kampherdepot angelegt, der Spezialist, der Internist[,] spritzte Strophantin.

***

Von dem, was an den folgenden Tagen mit mir geschah, weiß ich nichts zu melden. Es ist alles verwaschen und verworren, eins in das andere geronnen. Nicht ein einziges Datum aus diesen drei Tagen weiß ich mit Sicherheit. Es handelte sich um den Bruch eines Kranzgefäßes im Herzen, der Herzmuskel und eine Partie seiner Hinterwand war paralysiert, mein Geh[i]rn anämisch.

Sonderbar, wie da Erinnerungen und Vorstellungen durcheinanderlaufen. Als ich am dritten oder vierten Tag in ein naheliegendes Krankenhaus transportiert wurde, hatte ich die Vorstellung in Californien zu sein und sagte, man möchte doch den armen indianischen Kindern draußen etwas zu essen geben.

Und dann lange Wochen einsames Liegen, bewegungslos im Krankenhaus. Aus den erst angegebenen 6 Wochen wurden 10. Ich war ganz appetitlos und blieb es noch viele Wochen. Mein Magen und Darmapparat wollte nicht funktionieren. Und wie immer bei länger dauernden Krankheiten, stellten sich neue Übel ein. Eine äußerst schmerzhafte Cystitis[4] entwickelte sich, während in meiner Brust das Herz sich schon beruhigte. Die Schmerzen der Blase, krampfhaft, lokalisiert am Schließmuskel, waren so stark und durch kein Medikament zu beeinflussen, daß

man Morphiumspritzen verabfolgte. Sie wirkten zauberhaft, sie und die Hitze und dazu noch Spritzen und Peniz[i]lin.
Währenddessen lag ich und lag, mein Kopf wurde wieder heller aber es war etwas neues in mich eingezogen. Ich konnte liegen[,] ohne zu denken, gewissermaßen vollkommen von der Materie verschluckt. Ich ließ mir dann aus der Zeitung vorlesen und schlug wenigstens für ein und zwei Stunden eine Brücke zwischen mir und der Außenwelt. Ich brachte aber die Außenwelt niemals ganz mit mir zusammen und vergaß immer wieder[,] wo ich war. Nach Wochen durfte ich mich aufsetzen, ja einige Schritte versuchen, und schon erfolgte ein Rückfall der Cystitis.

***

Ein merkwürdiger Krankenhausaufenthalt.[5] Es war ein Hospital der Hildegardisnonnen. Wer Hildegardis[6] war, hatte ich vorher nicht gewußt. Ich hörte, sie war eine Heilige und starb auf dem Rupertusberg bei Bingen. Man feiert sie am 17. September.[7] Im Benediktinerinnenkloster wurde sie erzogen, wurde Priorin und verlegte ihr Kloster nach dem Rupertusberg. Sie war Seherin und eiferte für eine Annäherung von Clerus und Volk. Groß waren auch ihre Kenntnisse der Medizin. 81 Jahre war sie alt, als sie im Jahre 1179 starb. Nonnen, Krankenschwestern dieses Ordens[8] umgaben mich jetzt. Unverwechselbar der Geist in dies[e]m Hause, das wir Kranke bevölkern, als Gäste, wenn ich so sagen soll, der Nonnen. Bete und arbeite[9] heißt die allgemeine Parole, aber diese Nonnen hier, regelrecht medizinisch ausgebildet, ackern nicht und bebauen nicht den Erdboden. Sie haben es mit Menschen zu tun. Diese Arbeiten an Kranken zu verrichten, ist ihr religiöser Dienst. Ihre freundliche, vertieft herzliche Art, mit Kranken umzugehen, ihre Geduld, ihr sanftes Lächeln fiel mir auf, sobald ich überhaupt hier um mich blickte. Welch Unterschied zu den weltlichen Schwestern, die ja auch erfahren sind. Diese können medizinisch gut und äußerlich freundlich sein, hier kommt die mehr als herzliche Vertiefung des Gefühls hinzu, mit der sie sich bewiesen. Indem sie mit uns Leidenden, Geschlagenen umgehen, sprachen und verhandelten, arbeiteten sie ja an sich und für sich. Da waren jüngere und ältere Nonnen, sie hatten alle, welch ungeheurer Entschluß, auf die Freuden und Zerstreuungen dieser Welt verzichtet. Sie gingen nicht aus, sie tanzten nicht, besuchten kein Kino, – sie pflegten ihre Kranken und beteten zu Gott. Ja, sie beteten viel, frühmorgens um 5 Uhr kamen die ersten drei Glockenschläge, die sie weckten, bis 8 Uhr abends verlief der Tag, eine heilsame bildende Monotonie, und kein Geschwätz. Sie hatten eine sichere Antwort auf alle Fragen, ich bin bei keiner auf Zweifel gestoßen, sie waren dabei ohne große allgemeine geistliche Kenntnisse. Aber Glauben war da, und herzlich und siegreich hatte er ihre Seelen in Besitz und teilte sich anderen mit. So sah ich sie in Gruppen gehen, in ihre schöne Kapelle wandern, leicht und ruhig, da waren sie zu Haus. Vor dem Altar lag ihr Jerusalem. Welch schönes Beispiel. So zu fühlen, so aufgehoben zu sein.

***

Ich lag und grübelte.

Ich finde bestätigt, was ich draußen sah: Ich bin da, mit dem, was Himmel und Erde erfüllt, zusammen mit Himmel und Erde. Ich stehe aber in einer doppelten Beleuchtung: einmal zugehörig zu der Natur, das andere Mal ihr gegenüber. Aber wo fängt die Natur an, bei mir, der hier liegt, und wo hört sie auf, wo fange ich an? Mein Körper, das Fleisch, die Knochen, das Blut, wie weit bewegt sich hier die Natur hinein und wo findet sich mein Ich[?] Rätselhafte Dinge, nein, allbekannte, natürlich wie Geburt, reifen und welken, geschehen auch an mir. Draußen gibt es Tag und Nacht, Kriege und Gewitter, an mir arbeiten Krankheiten, wie durchschaue und erkenne ich sie[?] Ich spekuliere darüber, wie diese Herzattaque zusammenhängt mit meine[n] alten Nerven- und Knochenleiden, mit denen ich mich schleppe. Was geschieht da an mir? Was arbeitet, was vollzieht sich an mir, an diesem fleischernen und knöchernen Ding, mit dem ich hingestellt bin?

Da na[gt] seit vielen Jahren etwas schmerzhaft an meinen Nerven. Sie haben es mit meinem rechten Arm zu tun. Wir fuhren einmal in die Pyrenäen, nach dem schönen Luchon[10], Dampfbäder linderten die Schmerzen, aber in Amerika plagten sie mich wieder. Jetzt wurde an eine Nervenwurzel gedacht und auf die Halswirbelsäule wurden wohltätige Röntgenstrahlen gerichtet, Grenzstrahlen. In Europa aber, in Baden-Baden[11][,] fing das Gespenst an, von Neuem sich mit mir zu befassen und nun mit einer besonderen Herzlichkeit. Jetzt begannen die Finger meiner Hände zu vertauben, die ganze rechte Hand, dann [schlief] die linke Hand ein. Das Gespenst ging systematisch vor, immer eins nach dem andern. Ich hatte ja auch noch Beine, jetzt wurden sie erfaßt. Wie war das alles gemeint? Mit Staunen sah ich den sogenannten positiven Befund im Röntgenbild. Die Schatten der Knochenwucherungen. Die Abläufe draußen folgten Gesetzen, welche die Wissenschaft feststellte. Man kann große Zusammenhänge herstellen. Aber hier? Es ging weiter seinen Weg. Ich hatte das Gefühl bei dem Einschlafen und Vertauben des Ertrinkens. Und nun das Herz. Es ist ein Stück Natur. Es ist ein starker Muskel, aber Muskel ist nicht bloß Fleisch. Umsponnen werden die Muskelzellen von Nervenfasern, die Muskeln sind Erfolgsorgane. Und was die Nerven anlangt: das vielleicht äußerlich ruhige Leben eines Schreibers b[irg]t Gefahren in sich. Ich erinnere mich[,] während der Arbeit an meinem Buch «Berge Meere und Giganten»[12] in einen fast neurotischen Zustand geraten zu sein, der mich zwang, die Arbeit zu unterbrechen: die Phantasien waren zu wild und mein Gehirn gab mich nicht frei. Und so ging es eigentlich Jahr um Jahr mit kleinen Unterbrechungen. Dann kam 1933 der äußere Schlag und nach 1940 die Schicksalsreise, die uns über die Pyrenäen, über Spanien und Portugal nach Amerika führte. Und unbemerkt begleitete uns alle der Schatten des Knochenmanns, das Alter, der immer dichtere Schatten des Alters.

Am Tode war ich vorbeigeglitten. Mich beschäftigten die Toten.
Da sind größere und kleinere Kreise, einige, die aus der Tiefe auftauchen, andere die mich nur rasch berühren. Zuerst – mein eigenes Blut. Ich kann davon sprechen.
Noch vor unserer Rückkehr nach Europa erfuhren wir von seinem Tod, dem Tod unseres zweiten Sohnes Wolfgang.[13] Er war französischer Soldat, 25 Jahr[e] alt, schon Doktor der Mathematik[14], hatte wissenschaftliche Arbeiten veröffentlicht[15] und stand im Briefwechsel mit Professoren des Auslands. 1945 mußte ich zuerst die Dienststelle aufsuchen, bei der ich arbeiten wollte, meine Frau aber, die Mutter, reiste in die Vogesen und suchte sein Grab. Und dann erhielt ich in Baden-Baden von ihr einen Brief.[16] Sie schrieb, sie habe sein Grab, sein armes ungepflegtes Grab, das kahle nackte Grab gefunden. Dort oben, dort hinten, lag er auf einem Dorffriedhof[17], zwischen Gräbern, die den Stahlhelm mit Hakenkreuz trugen. Das also war sein Ende, die letzte irdische Ruhestätte. Ich betete damals in Baden[-]Baden Tag um Tag für ihn, morgens und abends. Ich bat ihn, der so entsetzlich rasch und ohne Wort verschwunden war, um Verzeihung für alles, worin ich ihm gegenüber versagt hatte, nochmal um Verzeihung, nochmal um Verzeihung. Ja, so betete ich und warb um ihn und rief ihn morgens und abends, auch nachts, wenn ich erwachte. Ich habe als Erwachsener selten in meinem Leben geweint, auch der Tod meiner Mutter[18] griff mich nicht so an. Jetzt, bei dem Schwinden dieses Sohnes kamen mir oft Tränen, ich konnte mich lange nicht beruhigen. Er war in den vergangenen Wochen wegen seines Muts und seiner Tapferkeit ausgezeichnet worden. Als Akademiker sollte er zur Ausbildung ins Inland geschickt werden, aber grade als die Anweisung dazu kam, hielt er sich zu seinem letzten Urlaub bei uns auf. Es war für diesmal zu spät, und für das nächste Mal im Herbst, war es nun ganz zu spät, er hatte keine Ausbildung mehr nötig. Er hatte

mehrmals den Rückzug seiner Abteilung allein mit dem Maschinengewehr gedeckt und seine Truppe wieder gefunden. Diesmal kehrte er nicht zurück.

Wolfgang, du warst der zweite unter den Brüdern, der ernsteste, reifste, [k]lügste und tiefste, auch der verschlossenste. Deine Mutter brach in Hollywood auf dem Bett zusammen, als nach den langen Jahren des Wartens endlich ein Wort über dich kam. Der Brief war von einer Studienfreundin[19] von dir. Nach einem einzigen Blick auf die Zeilen hatte deine Mutter das Wort «tué» gesehen, und wie ein Schuß traf es sie selbst mitten ins Herz. Er war hin. Er hatte alles kommen sehen. Beim Heranrollen der Nazihorden befiel ihn wohl dasselbe Staunen, die dumpfe Beklemmung und die lähmende Beängstigung, die über mich von Zeit zu Zeit fiel, gemischt mit Ekel, in den Wochen der Flucht. Ein teuflisches, schon nicht bloß physisches Verhängnis. Der Teufel machte sich ungehindert an uns heran, schon war uns das Ich genommen. So ging es dir. Du sahst die Übermacht. Du fielst, du strecktest die Waffen nicht vor jenen. Was magst du erlebt und erlitten haben in diesen Tagen[?]

Meine Toten. Nur wenn ich an den Schöpfer denke, treten Eure Bilder vor mich und fügen sich in mich ein und wir sind wieder beieinander. Jetzt, ich noch am Leben, jetzt frage ich: was war das mit uns? Waren wir Teile eines Spektrums, muß ich mich wieder unter Euch mischen?

Ein anderer Kreis. Meine Mutter. Ja, kommt hervor, zeigt Euch alle, die ich in mir trage, taucht aus Eurer Tiefe auf, laßt auf mein Bewußtsein ein kurzes Licht fallen.

Meine Mutter[20], mein Vater[21]. Wieviel lebte in Euch noch von dem Adel des biblischen Volkes? Der Vater riß sich von seinen Eltern los, dann trennte er sich von seiner eigenen Familie. Es war etwas Spielerisches und Unernstes in ihm. Da war Leichtigkeit, Leichtigkeit und oberflächliche Freude an der natürlichen Existenz. Man kann Leichtsinn auch als Rohheit lesen, wenn es dazu kommt, daß ein erwachsener Mann seine Familie, seine Frau mit fünf Kindern verläßt, um mit einem zwanzigjährigen

Mädchen[22] davonzugehen. Damit war er seinem Trieb gefolgt, und an dem Punkt blieb er stehen, es ging nicht weiter mit ihm, weder in die Breite noch in die Tiefe, und er hockte für den Rest seines noch langen Lebens dort hinten in Hamburg mit ihr. Dann kam der Kehlkopfkrebs, und das Spiel hatte seinen natürlichen Abschluß gefunden. Der flüchtigen Natur hatte er sich verschrieben. Hätte er doch einmal nach dem Buch der Propheten gegriffen und gelesen, was sie sagen. Aber ich weiß, sie drangen auch bei ihrem Volk in alter Zeit nicht durch. Etwas anderes mußte kommen, und es kam.

Und nun unsere Mutter, der unsere Liebe bis über das Grab hinaus gehörte. Sie lebte für ihre Familie. Andere Freuden kannte sie nicht. Das Schicksal drückte sie am Ende sichtbar zusammen. Wir waren in Stettin eine große Familie, in den Jahren 1870–80. Mein Vater war ein sonderbarer Mann mit großem Lebensappetit, nun in seine Knochen zerfallen. Meine Mutter lebte bis in die 20er Jahre dieses Jahrhunderts hinein.[23] Ihre Überreste liegen in Weißensee[24] auf dem jüdischen Friedhof, und neben ihr liegt ihre einzige Tochter. Meine Schwester[25] war noch jung, sie war verheiratet, hatte mehrere Kinder, dann gab es den Kapp-Putsch, sie wollte in Berlin ihr Haus verlassen, um Milch für die Kinder zu holen, da traf sie ein Schrappschnellstück von der Warschauerbrücke her. Ich sehe noch meine Mutter in ihrem Zimmer, sie wohnte bei meinem ältesten Bruder, eine Pflegerin half ihr die Haare machen, sie litt an Parkinson, sie konnte die Arme nicht mehr heben. Sie fragte sofort, als wir eintraten und flüsterten: «Ist sie tot?» Und als wir stumm blieben, sagte sie: «Warum sie und nicht ich?» Aber sie hatte noch die letzten furchtbaren Jahre ihres Leidens zu passieren. Man verläßt diese Welt durch ein mit Eisenspitzen garniertes Gitter, durch dieses Gitter drängt man hinaus, Fleisch und Haut bleiben in Fetzen hängen.

Auf dem Friedhof liegt auch ihr ältester Sohn[26], der kräftigste, energischste von uns. Er war Kaufmann, Holzhändler, er hatte es zu etwas gebracht, er hatte eine Frau und drei Kinder.[27] Da kamen die Krisenjahre von 1929.[28] Es ging abwärts. Er war ein nervöser und aufgeregter Mann. Er spielte mit Selbstmordgedanken, er zeigte mir seinen Revolver. Dann eine Liebesgeschichte. Er hatte eine jüngere verheiratete Polin[29] kennengelernt. Ich wußte davon. Er sprach mit Begeisterung von ihr. Aber ihr Mann, der an Zuckerkrankheit litt, starb in diesen Tagen. Da kam das Erstaunliche oder auch Begreifliche, daß die Frau sich von ihrem Liebhaber losriß. Sie bereute es jetzt, ihren Mann gelassen zu haben, der sich wenig um sie gekümmert hatte. In den kritischen Wochen stand mein Bruder allein. Ich weiß, wie sehr er an der Frau gehangen hatte. Er war einen ganzen Tag in der Stadt nicht aufzufinden. Er irrte in den Straßen herum, bis er auf dem Bahnhof Friedrichstraße sich in eine Toilette zurückzog und sich eine Kugel in die Schläfe schoß. Er schoß schlecht. Ich wurde in der Nacht angerufen und sah ihn in der chirurgischen Klinik, er war bewußtlos, blind, mit hervorquellenden Augen. Man gab keine Hoffnung. Es dauerte noch 2 Tage.[30] Seine Familie wußte nur von der geschäftlichen Katastrophe. Wir begleiteten seinen Körper zu dem Krematorium. Ich sehe noch, wie seine Tochter sich der Mutter an die Brust warf, als sich der Sarg in die Tiefe senkte. Die Frau hatte gesagt: wenn er blind bleibt, werde ich ihn pflegen. Aber als sie die Wahrheit, die ganze Wahrheit dieses Selbstmordes erfuhr, nahm sie die Bilder von ihm von der Wand, und da war nur Empörung und Haß. Der Familie gehörten noch 2 Söhne an. Und als der braune Schrecken kam, flüchteten die beiden nach Amerika. Der Ältere[31], Akademiker, Nationalökonom, ein sehr ernster Mensch, fand in Washington einen guten Posten. Nach einer kleinen Anzahl von Jahren heiratete er, und dann war er nach einer kurzen schweren Erkrankung tot. Der Jüngere[32] trug die Musikbegabung seines Vaters weiter und heiratete noch auf der Flucht in Deutschland ein kluges und feines Mädchen[33], arisch, das ihn herüberbegleitete. Sie waren gerettet. Aber in Europa war inzwischen etwas geschehen, wovon sie keine Ahnung hatten. Jetzt waren Mutter und Tochter an der Reihe.

Sie wurden von den Schergen der braunen Verbrecher ergriffen, nach Auschwitz gebracht und vergast.
Das war das Ende der blühenden Familie unseres Bruders, der uns lange Jahre beschützt hatte. Es war aber noch in Deutschland mein jüngster Bruder[34]. Er suchte in den letzten Jahren den braunen Häschern zu entrinnen. Es fehlten ihm die Mittel, und er fand keine Hilfe. 1940 geschah ihm und seiner Frau[35] das Gleiche wie vielen andern. Es ging nach Auschwitz.

***

Meine Toten. Andere Kreise. Da sind noch Freunde. Ich sehe Kurt Neimann[36] und Herwarth Walden[37]. Die wohnten wie ich selber im Osten der Stadt. Die Neimanns waren 3 Brüder, Kurt verließ ungefähr gleichzeitig mit mir die Schule, das Köllnische Gymnasium, er gehörte einer wohlhabenden Familie an. Ich ging da ein und aus. Kurt, wir sagten Kurtchen, spielte glänzend Klavier und komponierte. So kamen wir zusammen, so lernten wir auch den etwa gleichaltrigen Georg Levin kennen, der sich bald Herwarth Walden nannte, er, der Sohn eines praktischen Arztes[38] aus der Holzmarktstraße.[39] Das war ein großer Organisator. Ich erinnere mich der Konzerte[40], die er in seiner ersten Gründung, dem Beethovenverein, veranstaltete, in der Aula der Mädchenschule, Ifflandstraße.[41] Es war immer Leben und Auftrieb um ihn. Früh lernte er, der sich in vielen Kreisen bewegte, auch in literarischen, die bildschöne junge Frau[42] des Arztes Lasker[43] kennen. Sie führte eine unglückliche Ehe, Walden befreite sie daraus und heiratete sie, und ihr kleiner Sohn, Paulchen[44], ging mit ihr. Sie wohnten in der Joachimstalerstraße[45], das Ehepaar Walden. Walden, mit seinem Spürtalent, hatte die große Begabung der jungen Frau erkannt, aber ihr Temperament, wie mir scheint, nicht mit derselben Sicherheit. Ich wohnte heftigen Scenen zwischen den Beiden bei. Sie war leidenschaftlich und unbändig. Es hat lange gedauert, bis sie sich trennten, und das kam so: Einmal fuhren die Beiden, Kurtchen und Walden, nach Schweden, wo Waldens Schwester[46] verheiratet war, und sie lernten dort eine schöne junge Dame[47] kennen, von der sie beide nach der Rückkehr viel sprachen. Und eines Tages zeigte sich diese junge Dame, die Schwedin, in Berlin vor dem Café des Westens und wartete, wie man sagte, auf das schöne Kurtchen. Er war wirklich um diese Zeit ein sehr ansehnlicher, schlanker junger Mann mit einem gut geschnittenen dunklen Backenbart, Kurtchen bewegte sich zwischen vielen und wechselnden Liebesaffären, und um diese Zeit war er besonders stark beschlagnahmt und kam wenig ins Café. Aber Herwarth Walden zeigte sich wie gewöhnlich, und so lernte sie ihn näher kennen, er hängte sich an sie und sie an ihn, und sie haben geheiratet, nach furchtbaren Auseinandersetzungen zwischen Walden und der Lasker-Schüler. Das Hauptquartier der jungen künstlerischen Bewegung, die sich um Walden gebildet hatte, wurde nun nach der Potsdamerstraße[48] gelegt. Hier arrangierte er auch seine Bilderausstellungen und die Redaktion der Zeitschrift «Der Sturm».[49]

***

Ich glaube, an dieser Stelle muß ich ausführlicher sein und allgemeiner von unserem Zirkel berichten. Es war um die Jahrhundertwende. Ich war Student der Medizin und hörte noch den alten Rudolf Virchow[50], sah Bergmann[51] operieren und besuchte philosophische Vorlesungen von Paulsen[52]. Ich nahm auch mit, was der alte Lasson[53] uns in Friedenau über Hegel und Aristoteles vortrug – sie alle sind längst dem stillen Lockruf aus dem Jenseits gefolgt. Damals, ich weiß nicht genau das Jahr, begegnete ich in dem Kreis Walden und der Lasker-Schüler auch Peter Hille[54], dem Westfalen, dem Wanderer und Stromer, dem Bettler, der wie später Mombert[55] und Däubler[56] nicht recht von dieser Welt war. Man saß jetzt oft an der Potsdamer Brücke in dem Weinlokal Dalbelli im Hinterzimmer. Dort holte Peter Hille gelegentlich aus seinem Manuskriptensack ein Blatt heraus und las.

Bei Dalbelli[57] war es auch[58], wo wir – ich leitete eine kleine Zeit eine literarische freie Studentengruppe «Finken»[59] – wo wir [bei uns] Richard Dehmel[60] empfingen nach einer Vorlesung im Architektenhaus.[61] Wir saßen an den Tischen, Dehmel war mit seiner zweiten Frau, der Isi[62], erschienen, die ihn verhimmelte. Die gute bürgerliche Paula[63], die ihm mehrere Kinder geschenkt hatte, hatte er verlassen. Isi schenkte ihm keine Kinder. Damals bei Dalbelli unter den Studenten feierte jeder, der von den Anwesenden wollte, den hohen Gast mit einem Trinkspruch, und der Gast, wenn er wollte, antwortete. Und da ist mir in Erinnerung geblieben mein Klingenwechsel mit Dehmel. Ich hob mein Glas und sagte: «Es stellt sein Licht nicht untern Schemel der große Dichter Richard Dehmel.» Darauf Lächeln und Schmunzeln. Nach kurzer Zeit klopft Dehmel an sein Glas und antwortet mir: «Wäre nicht der Attentäter dieser Döblin, so würde ich ihn arg vermöblin.»[64]

Dehmel, der sich freiwillig gemeldet hatte und krank aus dem Krieg zurückkam, überlebte das Jahr 1918 nicht lange. Damals war Peter Hille schon lange von uns gegangen.[65] Er war im Tiergarten von einer Bank gefallen, es heißt im Schlaf, es folgte eine Kopfverletzung und eine Wundrose. Aus Frankreich herüber kamen um 1910 – unsere Aufbruchbewegung hatte auch andere Länder erfaßt – zu uns Guillaume Apollinaire[66], der starke Lyriker, aus Italien die Führer der Futuristen: Marinetti[67], der später ganz ins Politische abschwenkte, der Maler Boccioni[68]. Aufsehen erregte das futuristische Bild «Panpantanz».[69] Die Herren aus Italien trugen und benahmen sich auffällig in dem geruhigen und bürgerlichen Berlin.[70] Einmal begleitete ich Boccioni in der Leipzigerstraße, als ihm ein Berliner Spießer entgegenkam, sich vor ihn stellte und frech anstierte. Ohne weiteres erhielt er von Boccioni einen kleinen Schlag in das unverschämte Gesicht. Der Mann, der Herr, folgte uns bis zum Potsdamer Platz, wo er Boccioni von einem Schutzmann feststellen ließ, wir mußten zusammen auf die Wache ziehen. Der Italiener verstand kein Wort deutsch, die Beamten notierten allerhand, es war viel Lärm um Nichts, denn am nächsten Tage verließ Boccioni Berlin.

Ich will Arno Holz[71] nicht vergessen, der aber keineswegs mit uns zusammenhing. Ich lernte ihn erst in den 20er Jahren kennen, damals, als er bei mir erschien mit einer Luxusausgabe des «Phantasus».[72] Er ging[e] damit herum, sagte er, bei Behörden, und suchte Abnehmer. Kein leichtes Leben war ihm beschieden, er drang mit seiner Theorie nicht durch, und auch seine Dichtung hatte nur vorübergehenden Erfolg. Er blieb aber aufrecht und passierte so das dunkle Tor.

Ja[k]ob Wassermann[73], später, wie stand er für ein Jahrzehnt da, vom literarischen Ruhm bestrahlt, auch an Geld fehlte es ihm nicht. Fast Jahr um Jahr erschien er bei mir in Berlin. Er war das erste Mal zu mir gekommen, um mir von dem mächtigen Eindruck zu erzählen, den mein «Wallenstein»[74] auf ihn gemacht hätte. Dann riß eine Gruppe handfester und verschlagener Männer in Deutschland, das sie vorher zersetzt hatten, die Gewalt an sich und nannte[n] sich Reichsregierung.[75] Wassermann brauchte nicht zu fliehen, aber sein Opus verschwand aus dem Buchhandel, sein Name wurde verdeckt, er war schon lange krank. Der gnädige Tod griff nach ihm. In der Neujahrsnacht 1934 starb er in seinem eigenen Haus in Altaussee.[76]

***

Ich hatte schon früh, in der Schule, zu schreiben begonnen.[77] In der Bank, unter meinem Tisch lag immer ein Heft, in das ich allerhand Eintragungen machte, allgemeine, politische, wie ich sie verstand, religiöse Ideen. Das Schreiben war über mich gekommen, ich weiß nicht wie. Ich zeigte die Notizen keinem, aber ich kam nicht aus dem Schreiben heraus. Es wurden niemals Gedichte. In der letzten Schulzeit (da besuchte ich schon das Gymnasium) schrieb ich die ersten novellenartigen Prosastücke.[78] Sie sind lyrisch gehalten, und mein erster Roman, wenn man ihn so nennen will, «Die jagenden Rosse», ist «den Manen Hölderlins» gewidmet.[79] Es war von vornherein etwas in mir, das mich bewegte und beunruhigte und zum Denken und Schreiben, zum Phantasieren und Träumen trieb. Als ich das Gymnasium verließ, war die Arbeit an dem kleinen Roman «Der schwarze Vorhang» beendet.[80] Ich wollte damals das Opus «Die jagenden Rosse» jemandem zeigen[81] und mit ihm darüber sprechen. Aber ich schämte mich. Da entschloß ich mich eines Tages an Fritz Maut[h]ner zu schreiben, ich las regelm[ä]ßig seine Theaterkritiken im «Berliner Tageblatt». Und dann gab es eine kuriose Korrespondenz und das Ganze nahm einen charakteristischen Verlauf. Er wohnte bei Berlin und erklärte sich gern bereit, das Manuskript zu lesen oder von mir vorlesen zu lassen und mit mir darüber zu sprechen. Ich – schrieb ab. Ich ging nicht hin. Ich schrieb ihm, ich sei aus irgend einem Grunde in diesen Wochen verhindert und würde mich wieder melden. Übrigens hatte ich ihm nicht meine Adresse angegeben, sondern ein naheliegendes Postamt. So schämte ich mich. Ich erinnere mich, wie ich dann verwirrt mit meinem Manuskript von diesem Postamt nach Hause ging.

Aus der Enge der Familie rissen mich die Zeitumstände heraus. Ich konnte mich nicht in der griechischen und fernen Landschaft Hölderlins halten, denn etwas anderes umgab mich, beschäftigte mich, griff mich an und forderte mich heraus. Ich hatte ja auch Gefährten gefunden. Kurt Neimann[82] studierte Jura. Er war ein sehr zarter und aufmerksamer Mensch, mit großem Sinn für Musik, auch als Komponist begabt. Er demonstrierte mir am Klavier Wagner[83], die Nibelungen und den Tristan[84], später Brahms[85], in dessen Art er selber komponierte. Wie diese Musik mich erregte und meine innere Spannung steigerte[!] Was das für ein Erlebnis war, die Teilnahme an einer Aufführung des «Fliegenden Holländers»[86] von Richard Wagner. Wir standen erst unten am Opernhaus[87] eine gute Stunde vor Beginn[,] bis man öffnete, dann stürmten wir, denn wir hatten natürlich Stehplätze

auf der Galerie, die Treppe herauf, und jeder versuchte vorn an die Rampe zu kommen. Da stand man dann 3 Stunden.
Damals galt uns Politik gar nichts. Sie war der Alltag. Sie war eine Angelegenheit der Spießer. Gegen Musik und Literatur kam sie nicht auf. Es war die ruhige Zeit des Kaiserreichs. Wohlstand entwickelte sich. Es gehörte in der bürgerlichen Welt zum guten Ton, patriotisch zu sein. Dostojewski[88] und Tolstoi[89] wühlten uns alle auf, vor allem Dostojewski, der Mann des Raskolnikow[90], und alle 2 Jahre erschien ein neues Stück von Ibsen[91], das an den Pfeilern der bürgerlichen Sicherheit und Ruhe rüttelte. Was die deutschen Autoren schrieben, auch Hauptmann[92] und später Stefan George[93], kam dagegen nicht auf. Ich war Medizinstudent geworden[94], die Kosten des Studiums wurden mir gestundet. Und wenn man fragt, warum Medizinstudent, so ist dies der Grund: sie wollten zu Hause, wie begreiflich, daß ich rasch verdiene, und darum sollte ich Zahnarzt werden, man hielt das für einen lukrativen Beruf. Ich aber hatte mich viel mit Philosophie beschäftigt und wollte weiter erkennen, was die Welt im Innersten zusammenhält.[95] Mir fehlte aber die Anschauung und die Kenntnis der Natur. Darum ging ich in gewisser Weise auf den Plan der Familie ein und stimmte zu, zwar nicht Zahnarzt, aber Mediziner zu werden. Denn hier konnte ich Naturwissenschaften treiben und bekam auch den realen Menschen zu sehen. Ich wollte erfahren, wie es allgemein, ganz allgemein um den Menschen steht.
Ich betrieb allerhand in dieser ersten Studentenzeit. Von der freiheitlichen Studentengruppe[96] sprach ich schon. Ich beteiligte mich auch an einer anderen, in der man griechisch den Aristophanes las, «[D]ie Vögel».[97] Ich bin aber jetzt nicht im Stande, ein komplettes und richtiges Bild zu entwerfen, es treibt mich immer zu «schwimmen», dies zu berichten und jenes zu berichten. Daß ich nun als Mediziner mich in den Kliniken herumbewegte und beobachtete, ging in merkwürdiger Weise zusammen mit meiner literarischen Neigung, mit dem Phantasieren, und es ergaben sich da die ersten besonderen Verschmelzungen.

In Freiburg im Breisgau im letzten Studienjahr[98] kam mir beim Spazieren über den Schloßberg das Thema der Novelle «Die Ermordung einer Butterblume»[99], ich wußte nun etwas von Zwangsvorstellungen und anderen geistigen Anomalien. Es liefen da Jungens über die Wiese und hieben mit ihren Stecken fröhlich die unschuldigen schönen Blüten ab, daß die Köpfe nur so flogen. Ich dachte an die Beklemmungen, die wohl ein feinfühliger Mensch oder, wenn man will, auch belasteter Mensch nach einem solchen Massenmord empfinden würde. Auch andere seltsame Geschichten fabulierte ich hier zusammen. Ich schrieb einen kleinen Einakter[100] nieder, der 1905 auch gedruckt wurde, mit dem phantastischen Thema: die Personen eines Theaterstücks machen sich während der Vorstellung selbständig, vertreiben den Dichter und Regisseur, die sich einmischen, von der Bühne, das Stück nimmt einen anderen Verlauf als der Autor vorgesehen hatte. Dem Stück gab ich den Titel «Lydia und Mäxchen» und den Untertitel «Tiefe Verbeugung in einem Akt». Wie man aus der Inhaltsangabe schon sieht, war ich fern vom Naturalismus und Realismus, es war früher, frühster Expressionismus, oder, wie später Guillaume Apollinaire es nannte, Döblinismus.[101] 1906 wurde der Einakter in Berlin aufgeführt im Residenztheater[102], bei einer Matinee zusammen mit einem Stück von Paul Scheerbart[103], in demselben Residenztheater, dessen Publikum sich abends an den französischen Pikanterien delektierte. Darauf verfiel meine Phantasie auf etwas anderes: Sie beschäftigte sich mit der Musik. Ich hatte ein Thema gefunden, in dem ich zugleich Literatur, Musik und Philosophie zusammenfassen konnte[:] «Die Gespräche der Kalypso über Musik und Liebe»[104] entstanden. Es werden da Personen an die Insel der Kalypso verschlagen, außerhalb unserer Welt, und kommen mit dieser noch immer lebenden Göttin, die sie aufnimmt, in Gespräche. Es werden abenteuerliche Unterhaltungen zwischen den Schiffbrüchigen und der ehemals so leichtfertigen Göttin. Um diese Zeit saß ich in Regensburg als Assistenzarzt in einer Irrenanstalt.[105] Ich schrieb da in meiner Freizeit auf meinem kleinen Zimmer oder im Garten. Ich erinnere mich eines kleinen sonderbaren Vorfalls dort im Garten: plötzlich bewegte sich etwas im Gras an der Mauer und eine große häßlich graue Ratte stand da im Grünen und blickte zu mir herüber, der an dem Gartentisch saß und sich mit der Göttin Kalypso befaßte. Ebenso plötzlich, wie sie gekommen war, verschwand die Ratte. Ich ging darauf nach Berlin und arbeitete an der Irrenanstalt Buch.[106] Ich war wieder in engem Kontakt mit dem alten Kreis. Walden, der unermüdliche Antreiber, Propagator und Organisator, steckte in dauernder Geldklemme. Er ließ drucken und drucken, er fand immer neue Drucker. In der Literatur bildete sein ganzes Entzücken August Stramm[107], in der Malerei die Abstrakten[,] Kandinsky[108] und Klee[109]. Ich will nicht Kokoschka[110] vergessen, dessen Plakat am klarsten den Charakter der jungen Bewegung ausdrückte: das Bild eines ernsten jungen Mannes, der in seine offene Brust hineinzeigt[111]. Es tauchten dann noch andere Erscheinungen auf, in engem oder losem Zusammenhang mit der künstlerischen Bewegung. Wir begegneten so Erich Mühsam[112], der sich meistens in München aufhielt, aber das Café führt ja viele zusammen. Schwer einzureihen war Hugo Lyck[113]. Wer war das? Es gab nichts Gedrucktes von ihm, auch legte er nirgends etwas Geschriebenes vor. Er stand in unserm Alter und kam, wenn ich mich recht besinne, aus Breslau. Er war nur er selbst, ohne erkenntlichen Beruf, nur Persönlichkeit, schlank, energisch. Ja, ich weiß nicht, welche Einzelheiten ich von ihm berichten soll. Der Zauber und die Macht seiner Persönlichkeit lagen auf ihm, und viele Männer und Frauen verfielen dieser Macht. Die Erinnerung an Hugo Lyck hat mich nicht losgelassen, er verschwand später und tauchte dann wieder auf. Er gab an, in Amerika gewesen zu sein, es waren inzwischen Jahre verflossen, er sprach mit einem englischen Akzent, war noch derselbe, sah aber blass und mager aus. Er sagte, er sei krank. Es stand fest, daß er allerhand Drogen nahm. Zu meinem Erstaunen brachte er einmal, als er mich in meiner Sprechstunde besuchte, Gedichte mit, selbstverfaßte, und bat mich sie zu lesen und zu beurteilen. Angeblich interessierten sich einige Verleger dafür. Es waren Pflanzen aus dem Garten Stefan Georges.[114] Die Gedichte sind, soviel ich weiß, nicht herausgekommen. Seine Anziehungskraft übte Lyck unverändert weiter aus, jetzt besonders auf Frauen, die ihn auch unterhielten. Er kam mir aus den Augen. Ich hörte, er starb. Ich habe an ihn gedacht, als ich 1934, schon in Paris, einen kleinen Roman schrieb mit dem Titel «Pardon wird nicht gegeben». Er ist da die starke Natur, der Weckruf, er sprengt die Bande der Familie.[115]

Die Lasker Schüler sah ich noch einmal auf der Flucht 1933 in Zürich.[116] Sie landete glücklich dort, wohin sie wollte, in Palästina, und sie starb, nachdem schon vorher in Europa ihr einziger Sohn, Paulchen[117], dahingegangen war. Ich sah ein Photo ihrer Totenmaske.[118] Erst schienen es mir Züge einer Hexe zu sein, dann erkannte ich in dem armseligen eingeschrumpften Gesicht den Ausdruck der Verzückung.

Soll ich aufzählen, wer von denen, die in der Frühzeit um uns waren, schon den großen finsteren Weg gegangen ist? Franz Mar[c][119], der Dichter und Postbeamte August Stramm[120], wo ist Wolfenstein?[121] Albert Ehrenstein, der Lyriker des «Tubutsch»?[122] Einen tragischen Fall erlebte ich in den letzten Jahren noch. Da war Albrecht Sch[ae]ffer[123], der Mann des [«]Helianth[»], nach Amerika gegangen, hatte drüben Bände über Bände geschrieben und kam nun zurück über den Ozean. Zuletzt wollte er nach Hannover, die Stadt plante[,] ihm dort einen Preis zu geben. Auf der Hinreise stand der in München plaudernd auf der Plattform der Elektrischen, da wurde er schwach und sank um.[124]

***

Man liest mir aus der Zeitung vor. Es hängt nicht mit der Literatur zusammen. Es war diese Geschichte: Eine junge Frau hatte einen jähzornigen, eifer[s]üchtigen Mann und einen sanften Liebhaber. Sie beschlossen [b]eide, den Mann zu vergiften, die

Frau gab den Rat, sie würde ihm das Gift in den Kaffee mischen. Als sie aber einmal zuviel hineintat, da schmeckte der Kaffee bitter, und der grobe Mann, der schon kränkelte, fing an zu brüllen und schlug mit der Faust auf den Tisch. Da fiel gehorsam die kleine Kaffeekanne um, zerbrach und zeigte unschuldig reuig, was sich da auf ihrem Grunde zutrug: kleine, grüne Körner. Der Mann beschnüffelte sie, entsetzt. Was war das, was machte das Weib mit ihm, die will mich vielleicht –. Und ging auf die Polizei mit den Körnern und es war Rattengift. Und tags darauf holte die Polizei die junge Frau ab, und aus der Liebesehe zwischen ihr und dem zarten andern Mann kann nichts werden.

***

Tragisch das Ende von Kurtchen. Eine feine Person, die ihn liebte, verschmähte er. Eine derbe arische[125], gewöhnliche eroberte ihn. Er war Rechtsanwalt, als Hitler kam[,] hielten sie in Berlin noch eine Weile zusammen, dann ließ sie ihn im Stich, sie ging andere Wege. Er erblindete, und so wurde er zur gegebenen Zeit nach Auschwitz transportiert.[126] Und ihr Leben, welchen Abschluß fand es? Am Ende des Krieges fand man sie eines Tages tot in einem Ruinenkeller der Stadt, erschossen, ermordet.

***

Mit welcher Gleichgültigkeit, ja mit welchem Zynismus ließ man es damals geschehen, daß massenhaft ernste, rechtschaffene fähige und erprobte Menschen verschleppt, vertrieben und vernichtet wurden. Ich denke an das Jahr 1933, an den Beginn des sogenannten Umbruchs, welcher der Beginn der Emigration wurde, aber es war schon immer meine Auffassung[127], daß nicht wir, die Flüchtigen, emigrierten, sondern mehr und mehr das Volk, das drüben zwar sitzen blieb an seinem Ort, in den Grenzen[,] die Deutschland umfaßten. Damals 1933, diese Erinnerung stellt sich bei mir ein, geriet ich von ungefähr in die Aula der Züricher Universität und hörte dort[128] einen vorzüglichen Mann sprechen, den ich aus seinen Werken kannte, dem ich aber nicht persönlich begegnet war. Stefan Zweig[129] sprach vor einem vollen Saal, er sprach warm und schön und überzeugt, ein Humanist. Draußen vor der Universität unterhielten wir uns, und als dritter gesellte sich zu uns Alexander Moissi[130], der große Schauspieler. Da standen wir in Zürich auf der Straße, sprachen und hörten einander. Hinüber ist Stefan Zweig, er ging zu Grunde trotz seiner Erfolge. Das Miterleben der grausigen Vernichtung, die auch seine eigene Existenz, seinen geistigen Existenzraum betraf, erdrückte ihn. Er nahm sich das Leben zusammen mit seiner jungen Frau[131], nach einer langen Irrfahrt, die ihn zuletzt nach Südamerika führte. Was ist nun mit ihm, ist er tot, soll er fortgeweht sein? Die zerbrechliche Hülle des Menschen wird zertreten, der geistige Funken ist nicht auszulöschen. Und ich weiß, man ist nicht allein. Später hörte ich in Los Angeles in einer Trauerversammlung die Rede, die [e]iner, der ihm nahestand[,] sprach.[132] Er rätselte um das Geheimnis dieses Todes. Denn hier war kein Gehetzter gestorben, nein, ein vom äußer[e]n Glück Gesegneter. Es war ein sehr eindrucksvoller Tod. Er war nicht improvisiert und keine einzelne private Handlung. Alexander Moissi, der wunderbare Schauspieler, stand auf dem Universitätsplatz in Zürich neben uns. Ich weiß nicht viele Schauspieler zu loben, aber ihn kann ich nicht vergessen. Auch er ist nicht mehr, auch er ist dahin, und wo ist das, und was ist das, was sich hier einmal Moissi nannte? Die Dinge nehmen eine andere Daseinsform an.

Und nun von einem, der später, 1940[,] floh, fliehen wollte, über den Ozean, wie viele von uns, und dem die Flucht nicht gelang: der robuste Publizist Robert Br[e]uer[133]. Er floh zusammen mit seinem Freund Kurt Kersten[134]. Beim Einfall der Nazis waren [b]eide wie viele andere in ein französisches Lager[135] in Südfrankreich gebracht worden, man ließ sie aber, als den Fremden der Einbruch gelang[,] als Antinazis laufen. Nach Amerika wollten sie wie die [m]eisten. Aber man nahm sie nicht, und ihr Schiff

trug sie nach Martinique. Das Fieber und die Unterernährung, Krankheit und Hunger und das heiße Klima machten den knochigen Bräuer in kurzer Zeit fertig, die sozialistische Pressesäule zerbarst in der heißen Südsee. Bis zuletzt beschäftigten ihn die politischen Vorgänge drüben. Schwarze trugen ihn in einer rasch zusammengehämmerten Kiste zu Grab.
Es gehören nun zu meinen Toten auch Granach[136], der Schauspieler, er wohnte im selben Hotel wie wir im Beginn in Hollywood, auf derselben Etage. Er schrieb damals ein farbiges kraftvolles Buch[137] von seiner Jugend, es ist auch erschienen. Er sprudelte über vor Lebenskraft, seine Heimat trug er in sich. Er war in dem fremden Land nicht ohne Erfolg, ja es winkte ihm ein neuer Aufstieg, da wurde er an de[n] Broadway New York an ein großes Theater gerufen und studierte schon seine neue Rolle. Dann kam das Schicksal. Eine Blinddarmentzündung befiel ihn, die Operation war schon gelungen, und plötzlich die Herzembolie, und das war also Alexander Granach. Auch der ehemalige Schauspielintendant Leopold Jessner[138], damals mit uns auf derselben Etage, wurde davongetragen. Franz Werfel[139] selber, er war noch jung, aber was fragt das Schicksal danach. Die Angina pectoris hatte ihn befallen und auch Bruno Frank[140], beide sehr menschliche Figuren, große Könner. Sie nahmen sich gewiß noch sehr viel vor. Sie gingen in den Boden.
Wie lang könnte noch diese Reihe sein. Ernst Toller[141] hielt sich draußen auf. Ich war ihm oft in Berlin begegnet. Als ich 39 zum internationalen P[EN-K]ongreß nach New York kam[142], traf ich Ernst Toller wieder. Er zog mich sofort aus dem Saal heraus und berichtete draußen, wie es ihm ging, tobte er oder klagte er? Er sagte, er appelliere an mich als Arzt, der ja auch schreibe und darum besser verstehen müsse, wie es sich mit ihm verhielt. Ich wußte schon, als er mich durch den Saal zog, er befand sich in einem psychotischen Zustand, nicht dem ersten, der ihn befallen hatte. Er kam an den nächsten Tagen fast Abend um Abend zu mir ins Hotel zu Gesprächen und Konsultationen. Einmal, an einem Freitag oder Sonnabend kam er nicht. Am folgenden Vor-

mittag wurde ich angerufen, Toller hätte Selbstmord begangen.[143] Er hätte sich am Gurt seines Bademantels aufgehängt, nachdem er noch kurz vorher mit seiner Sekretärin[144] gearbeitet hatte. Er besaß bereits das Rückreisebillet nach England. Hatte ihn der Jammer der Zeit umgebracht, lag sein Fall so wie der von Stefan Zweig? Sein psychotischer Zustand gibt die Antwort. Später erfuhr ich noch, was er mir verschwiegen hatte, daß er bei einem amerikanischen Arzt[145] in Behandlung stand, der bei ihm eine Schocktherapie versuchte, ambulant, ein ungeheuer leichtsinniges und fahrlässiges Unternehmen. Ich hatte an einem der folgenden Tage noch eine heftige Auseinandersetzung bei einer kleinen Zusammenkunft, in der wir über den Fall Toller diskutierten. Ein [b]ekannter und erfolgreicher österreichischer Dramatiker[146] vertrat mit Energie die These, Toller wäre eben solch Opfer der Zeitumstände wie Stefan Zweig. Mit meiner medizinischen Auffassung konnte ich hier nicht durchdringen. Und das war das Ende des Lyrikers und Dramatikers Ernst Toller, Enthusiast, Politiker und Menschenfreund.

***

Und nun noch zu Heinrich Mann.[147] Mit ihm war ich von der Berliner Dichterakademie her persönlich in den besten Beziehungen, wir waren zuletzt zusammen im Sommer 1932 in Gastein.[148] Man kennt diesen ausgezeichneten und in seiner Überzeugung absolut sicheren Mann. Ich war seiner Zeit[149], als die Wahl zum Vorsitzenden unserer Gruppe ventiliert wurde, selbst in seine Wohnung gegangen, um ih[m] angesichts der politischen Situation, die Klarheit erforderte, nahezulegen, eine solche Wahl anzunehmen, wenn sie auf ihn fiele. Es gab außer L[oe]rke[150] zwei Mitglieder dieser Akademie, mit denen mich Persönliches verband. Heinrich Mann und Ricarda Huch[151]. Ricarda saß an der Sitzungstafel dort am Pariser Platz meist neben mir. Wir plauderten zwischendurch und hinterher, wir spaßten, die Sitzungen hatten einen Ertrag für uns, der nicht in dem Protokoll stand. Ach ich will gleich den Abschluß meiner Erinnerungen an Ricarda Huch hier erzählen. Siehe da, als ich unstet und flüchtig Berlin verließ und die Stadt der braunen Meute [über]lassen mußte, damals, um diese Zeit, waren alle, mit denen man damals zusammenhing, so ver[d]attert, daß sie, soweit sie nicht reißaus nahmen, sich in ihre Mauselöcher zurückzogen, welche sie mit Vorrücken der Zeit gemütlich dekorierten. Es gehörte dazu die spätere innere Emigration. Weder nach Zürich noch nach Paris erhielt ich darum von diesen in ihr Inneres Emigrierten irgend ein Lebenszeichen. Man hätte die Herrschaften für tot, erstickt in ihren Löchern halten können. Aber dem war nicht so, im Gegenteil. Sie bewegten, sie tummelten sich heiter, einzeln und in Rudeln und sie kamen gut aus in den neuen Verhältnissen mit ihrer Mystik. Mir fiel bei einer außerordentlichen Gesamtsitzung[152] der Akademie, auf der wir Heinrich Mann absetzen sollten, mir fiel auf, die Dinge waren im Fluß, es war der Beginn des Jahres 1933, daß wir Dichter an unserer Tafel nur ein kläglich kleines Fähnlein bildeten. Wo waren die andern? Wo war unser angestellter und bezahlter Sekretär, Oskar L[oe]rke? Siehe, er war nicht da, aber er wohnte doch nicht so weit, in Frohnau.[153] Wer hatte sich zwischen ihn und das Telegramm, das einlud, gestellt? Aber – er war da. Aber nicht bei uns. Die oben genannte Vergeistigung hatte sich noch nicht komplett vollzogen. Aufrecht saß er dahinten, drüben, bei den Musikern oder Malern und gab kein Lebenszeichen, wenigstens nicht zu uns herüber. Also er war da und andererseits nicht unter uns. Es war ein Zwischenzustand, mit dem wir fertig werden mußten. Es kam die traurige, peinliche und jämmerliche Szene, es ging um die Ausstoßung oder Diffamierung von zwei Mitgliedern der Akademie, von Heinrich Mann und Käthe Kollwitz[154]. Die Namen dieser beiden fanden sich unter einem Aufruf[155] an die zerrissene Arbeiterschaft, sich angesichts der drohenden Gefahren zusammenzuschließen.

Als der Präses der Gesamtakademie erschien, ein Musiker, Komponist und Dirigent, Herr von Schillings[156], ergab sich, daß

Käthe Kollwitz von sich aus die Verbindung mit der Akademie gelöst hatte. Es grämte uns. Aber was war mit dem entschwundenen und mutigen Heinrich Mann? Er war nach seiner Wahl[157] damals politisch aktiv geblieben und war derselbe vorher wie nachher. Man rief nun gleich in seinem Hotel an, er war da und erklärte, gleich kommen zu wollen. Unsere Herzen schlugen höher. Wir berieten untereinander, und Leonhard Frank[158] übernahm es, ihn unten am Haus abzufangen, zu informieren und in unserem Sinne zu instruieren. Parole: Nicht zurückweichen, gemeinsam mit uns zu protestieren und in der nächsten Sektionssitzung einen entsprechenden geharn[is]chten Entschluß zu fassen. Es verlief alles wie verabredet. Heinrich Mann fuhr vor, Leonhard Frank schnappte und instruierte ihn. Und nun erscheint im großen Sitzungssaal unter allgemeinem Schweigen Heinrich Mann und wird von dem langen und sehr blassen Herrn von Schillings begrüßt, – und nicht nur begrüßt, sondern (Staatsstreich) gebeten, ihn vor dem Eintritt in die Debatte in das Präsidialzimmer nebenan zu begleiten. Mann zieht mit ihm ab.[159]
Wir sitzen da, – und sind[,] wie man in Berlin sagt, nese[160]. Wer will hier wen einseifen? Wir ängstigen uns, ohne es uns zu gestehen, wir sind aber vernünftig vorgegangen, und doch überrumpelt? L[oe]rke bewegte sich nicht, er sitzt noch immer bei den Musikern oder Malern, es scheint, er ahnt, was kommen wird.
Schillings ist wieder da, ohne Heinrich Mann. Was ist geschehen? Was hat er mit dem Unglücklichen gemacht? Man hatte bei uns gemunkelt, noch konnten wir spaßen, als die beiden abzogen, jetzt muß unser Freund Heinrich Mann den Schillingsbecher trinken.[161] Wo war Mann? Schillings präsentierte sich strahlend der Corona, der Henker lächelte (sehr bleich), er hatte den Krebs im Leibe, nach einigen Monaten war es aus mit ihm[162], er eröffnete uns, es sei alles wunderbar glatt verlaufen, das Opfer hätte keinen Widerstand geleistet, nicht geschrieen und nicht protestiert: Heinrich Mann hätte abgedankt.
Ja, er hatte abgedankt. Er hatte die offene Feldschlacht nicht angenommen. Er hatte uns im Stich gelassen. Wir konnten es nicht

verschleiern. Wie war das möglich? Heinrich, mir graut's vor dir.[163] Die Sitzung wurde aufgehoben ohne Tumult.[164] Wir drangen in das Nachbarzimmer, wohin Schillings sein Opfer entführt hatte. Ob es noch Lebenszeichen von sich geben würde, wenigstens Zeichen, die uns etwas verrieten? Er, – saß friedlich da, nebenan, drückte uns die Hände. Entschuldigend? [Bed]auernd? Er sagte, denn er sprach: es wäre nicht anders möglich gewesen. Er lasse sich nicht zwingen. Wir verstanden gleich: Die A[r]t des Kämpfens, die wir vorhatten, war nicht seine Art. Er war mutig, aber er ließ sich nicht seine Kampfart vorschreiben. Als wir uns dann eine Weile später[165] zur Erörterung der Situation in unserm alten Sitzungszimmer einfanden, nunmehr zur Formulierung einer öffentlichen Erklärung[166] und eines Protestes, zugegen war auch L[oe]rke, natürlich nicht Heinrich Mann, da war die Zeit schon vorgerückt und es war Ende Februar. Eingefunden hatte sich auch, zum Zeichen, daß wir unter Kontrolle standen, in unserm Raum zu dieser Sitzung, die offenbar als gefährlich galt, von Schilling[s], der Musiker, der uns auch jetzt aufspielen wollte. Aber nicht wir, die uns zum Protest hier hinsetzten, sondern zwei andere, tumultöse Personen drängten sich in den Vordergrund, es waren Rudolf Binding[167] und Benn, Gottf[rie]d Benn[168]. Letzteren hatte ich zusammen mit L[oe]rke selbst in die Akademie hereingebracht[169], es wurde ungeheuer schwierig ihn durchzusetzen, weil er urologisch dichtete, zugleich kosmisch und prähistorisch, jedenfalls hochgebildet und weithin unverständlich. Solche Zusammensetzung: Kosmos und Jauche aus stinkenden Kavernen gab es bis da in der Preußischen Akademie der Künste noch nicht. Aber er kam durch. Als ich meine Nachbarin Ricarda Huch vor der Wahl seine Erstlingsgedichte mit dem charakteristischen Titel [«]Morgue[»][170] gab, nahm sie sie ahnungslos mit nach Hause, brachte sie aber entrüstet das nächste Mal wieder und hatte nur ein Wort: abscheulich. Da saß er nun in jener Sitzung auf dem Platz unseres ehemaligen Vorsitzenden. Binding, der eine sehr feine und edle Sprache in seinen Prosawerken fand, führte hier mit Gottf[rie]d zusammen ein überaus freches Theater auf. Die Protesterklärung, durchdiskutiert, kam doch nicht heraus. Es war das letzte Mal, daß mich diese heiligen Hallen am Pariser Platz umgaben. Es kam ja der Reichstagsbrand Ende Februar.[171] Ricarda Huch unterwarf sich durchaus nicht. Sie unterschrieb nichts von dem, was ihr die Schergen, die Beauftragten des neuen Regimes vorlegten, der Briefwechsel wurde später veröffentlicht[172], auch mein Name kam in den stolzen Antworten der Ricarda vor. Sie hatte lange in jenen Hallen neben mir gesessen und wir hatten viel zusammen gelacht. Darum hatte sie mir auch nach der Flucht nach Paris geschrieben und in diesem Brief aus ihrem Herzen keine Mördergrube gemacht.[173] Sie schrieb da aus der Ferne, wie sehr sie mich beneide, daß ich nun draußen sei. 1947, als ich mit meiner Frau zum ersten Besuch nach Berlin fuhr[174], begegnete uns in einem Hotel Fasanenstraße[175] Ricarda Huch. Ja, sie war es, und wir saßen nachher zusammen. Was man sich erzählte, weiß ich nicht mehr. Sie wollte bald nach Frankfurt a. M. und sammelte jetzt Material über die Widerstandsbewegung hier im Lande gegen die Nazi.[176] Man ehrte sie damals, indem man ihr den Vorsitz in dem ersten großen Schriftstellerkongreß[177] übergab, sie fuhr dann ab. Man hätte sie gerne hier behalten. Sie ist bald gestorben.[178]

Wo und wann L[oe]rke, der Lyriker von einigen Graden, gestorben ist[179], weiß ich nicht. Er arbeitete weiter in dem alten Verlag[180], den er den neuen Umständen «anpassen» wollte. Man erzählt, zu seiner Ehrenrettung, er sei buchstäblich an gebrochenem Herzen gestorben. Die tapfere Ricarda Huch wußte nichts von solchem Herzen. Es erlosch auch der tapfere Rudolf Binding nach einigen Jahren.[181]

Um aber von Heinrich Mann zu sprechen, er war nicht einmal einer vorübergehenden Schwäche erlegen, ich habe es schon gesagt. So rasch er konnte ging er nach Frankreich und zeigte wieder, wer er war und kämpfte mit offenem Visier. Er ließ sich auch 1940 nicht fangen, als die Hunde ihn hier hetzten. Es gelang ihm, begleitet und geleitet von seiner kräftigen lebenslustigen

Freundin, der Nelly[182], die er jetzt heiratete, die spanische Grenze zu überschreiten. Auch ihm winkte drüben in Hollywood wie einem Dutzend anderer der Flüchtigen ein Filmvertrag.[183]

***

Und wie endet dieses Lied? Sie bezogen eine möblierte Wohnung draußen in Beverly Hills.[184] Oft sahen wir die beiden, Heinrich Mann und die Nelly. Wir machten schöne Autofahrten mit ihnen, sie fuhr. Und als nun die Zeit unserer Verträge abgelaufen war, das eine Jahr, da wurde kein Vertrag erneuert, denn erstens waren wir gerettet, nämlich aus Europa, und zweitens hatte keiner von uns, wir waren etwa 12 Schriftsteller[185], eine Filmstory zu Stande gebracht, mit der wir vor den Augen der Filmagenten bestanden. Wir schrieben viel, sogar in eigenen Bureaus, aber es gelang uns nicht. Darauf schieden wir in Frieden, bzw. in Unfrieden von den großen Filmgesellschaften und bezogen noch einige Monate Arbeitslosenunterstützung. Ich selbst ging dazu einmal in der Woche stempeln, Heinrich Mann war begeistert davon, daß er nun auch stempeln gehen sollte. Aber man erlaubte es ihm nicht, wegen seines Alters. Das Stempeln nahm im Ganzen ein Ende, aber man tat für uns, was nur möglich war, die Namen der Frau Dieterle[186] und Liesel Frank[187], die für uns arbeiteten und warben, sollen nicht vergessen werden.
Einige von uns zogen nun nach New York, wir aber blieben und hielten bis zum Kriegsende durch. Und jeder schrieb, als wäre es Frieden, Bücher über Bücher, für seinen Schreibtisch. Hätte der Krieg noch länger gedauert, so hätte ich für meine Manuskripte einen besonderen Autobus zur Bahn benötigt. Heinrich Mann schrieb und schrieb unter der tropischen Sonne, aber das Ganze bekam ihm nicht gut.
Es hing zusammen mit der Nelly. Sie hatte in jener Zeit viel zu lachen und viel zu weinen, zu lachen, weil es ein Auto und den Alkohol gab, zu weinen, weil es mit Heinrich Mann und ihr nicht gut ging. Es stimmte etwas zwischen den [b]eiden nicht.

Sie war seine Freundin gewesen, sie kam aus kleinen Kreisen und es wurde keine rechte bürgerliche Ehe, man verstand sich nicht. Sie war einfach, herzlich und liebenswürdig, und er war der Autor von «Professor Unrat»[188] und «Heinrich dem Vierten»[189], kompliziert, hochgebildet und in gewisser Hinsicht herzlos. Sie konnte es ihm nicht recht machen, sie kam nicht an ihn heran. Und andere, zum Beispiel die Familie von Heinrich Manns Bruder, von Thomas Mann[190], lehnten sie ab. Es muß stimmen, denn wie soll man es sonst verstehen, daß sie, wie sie einmal berichtete, ihren Mann zu seinem Bruder fahren mußte, aber draußen wie ein Chauffeur im Auto zu warten hatte, bis das Diner drin beendet war. Sie ließ sich mehr, als ihr gut bekam, mit dem Alkohol in verschiedenen Formen ein, und fuhr doch Auto, und beides tat sie gern, die heitere Nelly. Es gab aber auf den Straßen andere Autos, und am Rande der Straße Bäume, durch die schon manche Autofahrer ins Unglück gekommen sind. Nelly fuhr nicht wild, aber sie hatte Pech und gab gelegentlich einem andern Auto einen freundlichen Rippenstoß. Es gab aber auch einmal eine kräftige Carambolage, die Polizeistreife pfiff neben ihrem Wagen, sie mußte aufs Revier, sie weinte und schrie und schwor, sie hätte nur einen einzigen Cognac zu sich genommen. Das Folgende, Abschließende in Kürze: Die Einleitung eines Verfahrens, sie verstand es, sich Veronal zu verschaffen, aber es war nicht die gehörige Menge. Man brachte sie in ein Sanatorium, sie brannte durch, sie sauste später abermals durch die Landschaft, wieder standen Bäume überall und Autos sausten vorbei rechts und links, Carambolage. Die Polizeistreife. Der alte Fall war noch nicht verhandelt, Nelly legte sich zu Bett, mindestens kostete es jetzt den Führerschein, von sonstiger S[t]rafe nicht zu reden. Sie ließ es im Hause von Heinrich Mann nicht dazu kommen. Sie hatte vorgesorgt. Sie hatte erkannt, es stimmte [m]ehreres mit ihr und um sie herum nicht. Jetzt schluckte sie das nötige Quantum Veronal. Sie schloß die Augen und streckte sich.[191] Nun konnte sie ruhig den morgigen Tag erwarten.

Wir fuhren weit hinaus zu ihrer Beerdigung. Wir kamen etwas zu spät und blickten in das offene Grab. Eine kleine Trauergesellschaft hatte sich eingefunden. Man stand stumm nebeneinander. Und wir taten wie die andern, wir drückten den Verwandten unser Beileid aus. Erst nach Wochen wagten wir uns zu Heinrich Mann. Man wollte ihn mit Trauergesprächen verschonen. Wir fanden ihn in guter Stimmung und munter wie nie. Man sprach von allerhand. Auch Ludwig Mar[c]use[192] und seine Frau, die Sascha[193] kamen, er war «wie erlöst».
So mußte die gute prächtige Nelly zu Grunde gehen. Als wir A[m]erika verließen[194], schrieb er fleißig, mit seiner gleichmäßigen regelmäßigen Schrift: Mann hatte einen Bericht vor über die deutsche Vergangenheit.[195] Er schrieb einen [m]erkwürdigen Stil. Es las sich teilweise wie eine Übersetzung, die nicht ganz geglückt schien. Man wünschte ihn gern nach Deutschland herüber, die Ostzone ließ es gewiß an Einladungen»[196] nicht fehlen. Es kam offenbar zuviel dazwischen.
Und dann war auch seine Zeit um, er starb und liegt wahrscheinlich auf demselben Friedhof[197] wie seine Geliebte und spätere Frau, die ihn über die Pyrenäen geführt hatte.

Rückblick

Die blassen rührenden Bilder meiner Toten, zu mir, während ich hier im Bett liege, schon den zweiten[,] dritten Monat. Sie tanzen um mich, nehmen mich in ihren Reigen auf.
Es mag sich in Bezug auf Entstehung und Art dieser Welt verhalten, wie es will – ich bin da, zusammen mit dem, was den Himmel und die Erde erfüllt. Wer ich bin, was ich bin, was mit mir ist, das weiß ich nicht. Ich finde mich so und so ausgestattet, eingelagert und angepaßt vor, wie ein Rädchen in einer unübersehbaren Ma[s]chinerie. Ich stelle fest: manches ist mir mitgegeben, manches nicht, – auch daß ich einiges erkenne, ist mir mitgegeben, aber nicht vieles. Immerhin besagt dieses, daß ich

denke und mir einiges bewußt mache, daß ich doch nicht bloß ein Rädchen in einem Uhrwerk bin, oder daß dies ein besonderes Rädchen in der Uhr ist, und daß dieses Ganze, worin einem Rädchen Erkennen selbst in beschränktem Umfang mitgegeben ist, daß dies eine besondere Maschine ist. Was meine Rolle und Funktion hier anlangt, so wäre besonders zu fragen, ob mir allein dies mitgegeben ist, zu erkennen und erkennen zu wollen, – oder ob vielleicht noch anderen Gliedern des Ganzen und mit mir Verbundenen Erkenntnis als Eigenschaft zukommt.

***

Wenn diese Welt da ist und ich in ihr und mit ihr, und zwar so wie ich persönlich und privat bin, – wie hänge ich und meine Art und mein Schicksal, mein Tun und Treiben, Gedeihen und Verderben mit dem Schicksal, mit Ursprung und Wesen dieser Welt zusammen? Ich muß mir aber im [v]ornherein darüber klar sein, daß man sich nicht am eigenen Schopf aus dem Sumpf ziehen kann.

Der Frager gesteht, daß er sich sofort in doppelter Beleuchtung sieht: einmal im Rahmen der großen Zusammengehörigkeit, der gesamten Welt und dessen, was man Natur nennt. Das eine Mal findet er sich hier in einer Ecke dieser Natur, teilnehmend an ihren Abläufen, und das andere Mal sieht sich der Frager durch seine Gabe des Erkennens unnatürlich und gegennatürlich.

Was bedeutet das Erscheinen und Vergehen jener Figuren um mich, was hat ihre Existenz bewirkt und was bewirkt sie noch weiter[?] Die Leiber sind von ihnen abgefallen, sie haben ihr lebendes Fleisch abgeworfen, Knochenreste überdauern am längsten. Aber dies war nicht das Wesen, da[s] ich kannte. Es gab da auch einen Motor. Er trieb den Körper unaufhörlich, bis der Motor und damit auch das Leben zerbrach und erlosch.

Gegenstände und Leiber umgeben diesen Leib. Sie suchen in ihn einzudringen und hier eine Bresche zu schlagen. Die Bresche heißt Krankheit.

Natur ist ein flüchtiges Element. Und wie steht es um das Geistige? Und ist es nicht auch flüchtig?
Meine Finger sind klamm und steif, mit großer Mühe gelingt es mir, einen Bleistift zu halten. Aber es hat sich noch etwas anderes eingestellt. Das stammt nicht von den Fingern oder aus der Schwäche eines andern Organs, sondern aus der Veränderung der inneren Tönung. Ich mag nicht mehr gern an konkrete Themen herangehen nach dem massiven Schlag, der aus einer geheimnisvollen, über mir stehenden Region auf mich gefallen ist. Dieser Schlag hat bewirkt, daß mich jetzt nur ganz allgemeine Themen beschäftigen, nur Fragen allgemein menschlicher und religiöser Art brennen mir auf den Nägeln. Was ist das also, so grübele ich und frage mich wieder, was ist das, worin ich erschüttert bin, was ist das Leben und was ist das Tor, der Hohlweg, an den ich von dieser dunklen Instanz geschoben werde? Ich lasse meine Gedanken laufen.
Ich stelle fest: zuerst ist da die Kindheit, ein klares einheitliches Dasein, wir nennen dieses Dasein natürlich. In ihm lebt das Kind wie eine Pflanze, ein Tierchen, schläft und wacht, trinkt und spielt und verdaut. Das Kind betrachtet sich nicht. Es entwickelt in sich keinen Spiegel. So ist es da, und das ist die erste Periode. Dar[a]n schließt sich die zweite, in welcher die Einheitlichkeit der kindlichen Existenz verloren ist. Das Kind beginnt zu fragen. Es fängt an zu verstehen und zu begreifen. Eine Spaltung macht sich in ihm bemerkbar. Das ist ein auffallendes fremdes Ding. Ein neues Element ist in dieses Lebewesen eingedrungen. Bisher lebte das Kind als Objekt unter Objekten. Nun distanziert es sich, das Bewußtsein ist erwacht, das junge Wesen isoliert sich, es lernt sich erkennen.
Was ist das für ein Element, das da in das einfache natürliche Wesen eingetreten ist? Ein Element, welches das Tier und die Pflanze nicht kennen. Wir nennen es Geist. Der Geist hat eine gewisse Entwicklungsstufe des menschlichen Lebens abgewartet, dann sah er seine Bedingungen gegeben, er breitet sich aus und wächst hier ein und formt sich selber. Zuletzt steht er wie ein

Wächter oder wie eine Burg inmitten zahlreicher anderer Wesen und Abläufe.

Welch sonderbares Geschehen. Es sieht nun so aus, als ob der anfängliche ungebrochene Zustand des Kindes ein ursprünglicher Zustand, der ursprüngliche Zustand war, in den räuberisch der Geist eindrang. Nehme ich nun aber den Geist für sich und betrachte ihn, so finde ich ihn eigentümlich wirr und gestört. Er bildet keine klare und zusammenhängende Masse wie der Körper. Unsere Gefühle, Urteile, Gedanken sind zerrissen und zerflattern. An seinem eigenen rechten Weg steht offenbar der Geist, der hier so aktiv aufgetaucht ist, nicht. Der erwachsene, der reife Mensch findet sich nun im Besitz einer solchen Wesenheit, ja er identifiziert sich damit so weit, daß er glaubt, hier sein Wesen ansprechen zu können. Und er findet sich wi[e]derum hier nicht, und bei diesem Hin und Her bleibt es. Er kann sich nicht mit der Natur identifizieren, und er kann sich nicht mit dieser vom Geist dominierten Existenz abfinden, weil auch sie nur treibt und treibt, nie zur Ruhe und zum Abschluß kommt.

Aber was will er denn? Er weiß es selbst nicht. Es hat jedes Kind, jede Katze, jede Pflanze ihre Vollkommenheit. Sie hat ihre Ruhe, ihre Harmonie. Aber er, der reife Mensch, ist dazu bestimmt und verdammt, den klaren Spiegel jedes Wassers zu trüben. Im Natürlichen findet er Lust und Freude, wie die andern Wesen, die er sieht, aber da mischt sich sofort der Geist ein und verdirbt ihm die Freude, zu einem wirklichen Ausruhen kommt es nicht. Aber die Harmonie des Glücks muß er erstreben.

Es ist den Menschen sehr viel gegeben, mehr als sie ertragen können. Die Bibel erhebt den Menschen sogar zum Ebenbild Gottes. Wenn er dann sein Elend heute erfährt, so ist dafür gesorgt, daß sich keiner, auch nicht ein einziger Mensch für das Ebenbild Gottes halten kann. Und dennoch etwas davon anzunehmen und zu glauben, wird er immer wieder gedrängt, und er empfindet es als eine Qual. Bald dieses[,] bald jenes drängt ihn immer wieder dazu, sich in der Nähe des Schöpfers zu fühlen. Blicke ich zum Beispiel jetzt nur auf das Gespinst und Gewebe des Geistes, so springt mir in die Augen das Vermögen des Geistes, sich über Zeit und Raum hinweg zu bewegen und zu ungeheuren Allgemeinheiten und Übersichten zu gelangen. Und da kann ich nicht umhin, in dem Wesen, das hier arbeitet und spielt, etwas Übernatürliches zu erkennen, ja etwas aus der Übernatur.

Dahin bin ich also gedrängt, mich, der so schwach ist und sich eigentlich nach der willenlosen Kindheit sehnte und der das junge Kind beneidete, sich als Verwandten der Übernatur zu empfinden. Aber wie soll ich diesem Gedanken ausweichen, der mich eigentlich nur stolz machen müßte, aber nun entsetzt. Denn nun kann und darf ich nicht nur einfach hinnehmen. Nun wacht und spricht da etwas in mir und durch mich. Aber wer spricht, was spricht, und was bin ich nun, der im übrigen ein Knochengestell und Humus für den Boden ist[?] Aber es sind Alter, Krankheit und Tod nicht aus dem menschlichen Dasein hinwegzudenken. Weder das eine Dasein noch das andere, noch beide zusammen bilden ein harmonisches Ganzes. Ich sehe, ich muß noch tiefer graben.

Um Weihnachten 1952

Ich war nicht orientiert, wo sich eigentlich das Hospital befand, in das man mich transportiert hatte. Nachher sagte man mir, es läge in der Nähe meiner Wohnung. Wie ich später feststellte, lag das ziemlich ausgedehnte Gebäude draußen im Freien zwischen Hügeln. In beiden Zimmern, die ich nacheinander bezog, stand mein Bett so in den Raum hinein, daß sich mein Blick nach der Tür wenden mußte, und nichts vor meinen Augen als die Wand und die Holztür. Wäre ich in einem normalen Zustand gewesen, so hätte ich nach ein[i]ger Zeit um die Gnade gebeten, das Bett so zu drehen, daß ich wenigstens einen Ausschnitt der Welt durch das Fenster erblicken konnte. Das wurde mir dann in den letzten Wochen gewährt, als ich die ersten Schritte machte.

Da sah ich nun, was mir schon die Geräusche von draußen nahegelegt hatten: dieser Flügel des Gebäudes ging nicht nach der Hauptchaussee hinaus, sondern war durch einen Drahtzaun und Gärten gegen einen bewaldeten Hügel abgegrenzt. Man baute. Was baute man? Ich sah, man mauerte an einem mehrstöckigen Gebäude. Es sollte ein Ergänzungsbau für das Krankenhaus werden, nicht bestimmt für Kranke, sondern für die religiösen Schwestern, die Nonnen, die zur Zeit noch in dem Haus hier wohnten. Drüben bekamen sie einige neue Räume. Es sollten ferner in dem Neubau große Unterrichts- und Lehrräume eingerichtet werden und ganz unten Badezimmer.
Ich merkte am Bellen eines mächtigen Hundes jeden Morgen, wenn draußen das Leben sich in Bewegung setzte, daß heißt, wenn die Maurer kamen. Sie hatten den Hund hier angebunden und jetzt wurde er anderswohin geführt. Ich sah draußen auch niedrige Ställe, da grunzten und quietschten Schweine, manchmal im Chor, wenn aus dem Hause Abfallseimer gebracht und für sie ausgeschüttet wurden. Und einmal gab es auch ein gewaltiges Quietschen und Rülpsen und Trompeten, da trieb man mehrere Schweine aus dem Stall und in einen Wagen. Sie mußten ahnen, wohin es ging: zum Schlachthof. Sie hatten nun das nötige Gewicht erreicht, und das war das Zeichen für das Ende ihres Daseins. Schön war das Dasein für sie gewesen, so zu grunzen, sich im Schlamm zu wälzen und in die vollen Abfallskübel hineinzuwühlen. Jetzt wurden sie im Schlachthaus quiekend vor den Mann getrieben, der ihnen eine Art Pistole an die Stirn setzte, er drückte ab, ein Knall und Krach und sie fielen um und zuckten noch, und dann fuhr ihnen das lange Messer in den Hals und öffnete die Schlagadern. Man nahm ihnen das Blut und das Fleisch und was noch. Man nahm alles, was an ihnen zu kochen und zu braten war. Und dann drang frühmorgens das Rülpsen und heisere Röcheln und Pfeifen nicht mehr zu mir herauf.
Auf den Tisch am Fußende meines Bettes, um mich abzulenken und zu zerstreuen, stellte meine Frau kleine Bilder aus der Wohnung und dazu frische Blumen. Die schönen Farben taten mir

wohl, sie sangen mich heimlich an. Übrigens gab es auch einmal wirklich Musik im Haus, vor Weihnachten. Mehrere Schwestern und Hausangestellte hatten fromme alte Lieder eingeübt, die sangen sie im Chor, mehrstimmig, auf dem Korridor. Die Türen der Krankenzimmer hatte man weit geöffnet. Es war abends. Und einmal um Weihnachten gab es für uns, die sonst nur still zu liegen und zu warten hatten, eine Überraschung. Im Zimmer wurden Kerzen angezündet, auf den Tisch am Fußende des Bettes wurde eine kleine Figurengruppe, Christi Geburt, gestellt. Und da kam draußen den Korridor entlang ein Zug gefahren, ein kleiner geschmückter Wagen, auf dem sich ein prächtig gekleidetes engelhaftes Kind hielt, ein Mädchen von 4–5 Jahren, mit ungeheuer ernstem Gesicht und ganz großen strengen Kulleraugen. Es hielt im Fahren den rechten Arm erhoben, zwei Finger einer Hand spreizten sich zum Gruß und zum Zeichen: es war das Christkind. Engelein, Mädchen mit weißen Flügeln zogen und umgaben den Wagen. Vor jeder Zimmertür hielten sie, zu dritt traten sie ein. Das Christkindchen näherte sich dem Bett. Das rührend ernste Gesicht wandte sich dem Kranken zu und sprach Verse von einem frommen und tröstlichen Gedicht.
Es deklamierte mit großer Würde, und die Äuglein hörten nicht auf zu rollen und sich nach oben zu wenden. Ich will aber nicht vergessen, daß das kleine Mädchen mit der himmlischen Krone beim Deklamieren seines Poems an meinem Bett eine gewisse Unruhe befiel. Ihr rechter Nasenflügel zuckte und zuckte, ihre rechte Hand wollte nach der Nase greifen, aber das Kind nahm sich zusammen. Schließlich aber konnte es sich doch nicht bezwingen, und die Hand griff an die Oberlippe und bohrte an der Nase, denn es juckte offenbar sehr stark.

Januar 1953

Das Krankenhaus habe ich nun verlassen und bin zu Hause. Meine Frau betreut mich, zusammen mit einer älteren Krankenschwester. Wieder die alten Räume, die bald aussehen, als wäre es meine Wohnung, aber sie sind es nicht, ich habe keine eigene Wohnung mehr, man hat mich hier untergebracht. In meinem Schreibzimmer kann ich mich an den Tisch setzen. Der Tisch, – das ist ja wieder der Tisch mit den Kakteen und Büchern. Und daneben rechts an der Wand, von einem einfachen Schwarzwälder geschnitzt, ein schöner Christuskopf, Christus der Bekenner und Dulder mit der Dornenkrone.

Über der roten Chaiselongue links aber hängt ein großes gerahmtes Bild, die Reproduktion eines Gemäldes von Petrus Christus[198], holländische Schule. Es sitzt da an seinem Arbeitstisch in purpurner Robe ein ernster Mann, er trägt einen Heiligenschein um den Kopf. Er hat Ringe und allerhand Werkzeug vor sich ausgebreitet, es ist offensichtlich der Arbeitsplatz eines Goldschmiedes. Er blickt seitlich nach oben auf ein Paar, das eben eingetreten ist, kostbar, ja fürstlich gekleidet. Es ist der legendäre König Dagobert[199] mit seiner Verlobten Godebertha[200]. Alle drei sind sehr ernst, der junge König aber blickt trübe. Denn die Verlobte neben ihm hat die Augen gesenkt und hält ihre linke Hand dem seltsamen Goldschmied am Tisch hin. Diese Hand trägt jetzt keine Ringe. Den Verlobungsring hat Godebertha abgestreift und der Goldschmied ist im Begriff, und dazu sind sie gekommen, ihr einen anderen zu geben. Und was für einen gibt er? Einen goldenen Reifen, den aber ein dunkler Rubin schmückt. Und wenn wir noch nicht wissen, worum es hier geht, so offenbart es uns jetzt der Goldschmied am Tisch. Denn er ist der heilige [El]i[g]ius[201], der Schutzpatron der Goldschmiede und der Ring, den er der jungen Godebertha über den Finger streifen will, zeigt eine mystische Vermählung an, nicht mit dem jungen König Dagobert, sondern mit Jesus, dem himmlischen König.

***

Wenn ich hinter meinem Fenster sitze, nun zu Hause, und auf die Straße blicke – so wie es im Nachbarhaus der junge Mann tut, der da ein Jahr nach Kriegsende von einer schrecklichen Kinderlähmung befallen wurde und sich nun auf seinem Rollstuhl durch das Zimmer bewegt, und wenn unten die jungen Frauen und die Älteren mit den Kindern an den Häusern vorbeiziehen, und dazwischen humpeln Einbeinige, und eisgraue gekrümmte Greise schleichen am Stock ohne vom Boden aufzublicken, – so kann ich nicht meinem Gefühl ausweichen und muß das trügerische und böse Los dieser Existenz empfinden. Wie sich da noch jemand freuen kann, der Augen hat und über seine 5 Sinne verfügt. Wie er frisch wandern kann und dies alles sieht und vielleicht auch bedenkt, daß er in diesem Augenblick nicht sieht, was drin in den Häusern liegt und sich nicht an die Luft wagt, und was vielleicht zweistündlich, dreistündlich eine Morphiumspritze erhält, die Frau hat einen Brustkreb[s], jener Mann liegt mit einem Mastdarmkrebs, und in einer andern Wohnung hockt ein blindes Mädchen und wartet, daß man sie zurechtmacht und an ihren Spieltisch führt.
Wie kann ich dem Gefühl ausweichen, der niederdrückenden Trauer, der Bitterkeit angesichts solchen Jammers, und wie kann ich meinem Kopf verbieten, hier an Betrug zu denken[?] Solch Jammer und dazwischen das Zuckerbrot für ein paar Stunden der Freude, der Erwartung auf nachher und der Hoffnung. Das Geistige mag uns Qualen bereiten und in Unruhe und Verzweiflung stürzen, aber wäre nur diese Sichtbarkeit da, so wäre es trotz allem Sonnenschein, trotz der lustigen Schneeflocken besser, man machte so früh als möglich und so jung als möglich nach erlangter Einsicht Schluß.
Man kommt zu einem Entschluß, und zwar zu dem allein [m]öglichen, diesem jetzigen Zustand, diesem tollen, die Würde und den Stolz des Menschen beleidigenden Zustand, ein Ende zu bereiten. Aber es ist doch gut, daß wir nicht nur Augen haben, sondern auch Gedanken zum Überlegen, und vieles Wissen wird uns von andern übermittelt. Von da werden wir belehrt, wenn

wir still und mit geschlossenen Augen denken, daß dies hier doch wohl mehr als bloßer Betrug und Täuschung ist, so wenig ein Betrug und Täuschung vorliegt, wenn einem bei der Jagd ein Hase vorbeiflitzt: eben war er sichtbar und jetzt ist er verschwunden. Mit dieser Erkenntnis müssen wir uns bewegen und von ihr tragen lassen. Dann können wir auch ernst und friedlich still, ja vielleicht mit Hoffnung und inmitten allen Malheurs voll Sehnsucht hinter unsern Fenstern sitzen und hinausblicken, um am Schluß den Kopf zu senken, die vom vielen Sehen ermüdeten Augen zu schließen und zu sagen: es mag so hingehen, der Wille und der Gedanke der geheimnisvollen Urmacht, die dies alles schafft und erhält, möge geschehen.

Herr, erlöse uns von der unsinnigen Trauer, von der wirren Verzweiflung, von dem Tumult der falschen Gedanken.

***

Ich denke an das Wunder des Miteinanderlebens von Geist und Körper. Zum tausendsten Male die Frage nach der Berührung der beiden Sphären. Ich denke an das Herz.

Der Körper, der lebendige, natürliche, ich kann auch sagen der tierische[,] ist sinnvoll und zweckmäßig aufgebaut, aber mehr als nur sinnvoll. Wie er lebt, und daß er sich so zweckmäßig entwickelt, geht über jeden menschlichen Sinn hinaus. Der Körper ist zentriert um die Achse des Nervensystems. Das Gehirn, das Rückenmark schickt unzählige Nervenfasern in den Körper hinein und umgibt alle Teile bis in die Zell[e]n der fleischlichen Organe mit seinem Gespinst. Unter den Organen aber ragt ein Einzelnes, massives, muskulöses hervor, das Herz, das für den Umlauf des Blutes sorgt. Aber dieses Herz ist kein bloß mechanischer Motor. Es reagiert auf Gemütsbewegungen, und es regiert.

An diesem Stück Fleisch, das an der Grenze der beiden Sphären steht, geht keine Freude und kein Schmerz vorüber. Hier werden alle Gefühle gebildet, gefärbt und verarbeitet, und auch registriert und buchstäblich bricht das Herz. Man denke und erfasse, bei einer Überanstrengung seelischer Art, brechen die Gefäße. Hier berühren sich Innen und Außen. Gäbe es bloß gleichbleibend Freude und Wohlbehagen, so wäre ein Organ wie das Herz überflüssig. Aber es ist in den Körper eingebaut als Botschafter des Geistes und der Übernatur. Das menschliche Dasein in unserer Weltära trägt keine gleichmäßige Farbe, Lust und Leid spielen durch- und übereinander. So wurde dieser Körper in die Natur und in den Wechsel der Zeitlichkeit eingefügt. Durch das Herz, durch dieses Organ dringt Übernatur in die Natur. Es dämpft und erregt, es ängstigt und erfreut. Aber zugleich steht es im Dienst, im höheren Dienst, und bestimmt unser Schicksal.

***

Es ist der 24. Januar 1953. Am 9. November 45 fuhr ich, damals allein, mit meinem ganzen Gepäck von Paris kommend, über die Grenze. Ich sitze und denke zurück, die Jahre sind um. Was, frage ich mich, habe ich inzwischen geleistet, was ist geschehen, quasi wie einer, der wund aus einer Schlacht heimgebracht wurde. Trübe erhebt sich im Hintergrund die Frage: wäre es nicht besser gewesen, ich wäre damals der Einladung, hier zu arbeiten, nicht gefolgt? Ich wäre weiter wie vor fünf Jahren friedlich in Californien geblieben in meinem Zimmer, und hätte mich da aufgehalten[,] nur umgeben von den 4 Wänden, von einem kleinen Bücherregal und 2 Betten, – das eine für mich, das andere für unsern Jüngsten[202], – hätte eine Erzählung, einen Roman, eine Betrachtung nach der anderen niedergeschrieben[.] Ich hatte nicht gleich ja gesagt. Aber es lockte mich aus der Enge heraus, aus der ewigen Sommerfrische, und die fremde Sprache ließ mich täglich fühlen, ich lebe im Exil. Ich wollte wieder aktiv werden, wollte auch den Druck der Almosen abwerfen. So war ich aufgebrochen, diesmal in Gesellschaft meiner Frau, die alle

Unrast und Pein mitmachte und noch verstärkt erlebte, da sie dichter an der Tagesrealität stand. Bei dem eigentlichen Auszug 1933 hatten wir noch unsere vier Söhne um uns. Jetzt – nicht einmal der Jüngste, der in den letzten Jahren hier recht amerikanisiert wurde, konnte uns bei der Fahrt aus dem Gastland begleiten. Denn es war inzwischen der Krieg ausgebrochen, und er stand in de[m] Alter, in dem er nach amerikanischem Gesetz sich zum Heeresdienst zu melden hatte.[203] Aber für welches Heer? Er besaß, wie wir alle, die französische Nationalität, aber weil hier wohnhaft, hatte er auch das Recht, in die amerikanische Armee einzutreten. Damals gab es bei uns ein aufregendes Hin und Her vor der Entscheidung. Er wählte aber Frankreich. Er war Franzose und sein Bruder war drüben gefallen. Wir hatten damals zur Vorbereitung noch eine schöne Reise nach San Francisco zu machen[204], zu dem französischen Generalkonsul, und dann nahm er eines Tages von uns Abschied[205], um im Osten des Landes in einem französischen Lager provisorisch ausgebildet zu werden. Wir selber rollten dann später, Monate später[206], ganz allein zurück, über Chicago und New York.

Die Jahre sind um, in meinem Buch «Die Schicksalsreise»[207] habe ich darüber berichtet. So war ich also am 9. November 1945 (da meine Frau noch allein in Paris zurückblieb[208], bei dem Jungen, den wir hier trafen), war allein über den Rhein gefahren und ging nun mit meinen Koffern, die ein halb fertiges Romanmanuskript[209] und anderes enthielten, wieder durch die Straßen einer deutschen Stadt.

Aber war das wirklich eine Stadt, wie ich Städte kannte? Es war eine leblose Mittelstadt, ein Kurort, Baden[-]Baden. Ich marschierte. Was fand ich in Deutschland vor? Und was wollte ich hier? Ich sah mit Widerwillen die ungepflegten Facaden, die leeren Geschäfte. Es gab Schaufenster und Schaufenster, die nichts ausstellten. Wenig Menschen auf den Straßen, viele in schmutzigen und zerrissenen Kleidern, unbedeutender Wagenverkehr. Ich fragte mich durch zum Hotel «Ste[ph]anie»[210], an das ich verwiesen war. Den Leiter[211] dieser Stelle hatte ich schon in Paris

kennengelernt. Mir wurde jetzt von ihm meine Tätigkeit angewiesen: Ich sollte Chef des literarischen Bureaus sein.[212] Literarisches Bureau, – das war zunächst nur ein Name, es war alles erst zu entwickeln, und ich hatte mich umzusehen. Man ließ mich erst in der Stadt in einem anderen Hotel[213] arbeiten, kurze Zeit, in einem großen unsauberen leeren Raum. Es gab drin immerhin einen Tisch und Stühle und leere Schränke. Später hauste ich mehr komfortabel und praktisch und bequem i[m] «Ste[ph]ani» mit den andern zusammen. Es hieß kulturell auf die Deutschen einwirken, zunächst natürlich sie aufzuklären über ihre Situation, da sie sich über ein Jahrzehnt von der übrigen Welt abgesperrt hatten.
Sie mußten erfassen, in welchem Zustand moralischer und geistiger Art sie sich befanden, welches unsichtbare Trümmerfeld sie umgab. Ich wollte aktiv sein, wollte helfen. Aber mir kam schon im Beginn vor, es war ein ungeheuerliches Unterfangen.

Ich kannte die Deutschen

Ich kannte die Deutschen aus der Zeit vor 33. Danach war der Nazismus über sie gekommen. Ich suchte mich zu informieren, ich suchte nach einem überzeugten Nazi, und traf keinen. Wen auch immer ich sprach: er wußte nichts, er wußte von nichts, er leugnete, bemäntelte und verschwieg. Es wäre eigentlich alles eine riesige Übertreibung, eine Propagandaangelegenheit gewesen, die das Radio und die Zeitungen so mächtig aufbauschten. Ein einziges Mal traf ich einen Verräter, das war ein Arzt, der erklärte, mich von den Berliner Anstalten her zu kennen. Unaufgefordert begann er mir zu erzählen, wie die Nazis bei Kriegsbeginn vorgegangen seien, u[m] sich der chronisch Kranken, der unheilbar Geisteskranken zu entledigen. Er erzählte grauenhafte Details. Er gab mir [e]iniges am Schluß noch schriftlich. Ich habe Stücke aus seinem Bericht zu einem Zeitungsartikel[214] zusammengestellt, – ich schickte den Aufsatz an eine badische Zeitung,

es brauchte Monate über Monate, bis sich die Zeitung dazu entschloß, den Artikel zu drucken.
Sonst hörte ich, das alles ginge keinen etwas an, natürlich gab es auch Excesse gegen die Juden, aber mit Antisemitismus können auch die anderen Völker aufwarten. Schließlich, um es offen zu vertreten, war es den Deutschen unter den Nazis nicht schlecht gegangen. Man hätte draußen die Nazis mit dem deutschen Volk identifiziert, man hätte das Volk verleumden und verdammen wollen. Übrigens sollten [sich] nach diesem Krieg und nach den Vorgängen, die man hier erlebt habe, die andern [a]n die eigene Nase fassen. Man hätte den Einmarsch der feindlichen Armeen erlebt, die jetzt das Land okkupierten und bei diesem Einmarsch und seit damals hätte es immerhin allerhand bedauerliche Zwischenfälle gegeben. Einige brüsteten sich und erklärten, sie hätten diesen Einmarsch seit Jahren herbeigewünscht, aber nicht grade diesen. Keiner gab solche Ansicht von sich, ohne mildernd hinzuzufügen, es wäre für ihn eine schwere Enttäuschung gewesen. Vor diesen Leuten von Demokratie zu reden, war schwierig. Sie lächelten oder grinsten. «Das Fräulein Demokratie kennen wir nun schon aus der Nähe.»

***

Ich wohnte zuerst in einer kleinen Pension[215], in einem möblierten Zimmer. Ja, so lebten zuerst die Angehörigen einer Siegermacht. Ich sah, hörte und las vieles. Es stieß mich oft ab, es ekelte mich. Aber noch mehr jammerte es mich, wenn ich die Armut und den Hunger sah. Man mußte gut Gesinnte um sich sammeln. Zunächst entschloß ich mich, eine kleine faßliche Broschüre zu schreiben, die ich betitelte «Der Nürnberger Lehrprozeß»[216]. Ja, der Nürnberger Prozeß, der grade in großer Öffentlichkeit lief, sollte sie etwas lehren. Die Broschüre erschien, sie wurde Ende 46 in einer Massenauflage von 200 000 Exemplaren verkauft. Hatten diese Hefte eine Wirkung? Mir scheint: kaum. Sie hatten vielleicht eine entgegengesetzte Wirkung und wurden darum so gekauft, nämlich wegen ihrer Bilder, der Photos der

Hauptakteure in diesem Prozeß. Als ich mich genügend umgesehen hatte, ging ich an eine Schilderung der literarischen Situation in Deutschland.[217] Ich beschrieb sie, schlug unter anderm vor, flüchtige und verdrängte Schriftsteller und Dichter einzuladen und hierher zurückzurufen[218], um sie hier einzupflanzen und neue Kerne und Widerstandsherde zu schaffen. Ich schrieb persönlich an [m]ehrere draußen, die ich kannte. Aber man begriff die Sachlage nicht.

Ich sah nach wenigen Wochen deutlich: Befreier und Befreite standen sich hier im Lande vielleicht wie Sieger und Besiegte gegenüber, aber noch immer zugleich als Feinde. Ich habe mich bemüht, denn ich sah den Schaden, Franzosen und Deutsche nebeneinander zu setzen und zu einander zu führen. Das war unsere allgemeine Tendenz. Wir versuchten es jeder auf seine Weise, von welchem Zentrum auch immer. Ich versuchte diese unmittelbare persönliche Annäherung, indem ich, wie man es auch anderswo tat, Gesellschaftsabende veranstaltete[219], wo sich Franzosen und Deutsche trafen. Die Einladungen waren persönlich. Man hatte das Foyer des Kleinen Theaters[220] zur Verfügung. Es war eine deutsch-französische Gesellschaft, die einlud. Da gruppierte man sich um kleine Tische. Belegte Brote und Wein wurde[n] serviert. Es wurden auch Ansprachen gehalten, freundliche, begrüßende. Es wurde auch Musik gemacht, einmal spielte die berühmte Pianistin Monica Haas[221], es wa[r] eine Freude und konnte die Herzen bewegen. Nichts hier von Politik. Aber es wurde bald sichtbar und unter den Teilnehmern sprach es sich rasch herum, daß eine wirkliche Berührung noch nicht stattfand. Es stand eben ein Etwas zwischen den beiden Gruppen. Da war einmal der Turmbau von Babel, die Fremdheit der Sprachen. Und dann die Situation, sie drückte. Man mühte sich, aber man kam nicht weiter. Es standen mir und meinen Helfern auch nur kleine Mittel zur Verfügung und wir konnten das Experiment nicht lange weiter treiben. Der zündende Funke blieb aus, man kam nicht zueinander.

Wie konnte man die Türen öffnen? Man stieß auf Mauern rechts

und links. Andere Stellen wollten tiefer bohren und das Übel an der Wurzel angreifen. Sie wollten das Schulwesen reformieren. Das war dringend nötig. Man brachte neue Lesebücher heraus[222], die besten Autoren, Klassiker, gute Einführungen. Zu einem Goethebändchen[223], die Campagne um Mainz, schrieb ich selber die Einführung. Nun wurden diese Lesebücher an die Schulen gegeben. Das war gut. Aber es war ein Tropfen auf heißen Stein. Denn wer lehrte an den Schulen und wer sollte le[h]ren? Es lehrten eigentlich immer die alten Lehrer oder die mit der alten Mentalität. Es hatte sich anderswo rausgestellt, daß es eigentlich unmöglich war, wirklich zu entnazifizieren. Die Lehrer blieben wie das übrige Volk, was sie waren und wie sie waren. So rasch schaltet man nicht um. Gewiß, die größten Nazischlagworte legte man beiseite, die Facade war nicht mehr möglich, jedenfalls nicht jetzt, während der Besatzungszeit. Aber in sehr vielen brannte natürlich der Haß und die Rachsucht weiter. Man war ein geschlagenes Volk, nachdem man eben ganz Europa beherrscht hatte, und es sorgten viele im Lande dafür, daß die schlimmen alten Dinge, auch das Gefühl der Niederlage lebendig blieb.
Auf einem Hügel der Stadt in einer Villa saß schon vor der Nazizeit und den Krieg hindurch ein bekannter Schriftsteller[224], den man wohl fortschrittlich nennen kann. Er war der erste Schriftsteller, den ich nach meiner Rückkehr persönlich aufsuchte und mit dem ich mich unterhielt. An seinem Tisch saßen andere Intellektuelle. Ich höre nichts von «Befreiung». Man sprach von den Franzosen nur als von den «Okkupanten».

Eine kleine Bilanz

Hier lebe ich in diesem Land, meinem Geburtsland, in das ich vor 7 Jahren zurückgekehrt bin, um aktiv zu sein und zu helfen. Was fand ich vor? Was habe ich erreicht? Was geschah mit mir, nachdem ich hierher verschlagen wurde?

Aus diesem Land vertrieben, war ich erst nach der Schweiz, dann nach Frankreich, dann nach Amerika geflohen, mit Frau und Kind, bis es hieß, die Feinde seien niedergeworfen und gefesselt worden. So konnte ich mich wieder in das Land wagen. Die Aktionsformel, die ich von draußen heimbrachte, lautete: der Nazi, mit Hitler an der Spitze, stellte einen bösartigen Fremdkörper im deutschen Fleisch dar, eine Art Krebsgeschwulst. Hitler hatte mit Lug, List und Gewalt Deutschland zersetzt, wie später die Tschechoslowakei und andere Länder. Freilich, was den Antisemitismus anlangt, so war er eine trübe Selbstverständlichkeit im Lande. In den 7 Jahren, die ich nun, aus Amerika zurück, zubrachte, habe ich einiges dazu gelernt. Ich sah: dieser Mann und seine Clique war[en] die Konzentration einer zu Deutschland gehörigen Geistes- und Willenshaltung. Daß es dazu gekommen ist, war ihm seit 1933 gelungen. Man kann also schwer über ihn urteilen, ohne zugleich über Deutschland zu urteilen. Wille und Geist dieses Mannes erfaßte keineswegs das Volk in all seinen Schichten und Tiefen, es gab Gruppen, die nicht davon erfaßt wurden. Diese Guten und Besseren, von der Manie nicht [e]rfaßten oder wenig berührten, zu schwach, Widerstand zu leisten, hielten immerhin an vielen Stellen die Infiltration auf. Und was wollte man denn hier? Nicht national wollte man sein, sondern zunächst über die eigene Nation herrschen und ihr einen neuen Sinn geben. Und nach erfolgter Vorbereitung wollte man das neue Gebilde, das nun mehr als bloß Volk war, über die Umwelt herfallen lassen. Man nannte sich auch sozialistisch, nachdem man das Wort seines ursprünglichen Sinnes entleert hatte, denn hinter Sozialismus steht das Wort: alle Menschen werden Brüder[225], und der historische Sozialismus war eine Blüte am Baum des Humanismus. Das wilhelminische Deutschland bis 1918 mag noch so sehr von Machtideen erfüllt gewesen sein, aber Träger dieses Staates war kein Eroberungsplan. Die Nazis machten den Antisemitismus zum Vorspann für ihren Sensenwagen. Es muß immerhin festgehalten und niemals vergessen werden, daß es trotzdem in jeder Periode

dieses Regimes Gegenströmungen, wenn auch nicht offen politische, so doch geistiger Art gab, die das Regime niederhalten mußte.
Es ist das Jahr 1953, die Zeit ist um, hier sitze ich. Was habe ich gesehen, gewollt und getan in den Jahren von 45 bis 53?
– Und nun mein Sohn, laß hören, was du zu sagen hast. Du kannst annehmen, wir wissen das [m]eiste, was sich in der Zeit, in der großen Zeit des tausendjährigen Reiches hier zutrug. Wir haben verfolgt den Nürnberger Prozeß. Wir lasen viele Publikationen und sind auch orientiert über die Rolle wichtiger Persönlichkeiten. Und wir finden am Schluß, all diese Ereignisse und Handlungen sind nicht von ungefähr aus dem Land herausgegangen.
– Gewiß nicht, – sie kamen nicht aus dem Wesen dieses Volkes, wenn man überhaupt von dem «Wesen eines Volkes» sprechen darf. Noch lange nicht werde ich jenem Regime den Gefallen tun, dies zuzugeben. Hier ging vieles Hand in Hand. Die Dinge müssen sorgfältig analysiert werden.
– Gewiss, mein Sohn, laß sehen, laß hören. Wir wollen nicht ungerecht sein.

***

Was habe ich gewollt, und was getan?
Ich sprach, eingeladen von dem Intendanten[226], lange Zeit, im Beginn alle 2 Wochen, später mehr unregelmäßig, aber bis ins letzte Jahr hinein, am Südwestdeutschen Rundfunk. Mein Thema war so weit wie möglich: «Kritik der Zeit».[227] Ich konnte sprechen Politisches, [L]iterarisches und allerhand vom Tage. Es ist ein altes Leid für den, der am Radio spricht: er erfährt nicht, ob er gehört und wie er aufgenommen wird. Aber ich habe getan, was ich konnte: Ich habe mich geäußert, und ein Hundsfott, der mehr gibt, als er hat. Es wird hier und da gewirkt haben.

***

Ich hatte zu jäten. Ich helfe, auf meinem Platz in der Villa Stephani, beim Jäten des Unkrauts: ich lese Zensur, mit einem Gehilfen.[228] Die Werke, die jetzt herauskommen wollen, bedürfen der Genehmigung der Besatzungsbehörden. Belletristisches, Romane, Essays, Gedichte laufen bei mir zur Begutachtung ein. Es sind im Monat 60–70 Werke. Verleger und Autoren melden sich, wenn die Arbeit nicht rasch genug vonstatten geht. Gejätet wird, was den Militarismus und den Nazigeist fördern will.
Schwerer als ich hat es der Herr[229], der in einem anderen Bureau mit dem selben Ziel gegen Zeitungen und Zeitschriften der Zone vorgeht. Es war ein Mann meines Alters, er ist jetzt schon herüber. Er kam öfters zu mir, erschöpft nach stundenlangen Unterhaltungen mit Redakteuren, die nicht nachgeben wollten. Sie kämpften, sie suchten sich zu verbergen.
In diesen ersten Jahren betrieb man diese Zensurarbeit und sie wird im Gröbsten Gutes geleistet haben. Was sich aber in den kleinen Volksbibliotheken abspielte, was man da an Büchern und Zeitschriften mitschleppte und verbarg, das entzog sich meiner Kenntnis und ich hatte nie Lust, da nachzuforschen und in die Ecken zu leuchten.
Ein einzelner ist aber nichts, seine Stimme ist zu klein, es müssen sich viele erheben, es müssen Gleichgesinnte zusammen sprechen. Es müssen Kerne im Volk gebildet werden. Ich wußte, es hatten sich hier und da im Lande Kerne gebildet, aber nicht gerade solche, wie man wünschen konnte. Es hatten sich Verlage und Zeitungen etabliert, traten nicht offen auf. Ich stieß einmal auf eine Gruppe[230], die eine «Elite» bilden wollte, etwas im Stile von Stefan George; man hatte dabei im Auge ein Bild aus der Chemie: in übersättigten Lösungen bringt man die Körper zum Auskristallisieren durch Einpflanzen eines entsprechenden Keimes. Daß eine solche übersättigte Lösung nicht für unsere Arbeit zur Verfügung stand, lag auf der Hand. So habe ich mich denn daran gemacht, Schriftsteller und Intellektuelle zu einer Gruppe zusammenzuführen, um mit ihr gegen die herrschende Indifferenz und gegen die gefährlichen Rückstände zu kämpfen.

Ich fuhr damals, 1946[,] nach Freiburg[231], und lud eine Handvoll Herren ein. Ich plante, mich ihnen, von denen ich einen Teil kannte, gegenüberzustellen, einfach und persönlich mit ihnen zu sprechen und sie zu ermutigen. Ich wollte ihnen ein Bild von der gesamten Lage am Kriegsende geben, von der Lage nach dem Fall des Regimes, und sie entflammen. Eine solche Zusammenkunft fand statt.[232] Das Ergebnis war traurig, völlig negativ. Nachträglich kann man über die Aktion den Kopf schütteln. Aber sie war mir ernst in dieser Zeit. Während das ganze Volk taubstumm dalag, sollten sich die Träger des Bewußtseins, eben Leute von der Art, wie ich sie eingeladen hatte, nicht kompromittierte Leute[,] zusammentun und zunächst miteinander sprechen. Was ich tat, sollte nur die Initiative sein. Bei unserer Zusammenkunft sprach dann widerwillig einer nach dem andern, einzeln gebeten sich zu äußern, und was sie mit Umschreibungen vorbrachten, war nur nein. Sie wollten nicht zu einer Gruppe zusammentreten, – welche mit Franzosen kollaborierte. Sie fanden das Ganze beinah beleidigend. Dementsprechend äußerten sie sich zum Teil mit großer Heftigkeit. Ich hatte übrigens einen Tag vorher denselben Protest gehört, als ich zwei Germanisten, Professoren, der Universität[233], aufsuchte, welche mit großer Entrüstung riefen: «Nein, nichts von der Art, wir sind nicht schuldig. Wir erkennen nicht an, daß wir schuldig sind.»

Ich hatte natürlich nicht von schuldig oder unschuldig gesprochen. Wie sollte ich mit meinem Plan hier durchdringen. Ich ließ das Geplänkel bei der Zusammenkunft mit den Schriftstellern eine Weile laufen. Aber als ich das Negative des Ergebnisses erkannte und hervorhob, griffen [e]inige abschwächend ein: Sie seien mit diesem Projekt quasi überfallen worden, man solle ihnen Zeit lassen, sich zu beraten, und so wurde von ihnen ein Herr gewählt, der mich informieren sollte, nachdem sie sich untereinander besprochen hätten. Aber in der nun folgenden Woche trat ein Ereignis ein, das mich nachdenklich, ja bedenklich machte: grade dieser Herr, der gewählte Vertrauensmann – starb plötzlich.[234] Es bestand nun keine Verbindung mehr zwischen mir und jener Gruppe und ich hatte nichts in der Hand, und offengesagt, mir war auch der Mut genommen, mit diesen Herren noch einmal etwas anzufangen. Da entschloß ich mich, meinen Blick von Freiburg zu wenden und es einfach an dem Ort selbst zu versuchen, wo ich wohnte. Das wurde dann der Plan eines Verbandes der südwestdeutschen Autoren[235], gegründet in Baden[-]Baden. Hier war die Grundidee schon abgeschwächt und, um sie annehmbar zu machen, mit einer literarisch-gewerkschaftlichen verschmolzen. Ich muß auch zugeben, daß das Niveau der Schriftsteller hinter dem in Freiburg zurückstand. Aber es war ein Anfang. Ich wollte etwas derartiges auf die Beine stellen, und es gelang.

Ich war, ich persönlich, in eine Epoche eingetreten nach der Rückkehr aus Amerika, welche unter dem Zeichen der Besinnung stand. Aber die Hauptthemen [d]er Besinnung bildeten die Vorstellungen Vergänglichkeit und Tod. Ich fühle mich gedrängt, noch einmal von jenem Vorgang in Freiburg zu sprechen. Ich hatte hier im Lande Aufgaben, und als Helfershelfer wollte ich in Freiburg eine Anzahl Schriftsteller aufrufen. Ich fühlte, es war ein schwieriger Versuch, denn sie waren enttäuschte und ehemals hochmütige Deutsche, und es sollte jetzt an alte gute Zusammenhänge angeknüpft werden. Wie sie damals, die kleine Gruppe von etwa 10 Personen, mich fremd und stumm anhörten und wie mir vor ihnen das Wort im Mund erfror. Es war schwer, hier Glut und Flamme zu entfachen. Als man stumm blieb, mußte ich einen nach dem andern bitten, sich zu äußern. Das Nein wußte ich schon vorher. Nun kam es heraus: sie wollten nicht kollaborieren, gemeint war mit Franzosen, sie wollten ihren alten wüsten nationalen Weg weiter laufen. Es wurde streckenweise sehr erregt geredet, sie spieen Empörung, weil ihnen das angetan wurde. Dann kam der Vorschlag von ihrer Seite, ihnen eine Bedenkzeit zu geben, ein Herr wurde gewählt, der mich dann informieren sollte, das ominöse Ereignis: der gewählte Vertrauensmann starb plötzlich. In Baden-Baden[236], dem Ort, wo ich es dann versuchte, ging es besser, alles lief glatt, ich sagte es wohl schon, und dies wurde die Geburtsstunde des Verbandes südwestdeutscher Autoren.

Das Schifflein schwamm, der Bann war gebrochen, man hatte Grund von einem Erfolg zu sprechen. Es gab große Zusammenkünfte, einen Zustrom von Mitgliedern. Entstand hier eine Aufklärungsgruppe, eine Kampfposition gegen das nazistische Übel, das okkult im Lande wütete? Es gab Veranstaltungen auf Veranstaltungen, aber was weiter?

In Baden[-]Baden war ich auf der Suche nach wohlgesinnten Schriftstellern Heinrich Berl[237] begegnet, der hier mit seiner Frau und seiner Tochter lebte. Die Frau[238] war gleichaltrig mit ihm, Ende 40 oder Anfang 50, war ein interessantes Geschöpf, dunkel, sie war Jüdin, und hatte etwas von einer Zigeunerin an sich. Sie sprach das reinste Badisch, das mir begegnete. Sie war groß in Naturheilkunde und im Kräutersuchen. Die [b]eiden waren während der Nazizeit zusammengeblieben, er erhielt zwar Schreibverbot – er befaßte sich fast ausschließlich mit der Heimat – aber sich von seiner Frau zu trennen, diese Idee kam ihm nie. In der Ehe hatte sie die Hosen an, sie stritten viel, das gehörte zum Klima dieser Ehe. Sie behandelte sich in den letzten Monaten, als sie Beschwerden hatte, selbst, stieg in aller Frühe morgens auf die Berge, nahm an Ort und Stelle in einem Quell ein kaltes Bad und schluckte zu Hause ihren Tee. Ununterbrochen kämpfte sie gegen die Nazis, aber sie war nicht böse. Viele Sonntage zog ich nachmittags den Berg hinauf[239] zur Familie Berl, oft mit meiner Frau, die Unterhaltung war fast immer sehr animiert. Aber einmal lag sie dann im Bett und bat mich als alten Doktor, ihren Leib anzusehen, der geschwollen war. Ich sah den Leib und die Füße, es war eine Wassersucht. Ich riet sofort: Krankenhaus, und jetzt kam kein Protest gegen die Schulmedizin. Sie wurde dann lange im Landesbad behandelt an einer Lebercirrhose, und nach einigen Wochen ging es ihr besser. Aber dann kam der Rückfall, ich habe ihn nicht mehr in Baden[-]Baden erlebt. Ihre eigenen Mittel, die sie natürlich zwischendurch versuchte, schlugen nicht an, aber auch die Schulmedizin versagte. Sie war schon in einem elenden Zustand, als man sie zur Bühler Höhe[240] hinauffuhr, sie wünschte andere Luft. Sie bildete sich ein, sie brauche sich nur zu erholen. In einem kläglichen Zustand landete sie zuletzt wieder im Krankenhaus und starb[241], dieses ungebrochene Naturkind.

Ich war erschüttert[,] als die Nachricht von ihrem Tode kam durch einen Brief des Mannes.[242] Er hatte einen gedruckten Nachruf beigefügt.[243] Er schilderte sie herzlich auf seine Weise, aber mittendrin hieß es: nun wo sie tot sei, gäbe er ihren Leib ihrem Volke zurück. Sie hatte sich aber, er wußte es, der christlichen Religion genähert, ohne freilich den letzten Schritt zu tun. Es kam wieder auch bei ihm, sogar bei ihm, die Naziidee. Nur einmal sprach ich später noch die übrig gebliebene Familie, den Mann und die Tochter[244], in Mainz, sie hatten in Wiesbaden etwas zu besorgen. Auf der Rückfahrt gab es einen Unfall. Die Tochter, die das Auto lenkte, fuhr im Finstern einen Abgrund herab, es geschah weiter nichts, sie blieben stecken, aber das Ganze sah ominös aus. Ich weiß dann nicht, von Baden[-]Baden entfernt, wie sich der Schriftstellerverband im Einzelnen entwickelte. Eines Tages erhielt ich die Nachricht von seinem Tode.[245] Ich las es in der «Badischen Zeitung». Dann schrieb die Tochter, er sei «buchstäblich verhungert», er hätte zuletzt an einem Speiseröhren[-] und Magenkrebs gelitten. Er war schon nicht mehr der Vorsitzende des von mir inaugurierten Verbandes. Der war in den allgemeinen deutschen Schriftstellerverband aufgegangen.[246] An der Spitze aber des südwestdeutschen Verbandes, stand Wilhelm von Scholz[247], derselbe Wilhelm von Scholz, der auch einmal der Dichterakademie in Berlin vorgestanden hatte, aber dann von den Nazis hochgeehrt und gefeiert wurde.

***

Einer, der lange Zeit in Deutschland im K. Z. saß, fragte mich, ob ich glaube, daß sich Goethe, wenn er heute lebte, dem Nazismus widersetzt hätte und ob er ein Verfolgter des Naziregimes geworden wäre? Ich stellte die Gegenfrage, da ich sah, daß er etwas im Hintergrund hatte, was er wohl selbst glaubte. Er: [«]Sie sehen es an meiner Frage, daß ich stark zweifle[»], Goethe hätte schon gewußt, wie er mitmachen könnte. Schiller, so meinte er, hätte rebelliert, erst schwach und dann stärker und wäre wohl zuletzt im K. Z. gelandet. Goethe wäre doch wohl, so sagte er, der Mann gewesen, der anläßlich eines Vorfalls bei der Belagerung von Mainz sagte: [«]Ein bißchen Unrecht ist besser als Unordnung.»[248] Ja, es ging Goethe gut, fast immer, er achtete als hoher Beamter scharf darauf, daß keine Unordnung im Land eintrat. Er warnte davor, auf das Niederträchtige zu schimpfen, es sei das Mächtige, was man auch sage. Die Deutschen haben sich von den Wahrheiten ihrer Klassiker durchdringen lassen. Theologisch haben sie sich viel mit Religion befaßt, aber der Olympier Goethe half ihre Seele bilden. Besitzende, Gebildete, Professoren, Schulen freuten sich an ihm.

«Das Goldene Tor»

Es kamen nach Kriegsende viele neue Zeitschriften auf[249], sie traten 46/47 geradezu in Rotten und Horden auf, bemalt mit Illustrationen und ohne Illustrationen. Sie trugen Namen, die leer waren und etwas versprachen, sie, «Die neue Zeit»[250] oder «Die neue Welt»[251] oder «Die Zukunft»[252] oder «Blick in die Welt»[253], «Heute»[254] oder «Der Horizont»[255], «[D]er Strom»[256]. Eine Zeitschrift nannte sich schlicht «Sie»[257], eine andere «Die Frau von heute»[258], eine dritte «[D]ie Frau»[259], eine vierte weiß sich gar keinen Rat und flüstert nur «Für Dich»[260]. Ich glaubte, in diesem Stimmgewirr auch etwas sagen zu müssen. Ich wußte, was ich wollte, der Titel war mir zuerst nicht

klar. Aber ich hatte seinerzeit in San Francisco die herrliche Einfahrt, the Golden Gate, gesehen, die Verbindung der Neuen Welt mit Asien. Ich nannte nach einigem Hin und Her[261] die literarische Zeitschrift, die ich plante und dann herausbrachte, «Das Goldene Tor»[262]. In dem Geleitwort sagte ich:
«Golden strahlt das Tor, durch das die Dichtung, die Kunst, der freie Gedanke schreiten.
Das Tor ist herrlich. Aber was sich jetzt unter seinem weiten Bogen aufhält, sieht nicht nach Friede, Freude, Besinnlichkeit aus. Das schimmernde Gold des Tores und die heiteren [und] stolzen Reliefs passen schlecht zu den schlaffen[,] abgerissenen Figuren, die hier [herumstehen,] am Boden kauern und kaum ein Wort miteinander wechseln.
Das war anders nach dem ersten Kriege.
Damals flutete eine Welle von Spannung und Erregung in den Frieden hinein. Das Kriegsende entband Kräfte[,] Menschen taten sich zusammen und befehdeten sich. Man sprach und man warb um den andern. Man ließ Fahnen wehen, verschiedene Fahnen. Man fühlte, es wollte sich etwas erneuern.
Jetzt sieht und fühlt man: eine Feuersbrunst hat sich ausgerast und hat einen [schwarzen] verbrannten Boden[,] Ruinen [und Krater] hinterlassen. Schutt ist über [die Städte und über die Menschen] geworfen. Nicht wunderbar, [daß] da die Menschen matt [und unsicher] herumstehen, hocken und versuchen, zu sich zu kommen.
Sie sind in eine sonderbare Pause der Isolierung getreten.»[263]
Das «Goldene Tor», Symbol für die Freiheit und Solidarität der Völker, wollte die vom Nazismus unterbrochene geistige Kontinuität wiederherstellen und den Realitätssinn im Lande stärken. Die Zeitschrift wies auf Lessing hin.[264] Wahrheit sollte verbreitet werden, die Gewissen aufgerufen und Mut eingeflöst werden. Es gab in der Zeitschrift, die erst monatlich, später zweimonatlich erschien[265], Novellen, Gedichte, Essays, Buchkritiken, Berichte über Ausstellungen und Kundgebungen im Lande. Es gab ausgezeichnete Übersetzungen aus dem Französi-

schen und Englischen (aber nicht zuviel, denn man hatte es nicht nötig und es galt, an die deutsche Tradition anzuknüpfen).
Wirkte die Zeitschrift, zwischen den vielen andern? Sie erschien ja bis zum Jahre 1951.[266] Setzte sie sich und ihre Themen durch? Nein, nicht sie, sondern andere setzten sich durch. Andere setzten sich so durch, daß man nach 2 Jahren etwa ein Schund- und Schmutzgesetz plante.[267] Damals, es war wohl im Jahre 49, übernahm ich es von der inzwischen gegründeten Mainzer Akademie der Wissenschaften und der Literatur[268], unsere Auffassung in Bonn zu vertreten. Ich erschien in Begleitung eines andern Herrn[269] in einer Kommission des Bundestags[270], welche das Gesetz vorbereitete. Was ich da hörte, über die Verbreitung der anderen Literatur, der militaristischen, nazistischen, der obscönen Literatur, überstieg weit das, was ich geahnt hatte. Skrupellos arbeiteten Geschäftsleute im Lande und beuteten niedere Instinkte aus und lebten von der Galvanisierung des Kriegsnazismus. Was man zur Eindämmung dieser Schlammflut vorschlug, schien mir wenig wirksam. Den guten Willen mochte ich den Damen und Herren nicht abstreiten. Aber ich vermißte das Positive. Was bot man denn für den Schmutz und den Schund? Was ich vortrug, wurde protokolliert. Es war eine einzige Sitzung der Kommission, an der ich teilnahm. Ich weiß nicht, ob ich einen guten Eindruck auf die Herren und Damen machte, jedenfalls Roß und Reiter sah man niemals wieder.
Ein kühnes und falsches Wort findet sich am Schluß meiner Einführung zum «Goldenen Tor»: «Jetzt kann sich keiner hinter eine Bewegung stellen und verstecken. Keine Fahne nimmt dem Einzelnen das Nachdenken und die Entscheidung ab und erspart ihm das Gegenüber mit sich selbst.»[271]
Das war ein Wunschtraum. Man konnte sich gut verstecken, und man tat es, und nach einer Weile versteckte man sich nicht mehr und trat hervor. Im letzten Jahre ist das Wort «unterwandern» bekannt geworden. Es kam auf im Zusammenhang mit der Verhaftung von 6 bis 7 ehemaligen leitenden Nazis durch die Engländer in ihrer Zone.[272] Sie hatten zugelassene Parteien un-

terminiert und planten angeblich einen Staatsstreich. Man stand in der Zeit nach dem Kriege, der Nazidrache war erlegt, aber sein giftiges Blut floß weiter, ohne einzutrocknen, über den Boden.

Aschermittwoch

Wieder am Fenster. Eine feuchte garstige Kälte, dazu Nebel. Das ist Mainz. 1946 fuhr ich zum ersten Mal hierher, zur Einweihung der Gutenberg[-U]niversität.[273] Die Stadt machte auf mich einen greulichen Eindruck. Aber es gab da den Rhein, ich sah ihn zum ersten Mal wieder in seiner strömenden Fülle und als wir später in der Stadt landeten, erlebten wir auch den mächtigen Nebel des Rheins, die weißen undurchdringlichen Massen, die den Boden bedeckten und die Häuser umschlossen. In den Wirtschaften werden sie heute den Carneval begraben und werden den Tag über ihre ausgeleerten Portemonnaies im Rhein waschen.

Die Zeit des Vorfastens beginnt. Der Sonntag trägt den Namen [S]eptuagesim[a][274] und meint die 70 Jahre babylonischer Gefangenschaft, in die vor Jahrtausenden das schon damals geschlagene jüdische Volk geführt wurde. Eingeleitet wird die Messe dieses Sonntags mit den Worten des 1[8.] Psalms: «Todesstöhnen hält mich hier umfangen. Der Unterwelt Qualen umschließen mich. In meiner Not schrie ich zum Herrn, und Er erhörte meinen Ruf, von seinem heiligen Tempel aus. Dich liebe ich, Herr, oh meine Stärke.»[275]

Paulus sagt später in einem Korintherbrief: «Brüder, wißt Ihr nicht, daß die Wettläufer in der Rennbahn zwar alle laufen, aber nur [e]iner den Preis erlangt? Jeder, der sich am Wettkampf beteiligt, übt in allem Enthaltsamkeit. Sie tun es, um einen vergänglichen, wir aber tun es, um einen unvergänglichen Kranz zu empfangen. Ich laufe aber daher nicht ins Ungewisse. Ich kämpfe aber nicht wie einer, der bloß Luftstreiche ausführt, sondern ich züchtige meinen Leib und bringe ihn in Dienstbarkeit, damit ich nicht verworfen werde.»[276]

Folgt der 129. Psalm: «Aus der Tiefe rufe ich, Herr, oh Herr, höre mein Rufen. Wenn Du meine Sünde nicht vergessen könntest, Herr, Herr, wer noch könnte dann bestehen?»[277]

Nun hat die Zeit der 40 Tage[278] begonnen. Sie führt auf den Karsonntag hin. Es ist Fastenzeit[,] von Buße und Reue begleitet. Aschermittwoch: die Frommen, die in Kirchen gehen können, haben sich heute geweihte Asche, ein Kreuz auf die Stirn zeichnen lassen. In Californien versäumten wir nie diese Ceremonie und hörten den Priester, während sein Finger unsere Stirn berührte, sprechen: «Bedenke Mensch, Staub bist du und kehrst wieder zu Staub zurück.»[279]

Den Gottesdienst leiten die Worte ein, die uralten Worte der Weisheit: «Du Herr, erbarmst dich aller und [hassest] keines deiner Geschöpfe. Du siehst hinweg über die Sünden der Menschen und erbarmst dich ihrer, weil du ihr Herr und ihr Gott bist.» Und später heißt es reuevoll: «Herr, hadere nicht mit uns durch unsere Sünden und vergi[lt] uns nicht nach unsern Missetaten.»[280]

Was ich selber schrieb

In diesen sieben Jahren schrieb ich selbst allerhand, [von] Broschüren, Texten für Vorträge und von vielen gelegentlichen Artikeln nicht zu sprechen.

Was schrieb ich sonst? Meinen [«]Hamlet[»]-Roman[281], dessen erstes Drittel ich von drüben mitgebracht hatte, beendete ich in Baden[-]Baden. Es wurde eine Rahmenerzählung von einem enormen Umfang. Ich will von ihr nachher sprechen. Zunächst die beiden kleineren Werke, die Erzählung «Die Pilgerin Aetheria»[282], und das Religionsgespräch, das an das schon erschienene Gespräch: «Der unsterbliche Mensch»[283] anschließt, betitelt «Der Kampf mit dem Engel. Ein Gang durch die Bibel.»[284]

Meine Pilgerin Aetheria hat mit der historischen Figur dieses

Alfred Döblin

Der Vater, Max Döblin
in den Fünfzigern

Die Mutter, Sophie Döblin
etwa sechzigjährig

Alfred Döblin, cand. med.,
Freiburg i. B.
Grau, lieber Freund, ist alle
Theorie

Dr. Alfred Döblin 1910 im
Urbankrankenhaus, Berlin,
wandelt zu seinen Kranken und
Bakterien, weniger majestätisch
als wohlwollend-beschaulich

Dr. Alfred Döblin und Erna Reiß, cand. med., Famula,
spätere Erna Döblin, im heißen Sommer 1911, denken in einer Laube
über Diabetes nach. Das Insulin haben später andere erfunden

1927, Gummidruck, Herrenbildnis, 1/25 sec., Blende f: 6,8
Bei dieser Zimmeraufnahme bringt die ungekünstelte Haltung Leben in das Bild, während die etwas scharfe Beleuchtung große Plastik bewirkt

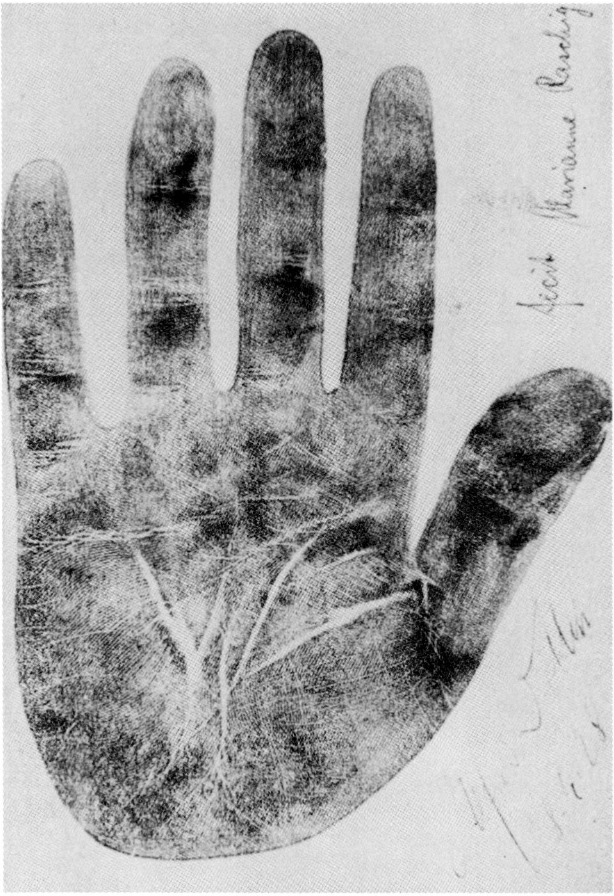

La main, die Hand. Alfred Döblin studiert die Linien mit und sagt:
«Sicher ist mir nur, daß es die linke Hand ist.»

Klaus Döblin,
geboren 1917
«Schreibt man Pulver mit'm ‹w› oder ‹f›?»

Peter Döblin und Wolfgang Döblin,
geboren 1912 und 1915
«Bitte recht unfreundlich, die Herren!»

Anbetung des Jüngsten (Stefan Döblin, geb. 1926)

Der Bildteil gibt in Anordnung und Bildunterschriften die Fotodrucke wieder, wie sie von Döblin selbst für «Alfred Döblin Im Buch – Zu Haus – Auf der Straße» 1928 ausgewählt bzw. formuliert wurden. Im Unterschied zur Originalausgabe, in der die Fotos auf den «Ersten Rückblick» verteilt sind, wird aus bindetechnischen Gründen im vorliegenden Neudruck das Bildmaterial zusammengefaßt. Die Fotos stehen im Originaldruck an folgender Stelle: Foto Alfred Döblin mit Unterschrift (Aufnahme Yolla Niclas) vor dem Titelblatt; die Fotos der Eltern Max und Sophie Döblin nach S. 24; die Seite mit den Fotos von Döblin als Student in Freiburg i. Br., als junger Berliner Arzt und mit seiner späteren Frau Erna Reiß vor S. 25; das ganzseitige Döblin-Foto von Yolla Niclas aus dem Jahr 1927 vor S. 48 (als Beigabe zum Personenbeschreibungstext Kap. X = u. S. 134ff.); die Aufnahme von Döblins linker Hand (zum Text S. 137f. gehörig) vor S. 49; die Fotos von Klaus Döblin und Peter mit Wolfgang Döblin nach S. 80 (Aufnahmen von Yolla Niclas); das Familienfoto Alfred, Erna und Stefan Döblin vor S. 81 (Aufnahme «Atelier Jacobi» = Lotte Jacobi, der späteren Frau des Verlegers Erich Reiß im USA-Exil). Die Wiedergabe erfolgt hier annähernd in der jeweiligen Originalgröße.

Namens nichts zu tun. Im Meßbuch[285] fand ich an mehreren Stellen den Namen einer Pilgerin Aetheria[286] und dazu die Mitteilung: sie besuchte in einem frühchristlichen Jahrhundert die heiligen Stätten. Ihr Name und die Mitteilung fesselte mich. Es gab Christenverfolgungen damals, sagte ich mir. Was suchte die Pilgerin Aetheria um diese Zeit in Bethlehem und in Jerusalem? Ich hatte sofort die Antwort: ein bestimmtes Ereignis hatte sie von Hause weg und hierher getrieben, ein bestimmtes. Und ich sah sie als süditalienische Bäuerin, die oberflächlich Christin geworden war. Aber sie wurde aus einem besonderen Grunde mit ihrem Christentum nicht fertig. Es war ihr etwas in der Heimat geschehen. Was? Und so fing meine Geschichte an: sie liebte ihren Mann mit der ganzen Innigkeit ihres Herzens. Er war ein Fischer, aber wie viele in dieser Gegend auch Straßenräuber. Er wurde bei einem Raubversuch niedergestochen. Ich sah sie verzweifelt zuerst nach Rom wandern, den Christengott um die Kraft zu bitten, Rache an dem Mörder ihres Mannes zu üben. Seinen Dolch trug sie bei sich. Aber sie stand in einem besonderen Gnadenverhältnis zu Gott. Der Mensch betet zu Gott. Aber Gott ringt um den Menschen. Sie wollte sich dann vom Christentum lösen als die Rache nicht gelang. Und so ging sie mit andern nach Palästina, aber hier wurde ihr noch ein besonderes Gnadenzeichen zu Teil, und mit Schauder und Entsetzen, mit äußerstem Widerstreben mußte Aetheria wahrnehmen, daß sich etwas Fremdes – aber es war das Göttliche – mit ihr befaßte. Das ließ sie nicht los, wohin sie auch rannte. Sie bot sich zu einer Teufelsaustreibung an, sie meinte jene furchtbare göttliche Gewalt. In diesem Ringen gegen Gott wird sie schließlich besiegt und unterwirft sich. Sie bricht zusammen. Es treibt sie nach Italien zurück, zu Hause will man sie binden, die Stricke fallen von ihr ab, sie gelangt nach Rom, als man gerade einen der Ältesten zu Tode führt. Ihr Kopf fällt mit seinem, ihre Seele durchdringt die unteren Sphären des Himmels, und zuletzt heißt es: «Sie hatte sich der himmlischen Gnade entwunden, nun ward sie an Gottes Stuhl gebunden.»[287]

(Historisch war diese Pilgerin Aetheria, von der ich im Meßbuch las, nur eine Touristin, eine gelehrte Äbtissin, die Aufzeichnungen über ihre Reise machte.)
Weder mit diesem Opus noch mit einem größeren, welches ein Gang durch die Bibel war, betitelt: «Der Kampf mit dem Engel» fand ich Gnade bei den deutschen Verlegern. Der Wind hatte sich gedreht, es war nicht mehr 1946 und 47, sie waren Geschäftsleute, und mich hatte man einen Renegaten genannt. Ich las viel christliche Bücher und Zeitschriften und ich gestehe, trotz besten Willens konnte ich dabei nicht warm werden. Das Wort Brauchtum ist hier am Platze. Sie waren Deutsche und übten ein christliches Brauchtum. Das war in Amerika anders. Als wir konvertierten[288], erlebten wir auch die Gemeinde, etwas Lebendiges, das auf uns einwirkte und uns in seinen Kreis aufnahm. In Deutschland habe ich nichts [ä]hnliches erfahren. Das Christentum färbt sich in jedem Land anders. In Deutschland, so scheint mir, gehört es völlig zu de[m] Ererbten, wie die Nation, der Stamm, man nimmt daran teil. Es war wie in Palästina nach der Erbauung des Tempels durch den König Salomon, der auch schon herrliche, gar zu herrliche Predigten vom Stapel ließ. Der mosaische Glaube aber vertrocknete darunter, und ehe man sich versah, hatte man die «Synagoge». Denn «Synagoge», was war das? Strengstes und härtestes Brauchtum. Man hatte die Rinde eines Baumes, aber die Säfte drangen nicht mehr durch. Was tut dann derjenige, was bleibt dem übrig, durch den noch Kräfte pulsen? Er muß sich allein mit Gott auseinandersetzen. Die Kirche spricht von dem geheimnisvollen mystischen Leib Christi. Wer sich dem Brauchtum verschreibt, verholzt. Aber freilich, ein Unglück ist auch die Vereinsamung.
Drüben in Californien hatte ich vor 1944[289] eine große epische Arbeit begonnen, deren Gegenstand die Schuld der Väter bildete. Die Arbeit wuchs unmerklich zu dem großen Werk «Hamlet» heran. Es wurde eine Art psychoanalytischer Roman, eine umfangreiche Rahmenerzählung. Woher die Kriege, wer war schuld an dem letzten Krieg, wer wird schuld an den neuen Krie-

gen sein: von diesen Fragen nimmt das Buch seinen Ausgangspunkt. Bei Shakespeare erscheint im 1. Akt[290] der ermordete Dänenkönig auf der Bühne und verrät sogleich mit klaren Worten de[m] Sohn, der zur Hochzeit seiner Mutter mit dem neuen König aus Wittenberg gekommen war, wie es sich mit seinem Tod verhielt: es war ein Mord an ihm verübt worden, und er war aus der Hölle aufgestiegen und unfähig[,] Ruhe zu finden, ruft er nun den Sohn auf, Rache zu üben. Solchen sichtbaren und gepanzerten Geist gibt es in meinem Hamlet nicht. Ein unbeschreibbares schweres Schreckgefühl das er nicht abschütteln kann, sitzt seit der Kindheit in der Brust des jungen Mannes, des Hamlet, der hier Edward heißt, und das ihn jetzt, als er verstümmelt aus dem Krieg heimkehrt, völlig lähmt und irre macht. Was steckt hinter diesem rätselhaften Schreckbild, das mit der Stärke einer Halluzination immer wieder über ihn fällt? Ein düsteres Gefühl, mit diesen Halluzinationen zusammenhängend, hatte ihn schon vor dem Krieg aus dem Haus getrieben. Es ist die Zeit des 2. Weltkrieges. Ich zeige das gequälte Wesen, wie es im Krieg gegen Japan auf einem Schiff, von einer Bombe getroffen und in die Höhe geworfen, verstümmelt niederfällt. Man rettet den jungen Edward, schrecklich bricht jetzt das Leiden aus. Das Geschwür bricht auf. Man versucht sich psychotherapeutisch an ihm, vergeblich. Ihn selber zieht es in das Haus seiner Eltern. Sobald er sich bewegen kann, wandelt er in dem Haus herum und sucht Fühlung mit den Menschen dort. Sie kommen, ihn zu unterhalten. Es beginnt dann eine Serie hinterhältiger Gespräche. Auf Vorschlag des Vaters und auf seinen eigenen Wunsch erzählt jeder, was ihm einfällt. Sie wissen alle, worum es sich dreht. Sie glauben, frei zu phantasieren, aber sie kennen dunkel die Zusammenhänge und vor dem jungen Edward geraten sie alle in ein dasselbe Fahrwasser. Man nähert sich der Erklärung. Bei jeder Erzählung, auf jeder Stufe, erfolgt eine stärkere Erregung. Was wird da erzählt? Zunächst, vom Vater breit entwikkelt, das Abenteuer[291] der mittelalterlichen Prinzessin von Tripoli nach einem Gedicht von Swinburn[e][292]. Dann steigt die

Geschichte von dem Knappen, der seinen Ring verlor – an die himmlische Maria. Schon hat sich der grübelnde Held seinem Geheimnis so weit genähert, daß er seinen Oheim bittet, ihm etwas von Hamlet zu sagen, von der blutschänderischen Ehe einer Mutter mit einem Vater. Bei Shakespeare versucht Hamlet einmal das Geheimnis zu lüften und die Schuldigen in einer Theateraufführung zu entlarven.[293] So einfach ging es hier nicht. Der Oheim erzählt nicht von Hamlet, sondern von dem König Lear[294]. Sie ergehen sich alle breit. Man will ja den unruhigen Helden, den kranken, unterhalten. Schließlich ist man durch die Erzählungen an einen Kernpunkt geführt, und die letzte Aufklärung gibt dann das Leben. Die Schuld der Väter, nein, die Schuld der Eltern wurde aufgedeckt. Die Familie bricht auseinander. Aber sie ruhen nicht, sie können nicht zur Ruhe kommen. Die Vergangenheit war aufgerührt, sie müssen jetzt das Leben zu Ende führen, als hätten sie bis jetzt nicht gelebt, – um sich von der Schuld zu befreien. Da führt die Mutter das eigene Leben, das sie gewünscht hat, ihr früher Wunschtraum kann sich realisieren, sie verjüngt sich – und sinkt, und sinkt, aber nun wird es eine Buße! Und auf der tiefsten Stufe, schon fast verloren, findet sie sich mit dem Vater zusammen, er hat nun die Prinzessin von Tripoli gefunden, er küßt sie noch stärker. Da ist ihr Leben auch bald zu Ende. Und Hamlet selber, Edward, sieht nun alles klar, sieht die Welt, wie sie ist, und geht in ein Kloster.[295]

Aber dieses Buch liegt noch bei mir.

Es wurde viel verbreitet[296] im Lande das Religionsgespräch «Der unsterbliche Mensch». Ich habe ihm folgen lassen ein 2. Gespräch[297], in dem ich zu weiterer Klarheit über das Christentum kommen wollte. Und so begann ich jetzt im engen Anschluß an die Heilige Schrift von der Schöpfung zu erzählen, und wie es sich mit dem Menschen verhält, und wie sich Gott ein priesterliches Volk zu schaffen versuchte, und wie da alles mißglückte, bis schließlich die Römer kamen. Und dann verbot sich die Gerechtigkeit zu strafen, und das Lied der Liebe fing an; da stehen wir im Neuen Testament. Auch dieses Opus liegt noch bei mir. Die Südamerika-Trilogie[298], der Gesang vom Amazonenstrom, konnte in Baden[-]Baden erscheinen. Als ich von da wegging, nach etwa 3 Jahren[299], witterte der Verleger[300] schon neue Luft, es war die alte Luft, die er gut kannte und die er nicht ungern atmete.

Ich hatte aber auch fertig gestellt, um mich direkt auseinander zu setzen mit jener fatalen Zeit, ein Erzählwerk [«]November 1918[»][301], das in seinen 4 Bänden demonstrierte, wie das Volk, wodurch, durch welche Schichten es damals in den Abgrund getrieben wurde. Zwar wurde der 1. Band dieses Werks «Bürger und Soldaten» jetzt nicht gedruckt, aber die drei andern kamen heraus, aber statt in die Öffentlichkeit hinein zu wirken, wurden sie von der feindseligen Kritik unterdrückt und in die Ecke geschoben. Es sah schon nach regelrechtem Boykott aus. Man war schon daran, das alte Gift wieder unter die neuen Getränke zu mischen, – so daß es dazu kam, daß mir ein Verleger[302], mein letzter, als ich ihm meine unveröffentlichen Schriften anbot, antworten konnte: [«]Die Sachen bleiben mir liegen, mein Verlag kann Ihnen keine Heimat bieten.[»] Ich wußte es schon lange. Anders als Heinrich Heine ging es mir, der seufzte: «Denk ich an Deutschland in der Nacht, so bin ich um den Schlaf gebracht.»[303] Ich war schon lange zum Wachsein gebracht.

Eine Akademie

So stand es um meine Zeitschrift und so um die Bücher, die ich produzierte, und die ich nicht in den Wolken geschrieben hatte. Es hatte auch eine Akademie der Wissenschaften und eine Akademie der Künste in Berlin gegeben.[304] Dieser Sitz war durch den Krieg in den Bereich der Russen gefallen und eine Anzahl Gelehrter sah sich genötigt, sich auf die Wanderschaft zu begeben.[305] Sie versuchten allerhand, kamen nach München[306] und kamen auch nach Mainz, wo man die alte Johannes Gutenberg[-] Universität neu erweckt hatte.[307] Der Plan einer Akademie der

Wissenschaften mochte hier nicht abwegig erscheinen. Freilich, die kleine Landesregierung hier kam für das große Projekt nicht in Frage, es gab auch in den deutschen Nachbarländern schon andere Akademien, so wandten sich die Herren an die kulturelle Direktion dieser Zone, die französische, und trug[en] ihr ihren Plan vor. Bei der Besprechung mit dem Chef des Kulturdienstes tauchte auch der Plan auf, vielleicht auch die Literatur, die ebenfalls ihren Berliner Zentralsitz verloren hatte, hinzuzuziehen.[308]
Von der Berliner Dichterakademie aus der Weimarer Zeit, und wie sie Anfang 1933 abgemurkst wurde, habe ich schon erzählt.[309] Unsere Kunstakademie stand in keinerlei direkter Verbindung mit der Akademie der Wissenschaften. Sofort nun hier 2 neue Akademien aufzustellen, das schien etwas viel. Andererseits lockte es, auch die Literatur hinzuzuziehen, und sie könnte an dieser Stelle gut wirken. Wie gesagt, das Projekt interessierte. Ich, in der Villa Ste[ph]anie tätig, wurde als ehemaliges Mitglied der alten Akademie hinzugezogen und befragt und plädierte lebhaft für das Projekt. Mir wurde freilich sofort klar, daß die heimatlos gewordenen Herren der Wissenschaften vor allem Plätze für sich und möglichst dotierte suchten. Wir wurden um einen Voranschlag ersucht, und rasch und ohne mit der Wimper zu zucken, forderten sie einen gewaltigen Betrag. Aber siehe da, nach erfolgter Information wurde die Summe bewilligt, und man konnte nun darangehen, den Grund zu dieser neuen Akademie zu legen, welcher also eine Akademie der Wissenschaften und der Literatur sein sollte. Diese wurde gegründet in der Stadt Worms 1949.[310] Ich, mit der ersten Formierung der Literaturabteilung befaßt, zog bald meine alten Kollegen und Freunde von der Dichterakademie, Walter von Molo[311] und Schmidtbon[n][312] hinzu.
Zu der neuen Körperschaft einzuladen, war keine leichte Sache. Ich weiß nicht, ob die Herren von der Wissenschaft die gleichen Schwierigkeiten empfanden wie wir. Daß sie namhafte Professoren drüben waren, ehemals in Amt und Würden, war mir bekannt, aber nach Amt und Würden hatte ich bei den Herren der

Literatur nicht zu fragen, – da wir in Deutschland waren, fehlte ihnen [b]eides. Man hatte vor Augen, in Buchform greifbar, die geleisteten Werke und kannte im übrigen wenigstens allgemein die Haltung. Besonders in Bezug auf letzteren Punkt mußte ich mich ganz entschieden verhalten. So hatten wir von vornherein eine andere Wurzel, einen anderen Ursprung, einen andern Impuls und eine andere Marschroute als die von der Wissenschaft. In Baden[-]Baden hatte ich eine Anzahl Bücher aus der Nazizeit gesammelt, als Wegweiser durch die damalige literarische Produktion. Diese Werke informierten einigermaßen. Wenn ich mich nicht irre, so waren wir etwa 11 Personen, dabei 2 von der Literatur[313], die sich da in Worms in einem Hotel nahe der Bahn zusammenfanden. Die Namen der drüben eingeladenen Herren waren mir bis zu diesem Augenblick unbekannt, ich hatte aber eines meiner Literaturbücher mitgenommen und sah mich genötigt, gegen einen der drüben eingeladenen Herren prinzipielle Einwände zu erheben. Der Name dieses Herrn verschwand darauf von der Gründerliste, er wurde aber nicht vergessen, bei späteren Diskussionen gab es immer wieder den einen oder den anderen, der ihn absolut haben wollte. Es war peinlich für mich, es ärgerte mich, man begriff da offenbar nicht, was auf unserer Seite mit einer Akademie gemeint war, ich gab nicht nach. Ich gestehe, immerhin, wenn ich vorher eine gewisse Begeisterung für den Plan hatte, so war diese nun leicht gemindert. Ich wagte nicht, den Vorhang der politischen Vergangenheit bei mehreren Herren zu lüften. Meine Beängstigung wurde etwas gemildert bei der Beratung der Statuten. Man formulierte eine Präambel, welche der Akademie eine weitgehende Selbständigkeit sicherte und sie vor Eingriffen des Staates schützte. Sonderbar aber, – die sehr schöne und ausführliche Präambel, Männerstolz vor Köni[g]sthronen in mehreren Paragraphen, verschwand lautlos, spurlos von der Bildfläche, als die Statuten von der Landesregierung genehmigt werden sollten.[314] Unser Botschafter bei der Landesregierung konnte, als er zu uns zurückkehrte, von einem großen Erfolg berichten, die Akademie hatte den Status einer

Anstalt des öffentlichen Rechts erhalten und die Angelegenheit sei im Prinzip gebilligt worden, aber unsere schöne Präambel, sie war über Bord gegangen. Selbstmord? Man zuckte die Achseln, man forschte nicht weiter. Die Präambel war über Bord.

Ich, zum Vizepräsidenten dieser Klasse der Literatur gewählt, achtete zusammen mit den neu hinzugekommenen Kollegen[315] scharf darauf, uns vor jeder Infektion mit der braunen Pest zu schützen. Es gab da manche Debatten, und öfter wollte man da zudecken, wo ich Lust hatte aufzudecken. Aber jedenfalls drang bei uns keiner von früher, keiner der Gelehrten und Gefeierten, keiner der frisch Getarnten ein. Etwa [vier]mal im Jahr kam man zusammen, Wissenschaftler und Schriftsteller, in 3 Zügen verhandelte man, denn es gab die naturwissenschaftlich-mathematische Klasse, die geisteswissenschaftlich-philosophische[316] und auf leisen Katzenpfoten hinterdrein die literarische Klasse. Wir hatten Gelegenheit, durch Vorträge und in der Diskussion aufeinander einzuwirken, man lernte einander auch persönlich kennen. Wissenschaftler und Literaten erwiesen sich, wie vorauszusehen, charaktermäßig sehr different, und rückblickend kann ich nur sagen: über eine bloße Annäherung der beiden Gruppen hinaus kam es nicht. Für uns waren die drüben einfach die fest Angestellten, die Pensionsberechtigten und die Professoren, wenn nicht gar Geheimräte. Wir dagegen waren [b]ürgerliche Nullen und Hungerleider.

Wir konnten nicht recht zur Geltung kommen. Unsere Kräfte wurden nicht mobilisiert. Ich sehe jetzt: wir mußten von vornherein auf einen andern Boden, nämlich auf unsern, gestellt werden. Wir hätten mehr an die Öffentlichkeit treten sollen, aber die Akademie tagte hinter verschlossenen Türen. Das ist auch verständlich für die Wissenschaft, das Gegenteil galt für uns. Keine Freude für mich, dem an der Beeinflussung der deutschen Mentalität lag. Es gelang mir, eine Schriftenreihe [«]Verschollene und Vergessene»[317] in unserer Klasse anzuregen und durchzusetzen. Es handelte sich um vorzügliche große und schon halb

verklungene Namen. Auf sie wurde bei uns also hingewiesen, und man hat in der Öffentlichkeit dies auch beachtet.
Soviel zum Kapitel der Mainzer Akademie der Wissenschaften und der Literatur. Sie war und sie ist ein Zentrum der Berührung jedenfalls von Wissenschaftlern und Schriftstellern. Sie war und sie ist eine gewisse deutsche Realität. Wie im Allgemeinen, so ist auch hier noch nicht das letzte Wort gesprochen.[318]

21. April

Mainz.
Es ist mit Macht Frühling geworden, grüne Bäume, aber die Temperatur widerspricht einigermaßen. Weil es nachmittags wärmer war, setzten wir uns in ein Auto und wurden nach dem Rosengarten gesteuert. Schon unterwegs die herrlichen Blütenbäume, am Boden blaue und gelbe Krokusse, Narziss[e]n, Tulpen, Vergißmeinnicht und Stiefmütterchen. In dem gepflegten Garten spazierten Hunderte, Kinder liefen herum, und es schleppten sich Einbeinige und Kranke. Man setzte sich auf eine Bank. Vom Rhein herauf kam das Tuten der Dampfer, und gelegentlich gab es dicht vor uns ein schrilles Pfeifen, da sah man unten die Eisenbahnschienen, die Wagen fuhren zum Südbahnhof. Ein Gewächshaus, geheizt, war geöffnet. Hier saßen wir eine kleine Weile, mir kam die Erinnerung an den Botanischen Garten in Berlin[319], an die Zeit, wo ich meinen chinesischen Roman[320] schrieb und hier die Pflanzen, die Bäume, die Sträucher suchte, von denen ich zu berichten hatte. Wir wanderten herum, in Mainz, und nachher ging es wieder in die Stadt herunter.

***

In diesen Tagen, lese ich, wird Winston Churchill[321] nach Amerika fahren, wo General Eisenhower zum Präsidenten gewählt ist, und wird auf Eisenhowers[322] Entschlüsse und Pläne einzuwirken versuchen. Churchill, wie mir scheint, der größte Mann des letzten Krieges, ein Mann hoch in den 70, wie mag er auf das, was geschehen ist, zurückblicken? Die Vergänglichkeit. Wie mag er jetzt die Welt ansehen? Wofür hat er gekämpft? Welches Ergebnis? Neue Situationen haben sich gebildet, das stellt er fest. Man glaubt, im politischen Stoff zu arbeiten, aber man planscht im Wasser. Man erhält eine trübe Quittung von der Zeit und wird aufgeklärt, wenn man statt Resultate eine veränderte Situation vor sich sieht. Nun wird dieser starke Churchill, noch immer aufrecht, drüben in Amerika auf den Präsidenten einzuwirken versuchen. Er wird sich bemühen, dessen Pläne den britischen anzupassen. Denn schon hat man einige Wege gehen müssen in Ostasien, man hat Persien verloren[323], Indien ist selbständig geworden, und was ist mit Ägypten? Er wird sich abends in sein Bett legen und fühlen: es läßt sich nichts schablonisieren, die Dinge sind im Gleiten, o dieser scheußliche Charakter aller Realität, dieses Spukhafte, Erregte, und man muß wie ein Narr dahinter rennen. Wer kann es wagen, wissenschaftliche Geschichte zu schreiben? Wie kann man hier von Wissenschaft reden?

Von der Vergänglichkeit

Von einem Verlag erhalte ich ein purpurrotes Heft.[324] Ein bekannter Autor stellt da die Frage, was Vergänglichkeit sei. «Wenn man mich fragt, woran ich glaube und was ich am Höchsten stelle, so antworte ich[:] ‹die Vergänglichkeit›.»[325]
Nun wird kein Mensch auf den Einfall kommen, einen Schriftsteller zu fragen, woran er glaube und was er am Höchsten stelle. Man weiß, er glaubt an nichts, und am Höchsten stellt er sich selbst. Hier, der Autor[326] in dem roten Heft, äußert sich so: die Vergänglichkeit sei «die Seele des Seins».[327] Sie sei das, was allem Leben Wert, Würde und Interesse verleihe. Denn sie schaffe Zeit, und Zeit, wenigstens potential, sei die höchste unersetzbare Gabe, in ihrem Wesen verwandt, ja identisch, mit allem Schöpferischen und Tätigen, mit aller Regsamkeit, allem Fort-

schritt. Ich lese das langsam und wiederholt und staune. Nachher wird behauptet: zu den wesentlichsten Eigenschaften, welche den Menschen von der Natur unterscheiden, gehöre das Wissen von der Vergänglichkeit.[328]

Ich habe an einer andern Stelle etwas über Vergänglichkeit gelesen, bei dem Apostel Paulus. Hier finde ich kein Bekenntnis zur Vergänglichkeit. Vielmehr hat der Saulus, der ein Paulus geworden war, in der Zeitlichkeit den Tod erkannt. Und mehr: mit dem Tod zusammen die Sünde. Da heißt es in einem Römerbrief[329]: «Doch bleibt der Schöpfung die Hoffnung, daß sie von der Knechtschaft der Vergänglichkeit frei werde und an der herrlichen Freiheit der Gotteskinder teilnehmen werde.» Und nun kommt ein großartiger Satz, der alles, was man über Vergänglichkeit sagen könnte, überschattet, und ich glaube, ich werde ihn noch öfter zitieren: «Wir wissen ja, durch die ganze Schöpfung zieht sich ein Seufzen. Sie liegt in Wehen bis zur Stunde.»[330] Und vorher: «Der Sünde Sold ist der Tod.»[331] Davon weiß der deutsche Schriftsteller nichts. Erst so, bei Paulus, bekommt Zeitlichkeit ihr wahres Gesicht, vor dem Hintergrund der Sünde. Nicht die Vergänglichkeit hat man zu betrachten, von der Knechtschaft der Vergänglichkeit hat man sich zu befreien, wozu auch die Ablehnung des Glaubens an menschlichen Fortschritt gehört.

***

Als Romain Rollands Kriegstagebuch 1914/19, ein Brief von Louis Gillet, 25. Oktober 14: «Ich habe Mitleid mit dem armen Schulz. Ich habe Mitleid wie unsere heilige Jeanne d'Arc mit den Siegern wie mit den Besiegten. Man muß die höllische Macht zerstören, die Kriegsmaschine. Man muß den alten Schulz befreien, muß wieder erwecken die alte Poesie, die Seele der jungen blinden Sängerin aus ‹Jean Christophe›, die deutsche Seele. Man muß die Preußen und ihr Kaiserreich beseitigen.»[332]

***

In einer französischen Zeitschrift wird geschildert[333], wie es [e]inem gelang, zu den verlorengegangenen Manuskripten von Dostojewski zu kommen. Die Manuskripte waren gefunden und waren nun da. Ja, die Manuskripte, die er suchte waren da, aber die Menschen und die Zeit für sie nun plötzlich nicht da. Er, der suchte, war noch aufgewachsen mit dem Raskolnikow und dem Karamasow, aber die Neuen: da ist doch inzwischen die technische und optimistische Literatur gewachsen, die einen neuen Staat und eine neue Gesellschaft aufbauen will. Neue Perspektive: Dostojewski gehört zur bürgerlichen Zerfallsliteratur. Sie glauben auf die Zukunft zuzusteuern und wenn sie die Zukunft erlangt haben, ist sie noch die Zukunft, und wie bald sind sie selber eine bloße Etappe. Wir suchen den ruhenden Pol in der Erscheinungen Flucht. Aber wohin wir blicken, wir stoßen nur auf die Erscheinung und ihre Flucht.
Die Nazis waren eine kurze Zeit hin, schon regen sie sich wieder, in verschiedenen Trachten. Welcher Krieg ist wirklich beendet?[334]

***

Draußen Nebel und feuchte Kälte. Das ist Mainz. Meine Ausreise aus diesem Land nähert sich.
Ja, wir werden wieder dieses Land verlassen[335], und das Ganze sollte keine Heimkehr sein, das wurde mir nicht gegeben, es wurde ein verlängerter Besuch.

Es ist geblieben, wie es war. Ich finde hier keine Luft zum Atmen. Es ist nicht Exil, aber etwas, was daran erinnert. Nicht nur ich, sondern meine Bücher haben es auch erfahren: im Beginn mit einem unwahren Freudengeschrei begrüßt, bleiben sie zuletzt verhungert liegen. Ich will nicht ungerecht sein, [am] Anfang und später habe ich manche gute Stimme gehört. Ich erinnere mich doch, daß mir einmal eine Frau bei Berlin ihr Häus-

chen zum Geschenk machen wollte, wenn ich herüber käme. Zu meinen stärksten Eindrücken im Beginn gehörte auch, was ich nicht vergessen werde, inmitten dieser ganzen Unrast dieser Monate ein Eichendorf[f]abend im Kleinen Theater.[336] Es wurde irgendein Gedenktag Eichendorf[f]s gefeiert. Der Raum war dicht besetzt, es wurde musiziert und als ich Eichendorf[f]-lieder mit Schumanns Musik hörte, wußte ich: nicht bloß dieses und jenes draußen war Deutschland, sondern auch Eichendorf[f] und die Musik hier und dazu die Menschen, die sich davon erheben ließen.
Wenn sie doch bei der Heimatliebe stehen blieben, wenn sie doch nicht so rasch zur Selbstverherrlichung und ins Politisch-Nationale gerieten.

Das Glockenlied von Nietzsche[337]

Eins[!]
Oh Mensch[!] [G]ib [A]cht[!]
Zwei[!]
Was spricht die tiefe Mitternacht?
Drei[!]
[«]Ich schlief, ich schlief [–,]
Vier[!]
[«]Aus tiefem [Traum] bin ich erwacht[: –]
[«]Fünf[!]
Die Welt ist tief[,]
Sechs[!]
[«]Und tiefer als der Tag gedacht[.]
Sieben[!]
[«]Tief ist ihr Weh [–,]
Acht[!]
[«]Lust – tiefer noch als Herzeleid:
Neun[!]
[«]Weh spricht: vergeh[!]

Zehn[!]
[«]Doch alle Lust will Ewigkeit [–,]
Elf[!]
[«–] will tiefe, tiefe Ewigkeit[!»]
Zwölf[!]

Dies das Mitternachtslied von Nietzsche.[338]
Wie steht es um das Weh und den Schmerz in der Welt, welchen Platz haben sie, – wie soll man Krankheit, Alter und Tod verstehen angesichts einer unveränderlichen schöpferischen Glückseligkeit? Muß der einfache Verstand da nicht zweifeln an einem wirklichen väterlichen Gefühl des Schöpfers? [«]Weh spricht vergeh![»] sagt das Glockenlied, [«]doch alle Lust will Ewigkeit[»]. Das Weh hat nicht Bestand vor der Lust. Die Dinge sind nicht einfach, man kann nicht aufhören darüber nachzudenken. Man erfährt, das Leben verläuft in einigen Partien ruhig und in Behagen, in einer gewissen gedämpften und gemäßigten Glückseligkeit. Aber darin hält es sich nicht, das ist dem Einzelwesen, dem Menschen nicht gegeben. Es setzt der Einschmelzungsprozeß ein und dabei zerbrechen diese Gebilde wieder. Es muß erkannt werde[n], daß das Feuer, so fremdartig das auch klingt, aus der schöpferischen Liebe kommt. Es liegt der Mensch nicht einfach auf dem Scheiterhaufen, auf dem glühenden Rost, sondern er erfährt lebend am eigenen Leibe die Zugehörigkeit zum wirklichen Dasein, in brennenden Schmerzen. Er erlebt die Überführung. Man wird vom Tod anders zu denken haben als wir es tun. Ich weiß, es ist schwer, sich dies inmitten unserer realen Situation vor Augen zu halten.

Unter den Klängen des Triumphmarsches aus Aida[339]

Nein, ich kann diese Zeitungen nicht mehr lesen. Die Kommentatoren im Radio bereiten mir Übelkeit. Wie selbstgefällig sich das alles gibt. Nun ist der Chef der Regierung[340] aus Amerika zurückgekehrt, stürmische Ovationen werden ihm zu Teil auf einer Kundgebung in Hamburg.[341] Eine Zeitung hier[342] schreibt:

«Die Angaben über die Zahl der Teilnehmer in der riesigen Ernst Merckhalle schwanken zwischen 7000 und 12 000. Tagelang waren alle Eintrittskarten ausverkauft. In der Halle hatte ein riesiges Aufgebot von Angehörigen der Jungen Union, deren Armbinden das Symbol des Parteitages zeigten, den Ordnerdienst übernommen. Hamburg hatte einen ganz großen Tag[,] gegen den sich der kümmerliche Versuch von Angehörigen der Freien deutschen Jugend[,] durch Aufmärsche im Zentrum der Stadt und Sprechchöre zu stören[,] kläglich ausnahm. Der äußere Ablauf der Kundgebung zeigte deutlich, daß die größte Regierungspartei dabei ist, einen neuen Stil für solche propagandistische Veranstaltungen zu entwickeln, bis zu den scheppernden Sammelbüchsen nach Beendigung der Kundgebung. Aufforderungen, die Gänge des Saales frei zu halten, kündigten den Einmarsch der Fahnengruppen der Jungen Union an. Er vollzog sich unter Marschklängen in zwei Kolonnen. Kräftige junge Männer im weißen Hemd trugen die Fahnen auf das eigens errichtete, einzige Podium. Triumphmarsch aus Aida. Händeklatschen begleitete jeweils die Ankunft der Prominenz, bis unter den Klängen des Triumphmarsches aus Aida der Kanzler selber mit seiner Tochter und den Herren seiner Begleitung die Halle betrat. Jubel umbrauste ihn. Die Menschen stiegen auf die Stühle und klatschten Beifall, während Adenauer mit beiden Händen nach allen Seiten winkte. Ein kleines Mädchen in Althamburger Tracht überreichte ihm einen Strauß gelber Tulpen, während Lotte Adenauer aus der Hand eines Bübchens in Zimmerman[n]stracht einen Strauß weißer und roter Nelken, die Farben Hamburgs, empfing. – Wie sehr der Kanzler in diesen Gedankengängen lebt (er hatte am Nachmittag ein Flüchtlingslager besucht und mit dem Zuruf an die anwesenden Flüchtlinge «Ihr werdet eines Tages in Eure Heimat zurückkehren» ein tausendfaches beifälliges Echo ausgelöst) wie sehr der Kanzler in solchen Gedankengängen lebt, mag eine kleine Episode erläutern. Als er den Empfang durch die Staatsbehörden in Canada schildern wollte, begann er mit den Worten: «Der Bundeskanzler des deutschen Reiches» um dann, sich korrigierend fortzufahren: «Das ist noch ein bißchen verfrüht, sagen wir Deutschland.»[343]

***

Ein französischer Dozent war eingeladen worden und hatte vor einer gelehrten Gesellschaft gesprochen. Nachher saß er mit den Herren an einem Tisch und bei der Mahlzeit erzählte einer der Herren, ein Physiker, von seinen Arbeiten während des Krieges. Und da sagte er strahlend zu dem fremden Gast, dem Franzosen: «Ja, wir waren schon sehr weit. Hätten wir noch ein paar Monate gehabt, so hätten wir gesiegt. Denn schließlich waren wir doch auch Patrioten.»

Mittwoch, den 29. April 53

Über die Grenze, – aber nicht flüchtig wie 1933 vor einem Diktator und seinen Helfershelfern, – sondern einfach nicht recht angelangt, so fuhr ich mit meiner Frau im Schlafwagen und hatte Mainz verlassen. Ich schlief fest wie immer bis in den frühen Morgen. Wir waren schon bei Bar[-]le[-]Duc, als ich mich umblickte. Mehrmals war meine Frau, wie sie sagte, in der Nacht herabgestiegen um nach mir zu sehen, aber ich schlief, ich schlief. Ich habe auch nichts geträumt, was ich festhalten wollte.

Am Mittwoch abend fuhren wir ab. Odysseus lag, als er erwachte, am Strand. Es war nicht It[h]aka, sondern die Insel der Phäaken.[344] Jetzt[,] am frühen Morgen, waren wir in Paris. Man half mir nun aus dem Wagen, da kam auch unser jüngster Sohn. Bequem fuhr ich in einem Rollstuhl hinaus, und dann saßen wir nebeneinander in der Taxe, und dann die Straßen, die Straßen, und nach nicht zu langer Zeit auch der breite Boulevard[345], den ich schon kannte, durchrollt von der Métro. Und nun noch die Treppe hinauf, die Wohnung ist da, schön anzusehen, ganz mit Teppich ausgelegt: arriv[é], Ankunft.

Dies notiere ich nun zwei Wochen nach meiner Ankunft. Zwei Wochen hause ich hier. Die Stadt, so weit ich sie zu sehen bekomme, wirkt auf mich wie immer, es ist mit den blühenden Bäumen und Gärten eine bezaubernde Stadt. Nur die Jahreszeit, ich meine die Temperatur, ist nicht so wie ich möchte: es ist nicht so kalt, daß man heizen muß, und nicht so warm, daß man eigentlich ohne heizen auskommt, Resultat: man trägt einen Mantel in der Stube.

Ich bin hier und tue nichts. Ein paarmal wagte ich, in Begleitung meiner Frau, den Abstieg auf die Straße, auf jenem breiten Boulevard, der in der Höhe des 2. bis 3. Stocks von der Métro durchrollt und durchbraust wird. Die Gleise ruhen auf einem mächtigen Eisenbau, der von gewaltigen Betonsäulen getragen wird. Da oben flitzen nun die Züge, meist 4 oder 5 Wagen aneinander gekoppelt, alle paar Minuten an mir vorüber, der vom 1. Stock aufblickt. Menschen erkenne ich von unten nicht in den Wagen.

Hier sitze ich also hinter dem Fenster und blicke nicht zwischen Kakteen, die auch mitgekommen sind aus Deutschland, sie stehen in ihren Töpfen, man hatte sie sorgfältig eingepackt und transportiert. Sie breiten sich nun auch in dieser Wohnung aus. Kurz vor der Abreise wurde noch eine prächtig rankende Fettpflanze vom Schrank heruntergerissen und das schöne Wesen zerschmettert.

Ich sitze an meinem Schreibtisch, und wahrhaftig, ich schreibe hier oder tue so, als ob ich schreiben will. Es ist kein Wunder geschehen an meinen Händen, aber ich habe eine kleine Beobachtung gemacht. Infolge der Vereisungsgefühle in den Händen trage ich gelegentlich im Zimmer einen Handschuh, und so nahm ich auch einmal einen Bleistift in die Hand, und siehe da, er rollte und sprang mir nicht einfach weg, er blieb an seinem Platz.

Das war eine Entdeckung. Und so schreibe und notiere ich jetzt. Mir scheint, es ist zwar nicht meine alte Handschrift, aber sie ist, verzerrt, doch immerhin lesbar.

***

Ich sitze an meinem Schreibtisch, und siehe da, es ist nicht irgendein Schreibtisch, sondern mein erster eigener Schreibtisch, an dem ich in Berlin 1912 saß, ein breites, höchst solides Möbel mit 3 Schubfächern und 2 sehr geräumigen Unterschränken rechts und links. Die Türen unten sind mit gedrehten Säulen geschmückt, ich erkenne alles wieder, lang ist es her. Nur der Bezug, der ehemals grün und zerrissen war, ist nicht mehr der alte, er ist ersetzt durch einen neuen braunledernen. Der Tisch, ich erinnere mich, stand schon in der ersten Wohnung Blücherstraße[346], siedelte nach dem Osten mit uns über, stellte sich wieder am Kaiserdamm ein.[347] Und da konntest du dich nicht zurückhalten 1933, als die Zeit gekommen war, und du mußtest Farbe bekennen, du schmug[g]eltest dich bei einer harmlosen Reisegesellschaft ein, sie wollte auch grade das Land, das eben von einer Pest befallen wurde, verlassen, und es gelang dir, man konnte mich nicht fassen und dich nicht fassen, und so saß ich da, in Maisons-Laffit[t]e[348] und dann in Paris mit dir. Da kam es dir gewiß vor, weil es in Paris 7 Jahre dauerte, du wärest nun angelangt. Aber wir bemerkten, die Pest näherte sich auch diesem Land und wir steckten dich, noch bevor wir selbst die Flucht ergriffen, in einen Speicher. Das war roh und herzlos, dich wie ein beliebiges Möbelstück zu behandeln, aber wir wußten uns keinen Rat und wußten selbst nicht mit uns hin noch her. Ich dachte mir auch, du wirst es begreifen, denn es dauert sicher nur ein Weilchen. Aber es wurde ein Weilchen, dann noch ein Weilchen und dann viele Weilchen und dann wurden es fünf Jahre und als wir wieder in Paris in deine Nähe kamen, da ging ich kalt und gedankenlos an dir vorüber, ja ich fuhr nach Deutschland, nach demselben Lande, aus dem wir

uns damals gerettet hatten, es hieß[,] die Pest sei drüben jetzt erloschen.
Ich kam, sah, und sah, daß es nicht stimmte. Jedenfalls nur ganz ungefähr. Und da bin ich wieder, abermals, über die Grenze gefahren, und da hast du dich doch als der Schlauere erwiesen, du bist gleich dageblieben, und jetzt sehen wir uns wieder und ich nehme an dir Platz und begrüße dich.

***

Und es ist auch sonst allerhand [a]nderes wieder da. Auf einem breiten Sessel mit Armlehne sitze ich. Er ist wie der Schreibtisch mit gedrehten Säulen geschmückt. Er hat euch also wieder gefunden, Schreibtisch und Sessel, und weil ich, der noch Lebende, auch da bin, denkt ihr, wir fangen von neuem an[.] Und da glotzt auch zu mir herüber das Bücherregal, die ganze Zimmerwand einnehmend bis zur Decke, Bücher und Bücher und Bücher, solche, noch aus der Zeit meines Studiums und des Studiums meiner Frau, und solche aus den späteren Epochen, aus der Zeit der Flucht und neue aus den letzten 7 Jahren. Ich bin damals, so etwa um 1923[349], als in Berlin in der Gollnowstraße es zu Judenpogromen kam und der Gedanke des Zionismus stärkere praktische Bedeutung gewann, ich bin damals so wenig wie jetzt, wie Ricarda Huch vermutete[,] nach Palästina gegangen[350], aber die Klagemauer[351] fand ich auch hier. Ich kann, wenn ich dieses großmächtige Bücherregal mit seinen hunderten Büchern betrachte und vor ihm stehe, täglich und stündlich beten, und habe alle Weisheiten der letzten Jahrhunderte schwarz auf weiß vor mir und kann mir hier an die Brust schlagen und mir einen Gebetsmantel über die Stirn ziehen und die alten Psalme weinen. Wie seid ihr hingegangen, und was ist jetzt noch von Euch, [I]hr Vorkämpfer der Menschheit, Ihr Wissenden. Aber ich weine nicht, ich drücke meine Stirn nicht gegen Eure Einbände, ich bleibe auf meinem Platz sitzen und laß die Schulter fallen. Niemals habe ich Bücher und Büchersammeln sehr gemocht, zahllose von diesen Werken sind ohne meinen Wunsch ins Haus gekommen. Und was meine eigenen Bücher anlangt, so habe ich sie nicht hergerufen. Sie sind ganz von ungefähr zu mir gekommen, ich wäre nicht im Stande, tief in ihre Entstehung hineinzuleuchten, ich habe mich ehrlich zum Geburtshelfer hergegeben, oder war ich nur der Uterus in dem sie entstanden. Und nun will ich also nach den Jahrzehnten hier sitzen und auf die Zeiten zurückblicken und auf meine eigene Existenz. Ich werde aber nicht nur zurückblicken, es ist nicht meine Art.

Paris, Mai 53

Ende April erschienen in der Gegend von Mainz, so las ich noch drüben, Maikäfer in so ungeheurer Zahl, daß sie in der Umgegend den Straßenverkehr für Autos erschwerten. Sie fraßen, wo sie hinkamen, nachdem sie als Engerlinge die Winterzeit in Ruhe überdauert hatten, Wälder über Wälder im Handumdrehen ab. Und das, und noch vieles andere geschieht in der Natur. Und bei den Menschen: ich komme noch einmal zurück auf die gute Rolle, die jetzt England bei der Ost-Westspannung spielt. Der alte Churchill scheint sehr krank zu sein, er hat das Schiff der Welt durch die Nazistürme gesteuert, vor allem er, er läßt sich jetzt nicht von den Amerikanern ins Schlepptau nehmen. Er haust näher an Europa als jene. Noch ist die Unterhaltung Europa–Rußland kein Dialog Amerika–Rußland. Wer hat Furcht vor wem? Darum spricht Churchill zuerst von der Änderung des Klimas und verlangt jene Viererkonferenz, von der man jetzt so viel liest.

In Mainz fing ich dies Journal so an: «Es mag sich in Bezug auf die Entstehung dieser Welt verhalten wie es will, – ich bin da mit dem, was den Himm[e]l und die Erde erfüllt. Wer ich bin, was mit mir ist, weiß ich nicht.[»] Es kommt offenbar wenig auf mein Wissen an.

Ich bin in Paris, es ist Frühling, heute Nacht hat es gewittert und geregnet. Mit mir hat sich kaum etwas geändert, manche Tage, an denen es möglich ist, verlasse ich das Zimmer und das Haus, um ein bis [zwei] Stunden draußen zu sein. Heute Streik der Métro, ich weiß es seit heute früh um [sechs], die Wagen rollen nicht mehr.

Das Glockenlied.[352] «Oh Mensch gib acht, was spricht die tiefe Mitternacht, ich schlief, ich schlief, aus tiefem [Traum] bin ich erwacht, die Welt ist tief und tiefer als der Tag gedacht. Tief ist ihr Weh, Lust, tiefer noch als Herzeleid, Weh spricht vergeh, doch alle Lust will Ewigkeit, will tiefe tiefe Ewigkeit.»

Das tönt weiter in mir. Es sind keine Gedanken, sondern eine allgemeine Stimmung, ja es ist eine Wahrheit, die ich noch nicht aussprechen kann und die mich nicht losläßt.

Was ich im Anschluß an das Glockenlied zu sagen habe, hängt mit meinem Ausgangsthema Krankheit, Alter, Tod zusammen. Soll ich das Ganze benennen «besessen vom Tod» oder «befeuert vom Tod»? Es begleitet, es verfolgt mich.

Ich werde dazu gedrängt zu fragen, nicht vom Willen zum Tod, auch nicht vom Weh, das tiefer ist als Herzeleid, sondern vom Willen zur Verwandlung. Ich habe das Wort Metamorphose gefunden. Ich singe dabei keine Hymnen an die Nacht.[353]

Körperlich, den Sinnen zugänglich, ist die Welt, die wir bewohnen und zu der wir gehören. Wir welken, wir trocknen ein, ab fällt alles von uns, – und bleibt etwas? Es scheint nichts übrig zu bleiben, – und das wäre also unser Tod. Wir wissen nichts[,] weder von solchem Tode noch von einem andern. Was wir wissen ist nur: jetzt steht uns nicht mehr dieses Herz, dies Hirn, diese Muskulatur, dieses Eingeweide zur Verfügung, im Ganzen diese Stoffmasse. Aber: da stutze ich und zögere und frage sehr nachdenklich: stand sie uns denn vorher zur Verfügung? Wie stand sie zu uns? Wer sind wir? Was bedeutet an uns und mit uns diese organische und organisierte Stoffmasse, die nun welkt, trocknet und dem Laub gleich zerfällt[?] Was habe ich zu tun mit der Gallenblase, mit der Leber, mit den Nieren, die erkranken und viele Menschen plagen. Gegeben, zu[t]eil geworden ist uns dies alles, es stellt sich heraus im Laufe der Existenz, daß es nötig und wichtig für diese und jene Zwecke ist, damit wir noch eine Weile so weiter hintreiben wie bisher. Wir wurden locker mit diesem Stoff, Fleisch, Eingeweiden bekleidet und verbunden. Es kam keiner von uns auf den Gedanken, wir dirigierten hier etwas und wir hätten zwischen Gallenblase, Niere und dem dumpfen Gekröse etwas zu sagen. Es gibt vielmehr einige, die sich sogar mutig dahin äußern, daß sie formulieren, wir hi[e]ngen umgekehrt von diesen organischen Stoffen ab und das sind unsere Herren und Meister. Und sie weisen darauf hin, daß die Stunde kommt, wo die Glocke schlägt und die Verbindung löst zwischen uns und dem dumpfen Gekröse, wo die ganze Kuppelung zerreißt, und wenn dann das Fleisch fault im Boden und die Knochen liegen weiß da, da erkennen wir den Tod[,] und das ist das Ende. Aber ich meine, wir waren ja schon vorher nicht lebendig. Wir sausten durch einen Tunnel. Leben hieß ein Abschnitt unserer großen Reise. Wir waren so nahe während der Reise an diese kuriose Gesellschaft herangeführt worden und hatten uns so an sie gewöhnt, so weit wir sie überhaupt bemerkten, an die Leber; die Galle, die Lunge, die Zunge und die Zähne, an die Muskeln und Knochen und was sich sonst in unserm Innern wälzt, daß wir schon gar nicht mehr über das anmaßende kuriose Pack nachdachten, das uns aus der Tier- und Pflanzenwelt zugefallen war. Nein, keiner wunderte sich, sondern wir wurden mit ihnen ein Herz und eine Seele, was sie, die Reisegesellschaft, der [a]ndere neben mir, sich herzlich gern gefallen ließ und auf der Bank schlief, auf unsern Kissen, während wir uns in die Ecke drückten. Und wenn das geschwollene Vieh sich aufrichtete, schnaufte und Hunger verspürte, so standen wir mit ihm auf und waren froh, daß e[s] den Schlaf abgeschüttelt hatte, und wir faßten ihn unter den Arm und er umschlang uns und wir schmausten, tafelten und lumpten herrlich in seinem Haus und dachten, der Jubel würde kein Ende nehmen. Daß wir dieses Gaukelwerk nicht durchschauten, daß wir nicht sahen, was hier vorging, – daß wir nicht sahen, hier wurde nur ein Stück unserer Geschichte gespielt, und dieses Stück war wahrhaft nicht menschlich. Und sie zeigte uns schon früh ihre Unmenschlichkeit, uns, den Ebenbildern Gottes, durch den Schmerz, durch die Krankheiten, durch die wilden Stürme der Liebe und der Fortpflanzung mit ihrer chaotischen Lust und ihrem rapiden Ende, mit ihrer Vergänglichkeit. [«]Denn alle Lust will Ewigkeit, will tiefe tiefe Ewigkeit.[»]

***

Eine Bromelia blüht in einem Topf vor mir. Sie ist eben im Begriff, das schöne Wesen, sich in einer roten, mächtigen herabhängenden Blüte zu erschöpfen. Sie war vorher so gut und ansehnlich, eine sympathische bürgerliche Figur, und nun hat sie sich in das [A]benteuer stürzen müssen und ist nur Vorstadium und Vorbereitung auf das, was aus ihrer Tiefe kommt, die sie bis jetzt nicht kannte. Johannes der Täufer, der Vorläufer, – er, der Prototyp für dieses Weltzeitalter.

Lust ist da, schon jetzt da, warum also in die Ewigkeit schweifen? Es ist nicht die rechte Lust. Die heftigste tritt auf, wie zum Spott, aber das öffnet uns nicht die Augen, bei der Zeugung, der Vorbereitung der nächsten Generation, die über uns hinweg klettern wird. Ja, alles drängt, in jeder Generation, zu diesem Tod, zur Auflösung, zu dem die Ablösung vom Jetzt anzeigenden Vorgang, zur Zeugung – man verherrlicht, man verhimmelt diese Liebe, ohne gewahr zu werden, was da hinter unserm Rükken gesp[ie]lt wird, wohin wir geschleift werden und wohin wir uns in Seligkeit verdammen. Es ist Lust da in dieser Liebe, aber sie will nicht Ewigkeit, sie spottet ihrer, sie hat es mit keiner Ewigkeit und Beständigkeit zu tun. Sie sprüht und leuchtet wie ein Blitz in der Nacht auf, und wen sie blendet, zerreißt und vernichtet, der klatscht noch in die Hände und sagt zu seinem eigenen Tode Bravo. Diese Fortpflanzungs- und Sexualliebe[,] blikken wir sie einmal kalt an, wird nicht zufällig und arglistiger[w]eise von Streit, von Haß und Mord umwittert. Wir erkennen sie, diese andere Lust, dieses falsche Lust und Maskenliebe, die uns verschlungen hat und sich da austobt. Es dreht sich bei ihr immer um den Willen, um die einzelne private Person, um Dich und Mich, um diese Zwei. Sie will Unterwerfung, knochenweiche Hingabe. Denn alle alle Lust will Mord und Tod.

***

Stünde diese Lust, – im Zuge des Wachstums, des Blühens und Fortlebens – allein in der Natur, so wäre alles klar enthüllt, keine Geschichte wäre da, es wäre mit Lust, Mord und Tod, mit Feuer und Flammen eine einfache Hölle, die teuflische Existenz. Aber – es breitet sich in unserer Welt zugleich damit und daneben auch aus Ruhe und Schönheit und Frieden. Es gibt eine andere Form der Liebe. Es gibt Liebe, in der, ohne sich zu stören und zu zerstören, Person zu Person, Seele zu Seele sprechen kann. Wo ist der Schlüssel? Werden wir ihn finden, schon im Irdischen? Es gibt neben der grausamen, mänadenhaften Lust noch die Freude in dieser geschaffenen Welt, in der Welt unserer Ära.
Es bleibt dabei: diese Welt ist nicht einfarbig, hat nicht eine einzelne Schicht, sondern spielt auf vielen Ebenen. Unübersichtlich für uns läuft es ab, unser Schicksal entscheidet sich nicht. Man soll diese Mischung nicht überschauen.
Wenn wir jung hingeworfen und durch Krankheit und Krieg geschlachtet werden, wenn wir altern und reif sind und uns genug abgemüht haben, aber kein Resultat hält es bei uns aus, wenn das Alter und die Krankheit uns die Glieder abschlagen, – wir träumen vielleicht von vergangener und entgangener Lust, und wir möchten sie, die uns einstmals wohltat, noch hie und da wiederfinden, so denken wir nicht daran, daß wir außer diesem sporadischen Feuerwerk noch anderes Licht gesehen haben. Wir haben auch Freude kennengelernt. Der Mensch hat, wenn er sich der Ruhe nähert, das Gefühl: dies, diese Lust hängt sehr tief mit mir zusammen. Und wenn er diese Epoche durchlaufen hat, die Epoche der Explosionen, so geht ihm jetzt auf, daß ihm noch et-

was Zweites zugefallen ist, ihm auferlegt, über ihn verhängt, und dies Zweite gehört eng zu ihm, – und nun rätselt er: aber wie gehört es zu mir, als Nachklang, oder wie sonst, und warum? Ich muß mich noch mehr darein versenken.

***

Es ist gelegentlich schönes Wetter gekommen. Der Himmel vergißt auch seine Jahreszeiten nicht. Wir saßen wieder einmal, meine Frau und ich, auf dem großen Kinderspielplatz, nicht weit von der Wohnung. Es steht auch eine Kirche da. Wir lassen uns auf dem Spielplatz von der Sonne wärmen und bescheinen. Sie ist erfreulicherweise kein nationales Monopol, man kann auf dem Kinderspielplatz unter dieser Sonne von Politik absehen. Wie immer machen mir die Kleinen und ganz [K]leinen Spaß. Das ist Unschuld, da ist noch nicht das Zweite eingetreten, wodurch alles schwierig wird. Die Mädchen von 8–12 Jahren hüpfen über ihr Springseil. Da steht hinter uns die Kaserne einer militärischen Formation, und vor uns die Kirche des Heiligen Leo. Wir haben sie gelegentlich besucht und uns an dem besonders schönen Chorgesang erfreut. Heute spielt sich, und grade jetzt, aber drüben etwas besonderes ab. Wir sehen von unserer Bank jetzt, am Nachmittag, drüben in der Kirche Licht. Wir gehen hinüber und sehen gleich, es findet ein Gottesdienst statt, die Kirche steckt voller Menschen, man hört auch gleich am Eingang eine hohe Predigerstimme. Die Plätze drin sind heute numeriert, aber man räumt uns im rechten Seitenschiff Plätze ein und wir haben nun vor Augen eine Unzahl weiß gekleideter Mädchen. Ja, es geht auf Pfingsten zu und sie bereiten sich auf die erste Kommunion vor. Als der alte Priester mit der Fistelstimme seine Ansprache beendet hat und nach einem gemeinsamen Lied, ertönt vorne, durch Lautsprecher verstärkt, das sonore Wort eines andern Geistlichen. Er ordne[t] etwas an, und wir sehen gleich, was. Denn nun setzt sich die große weiß gekleidete Mädchenschar in Bewegung, alle von einem bis zum Boden wallenden Gazeschleier bedeckt und verhüllt. Sie setzen sich in Bewegung zu einer Prozession durch die Kirche an den geschmückten Marienbildern vorbei. Sie tragen jedes ein kleines Heft in der Hand und singen daraus, herzhaft laut, im langsamen Schreiten. Wir bekommen [sie] hier auf unsern Plätzen zweimal zu sehen, sie machen vorne eine Wendung und wiederholen den Umzug in der andern Richtung. Nun haben wir sie vor uns, zwei und zwei unter ihrem Nonnenschleier. Es sind kindliche, nicht immer grade schöne Gesichter, sie haben die Schönheit ihres Alters, und auf allen Gesichtern liegt jetzt im Singen ein frommer Ausdruck. Und ernst sind sie, es sind Schülerinnen. Einige ziehen sich nach einem raschen Blick auf die Gemeinde gelegentlich den keuschen Schleier vor den Mund, um ein Lächeln zu verbergen, sie haben Bekannte auf den Plätzen entdeckt, – das sind hier lauter gut gekleidete Damen, ältere und junge, so sitzen sie und stehen hier, dazwischen auch kleine Kinder. Zehn Tage nach seinem Aufstieg in den Himmel sandte der Heiland, wie er versprochen hatte den «Tröster», den heiligen Geist seinen Jüngern, und schon konnten sie, im geschlossenen Raum versammelt, in allen Sprachen reden und alle Sprachen verstehen.

***

Dies ist ein Journal, und einen Zusammenhang stellten die Tage her, und da finde ich, ein merkwürdiger Zufall hat sich in Südfrankreich ereignet[354], die Presse beschäftigt sich schon lange damit, die Sache läuft schon seit Jahren und kommt nicht zur Ruhe, auch das Parlament hat sich damit befaßt.

Zwei jüdische Kinder, [die] Knaben Finally, wurden während der Nazizeit von ihren Eltern, die sich begreiflicherweise bedroht fühlten, zum Schutz bei anderen, rassemäßig einwandfreien Familien untergebracht. Sie wechselten während der gefährlichen Jahre ihren Aufenthalt. Zuletzt, vom 3.–12. Februar waren sie – längst war die Nazizeit vorbei[,] und nachdem die Eltern schon oft und längst um Rückgabe der Kinder gebeten hatten (es war eine provisorische Pflegschaft eingesetzt worden und die Eltern hatte das Gas der Nazis schon erreicht) – zuletzt waren sie in einem Gymnasium in Bayonne verpflegt worden und waren daraus verschwunden, entführt, unbekannt von wem, und[,] wie man feststellte[,] über die Grenze nach Spanien gebracht. Sie waren gekidnapt, ohne Genehmigung der provisorischen Pflegschaft, so schien es. Es steht aber fest, daß die provisorische Pflegerin die beiden unmündigen Knaben kurzerhand getauft hatte. Die Kinder sind also jetzt Katholiken. Sie sind, sagt eine Version, von fanatischen Katholiken über die Grenze nach Spanien entführt worden, um sie vor einer Rückkehr in die frühere Religion und in ihre natürliche Familie zu bewahren. Es haben sich, erfahre ich, streitbare Gruppen gebildet, es ist zu Kundgebungen gekommen, die Öffentlichkeit wird von dem Fall erregt. Eine Pariser Zeitung berichtet nun aus dem Jahre 1854 einen krassen Parallelfall. Es ist die Affaire Morfara in Bologna, welches damals zum Kirchenstaat gehörte. Der kleine Edgar (3 Jahre alt, Sohn des jüdischen Vaters Salomon Morfar[a], erkrankte lebensgefährlich. Eine christliche Angestellte der Familie wurde von der Furcht ergriffen, das Kind könne sterben und taufte es heimlich. Es wurde gesund. Drei Jahre später, von ihrem Gewissen getrieben, berichtete diese Angestellte einer Freundin, was sich damals im Haus ereignet hatte, und die Freundin hatte nichts eiligeres zu tun, als zur Polizei zu gehen und die Sache zu verraten. Der Inquisitor von Bologna, mit der Angelegenheit befaßt, erklärt die Taufe für gültig, und das Kind wird daraufhin von seinen Eltern getrennt und nach Rom in ein katholisches Internat gebracht. Es regierte damals der Papst Pius der Neunte. Er erlaubte den natürlichen Eltern, das Kind von Zeit zu Zeit zu sehen, aber er lehnte die Rückgabe an die Eltern ab.

Was mich an den Fällen interessiert? Die Differenz zwischen der Auffassung der Kirche und der Nichtgläubigen. Was für ein Bild macht man sich hüben und drüben von einem Sakrament. Der Staatsbürger, ob italienisch, französisch[,] findet einfach, das

Kind, unmündig wie es ist, gehört zu seinen Eltern, und folgt der Religion der Eltern. Demgegenüber die Kirche, sie sagt nicht einfach: «Getauft ist getauft». Sie prüft genau die näheren Umstände und vertritt gegen die staatstreue bürgerliche These die Existenz, den Anspruch und die Würde einer überstaatlichen, übernatürlichen Gewalt. Das wagt sie zu tun. Ich wurde gebeten, von irgendeiner Zeitung, mich zu dem «Raub» der Kinder Finally zu äußern. Ich kann es nicht, ich glaube, es hat auch nicht viel Sinn. Daß die göttlichen Wahrheiten Tatsachen sind und über den staatlichen und natürlichen stehen, ist mir sicher. Kollidieren diese Wahrheiten, welche Forderungen enthalten, mit den staatlichen und bürgerlichen, so – es wird mir schwer, den Satz fortzusetzen. Jedenfalls so einfach, wie sich die Aufgeklärten Comités das vorstellen, liegen die Dinge nicht. Und wenn der aufgeklärte Staatsbürger bei solchem Fall tobt, und wenn er das bürgerliche Recht auf seine Seite zieht, wie sieht es im Innern des Gläubigen aus, das heißt dessen, der von der Übernatur weiß und der hier gezwungen wird, nachzugeben?

Die Welt hat Geschichte

Von Tod und Vergänglichkeit hatte ich gesprochen. Die Naturwissenschaften bekennen sich mit unzähligen Einzelheiten zur Tier- und Pflanzenwelt, zu der physischen und chemischen Existenz. Aber in dieser Existenz hat der alte Apostel Paulus etwas entdeckt, was denen von heute, den Anatomen, Zoologen und Physikern entgangen ist.

Da spricht doch die Bibel geheimnisvoll von dem Menschen als einem Ebenbild Gottes.[355] Wie soll ich das verstehen? Wie kann Gott, der Vollkommene und Unveränderliche, ein Ebenbild suchen und prägen, warum und wofür? Und wie kann er solch Ebenbild sehen gerade in dem tief gestörten Wesen, dem Menschen? Er kann sich nicht grade dieses Wesen als Ebenbild geschaffen haben, – nicht geschaffen, aber vielleicht ist es degeneriert. Hier muß etwas geschehen sein, hier muß ein Keil in das anfängliche Gebäude der Schöpfung, in das vollkommene Gebäude, getrieben sein. Denn Urzustand ist die Harmonie, die Übereinstimmung, das Glück und die Freude. Einmal sagte die große Theresia von Avila: «Nichts verwirre dich, nichts erschrecke dich, alles geht vorüber. Gott ändert sich nicht. Geduld erreicht alles. Wer Gott besitzt, dem mangelt nichts. Gott allein genügt.»[356] In diesen störungsfreien Urzustand, von ihm hingestellt, ist etwas Fremdes eingetreten. Die Freude, rosig und frisch, hat sich mehr und mehr entfärbt. Immer dichter wurden die Schatten, die auf sie fielen. Eine völlige Wendung, Abwendung springt in die Augen, wenn der Mensch in der Natur erscheint.

Ich muß in diesen Notizen, die ich doch bald abschließen will, noch einmal weiter zurückgreifen. Hin und her habe ich nun schon lange die Frage nach Tod und Leben gewälzt, bald war ich dicht daran, eine Antwort zu ergreifen, dann entschlüpfte sie mir und ich mußte den Kampf noch einmal beginnen. Das würde mir nicht begegnen, säße ich fest auf einem einzelnen Roß, auf einem einzigen bestimmten Sattel und ginge so vorwärts, wie es die Philosophen tun, denen, nicht anders wie den orthodox Gläubigen, das Ziel vorschwebt.

Die Welt kann vom Astronomen, der so verschwenderisch umgeht mit Zahlen, mit Sternennebeln und Sonnen, trotz alledem so wenig beschlagnahmt und durchschaut werden wie von der Chemie. Sie können alle mit diesem Monstrum[,] der Welt[,] nicht fertig werden. und ihre Arbeit befriedigt nicht, weil sie dieses Geschöpf nur unter einem bestimmten Winkel sehen, in einer bestimmten einzelnen Haltung. Es scheint aber hier eine Schlacht im Gange zu sein, und es sind nicht Wissenschaftler, sondern Kriegsberichterstatter und Schlachtenbummler, um hier voranzukommen und Einsichten zu vermitteln. Die sichtbare und hörbare Welt, wie sie dasteht, darf dabei nicht allzuviel Aufmerkamkeit auf sich ziehen. In dem Raum, in den sie eintreten, muß mit großen Lettern das Wort gemalt sein: die Welt ist

Geschichte. Es muß gewußt werden, sie verläuft nicht objektiv, irgendwo draußen und von selbst, sondern zusammen mit dem Menschen, der glaubt, sie nur beschreiben zu können. Er ist in ihr Schicksal und sie in seins hineingerissen. Und damit erhält alle Erkenntnis einen neuen Glanz.

Lassen wir uns aber trotzdem einmal von solchem objektiven Astronomen durch sein Weltall führen, ohne von dem Rollen der Milliarden Lichtjahre betäubt zu werden, was werden wir da sagen? So überwältigt äußert sich Er, der sich nicht nennen läßt, so stark und immer stärker im Schaffen, und Vernichten, – Er, der sich nicht nennen läßt und von dem wir jetzt eben sagten, Er verharre unveränderlich in Ruhe. Und wir? Ein Mensch, ein Reh, eine Katze, wie nehmen wir an dieser göttlichen Unterhaltung teil, wie werden wir daran beteiligt, wie sind wir zugelassen zu diesem Mahl? Ich sehe nicht, jedenfalls jetzt nicht, wie ich die Haltung des Menschen[,] der Fragen stellt, verlassen kann. Ich erinnere mich, in diesem Journal von der Vergänglichkeit in der Auseinandersetzung mit einem Schriftsteller gesprochen zu haben, der sich die Dinge zu leicht, eben so leicht wie ein Wissenschaftler machte. Da zitierte ich den Saulus, der ein Paulus geworden war, der hatte den Tod in der Zeitlichkeit erkannt und mit dem Tod zusammen die Sünde. Das ist ein sehr hintergründiger, ja abgründiger Gedanke. Der Apostel Paulus wagt es zu sagen: «Wir wissen ja, durch die ganze Schöpfung zieht sich ein Seufzen. Sie liegt in Wehen bis zur Stunde.» An einer andern Stelle: «Doch bleibt der Schöpfung die Hoffnung, daß sie von der Knechtschaft der Vergänglichkeit frei werde und an der herrlichen Freiheit der Gotteskinder teilnehmen werde.»[357]

Ich wiederhole: es bleibt bestehen, was die große Therese mit dem Wort beschreibt: «Alles geht vorüber, Gott ändert sich nicht.» Sehen wir aber die folgenden kleinen Sätze an, die sie hinzufügt, so lernen wir noch mehr: «Wer Gott besitzt, dem mangelt nichts. Gott allein genügt.» Das also heißt, es gilt, Gott zu besitzen. Es gilt nicht zu erkennen. Sie beruhigt ihren Hörer, den die Welt erschreckt: «Nichts verwirre dich, nichts erschrecke dich, Geduld erreicht alles.» Es gilt, noch einmal Gott zu besitzen. Ich sprach von der Geburt und von dem einfachen unschuldigen Kind und erinnerte daran, daß hier etwas von dem Urzustand vorliege, welcher eine strömungsfreie Existenz bedeute. Wir heutigen Wesen, gestört wie wir sind, sind in den Mahlstrom der Vergänglichkeit, der Veränderlichkeit hineingerissen. Aber das Wort der großen Therese, das nur dunkel bemerkt, alles gehe vorüber und Geduld erreiche alles, erhält erst sein Licht durch den Hinweis des alten Apostels, daß durch die ganze Schöpfung ein Seufzen sich ziehe und daß sie in Wehen liege. Wir fragen, was für Wehen, und wonach seufzt die Schöpfung. Der alte Apostel hat die Antwort: «Es bleibt der Schöpfung die Hoffnung, daß sie von der Knechtschaft der Vergänglichkeit der Gotteskinder teilnehmen werde.»

Was treiben wir?[358] Unser Ich beteiligt sich an dem Spiel wie ein Reisender, der im Halbschlaf in einen Zug eingestiegen ist und erst nach langer Fahrt bemerkt, wohin es geht. Er kann aber nicht mehr aussteigen. Aus dem Kind ist ein reifer Mensch geworden, ein Erwachsener nach jahrzehntelanger Betäubung. Von sich aus kann der Einzelne die Lösung des Rätsels und die Befreiung nicht finden. Das Wort der großen Therese «Geduld» genügt nicht und wie soll der Mensch «Gott besitzen, so daß ihm nichts mangelt». Von erlangter Gotteskindschaft redet Paulus.

Die Verschränkung der Welten

«Oh Mädchen, mein Mädchen, wie lieb ich dich»[359] singt und fühlt der junge Mensch. Ein heftiger Naturtrieb liegt da vor, der Jüngling identifiziert ihn mit sich, ohne mit der Wimper zu zukken. Bei Tieren kann keine Frage nach der Zugehörigkeit zu einem Trieb entstehen, einfach mangels Einsicht entsprechend dem Menschen. Beim ichbegabten Menschen aber welche bedrohliche und beängstigende Nähe der Natur, die ihre Wurzeln sogar tief in das Ich herabsenkt. Die Natur – welche überwälti-

gende Macht in dieser Weltperiode. Sie legt sich aber über und um uns wie das Giftkleid der De[i]anira[360] sich um die Glieder des ahnungslosen Herakles legte. Und jauchzend verkündet dabei der Jüngling: «Oh Mädchen, [mein] Mädchen, wie lieb ich dich», er schon völlig in den Bann geschlagen, verzaubert und betäubt.
Wir sind in dieser Weltära als Menschen grausam ungleichmäßig ausgestattet. Wie anämisch wirkt gegenüber dem kraftstrotzenden und wütenden Bullen Natur das, was wir als Geist vorzusetzen haben. Dieser dämonische Urwald, die Herrschaft einer solchen Naturmacht, die anscheinend den Geist verschlungen und verschluckt hat bis auf Reste, mit denen sie spielt, – wo ist ihr gegenüber da noch von Mensch die Rede[?] Man freut sich ja, hörig zu sein. Was will der Mensch mehr als Jugend und Kraft und Liebe und den ganzen tobsüchtigen Kreis der Fortpflanzung mit ihren Extasen? Was hat uns so betäubt und uns so schwach gemacht, uns, die wir wahrhaftig doch nicht so zur Welt gekommen sind[?]

***

Ich werde diese Journal nicht lange weiterführen. Es lohnt nicht, zu lange auf die Zeit zu blicken. Klarheit über das Grundsätzliche tut not.

***

Ich stoße auf folgende Zeitungsnotiz[361]; es ist der Monat Mai: «Meldung aus dem Haag. Auf seinem zweitägigen Kongreß im Haag konnte der Welttierschutzbund über verschiedene Erfolge seiner Arbeit berichten. So hat sich die Stadtverwaltung von Nizza bereit erklärt, in Zukunft nicht mehr Hunde als lebende Kanalbesen zu verwenden. Bisher war es in Nizza üblich, Hunde durch die engen Röhren des Kanalisationsnetzes zu jagen, damit sie mit ihrem Fell die Rohrleitungen säuberten. Am Endpunkt

des Kanals wurden die Hunde sauber gespritzt und von Neuem durch die Röhren gejagt. Die meisten Tiere überstanden diese Prozedur nur wenige Male. Der Direktor der Stadtwerke von Nizza, hat sich, wie im Haag mitgeteilt wurde, jetzt zur Anschaffung mechanischer Reinigungsgeräte entschlossen.»
«Oh Mädchen, [mein] Mädchen, wie lieb ich dich.»

***

Ein anderes Kapitel. Die Fortschrittler in allen Ländern haben es sehr mit dem Realismus zu tun. Das betrifft auch die Literaten. Ich lese nun in einer ostdeutschen Zeitschrift einen Aufsatz von Georg Lukác[s][362], der sich mit dem sozialen Realismus in der Literatur befaßt. Einmal heißt es da:
«Das Ziel gleichsam (ich frage, was heißt gleichsam?) aller großen Schriftsteller war die dichterische Reproduktion der Wirklichkeit[;] Treue der Wirklichkeit gegenüber, das leidenschaftliche Streben nach umfassender [und wirklicher] Wiedergabe der Wirklichkeit war für jeden groß[en Schriftsteller] das echte Kriterium der schriftstellerischen Größe (Shakespeare, Goethe, Balzac, Tolstoi)[.»][363]
«Die wirkliche Kunst erstrebt[,] so weit wie möglich in die Tiefe dringend, jene wesentlichen Momente, die hinter den Erscheinungen verborgen sind, zu erforschen. Aber sie stellt sie nicht abstrakt dar, sondern gestaltet grade jenen lebendigen Anteil des Prozesses, in dem das Wesen in Erscheinung tritt.[»][364]
«Der Typus ist nicht der abstrakte Typus der klassischen Tragödie, aber noch weniger der «Zola»sche Durchschnitt[365].[»] – [«]Die Äst[h]etik wünscht, daß das vom Schriftsteller erfaßte Wesen nicht abstrakt, sondern als Wesen von Erscheinungen des sprudelnden Lebens dargestellt werde[»][366] – [«]Selbst das auschweifendste Spiel des dichterischen Theaters ist und war mit der Auffassung des Realismus vereinbar. Es ist kein Zu-

fall, daß g[e]rade ein[ige] phantasievolle Novelle[n] von Balzac, E. T[. A.] Hoffmann, von Marx beieinander [genannt] werden.»[367]

[«]Marx hielt Balzac für den prophetischen Schöpfer von Gestalten, die sich erst später entwickelten.»[368]

Man sieht, der soziale Realismus befindet sich im Gedränge. Denn wenn E. T[. A.] Hoffmann hier als Beispiel herangezogen wird, so zeigt das nur, man ist in eine Sackgasse gelaufen. Und zwar hauptsächlich, weil Marx einmal etwas in diesem Zusammenhang sagte, was man natürlich nur nachbeten kann.

***

Es geht rasend, mit Zerfall und Neubildung, mit Kindheit, Jugend, Reife und Alter durch die Zeiten, von Weltära zu Weltära.

Bleibt aber der Ursprung und die Verankerung darin. Von diesem Anker reißen sich Massen ab und flattern, die [e]inen trunken, die andern verzweifelnd und überdrüssig in die Auflösung der Elemente, in den Tod. Wenn sie sich nicht der Zeit verschreiben wollen, klammern sie sich an den Punkt der Gegenwart, eine phantastische Bemühung.

***

Welch Schauspiel, aber ach ein Schauspiel nur.[369] Jahr für Jahr vergeht der Winter, der Frühling erwacht, Jahr für Jahr blüht es um uns, und es kommen im Tier- und Menschenreich die die Umarmungen, und die neuen Geschlechter ent[stehen,] die alten verdorren. Da heißt es: «Der Tod ist verschlungen in den Sieg.»[370] Ich sehe zunächst: «Der Tod ist versteckt in der Liebe.» Und nicht nur in der Liebe. Ein prächtiges, von schallenden Kapellen geführtes Regiment zieht auf, da in der Liebe. Es protzt mit schallenden Sohlen die Jugend. Es stampft wuchtig und selbstgewiß die männliche Reife, wer kann ihnen allen widerstehen? Der Tod ist verschlungen in den Sieg, so kommt ihnen vor, sie können aber alle nicht bis drei zählen, sie sehen nicht, was dicht hinter ihnen kommt und wer sie sind, – eine Maskerade des Todes, und ihr Sieg verschlungen in den Tod. Sieg der Völker, der Nationen? Wuchtige Bastionen gegen den Untergang? Aber der Untergang trägt sie in seinem riesenweiten schwarzen Maul, er knackt sie[,] wann er will[,] und vernichtet sie schluckweise. Wille zur Macht[371], Expansionsdrang, – um so besser, mehr, noch mehr. Denn aller Tod will Ewigkeit, will tiefe tiefe Unendlichkeit.[372]

Da hängt hier in meinem Zimmer wiederum, das Bild[373] von der mißlungenen Hochzeit des guten Königs Dagobert. Hatte doch die Verlobte schon ihren Ring abgestreift. Aber ein Goldschmied bedient sie in einem prangenden Purpurkleid, den Heiligenschein über dem Kopf. Er blickt sie nur an, und sie weicht ihm nicht aus, da schiebt er über ihren Finger den Ring, den er meint, und den sie auch will, nicht den zum königlichen Leben und zur menschlichen Liebe, sondern den zum Himmel. Sie wechselt herüber zu Christus. Denn man hat die Welt schon durchschaut. Nur eine kleine Weile läßt man sich betrügen. Die alten Propheten waren Sturm gelaufen und hatten gewettert und gewarnt vor dem schlechten Weg. Gott selber mußte ihnen den richtigen zeigen. Gott ließ schon, damit sie aufwachten, sein brennendes Feuer auf sie fallen, Krankheit, Siechtum, Alter, Tod und vielen Schmerz, Schmerz in tausend Abwandlungen. Sie wurden nicht belehrt.

Ein altes Wort sagt: «Als du jung warst, hast du dich selbst gegürtet und bist hingegangen wohin du wolltest. Bist du aber alt geworden, so wirst du deine Hände ausstrecken und andere werden dich gürten und dich führen, wohin du nicht willst.»[374] So ergeht es denen, über die die sogenannte Natur das Wachstum, die Reife und das Welken geschüttet ist. Ebenbild Gottes ist aber der Mensch, – und was gehört alles zu Gott, laß mich wieder einmal sehen, was ich vom Menschen, dem Ebenbild Gottes, weiß und zu sagen habe. Myriaden Menschen lebten und leben, sie alle

Ebenbilder Gottes, ahnungslose Ebenbilder Gottes. Aber er will über den andern stehen, mehr als die andere Natur sein, ohne es beweisen zu können und zu wollen. Denn was können sie zum Beweis vorlegen, womit wollen sie sich als Ebenbilder Gottes legitimieren, – doch wohl nicht mit ihren Leistungen, mit ihren Krankenheilungen. Nein, nicht damit, davon ist nicht die Rede. Sie sind Termiten, die im Urwald aus ihrem Bau fließen. Mensch mit einem Ich? Mensch in Engelnähe? Besonders geschaffen? Als eine ungeheuer ausdrucksvolle Gestalt, als ein einzigartiges Wesen, das sich [t]ermitenhaft vermehrt und sich selber vernichtet. Wenn einmal das Ich in ihnen lebte, so ist es längst eingepfercht, zerfallen und aufgelöst in diesen Milliarden Einzelwesen, die sich verhalten, als wären sie auf der Suche nach einem Ich. Vom großen Ursprung, von Gott ist nicht mehr die Rede. Sie sehen und fühlen nichts mehr von ihm. Die Zahl ist die große Herrscherin unter ihnen, die Vielheit, die sie im Wind hin und her schaukelt wie Blätter.
Was ist das? Wie sind alle Dinge jetzt in ihr Gegenteil verdreht. Sich zur Freude, hatte ich geglaubt, schuf Gott die Welt. Was ich sehe, trägt den Charakter einer Strafwelt.
Aber nun endlich laßt uns näher treten und sehen und sagen, was wir hier erkennen können.

Vom Ursprung

Ich habe lange dieses Journal liegen lassen. Ich sitze nun in Paris, es ist Herbst geworden, der 2[0]. Septe[m]ber, an dem mir im Vorjahr ein Herzgefäß sprang, ist schon vorüber. Jetzt muß ich zu einer Antwort und zu einem Abschluß kommen: was also ist der Tod?
Ich werde mich jetzt, um zu erfahren, was der Tod ist, mit dem Ursprung des Lebens befassen. Von Historie muß jetzt die Rede sein. Denn die Frage lautet: wie ist es zu dem gekommen, was wir erleben[?] Von unserm Denken, unserm Willen und Drang

zu erkennen, muß zuerst gesprochen werden. Frage ich, was Mensch ist, was ihn unterscheidet von anderen Wesen, so antworte ich: das Denken, das Erk[e]nnen. Wenn er Ebenbild Gottes genannt wird, so ist es die Vernunft, auf die hingezielt wird. Wir nennen den Urgrund und Ursprung Gott, weil von ihm und allein von ihm alle Existenz ausgeht. Wir, zugehörig zu der geschaffenen Welt, unterwerfen uns ihm und indem wir denken und erkennen, finden wir uns in seiner Welt vor, und uns ist, wenn wir sie betrachten, nur ein großes fassungsloses Staunen möglich. Dies haben wir jedenfalls, dieses Vermögen, daß wir uns als seine Gebilde fühlen, trotz unserer notorischen Ohnmacht und Ungewissheit.

***

Nun aber will ich ein großes und neues Kapitel beginnen, ich will vom Ursprung und der Geschichte sprechen. Es ging mir in den Wochen, als ich krank lag und dämmerte, eigentümlich. Mein Geist fühlte sich gedrängt schon damals und ohne Furcht, sich mit den großen Fragen zu beschäftigen, die eben vor uns traten. Es ging mir an einem Morgen so: wie ich lag und mich noch nicht wirklich vom Träumen abgelöst hatte, bemerkte ich vor mir oder über mir, allerhand Formen. Sie waren sehr verschieden. Sofort wußte ich (ich hatte vorher an mein Thema, die Entstehung der Schöpfung gedacht)[,] und dies gehörte dazu. Dies waren Gedanken, die ich sah. Aber sie waren keine bloßen Gedanken, denn wie soll man Gedanken sehen, auch hören ließen sie sich jedoch nicht gleich, sondern sie liefen, obwohl ich[,] wie mir schien[,] wach war, vor mir wie Traumbilder ab. Ich sah ja zugleich das Zimmer.
Gott ließ, sagt die Schrift[375], die Welt, oder die Welten, Himmel und Erde entstehen, und er schuf sie, heißt es, durch sein Wort. Er rief sie ins Leben. Der Logos, seine Gedanken, wurden Leben und nahmen Gestalt an, und alles kam von ihm. Ich sah nun – denkend in der Morgenfrühe, noch unberührt vom Straßenge-

räusch – vor mir geistige Gebilde, wie sie von dem Ursprung ausgingen, ich sage nicht: wie sie aus ihm hervorquollen, als wäre es eine Muschel. Ich wußte den Ursprung dahinter, kein Wort war vorausgegangen, das, was ich sah, waren die Worte, obwohl Gestalt, eben aus dem Gedanken hervorgegangen, Gedanke und Wort und Gestalt untrennbar eins. So war da das Licht, schien mir, und die Finsternis, und das Wasser und die Erde, und auch was auf ihr sich zeigte. Sie waren alle in einem merkwürdigen Zustand. Sie waren flink und geneigt zu verschwinden und zu erlöschen, schattenhafte gal[l]ertige Gebilde. Ja sie waren mehr Bilder als greifbare Gestalten.

Wie Lichtgebilde flossen sie oft über und durcheinander, sie nahmen auch verschiedene Farben an. Bisweilen glühten sie und blühten bunt auf, es war herrlich anzusehen. Und daß ich es nicht vergesse: sie stellten sich nicht stumm hin, sondern erwiesen sich bald als ein tönendes Ensemble, als ein ganzes Orchester, manchmal war es ein bloßes reines, fast stoffloses Summen und langezogenes Zirpen, das schlug aber um und nahm größere und größere Stärke an in Momenten bis zur Stärke einer Orgelmusik von einer großen nie zu beschreibenden Schönheit. So ließen sich die Urgedanken, die Urgebilde ergehen.

Und als sie verschwanden und ich an ihr Wogen und Klingen dachte, kam mir vor: dies mochte schon dem Garten Eden ähneln. Übrigens hatte ich auch Konturen von Pflanzen und Tieren bemerkt, ganz [a]llgemeine Konturen. Keine Einzelwesen traten hervor. Und so nennt ja die Schrift im Beginn nur allgemein Pflanzen und Tiere vieler Art, welche Gottes Wort hervorrief. Es lebte glücklich und harmonisch miteinander. Das Geschaffene in diesem Stadium starb nicht. Es gab weder Schmerz noch Welken noch Tod in der Nähe des Ursprungs.

Kaum kann man von Zeitlichkeit und Räumlichkeit sprechen. Es war alles real, aber von einer besonderen Realität. Und auch der Mensch gehörte dazu, als Form und Bild, von Fleisch und Blut und Knochen keine Rede, ein einziges Gebilde, und nichts von Geschlechtlichkeit.

Wie ich das überdachte, nachträglich, fiel mir ein, es müssen sich auch Engel unter diesen Gebilden befunden haben. Vielleicht war das ungeheure Wogen, das sich gelegentlich bemerkbar machte, und ein besonderes Schillern und Lodern, das von manchen Stellen ausging, auf sie zu beziehen. Sie waren aber alle eine einzige Schöpfung, um den Ursprung versammelt, der, so schien es, sie jeden Augenblick wieder an sich nehmen und in sein Dunkel zurückziehen konnte.

***

Wodurch ist dieser glückselige Verband gelöst und gelockert worden?

Sie waren Urgedanken, Gottes Gedanken, Gebilde mit einer bestimmten Mitgift. Jedes war, da es sich nicht um Seifenblasen, sondern um göttliche Gedanken handelt, mit einer besonderen Macht, einem besonderen Vermögen, einem Sinn im Rahmen eines Ganzen, eines Plans, mit einer besonderen Stofflichkeit ausgestattet, die noch nicht hervortrat. Sie waren ja im [e]inzelnen und im [g]anzen noch in statu nascendi. Sie bildeten sich langsam aus zu dem, was sie alsdann waren, die Pflanzen zu Pflanzen, und zu besonderen Pflanzen und Bäumen, die Kriechtiere zu Kriechtieren, die Vögel zu Vögeln, und so die Würmer und alles andere. Zweierlei machte sich aus: die Bindung, der Einfluß vom Ursprung und dann die Stofflichkeit. Dieses [b]eides sollte sich langsam in ein Spannungsverhältnis umsetzen, und hier ist der Punkt, der uns erklärt, wie und warum der glückselige Verein um den Ursprung sich löste und lockerte.

Es gab Störungen und Reize, die mit der Stofflichkeit zusammenhingen, welche sich entfalten wollte, aber es lag an ihnen, hier in dieser und jener Weise einzugreifen. Die Reize wurden genährt nicht durch Berührungen mit dem Ursprung, nicht von da, sondern sie ergaben sich aus Berührungen mit den anderen Gebilden, die man bemerkte und an denen man sich, möchte ich sagen, rieb. Es gab da Lockungen, Versuchungen und Verführungen, denen man nachgeben oder widerstehen konnte. Man fühlte sich in diese oder jene Richtung gezogen, sich hier zu erproben. Soweit war man frei. Und der Drang zur Entfaltung, zur Auswirkung der Möglichkeiten, die man in sich trug, war mehr oder weniger heftig und gewaltsam. Und die Kraft, mit der diese successive Selbstdarstellung erfolgte, war so verschieden wie die Gebilde es waren, wie ihre Anlage und Stofflichkeit es ihnen eingab, und so waren sie und wurden sie Kristalle und Pflanzen, und andere Tiere und Menschen, und andere Geistwesen, wie Engel.

***

Das alles, was ich sagte, mag nicht weit entfernt sein, von Phantasien, ausgehend von jenem Halbtraum, den ich berichtete. Aber laß mich sehen, wohin dieser Weg führt.

Es waren alle Urformen da, begabt mit ihrer besonderen Stofflichkeit, in der allgemeinsten Form, als Pflanze, Tier, Vogel, Stern. Sie umkreisten noch den Ursprung und waren schon im Begriff, sich mehr und mehr von ihm abzulösen, um sich zu verselbständigen und sich einander hinzugeben. Es war schon der Ansatz zur Ballung einer anderen Welt, denn, wie schon gesagt, war ein Spannungsverhältnis da, das sich ergab aus der geistigen Natur, der ideellen Artung, die sie mit sich brachten, und den Möglichkeiten und Triebkräften ihrer Stofflichkeit. Sie trugen mit sich, sage ich, einerseits ihre Urformen, die göttliche lebendige Idee, andererseits eine bestimmte Stofflichkeit, die sie aus dem ideellen Rahmen entfernen konnte. Es war ihnen allen, die der Schöpfer heraustreten ließ, als seine Gedanken zur Stofflichkeit noch Zeitlichkeit mitgegeben. Noch unterstanden sie und unterwarfen sich dem göttlichen Plan, dem sie ihren Ursprung verdankten, aber die Stofflichkeit riß an ihnen und trieb jedes Gebilde zu sich selbst. Je mehr das Spannungsverhältnis sich auswirkte, je mehr sie sich fest bestimmten in dieser oder jener Art, je mehr sie sich materialisierten und spezifisch ausprägten, um so

deutlicher wurden sie Natur und ähnelten dem, was wir jetzt haben. Das mag im Beginn noch harmonisch und harmlos verlaufen sein. Es nahm erst einen andern Charakter an, als man an dem Stadium der bloßen Beziehung auf sich selbst heraustrat und die Verbindung mit dem Ursprung, so weit sie von den Wesen gefühlt wurde, nachließ und erlosch.
Es wird von einem Sündenfall und von Erbsünde geredet. Man kann nicht ohne [w]eiteres alle Schuld oder auch nur die Hauptschuld auf den Menschen legen. Im Beginn wurden ja Himmel geschaffen mit Engeln, das heißt ungeheuren geistigen Mächten, die nicht in der Weise wie spätere Pflanzen und Tiere die Anlage oder Stofflichkeit jener Wesen trugen. Man stelle sich die Welt und gar den frühen Ursprung nicht in der Denkart der heutigen Wissenschaft und Astronomie vor. In der heutigen Wissenschaft und Astronomie ist von einem Kampf zweier Sphären und von einem schließlichen Kampf gegen den Urgrund nichts mehr zu entdecken. Wie draußen in der Existenz hat sich hier im Wissen die Stofflichkeit durchgesetzt und fast jede Erinnerung an den geistigen göttlichen Ursprung zu unterdrücken vermocht, – eine Bewegung, die Kopernikus und Kepler einleiteten und in die sie die Physik und Mathematik trieben. Wir aber haben hier nicht von Kopernikus[376] und Kepler[377] gesprochen, sondern von dem Ursprung und auch von der Natur der heutigen Existenz. Ich sagte, es wird von einem Sündenfall und von Erbsünde gesprochen und dabei der Mensch überlastet. Aber es waren auch die Engel da, die machtvollen Wesen, geistigen Gebilde, die sich, da sie fast frei von jeder sonstigen Stofflichkeit waren, wohl zuerst gegen den Ursprung wandten. Zwischen ihnen selber mag es zu einem abenteuerlichen Götterkampf gekommen sein. Der Drang zur Allmacht wütete, aber Gott ließ es nicht geschehen, daß die Schöpfung darunter zu Grunde ging. Die Herrlichkeit dieser Großengel nahm ein Ende. Sie gingen ein. Sie schrumpften und wurden degradiert zu Dämonen und trieben und treiben sich so in der Welt herum. Sie griffen dann auch in den Garten Eden ein und machten sich an den Menschen. Es war nicht

schwer, dieses harmlose Geschöpf zu verderben und mit sich zu reißen.
Warum beschäftige ich mich mit solchen Dingen? Ich fragte nach dem Tod, und ob er existiert? So kam ich dazu, nach dem Leben zu fragen, und so, vom [H]undertsten zum Tausendsten kam ich zur Schöpfung und zum Urgrund. Wie ist Gott und wo ist er an dieser Welt beteiligt? Einige halten das Hinzuziehen von Gott für bloßes Phrasentum und pathetische Poesie. Einige erkennen ihn an, sogar als Urgrund, aber machen ihn so jenseitig, daß er quasi hinter den Bergen lauert. Und für andere ist er nichts weiter als eben diese Natur, diese in sich selbst schöpferische Natur.

Der Ablauf

Im Juni 52 begann ich dieses Journal mit den Worten: «Es mag sich in Bezug auf die Entstehung dieser Welt verhalten wie es will, – ich bin da, mit dem, was den Himmel und die Erde erfüllt. Was mit mir ist, was ich soll, weiß ich nicht.[»][378] Es kommt aber offenbar wenig auf mein Wissen an. Ein allgemeines Denken, nicht an den Einzelnen gebunden und von ihm ausgehend, ist da als eigentliche Realität, die aber unvollständig und im Werden ist.
Ich schließe hier an: damit muß ich mich befassen, daß ich mich im Ensemble eines mit großen Schönheiten und Herrlichkeiten ausgestatteten, mit gewaltigen und unverständlichen Vorgängen beladenen Ablauf befinde, und ich kann, wenn ich ihn überblicke und auch auf das [e]inzelne sehe, nicht umhin, hier von Vernunft, ja von Übervernunft, von Weisheit zu sprechen. Ich muß alles, was ich an Sprache und Phantasie besitze[,] dazu benutzen, um dann das Neben- und Miteinander von Bosheit und Güte, von Härte und Zartheit, von Gemeinheit und Innigkeit zu schildern und, so weit ich es kann, zu begreifen. Die Schöpfung ist ihren Weg, den Weg der göttlichen mit Stofflichkeit und Zeit-

lichkeit begabten Urformen und Ideen gegangen. Von einer Verschränkung der Welten, von einer Sprenkelung des Daseins habe ich gesprochen. Es ist nicht dazu gekommen, daß unter dem Eindruck bestimmter Gebilde andere Gebilde völlig verschwanden, aber sie prägten sich auf, und ambivalente Züge entstanden. Zum Göttlichen leitet die Schönheit und die Kraft, aber sie leitet auch zur Liebe der Geschlechter und so zu Geburt und Tod.

Gott wurde die Schöpfung nicht aus der Hand gerissen, aber die Verschlackung und Verfinsterung ist sichtbar geworden. Den Träger des Ursinns, der Weisheit, den Veranstalter und Planer dieser Welt, diese Person müssen wir Gott nennen.

Von meiner heutigen Realität spreche ich nun wieder. Das lange Spiel ist ausgespielt. Aus einem Winkel, in meinem Rücken hat sich der Feind erhoben und hat mich ergriffen. Er hat mich hart vom Gestern abgeschnitten, indem er sich des Körpers, meiner Stofflichkeit in einer Aktion von langem Atem bemächtigte. Aus den anfänglichen Neuralgieen der Hände sind Vertaubungen geworden, das hat übergegriffen auf die Arme, es ist von den Fußsohlen aufgestiegen über die Kniee hinweg zu den Hüften, und man hat von einer allgemeinen Polyneuritis gesprochen. Und nun ist es nicht bei den Schmerzen geblieben, die Finger spreizen sich nun nach Belieben auf eine sonderbare Weise. Wenn ich aus dem Schlaf erwache und das Bewußtsein sich wieder einstellt und ich meine Arme beugen will, finde ich sie verkrampft und muß sie langsam aus ihrer Spannung herausholen. Die Finger befinden sich in einem verworrenen Zustand, in einer chaotischen Verwirrung, sie sind wie Früchte, die vom Baum abgefallen sind und am Boden eintrocknen. Betrachte ich dann die Hände, so finde ich an den Fingern Veränderungen, die kleinen Gelenke sind aufgetrieben. Davor nun stehe ich und rätsele: was bedeutet dies?

Aber eben habe ich von der Allweisheit gesprochen, und ich kann die Gerechtigkeit und Liebe nicht auslassen. Die Dinge, die vom Ursprung in die Welt gestellt sind, tragen Zeichen von

ihm, und Gerechtigkeit und Liebe gehören dazu und sie sind untrennbar miteinander verbunden. Nichts kann davon ausgenommen werden. Gerechtigkeit und Liebe haben verschiedene Ausbreitungen in der uns zugänglichen Welt.
Als Hauptfaktum, als Hauptmerkmal dieser Welt nennen wir die Zeitlichkeit. Blicken wir auf die Zeitlichkeit, so finden wir in ihr Gegenwart, flankiert von Vergangenheit und Zukunft. Was läßt aus der Zeitlichkeit etwas Bestimmtes als Gegenwart hervortreten? Vergangenheit wird von den Wirkungen und Leistungen älterer Gegenwarten gestellt. Diese älteren Gegenwarten waren allemal unvollständig und konnten nicht zu ihrem Abschluß und Gelingen kommen. Es wird ein Riegel hinter jede Gegenwart geschoben, sie wird abgebremst, gestoppt, und nun kann nur die neue Gegenwart als Realität auftreten. Realität soll nur dem Augenblick der Gegenwart zukommen, Existenz wird nur ihm zugesprochen. Aber was als Geschaffenes aus dem Ursprung hervortritt, breitet sich in Wahrheit in den drei Dimensionen der Gegenwart, Vergangenheit und Zukunft aus und stellt einen Ablauf dar, der in sich weder einen Anfang noch ein Ende trägt. Ablauf ist die Realität dieser Welt. Dieses ist ihr zugefallen, oder wenn man will, ist ihr auferlegt und über sie verhängt. Der ewig wiederholte Wille und Anspruch der Gegenwart, etwas zu leisten und zu vollenden, diesem Anspruch wird nie stattgegeben, er wird abgewiesen, und schon stehen neue Anwärter da.
Diese Abweisung und die Verdammung zu einem endlosen Ablauf müssen wir als ein göttliches Urteil erkennen und zu verstehen versuchen. Und da kann es schon geschehen, daß wir bei der Betrachtung großer Geschichtsabschnitte auf den Gedanken kommen: alles tritt auf der Stelle. Angekommen war man im Beginn[,] aber Harmonie und Friede bestand in der Einheit mit dem ewigen Ursprung. Hier sind wir auf einen Punkt gestoßen, der Licht auf unsere Frage nach Leben und Tod werfen wird.

***

Es gab in jener Urzeit eine ungeheure Mannigfaltigkeit der Formen und Gestalten. Gewaltige Geistwesen waren im Stande, auf andere Wesen überzugreifen und sie zu vernichten oder zu verkümmern. Da gab es nun die harmlosen Wesen der Tiere und Pflanzen. Der Mensch war unter sie geraten. Er aber erkannte und dachte. Er war Träger des Geistes und so geschaffen. Was wird sein Los sein, wo er von den gefährlichen Geistmächten entfesselt und mitgerissen wird? Wir wissen, er wurde nicht gejagt wie die Großwesen, die Dämonen. Er stellte einen Sonderfall dar. Die dämonischen Mächte rissen ihn hin und her, dem großen Ablauf konnte er sich nicht entziehen, wir lesen seine Geschichte in dem alten Buch, er gab sich auf. Katastrophen nach Katastrophen rollten durch die Welt, sie glitt sichtbar ihrem endgültigen Ende zu. Ließ Gott nun den Menschen in dem allgemeinen Untergang verkommen[?] Von Welt ist nun nicht mehr die Rede, sondern – vom Menschen. Wir hören, Gott selber, sein Heiliger Geist überschattete seine Jungfrau und der Menschensohn wurde geboren, der alles aufklärte und eine neue Richtung gab. Griff er in den rasenden Wirbeltanz der Natur ein? Die Dämonen tobten weiter. Geburt, Wachstum, Reifen, Welken und Tod, der Ablauf tobte weiter, aber es erwies sich, daß nicht die Dämonen die Welt ausmachten. In all dem Abfall blieb der Ursprung[,] der er war, wir nennen ihn Gott[.]

Es war vor der Zerstörung von Sodom und Gomorrha, da kündete der Herr Abraham seinen Entschluß an, die Städte zu vernichten. Abraham fragte klagend: [«]Willst du die Schuldlosen mit den Schuldigen hinwegraffen? Vielleicht gibt es unter ihnen 50 Schuldlose.[»] Gott will ihretwegen die ganze Stadt begnadigen. Abraham läßt nicht nach, er geht herab auf 40, 30, 20, 10. Der Herr folgte. Die Stadt wurde zerstört. Die Schuldlosen fanden sich nicht. Gott blickte später auf die Menschen. Er sah und hörte Maria. Sie rettete die Welt.

Aus der Rippe Adams, als 2. Figur war das Weib geschaffen. Nun hatte der gottesfeindliche Mann, der Eroberer[,] sich abgekämpft. Hervor trat Maria, das heißt die Liebe, die Hingabe und

Unterwerfung. Da hatten die Männer Staaten geschaffen, hatten sich der Technik hingegeben, die neue Begierden erzeugte, das Himmelreich glitt an ihnen vorbei. Da redeten sie sich ein, sie wollten keinen Frieden, sondern nur Fortschritt. Aber über Krankheit, Alter und Tod kamen sie nicht hinweg. Und über den Neid, den Größenwahn, den Haß, die Eifersucht in der eigenen Brust kamen sie nicht hinweg, dieses Toben konnten sie nicht stillen. Traurig dachten sie an den Tod, jammernd begleiteten sie ihre Leichen auf den Friedhof.

Aber Maria, der Mensch, der einzige Mensch dieser Tage, von Gott gesegnet, hatte den geboren, dem dieser Tod nichts bedeutete. Er war mit Fleisch bekleidet, welches des Todes spottete.

Der Tod: wer stirbt[,] was stirbt, was soll und muß sterben? Die Schlacke, die Kruste, die sich um den Menschen gelegt hatte. Die Krankheit und das Alter hatten die Schlacke nur angefaßt und nicht ganz abgebrochen. Da trägst du noch immer ein Gehirn und beherbergst einen Geist. Er will und muß immer fragen, und begründen, untersuchen, statt sich zu unterwerfen. Maria aber, die einzig Überlebende, der einzige Mensch, der Adam dieser Weltära, hatte nicht studiert. Voll der Gnade war sie. Während das Menschengeschlecht schon lange auf den Planken des Schiffbruchs trieb, stand sie aufrecht und ging. Satan war es nicht geglückt, sie zu betäuben. Sie ging unter den Menschen, die nicht wußten, wie betäubt und vergiftet sie waren, und fiel nicht auf. Aber sie war da, sie war nur da, und sie war auch da, als ihr Gott den Erzengel Gabriel schickte und ihr ankündigte, was geschehen würde.

Und was tat der Menschensohn? Er sprach und wirkte unter den Menschen, – und daß der Tod nichts ist, nichts vor ihm, bewies er indem er am Kreuze starb und wieder auferstand. Das wahre Leben sollte nicht in Alter, Krankheit und Tod verfallen, sondern frei von den dämonischen Mächten, nicht beherrscht von der Stofflichkeit der Materie seinen Weg gehen, den Heimweg zum Himmel.

Der Tod ist zweierlei. Er ist die Gestalt der widergöttlichen

Mächte, die sich blendend kleiden in Schönheit und Lust und in der Fortpflanzung triumphieren. Sie werden durch die Zeit gejagt und hoffen sich retten zu können von Gegenwart zu Gegenwart, aber Gott der Jäger gibt nicht nach. Tod ist, was hier hinfällt und zweitens, Tod ist schon von Haus aus her, was sich vom Ursprung abgerissen hat. Die Menschen haben ihr Grundwissen, ihr Grundfühlen bewahrt. Sie preisen die Liebe. Aber die Höllenmächte verfälschen das und so kommt es, daß die Menschen Völker bilden, aber die Völker wachsen nur eine Zeit lang, dann ergreift es sie, und sie sind nicht mehr und nur ein einig Volk von Brüdern[378a], sondern ein einig Volk von Eroberern und setzen die Kriege in die Welt. Die Höllenmächte tragen die Schminke des Lebens.
Und so ist es dazu gekommen, daß in der Natur alles ein doppeltes Gesicht trägt: heute schön ist und Lust gibt, und morgen das schwarze Gegenteil. Aber unbelehrt tritt jedes Jahr und jede neue Generation an und wiederholt die Vergangenheit.
Der Tod befreit. Er befreit das Ursprüngliche, das Unversehrte. Er löst aus dem höllischen Zauberring. Er führt, der de[r] wahre Anfang und das wahre Ende ist[,] der Gott der Gerechtigkeit, zur Stille, Klarheit und dem Frieden.
Ich citiere wieder Paulus: «Er nennt den Tod der Sünde Lohn und sagt, [es] bleibt der Schöpfung die Hoffnung, daß sie von der Knechtschaft der Vergänglichkeit frei werde und an der herrlichen Freiheit der Gotteskinder teilnehmen werde. Wir wissen ja, durch die ganze Schöpfung zieht sich ein Seufzen, sie liegt in Wehen bis zur Stunde.»[379]

AUSGESCHIEDENE AUFZEICHNUNGEN ZUM «JOURNAL 1952/53»

Ich sage einen allgemeinen großen geistigen Umschwung voraus. Mit dem Protestantismus ging der Siegeszug der Rationalität parallel. Der Gehirnmensch triumphierte. Er wußte, er entdeckte und würde kein Ende des Wissens und Denkens finden. Er hatte den unbegrenzten «Fortschritt» als seinen Weg erkannt. Vor ihm stand der Baum der Erkenntnis[380], und er dachte, nachher vom Baum des Lebens zu essen, – das uralte Lied. Aber während er draußen entdeckte, wußte er nicht, worauf er stand. Ihm kam vor, er denke voraussetzungslos. Er bewegte sich aber überhaupt nicht, er wurde bewegt. Langsam kommt es einer Anzahl Menschen zum Bewußtsein. Das große neue Wort, das uralte und wahre wird heißen: Unterwerfung.

***

Wieviel Bücher jährlich geschrieben werden, wieviele im Laufe der letzten Jahrtausende geschrieben sind, läßt sich nicht sagen. Die einzelnen Völker beginnen den Unterricht damit, daß sie in ihren heiligen Schriften lesen lassen, z. B. im Alten Testament, im Neuen Testament, im Koran, [in den] Upanischaden[381], [in den] Reden Buddhas[382] [und den] Lehren des Konfuzius[383]. In diesen Werken wird denen, die heranwachsen, die Plattform gezeigt, auf der man steht. Nun kann man denken und sich bewegen.

***

Wie verfährt der Protestant mit der Bibel? Ich sehe von der bloßen Wortklauberei ab, er meint, man müsse die Lehren, wie man sie da lese, wirklich praktisch ausführen und das wäre das A und [O]. Man hat sich aber nie vollzusaugen mit den Wahrheiten, den Vorgängen der alten Schriften. Statt die äußere Welt zu er-

weitern und immer zu erweitern, hat man vor sich die ungeheure Aufgabe, die innere Welt zu füllen.
Woher das ewige Fragen nach dem Ich? Das Denken flüchtet von einem Punkt zum anderen. Aber es findet kein gesichertes Interesse. Was soll all das Theoretisieren über Religion?
Die Dinge liegen sehr einfach: Ohne Vertrauen, ohne Unterwerfung und ohne Glaube[n] kann man keinen Schritt tun.

***

Wie man mit mir umging, wie der Weg, den ich zu nehmen gedachte, durchkreuzt wurde. Wie man mit mir spielte. Wer? Der Boden auf dem ich stand, der Himmel, der mich umgab. Denn wer war ich, was wußte ich von mir? In der Kindheit und in der Jugend arbeitet und formt das Unbewußte, da ist kein Gehirn für sich tätig. Dann, sonderbares Ding, begann ich zu schreiben, ich kam[,] ohne es zu wollen und es zu merken, ins Schreiben, ins Notieren: Das war die innere Welt. Ich dachte und ließ es «denken», es phantasierte in mir. Ich ergötzte mich daran. Dabei war es ein Phantasieren, schien nur ins Leere ein Denken und ein Tanzen ohne Füße[.] Mir ging es so wie jenen, deren Innenleben man früh befestigt hat durch die alten Schriften. So richtete ich den Blick nach außen und schrieb und schrieb. Ich war ein Urwild. Ich blickte auf die Welt, ergriff Wissenschaften und damit ging ich die Welt an. Ich ging zurück und lief wieder an. Es kam mir vor, es wäre ein Wachstum. Aber was sollte denn wachsen? Mein Denken und Phantasieren ermüdete und entleerte sich – im Werk –, und füllte sich wieder. Ich war getrieben zu schweigen und zu denken, zu phantasieren, das ergab Bilder, die mir meist nichts gaben, die nichts an mir bauten, die mich nicht ausbauten. So ging es bis zu der «Wendung».[384]

[Das folgende Blatt fehlt.]

Wie es mir damals um 1946 nach meiner sogenannten Rückkehr erging. Wie man mit mir verfuhr, wie die Deutschen mit mir zu

spielen versuchten. In der ersten Zeit umschwärmte man mich, suchte Vorteile. Ein Verleger[385], der am Ort wohnte, erschien buchstäblich fast täglich bei mir. Ein bekannter Romanautor[386] nannte die Franzosen nur Occupanten[387], für das, was die Nazis angerichtet hatten, fand er kein Wort, es war für ihn wie viele andere längst ausgeglichen durch das, was die «Occupanten» bei ihrem Einmarsch jetzt hier anrichteten. Darüber konnte er nicht laut genug schreien. Ich suchte mich diesen Menschen, aus deren Mitte doch Ungeheuerliches hervorgegangen war und die doch Stücke derselben Kultur in sich trugen wie ich selbst, ich suchte mich ihnen zu nähern. Aber ich mühte mich im luftleeren Raum. Und damals 1945/46 in unseren Büros, jeder arbeitete und tippte für sich, keiner wußte[,] was der andere trieb. Deutsch-französische Annäherung, wie sollte sie erfolgen, auf welcher Basis? Es gab nur Haß und Rachegefühle. Einzelne konnten sich persönlich verständigen. Man tat vieles von französischer Seite, um hier ein anderes Klima zu erzeugen. Nun, es war nicht immer die Elite und die besten Könner, die von drüben herübergekommen waren. Es gab wunderbare Bilderausstellungen[388], das war noch eine gute Bewegung. Aber tiefer durfte man nicht graben.
In jenen ersten Jahren in Deutschland erlebte ich selbst eine kritische Wendung. Es war die große Wendung, die religiöse liegt jetzt vier, fünf Jahre zurück[.][389] In einer besonderen Weise beschäftigte das, was jetzt geschah und [es] vertiefte die Wahrheit und die Echtheit dieses Erlebnisses, aber in einer ganz anderen Weise[,] als ich es vermutet hatte. Es wurde sehr ernst mit mir gemeint. Ich bemerkte die Wendung damals noch nicht um 1945, als ich bei Kehl über die gesprengte Rheinbrücke fuhr. Aber ich sollte das neue Wesen, dem ich an Leib und Seele verfallen war, bald kennenlernen. Zunächst trug ich ja noch fröhlich und aufmerksam meine Handkoffer von der Bahn zum Hotel Stephanie[390], wohin man mich verwiesen hatte. Ich durchwanderte die Stadt, sie machte einen wüsten und verwahrlosten Eindruck, die Schaufenster leer, die Menschen abgerissen. Freundlich allein klang mir der Ton ihrer Sprache, aber ich hatte jetzt im

Auge nicht die Berührung mit Menschen, sondern jene kritische Wendung, die schon draußen eingeleitet war, sich nun mehr und mehr in mir, in Leib und Seele, manifestierte. Als ich siebzig Jahre wurde im Jahre 1948, wollte davon mein damaliger Verleger[391] in Baden-Baden das übliche Zeitungsaufsehen machen und fragte mich aus. Ich war ganz und gar nicht dabei, kalendermäßig stimmte es mit den siebzig, aber sachlich, körperlich, geistig und seelisch nicht. Denn siebzig bedeutete doch Eintritt in ein neues Lebensalter, aber ich fühlte mich in jeder Weise so kräftig und elastisch wie vorher. Ich schritt unbekümmert, furchtlos und fr[ö]hlich Tag und Tag den Bach entlang, unter schönen Bäumen, prächtigen Kastanien und freute mich der Trauerweiden mit dem langwallenden Haar. Es war noch ganz meine Welt. Was dahinter lag und darüber wogte und die Welt beschattete, wollte ich nicht in meinem Bewußtsein aufnehmen. Es waren schwankende, schattenhafte Gedanken. Ein neues Lebensalter[?] Es kam für mich nicht in Frage.
Aber schon lange Jahre hatte ich in meinen Gliedern hier und da etwas bemerkt, im rechten Arm, der neuralgisch schme[rz]te und anderswo, nun bemerkte ich, ich mußte langsam gehen. Es machte sich nicht mehr so gut wie früher, die alten Schmerzen wurden heftiger und [es] gesellten sich neue dazu. Und einmal bemerkte ich, als ich lange allein auf meinem Zimmer gesessen hatte, auf der niedrigen Chaiselongue, daß ich nicht aufstehen konnte. Ich erschrak. Es mußte eine augenblickliche Muskelschwäche gewesen sein, es ging vorüber. Und dann knickte dann und wann ein Knie ein. Und langsam stellt sich noch etwas anderes ein: die Vertaubung der Finger. Sy[m]metrisch an der linken und rechten Hand vertaubten die äußeren Finger, erst oberflächlich und dann tiefer. In diesem Jahr fuhren wir auch nach Nizza.[392] Und als ich mich in diesen Tagen so von ungefähr ans Klavier setzte, um ein paar Akkorde anzuschlagen, bemerkte ich: meine Hand lokalisierte nicht richtig, ich konnte die üblichen gewohnten Akkorde nicht greifen. Erstaunt, verblüfft und eigentlich etwas ärgerlich auf mich selbst[,] zog ich mich vom

Klavier zurück. Da entschloß ich mich einmal meinen Körper durchprüfen zu lassen, man durchleuchtete mich, untersuchte das Herz und sagte mir, daran wäre alles in Ordnung, aber die Sehnenreflexe, daran mangelte es, es mangelten eigentlich die meisten Sehnenreflexe, bis auf die der Bauchdecke. Ich kontrollierte in der nächsten Zeit weiter die Fortschritte der Vertaubung und registrierte diesen Nervenbündel, jenen Nervenbündel. In ungefähr derselben Zeit des Jahres 1948 präsentierte ich mich in Freiburg dem prächtigen Professor Beringer[393], der dort das Fach Neur[o]l[o]gie versah, und nach einer oberflächlichen ersten Untersuchung ließ ich mich in seine Klinik aufnehmen. Etwa acht Tage[394] blieb ich zur Beobachtung und er stellte das Wesen [fest], man sagt wohl die Krankheit, die sich meiner Leiblichkeit bemächtigt hatte und an ihr arbeitete und sich in ihr einfraß. Er sah mit anderen zusammen die Röntgenbilder an. Das etwas mit meiner Halswirbelsäule nicht stimmte, hatte man mir schon früher gesagt, ja, bestätigte er, es gäbe da allerhand Vorgänge an meiner Wirbelsäule, sichtbar, eigentlich überall, wovon der Wirbelknochen Verdickungen, Auswüchse h[ä]tte. Es war eine Art Rose der Wirbelsäule, da dringen Knochenwucherungen in die Austrittskanäle der Wirbelsäule für die Nervenstränge ein, verengen ihnen den Weg und reißen die Nervenbündel aus. Und so geht von diese[m] Knochenprozeß eine Reihe von empfindlichen Vorgängen aus, an den zarten Nervenbündeln, an den Scheiden der Nervenstränge. So wußte ich jedenfalls für jetzt, was mich gepackt hatte. Da saß es, ich hatte es nicht etabliert, von da aus wollte es mit mir fertig werden.

In der Tat, es saß da, wir taten vieles, um diesem Unwesen zu Leibe zu gehen, mit Spritzen und Medikamenten, mit Bädern und Massagen suchte man es zu beeinflussen, von diesem Fleck zu vertreiben. Manchmal wurde es darauf besser, aber im ganzen, im ganzen nicht. Da wurde ich gezwungen, mehr und mehr, mein Leben entsprechend diesem Eindringling, dieser Fremdmacht in meinem Fleisch zu steuern. Ich konnte ignorieren, wenn es mir beliebte, ob ich sechzig, siebzig oder achtzig

Jahre alt war, aber die Macht, die sich hier manifestierte, konnte ich nicht ignorieren. Spaziergänge konnte ich nur noch mit Maß machen, Klettern, Springen und Steigen weniger und weniger. Und dann kam eine Nacht[395], die eine völlige Überraschung brachte. Nichts besonderes war an dem Abend vorausgega[n]gen, friedlich hatte man sich hingelegt, auch jene Schmerzen belästigten mich nicht wie sonst. Da erwachte ich mitten in der Nacht, es mochte gegen drei Uhr sein, unter fürchterlichen, ungeheuren, wogenden Schmerzen im Rücken, wo ich sonst nie etwas gefühlt hatte, zwischen den Schulterblättern. Der Schmerz grub sich in den Körper ein, drängte da nach vorn, nach der Brust und dem Hals zu. Ich mußte, was ich sonst nie tat, stöhnen. Ich stöhnte laut, weckte meine Frau, es war unerträglich, es war wirklich unerträglich. Irgend etwas an Medikamenten schluckte ich. Es ließ nicht nach. Es dauerte lange, bis sich der wogende Unhold, der da an mir arbeitete, ermüdet hatte und nachließ. Ich stöhnte weniger. Ich konnte meine Frau bitten, wieder das Licht auszulöschen. Wir wohnten weit draußen vor der Stadt[396], ein Telefon besaßen wir nicht, wer sollte jetzt in der Finsternis einen Arzt holen? Aber es war vorübergegangen, der Teufel hatte sich an mir gesättigt, nun lag ich da und konnte wieder dämmern. Am nächsten Morgen, obwohl schwach und müde, zog ich mich an und tat so, als wäre nichts vorgefallen, aber meine Frau riet mir doch[,] heute morgen zu Hause zu bleiben. Sie ging weg. Der Doktor vom Ort[397], den ich schon kannte, erschien und nahm mich ohne weiteres in seinem Wagen mit in das Sanatorium, wo man mich wieder durchleuchtete, beklopfte und behorchte[,] und wo ich zu meinem Staunen hörte: Es war ein Anfall von Angina pe[c]toris. Ich mußte mich dann fügen und blieb dort oben liegen. Im stillen sagte ich, mich quält jetzt gar nichts. Und dann begann eine lange Liegezeit.

***

In Kalifornien hatte ich schon einmal derartiges, nein, besser Dinge erlebt, die man mit diesem Namen belegte: Es war eine Art der Angina, ich war wirklich beengt auf der Brust, das Sprechen fiel mir schwer. Diesmal die Schmerzen. Ich sagte wohl schon, daß dies Leiden, soll ich sagen in jener Gegend oder soll ich sagen bei Leuten meiner Art[,] recht verbreitet war, Franz Werfel[398] litt schon lange daran, er starb, ich sah ihn noch und sprach ihn noch, ich glaube es war zu einem Geburtstag von Heinrich Mann[399][,] in der Wohnung von Salka Viertel[400]. Es war meine erste Begegnung mit ihm, wir wechselten wenige Worte, ich erinnerte mich dabei a[n] eine nicht geglückte Begegnung mit ihm vor langen Jahren in Dresden[401], wo eine Verdi-Oper[402] mit einem von ihm redigierten Text uraufgeführt wurde. Gerade um diese Zeit waren wir zu dritt, Brecht, Bronnen und ich[,] von der Theaterleitung[403] eingeladen, aus unseren Werken zu lesen. Es hatte uns schon erbost, daß uns keiner von der Bühne abholte, kein offizieller Empfang[,] und daß sich auch keiner von den hohen Herrschaften nachher bei uns einstellte.
Unser Zorn aber kannte keine Grenzen, als wir die Billette besahen, die man uns zur Uraufführung des Verdi-Werfel-Stückes überreichte: [M]an hatte uns irgendwo im Rang und im Parkett untergebracht. Wir fühlten uns nicht genügend geehrt und beschlossen diese ganze Sache zu schneiden oder zu sabotieren. Wir ließen uns nicht sprechen im Hotel[404], als der Herr, der sich schließlich doch zu uns ins Hotel bemühte, uns einlud. Natürlich benutzten wir die Billette nicht. Aber an dem Abend saßen wir im selben Restaurant wie Werfel, der gefeierte, an seiner Ehrentafel. Wir ließen ihm mitteilen, wir drei Empörer, daß wir da wären, er ließ uns antworten, wir möchten an seine Tafel kommen, was uns gar nicht paßte und was wir schnöde zurückwiesen. Gespannt und dramatisch verlief dann unser eigene[r] Abend. Ich habe darüber im Berliner Tageblatt berichtet unter der Überschrift: «Nie wieder Dresden».[405] Brecht sprach[406] irgend etwas, ich glaube[,] er machte es kurz und bündig. Ich las

ein kleines Stück aus meinem «Manas» vor[407] und dann war die Reihe an Bronnen[408], der nun noch lange nicht vorlas, sondern gewitterdrohend über die Bühne spazierte vor dem vollen Haus, das nicht wußte, worum es sich handelte. Er sprach von seiner, bzw. unserer Empörung über den Empfang, welches dieses Theater uns hier bereitete. Er gebrauchte heftige Worte. Im Publikum entstand Unruhe. Er las noch immer nicht, sondern redete. Endlich zog er das Manuskript vor und las ein paar Minuten. Das mußte sich das Theater in seinen Räumen gefallen lassen. In großer Unruhe schloß der Abend. Wir wurden alle nächsten Morgen zu einer Aussprache zu dem Leiter des Theaters gebeten. Wir vertraten unseren Standpunkt. Aber natürlich ich persönlich erkannte schon lange, wir hatten aus einer Mücke einen Ele[ph]anten gemacht. Die ganze Sache war ein bißchen albern. Es gab danach eine kleine Pressepolemik.[409] Werfel hatte sich, wie ich fand, nicht recht kollegial benommen. Nun sah ich ihn denn bei der Festtafel Salka Viertels (sie war die rechte Hand in Hollywood von Greta Garbo[410]). Was ich mit Werfel sprach, scheint nicht von Belang gewesen zu sein, aber da[ß] mir sein leidendes Gesicht auffiel, dessen erinnere ich mich noch. Ich sollte ihn an diesem Ort[411] noch einmal aufsuchen, und zwar mit Blumen in der Hand, er war tot, gestorben nach einer schweren Serie von Angina [pectoris]-Anfällen. Auch Bruno Frank[412] litt an dieser Herz- und Gefäßkrankheit. Frank war verheiratet, war der Mann dieser Liesel Frank[413], der Frau, durch die ich und andere Emigranten ihre monatliche Almosenunterstützung bezogen. Liesel Frank war die Tochter der ehemals in Berlin durch ihr Spiel im Metropoltheater berühmten Sängerin und Schauspielerin Fritzi Massary[414]. Ihr zur Feier hatte Bruno Frank zuletzt noch einen Roman geschrieben mit dem Titel: «Die Tochter».[415] Mit ihm, mit Bruno Frank traf ich mich noch in der ersten Zeit noch öfter in einem großen Café in Hollywood, wo wir uns unterhielten, in deutscher Sprache. Vielleicht hatten wir zu laut gesprochen und schließlich, es war zwischen 1940 und 1945, die Kriegszeit. Wir wurden vom Geschäftsführer zur Rede gestellt und eigentlich aus dem Lokal verwiesen. Wir waren empört, jedoch nur gedämpft empört, trafen uns aber in Zukunft [woanders]. [Hier bricht der Text ab.]

TRAUER ÜBER TRAUER

Der 7. Mai ist vorbei. Mein kleines Journal[1] habe ich beendet, und ich hatte nicht die Absicht, etwas folgen zu lassen. Aber es kam der 7. Mai 1954.[2] Er hatte sich schon seit langen Wochen angekündigt. Aber ich hatte nicht darauf geachtet. Erst jetzt, da ich den Tag sehe, fühle ich, daß ich ihn vorausgeahnt habe. Ich nahm an, was kann da schon sein in Indochina, und wieweit geht es mich an. Und auch heute beschäftigt mich Indochina an sich nicht viel.

Aber als mir am Morgen des 8. Mai meine Frau aus irgend einer Zeitung vorlas oder berichtete, was sich da in Südostasien ereignet hatte, eine schwere französische Niederlage, war ich sofort im Bilde, und es stellte sich bei mir kein Urteil ein, sondern nur ein Gefühl: Trauer. Und zwar nicht Trauer über irgend eine Niederlage, ein Zurückweichen, es soll ja noch allerhand folgen, sondern eine bis zum Schmerz gesteigerte Empfindung, die ich nur vergleichen kann und die sich ohne weiteres meinem Erinnern anschließt an das Gefühl, das ich hatte, an die niederschmetternde Stimmung, die mich im Frühjahr 1940[3] befiel, als es den Barbaren gelang, den westlichen Widerstand, wohl in der Gegend von Sedan, zu brechen, und als sie nun einströmten in das offene Frankreich. Was war das damals mit mir? Eine unmittelbare Gefahr bestand nicht für mich persönlich, auch nicht für die Stadt, in der ich und meine Familie nunmehr beheimatet waren, Paris. Es konnte allerhand kommen, das sah ich voraus, aber nicht das beängstigte, bedrückte und zermürbte mich. Es war das Gegenüber einer furchtbaren Macht, der ich bis dahin nicht in die Augen geblickt hatte. Dem Nazi war es gelungen, ein ganzes Volk zu mobilisieren, zu bewaffnen, und zwar unter den Augen der sogenannten Welt[;] die Welt hatte alles gesehen seit 1935, und der bösen Macht war es doch gelungen, ihre Kanonen auf Straßburg zu richten und eine furchtbare Einkreisung des friedlichen Landes vorzunehmen, in dem ich wohnte. Ich war ein matter Ausdruck geworden für etwas, das selber schon matt war, was aber nicht genügend in mein Bewußtsein und in mein Gefühl gedrungen war. Tatsächlich wuchs dieses Ding, französisch-deutsche Existenz, ob ich nun französisch schrieb oder nicht, in mein Wesen ein. Ich hatte eine Zwischenperiode, wo ich mindestens zwei Wesen in einem war, aber das war ganz und gar nicht das billige Europa, von dem man heute schwatzt, es waren die Enzyklopädisten[4], Voltaire[5], Rousseau[6] und dann, man kann sagen[,] was man will, das Jahr 1789 mit allen seinen Mor[d]en[7], aber ich sah hinter diesen Morgen; es war der Glanz des ersten Napoleon[8], der diese Linie weiterführte und zum Teil zerriß, und zwischen all diesen scheinbar bloß historischen Ereignissen vollzog sich die Bildung eines neuen Seelenwesens eines ganzen Volkes, das sich erneuerte und nun Welt wurde. Da lebte zwar noch von früher Lamartine[9] und kehrte nach dem, wie er glaubte, restaurierten Frankreich zurück, auch Victor Hugo[10] verschmähte es nicht, sich von Louis Philippe[11] den Adel verleihen zu lassen, aber gleichzeitig bestand um diese Zeit Balzac, und nun schossen die einen nach den andern empor auf den so vorbereiteten Boden, alle jene, die man dann in sein Herz schloß und das Herz bildeten, der erneute Victor Hugo, Honoré Balzac[12], welcher Balzac war gegen seinen eigenen Willen, und nun gar erst Baudelaire[13] und die anderen, die man heute nicht mehr zu nennen braucht, weil man sie zugleich nennt, wenn man Frankreich sagt, Verlaine[14] an der Spitze; sie mögen noch so viele Spuren anderer Epochen in sich tragen.

Aber dieses war ganz und gar nicht Frankreich, nicht nur Frankreich und nicht nur ein Seelenwesen, eine geistige Macht: exakt dieses war es, was man heute sucht und wonach man sich die

Finger wund schreibt, dieses war das kommende Europa, dies war die Menschheit und, damit ich etwas hinzufüge, was für deutsche Ohren nicht sehr angenehm zu hören ist: dies war jener Beethoven[15], der zuletzt sich nicht halten konnte und sang: «Freude, schöner Götterfunken»[16], dies war aber nicht jener hohe Staatsminister[17] eines thüringischen Winkelstaates, der sich als Zentrum der Welt vorkam und den Deutschen das vorlebte, was sie wirklich dann nachlebten: eine gefühlte und gedachte Existenz, der man aber keine Realität gab, eine Existenz, die den armen Schiller[18] verstummen ließ, die Georg Büchner[19] ins Ausland trieb, die Heinrich Heine[20] in seine Matrazengruft in Paris versenkte. Aber ich will mich nicht vertiefen in die deutschen Dinge, die wie ein Geier meine Leber zerfressen.[21] Es bildete sich in Frankreich und blieb fest und ließ sich nicht erschüttern und blieb Frankreich, wenn auch die Regierungen wechselten, was ich eben nannte, weitergetragen und fortgebildet von Generation zu Generation: Balzac, Victor Hugo und die andern. Die Herrschaften von der Regierung wurden ihrer nicht Herr, trotz der Polizeiverbote. Und sogar als 1870 jenes geschah[22], was man kennt, der Sieg des militärischen Deutschland über jenes Frankreich, das sich nicht Zeit genommen hatte, aufzuachten und seine Regimenter zu formieren, auch damals erhielt sich das, was ich naiv meinetwegen das Zentrum, die Seele und das eigentliche Leben von Frankreich nennen möchte, also beginnend mit Voltaire und Rousseau und allen jenen, die sich noch so bitter befehdeten. Man blieb, wer man hier war, und wer man drüben war, halb erstickt, und dies zeigte sich sehr rasch, jeder weiß es, und wie wenig man damit war, zeigte sich leider auch.
Wozu schreibe ich dies alles? Ich ging aus vom 7. Mai 1954, und da war eine scheinbare Belanglosigkeit kaum an der Peripherie Frankreichs geschehen, im ostasiatischen Kolonialreich. Aber so niederschmetternd wie damals und so seelenöffnend wie damals wird sich bei vielen, die zu Frankreich halten – und das ist mehr als Europa und ist mehr als bloßer Marxismus –, dieser 7. Mai 1954 auswirken und wird noch seine Wirkung verstärken, des-

sen bin ich sicher. Es hat sich das Unglück ereignet, daß die Geistigkeit, die sich lokalisiert hinter den Vogesen, am Mittelmeer, daß sich diese zerspaltete, zersplitterte und abstrakt wurde. Man hat nun lauter Fäden in der Hand und findet nicht mehr den Zugang zu dem Zentrum. Dies müßte und dies wird die Fanalwirkung des anscheinenden asiatischen Sieges des 7. Mai 1954 sein.
Ich habe Zeitungen in der Hand, bin aber zu krank, um sie im einzelnen lesen zu können, aber ich sehe Fotos, die man beigibt, und da sehe ich, welche Kräfte sich der Öffentlichkeit, der französischen, bemächtigt haben. Diese gesättigten, frechen und herausfordernden asiatischen Gesichter, mit welcher Wollust werden sie gezeichnet von Menschen dieses Landes, und wie zahm und feige dagegen und ohne Feuer die Franzosen. Was mir auf dem Krankenbett diese Zeitungen geben? Ohne daß ich zu lesen brauche: ein Bild von der nun vorhandenen Trägheit und Herzensarmut, die es wagt, sich französische Seele zu nennen. Dabei weiß jeder, der unruhig nach diesen Papieren greift, wer und was hinter ihnen steckt, und er kann und weiß dennoch nicht, sich dagegen zur Wehr zu setzen. Schreie ich hier nach dem ‹großen Mann›? Aber ich kenne französische Geschichte, das heißt einige Etappen des Wachstums dieses Organismus, und ich weiß, wer zum Kreuzzug, zur Rettung des Heiligen Grabes aufgerufen hat und wo das geschah: es war Bernhard von Clairvaux[23], in Frankreich. Es ist gewiß nicht übertrieben, wenn ich sage: Hier in Frankreich schlägt das Herz der Welt. Aber das Blut, welches dieses Herz in den Körper trägt, hat einen merkwürdigen und besonderen Charakter.
Da gehen die Fremden nun auf die Straßen und in vielen vielen Städten sehen sie Schönheiten über Schönheiten, aber es ist eine verfluchte Schönheit. Die stammt nicht aus dem Herzen, dessen Worte jener Bernhard von Clairvaux gesprochen hatte. Man denkt an Politik und Politik und man schreibt Politik und Politik. Ach, ich liege im Bett und bin etwas ermüdet. Hier muß ich abbrechen, und wenn das Glück mir beisteht, kann ich diese Gedanken bald fortsetzen und auf ihre noch klarere Linie führen.

Es kann geschehen, daß ich im Laufe dieser Betrachtung eine Zeitlang diese Worte nicht widerhole, aber sie bilden den Kontrapunkt zu allem, was ich zu sagen habe. Damals, 1940, war es neu und stürzte auf mich, und es war beinahe nicht eine Trauer, sondern ein Unglück. Ich sah den Wald vor Bäumen nicht. Ich sah nicht die furchtbaren Massen, die nach Süden vorstürzten und töteten und verwüsteten und raubten, ich sah und erlebte nur mich, aber den Millionen, denen damals dieses geschah, widerfuhr das gleiche wie mir, denn ich halte die anderen für dieselben wie mich und muß darauf bestehen. Jahrelang dauerte dieser Zustand, bis er wenigstens im Land sich änderte und ändern konnte wie eine Krankheit, die im Laufe der Zeit sich umwandelt. Aber es blieb Trauer über Trauer. Man fragt: Trauer worüber?
Da kann ich nach den heutigen Tageszeitungen greifen, ich lese lange, und ich komme aus dem Staunen nicht heraus. Man trauert nicht. Ich lese hier Überschriften von deutschen Tageszeitungen: «Die Bundesrepublik soll mehr bezahlen», «Der Reichstag soll aufgebaut werden» und hier: «Beziehungen mit den Sowjets?». Man ist frisch auf den Beinen, und hier steht unter dem Titel «Schafft Europa!» etwas, das ich festhalten will:

«Straßburg, den 12. Mai. Der Präsident der Hohen Behörde der Montanunion hat am Mittwoch vor dem Montanparlament in Straßburg einen eindringlichen Appell gerichtet an die Völker Europas, alle nationalen Hemmungen zu überwinden und endlich die Völker in einem vereinigten Europa zusammenzuführen. Monnet[24] schilderte die Fortschritte, die im ersten Jahre nach der Errichtung des gemeinsamen Marktes der Montanunion erreicht wurden: die Zunahme des Handelsverkehrs zwischen den sechs Ländern der Gemeinschaft, das Wiederansteigen der Auftragseingänge der Montanindustrie in den ersten vier Monaten dieses Jahres, die Steigerung der Exporte. Die einzige Sorge bereitet der Hohen Behörde der Kohlenmarkt, der in steigendem Maße unter dem Konkurrenzdruck der Erdöle und Erdgase steht. Umso mehr sei es ein Erfolg, sagte Monnet, daß die Kohlenproduktion im vergangenen Jahr auf ihrer Höhe habe gehalten werden können.»[25]

Trauer über Trauer. Die Kohlenproduktion hat auf der alten Höhe gehalten werden können. Ich lese das völlig fassungslos. Es ist gar keine Trauer da. Möglicherweise sind einige Millionen Menschen getötet worden, möglicherweise werden einige andere Millionen getötet werden, aber es ist von der Kohlenproduktion die Rede, welche die einzige Sorge der Europabehörde bildet. Der Ruf, den diese Hohe Behörde an die Welt richtet, lautet: «Schafft Europa!» Und wie[?] «Steigert die Kohlenproduktion!» Was kann man da anderes tun, als – ich sage nicht: den Kopf zu schütteln – sondern sich zu verstecken? Es muß etwas Furchtbares in den Menschen sein, daß dieses möglich ist. Denn gerade dieses wird gemeint und benötigt, was man mit dem zahmen, abgelebten und leeren Wort «Europa» umschreibt. Das ist das Zentrum, und wie stellt man sich das heute konkret vor? Wenn ich noch vorher einen Rest Fassung hatte, so verliere ich ihn, wenn meine Augen auf die nächste Spalte gleiten. Da findet sich unter dem Obertitel «Tagesspiegel» eine Betrachtung mit dem Titel «Zwischen Bonn und Moskau». Man wünscht Beziehungen mit den Sowjets. Man hat das Übel überhaupt noch nicht einmal erlebt. Man will Kommissionen von hüben nach drüben schicken, und einer der übelsten von drüben[26] hat bereits auf einer Konferenz vorgeschlagen[,] einen Sicherheitspakt, der unter der Führung des Ostens stehen würde[, abzuschließen]. Seine Devise war, steht dann leicht abgeschwächt: «Europa den Europäern», Amerika habe in Europa nichts zu suchen. Leute dieses Schlages beherrschen die Öffentlichkeit, stellen die Regierungen und bauen Konzentrationslager, um im gelegenen Augenblick zu neuen Mordtaten vorzuschreiten. Damals sind wir unter dem Unglück von Europa über das Meer gefahren, haben Asyl im Westen gefunden und sind zurückgekehrt. Jetzt wissen wir, wir haben es nicht nötig, über das Meer zu fahren, wir können gleich zu Hause bleiben. Das Schreckliche aber ist, daß in dieser Welt uns nichts von dieser Trauer entlastet[,] und daß offenbar alle Weltgeschichte vergeblich gearbeitet hat und solche höhnischen und mörderischen Figuren nun in Serien produziert. Wir hatten früher als Europa, oder wie ich es nun nennen will, Athen und hatten Jerusalem. Und was war dazwischen bis jetzt, um zum Ausgangspunkt zurückzukehren? Frankreich? Ich glaube, ich habe es schon gesagt; aber es soll nach den neuesten Fortschritten ausgeräumt und abgewürgt werden, und wer erhebt sich dagegen? Man möchte vor Ekel zerbersten. Trauer über Trauer. Soll wirklich das Himmelreich ganz überlassen werden den großen Organisationen, und soll die Parole lauten: Bestialismus, und soll dies den Boden bilden für das, was sich nachher als Politik ausgibt?

Ich kann nicht sagen, mit welchem Abscheu mich die Lektüre der Tageszeitungen erfüllt. Ich kann nicht oft genug wiederholen, wie mich die Reden anekeln und dabei wissen, was geboren wurde aus dem Herzen der östlichen und westlichen Völker. Dazu das Studium dieser Schriftwerke, die man zu Makulatur verdammt hat? Ich sehe die Vögel draußen fliegen, höre ihr harmloses Zirpen. Ist der Mensch wirklich ein höheres Wesen?

Trauer über Trauer. Wenigstens dies ist ein Besitz. Aber ich will an dieser Stelle pausieren, hier auf meinem Bett. Ich weiß nichts vorzuschlagen. Ich fühle auch, hier darf sich keiner anmaßen, kein [e]inzelner, etwas vorzuschlagen. Denn mit Greueln sind sogar die alten Heiligen Schriften gefüllt. Jahrtausende zurück, man wußte sich keinen Rat. Was kann man? Beten, noch mehr beten und noch mehr beten. Das scheint wenig, aber das Furchtbare ist: es scheint, auch die Kraft des Betens hat nachgelassen und ist herabgesunken in eine Lippen- und Gedankenbewegung. So kann ich mich nur zurechtfinden im Vertrauen und in der Hoffnung.

NACHWORT
[ZUR DDR-AUSGABE VON «BERLIN ALEXANDERPLATZ»]

Ich kam damals sozusagen frisch aus Indien, damals, um die Mitte der zwanziger Jahre. Ich kam aus Indien, d. h.: Ein indisches Thema hatte mich eine Zeitlang beschäftigt, das in dem epischen Werk «Manas»[1] seinen Niederschlag fand.

Wie rätselhaft: Da hatte ich mein ganzes Leben im Berliner Osten zugebracht, hatte die Berliner Gemeindeschule besucht, war aktiver Sozialist[2], übte eine kassenärztliche Praxis aus – – und schrieb von China, vom Dreißigjährigen Krieg und Wallenstein[3] und zuletzt gar von einem mythischen und mystischen Indien. Man setzte mir zu. Ich hatte nicht absichtlich Berlin den Rücken gekehrt, es kam nur so, es ließ sich so besser fabulieren. Nun denn, ich konnte auch anders. Man kann auch von Berlin schreiben, ohne Zola[4] zu imitieren.

Und woran ich jetzt ging, nach dem indischen «Manas», das war Manas auf berlinisch. Ich hatte keinen besonderen Stoff, aber das große Berlin umgab mich, und ich kannte den einzelnen Berliner, und so schrieb ich wie immer ohne Plan, ohne Richtlinien darauflos, ich konstruierte keine Fabel; die Linie war: das Schicksal, die Bewegung eines bisher gescheiterten armen Mannes.

Ich konnte mich auf die Sprache verlassen: die gesprochene Berliner Sprache; aus ihr konnte ich schöpfen, und die Schicksale, die ich gesehen und miterlebt hatte, und meines dazu garantierten mir sichere Fahrt.

Wenn im indischen «Manas» im Beginn der Held, der arme Held, sein Schicksal beklagt und sich ins Reich der Toten stürzt, zu einem neuen Leben, so sah ich jetzt einen Gelegenheitsmörder, einen bestraften Totschläger, das Gefängnis verlassen und begleitete ihn auf seinem Weg in die Stadt zurück. Was hat man später als Vorbild oder Anregung konstruiert! Ich soll den irischen Joyce[5] imitiert haben. Ich habe nicht nötig, irgend jemanden zu imitieren. Die lebende Sprache, die mich umgibt, ist mir genug, und meine Vergangenheit liefert mir alles erdenkliche Material. Der einfache Berliner Transportarbeiter Franz Biberkopf, er redete als Berliner, war ein Mensch und hatte die Art, die Tugenden und Laster eines Menschen. Da dachte er nun, eben aus der Zelle kommend, es ließe sich frisch, fröhlich, frei ein neues Leben beginnen.

Aber da hatte sich draußen nichts verändert, und er selber war der gleiche geblieben. Wie sollte da ein neues Resultat entstehen? Offenbar nur, indem einer von den beiden zerstört wurde, entweder Berlin oder Franz Biberkopf. Und da Berlin blieb, was es war, so fiel es dem Bestraften zu, sich zu verändern. Das innere Thema also lautet: Es heißt opfern, sich selbst zum Opfer bringen. Und früh sprießen in dem Buch auch für den, der lesen kann, die Opferthemen auf: Seinen einzigen Sohn soll der biblische Abraham dem höchsten Gott opfern, wir werden auf den Schlachthof im Osten der Stadt geführt und wohnen dem Tod von Tieren bei.

Franz Biberkopf wollte das «Gute», aber war das mehr als ein Wort? Ich lasse ihn nun Spießruten laufen, es gibt ein Malheur nach dem anderen: Biberkopf auf der Jagd nach dem Guten, eine Jagd mit geschlossenen Augen, dabei hatte er ein rasendes Pferd unter sich, wann werden die beiden, Roß und Reiter, sich den Hals brechen? Sie scheinen sich am Schluß den Hals gebrochen zu haben. Aber als Franz im Irrenhaus gelandet ist, hat sich dennoch etwas in ihm gewendet. Das Opfer ist lautlos vollzogen. Er steht, wie es am Schluß heißt, als Fabrikportier da, lebend aber ramponiert, das Leben hat ihn mächtig angefaßt.

Dies Buch, von den beiden liberalen Hauptzeitungen Berlins für den Vorabdruck abgelehnt[6], wurde von der alten «Frankfurter Zeitung» vorabgedruckt[7] und erregte schon damals einiges Aufsehen. Nach dem Erscheinen erwies sich «Berlin Alexanderplatz» als Bestseller, es folgten Auflagen auf Auflagen, mehr oder weniger gute Übersetzungen.

Und wenn man meinen Namen nannte, so fügte man «Berlin Alexanderplatz» hinzu. Aber mein Weg war noch lange nicht beendet.

Höchenschwand (Schwarzwald), am 31. 7. 1955

Alfred Döblin

VON LEBEN UND TOD, DIE ES BEIDE NICHT GIBT.

Seitdem dieses Leiden[1] mich gepackt hat und mich wie der Tiger ein Reh in das Düstere davonträgt, seitdem nu[n] meine Beine und meine Hände noch gerade lose an mir hängen, seitdem auch meine Stimme mehr und mehr versagt und sich in mir mehr und mehr Krater von Wunden öffnen, – seitdem blicke ich wohl von Zeit zu Zeit aus dem Fenster, ich throne da in Paris[2] an der eisernen Métroüberführung, aber meine Aufmerksamkeit gilt nicht der Straße. Sie gilt überhaupt – weh, weh, das weiß ich nicht. Wir sind tausend Fäden Irrsinn, meine Erinnerung wird schattenhafter, und ich denke, oder es denkt in mir, spielend, willkürlich, – ich lasse es gehen. Ich schlafe ein, abends, ich nehme selten ein Medikament. Und im Schlaf kommen Träume, besser entwickel[n] sich, wie in einer Wüste Oasen von Existenzen, die vor mich gebracht werden und an denen ich teilnehme. So erschienen in der letzten Zeit Oasen, die förmlich Glück ausstrahlten, wie ich es nie kannte. Ein wundervolles Dasein. Was war es eigentlich, was ist das eigentlich? Ich hatte die Antwort bald bei der Hand. Ich dachte ja viel auf meine Weise über Tod und Leben nach, und ich hatte nun die himmlische Grenze des Lebens überschritten und strömte in das Reich des Überlebens ein. Wie endet das Leben? Mit dem Tod? Aber der Tod ist ein leeres Wort.

Ich will hier genauer sagen, was mir im Anschluß an meine Todesphantasien einfiel. Ich dachte an Kopernikus[3] und Galilei[4] und wie sie die Welt erweitert haben. Ich dachte an Christoph Kolumbus[5]: er fuhr von Spanien nach Westen, immer weiter nach Westen, und dann war plötzlich Land da mit einer rätselhaften Bevölkerung, mit Menschen und ihren Staaten, mit einer unermeßlichen Natur. Dies tat sich ihm auf, nachdem er vor Wochen und Wochen ins Geheimnisvolle vorgestoßen war, mit seinen kleinen Schiffen, tanzend auf der Trugebene des atlantischen Wassers, – aber plötzlich war Land da und ein ganz neuer Erdteil. So ströme ich, wie mir vorkommt, an ein Gebilde heran, das mir die Vergangenheit als Tod vorstellen wollte, und entdecke etwas anderes, das Gegenteil von einem Vakuum. Unsere Existenz kennt keine gerade Linie, die auf ein Ziel führt. Ja sie ist zu geheimnisvoll, vieldeutig und in sich verschlungen, so daß ich kaum von Linien und Kugeln zu sprechen wage, es sei denn vorübergehend und in einer leisen Berührung.

Da sehe ich und kenne ich von der irdischen Existenz Tiere und Pflanzen. Was stellt nun ihr Leben dar, und das menschliche dabei? Jede Liebe schreit ein «da capo» zu dieser Existenz, die Liebenden haben alles kennengelernt, was das Dasein zu[zu]lassen vermag, und es war auch viel Jammer dabei. Aber da ist der Drang unwiderstehlich. Wie Sophokles singt, in der ‹Antigone›: «O Liebe, Allsieger im Kampf»[6], das Gefühl reicht Generation nach Generation hin, sie sind in Männer und Weiber geschieden, verbinden und vermischen sich, und das Neugeborene schreit und weiß nichts und wächst so dem neuen Tag entgegen. Währenddessen welken und sterben die Alten ab und werden wieder zu jenen . . . [Textlücke]. Aber es ist dieselbe Erde, aus der sie gekommen sind, mit ihren Früchten und Ernten [ernähren sie sich]. Das Korn wächst heran und ist ein kompliziertes Gebilde, mit allem Raffinement für das Dasein ausgestattet, Menschen und Tiere ernähren sich davon, sie selber wachsen heran, das wunderbare Gebilde wird degradiert zu Dünger, zum gut[en Erd]ballen, der dem neuen Wachstum zur Unterlage dient. Und sollte man nicht ähnlich über das Machtstreben des Menschen und seine Kriege und Völker denken? Es bringt hervor seit Jahrtausenden Staaten nach Staaten, von denen jede[r der] beste werden oder sein soll, sie rollen alle ihrem Ende zu, ihrer Auflösung, sie werden zu Dünger.

Dies dachte ich, als ich über meine Glücksträume spekulierte. So treibt alles Einzelleben einem Abschluß zu und läßt den Körper als Dünger zurück. Was freilich das sogenannte Leben leitet oder gar was es darstellt, habe ich damit nicht berührt. Ich habe ja nur erlebt die Einfahrt in die neue paradiesische Existenz. (21. Mai)

Die Körperwelt, – und welche Welt gibt es noch außer ihr, wo sehe ich, höre ich, erfahre ich «Leben»? Suche ich Geschichte, so treten auf die Völker und die Staaten und ihre Streite um den Boden, es wird gekämpft, blutig gerungen, der Boden wird neu gedüngt, und was bleibt am Ende übrig? Gibt es noch ein anderes Überbleibsel als die Schuttmassen, die Denkmäler, die längst zerfallene Grenze? Man sagt, es leben Erinnerungen fort, auch Dichtungen und Heldenlieder leben fort, eine kleine, ganz kleine Weile. Ich berühre da nach dem Körperlichen ein anderes Gebiet, das Gedankliche, aber kopfschüttelnd muß ich finden: was ist das schon? Es gibt Makulatur. Ich suche aber hinter der körperlichen Welt, die wird und wird und nur in der Auflösung Bestand hat, ich suche das tätige Prinzip, ich suche das Leben im Leben. Als Descartes[7] etwa um 1620 jung war und lange genug gefragt hatte, worin sein Ich bestünde, wurde ihm urplötzlich, am 6. November 1618[8], durch Intuition die Gewißheit: er müsse nicht draußen suchen nach dem wahren Leben, er denke und das sei Leben. «Cogito, ergo sum», auf deutsch: «Ich denke, also bin ich.» Es geht mich hier nichts an, was man in der Folge über diesen Satz philosophiert hat, aber mich hält fest die Idee der lebendigen Verbindung des Ichs mit dem Leben. Hier liegt eine Grundwahrheit, und von hier muß ich vorschreiten, von dieser Konstanz, zum unablässigen Zerfall der sogenannten Körperwelt. Wie hängen die beiden zusammen, im einzelnen: wie kommt zu diesem Körper dieses Ich? Und in welcher Weise ist die Existenz des einen abhängig von der Existenz des anderen?

Die Naturwelt wird die körperliche Welt genannt, die Menschen haben sie viel studiert, sie ist beispiellos in ihrem Reichtum, in ihrer Herrlichkeit, in ihrer Sinnhaltigkeit, und völlig schattenhaft wirkt daneben das Reich des Gedanklichen, das ja nur, so scheint es, sehnsüchtig die Arme nach jenen furchtbaren und schrecklichen und zauberhaften Inseln ausstreckt. Aber eine kleine Flintenkugel kann dies heilige Gebilde des Körpers, wie man sich ausdrückt, töten, und siehe da, so scheint es wenigstens, einen Geist zugleich.

Und nun kommt bei der Durchsicht der Körperwelt doch etwas zum Vorschein, nämlich, daß sie geistig durchkonstruiert ist. Denn wer kann etwa vom Menschen sprechen, seine Blutgefäße sehen, sein Herz und nicht von einem Blutkreislauf reden, und wer kann den raffiniert kunstvollen Apparat der Verdauung beschreiben, ohne ein halbes Dutzend ganzer chemischer Fabriken, sogenannte Drüsenapparate, [zu] erwähnen, auch den Mund mit Zunge und Zähnen, die Speicheldrüsen, – die Speiseröhre führt die Nahrung mit rhythmischer Bewegung in die Magenhöhle. Und dann –

Aber ich sitze nicht mehr in Paris an meinem Fenster und beobachte den Wagenverkehr auf de[m] Boulevard [de] Grenelle. Hier sitze ich in einem Lehnstuhl, auf den man mich geführt hat. Man hat eine Klingel an meinem Stuhl befestigt, damit ich mich bemerkbar machen kann, das Zimmer ist ein einfaches enges Krankenzimmer einer Klinik[9], von meinem Platz aus blicke ich auf ein mächtiges Baumgebilde, einen wahren Goliath vo[n] Baum, der sich da aufgepflanzt hat und mit seinen Büscheln von Kronen, Nadeln da Wache hält. Es ist unbeschreiblich anregend, dieses Pflanzenungeheuer, das über vier Stock in die Höhe ragt, zu betrachten. Natürlich ist an ihm im einzelnen nicht zu viel zu sehen, aber das Ganze, was er ist und darstellt und wie er da draußen vor der Türe lebt, das läßt sich nur in einem ausführlichen epischen Bericht melden. Es ist eine Zypresse. Ihr knorriger Stamm ist dick und von oben bis unten geriefelt, und an manchen Stellen platzt und schilfert die Borke. Aus diesem Boden brechen etagenweise die kurzen und längeren Stämme, die je Äste heißen. Einige treten senkrecht zum Stamm empor, aber die meisten biegen sich und lassen sich in einer Kurve herunter. Auf Schritt und Tritt aber entsenden sie schon bei diesem Weg dünnere Äste, ich möchte sagen, Ausfallmannschaften, zum größten Teil sind die Mannschaften schon gefallen, der kurze Ast ist leer, aber nach der Spitze zu wuchert es um so stärker. Das Ganze, vom Boden in die Höhe strebend, stellt sich als eine Burg, ja als eine Festung hin, und so steht es, so steht diese gewaltige Zypresse, dieser Gigant und hebt seine Nadelbüsche dem Regen und der Sonne entgegen und entfaltet seine Macht, für jeden sichtbar beim Nahen des Sturms und bei der Bedrängung durch die Winde. Dies aber, diese Art Ansturm wächst sich zu einem ebenso großartigen wie kaum beachteten Schauspiel aus. Denn was geschieht? Der Wind hebt die unteren Astkreise. Die Nadelbüsche spreizen sich. Die untere Etage alarmiert, wird vom Wind, dem unsichtbaren Gegner, beiseite gestoßen, die obere Etage fängt an zu zittern und zu flimmern, sie wogt leicht von rechts nach links. Und siehe da, wenn ich den Blick nach oben richte, bemerke ich, die ganze untere Hälfte des Baumes nimmt an dem Wogen teil und ganz oben nicken die Äste herunter und zeigen ihre Gegenwart an. Und wenn sich der Wind verstärkt, so haben wir ein Riesenkarussell vor uns. Im Schwung drehen sich die unteren Astkreise. Der Wind nimmt an Stärke zu, er bläst auch und rüttelt an den Rängen oben und unten, und jetzt wird die Spitze aufmerksam, beugt sich nieder, und schon ist sie selber von einem Windbataillon getroffen, gezaust, tiefer gerissen, und es gelingt ihr gerade, sich aus dem luftigen Strudel zu reißen. Und da umkreist ein allgemeines Wogen den Baum. Er selber, der Stamm, nimmt an nichts teil, er hält seine Armeen fest, und was bedeutet ihm dieses Heulen und Zischen, das Surren und Pfeifen der erbosten Sturmmassen. Und das geht eine

Weile so, schwillt und flaut ab, bis zuletzt nur ein Zittern durch die Büschel läuft, die Büschel flüstern miteinander, sie hängen schon schlaff.
Aber vor einigen Monaten, so wird mir erzählt, es war in der Zeit heftiger Stürme, da ging es einem anderen Goliath, der hundert Meter entfernt von diesem hier stand, doch anders. Ich habe diesen Sturmabend nicht erlebt, aber was dem Baum, dem ehemaligen Baum, zuteil wurde und [wie] dieser Gigantenkampf endete, das kann ich mir vorstellen, denn das Resultat ist noch heute sichtbar. Das Resultat ist ein unförmiger Baumstrunk. Einige Meter über dem Boden wurde das hochmütige hölzerne Ungetüm nach kurzem Kampf bezwungen und von der kreischenden Windmasse niedergebrochen. Was eben viele Meter hoch oben t[hr]onte und lächelte und eine halbe Welt zu dirigieren schien, fand sich noch auf dem Rasen, und alle Bataillone sahen dem Führer zu, sie konnten sich nicht helfen und konnten ihm nicht helfen, und es dauerte nur eine Woche, da lagen sie alle im Verbrennungsofen und schürten das Feuer für frierende Menschen.
In dieser Natur, in dieser Aktion, wer kann da, in dieser vereinzelten Aktion, einen Geist erkennen? Aber so arbeitet sie, die sogenannte Natur, welche die Gestalten der Wesen schafft und formt. Und gestern kam in mein Zimmer eine Frau und erzählte von einem schrecklichen Brief, den sie erhalten habe. Da hatte irgendwo auf dem Lande ihre Schwägerin ein Zwillingspaar, Kinder, sechs Jahre alt, ein Mädchen und ein Bübchen. Und eines Tages, während sie selber in der Küche arbeitete, schickte sie das Bübchen mit zwei andern Kindern, acht und neun Jahre alt, auf das Feld, nebenan. Da entdeckten die größeren Burschen rasch einen Haufen Holzwolle und eine Flasche Benzin. Das war nun ein großer Spaß, denn der größere wußte Bescheid. Eine Streichholzschachtel war auch bald gefunden, die Holzwolle wurde ausgebreitet, in einem weiten Bogen wurde der Inhalt der halbvollen Benzinflasche versprengt. «Achtung», dirigierte der Älteste und warf ein brennendes Streichholz. Die Flammen lo-

derten im Nu, die beiden älteren rannten davon, das jüngste Bübchen war nicht so rasch, es kreischte, es schrie: «Mutti!», seine Höschen waren von den Flammen erfaßt, es wiederholte sein Geschrei. Die Mutter sah das Licht und rannte entsetzt hinzu. Als sie das Kind endlich gefaßt und ihm die brennenden Kleider abgerissen [hatte], war e[s] höllisch verbrannt. E[s] war nicht zu retten und starb noch an dem Nachmittag.

Und dieser Tage, was geschah da? Ich kannte den Vater von dem Mädchen, von dem ich sprechen will, er starb voriges Jahr eines sogenannten natürlichen Todes i[n] reife[m] Alter und hinterließ seine Frau und die Tochter, die nun schon [die] Dreißig [über]-schritten hatte. Die war leicht depressiv, das heißt, sie hatte einen Beruf, und man hatte nichts auszusetzen an ihr, aber sie hatte an nichts eine wahre Freude. Keine Liebschaften. Ernst, zu einer unbestimmten Trauer geneigt und unfähig, sich aus ihr zu lösen, so verblieb sie. Man wußte, sie hatte ein älteres Herzleiden, aber es behinderte sie nicht in ihrem Beruf, bis sie vor einigen Tagen ganz kurze Zeit zu Hause blieb und sterbend, in ihrem Bett, aufgefunden wurde. Man konnte an Selbstmord denken. Sie war tot, als man sie in das Krankenhaus überführte. So still wie sie gelebt hatte, war sie auch gestorben. Man untersuchte das Herz des nun ganz stillen Wesens[.] Medizinisch war sie gestorben, ich möchte sagen, auf redliche Weise: zu ihrer alten Herzklappenerkrankung war eine neue getreten. Wäre sie nicht jetzt gestorben, so wäre sie dem schleichenden inneren Leiden in Kürze erlegen. Nun war's zu Ende. Auf dem Friedhof draußen, zwischen den schöngeschmückten Gräbern, fand auch ihr Körper seinen Platz, eine Blume, die gewachsen war und von Blüten geträumt hatte.

Nun liegt also die niedergebrochene Zypresse am Boden, hat das Raufen und Widerstreben aufgegeben und wird von den Feuerflammen verzehrt, für Küchen- und für Heizungszwecke.

Nun liegt das kleine Bübchen auf seinem Bett, die Mutter weint, das Kind ist tot, verbrannt, und es hatte doch einen solchen schönen sinnvollen Körper.

Nun liegt das traurige Mädchen auf dem Seziertisch. Es hatte sich der Welt nicht öffnen können, das Messer des Anatom[en] öffnet ihre Brust, und alle, die im Raume sind, betrachten das kranke Herz. An diesen sichtbaren Gebilden haben Jahrtausende gearbeitet, das Leben mod[el]lierte sie so, es drückte sie und formte sie, sie waren aus einem bildsamen Stoff, und sie selber, der Baum, das Kind, das Mädchen, nahmen an dem Kampf und der Umformung teil. Sie standen nicht draußen, welches Draußen sollte es denn geben.

Es gibt, so sagt mein Gedächtnis, die sogenannte Abstammungslehre[10], und das ist schon ein großer Versuch, die Gestaltenwelt und das Ich miteinander zu verbinden. Denn hier wird gezeigt, wie sich vorhandene Formen der Notwendigkeit anpassen und sich umformen lassen. Was nicht nachgibt und widerstrebt, wird zerbrochen und verliert seine Gestalt, ja, verliert die Gestalt. So kann man nun durch das ganze Tier- und Pflanzenreich führen, man sucht die sogenannten äußeren Umstände auf, welche zu Lebensbedingungen des geformten Wesens werden, man zeigt, wie das geformte Wesen den Umweltgewalten als plastische Masse dient und wie es, sofern es vermag, den umwälzenden Gewalten Trotz bietet und dem tödlichen Zustoß ausweicht. Wir denken an unsere Zypresse, an die große vor meinem Fenster, die noch jetzt mächtig steht, und äugen herüber auf die Wiese mit dem großen zersplitterten Baumstrunk. Wer ist hier die formende Gewalt, wer bestimmt, und wer gehorcht? Soll ich etwa dem Wind die Kraft des Ichs zuschreiben? Aber vergessen soll nicht werden, daß er eine bestimmende Macht hat.

Eine Anzahl Tage habe ich nicht diktiert. Ich sitze jetzt, am 11. Juni, mit dem Blick auf die Zypresse und durch die Zypresse hindurch, auf meinem weißen Stuhl und lasse die Gedanken durch mich gehen. Ich biete mich allem willig zum Opfer an. Ich habe keinen Grund, an dies und jenes zu denken, kein festes Thema will ich mir gestellt haben, was das ist, kann ich nicht sagen. Ach, die Zeit der Ich-Suche ist vorbei, soll vorbei sein.

Haufen von Zeitungen, die Erna mir bringt, liegen auf dem Tisch vor mir, es ist schwer für mich, die ungefügen dünnen Blätter auszuspannen, ich fange oft einen Artikel an, dann versagen meine Finger, ich bin froh, das Papier zurückzuschieben und selber in meine Kissen zu fallen. Manchmal möchte ich dies oder jenes genauer verfolgen, aber wenn ich so allein sitze und niemand mir beisteht, nun, so lasse ich es eben bleiben. Draußen ist der große Prozessionstag gewesen. Man feiert Fronleichnam[11], viele Straßen dienen auch hier dem gewaltigen Aufmarsch der frommen Gruppen, die gesamte Geistlichkeit, an der Spitze der Erzbischof und der Weihbischof, nimmt teil an dem Umzug. Etwas von der freudigen Stimmung schlägt auch in die Klinik. Man erzählt mir von wunderbar mit Blumen geschmückten Wegen, die nicht betreten werden von den Feiernden, sondern nur dem Allerheiligsten dienen, dem, was man heute anbetet, de[n] Leib Christi, der in kostbarer Hülle, unter Glockengeläut und Gesang hier durch eine irdische Welt[12] getragen wird. Spuren davon habe ich in Baden-Baden gesehen.[13] Es berührte mich eigentümlich, so den Himmlischen auf der Straße zu treffen, gefeiert und umjubelt von Tausenden von Menschen, die nun bald wieder nach ihrer Tageszeitung greifen. Aber warum auch nicht, wenn sie nur einen einzigen Augenblick durchschauert und durchglüht werden. Ich las in der Zeitung von dem grausigen Autobusunglück irgendwo am Rhein, wo die Fahrerin unfähig war, ihren Wagen zu bremsen, und an zwanzig gesunde Menschen in einem einzigen Sturz zerschmettern ließ. Ich las auch von Amerika und dem Erschrecken, welches dem Jubel über das Salksche Polioserum[14] folgte, – man hat jetzt, glaube ich, an hundertfünfzig Todesopfer nach befolgter Impfung gezählt. Was las ich in den vergangenen Wochen noch, ein bißchen hier, ein bißchen da. Wohl dem, der sich ein bestimmtes Thema gestellt hat und nun nicht nach rechts und nach links zu blicken hat. Ich komme mir vor wie einer, der durch einen riesigen, gewundenen Korridor über Flure und Treppen wandert. Wo es hinführt, weiß ich nicht, und zu allem Überfluß werden rechts und links die Türen aufgerissen, ich kann nicht anders, ich muß da und da hineinblicken, ich weiß nicht, soll ich eintreten, warum da, und warum da nicht, ich lasse mich treiben, die Entscheidung liegt nicht bei mir, denn wo ist denn, was ist denn mein Ich?

Und nun, meine Zypresse.

Heute hat man endlich, weil die Abfahrt-Abreise so nahe bevorsteht, die unteren Fenster meines Zimmers gesäubert, durch die ich von meinem Platz hinter dem Tisch hinausblicke, und das, was ich sehe, soll die Stadt Freiburg sein. Manchmal vergesse ich es und grüble und frage: bin ich in Mainz, bin ich irgendwo bei Paris?

Aber die große, die gewaltige Zypresse steht da, der Riesenstamm, der Staat mit seiner Bürgerschaft, seinen Burgen, seinen Armeen. Jetzt enthüllen sich mir langsam manche Geheimnisse dieser stummen Riesengesellschaft. Ich erzähle nur, was ich täglich sehe.

Es kam mir vor, als ob sie da sinnlos und gedankenlos, stumm in sich versunken herumständen und mit sich geschehen ließen, – keine Verbindung mit dem Nahen und mit dem Fernen. Nun blicke ich viel auf diesen einen großen Baum, auf dieses mächtige Pflanzenwesen und sehe an ihm viel mehr. Manchmal bin ich geneigt, was ich da sehe oder zu sehen glaube, als bloße träumerische Kombination von mir gelten zu lassen, aber ich will doch hier hinschreiben, wie ich in den letzten Tagen dieses gewaltige Wesen Zypresse vor meinem Fenster erlebte, nicht bloß gedanklich, sondern soviel ich konnte, mit meinem ganzen Wesen.

Da hatte ich wieder einmal, staunend und mitempfindend, den Kampf dieses zu Holz geronnenen Wesens erlebt, den Kampf mit dem Sturm und den Wasser-Wogen vom Himmel, zuletzt seine zögernde ruhige Ausbreitung, seine zweifelnde Hingabe an das heiße Sonnenwesen, das jetzt seine Boten heruntersandte. Nun also war das Unwetter vorbei, ich blickte hin und bemerkte etwas. Mir zugewandt, an der linken Seite des Baumes war scheinbar eine Masse Laub im Begriff herabzubrechen. Ein dicker Ast hatte sich herabgebogen, und da sah ich ein Laubgebilde, ein dichtes Gewirr von großen und kleinen Zypressennadeln und Ästen, geformt im Ganzen zu einer beweglichen menschlichen Gestalt. Ja, von dem knorrigen Mittelstamm kroch ein Pflanzenwesen, geformt zu einer Kriegerin, zu einer Amazone, herunter und deckte mit ihrem Körper gegen die drohenden Gefahren den Baum. Die Kriegerin hatte sich aus dem Gewirr der oberen Laubmassen heruntergewagt und war den Ast schrittweise heruntergeglitten. Mit ihrem Gesicht, das ich nicht genau beschreiben könnte und dessen Konturen ich ungefähr erriet, den Kopf hielt sie zurückgebogen, stolz und kampfbereit, blickte sie herausfordernd irgendein mir unsichtbares Gegenüber an. Sie hatte eine breite Brust, zierliche Taille, darunter gewaltige Hüften, welche die beiden dicht umlaubten Beine trugen. Das linke Bein hielt sich noch an dem Stamm, es trug das Gewicht der Amazone, das rechte hatte sie ins Freie gewagt. Aber alles, was ich an dem Wesen sah, war jedoch pflanzli[che] Natur, bestand aus Ästen, größeren und kleineren Zweigen, ein zusammengeflossene[s] Mosaik, ich konnte durch das Wesen hindurchblicken auf den graublauen Himmel dahinter. Während die Amazone sich mit dem linken Arm an dem Mutterbaum festhielt, schw[e]nkte sie in der rechten ein[en] wuchtigen Ast, dessen Busch sich eben senkte. Welchen Gegner sie erwartete, ich weiß es nicht. Aber wie kurios solch Wesen aufgebaut, organisiert war, ließ mich [ein] Einzelzug erkennen: aus der rechten Schulter, eher aus der rechten Brustseite sprang ein wüster Tierkopf hervor, der sich selbständig für sich auf und ab bewegte, ein Teufelskopf, mit großen weißen Augen, mit einer hornartig nach oben gebogenen Nase und einem klaffenden Mund, am Unterkiefer flatterten häßliche Haarbüsche. Gefährlich [war] dieses Tier, das aus der Amazone sprang und seinen Kopf so greulich vorstreckte –. Die Kampfwaffe, die die Amazone sinken ließ, schwankte um ihre Füße hin und her. Mir schien, ihr Leib war von mehreren solche[r] Kampfbestien durchlöchert. Ich wartete darauf, daß sie vorsprang oder abstürzte, aber sie hielt den Stamm fest umklammert, und der Blick der Hyäne bannte offenbar den Gegner. Merkwürdig bei diesem schauerlichen Anblick die Gegenwart, nein, das Kommen und Gehen zahlreicher weißer fliegender Spinnweben, Samen, die ungeniert das Kampffeld passierten und die dabei sichtbar vom Wind getragen in verschiedene Richtung flogen, von unten nach oben und umgekehrt, dabei dicht nebeneinander.

Ich entdeckte aber, als ich meinen Blick nach oben richtete, oberhalb dieses Kampffeldes eine vollkommen andere Szenerie. Da war ein Ast ebenso gebogen wie jene[r] unten mit der Amazone, aber nicht so tief gesenkt, und auf seinem äußeren Ende entdeckte ich etwas, was ich lange nicht dechiffrieren konnte: da saßen offenbar Menschen, pflanzliche Gebilde, mit menschlicher äußerlicher Gestalt, die von den wei[teren] Vorgängen keine Kenntnis nahmen. Sie segelten wie auf dem Promenadendeck eines Schiffs dahin von dichtem Laubwerk halb bedeckt und geschützt und genossen das Theater, das sich ihnen bot. Eine Weile saßen sie so still und unbekümmert, sie genossen die Wut des Unwetters. Nach einer Weile aber, als ich mich wieder dieser Etage des Riesenbaumes zuwandte, bemerkte ich da eine Veränderung. Der Herr saß allein, den Rücken mir zugekehrt und beobachtete bald den Tisch vor sich, bald etwas Merkwürdiges, Schwarzes, das ich lange nicht unterscheiden konnte. Dann wurde mir klar, es handelte sich um den drolligen Kampf von zwei Affen, die sich hin- und herrissen und die der Mann am Tisch skizzierte. Am nächsten Morgen, gegen zehn Uhr, als ich wieder Ausschau hielt, fand ich den Herrn richtig an seinem festen Platz, mächtig aufgepflanzt. Er schwang gelegentlich seine Matrosenmütze und winkte zu dem einen Affen herüber, der links vor ihm sich an eine Stange geklammert hatte und seelenruhig schlief. Neben dem Matrosen aber saß eine schwergewichtige Frau, eine gewaltige mehrzentrige, deren Röcke über Bord flatterten. Sie unterhielt sich offenbar ausgezeichnet, lachte viel und wollte ihm gelegentlich seine Mütze entwenden.

Szenen wie diese muß es auf allen Wipfeln geben, ich durchdrang aber nicht immer die schwankenden Vorhänge.
Was dieses nun eigentlich soll, die phantastischen Mitteilungen, möchte ich nicht weiter auseinandersetzen. Ich schreibe sie hin, weil ich ein demütiger Diener meiner Eingebungen und Gesichte bin, sie mögen mir wunderbar, rätselhaft oder nicht erscheinen. Warum aber daran zweifeln, daß diese lebende Welt noch mehr als wir denken und noch tiefer als wir ahnen unser ähnlich ist und sich von uns inspirieren läßt. Jetzt will ich aber aufhören, von ihnen und dem Riesenbaum zu sprechen, den[n] ich will nicht mehr auf ihn blicken. Es herrscht heute den ganzen Tag Sturm und selten läßt der Wind nach, aber oben, gegen die Krone des Baumes hin, nahe dem obersten Stockwerk, dicht unter dem Dachboden, da hat das Unwetter eine sonderbare Beule hinterlassen, und die mag ich nicht dauernd betrachten. Hier von unten scheinen es Riesenfledermäuse zu sein, oder dicke Ratten, die sich da an ihren Schwänzen aufgehängt haben und lustig hin und her pendeln, ein wenig schönes Schauspiel.

8. Juli 1955
Dieses diktiere ich in einem Orte, der sich nennt Höchenschwand[15], welchen Namen ich nicht verstehe, aber die Endung «Schwand» so stelle ich fest, ist hier viel verbreitet. Der Ort liegt auf der Schwarzwaldhöhe, nicht weit von dem bekannten St. Blasien, und seine Naturheilkräfte, zu denen keine Quellen gehören, werden von Erholungsbedürftigen und Abgespannten, von Menschen, die an Folgezuständen der verschiedensten Erkrankungen leiden, beansprucht. So sieht man hier einmal die blassen Menschen der Großstadt, dann Fettleibige, aber auch übermäßig Magere, besonders viele, die sich auf Stöcke stützen, – ich selber, der jetzt endlich ins Freie kommt, werde in einem Rollstuhl transportiert, die Krankenschwester schiebt ihn über Stock und Stein. Im Kurhaus des Ortes bin ich untergebracht, im Zimmer mit der Pflegerin, Erna haust auf demselben Stock in einem Zimmer für sich. Ich gehöre also zur Kategorie derer, die

sich in Erholung kräftigen sollen, schleppe allerdings noch allerhand Vitamine mit mir, diesmal ist es das Vitamin B_6, womit man den jämmerlichen Parkinson, der seine Verwüstungen an meiner Muskulatur anrichtet, zu bekämpfen fortsetzt, – ich habe schon viel versucht und erprobt, warum [n]ich[t] auch dies in Form von Spritzen und Tabletten. Jetzt also – ich fahre im Gefolge meiner Frau, für welche diese Höhenkur sicher fruchtbarer und wirksamer sein wird als für mich, in körperlicher und seelischer Hinsicht. – Irgendwo muß man ja leben und jemand muß mich behüten, und es ist gut, daß sie fühlt, daß sie den Stein, der schon stark im Abrollen begriffen ist, aufhalten und bremsen muß.

Eine merkwürdige Stelle habe ich in Jean Pauls ‹Siebenkäs›[16] im Beginn des dritten Bändchens gefunden. Ich zitiere wörtlich[.] Im 9. Kapitel heißt es da: «Durch das englische Maschinenwesen der Enzyklopädien – der enzyklopädischen Wörterbücher etc. setzt sich ein junger Mann in einen ganzen Senat von Fakultäten um, den er allein vorstellt. Ein ähnliches Wunder müßte der Mann sein, den ich in der Bayreuther Harmonie gehört habe, welcher ein ganzes Orchester darstellte, mit seinem einzigen Körper. Es blies also dieser Panharmonist das Waldhorn, das er unter dem rechten Arm festhielt, [und] dieser wiederum strich eine Geige, die er unter dem linken hielt, und dieser wieder klopfte zur schicklichen Zeit auf der Trommel, die er auf dem Rücken trug – und oben hat er eine Mütze mit Schellen aufgesetzt, die er leicht mit dem Kopf schüttelte, – und an den beiden Fußknöcheln hatte er Bleche angeschnallt, die er kräftig aneinander schlug. Und so war der ganze Mann ein langer Klang vom Wirbel bis zur Sohle, so daß man den ganzen Mann gern wieder mit etwas verglichen hätte, etwa mit einem Fürsten, der alle Staatsinstrumente, Staatsglieder und Repräsentanten, selbst repräsentiert.» Einen entsprechenden Zustand von mir selbst habe nicht zu beschreiben, aber doch einen, der viel ärgerlicher war als dieser ist, weil [es] sich da nicht um ein künstlerisches Arrangement handelt, sondern um etwas Gewachsenes, das ohne mein

Zutun in mir entstand und mir seine Existenz kundtat. Erzähle ich einfach, was ich zu sagen habe: In Freiburg in der Nervenklinik, wo ich mich einfach aufzuhalten und meine fünfzig Jahre Doktor[17] zu feiern beabsichtigte, wurde ich plötzlich von diesem Symptom gesegnet und heimgesucht. Musik fing in mir an, ich glaubte singen zu hören, Glocken läutet[en], ein Orchester spielte, aber es war nur ich, der dies hörte, während ich las oder träumte, und die, die ich fragte, lächelten und zuckten die Achseln. Es war nicht ängstlich und beunruhigte mich nicht, aber es beschäftigte mich. Ich hatte ja vorher eigentlich ununterbrochen mich um die Frage gedreht, wie und wo, in welcher Weise das sogenannte Geistige unsichtbare mit dem Körperlichen sichtbar zusammenhinge. – Wie konnten diese beiden sich treffen, wie kam die sichtbare und hörbare Welt zustande[?] Wir nahmen sie zur Kenntnis und bewegten uns frisch und fröhlich frei in ihr. Dieser rätselhafte Zustand bildete Boden und Kulissen unserer Existenz, man schoß mit der Geburt in si[e] hinein, tat und unterließ viele Dinge, wie sie einem ankamen. Man begriff nichts, man wurde hin- und hergestoßen, ein unglückseliges Instrument trug man in sich, mit dem man nichts anfangen konnte, das Bewußtsein. Man konnte auf sich selber blicken und hatte, höllische Phantasie oder bloße Einbildung, einen Körper, hatte ein Gesicht, war ein Europäer, ein Türke, ein Neger, und fragte sich verzweifelt: Warum nicht dies, warum nicht jenes, aber dieses Fragen trat nur sporadisch auf, die Mühle mahlte[18] und man wurde mitgemahl[en]. Jetzt aber, in meinem harmonischen Zustand, war ich auf eine neue Weise in das Problem hineingestoßen. Denn was geschah in mir, an mir? Erst dort unten in der Freiburger Klinik läuteten in meinen Ohren die Glocken. Ja, es waren richtige Glockentöne, bald leise, bald voll dröhnend und wuchtig. Ich verstopfte mir die Ohren, mit den Fingern mit Watte, keine Änderung. Die Stärke der Töne wechselte. Es kam vor, daß sie bei der Unterhaltung, bei einer Lektüre plötzlich verschwanden, um unversehens wieder aufzutauchen. Ja, manchmal in der Nacht, wenn ich erwacht lag und noch an nichts dachte, schmetterte plötzlich das Orchester, rhythmisch dröhnten die Pauken, und jetzt schloß ein Männerchor an und sang: «Auf in den Kampf, Torero.»[19]

Nun, ich hatte unabhängig davon schon vorher konstatieren müssen, daß meine allgemeine Hörschärfe merklich nachgelassen hatte. Ich dachte an Beeinflussung des peripheren Hörohrgangs des Labyrinths, ich trug dem Professor der Station mein neues Malheur vor und regte an, die elektrischen Ströme meines Gehirns zu registrieren und zu prüfen, wir besaßen eine Einrichtung des E. E. G.[20] Und so war ich in dieses geheimnisvolle Laboratorium gegangen, und man hatte mich hingesetzt und ein halbes Dutzend Kontakte an verschiedenen Stellen meines Kopfes angebracht. Die Aufzeichnung begann, draußen zeichnete sich eine Kurve auf, ich hörte ein Lied aus ‹Carmen›, schließlich sagte man zu mir: «Danke schön!» und entließ mich. Das gewonnene Bild mußte erst entwickelt werden. Nach zwei Tagen hörte ich vom Professor, es wäre eine Verlangsamung der elektrischen Ströme, die meinem Alter entspräche, aber sonst nichts Auffälliges. Ich konnte also feststellen: sehr vorgeschritten war diese Technik nicht. Ich war so schlau wie vorher. Ganz gewaltig schritt aber in mir oder an mir im höheren Gebirge das Sing-Orchester fort. Ich will jetzt für einen Augenblick dieses Thema verlassen, es wird mich noch öfter beschäftigen.

*

Ich bin hier auf der Höhe des Schwarzwaldes, in Höchenschwand. Es ist ein kühles wechselvolles Wetter und auch völlig unberechenbar, Sonnenschein täuscht eine viertel Stunde, eine halbe Stunde, manchmal auch etwas länger, inzwischen hat sich der Himmel schon wieder dunkel umzogen, weißer Dunst lagert in den östlichen Tälern, er ruht hier eine kleine Weile und macht sich jetzt auf den Weg und springt und schleicht in die Umgebung. Es soll sich jetzt um den Kampf von einem nördlichen Hoch, das vom Nordpol hertreibt, mit einem westlichen, mit einer westlichen Strömung aus der Azorengegend handeln. Man liest diese Angaben in der Zeitung und prüft die Karten, aber man durchschaut sie nicht. Schon zwei Jahre hat man hier eine Umkehrung der Jahreszeiten, September und Oktober werden zum Sommer. Mir scheint, die Ferien müßte man dann anders einrichten, aber hat man denn zu wählen?

In Freiburg, in der Klinik, schaute ich täglich auf die Riesenzypresse, und ob ich wollte oder nicht, ich mußte mich mit ihrer Existenz und ihrem Gehabe befassen. Jetzt auf der Schwarzwaldhöhe bin ich tiefer in das Pflanzenleben hineingetragen. Unmöglich, jedenfalls für mich, das näher zu beschreiben. Diese Verfilzung von Erdleben mit dem Leben von Tieren und Pflanzen. Dieses Eingreifen der Elemente, der großen Urmächte, welche hier als Former und Bildner auftreten.

Ich springe über zu einem Zeitungsartikel aus dem ‹Figaro› vom 6. Juli[21], den mir heute Erna gebracht hat. Ein Mitglied der Académie Goncourt läßt sich da aus über die Haltung gegenüber dem Tode von Gide[22], Claudel[23] und Valéry[24]. Der Verfasser dieses Artikels meint da im Beginn[25]: der Tod ist eine alte Geschichte; von Generation zu Generation überließ er den Menschen die Furcht vor ihm. Der einzige Fortschritt könnte sein, die Idee des Todes erträglich zu machen. Aber wir sind weit davon entfernt. Immerhin muß man doch zugeben, daß die Auffassung vom Tod nicht gleichmäßig und dieselbe bei ihnen ist. Glücklich diejenigen, welche ihn nur gelegentlich wie einen Blitz durchschauen. Wie steht es da bei André Gide? Ein Schriftsteller[26], der bei Gide arbeitete als Sekretär und ebenso bei Claudel, war von beiden enttäuscht. Er stellte bei Gide eine erschreckende Gleichgültigkeit fest. Claudel lehnte es ab, am Totenbett bei Gide zu beten. Das ist überflüssig, fand er, die Dinge werden jetzt direkt zwischen Gott und Gide geregelt. Von drei Achtzigjährigen berichtet Billy.[27] Das Alter, die Erstarrung des Charakters, die Verhärtung, die das hohe Alter mit sich bringt,

gibt den Ausschlag in vielen Dingen und nicht zuletzt bei der Beantwortung solcher Fragen: «Was halten Sie vom Tode, wie sehen Sie ihn?»
Mir scheint, sie sehen ihn klarer und besser als die Jüngeren und gar als die Jungen. Zum ersten Mal wird i[hne]n allen, wie auch den schwer Kranken, eine gewisse Erkenntnis erlaubt. Sie haben die Möglichkeit eines höheren Wissens erlangt, weil ihre Denkapparate nunmehr aus einem besseren Stoff bestehen, nicht mehr aus dem des zufälligen Tages. Die Vorgänge des Tages, die Wahrheiten der Zeitungen sind wie ein flüchtiges Geräusch abgeklungen. Man hatte das da für die Welt gehalten, aber es ist ein dürftiger kleiner Winkel, lächerlich, ihn für mehr als das zu nehmen. – Ich kehre zu den Pflanzen zurück, von denen ich die Zypresse genannt hatte, die sich in Freiburg an der Klinik breit und hoch als Lichträuberin vor mein Fenster gepflanzt hatte. Aber es schien nur, als ob sie mir Licht raubte, ich spürte gleich etwas anderes und dem ging ich nach. Ich sah und beobachtete das Leben des Baumes und seinen Kampf mit den sogenannten Elementen. Hier im hohen Schwarzwald regieren die Steine, regiert die tausend und hundertfach gemischte Erde, die Wirkung der Schwere, der Luft, des Wassers, der Wärme und der Kälte. Diese zusammen besorgen das Geschäft, welches die Welt regiert. Erst sieht es aus, als wenn eine einzige große Masse von Hauptstämmen aus dem Boden getreten wäre, sie sind aus dem Boden gebrochen. Dann bemerkt man, es ist keine gleichmäßige Masse, hier liegt ein riesiger Zeitablauf vor, und die Stangen und die Stämme sind völlig verschiedener Art. Es sind haushohe und kleinere und ganz niedrige, und im Schatten darunter wuchern Gebüsche, und da und dort sieht es nach Blüten aus, aber wenig Farben, der schwere Altersschatten lagert über ihnen. Auch hier Jugend und Alter und Herrschaft und Schwäche; der Tod spielt keine Rolle, so heißt nur der Ablauf einer Stufe, es ist kein Ende sichtbar, es ist nur die Bewegung sichtbar. Nach einer kurzen Weile weiß die kindliche Pflanze, weiß der kindliche Baum nicht weiter. Die Gräser haben sich ausgebreitet, sie bedecken die

Wiesen und die Felder, aber sie wissen nicht weiter, es findet sich kein Raum mehr, alles ist begrenzt, man lebt in einer Festung, man kann nicht die Festungsmauern hinaufrennen, man lächelt über die Frische und Heiterkeit der Jugend, man fühlt nicht mehr Aktivität. Traum und Täuschung war das. – Aber eine dunkle Aktivität ist da, man ahnt sie und liegt ihr zu Füßen, man läßt mit sich geschehen. Krankheit ist nun nicht mehr Krankheit.

*

Ja, wer einen Blick und mehr als einen oberflächlichen Blick auf den Menschen und seine Artung werfen will, gewinnt gewöhnlich die nötige Distanz, indem er sich auf das Tierreich zurückzieht. Das ist schon etwas. Besser würde es beim Rückgang auf die Pflanzenwelt sein. Ich hatte sie bisher wenig beachtet. Wenn schon die Tiere keine Begleiter des Menschen sind, sondern mehr Objekte, Diener seines Machtwillens, wieviel mehr die Pflanzen. In Freiburg sah ich von meinem Fenster aus jene Riesenzypresse, fühlte etwas von ihrem Leben, von ihrer Eigenart, von der Besonderheit ihres Bestehens in unserer Welt. Hier oben im Schwarzwald tun sich vor mir die Riesenwaldungen auf, und erst denke ich an etwas wie ein kompaktes Felsgestein. Dann bin ich wieder auf der Fährte zur Zypresse, jenes Pflanzenstaates, den ich andeutete. Von meinem Balkon aus im hohen Schwarzwald schaue ich auf eine weite Ebene, welche Felder und Wiesen trägt, und ganz in meiner Nähe auf einen gemischten Laubwald, hohe Kastanien und Buchen. Ein Umriß an den Spitzen fesselt mich: Da berühren sich zwei Kronen, zwei Wipfel. Sie könnten geradeaus in die Höhe wachsen und steigen, aber sie steigen nicht. Der linke hat eine ausgesprochene Neigung, gegen den rechten vorzugreifen, und sobald ein Windstoß kommt, wirft er sich gegen seinen Nachbarn vor. Aber dem ist diese gefährliche Neigung bekannt. Die ganze rechte Höhe ist in ein aufgesperrtes Maul verwandelt, diese Spitze schaukelt in drohender Erwartung auf den hochmütigen Nachbarn, welcher auch zumeist bei jeder Bewegung des Rechten zuckt und zurückweicht. Denn das rechte Maul klafft nicht nur gefährlich mit röchelnder Wut, sondern es trägt und reißt mit sich fort eine Meute anderer Bestien, die jeden Augenblick bereit sind, über de[n] Kopf des Wildebers weg de[n] Feind links in die Flanke und am Hals zu fa[ss]en. Die Kampfspiele bei leisem und bei stürmischem Wind kann ich lange beobachten. Die Bäume, die Äste, die Blätter können nicht. Man kennt seine Situation. Man will sich nicht verdrängen lassen. Es sind Augen da, etwas Seelenartiges, aber mit der tierischen Seele nicht zu vergleichen. Sie steht den Elementen näher. Sie sind nicht wie ein Tier oder gar der Mensch.

Aber wir Menschen, was tun wir, wie leben wir, wovon leben wir? Ich sehe, wie jetzt im Juli das hohe Gras auf den Feldern gemäht wird, die Kornfelder stehen schon hoch, aber ihre Zeit ist noch nicht da, dann werden sie reif werden, um zu den Tieren, dem Rindvieh, und im Brot zu den Menschen herüberzuschlagen, welche die eigentümliche Umwandlung im Muskel vornehmen. Es ist schon ein einheitliches Reich, ein riesiges, mannigfaches Reich. Wer es durchschauen könnte. – Es ist nicht Sache unseres Gehirns.

*

Unten in den Gesellschaftsräumen blätterte ich gestern in Zeitungen und Illustrierten. Die Frankfurter Illustrierte[28] fiel mir auf, sie bot unter anderem eine reichbebilderte Reportage aus einem Lager bei Regensburg. Wer wurde hier interniert und zwischen Soldaten mit Flinten in der Hand eingeliefert? Deutsche. Wer unterhielt dies Lager? Die Engländer. Die Reportage war ganz aufgemacht, um zu demonstrieren: die Engländer machen es genauso wie die Russen, ja, wie die Nazis. Die Eingelieferten wurden erst hier untersucht und befragt, sie standen vor der Denazifizierung, es gab für ihre Internierung kein Datum, also man war vom Regen in die Traufe gekommen, und

so sieht Demokratie aus. Das wird den Lesern eingeträufelt in einer scheinbar harmlosen Illustrierten der Westzone.
Aber ein anderes Bild schließlich noch, es war wohl in einer Stuttgarter Tageszeitung.[29] Da schritt in einer festlichen Prozession ein hoher Beamter.[30] Es war die 50. Wiederkehr des Datums seiner Doktorpromotion. Dieses Bild beäugte ich nachträglich, ich wiegte mein greises Haupt. Denn, nicht wahr, ich selbst feierte in diesem Jahr diesen sogenannten goldenen Tag meiner Promotion zum Doktor der Medizin. Und der Zufall, der in meinem Leben schon eine so große Rolle gespielt hatte, streckte auch hier seine Zunge aus. Im Jahre 1905 war ich in Freiburg i. B. zum Doktor promoviert worden, nachdem ich in der psychiatrischen Klinik, welche damals Hoche[31] dirigierte, einen Fall von Korsakoff beobachtete und beschrieb und meine Anmerkungen und Vermutungen daran schloß.[32] Was das letztere anlangt, so ging ich davon aus, daß es sich bei dieser sonderbaren und kuriosen, ja humoristischen Psychose um eine Änderung des Normalzustands nach chronischem Alkoholgenuß handelt. So wird, spekulierte ich und nahm ich an, durch chronische Einwirkung von Alkohol, eines spezifischen Nervengifts, das Gehirn, das große, in einige Partien direkt oder indirekt transformiert. Der Alkohol wirkt auf die Leber, welche vielleicht nicht nur eine äußere Sekretion hat, die Dinge liegen noch nicht zutage, der Korsakoff ist noch nicht durchschaut. Hoche hat diese Dissertation meiner Schrift gelesen, wir sprachen darüber, er fragte mich: «Woher haben Sie das?» Ich konnte nur wahrheitsgemäß antworten, ich stelle mir das so vor. Jedenfalls wurde die Schrift akzeptiert, mit einem cum laude, lobenswert. Es gab darauf noch ein mündliches Examen, dessen Details mir völlig entfallen sind. So kam ich also im Jahre 1955, in dem ich siebenundsiebzig Jahre alt werde, fünfzig Jahre nach dieser Doktorpromotion wieder nach Freiburg, und, um auf jenen Zufall zurückzukommen, der sein Wesen und Unwesen mit mir treibt: ich wurde jetzt in dieselbe Nervenklinik gebracht als Patient, die ich damals als Siebenundzwanzigjähriger betreten hatte, um mir die Doktor-Ap-

probation zu holen. Die Kehrseite der Medaille ein solches Lied: Nicht als Arzt und kühler Beobachter, sondern als Patient zog ich in das alte Gebäude. Die Zeit, die lange Zeit stand leibhaftig da, ein Umschwung war da, ich nicht mehr auf dem Wagen als Lenker, sondern am Boden –. Ja, es war allerhand geschehen. Inzwischen gab es auch Hoche nicht mehr, in Baden-Baden war er gestorben[33], auch seine beiden Assistenten [Bum]ke[34] und Spielme[y]er[35] waren nicht mehr sichtbar. Der jetzige Chef der Nervenstation, Professor Jung[36], auch ein Zufall, war gerade in diesem Jahre Dekan der Fakultät. Er prüfte meine Mitteilung, fand sie bestätigt. Das goldene Doktor-Jubiläum[37] war da. Jung war bald aus einem Dekan ein Gratulant geworden, und eines Tages erschien er bei mir an meinem Krankenbett zur Visite. Diesmal trug er eine mächtige riesige Papprolle und überbrachte mir dazu mit einigen schmeichelhaften Worten einen verschlossenen Brief des jetzigen Dekans, in dessen Vertretung er erschien, Professor Riecherts.[38] Er las mir den Brief vor, worin allerhand Vorzüge und Tugenden an mir gepriesen wurden, beschlossen durch die medizinische Fakultät und durch die Erneuerung des Promotionsbeschlusses von 1905. Es war sehr nett, bescheiden, sang- und klanglos. Es gab keine Folgen, keine Zeitungsnotiz und schließlich auch: warum? Sie mochten mich in diesem Lande nicht sehr. So unterschied sich mein 50. Doktor-Jubiläum, in einer grünen Pappröhre, zehnfach ausgefertigt, von dem des hohen Beamten, dem, wie der Augenschein zeigte, das Glück gewogener war.

*

14. Juli: Ich muß mich zur Ordnung rufen. Eigentlich habe ich kein besonderes Thema und lasse notieren was mir einfällt, andererseits dreht es sich um zwei drei bestimmte Dinge. Ich wollte und will zu einer größeren Klarheit gelangen über Leben und Tod und als erstes stand nur die Überschrift fest: «Von Leben und Tod, die es beide nicht gibt». Das war freilich erst aus-

führlich zu belegen und zu begründen. Es führt zur Gegenüberstellung des Geistigen und Materiellen, des Geformten und Gedanklichen, das muß eine breite Auseinandersetzung geben, ich sehe, daß sich beide Linien getrennt nicht halten können, und weder an die geistige Linie, an den Geist, der formt, noch an das gestaltete Sinnliche läßt sich das Leben binden. Leicht berührt habe ich schon, womit ich mich noch viel befassen muß, die sonderbare verschwimmende Dunst- und Nebelebene zwischen beiden Gebieten, und da kann ich anfangen mit Mitteilungen, die gar nicht theoretischer oder abstrakter Art sind, sondern – nun eben von ihrer eigenen Art. Ich meine die innere Musik, die aber nicht bloß innere ist. Sie geht auch weit hinaus über das, was Jean Paul im Harmonie-Menschen im Auge hatte.[39] Das muß ein ausführliches, ich könnte sagen, klinisches Kapitel werden.

*

Zögernd gehe ich an dieses Kapitel, das ich in dieser Weise, das ich so [hoch]fahrend angekündigt habe. Aber ich kann ihm nicht ausweichen und ich möchte es unter keinen Umständen unterschlagen. Es liegt auch eine Verpflichtung dazu in dem Titel: «Von Leben und Tod, die es beide nicht gibt.»
Wenn jener Zypressenbaum mit Wind und Wetter kämpft, – wer lebt, der Wind oder der Baum, oder beide? Wenn der eine Zypressenbaum erliegt in dem Kampf, wenn sein Rest vertrocknet und der große abgebrochene Mast zerkleinert und in die Öfen befördert wird, so ist es scheinbar klar, hier war der Wind Sieger, er ist lebendig und tot ist der Baum. Nun ein anderes Beispiel: Wenn ein Tier heranwächst, wenn ein Mensch jung ist und kämpft, so steht scheinbar das Leben auf seiner Seite. Dieses geheimnisvolle Leben ist ihm mitgegeben worden, es entwickelt den Menschen weiter und weiter, er passiert das mittlere Alter und tritt dann über eine unsichtbare Schwelle in ein Endstadium ein. Das kann sich noch hinziehen, der Mensch kann sich noch behaupten, aber nun erliegt er bald und fällt um. Er hat in sich

gehabt etwas wie ein Feuer, das nunmehr ausgegangen ist. Das Feuer also war das Leben, und er ist nun tot. Man kann also nicht behaupten, das Leben gibt es nicht, und den Tod ebensowenig. Dem physischen Körper allein, wie er jetzt daliegt, auch wie er lebend daliegt, wohnt keine spezifische eigene Kraft inne, die ich Leben nennen könnte. Wie das lebendige Leben, das im Kampf mit anderen steht, sich mit der Zeit fortsetzt, wissen wir, wir können uns daran nicht halten, es gibt nichts, wir bleiben stekken. Wir drehen uns im Kreise.
Ich muß einen neuen A[n]satz nehmen.
Wir erkennen am Menschen, auch am Tier eine Seite, die wir [die] geistige nennen. Der Mensch hat ein Inneres, das sich mit seiner Körperlichkeit ohne sein Zutun entwickelt hat. Er tritt in dieser Weise als ein Ich, ein Bewußtsein, ein Wille der Welt gegenüber, die er auch, ein rätselhaftes Ding, in und an seiner Körperlichkeit entdeckt: Zahllose Aktionen sind ihm vorgeschrieben und als Antrieb ihm mitgegeben, die er erst spät analysiert und ins Bewußtsein aufnimmt. So vollführen auch Tiere einzeln und gemeinschaftlich höchst komplizierte und sinnvolle Akte, was uns besonders bei Insekten, Bienen, Ameisen, und Vögeln auffällt. Wenn der Mensch sich damit befaßt, so wird er gewahr, mit Schaudern, mit Schreck, mit Ergriffenheit, daß eben ein herrliches Gebiet des Sinnes eintritt, in das er wohl selbst eingebettet ist. Er fragt sich, wie er da eindringen und rivalisieren kann. Er hat seine Gedanken, Begriffe und Vorstellungen, – sie können aber von sich aus nichts hervorbringen, sie können nur das Gegebene benutzen, auflösen und neu kopieren. Das Draußen wird ihm unfaßbar, so, sah ich, steht es um das Erkennen. Was ist damit geholfen, wenn ich vom Spiegel rede. Gewiß, wir sehen uns da, aber gerade da wird uns das Rätselhafte unserer Situation deutlich. Denn was habe ich zu tun mit diesem verbogenen Wesen, das sich mir da im angeblichen Spiegel zeigt. Meine Augen sind mit im Komplott. Der Spiegel bringt mich nicht weiter. Eine Frau kann ihn nicht entbehren, – wer erkennen will, kann ihn ruhig verstauben lassen oder bunt bemalen.

Da hat sich mir nun ein merkwürdiges Phänomen gestellt, im letzten Jahr, unter dem Einfluß von Alter und Krankheit, und davon muß ich nun ausführlicher sprechen. Solange Gesundheit, Jugend und Aktivität in mir regierten, ich hätte beinah gesagt, wüteten, konnte sich dieses Phänomen nicht einstellen.

Als ich im Vorjahre krank auf der Inneren Klinik in Freiburg lag[40], 76 Jahre alt, zeigte sich das Phänomen noch nicht, aber schon damals, bzw. bald nach der Rückkehr nach Paris bemerkte ich ein gewisses leichtes Nachlassen meiner Hörfähigkeit.

Ich empfing ja nur wenig Besuche, denn wer soll in Paris einen unbekannten deutschsprachigen Schriftsteller besuchen, der sich nicht aus seinen vier Wänden bewegt, aber ich stellte fest, daß mir manche Sätze, die sie sagten und die nicht g[e]rade i[n] starke[m] Tonfalle vorgetragen wurden, entgingen. Das nahm zu im neuen Jahre. Und jetzt in der Nervenklinik in Freiburg gesellte sich zu dem Ausfall etwas Positives, eigentlich besser etwas Negatives, nämlich ich hörte etwas, was keiner sprach oder sang. Um es gleich festzulegen, ich hörte niemals jemanden sprechen, sondern nur singen, einzel[n] und Chöre, ferner auch Einzelinstrumente und ganze Orchester. Als ich das verwundert einige Wochen ertragen hatte (aber es war ganz und gar nicht beunruhigend, manchmal lästig), sprach ich davon zu dem Nervenarzt, der mich besuchte, und ich hatte kurz vorher von ihm einen Sonderdruck erhalten, der sich mit dem E.E.G. beschäftigte, d. h. mit den minimalen elektrischen Strömen verschiedener Art, die im Gehirn auftreten und sich mittels komplizierter Apparatur draußen am Kopf registrieren lassen. Meine Auffassung betr[effs] dieser Gehörphänomene, welche unabhängig von mir verliefen, war: es müßte da im Gehirn etwas registriert werden können, das dicht zusammenfiel mit den bekannten anderen kleinen Strömungen, die man sonst registriert. Die Mikroaufnahme wurde vor meiner Abreise noch gemacht. Als Resultat wurde mir nach zwei Tagen verkündet: nichts Besonderes, nur eine allgemeine Verlangsamung der kleinen elektrischen Ströme, aber dem Alter entsprechend. So kam ich nun hierher

mit einem inneren klingend[en] Orchester, das sich weiter und weiter entwickelte, und zwar wie?
Zunächst: Mein inneres Orchester spielt am besten in meiner Abwesenheit, wenn ich ihm den Rücken kehre. Wer sein Dirigent ist, wer sein Programm zusammenstellt, weiß ich nicht. Es spielt was es will, und es nehmen an den Darbietungen soviel Personen und Instrumente teil, wie man gerade hat, und sie wiederholen ihre Stücke und machen mit ihnen was sie wollen, verkürzen sie, verlängern sie, legen sie zusammen. Es ist zum Staunen. Wie verläuft das nun? Ich bin kein Musiker und kein Komponist. Ich liebe Musik sehr, aber sie wurde mir nie Ausdrucksmittel. Ich habe auch nicht erkannt, daß die Musik, die jetzt in mir entstand und quasi meinen ganzen Denkraum beanspruchte, irgend etwas in mir ausdrückte. Vielleicht wollte sich irgend etwas in mir dafür rächen, daß ich dem Denken, und nicht der Musik soviel Raum gab. Wie das also ablief? Wie der Beginn eines Tages.
Ich liege noch und dämmere. Die Fenster sind weit geöffnet. Ich höre zwei Töne, die sich dauernd wiederholen, Glocken in der Ferne. Ich frage: «Hört man Glocken?» Die Antwort: «Nein.» Meine Glocken hört man weiter rhythmisch, jetzt hält ein Ton, ein tiefer Ton lange aus, und leise schließt sich an eine Melodie, sehr deutlich, klar und durchaus nicht lästig. Es ist der ‹Tannhäuser› von Wagner[41], der feierlich durchs Land getragene Pilgerchor bis etwa zur Mitte. Da gibt es eine kleine Pause, das Geläute des Anfangs wiederholt sich, und in gleicher Weise wie vorher erschallt der Pilgerchor, und er endet wie vorher. Es ermüdet mich nicht da zuzuhören, ich bin freilich g[e]rade nicht gefesselt davon oder genötigt zuzuhören.
Es bleibt nicht bei Wiederholungen des ‹Tannhäuser›-Themas, sondern unmerklich mischen sich Variationen ein, bis schließlich der feierliche Pilgerchor, ohne seine Feierlichkeit aufzugeben, als schlanker Jüngling einherschreitet und nach fünfzig bis achtzig Wiederholungen in ein freudiges Rufen ausbricht: «So leben wir, so leben wir alle Tage.»[42] Diese Melodie geht densel-

ben Weg wie der Pilgerchor, der übrigens nicht völlig vergessen ist, den Schluß des lustigen Liedes bilden allemal zwei Takte, die uns schon begegnet sind im Pilgerchor. Wir horchen aufmerksam, wie es den fidelen Leuten gefällt, nachdem er fünfzig- bis achtzigmal hat antanzen müssen. Leiser und leiser wird die Melodie und geht über, es ist zauberhaft, in den Hohenfriedberger Marsch.[43] Sie gibt ihre Existenz nicht auf, sie schmettert lebensfroh in diesen neuen Klängen. So ist sie ihrer Existenz sicher, daß sie nach hundertmalige[n] Wiederholungen sich erlauben kann, als – Pilgerchor einherzumarschieren.

Ich habe lange zugehört, d. h. da gesessen und das Gedränge passieren lassen. Ich habe gedämmert, und darüber erwache ich jetzt und bin froh, nichts zu hören. Ein unerwartetes Glück, ich sitze auf dem Balkon, die Schwarzwaldhäuser stehen unten im Grünen, das Gras ist gemäht, knarrende Maschinen, die Traktoren holen es ab, eine Welle von Hitze und Gewitter zieht über Westeuropa, die Frische nach dem Regen von heute nacht tut wohl. Ich ruhe aus, ich erhole mich. Ein junger Hahn kräht hoch und herausfordernd, ein älterer antwortet mürrisch. Da läßt sich ein hoher Ton vernehmen, ein Surren wie von einer Maschine, bis jetzt völlig gleichmäßig, aber er zieht meine Aufmerksamkeit auf sich. Das Surren ist jetzt schon nicht mehr so einheitlich. Es wird deutlich, daß es ein mindestens von vier verschiedenen Tönen zusammengerolltes Geräusch ist. Nun ist der einheitliche Ton völlig aufgelöst und jene in der Halle, die mir schon vorher begegnet sind, treten hervor. Sie wiederholen sich flott, ich ahne, es geht auf den Hohenfriedberger Marsch zu, aber sie mäßigen sich, Männerstimmen ertönen, man singt und marschiert: «Das Wandern ist des Müllers Lust».[44] Ich will mir jetzt schenken, den weiteren Verlauf der musikalischen Darbietungen zu beschreiben. Man hat in mir eine Reihe von Schallplatten vorrätig und probiert sie aus. Unbekümmert darum, was die Welt denkt, läßt man Platten sich drehen, ein langweiliger, ein stupider Mechanismus.

Aber so leicht werde ich die Sache nicht los. Am Ohr, an mei-

nem Labyrinth wird es nicht sein. Aber irgendwo in der Großhirnrinde im Hörzentrum? Irgendwoher stammen doch alle diese Melodien, sie sind Reste der Erinnerung, aber ich bin es nicht, der sie mobilisiert, damit sie mich belästigen, nur mit den größten Kunststücken könnte ich es fertigbringen, in einer Art Analyse die Texte in Zusammenhang zu bringen. Diese Hörfolgen haben eine doppelte Eigentümlichkeit: sie sind nur geistig in meinem Innern, nur von mir wahrnehmbar. Der dumpfe wuchtige Pilgerchor aus ‹Tannhäuser› wird sowenig wie das fidele Lied «So leben [wir], so leben wir» von den Menschen neben mir vernommen. Diese Klänge also sind nicht objektiv vernommen. Es sind also subjektive Vorgänge, die sich außerhalb meines Bewußt[s]ein[s] abspielen. Ich kann aber diese objektiven Vorgänge dann und wann in einer Weise beeinflussen, wie ich sonst keine anderen beeinflussen kann. Manchmal denke ich und spüre ich: Diese Melodie, dieser Rhythmus scheint mir überzuführen zu dem Studentenlied «Gaudeamu[s] igitur»[45] und fast im Augenblick vom Zauberstab meines Gedankenganges.
Betrachte ich die Themen näher, so sehe ich ohne weiteres: Es handelt sich nicht um Erinnerungen von heute und gestern, sondern um Überbleibsel aus längst vergangenen Zeiten. Wer oder was stöbert sie aus der Asche auf [?] Noch einmal, ich fühle mich nicht daran beteiligt.
Und dann ein Tag, der beinahe vom Morgen bis zum Abend unterirdisch eingenommen wird durch (man höre und staune) den ‹Grafen von Luxemburg›[46], Hand in Hand mit dem Revolutionslied der ‹Marseillaise›.[47] Da tanzt es schon frühmorgens an und lacht übermütig. «Der Graf von Luxemburg hat all sein Geld verju[x]t, ju[x]t, ju[x]t»[48]. Wie das dann abgewandelt wird? Bald wie ein Ruf, eine Verkündigung als neuste Tagesnachricht von hellen Sopranstimmen: «Der Graf von Luxemburg hat all sein Geld verju[x]t, verju[x]t, verju[x]t». Der Ruf wird dramatisch aufgenommen von einer anderen Gruppe, welche die Stadt durchläuft und schadenfroh hinzufügt: «Hat hunderttausend Taler in einer Nacht verju[x]t, ju[x]t, ju[x]t». Die

Wiederholungen, welche ich nicht spezifiziere, sie sind jedenfalls nie jene einfache Wiederholung, wenn auch der Text derselbe bleibt. Stücke aus anderen Melodien wirbeln dann vorbei und verhindern, daß man das Hauptthema, das uns erwartet, verfolgt. Plötzlich hat sich das Studentenlied ‹Gaudeamus igitur› eingehakt, hält aber nicht lange vor. Es bildet nur den Übergang zu dem Revolutionslied, von Bläsern vorgetragen, fast ebenso wuchtig wie der Pilgerchor, die ‹Marseillaise›. Dies Thema nun formt stundenlang den Inhalt der kommenden Symphonie. Und nun muß ich genauer dieses Phänomen betrachten.
Was in mir alarmiert und komponiert diese uralten Stücke, die mich so wenig angehen? Existiert da in mir außerhalb meines Bewußtseins noch eine Zwischenmacht, die vom Geistigen, Subjektiven zum Objektiven der Melodien herüberspiel[t]?
Ich habe diesen Abschnitt betitelt «Von Leben und Tod, die es beide nicht gibt». So meine ich, lebt in mir eine geistige Kraft, die auch nach dem Objektiven greifen kann, sie hervorruft, verwandelt. Ich bin von meinem Thema nicht abgewichen, als ich so breit von diesen traumartigen Gebilden sprach. Sie belästigen mich nicht. Jedenfalls bis jetzt fühle ich sie nur als zu meinem inner[e]n Mobiliar gehörend.

*

1. August 1955
In Höchenschwand, Kurhaus. Kalte unfreundliche Witterung, wechselvoll. Es ist ein gemischtes Vergnügen, sich in dem Rollstuhl zu bewegen über steinige Wege. Dazu der Regen, alle Augenblicke wechselnd mit Sonnenschein. Aber ich notiere dies hauptsächlich wegen der inneren Musik. Mein Orchester hat sich fest installiert. Es schickt keine Inserate an die Zeitung, um Hörer anzulocken, es musiziert drauflos mit Posaunen und Trompeten im Chor, sie sind gewiß, daß ich höre. Ich notiere hier aus dem Programm der letzten Woche folgende Musikstücke. Irgendwann ist es ganz still, ich staune und traue nicht recht, ein gleichmäßiger hoher Ton wie von einer Mandoline

wird dann von mir bemerkt, entfaltet sich, und schon sind es zwei Töne, die aufeinander folgen, sich hartnäckig wiederholen, der Akzent liegt auf dem zweiten Ton, die Walze dreht sich langsamer, und nun, bei dem zweiten Ton angelangt, verstärkt sich das Orchester durch Posaunen, und die ersten Takte des Pilgerchors aus dem ‹Tannhäuser› ziehen vorbei, mächtig und prächtig. In geschlossenem Zug und ohne Störung wird die erste Partie des Pilgerchors exekutiert. Dann eine kleine Pause, und man setzt unverzüglich zu[r] Wiederholung an. Diesmal aber endet man nicht in der Mitte, sondern läßt alles regelrecht sich abrollen bis zum Schluß – jedoch der Schluß gelingt nicht recht, es wird eine Schlußfloskel angehängt, und diese ist wie eine Öse, in die man nun wieder den Anfang einharkt. So hat man den Fortgang logisch gesichert. Verwundert bemerkt man, daß es auf diese Weise stundenlang so fortgehen kann, und wirklich gibt es zwanzig oder dreißig Wiederholungen, bis sich einige mutige Bläser emanzipieren und keck Trompetenstöße wie zum Aufwecken über den gemächlichen Fortgang des Themas schmettern. Was blasen diese Trompeten? Verschiedenes, aber gestern und vorgestern bliesen sie zum ersten Mal nach dem Beginn des ‹Tannhäuser› aus de[n] ‹Meistersingern›[49] den he[ro]ischen Marsch der Meistersinger. Der beginnt ja mit einem Paukenschlag, auf den stufenweise absteigend das Thema folgt. Natürlich wird jetzt danach gegriffen, und die Meistersinger ziehen dutzendemale vorbei, um plötzlich festzusitzen und nicht von der Stelle zu kommen; denn sie sind auf einer Fer[m]ate festgerannt, und das wird das Signal für den Pilgerchor, sich dem Zuge anzuschließen. Ja, solche Wunder sind in der Musik möglich, besonders wenn sie so spielend leicht exekutiert werden können, wie es die innere Musik gestattet.

*

Höchenschwand unverändert.

5. 8. 1955. Der Monat August ist gekommen. Ich hoffte auf grö-

ßere Wärme, dieweil ich von Wetterkunde nichts verstehe. Aber das Wetter selbst kennt sich und weiß, wie es sich zu verhalten hat; z. B. entwickelt es jetzt in der Niederung einige hundert Meter unter uns und in der Ebene eine respektable Wärme, während hier oben gestürmt und gehagelt wird. Dabei kann man nur zum Ausgehen die Pausen benutzen, und übrigens bleibt so oder so die Luft sehr erfrischend, sie tonisiert fühlbar. Ich habe absichtlich bis jetzt gewartet und nichts mehr über meine innere Musik notiert, denn sie läuft weiter, und ich wollte sehen, wie sich dieses kuriose Ding entwickelt. Ich hoffte heimlich, ohne es anzuklagen, es würde verschwinden. Aber es ist nicht verschwunden. Es hat sich fortgesetzt, ausgebreitet und deutlicher seine Charaktere entwickelt. Der Parasit hat sich in mir festgenistet, ich muß mit seiner Gegenwart rechnen.

Es lassen sich da mehrere Programme unterscheiden, die aber trübe und mäßig öfter ineinanderfließen. Das eine Programm wird geführt von jenem Pilgerchor. Ein anderes hat schon im Zentrum das ‹Gaudeamus igitur›. Ein drittes Programm Volkslieder und Märsche, beginnend etwa mit dem elegischen Lied «Lang ist es her».[50] Jedes Programm ist so reichlich mit Schnörkeln und Zwischenphrasen ausgestattet, daß sich der Übergang in ein anderes Programm leicht ermöglicht, und da höre ich «Das Wandern ist des Müllers Lust» und den Marschschritt gemessen, von tiefen Männerstimmen vorgetragen «Ich hatt' einen Kameraden»[51] und dann «Ach, wie ist's möglich dann, daß ich dich lassen kann»[52] und kriegerisch «Auf, mein Deutschland, [schirm'] dein Haus».[53] Es bleibt im allgemeinen bei dem angeschlagenen Thema, einfache Wiederholung ist die Regel, aber sie bleiben doch nicht dieselben, sie werden bald hier bald da anders rhythmisiert und hören sich funkelnagelneu an, so daß ich, der bis da unbeschäftigt und teilnahmslos gefolgt war, aufpasse. Einmal geschah es beim Grollen eines Gewitters, daß zu meiner Verblüffung irgendein Thema sich dem «Walkürenritt»[54] näherte und damit prächtig paradierte in Konkurrenz mit dem Grollen des Gewitters. Seit Wochen also stehe ich unter dem Eindruck dieser Vorgänge, und nur selten ist mir eine halbe Stunde vergönnt für eine akustische Ruhe. Gelegentlich schrecke ich nachts auf, wenn ich schlaflos liege und mir ein Zupfgeigenkonzert dargeboten wird. Undankbar aber, wie ich bin, schlafe ich nach einer Weile auch darüber ein.

Ich möchte gerne wissen, womit ich es da zu tun habe. Fest steht mir nur, diese innere Musik hängt irgendwie zusammen mit organischen cerebralen Vorgängen. Diese Themen, die zu hören und immer wieder zu hören ich seit Monaten verdammt bin, werden wohl, denke ich, gewissen Veränderungen in der Hirnrinde zugeordnet sein. Was aber in der Hirnrinde sozusagen lokalisiert ist, ist, oder stellt dar, das Reservoir des musikalischen Gedächtnisses. Ein Zweites aber ist die Kraft, der Wille und der Geist, welcher aus diesem Reservoir schöpft, und zwar jetzt, bei mir, ohne mein Dazutun. An sich ist da schon das begriffliche Denken, zu dem gehört das Erwecken gelernter und erworbener Vorstellungen, eine zauberhafte Sache, das Zusammenspiel zweier Dimensionen, dies ist uns aber geläufig und davon exi[s]tieren wir als Menschen. Kraft, Leben und Motor stammen allemal vom Geist. Bei meinen musikalischen Themen liegt es auf der Hand, daß sie aus dem Reservoir meines musikalischen Gedächtnisses geschöpft sind, erstaunlich aber bleibt, daß sich da plötzlich gegen Ende des Lebens hin nach einer offensichtlichen Schädigung des akustischen Aufnahmeapparates mein Geist musikalisch zu regen und bewegen begonnen hat, ohne mein Zutun. Ich kann auch hier und da einwirken von meinem Bewußtsein her, aus meinem Denken auf die Resultate des Zusammenspiels, ich kann quasi dem laufenden Rad in die Speichen fallen und einen musikalischen Einfall einschmuggeln, er wird aber als Fremdkörper in der Regel rasch entfernt.

Und so stellt sich das Ganze dar: Ein kurioses Hintereinander und Durcheinander von Themen aus den Opern, der Musik.

*

Wieder habe ich eine Anzahl Tage verstreichen lassen, ohne dieses Kapitel abzuschließen. Es ist heute der 12. August, der Laurentiustag[55] ist sang- und klanglos vorüber. Es ist eine in jeder Hinsicht trübe Zeit hier oben im Hochschwarzwald, ich weiß nicht, was ich hier zu suchen habe. Meine Gehfähigkeit vermindert sich immer mehr, «ich kann allein nicht gehen, nicht einen Schritt».[56]

Bisher hat sich bei mir leider keine akute und fortschreitende Krankheit gezeigt, ich muß offenbar noch mehr Geduld haben. Herausfordernd und ironisch tönt heute über die Ebene seit dem frühen Morgen «Das Wandern ist des Müllers Lust». Ich bin nicht neugierig wie es weitergeht, ich weiß schon; das Thema führt zu «So leben wir, so leben wir alle Tage», um dann nach zwanzig Minuten völlig monotoner Wiederholung in Fanfarenstöße auszubrechen, die sich erst beruhigen, wenn das Thema des Pilgerchors erreicht ist. Völlig naiv wird Heiliges und Profanes nebeneinander gesetzt und völlig naiv und unkritisch durchwirken sich schließlich fromme, profane und vulgäre Themen, drei und vier verschiedene Kapellen und brachten einen merkwürdigen und meist interessanten Lärm. Den Punkt auf das I setzt oft das Lied «So leben, so leben wir alle Tage».

Ich bin dieser Aufzeichnungen und Betrachtungen müde. Und wenn ich jetzt den Schlußstrich ziehe und zu meiner Absicht zurückgehe «Von Leben und Tod, die es beide nicht gibt», so meine ich: wie allgemein, so findet sich auch bei diesen Gehörerscheinungen Objektives und Subjektives gemischt, und sie sind so miteinander verbunden, daß sie untrennbar sind. Denn diese Melodien stammen objektiv aus meiner Existenz und haben irgendwie und -wo in mir oder an mir einen Sitz und Niederschlag gefunden. Sie hausen da in Höhlen, sind aber nicht gestorben, sind nicht trocken und blutlos, sondern regen sich auf das Zeichen meines Ichs. Mein Bewußtsein, das verschiedene Tiefen hat, belebt sie, es ist da ein unergründliches Höhlenrevier, archaisch mit meinem Ich verbunden, verknüpft, aber nicht Tagesgut.

– So weit bis jetzt. Ich vermute, ich werde noch ab und zu auf diese Dinge zurückkommen.

*

Zusammenfassend: der sogenannte Tod existiert nicht, und das Leben ist nicht ohne den sogenannten Tod. Es gespenstert kein Ich herum ohne eine objektive Last. Ich glaube, falls mir noch Zeit dazu gegeben wird, werde ich meine Vorstellungen von den Sinnesorganen und vom Spiegel korrigieren müssen. Und das ist gut. Der Mensch erscheint auf der Bühne, die Brücke zu Religion und Glaube, zu Liebe und Hoffnung wird geschlagen.

*

Zum Verschwinden von Thomas Mann: Er soll nach Zeitungsnotizen vor einigen Tagen an einer Venenentzündung in einem Örtchen bei Zürich, in Kilchberg, gestorben sein, alt etwas über 80 Jahre.[57] Ich könnte achselzuckend darüber hinweggehen, d[a] ich schon vorher für seine schriftstellerische Existenz nur ein Kopfschütteln und Achselzucken, manchmal auch ein wirkliches Staunen gehabt habe. Wer und was war eigentlich der jetzt, wie [e]s im Schweizerdeutsch heißt, Abgedankt[e]? Wir, d. h. eine Schar lebendiger und wirklich als Person existierender Schreiber hatten nicht nötig und fühlten uns nicht veranlaßt, mit diesem Geschöpf abzurechnen. Es gab diesen Thomas Mann, welcher die Bügelfalte zum Kunstprinzip erhob, erheben wollte, und mehr brauchte man von ihm nicht zu wissen. Er vertrat nämlich das gesamte mittlere und höhere Bürgertum im Lande, das über eine mäßige Bildung verfügte, und sich um einige überlieferte Namen der sogenannten klassischen Bildung gruppierte. Für die Bedürfnisse dieser großen und immobilen Schicht schrieb er und modellierte er sich selber. Er machte sich zum Patrizier. Einen zusätzlichen Adel verlieh ihm leider keiner. Mir fällt ein: War er eigentlich ein anderer Kerl? Um für seine Klasse zu schreiben, und zwar erzählend, langte Thomas Mann nach dem damals modernen französischen Roman herüber, und die Romane von Emil[e] Zola[58] erfuhren zu ihrer riesigen großen Verblüffung eine Wiedergeburt und Fortsetzung auf deutschem Boden in Manns ‹Budenbrooks›[59], einer langweiligen Spießerei, welche die schwache deutsche Literatur jener Tage nicht verdient hätte. Man applaudierte aber, der Streich war gelungen, und es dauerte dennoch fast 30 Jahre, bis der Verfasser den Nobelpreis dafür erhielt.[60]

In der Zwischenzeit setzte sich der stolze Patrizier aus Lübeck nach Rom.[61] Es konnte drüben in Deutschland geschehen was wollte, von den realen Menschen hatte er wenig Kenntnis, er putzte das Bürgertum heraus, und wenn er keine realen Situationen schilderte, analysierte oder gar kritisierte, so hatten seine Bilder den Hochglanz des klassischen Stils von heute, er schrieb die Bügelfaltenprosa, darauf bedacht, daß sein Frack keinen Staubfleck zeigte. Nebenbei bemerkt war es die Zeit, in der das Land sich ungeheuer umbildete mit Eis[en], Stahl, Dampf aus einer größten Teils agra[r]ischen Fläche zu einer industriellen Großmacht. Aber man suche davon nichts in dem Werk des jetzt abgedankten Autors. Als nun der Krieg 1914/18 kam, war unser Autor nämlich zur Stelle mit dem Bekenntnis zu seiner Klasse, zu seiner Kulisse, er stellte sich als [U]npolitischer vor[62], aber er war es nicht, sondern nur verblendet. Was sollte er machen, als zuletzt der kaiserliche Staat zerbrach und etwas wie eine Demokratie an seine Stelle treten wollte? Er erklärte, nicht lange vor seiner Abdankung, es hätte sich in seinem langen Leben draußen viel verändert, er selber aber wäre der gleiche geblieben. Was wir so interpretieren wollen: Er mogelte sich durch das Gedränge. Er war der alten Wirklichkeit ausgewichen, den Arbeiter, das Proletariat, das Unternehmertum und die tobenden Großstädter gab es für ihn nicht. Jetzt zeigt sich seine Geschicklichkeit, seine Verschlagenheit und Schläue im hellen Licht. Die gebildete Bürgerschicht, die er gekleidet und geschmückt hatte, wollte mit der neuen Demokratie paktieren, so tat unser Autor das seine dazu, den Patrizier im Herzen, persönlich auf Ehren und Auszeichnungen gespitzt. Es dauerte lange bis ihm der Nobelpreis[63] zufiel, wir haben eine entzückende Schilderung aus der Hand Hülsens[64], wie er damals reagierte, als deutsche Universitätsprofessoren sich für Arno Holz[65] einsetzten. Damals, um 1930, telefonierte unser Autor, schwer gekränkt, mit dem schon ruhmgekrönten Gerhart Hauptmann und geiferte am Apparat (Hauptmann lachte für sich[)]: «Arno Holz? wenn schon, dann Ricarda Huch[66] oder –». Hauptmann nahm dies zur Kenntnis, es war spaßhaft, er war natürlich nicht für seinen alten Feind und Nährvater Arno Holz, aber Thomas Mann? Er billigte ihm den Preis zu, und glückselig fuhr der von Stockholm heim, wo er den Preis für «Deutschland» in Empfang genommen hatte.[67] Die Welt veränderte sich, aber er blieb, der er war. Er rief vor Hitlers Ankunft zu einer heroischen Geste auf[68], dann aber – blieb er draußen und zuletzt nahm ihn Amerika auf, von wo aus er im Krieg, seinen Ruhm hinter sich, am Mikrofon nach Deutschland herüber donnerte.[69] Es häuften sich Ehren nach Ehren über ihn bis zuletzt, er blieb auf der Jagd nach Ehren, und seine gebildeten Anhänger, unbeweglich und blind, taten für ihn, was sie konnten. Er wurde über 80 Jahre alt. Von einer Reise nach Holland[70] kehrte er schon schwer krank zurück. Er wollte weiter arbeiten. Er war vorher sogar einmal nach Weimar in die Sowjetzone gefahren zu einer Feier.[71] Er gab sich nicht auf. Er hat bis zuletzt nicht den Zugang zu sich gefunden, aber es lohnt nicht, an seine Psychologie zu gehen, sie liegt offen da.

*

Zu Hamlet 7. 9. 1955

Revision d[es] Verhaltens von Edward am Schluß.[72] Die Wendung ins Kloster kann nur eben vorübergehend, flüchtig, als eine Anwandlung genommen werden. Der ganze vorangegangene Vorgang, die Hamlet-Existenz ist für ihn ja nur Beseitigung eines Komplexes, der ihn ganz ausgefüllt hatte, die Beherrschung durch das Bürgerliche-Familiäre. Jetzt erst tritt Edward selbst in Erscheinung. Es ist kein Grund anzunehmen, daß er sich von d[er] Welt abwendet und daß er verzagt und Pessimist wird. Im Gegenteil: jetzt in ihm ein ungewohnter glücklicher und freudiger Ton, jetzt auch in ihm, grade aus Ehrfurcht gegen die beiden Toten, ein Wille zur Aktivität. Er wird weltoffen. Dies ist nur in Strichen anzudeuten. Also der Abschluß im Stil der früheren Kapitel hymnisch und freudig, auch gegenüber der Natur. Titel: Hamlet oder das Ende der langen Nacht.[73]

*

Was ich an den Tieren da draußen bemerke: Es sind Kühe, Pferde, hinter ihnen mit einer Knallpeitsche in der Hand, ein Hütejunge. Die Tiere kennen den Weg bergauf, sie werden zur Weide getrieben. Also, was ich an der Kuh bemerke, was das ist, die Kuh. Das trägt sich aufs Gemeine, hat einen gewaltigen Leib, unter einem mehrfarbigen Fell. Vorne sitzt ein Kopf, hinten schlägt der Schweif, unten am Leib schwanken mächtige Wampen, mit Milch gefüllt oder entleert, je nach der Tageszeit. Das Ganze heißt ein Tier und ist aufgebaut um wenige Dinge, Zwecke. Da hat es die sogenannten Beine, die müssen den ganzen Apparat tragen, die ganze Baulichkeit. Die müssen sie da- und dorthin tragen wie man sagt, um Futter zu suchen. Das Ganze ein transportabler Freßapparat, ein Schrank, der gefüllt werden muß. Oben und vorne der Kopf, enthält die Augen, die das Wichtige bemerken, enthält auch schon die Zähne und die Zunge und die Kaumuskeln, um die Zerkleinerung vorzunehmen.

November 1956
Der Sommer ist vorbei, Herbst ist da, und ich sitze kaum verändert in dem homöopathischen und anthroposophischen Sanatorium[74], wo man mich sozusagen behandelt und lasse die Tage und

Monate an mir vorübergehen. Ich nehme an ihnen nur aus dem Zimmer teil. Solange das Wetter es erlaubte und ich eine Begleitung fand, rechts und links, ließ ich mich in den Garten führen und saß dort im Schatten der Bäume und atmete die frische Luft. Ja, sie ist schön, diese frische Luft des Schwarzwaldes, wunderbar empfand ich sie in Höchenschwand, wo man ja geradezu von der Heilwirkung dieser Luft profitiert. Hier aber, im niedrigen Schwarzwald, in der Nähe von Freiburg i. B., bin ich an das Zimmer gebunden oder an das Haus und muß froh sein, wenn man mich fünf bis zehn Minuten über den Korridor schleppt, und ich bin auch froh, daß es nicht länger dauert, denn meine Muskeln sind schwach und wollen den Körper nicht tragen. Nun ist es also Herbst geworden, die Zeit verläuft rascher, es wird nicht mehr gemessen nach Tagen und Wochen, sondern nach Jahreszeiten, – so stelle ich fest. Der 1. November mit der Feier Allerheiligen ist vorüber, auf die Gräber haben sich Millionen von Blumen gesenkt, der Tod erhält hier ein anderes Gesicht, er ist nicht tot, er ist eine Etappe in dem ungeheuren Wechsel der Natur, er ist ein Durchgangspunkt, den alles passieren muß. Er hat hier in dem Schwund der Jahreszeiten keinen Schrecken, ja, jedes Erschrecken, das ihm anhaftet innerhalb einer Jahreszeit, hat sich unmerklich mehr und mehr gemildert. Es ist fast wie eine Abreise oder auch wie das Hinsinken eines Ermüdeten. Man läßt es gehen. Man läßt sich gehen und sich fallen. Wer weint noch am 1. November oder am 2. beim Schreiten über den Friedhof, und wenn eins weint, [ist es] nicht der Schmerz, daß man das jetzt Lebende hinter sich ließ und hinter sich lassen muß. Es ist mehr eine Flötenmelodie, eine Totenklage, ein Gruß nach drüben, und man ist imstande, besänftigt den ruhigen Ort zu verlassen, im Zuge der Jahreszeiten gewinnen wir unsere Haltung wieder.

Zuletzt war hier in dem niedrigen Bergland der Sturm und der Regen an der Tagesordnung, und sie konnten ebensogut aus dieser oder jener Jahreszeit stammen. Die Begegnung von Sturm und Wetter mit den Bäumen und Pflanzen war ein Kampfspiel.

Zwei Mächte oder drei oder vier faßten sich an und rüttelten aneinander. Manchmal war es ein grandioser Kampf. Verzweifelt leisteten die Bäume Widerstand. Schließlich kam es aber nicht darauf an, wer in diesen Einzelrunden siegte, sondern wer dieses und wer jenes vertrat, also es siegte der Sturm, der den kommenden Herbst repräsentierte. Wer kam gegen diese langsam wirkende Kraft auf?

November 1956
Ich muß Sprünge machen, bei den Stürmen kann ich mich nicht aufhalten. Vom Rütteln an den Bäumen ist jetzt keine Rede mehr, Allerheiligen und Allerseelen sind vorbei. Die Wiesen, die ich von meinem Fenster aus erblicke, sind morgens meist bereift, und von den Bäumen sehe ich die tapfersten Kämpfer der früheren Monate nicht mehr. Sie sind nicht niedergebrochen, aber eines großen Teils ihrer sichtbaren Leiber beraubt. Sie selbst stehen noch da, mit breitem schwarzem oder geflecktem Stamm und mit zahllosen Ästen, sie scheinen bloß Gerippe und Skelette zu sein, aber es sind noch die alten Bäume, die Kämpfer von gestern und vorgestern, die sich überall in Reservestellungen begeben haben, Rückzug auf der ganzen Front! Wenn es soweit ist, werden sie wieder da sein. Aber zauberhaft, ich bemerke das zum ersten Mal, wie sich dieser Rückzug der Bäume und Pflanzen und der Gräser vor den Riesengewalten Wind und Kälte vollzieht und vollzogen hat, denn es sind nicht gleichmäßig alle Pflanzen und Wiesen hinter einen eisernen Vorhang gestiegen oder haben sich lebendig einbalsamiert und zeigen nur ihre Skelette, sondern da haben sie ihren Widerstand in wechselnden Kostümen fortgesetzt. Und da sind die Farben, in denen jetzt dieser Schwarzwald prunkt und leuchtet, er, der vorher nur dunkelgrün, stumm und [aus]druckslos dastand. Dieser Bauer hat nun in seinen Schrank gegriffen, und wir sehen, was er alles sonst besaß.
Die Farben der Bäume sind von einer ungeheuren Leuchtkraft. Aus dem Grün geht es in[s] Blaßgelb, ins Braun und in ein fröh-

liches Ockergelb, und so stehen dann einzelne Bäume und der Wind kann sie zusammen mit der Kälte striegeln: Sie leuchten und strahlen und behalten ihre Kleider an. Freilich sind die Blätter jetzt trocken, ja manchmal ledern geworden, und man sieht voraus, was trotz allem das Ergebnis des heroischen Kampfes sein wird. Da wirbel[n] schon jetzt vielfarbige Blätter durch die Luft, öfter halte ich es für Vögel, weil sie s[c]hon lange halten, dann senken sie sich ab, geben nach und haben nachgegeben. Abseits in die Lücken aber, blattlos geworden, farblos, zieht ein neues Element ein. Es ist den einzelnen Blättern überlegen, es sind kleine und große beschwingte Wesen, – Vögel! Sie waren schon vorher da! Sie sind Nachzügler und Überreste eines großen wandernden Heeres, wohin ist der Haupttroß gezogen? Ich habe sie nicht gesehen. Ein paarmal beobachtete ich, hoch oben im Grau und Blau des Himmels Scharen von Vögeln, die sich gleichmäßig ruhig bewegten.

*

[November 1956]
Edelkastanie ganz oben, viele Äste, große Blätter, viele dünnere Stämme, dann Esche, Haselnußsträucher zwischen Kastanie und Esche, am Boden reichlich Farnkraut, eine Rasenfläche für Viehweide.
Der Nebel hat jetzt am Nachmittag vom Schauinsland her die ganze Gegend überschwemmt. In seinem Fließen hat er wasserartigen Charakter, seine Natur läßt ihn nur in Worten beschreiben, die das Wässerige unterstreichen: Der Nebel rieselt, teilt sich auf in Gassen, schließt sich zu einem runden See zusammen, der Ausläufer vorschickt. Er füllt sich, das Niveau steigt, es ist merkwürdig zu sehen, wie das luftige weiße Wasser zu kriechen versteht, den Weg zwischen Baumreihen findet. Bald langsam, bald rasch, erfüllt der Nebel die Zwischenräume der Bäume. Der Wind, den wir fühlen, aber nicht sehen, ist der Motor hinter dem Nebel. Jetzt hat der Nebel den ganzen Hang eingehüllt, und weiter unten gibt

es keine Grünfläche zu sehen, kein[en] Himmel, keine Bäume, alle festen Konturen sind verschwunden, wie Feuer hat der Nebel alle Umrisse verschlungen. Das ist wahrhaft ein dichter Nebel, ein dicker, ein Element, das es mit dem Wasser aufnehmen kann. Sonderbar, ich finde mich nicht zurecht zwischen diesen Gebilden, die doch Bäume sein sollen, mit Blättern und Ästen. Sie täuschen alles mögliche vor und haben ein wechselndes Gesicht. Manchmal glaube ich ein schreitendes Tier zu sehen, ein Pferd, eine Kuh, dann waren es nur Stangen am Boden. Das Farnkraut erduldet alles schweigend. Aber was geschieht, wenn die Windstärke zunimmt[?] Da wird der Nebel schonungslos hochgeworfen und zerrissen, er kann sich keine Gassen zum Versteck suchen, der Sturm, mit seinen brutalen Bataillonen, reißt und zerrt an dem Wald. Er ist ein Einbrecher aus einem fremden Land. Wo ist jetzt meine schöne Straße hin, die rechts flankiert wurde von einer Riesentanne[?] Auf deren Ast saß ein Vagabund, flegelte, um höhnisch und frech nach der ander[e]n Seite herüberzublicken, herauf zu den Tannen, wo ein Schutzmann mit Pelerinen-Umhang die Wacht hielt, ein[en] mächtigen Wolf[s]hund neben sich, die Hügel [Textlücke] eine Anzahl Männer zu Hilfe. Dieses Vis-à-vis, Schutzmann mit Pelerine und Vagabund kenne ich nun seit Monaten. Was gibt es eigentlich hier zu bewachen? Da blicke ich erst genauer hin. Auf den Schultern des Flegels und Vagabunden ... [Hier bricht der Text ab.]

Sonntag, 16. 2. 1957
Ich dachte, das kleine Tagebuch fortsetzen zu können, aber nicht ich, sondern die Krankheit macht große Schritte, ich habe nur ab und zu jemanden zur Verfügung zum Schreiben. Es kann keine Rede davon sein, daß jemand ständig in meiner Nähe ist, bereit ein Diktat zu empfangen.
Ein wüster Winter mit Übergang in einen Frühling, der nicht weniger wüst beginnt. Ich wollte das von meinem Fenster aus Zug um Zug beschreiben, aber ich gebe es auf. Und was will ich jetzt in diesem Heft?

Ein neuer Absatz, ein neuer Ton. Als erste Überschrift stellt sich ein: «Der Ursinn und die Vielheiten».
Ich habe zu erklären, was ich damit meine. Der Ursinn mag das sein, was hinter allem steht, hinter Tod und Leben, hinter den Gestalten, hinter der Reihe der Geburten, hinter Wind und Wetter, hinter den Jahrmillionen und dem Augenblick. Das zweite Wort, die Vielheiten, das ist eben, was dem einen Ursinn entgegentritt, was mehr als ein Wort ist, nämlich greifbar, sichtbar, ich selbst dabei. In den langen schlaflosen Nächten mit ihren Schmerzen hat sich alles Fragen auf diese Überschrift zusammengezogen. Aber was gibt sie mir? Ich bin nicht zufrieden. Ich habe wohl vorbeigehauen. Und jetzt stellt sich als Antwort hin der eine Titel: «Das Eine und die Vielheiten».
Als Cartesius[75] in der Ulmer Straße in Paris stand und ihn eine Erleuchtung überkam, stand er vor dem Satz: «Ich denke, also [bin ich.]» Er war auf der Suche nach seinem Fundament. Er hatte jetzt in und durch die Erleuchtung den sicheren Boden erkannt: er dachte, – alles andere mochte zweifelhaft sein, was er dachte, welche Schlüsse er zog, aber daß er dachte und sich ihm im Denken alles näherte, stand fest. Was meine ich dazu? Ich meine nicht, ich bin, sondern ich meine: Dieses ist, aber ich weiß es nicht, ich kann es nicht Denken nennen, das greift zu weit. Aber was habe ich denn? Anwort: Nichts. Das ist auch etwas, ein Vorgang, der mit dem Ichgefühl verknüpft ist, ein völlig undurchsichtiger Vorgang. Auf diesen Punkt also bin ich geführt. Das ist mein kartesischer Punkt im Februar 1957, im verschneiten und verregneten Schwarzwald. Laß mich beginnen.

*

Wie aber die Welt, das Leben, die Existenz aussieht ohne ein bilderformendes Zentrum, das muß ich betrachten. Läßt es sich überhaupt vorstellen? Aber ich muß noch weiter zurückgehen: Kommt es darauf an, daß ich es mir vorstellen kann. Immer und überall mischt sich das Ich, ein Ich, das sich so nennt, ein – aber ich will es g[e]rade ausschalten. Ich muß es als eine Verunreinigung des Denkens ansehen. Dann fällt also die ganze Welt auseinander. Aber sie fällt nicht auseinander. Hier stoße ich doch auf ein Faktum, das einfach elementar ist und sich nicht beiseite schieben läßt. Ein Stein fällt auf den Boden, zehn Steine tun dasselbe, die Erde dreht sich um die Sonne, wenn Wolken kommen und sich [vor] die Sonne stellen, so entsteht im Wechsel Helle und Dunkelheit, so folgt Wärme und Kälte, es stehen also nicht nackte Fakten nebeneinander, sondern sie existieren in der Zeit, miteinander, nebeneinander und auseinander. Ich habe es nicht nötig, ein Ich anzunehmen. Mit der zeitlichen Koexistenz wird ein Zusammenhang gesetzt, und dies geschieht ohne ein Ich ohne mein Ich, ohne meinen Intellekt, ohne meine Logik.

Millionen Dinge und Vorgänge sind da, sie zerfallen nicht, sie krachen nicht auseinander, sie sind überhaupt nicht gegeben, außerhalb des Zusammenhangs, und ich habe nicht nötig, etwas Besonderes außerhalb ihnen und hinter ihnen zu finden, ihr Dasein, ihre Entwicklung legt alles dar. Da nimmt etwa Spinoza eine einzige Substanz an, an der er zwei Attribute unterscheidet: Ausdehnung und Denken, die in der einen Substanz vereinigt sind. Ich frage mich: Sollte nicht eine Vereinfachung möglich sein, sollte man nicht die Trennung entbehren können, womit ich aber noch nicht gesagt haben will, daß hinter diesen tausend Dingen und Erscheinungsvorgängen noch ein einziges rätselhaftes Wesen steht, hier genannt Substanz. Zeitlichkeit gehört zu diesen Dingen, ich will die Dinge nicht berauben und bloß abstrakt machen[.] – So gehört die Gestalt zu ihnen, und das sind sie, man soll sie nicht verklären. Ach, es ist sehr schwer an die Realität heranzukommen, wir werfen uns selber dauernd Steine vor die Füße.

Aber in der Tat, wohin kommen wir, wenn wir die Vernunftprinzipien aus den Vorgängen herausziehen. Statt endlich eine ganz frische Welt vor uns zu sehen, haben wir einen ungeheuren abscheulichen Schutthaufen. Niemals werden wir diesen als Welt ansprechen dürfen. Ein Säugling, der nach seiner Milch schreit, weiß es besser. Also wir werden doch hinter die Gestalten und Erscheinungen geführt, wobei es gleichgültig ist, jedenfalls zunächst, was den Säugling zum Schreien bewegt, das Verlangen ... [Hier bricht der Text ab.]

EDITORISCHE NACHWEISE UND KOMMENTAR

ZUR AUSGABE

Der hier vorgelegte Band «Schriften zu Leben und Werk» umfaßt alle bisher bekannten und zugänglichen Texte Döblins, die entweder autobiographischen Inhalts sind oder Äußerungen Döblins über seinen Schreibprozeß und die eigenen Werke darstellen. Die Edition ersetzt die innerhalb der «Ausgewählten Werke in Einzelbänden»-Ausgabe den Band «Autobiographische Schriften und letzte Aufzeichnungen», hg. von Edgar Pässler (1977 bzw. 1980) sowie Teile des inzwischen vergriffenen Bandes «Aufsätze zur Literatur», hg. von Walter Muschg (1963). Hinzu kommen eine beträchtliche Anzahl von bisher nur verstreut publizierten Texten und von Manuskripten, die bisher unveröffentlicht waren. Hierfür bot der im Deutschen Literaturarchiv Marbach a. N. deponierte Nachlaß Alfred Döblins in der Regel das Material. Aus Umfangsgründen nicht in den Band aufgenommen wurde die ‹Schicksalsreise› (1949), die als eigenständiger Band innerhalb der Werkausgabe folgen soll.

Die «Schriften zu Leben und Werk» versammeln sehr heterogene Texte, die vom Lexikonartikel über Antworten auf Rundfragen, Gelegenheitspublizistik, Tagebuchaufzeichnungen und Interviews bis hin zur gestalteten Autobiographie reichen. Die Anordnung erfolgt chronologisch nach Erstdruck- bzw. rekonstruierten Entstehungsdaten. Da die Texte sehr unterschiedlich überliefert sind, war ein einheitliches Editionsverfahren nicht möglich. In der Regel wurde zwar der jeweilige Erstdruck zugrunde gelegt, doch waren auch später redigierte Fassungen ebenso zu berücksichtigen wie ursprüngliche Manuskriptentwürfe oder ausgeschiedene Materialien. Hierüber geben die jeweiligen editorischen Nachweise und Vorbemerkungen umfassend Auskunft. Zwei nur noch in tschechischer bzw. russischer Übertragung erhaltene Texte wurden für die Ausgabe ins Deutsche rückübersetzt.

Bei der editorischen Gestaltung wurde generell so verfahren, daß alle Herausgebereingriffe durch eckige Klammern gekennzeichnet wurden. Stillschweigend normalisiert wurde stets nur die Schreibung von ss für ß sowie die Umlautschreibungen Ae, Oe, Ue statt Ä, Ö und Ü. Für Döblin charakteristische Eigentümlichkeiten hinsichtlich Orthographie und Interpunktion wurden in der Regel nicht getilgt oder ausgeglichen.

Über einzelne Episoden seines Lebens und über sein Schreiben hat sich Döblin auch in einer Reihe von Texten beiläufig geäußert, die im vorliegenden Band deshalb nicht erscheinen, weil der Aussagecharakter dieser Texte insgesamt nicht auf eine auto- bzw. werkbiographische Inhaltlichkeit hin orientiert ist. Die Entscheidung über eine Aufnahme bzw. Nichtaufnahme war dabei nicht immer leicht zu fällen, da es sich um eine subjektive Gewichtung handelt. Eine regestenartige Aufnahme derartiger Äußerungen wurde vom Herausgeber zwar erwogen, aber aus Umfangs- und Kommentierungsgründen verworfen. Eine Reihe von wichtigen Stellen hat aber Eingang in den Kommentar gefunden. Des weiteren blieben auch die ästhetischen und poetologischen Äußerungen Döblins ausgeklammert, die sich vielfach auf den Hintergrund seiner eigenen Schreiberfahrung beziehen. Sie erscheinen, soweit sie nicht in den Auswahlrahmen der «Kleinen Schriften» fallen, in einem eigenen Band, der die «Aufsätze zur Literatur» ersetzen wird.

Angesichts einer noch fehlenden umfassenden Biographie Döblins war es unumgänglich, die hier veröffentlichten Texte mit ihrem sehr breit gestreuten, inhaltlichen Informationsmaterial ausführlich zu kommentieren. Für die Ermittlung vieler Daten zu seinem Leben und Werk überaus wertvoll und hilfreich waren dabei die Vorarbeiten Jochen Meyers und Louis Huguets (vgl. das Abkürzungsverzeichnis im Anschluß), die dankbar benutzt wurden, wenn sie auch vielfach ergänzt und korrigiert werden mußten. Der Umfang der übrigen Sachkommentierung orientiert sich am Maßstab einer notwendigen (z. B. im Falle der alten Topographie Berlins) und döblinrelevanten Orientierung des Lesers bei der Benutzung des Bandes. Der Kommentar kann und will keine Döblin-Biographie oder ein Döblin-Handbuch ersetzen, doch sollte im Rahmen der Informationsvorgabe der Texte, die eine Reihe von Lebensumständen Döblins nicht erfassen, eine solide Faktendokumentation zur Verfügung gestellt werden. Wie schon die Edition der «Briefe» Döblins durch Heinz Graber (1970) kann somit der vorliegende Band als ein Arbeitsinstrument für die weitere Döblinforschung dienen.

ABKÜRZUNGSVERZEICHNIS

Folgende Abkürzungen werden in den editorischen Nachweisen und im Kommentar verwendet:

A. Döblin, Kerl	Alfred Döblin, Ein Kerl muß eine Meinung haben. Berichte und Kritiken 1921–1924, hg. von Manfred Beyer, Olten/Freiburg i. Br. 1976
AW	Alfred Döblin, Ausgewählte Werke in Einzelbänden, begründet von Walter Muschg † in Verbindung mit den Söhnen des Dichters herausgegeben von Anthony W. Riley
AW, AS	Alfred Döblin, Autobiographische Schriften und letzte Aufzeichnungen, hg. von E. Pässler, Olten/Freiburg i. Br. 1980
AW, AzL	Alfred Döblin, Aufsätze zur Literatur, hg. W. Muschg, Olten/Freiburg i. Br. 1963
AW, BA	Alfred Döblin, Berlin Alexanderplatz. Die Geschichte vom Franz Biberkopf, hg. W. Muschg, Olten/Freiburg i. Br. 1961
AW, Briefe	Alfred Döblin, Briefe, hg. H. Graber, Olten/Freiburg i. Br. 1970
AW, DHF	Alfred Döblin, Drama – Hörspiel – Film, hg. E. Kleinschmidt, Olten/Freiburg i. Br. 1983
AW, DM	Alfred Döblin, Der deutsche Maskenball von Linke Poot, Wissen und Verändern, hg. H. Graber, Olten/Freiburg i. Br. 1972
AW, JR	Alfred Döblin, Jagende Rosse, Der schwarze Vorhang und andere frühe Erzählwerke, hg. A. W. Riley, Olten/Freiburg i. Br. 1981
AW, KS I	Alfred Döblin, Kleine Schriften I, hg. A. W. Riley, Olten/Freiburg i. Br. 1985
AW, RiP	Alfred Döblin, Reise in Polen, hg. H. Graber, Olten/Freiburg i. Br. 1968
AW, SPG	Alfred Döblin, Schriften zur Politik und Gesellschaft, hg. H. Graber, Olten/Freiburg i. Br. 1972
AW, UD	Alfred Döblin, Unser Dasein, hg. W. Muschg, Olten/Freiburg i. Br. 1964

AW, WL	Alfred Döblin, Die drei Sprünge des Wang-lun, hg. W. Muschg, Olten/Freiburg i. Br. 1960
Berl	Heinrich Berl, Das Badener Tagebuch. Aufzeichnungen eines Chronisten aus den Jahren 1933–1945, Baden-Baden ^{2}1946
Brühl, Sturm	Georg Brühl, Herwarth Walden und «Der Sturm», Köln 1983
Büchmann	Georg Büchmann/W. Robert-Tornow (Hgg.), Geflügelte Worte. Der Citatenschatz des deutschen Volkes, Berlin ^{20}1900
ED	Erstdruck
HA	J. W. Goethe, Werke, Hamburger Ausgabe in 14 Bdn., Hamburg ^{8}1966 ff., hg. von E. Trunz
IBDE	H. A. Strauss, W. Röder u. a. (Hgg.), International Biographical Dictionary of Central European Emigrés 1933–1945, Bd. 2, 1–2, München/New York/London/Paris 1983
Hitzer	Hartmut Hitzer, Einige Überlegungen zum gegenwärtigen Stand der Döblin-Bibliographie am Beispiel von Louis Huguets ‹Bibliographie Alfred Döblin›, in: Euphorion 69 (1975), S. 86–95
Huguet	Louis Huguet, Bibliographie Alfred Döblin, Berlin/Weimar 1972
Huguet, Chron.	Louis Huguet, Pour un centenaire (1878–1978). Chronologie Alfred Döblin, Abidjan: Université 1978 (= Annales de l'Université d'Abidjan, Serie D, Tome 11). (Exemplar im Deutschen Literaturarchiv Marbach/N. verfügbar).
Huguet, Jeunesse	Louis Huguet, La jeunesse d'Alfred Döblin. Héritage et élection, in: Revue d'Allemagne 5 (1973), S. 728–745
Jüd. Lex.	G. Herlitz/B. Kirschner (Hgg.), Jüdisches Lexikon. Ein enzyklopädisches Handbuch des jüdischen Wissens in vier Bänden, Bd. 1–4, 2, Berlin 1927 bzw. Neudruck Königstein/Ts. 1982
Kat. Döblin	Alfred Döblin 1878·1978. Eine Ausstellung des Deutschen Literaturarchivs im Schiller-Nationalmuseum Marbach am Neckar 1978, bearbeitet von Jochen Meyer und Ute Doster.

Kesten, Literatur	Hermann Kesten (Hg.), Deutsche Literatur im Exil. Briefe europäischer Autoren 1933–1949, Wien/München/Basel 1964
Kiaulehn	Walter Kiaulehn (Hg.), Der richtige Berliner in Wörtern und Redensarten, München/Berlin ^{10}1966
Meyer	Jochen Meyer, Döblin-Chronik, in: I. Schuster (Hg.), Zu Alfred Döblin, Stuttgart 1980 (Literaturwissenschaft – Gesellschaftswissenschaft Bd. 48), S. 7–40
ND	Neudruck(e)
L'œuvre culturelle	L'œuvre culturelle Française, o. O. u. J. (1947)
Raabe	Paul Raabe, Die Autoren und Bücher des literarischen Expressionismus, Stuttgart 1985
Schuster Bode	Ingrid Schuster/Ingrid Bode (Hgg.), Alfred Döblin im Spiegel der zeitgenössischen Kritik, Bern/München 1973
Spalek/ Strelka	J. M. Spalek/J. Strelka (Hgg.), Deutsche Exilliteratur seit 1933, Bd. 1 Kalifornien, Bern/München 1976
Sternfeld/ Tiedemann	Wilhelm Sternfeld/Eva Tiedemann, Deutsche Exil-Literatur 1933–1945. Eine Bio-Bibliographie, Heidelberg ^{2}1970
Stücke	Alfred Döblin, Die Stücke, hg. und eingeleitet von Manfred Beyer, Berlin (DDR) 1981
J. Vaillant, Kulturpolitik	J. Vaillant (Hg.), Französische Kulturpolitik in Deutschland 1945–1949, Konstanz 1984
VdG	Alfred Döblin, Die Vertreibung der Gespenster. Autobiographische Schriften, Betrachtungen zur Zeit, Aufsätze zu Kunst und Literatur, hg. v. M. Beyer, Berlin (DDR), 1968
Wulf	Joseph Wulf, Literatur und Dichtung im Dritten Reich. Eine Dokumentation, Gütersloh 1963
ZL	Alfred Döblin, Die Zeitlupe. Kleine Prosa, hg. von W. Muschg, Olten/Freiburg i. Br. 1962

[BIOGRAPHISCHE BEMERKUNGEN]

1. *Überlieferung:*

Handschrift Döblins in: SB Preußischer Kulturbesitz, Berlin, Nachlaß F. Brümmer; danach Abdruck in: AW, Briefe, S. 100–101.

2. *Entstehung:*

Der Lexikograph Franz Brümmer (1836–1923) sammelte, nachdem er sein umfangreiches achtbändiges «Lexikon der deutschen Dichter und Prosaisten des 19. Jahrhunderts» 1913 in 6. Auflage publiziert hatte, für eine Neuauflage ergänzende Unterlagen. Deren Erscheinen unterband der Erste Weltkrieg. 1921 wurde zwar für die alte Vorkriegsauflage vom Reclam-Verlag ein Ergänzungsband geplant, sie kam aber infolge von Brümmers Tod nicht mehr zustande. Das gesamte Material aus den Jahren 1913–1922 blieb unausgewertet liegen. Vgl. dazu G. Pachnike, Der Nachlaß Brümmer in der SB der Stiftung Preußischer Kulturbesitz, in: Jb. d. dt. Schillergesellschaft 11 (1967), S. 577–613.
Döblin sandte seinen Text mit einem kurzen Brief (vgl. AW, Briefe, S. 100) an Brümmer am 10. 10. 1917. Dieser dürfte somit im Oktober 1917 entstanden sein.

3. *Textgrundlage:*

Der Text folgt der Handschrift. Die irrtümlichen Angaben Döblins (Jahreszahlen) wurden nicht berichtigt. Man vgl. hierzu den Kommentar. Eingriffe des Herausgebers erscheinen in eckigen Klammern. Der Titel ist als Formulierung dem Brief Döblins an Brümmer aaO entnommen.

4. *Kommentar:*

1 Max Döblin (Posen 26. 2. 1846–Hamburg 22. 4. 1921); die Berufsbezeichnung Kaufmann traf nur bedingt zu, da der Vater nur anfangs in Stettin ein Konfektionsgeschäft führte (ab 1871–1878/79), dann aber eine Zuschneidestube eröffnete.

2 Eintritt Ostern 1885 in die Vorschule des Stettiner Friedrich-Wilhelm-Realgymnasiums in der Elisabethstraße; Ostern 1888 Eintritt in die Sexta dieser Schule, die er nach der ‹Flucht› des Vaters aus Stet-

tin (Juli 1888) und dem Zusammenbruch des Geschäfts im September 1888 verlassen mußte.

[3] Vgl. o. S. 21 bei einer Frau Sauter.

[4] Umzug nach Berlin Oktober 1888.

[5] Berlin S, Inselstraße 2–5 ab Ostern 1891 erneuter Eintritt in die Sexta als Freischüler.

[6] Vielmehr schon 13. 9. 1900 «Zeugnis der Reife». Das Datum 1901 wird auch später von Döblin immer wieder genannt.

[7] WS 1900/01 Aufnahme an der Berliner Friedrich-Wilhelm-Universität (bis WS 1903/04), ab SS 1904 Studium in Freiburg i. Br. bis SS 1905.

[8] Philosophie hörte Döblin in Berlin bei Max Dessoir (1867–1947), Adolf Lasson (1832–1917) und Friedrich Paulsen (1846–1908), in Freiburg i. Br. bei Heinrich Rickert (1863–1936). Ein reguläres Studium betrieb er jedoch nicht.

[9] 9. 8. 1905, ausgestellt vom Großherzoglich Badischen Ministerium des Innern für das Gebiet des Deutschen Reiches.

[10] Mündliches Doktorexamen (Rigorosum) am 7. 7. 1905; 10. 7. 1905 ärztliche Abschlußprüfung mit der Note «gut».

[11] Nov. 1905 – Sept. 1906 in der Kreisirrenanstalt Kart(h)aus Prüll (Regensburg). Vgl. dazu A. Fuchs, Alfred Döblin in Regensburg, in: Verhandlungen des Hist. Vereins f. Oberpfalz und Regierungsbez. Regensburg 118 (1978), S. 287–292. Ab Okt. 1906 – Mitte Juni 1908 an der Irrenanstalt Buch der Stadt Berlin (Lindenberger Weg, Berlin-Pankow). Worauf sich der Verweis auf eine «Privatirrenanstalt bei Berlin» bezieht, ist ungeklärt.

[12] Mitte Juni 1908–Sept. 1911 Tätigkeit als Assistenzarzt am Städt. Krankenhaus Urban (Berlin-Kreuzberg, Am Urban 12–18).

[13] Okt. 1911 Eröffnung einer Kassenarzt-Praxis Blücherstraße 18 am Halleschen Tor in Berlin-Kreuzberg zunächst als praktischer Arzt und Geburtshelfer, dann als Internist und Nervenarzt.

[14] 23. 1. 1912 mit Erna Reiss (Berlin 13. 2. 1888–Paris 15. 9. 1957).

[15] 26. 12. 1914 Gestellungsbefehl für ein Lazarett in Saargemünd (Lothringen), der im Marbacher Nachlaß (Depot) erhalten ist.

[16] Geschrieben schon 1900. Vgl. dazu auch u. S. 530, Anm. 1. Zu Lebzeiten Döblins unveröffentlicht geblieben, jetzt in AW, JR, S. 26–83.

[17] Die erste Fassung wurde im Okt. 1903 beendet. Sie erschien in Fortsetzungen in: Der Sturm 2 (1911/12), S. 780f.; 789f.; 798; 799f.; 806f.;

812 f.; 821 f.; 829 f.; Jg. 3 (1912/13, S. 3; 10 f.; 18; 27 f.; 34; 52; 59 f.; 66–68; 80; 82 f.; 85; 92; 94; 96. Eine redigierte Fassung erschien in Buchform dann 1919 in Berlin bei S. Fischer, danach AW, JR, S. 107–125.

18 Der 1905 entstandene Einakter wurde mit Hilfe eines von Döblin aufgebrachten Zuschusses in dem Straßburger Wissenschaftsverlag J. Singer gedruckt. Vgl. den Verlags-Vertrag Kat. Döblin S. 95, Nr. 45. Die Auslieferung erfolgte im April 1906 (vgl. AW, Briefe S. 41). Neudruck jetzt in: AW, DHF, S. 9–31.

19 Die Entstehungszeit des Textes ist von Döblin explizit nur hier bezeugt. Erstdruck der ‹Gespräche› 1–8, 10 und «letztes Gespräch» in Fortsetzungen in: Der Sturm 1 (1910/11), S. 34; 42; 50 f.; 57–59; 67–69; 76; 83 f.; 92 f.; 100 f.; 108 f.; 118 f.; 125 f.; Das 9. Gespräch auszugsweise unter dem Titel «Vom Musiker. Ein Dialog mit Kalypso», in: Melos 1 (1920), S. 38–41. Der Gesamttext jetzt hg. von B. Nußbaum Olten/Freiburg i. Br. 1980 (Walter Literarium Bd. 4).

20 Entstehung auch nach AW, Briefe S. 101 im Jahr 1908. Zu Lebzeiten nie publiziert. Erstdruck nach der Handschrift in: AW, DHF, S. 32–61.

21 Zu Herwarth Walden (1878–1941) vgl. ausführlich u. S. 674, Anm. 9. Die gemeinten «Zeitschriften» sind: ‹Der Morgen›, ab Nr. 36 des 2. Jg. 1908 von Walden mit redigiert, darin der Beitrag ‹Die Witwe Steinheil› (Huguet Nr. 359, jetzt AW, KS I, S. 57–61); ‹Der neue Weg›, Jg. 1 (1909), nur Nr. 1–3 von Walden herausgegeben, darin kein Beitrag Döblins, aber Heft 2 als künftiger Mitarbeiter genannt, was auch zutrifft, da in Nr. 19 des Jg. mit dem Beitrag ‹Das Recht auf Rhetorik› vertreten (Huguet Nr. 360, jetzt AW, KS I, S. 62 f.); ‹Das Theater›, Jg. 1, Heft 1–10 (1909) von Walden herausgegeben, enthielt 7 Beiträge Döblins mit Sicherheit (jetzt alle AW, KS I, S. 63–76), ob weitere unter Pseudonym (T. Rust bzw. Trust) ist unsicher, vgl. dazu A. W. Riley in AW, KS I, S. 420 f.; Die Mitarbeit Döblins an Waldens ‹Der Sturm› Jg. 1 ff. (1910/11 ff.) ab März 1910 belief sich auf vermutlich 53 Beiträge Döblins bis 1913 (vgl. Huguet Nr. 387–413; Zuweisung z. T. nicht immer sicher).

22 Gemeint sind: ‹Die Tänzerin und ihr Leib›, in: Der Sturm 1 (1910/11, S. 10; ‹Die Ermordung einer Butterblume›, ebd., S. 220 f. und S. 229; ‹Astralia›, ebd., S. 244 f.; ‹Die falsche Tür›, ebd., S. 429 f.; ‹Die Helferin›, ebd. Jg. 2 (1911/12), S. 493 f.; ‹Die Segelfahrt› ebd., S. 549 f.; ‹Die Verwandlung›, ebd., S. 581–583; ‹Der Dritte›, ebd., S. 621 f.; ‹Der

Ritter Blaubart›, ebd., S. 676f. und S. 683–685; ‹Mariä Empfängnis›, ebd., S. 700. Die Entstehung dieser Erzählungen umfaßt die Jahre ab 1904 (‹Astralia› datiert Oktober 1904 im Manuskript). Der mit Druckjahrsangabe 1913 schon im November 1912 bei Georg Müller in München erschienene Novellen-Band ‹Die Ermordung einer Butterblume› enthielt außer diesen im ‹Sturm› publizierten Texten noch ‹Das Stiftsfräulein und der Tod› (Erstdruck schon 1908 in: Das Magazin 78, 1908, S. 52–54 = Huguet Nr. 197) und die vorher unveröffentlichten ‹Memoiren eines Blasierten›.

[23] Der Roman erschien mit Druckjahrsangabe 1915 bei S. Fischer in Berlin, wurde aber kriegsbedingt erst im März 1916 ausgeliefert (vgl. AW, Briefe, S. 84).

[24] ‹Die Lobensteiner reisen nach Böhmen. 12 Novellen und Geschichten› erschienen, obwohl schon im September 1915 zusammengestellt, erst im November 1917.

[25] Die Zusammenarbeit mit der ‹Neuen Rundschau› begann nach der Entfremdung Döblins vom ‹Sturm›-Kreis 1914. Es handelt sich bis 1917 um die Aufsätze ‹Reims› (Neue Rundschau 25, 1914, S. 1717–1722), ‹Bemerkungen zum Roman› (ebd. 28, 1917 S. 410–413) und ‹Es ist Zeit› (ebd., S. 1009–1014) sowie um die Novellen ‹Das Femgericht› (ebd. 26, 1915, S. 234–239), ‹Der Feldzeugmeister Cratz› (ebd. 28, 1917 S. 513–525) und ‹Das verwerfliche Schwein› (ebd., S. 1377–1387).

DOKTOR DÖBLIN

1. *Überlieferung:*

Als Handschrift existiert ein kleines Konvolut von 6 ineinandergelegten, autographen Doppelblättern (12 Blatt = 24 Seiten) ohne originale Paginierung im Nachlaß Marbach (Depot). Es handelt sich um eine saubere Reinschrift nahezu ohne Korrekturen. Der Text endet auf der letzten Seite ganz unten mit einem vollständigen Satz. Ob Döblin mehr niedergeschrieben hat, läßt sich vom Handschriftenbefund her nicht sagen.

Ein vollständiger Erstdruck nach der Hs. hg. von H. Graber mit Korrektureingriffen (und Lesefehlern) Berlin: Friedenauer Presse 1970, dort

Döblins Text S. I-XI. Danach unter dem neu gewählten Titel «Ich nähere mich den Vierzig» hg. v. E. Päßler AW, AS, S. 11–19. Ein Teildruck liegt in: Gestalten und Begegnungen. Deutsche Literatur seit dem Ausgang des 19. Jh.s. Ein Querschnitt durch die Sammlungen des Deutschen Literaturarchivs im Schiller-National-Museum Marbach a. N. 1964, S. 133 vor (= Sonderausstellungen des Schiller-National-Museums, Katalog Nr. 13).

2. *Entstehung:*

Aufgrund des Selbstzeugnisses im Text («Ich nähere mich jetzt den Vierzig») ergibt sich als terminus ante quem der 10. 8. 1918, der auch vom Wortlaut her wohl noch nicht als allzu nah angesetzt werden muß. Eine Datierung – auch von der Schreibmotivation her vermutbar – dürfte auf Ende 1917/Anfang 1918 sinnvoll anzusetzen sein. Döblin befand sich zu diesem Zeitpunkt in einer Umbruchsphase zunehmender Politisierung und auch einer künstlerischen Neuorientierung, die eine Tendenz zur «Selbstbiographie» begünstigt haben dürfte. Möglicherweise bildete auch die autobiographische Werkzusammenstellung vom Oktober 1917 (‹Biographische Bemerkungen› o. S. 13 f.) einen Anstoß.

3. *Textgrundlage:*

Die Ausgabe folgt der Handschrift, die nur geringe Schreibversehen aufweist, getreu. Die notwendigen (zumeist schon von H. Graber vorgenommenen) Texteingriffe sind markiert. Grabers Textabdruck ist vor allem hinsichtlich der Zeichensetzung nicht durchweg korrekt. Es sind (auch einige grobe) Lesefehler festzustellen, die Absatzgliederung ist z. T. fehlerhaft und die Lesartenübersicht in der «Nachbemerkung» ist recht unvollständig und willkürlich.
Falsche Schreibweisen wurden nur dann korrigiert, wenn nicht eine ältere, zeitgemäße Orthographie-Eigentümlichkeit (z. B. bei Fremdwörtern) die Beibehaltung rechtfertigte. Stillschweigend wurden eigentümliche, immer wiederkehrende Fehler Döblins (z. B. gar nicht statt garnicht) eliminiert. Die charakteristische Zeichensetzung (z. B. das Komma vor Gedankenstrichen) wurde hingegen bewahrt.

4. *Kommentar:*

[1] Studium in Freiburg i. Br. von April 1904 bis Juli 1905. Zur Stimmung Döblins in dieser Stadt vgl. auch den Brief an Else Lasker-Schüler vom 10. 11. 1904 (AW, Briefe, S. 25f.).

[2] Zur Erörterung der Gottesfrage ziemlich zeitgleich zu dieser «Selbstbiographie» vgl. Döblins Aufsatz ‹Jenseits von Gott› (1919 in: Die Erhebung, hg. A. Wolfenstein, Berlin 1919, S. 381–398, jetzt AW, KS I, S. 246–261).

[3] Der Begriff «rocher de bronce» (‹Erzstein›) geht auf Friedrich Wilhelm I. von Preußen zurück (1713–1740), der ihn im Ständekonflikt als Kampfwort für den Anspruch der Krone auf uneingeschränkte Souveränität benutzte. Vgl. G. Droysen, Geschichte der Preußischen Politik, Berlin 1855–1881, Bd. 4, 2, S. 198. Vgl. auch Büchmann S. 537.

[4] Vgl. 1. Kor. 15,55f.

[5] Ab der Geburt (10. 8. 1878) bis Oktober 1888.

[6] Oktober 1888 Umzug der (Rest-)Familie Döblin nach Berlin.

[7] Von April bis September 1889 (nicht 1890 wie irrig Meyer, S. 8) lebt die Familie mit dem Vater zusammen in Hamburg, Laufgraben 35 (Nähe Sternschanze), im Quartier «am Grindel», das hauptsächlich von Juden bewohnt wurde.

[8] WS 1904/05 und SS 1905.

[9] 16. 11. 1905–Sept. 1906 (Dienstzeugnis schon vom 5. 8.) als 4. Assistenzarzt in der Kreisirrenanstalt Kart(h)aus Prüll, Regensburg (vgl. auch o. S. 517, Anm. 11).

[10] 8. 10. 1906–14. 6. 1908 (vgl. o. S. 517, Anm. 11).

[11] Juni 1908–Sept. 1911 Assistenzarzt (mit internistischer Ausrichtung) am Städtischen Krankenhaus Urban, Berlin SW 29, Am Urban 12–18 (Bezirk Kreuzberg).

[12] 23. 1. 1912 Heirat mit Erna Reiss (vgl. o. S. 517, Anm. 14).

[13] Im Oktober 1911 eröffnete Döblin seine Kassenarztpraxis in der Blücherstraße 18 (vgl. o. S. 517, Anm. 13).

[14] Der Besuch (aus der Sicht von 1917/1918) muß, ohne daß dafür weitere Quellenzeugnisse bekannt wären, in die Zeit zwischen dem Doktorabschlußexamen (7. 7. und 10. 7. 1905) und der Abreise nach Berlin am 18. 7. 1905 fallen. Der Ausflug dürfte Döblin eine erste intensivere Bekanntschaft mit dem Werk Arnold Böcklins

(1827–1901) verschafft haben, das im Basler Kunstmuseum reich vertreten ist.

15 Döblin reiste zusammen mit seiner Mutter im Juli (16.–23.) zur Brüsseler Weltausstellung von 1910; von dort aus Weiterfahrt nach Ostende (literarisch als Hintergrund verarbeitet in der Erzählung ‹Die Segelfahrt›) und Antwerpen (vgl. AW, Briefe, S. 52 f.), wo seit 1908 seine Schwester Meta (1874–1919), verh. Goldenberg, wohnte.

16 Der Besuch erfolgte im März 1906 (von Regensburg aus), wie sich aus AW, Briefe, S. 40 ergibt: «Vorige Woche war ich in München; wundervoll, wundervoll. Das «Schauspielhaus» ist Ihnen ein Theaterbau!» Die Datierung des bei H. Graber nicht genau eingeordneten Briefes ergibt sich aus der ebenda erwähnten «Gorkifeier» in Berlin, die am 15. 3. 1906 stattfand.

17 Wilhelmstraße 7 im Jahr 1886 (im Zentrum Stettins).

18 Die Friedrichstraße verläuft als südliche Parallelstraße zur Wilhelmstraße und mündet auf die Lindenstraße (also nicht «Unter den Linden» mit Assoziation an Berlin), der auf den «Paradeplatz» führenden Magistrale der Stadt. Die Hausnummer ließ sich nicht mehr ermitteln.

19 Wilhelm I., Deutscher Kaiser 1871–1888, König von Preußen 1861–1888, geb. 1797.

20 Otto von Bismarck (1815–1898), seit 1862 preußischer Ministerpräsident und Außenminister, 1867 Kanzler des Norddeutschen Bundes, 1871 deutscher Reichskanzler (bis 1890).

21 Gest. 9. 3. 1888.

22 Die Friedrich-Wilhelm-Schule war eines der zwei Stettiner Realgymnasien (heute «Lyceum Pragocience Nr. 1») und lag unweit der elterlichen Wohnung in der Elisabethstraße. Zum Schulbesuch dort vgl. o. S. 516 f., Anm. 2.

23 Kaiser Friedrich III. starb am 15. 6. 1888.

24 Emilie Jessel (1816–1886), verh. mit Simon Döblin (1812–1881). Sie starb am 24. 3. 1886 (vgl. Huguet, Chron. S. 12).

25 Neben Alfred waren dies Ludwig Döblin (28. 10. 1872–28. 4. 1930), von Beruf (Holz-)Kaufmann, Hugo Döblin (29. 4. 1876–4. 11. 1960), der Schauspieler wurde, und Kurt Döblin (30. 3. 1880–1940 nach Auschwitz deportiert), ebenfalls Kaufmann.

26 Meta Döblin (15. 3. 1874–12. 3. 1919). Eine weitere Schwester,

Bianca, (1875–1876) starb als Kleinkind. Zu Meta Döblin vgl. u. S. 581, Anm. 90.

27 Gemeint ist Henriette Zander (1866–1924). Zu ihr und ihrer Familie vgl. Huguet, Chron., S. 10.

28 Max Döblin schiffte sich auf der «Rhetia» am 8. 7. 1888 in Hamburg ein, die am 23. 7. in New York ankam. Dort versuchte er anscheinend, in einer Schneiderfirma «Döblin», die seit 1867 am Broadway existierte und zu dessen Inhaber vermutlich eine verwandtschaftliche Beziehung bestand, unterzukommen. Dies mißlang und zusammen mit Henriette Zander fuhr er zurück nach Hamburg, wo er sich am 22. 9. 1888 schon wieder auf dem Einwohnermeldeamt eintrug (Wohnung Karolinenstraße 27 bei Konow). Vgl. Huguet, Jeunesse, S. 733 und Huguet, Chron., S. 17.

29 Die Wendung knüpft an das zum geflügelten Wort gewordene Zitat aus Terenzens ‹Phormio› 1, 2, 18 an: «Montes auri pollicens» = ‹Berge Goldes versprechend›. Vgl. auch Büchmann, S. 385.

30 Daten zu dieser Frau Sauter waren nicht zu eruieren.

31 Text war nicht genau zu identifizieren.

32 Umzug nach Berlin im Oktober 1888.

33 Bahnhof «Janowitzbrücke» der Berliner Stadtbahn (nächste Station nach dem Schlesischen Bahnhof).

34 Die Blumenstraße (existiert heute nicht mehr) lag Berlin O 27, Bezirk Friedrichshain, führte von der Alexanderstraße zur Andreasstraße. Die Hausnummer dieser ersten Berliner Wohnung der Döblins war nicht mehr zu ermitteln.

35 In ‹Großstadt und Großstädter› äußerte sich Döblin später anschaulich (wenn auch beiläufig) darüber: «Bis zu meinem 14. Jahr [d. h. 1892] habe ich selbst im Osten der Stadt, in einer fensterlosen Kammer, in einem Bett zusammen mit einem jüngeren Bruder [sc. Kurt Döblin] geschlafen.« (in: A. Döblin, Hg., Minotaurus, Wiesbaden o. J. [1953], S. 234 f.)

36 Ludwig Döblin (1872–1930).

37 Gemeint ist die Firma Nathan Israel, Leinen- Wolle- und Baumwollenwarenhandlung, Lager von Teppichen, Gardinen, Möbeln, Kleiderstoffen usw., Spandauerstraße 28–29 (Berlin-Mitte C2).

38 Keine Daten ermittelbar.

39 Es muß sich um die 49. Gemeindeschule in der Blumenstraße 63a gehandelt haben (vgl. auch Huguet, Chron., S. 17).

40 Umzug im Jahr 1889, Anmeldung in Hamburg 8. 4.; Rückzug nach Berlin Ende September. Zur Wohnung vgl. o. S. 521, Anm. 7

41 In der Straße Laufgraben lag eine heute nicht mehr existente Kaserne. Zur Kindheitserinnerung vgl. auch Döblins Brief an H. H. Jahnn vom 2. 11. 1953: «Wir wohnten um 1890 da in Uhlenhorst [irrtümliche Ortsangabe!] gegenüber einer Kaserne und einem Exerzierplatz.» (AW, Briefe, S. 466)

42 Vermutlich die öffentliche Volksschule des 7. Schulbezirks Poppendamm Nr. 3 (vgl. Huguet, Chron. S. 18). Vgl. auch AW, Briefe, S. 466 «Ich besuchte eine Volksschule in der Nähe».

43 Trifft nicht zu, aber auf der Passagierliste der «Rhetia» (vgl. o. S. 523, Anm. 28) trug sich Henriette Zander unter dem Namen Döblin ein. Vgl. auch Huguet, Chron., S. 18.

44 Henriette Zander, die nach der Rückkehr aus Amerika zunächst nach Stettin gereist war, wohnte ab Juli 1889 in Hamburg (Fühlentwiete 46 bei Schröder). Vgl. Huguet, Chron. S. 18.

45 Ende September 1889. Die neue Wohnung befand sich in der Landsberger Straße (Berlin O, Bezirk Friedrichshain), dann 1891 im «Liebertschen Haus» Frankfurter Straße (sog. Große Frankfurter Str.). Vgl. Huguet, Jeunesse, S. 736. Zahlreiche Umzüge im gleichen Quartier folgen. Vgl. dazu Döblin selbst o. S. 130f.

46 Die Notiz ließ sich nicht verifizieren.

GEIST UND GELD

1. *Überlieferung:*

Eine Handschrift ist nicht erhalten. ED in: Vossische Zeitung vom 27. 3. 1921, Nr. 144 (Morgenausgabe), 2. Beilage, S. 1 als Teil einer Umfrage – publiziert unter dem Titel «Geist und Geld» – über die «Selbsterkenntnisse deutscher Künstler und Forscher zur Entstehungsgeschichte der großen Leistung». Neudrucke des Textes liegen vor in VdG, S. 77 unter dem Titel «Geist und Geld» sowie in AW, AS, S. 19–20 unter dem aus dem Text selbst entnommenen Titel «Im übrigen bin ich ein Mensch und kein Schuster».

2. *Entstehung:*

Wie auch schon der Texthinweis auf eine Spreeewaldreise im «vorigen Jahr» belegt, was sich auf das Jahr 1920 bezieht, fällt die Abfassung ins Jahr 1921, ist also nahe zum Publikationsdatum auf ca. Februar 1921 anzusetzen.

3. *Kommentar:*

1 Döblin beschäftigte sich mit der wirtschaftlichen Situation der Autoren in dieser Zeit (Inflationsbeginn) publizistisch mehrfach. Vgl. seine Beiträge ‹Die Not der Dichter›, in: Die Post, Jg. 55 (Berlin 1920), Nr. 97/A 53 vom 22. 2., Sonntagsausgabe Nr. 8 = «Deutsche Zukunft», Unterhaltungsbeilage S. 8; jetzt in AW, KS I, S. 261 f.; außerdem ‹Wider die Verleger›, in: Melos 1 (1920), Nr. 14 (1. 9.), S. 323 f. (jetzt AW, KS I, S. 283–286).

2 Nach den Nachforschungen von Huguet, Chron. S. 51 die «Unfallstation» (vgl. o. S. 36) Tempelufer 1a (muß aber heißen Tempelhofer Ufer, Bezirk Kreuzberg) mit einem Tagdienst von 8–22 Uhr (Vergütung 1 Mark pro Stunde) und Nachtdienst 22–8 Uhr (8 Mark pro Stunde).

3 1920. Der genaue Ort ist nicht zu ermitteln, Zeitpunkt Juli/August, da Döblins Artikel ‹Leidenschaft und Landleben› im Septemberheft der ‹Neuen Rundschau› (Jg. 31, 1920, S. 1098–1105, jetzt AW, SPG, S. 180–190) an diesen Aufenthalt anknüpft.

4 Zum Streit mit seinem Verleger Samuel Fischer (1859–1934) vgl. AW, Briefe, S. 115 (vom 14. 10. 1920). Döblin stellte sogar Überlegungen an, den Verlag zu wechseln, und interessierte sich für den Münchner Drei-Masken-Verlag. Es kam aber zu keinem Abschluß.

5 Hier geht es vor allem um die Mitarbeit Döblins im SDS (Schutzverband deutscher Schriftsteller), als dessen Vorstandsmitglied er im Oktober 1920 kooptiert worden war (vgl. AW, Briefe, S. 115).

6 Die Beschäftigung mit den Reden Buddhas fällt in die Jahre 1920/21, als deren erster Ertrag der Aufsatz ‹Buddha und die Natur› für die ‹Neue Rundschau›, Jg. 32 (1921), S. 1192–1200, zu verzeichnen ist, der wiederum eine wesentliche Keimzelle für ‹Das Ich über der Natur› (1927) war. – Döblin las die «Reden» vermutlich in der Ausgabe von K. Seidenstücker, Pali-Buddhismus in Übersetzungen, Breslau 1911 ([2]München 1922). In Frage kommt auch die Auswahl aus dem

Dighanikaya von R. O. Franke, Göttingen 1913. Alle weiteren deutschen Übertragungen von Buddha-Reden liegen später als der vorliegende Artikel.

7 ‹Die Woche›, publiziert im Berliner Scherl-Verlag, war neben der ‹Berliner Illustrierten Zeitung› (Ullstein) das wichtigste Wochenblatt der Weimarer Republik mit aktuell fotografierter Zeitgeschichte. Daneben hatte sie auch als belletristisches Unterhaltungsblatt Bedeutung.

DER EPIKER, SEIN STOFF UND DIE KRITIK

1. *Überlieferung:*

Eine Handschrift existiert nicht mehr. ED in: Der neue Merkur 5 (1921/22), S. 56–64 (Heft 1 vom April 1921). Ein kurzer Auszug (Eingangs- und Schlußpassage) daraus erschien im Rahmen einer Zeitschriftenschau in: Frankfurter Zeitung und Handelsblatt, 65. Jg. (Frankfurt/M. 1921), Nr. 310 vom 1. 5., 1. Morgenblatt, S. 2.
Die beiden Neudrucke des Textes in ZL, S. 18–27 sowie in AW, AzL, S. 335–345 verwischen die Großgliederung des Aufsatzes.

2. *Entstehung:*

Döblin hatte sich über die kurze Besprechung des ‹Wallenstein› durch Friedrich Burschell (1889–1970) im ‹Neuen Merkur› («Geschichte und Legende», in: Der neue Merkur 4, 1920/21, S. 787–790) geärgert und eine «Replik» verfaßt, die er an den Herausgeber der Zeitschrift, Efraim Frisch (1873–1942), Ende Januar 1921 schickte (vgl. AW, Briefe, S. 116). Am 11. 2. 1921 forderte er diesen Artikel von Frisch zurück (vgl. AW, Briefe, S. 540), um ihn zu erweitern und den persönlichen Angriff auf Burschell zu tilgen, was dann auch geschah (vgl. den undatierten, aber sicher auf Februar 1921 festzulegenden Brief an Frisch AW, Briefe, S. 117). Frisch sagte dann eine rasche Veröffentlichung in der «nächsten Nummer» zu, worauf Döblin schon am 10. 3. 1921 drängend Bezug nimmt (AW, Briefe, S. 117). Der Aufsatz erschien dann im April-Heft der Zeitschrift. Seine Abfassung ist aber schon im Februar 1921 erfolgt.

3. *Textgrundlage:*

Abdruck nach dem ED mit der originalen Gliederung durch die für Döblin typischen Sternchen, die in den Neudrucken sonst verfälschend getilgt wurden. Eigentümlichkeiten Döblins bei der Schreibung und Zeichensetzung wurden bewahrt. Herausgebereingriffe sind markiert.

4. *Kommentar:*

1 Anspielung auf Nietzsches Unterscheidung von apollinischer und dionysischer Kunst (in: ‹Die Geburt der Tragödie› von 1870/71), wobei die dionysische als die des «Rausches» bei positiver Einstellung zum «Leben» für überlegen eingeschätzt wurde. Döblin verknüpft hier allerdings durch die Benennung einer «dionysischen Kritik» den Begriff «dionysisch» mit einer negativen Vorstellung, bzw. er zitiert Nietzsche nur mittelbar und ironisch.

2 Zielt auf Friedrich Burschells Kritik des ‹Wallenstein› in: Der neue Merkur 4 (1920/21), S. 788–790 (auch in: Schuster/Bode, S. 84–86, hier S. 85): «Aber was geht uns schließlich der dreißigjährige Krieg an [...]? Wozu die Maske [...], wenn wir nur zu blinzeln brauchen, um brennendere, nähere Wirklichkeit vor Augen zu haben?»

3 Der historische Karthago-Roman ‹Salammbô› Gustave Flauberts (1821–1880) erschien 1863 (von Döblin in der deutschen Übersetzungsschreibweise zitiert). Sein Autor sah in diesem epochemachenden Werk die «Wiederbelebung der Vergangenheit» als künstlerische und zugleich wissenschaftliche Aufgabe an. Er hatte zu diesem Zweck auch intensive Quellen- und Archäologie-Studien betrieben. Der Roman vertritt Flauberts Ideal einer «objektiven Poesie», die verbunden wird mit dem Anspruch auf historische Genauigkeit.

4 Ein Teil der zeitgenössischen Kritik war bei ‹Salammbô› darüber enttäuscht, daß der zeitbezogene ‹Realismus› der ‹Madame Bovary› von Flaubert nicht weiter verfolgt worden war.

5 Charles Augustin de Sainte-Beuve (1804–1869), frz. Schriftsteller, Literaturhistoriker und führender Literaturkritiker seiner Zeit. Die drei Auseinandersetzungen um Flauberts Roman sind enthalten in: Ch. A. Sainte-Beuve, Nouveaux lundis, Paris 1865, Bd. 4, S. 31–95.

6 Sie entnahm Döblin aus: G. Flaubert, Briefe an Zeit- und Zunftgenossen, übertr. v. F. P. Greve, Minden/Westf. o. J. (= Ges. Werke, Bd. 1), S. 151–165 (in Briefform).

[7] Ebd., S. 155.

[8] Ebd., S. 161.

[9] Ebd., S. 161 mit irrtümlichem «das Kleine» statt korrektem «das Klima» (hier konjiziert) und etwas abweichender, z. T. fehlerhafter Zeichensetzung, die vom Hg. deshalb berichtigt wurde.

[10] ‹Die drei Sprünge des Wang-lun›, geschrieben 1912–13, erschienen 1915, wobei als Untertitel «chinesischer Roman» von Döblin gewählt wurde.

[11] Eigentlich «Museum für Völkerkunde», Berlin M (Bezirk Kreuzberg), Königgrätzer Straße (später Stresemannstraße, heute nicht mehr existent) 110.

[12] Gemeint ist vermutlich Wolf von Dewall, dessen Rezension des ‹Wang-lun› in der Frankfurter Zeitung vom 1. 8. 1916 erschienen war (= Schuster/Bode, S. 20–23). Als Sinologe ist er wissenschaftsgeschichtlich nicht nachweisbar.

[13] Vgl. bei Dewall ebd., S. 22: «Die Gestalt des Wang-lun ist echt.»

[14] Mythischer, chinesischer Philosoph, dem das kompilatorische Buch ‹Tao-te-king› zugeschrieben wird (traditionell auf das 6. Jh. v. Chr., wahrscheinlich aber erst um 300 v. Chr. anzusetzen). Döblin muß vom Text beeindruckt gewesen sein, da er sein «ohnmächtiges Buch» in der vorangestellten «Zuneigung» «dem weisen alten Manne Liä Dsi» widmete. Döblin kannte das Werk in der Übersetzung Richard Wilhelms (Jena 1911, ^{2}1919). 1921 schenkt er das Buch Yolla Niclas (Widmungsexemplar im Deutschen Literaturarchiv Marbach/N. erhalten).

[15] Martin Luther (1483–1546), Kirchenreformator und dadurch frühneuzeitliche Epochengestalt.

[16] 15. 7.–15. 8. 1916 während eines militärischen Krankenurlaubs.

[17] Gustav-Adolf-Festspiele fanden in Deutschland seit 1889 an vielen Orten statt, wobei die Initiative vom einflußreichen und kapitalkräftigen Gustav Adolf-Verein ausging, einer auf Galat. 6,10 begründeten Institution der evangelischen Kirche, den kirchlichen Anforderungen von in der Diaspora lebenden Glaubensgenossen Unterstützung zu gewähren. (Vgl. Meyers Großes Konversationslexikon Bd. ^{6}8, 1905, S. 539). Eine Übersicht derartiger Festspiele vgl. bei Huguet, Chron., S. 61.

[18] Gustav Adolf II. (1594–1632), König von Schweden seit 1611, griff zur Rettung des Protestantismus 1630 in den Dreißigjährigen Krieg

ein. Die Landung der schwedischen Flotte in Deutschland erfolgte am 4. 7. 1630.

19 Ferdinand II. von Habsburg (1578–1637), dt. Kaiser 1619–37.

20 Maximilian I. (1573–1651), Herzog von Bayern 1597–1623, danach Kurfürst, politischer Hauptgegner Wallensteins im katholischen Lager.

21 Sie erfolgte am 13. 8. 1630 auf dem Regensburger Reichstag.

22 Die zitierte Stelle nach Lev Tolstoj (1828–1910) über den Kritiker konnte nicht identifiziert werden.

23 Bezieht sich auf die ‹Divina Commedia› (1307–1321) des Florentiners Dante Alighieri (1265–1321), in der ihr Autor eine Jenseitswelt visionär gestaltet. Das ‹Inferno› wird als Ort der Strafen Gottes überwiegend distanziert geschildert, wobei eine mittelalterliche, christliche Weltsicht bestimmend ist. Das Werk beschreibt über seinen ‹Wortsinn› hinaus als Allegorie den Läuterungsweg einer christlichen Seele zum himmlischen Heil. Derartige Intentionen sind Döblins Ferdinand-Darstellung fremd. Der Vergleichsbezug ist insofern problematisch. Dante war aber für Döblin (neben Homer und Cervantes) auch später immer ein epischer Leitautor. Vgl. u. a. im ‹Bau des epischen Werks› AW, AzL, S. 112 und 114.

AUTOBIOGRAPHISCHE SKIZZE

1. *Überlieferung:*

Eine Handschrift existiert nicht. ED in: Das literarische Echo 24 (1921/22), Heft 13 (1. 4. 1922), Sp. 782–783. Neudrucke liegen vor in: ZL, S. 56–57, danach dann auch in: Welt und Wort 18 (1963), Heft 1, S. 11; VdG, S. 79f.; AW, AS, S. 20f.

2. *Entstehung:*

Abfassung erfolgte Ende 1921 aufgrund der Bemerkung im Text: «seit zwei, drei Monaten über einer neuen großen epischen Arbeit». Dies bezieht sich auf die Niederschrift des Romans ‹Berge Meere und Giganten›, die Döblin im Herbst 1921 begann (vgl. den Brief an Efraim Frisch vom 2. 11. 21 in: AW, Briefe, S. 119).

3. *Textgrundlage:*

Der Abdruck folgt dem ED. Eingriffe des Herausgebers sind gekennzeichnet.

4. *Kommentar:*

Zu den äußeren Lebensdaten, soweit hier nicht besonders erläutert, vgl. man den Kommentar zu ‹Biographische Bemerkungen› (S. 516 ff.) und ‹Doktor Döblin› (S. 521 ff.).

[1] Gemeint ist ‹Jagende Rosse›, geschrieben 1900, zu Lebzeiten Döblins ungedruckt (vgl. auch o. S. 13), jetzt in AW, JR, S. 26–83 nach einer zweiten Niederschrift, datiert «Sept. 1900», nachdem die erste verloren gegangen war.

[2] Vgl. o. S. 517 f., Anm. 17.

[3] Vgl. die Nachweise bei Huguet Nr. 177–195 aus den Jahren 1908–1919 mit dem Schwerpunkt 1909–1913. Hinzu käme noch die medizinische Dissertation von 1905 «Gedächtnisstörungen bei der Korsakoffschen Psychose» (Huguet Nr. 96).

[4] Vgl. o.S. 517, Anm. 13.

[5] Faktisch dauerte die Arbeit am ‹Wang-lun› länger als acht Monate, nämlich von Juli 1912 bis Mai 1913. Der Roman erschien nach einigen Schwierigkeiten bei der Verlagssuche 1915 bei S. Fischer.

[6] Dieser Anspruch trifft nur zum Teil zu. Im Marbacher Nachlaß (Depot) hat sich ein gebundenes, schwarzes Leinenheft in Quartformat erhalten (derzeit noch unter ungeordnetem Material), das über viele Seiten hinweg Dispositionsnotizen zum ‹Wang-lun› enthält, womit durchaus eine konzeptuelle Vorgehensweise für den Schreibprozeß zumindest als ein begleitendes Moment belegt werden kann.

[7] Vgl. o. S. 518, Anm. 22.

[8] Entstanden zwischen 1913 und 1915 (also nicht nur bis 1914). Der Band wurde von Döblin im September 1915 zusammengestellt (vgl. AW, Briefe, S. 75), erschien aber erst im November 1917 bei Georg Müller in München. Die folgenden Novellen sind darin enthalten (Erstdrucke – soweit existent – in Klammern): ‹Linie Dresden-Bukarest›; ‹Das Femgericht› (1915); ‹Die Schlacht, die Schlacht› (1915); ‹Der Kaplan› (1914); ‹Die Nachtwandlerin› (1914); ‹Von der himmlischen Gnade› (1914); ‹Vom Hinzel und wilden Lenchen› (1917); ‹Der Riese Wenzel›; ‹Das Krokodil›; ‹Das Gespenst vom Ritthof› (1915);

‹Der vertauschte Knecht›; ‹Die Lobensteiner reisen nach Böhmen› (Teildruck 1915).

[9] Der vor Döblins Militärverpflichtung Ende Dezember 1914 «in einem Zug» seit August niedergeschriebene Roman konnte erst im Juli 1918 bei S. Fischer erscheinen.

[10] Militärärztliche Tätigkeit in Saargemünd (Jan. 1915–Juli 1917) und Hagenau/Elsaß (August 1917–14. 11. 1918).

[11] Beginn der Vorarbeiten im September 1916 (vgl. o. S. 30). Der fertige Roman, Anfang 1919 vollendet, konnte erst im Oktober 1920 bei S. Fischer erscheinen.

[12] Wohnung und Praxis Berlin O 34, Frankfurter Allee 340 (Bezirk Friedrichshain), ab Januar 1919 (bis Januar 1931).

[13] Geschrieben 1919, ED in: Die Gefährten 3 (Wien/Leipzig Genossenschaftsverlag 1920), Heft 4, S. 29–59 (jetzt in AW, DHF, S. 62–102).

[14] Gemeint sind hier vor allem die Beiträge zur ‹Neuen Rundschau› (vgl. aber die vollständigen Angaben bei Huguet Nr. 425 ff.), wo auch die meisten ‹Linke Poot›Artikel zuerst erschienen. Die wichtigsten veröffentlichte Döblin 1921 bei S. Fischer unter dem Titel ‹Der deutsche Maskenball› pseudonym. Enthalten sind: ‹Kannibalisches› (1919); ‹Dionysos› (1919); ‹Die Drahtzieher› (1919); ‹An die Geistlichkeit› (1919); ‹Himmlisches und irdisches Theater› (1919); ‹Aphrodite› (1919), ‹Revue› (1920); ‹Der rechte Weg› (1920); ‹Der deutsche Maskenball› (1920; ‹Überfließend vor Ekel› (1920); ‹Hei levet noch› (1921). ND in: AW, DM, S. 9–124. Es fehlen acht Artikel (vgl. Huguet Nr. 436, 440, 442, 448, 449, 461, 462, 463). Die aufgenommenen sind stilistisch überarbeitet. 1922 schrieb Döblin dann noch acht ‹Linke Poot›-Artikel für die ‹Frankfurter Zeitung› (Huguet Nr. 488, 493, 498, 501, 507, 509, 516, 525).

[15] Am Drama arbeitet Döblin 1921. Die Buchausgabe erschien bei S. Fischer erst im September 1923 (ND in: AW, DHF, S. 106-171).

[16] Gemeint ist die Arbeit an ‹Berge Meere und Giganten›. Der Roman erschien dann 1924 bei S. Fischer.

[17] Anspielung auf den ‹Wang-lun›-Roman und den ‹Wallenstein›.

BERLIN UND DIE KÜNSTLER

1. *Überlieferung:*

Eine Handschrift existiert nicht. ED in: Vossische Zeitung 1922, Nr. 180 (16. 4.), Morgenausgabe, 1. Beilage, S. 1 als Teil einer Umfrage: «Berlin und die Künstler. Eine Umfrage. Hemmt oder beeinträchtigt Berlin wirklich das künstlerische Schaffen?» Neudrucke liegen vor in: ZL, S. 58–59 unter dem Titel «Berlin und die Künstler» (fehlerhaft mit Eingriffen) und VdG, S. 81–83 unter gleichem Titel nach ZL (mit dessen Fehlern und neuen Eingriffen); Teildruck Kat. Döblin, S. 215 f.

2. *Entstehung:*

Die Abfassung muß aktuell erfolgt sein und wäre demnach relativ kurz vor dem Erscheinungsdatum auf März 1922 zu datieren.

3. *Textgrundlage:*

Nach ED unter Wahrung der Eigenheiten in Schreibung und Zeichensetzung.

4. *Kommentar:*

[1] Gemeint ist Hagenau im Unterelsaß, wo Döblin von August 1917 bis Kriegsende Militärarzt im Seuchenlazarett war.

[2] Gemeint sind u. a. die Bibliotheksrecherchen Döblins im Zusammenhang seiner Arbeit am ‹Wallenstein›-Roman.

[3] Hauptplatz im Zentrum der Straßburger Altstadt ca. 300 m nordwestlich des Münsters. Der Straßburger Hauptbahnhof liegt außerhalb der Altstadt.

[4] Anspielung auf die große Stadterweiterung und -sanierung Straßburgs nach 1871, die zumal das Gelände der alten Festungswerke erfaßte.

[5] Dorf und besuchte Sommerfrische mit Freibadmöglichkeit im Südosten Berlins (ca. 26 km vom Zentrum aus) an der Bahnlinie Berlin-Sommerfeld.

[6] Woltersdorf, Dorf ca. 4 km nördlich von Erkner gelegen, war mit der Kolonie Woltersdorfer Schleuse, wo sich «großartige Vergnügungsetablissements» (Meyers Großes Konversationslexikon, Bd. 20,

1908, S. 744) befanden, ein ebenfalls sehr beliebter Ausflugsort der Berliner.

[7] Zitat aus Goethes Faust I (Szene ‹Vor dem Tor›), v. 940.

[8] Gerechnet seit 1888.

[9] Goethe, Faust II, v. 10 259.

[10] Platz Berlin M (SW 19) mit U-Bahn-Station.

[11] Vorort im Südosten Berlins mit dem «Spreetunnel» zwischen Stralau und Treptower Park.

[12] Wittenbergplatz, Berlin-Charlottenburg (W 62), mit U-Bahn-Station, südwestl. der Kaiser-Wilhelm-Gedächtniskirche.

[13] Gemeint ist das Berliner Kaufhaus «Wertheim», das den Begriff «Warenhaus» 1892 einführte und als erstes Unternehmen dieser Art alle Geschosse des «Wertheimbaus» als Verkaufsfläche nutzte. Von Alfred Messel 1896/97 am Leipziger Platz/Ecke Leipziger Straße 111 errichtet, war er eine architektonisch bahnbrechende Leistung, da die Fassade aus Stahl und Glas erstmals das Prinzip der Stockwerkseinteilung aufgab.

[14] Leipziger Straße 3, Sitz der Ersten Kammer des ehemaligen Preußischen Landtags (bis 1918). Neoklassizistischer Bau des ausgehenden 19. Jh.s ohne künstlerischen Wert.

[15] Die im Herrenhaus tagende ständische Kammer war außer mit Mitgliedern des Hochadels durch vom preußischen König berufene Mitglieder besetzt. Sie war demnach keine Wahlkammer.

[16] Straße Berlin M (NW 6) entlang der Spree (heute Berlin DDR).

[17] Berlin N (Bezirk Spandau), Sitz der AEG (Brunnenstraße 10); gegründet 1883. Die Industriearchitektur der AEG war seinerzeit epochemachend. Zur AEG als Thema Döblins vgl. auch AW, BA, S. 52f.

[18] Die 1837 gegründete Maschinenfabrik August Borsig (ihr Gründer 1808–1854) lag in Tegel (Vorort im Nordosten Berlins), prägte zumal auch als Lokomotivenbaufabrik entscheidend den Berliner Industrialisierungsprozeß im 19. Jh.

[19] Vorort im Südosten Berlins; dort Wilhelminenhofstraße (zur Treptower Spree hin) das Gelände der AEG.

[20] Anspielung auf die biblische Geschichte von Simson (Richter 13–16, hier speziell 16,17ff.), der nach Scherung seines Haares all seine Kraft verlor, diese aber, nachdem es wieder gewachsen war, wieder erlangte.

ERLEBNIS ZWEIER KRÄFTE

1. *Überlieferung:*

Eine handschriftliche Fassung existiert nicht mehr. ED in: Der Feuerreiter. Blätter für Dichtung, Kritik, Graphik 2 (1922/23), Heft 1 (Dezember), S. 1–4 (Nachdruck Nendeln/Lichtenstein 1970). Danach Zweitdruck in: Leipziger Neueste Nachrichten Jg. 117 (1923), Nr. 94 vom 21. 4.. Der Goethe-Abschnitt des Textes (Inc. «Rührend bei Goethe» – «Führerschaft») wurde separat unter dem Titel «Goethe als Natur» nachgedruckt. Belegfahne im Marbacher Nachlaß ohne bibliographischen Nachweis.
Neudruck ZL, S. 215–219 nach dem ED, aber unter falschem Titel «Goethe und Dostojewski». Vgl. dazu die Korrekturnotiz W. Muschgs in: AW, AzL, S. 414. Teilneudruck auch in: Kat. Döblin, S. 80–82.

2. *Entstehung:*

Nähere Daten zur Entstehung sind nicht zu ermitteln. Eine relative Nähe zum ED wird anzunehmen sein.

3. *Textgrundlage:*

Nach dem ED mit gekennzeichneten Eingriffen.

4. *Kommentar:*

[1] Das heißt vor September 1900 (Abitur). Die erste Lektüre fällt wohl schon in die Jahre 1897/98. – In einer Umfrage der ‹Vossischen Zeitung› zum 100. Geburtstag Dostojevskijs (11. 11. 1921) hatte Döblin sich schon zum Einfluß dieses Autors auf sein eigenes Schreiben geäußert. Vgl. AW, KS I, S. 331–334, hier S. 333: «Zwei dicke Bücher [sc. ‹Wang-lun› und ‹Wallenstein›] habe ich geschrieben vor einigen Jahren, und wie Stendhal bei der Niederschrift der «Karthause» allmorgendlich ein paar Seiten aus dem Code Napoléon las, so las ich zu diesen Büchern täglich den «Idiot» [...].» Vgl. auch o. S. 188. Zum Einfluß vgl. auch M. Weyemberg-Boussart, Alfred Döblin und F. M. Dostojewski, in: Revue des langues vivantes 35 (1969), S. 381–404 und S. 505–530. – Direkt stilistisch beeinflußt von Dostojevskij ist Döblin im Jugendroman ‹Der schwarze Vorhang› von 1903.

[2] Nähere Daten zu Organisation und Lokalität dieses Vereins waren nicht zu ermitteln.

[3] Gemeint ist ‹Schuld und Sühne› von Dostojevskij 1866 publiziert, dt. Übersetzung von W. Henckel zuerst Leipzig 1882.

[4] Es handelt sich um die Buchhandlung L. A. Kuntze, Neue Schönhauserstraße 10 (Berlin M, N 54), gegründet 1890, der eine «Verleihbuchhandlung» angegliedert war. Vgl. Huguet, Chron. S. 29.

[5] ‹Torquato Tasso›, Schauspiel von J. W. Goethe (1749–1832) aus dem Jahr 1790. Für Döblin anziehend dürfte die Künstlerproblematik gewesen sein.

[6] Sophokles (496–406 v. Chr.) war neben Euripides und Aischylos der dritte große attische Dramatiker. Sein ‹König Ödipus› und seine ‹Antigone› zählen zum Lektürekanon des humanistischen Gymnasiums.

[7] Der älteste europäische Epiker, Homer (9. oder 8. Jh. v. Chr.), wird hier als Schulautor noch negativ assoziiert. Später zitiert Döblin Homer stets neben Dante und Cervantes als Urtypus der für ihn leitenden Vorstellungen vom Epiker.

[8] Bezieht sich keineswegs auf das Gesamtwerk Dostojevskijs, sondern zunächst nur auf ‹Der Idiot› und ‹Schuld und Sühne›, später kommen die ‹Brüder Karamazov› hinzu. Zu Würdigungen und Erwähnungen vgl. M. Weyemberg-Boussart, Alfred Döblin, Bonn 1970, S. 53, Anm. 39.

[9] Inwieweit dem Schüler Werke des Schriftstellers Frank Wedekind (1864–1918) bekannt waren, erscheint fraglich, zumal dieser damals in München lebte. ‹Frühlings Erwachen›, auf das Döblins Bemerkung hier zielt, war zwar schon 1890/91 entstanden, es gab aber keine deutsche Buchausgabe (nur Zürich 1891). Die Uraufführung des Stückes erfolgte erst 1906 in Berlin.

[10] Die Lektüre derartiger Kolportage-Romane dürfte demnach in die erste Berliner Zeit um 1890 zu datieren sein. Zu ihrer Typik vgl. H. Plaul, Illustrierte Geschichte der Trivialliteratur, Hildesheim/New York/Zürich 1983, S. 238ff., bes. S. 243ff. als Beispiele ‹Der Schatz in der Klostergruft oder das Vermächtnis der Verschollenen›, ‹Deutsche Herzen, deutsche Helden‹, ›Auf einsamer Insel oder unschuldig verstoßen› usw. Der Kolportageroman war ein Lieferungsroman in Heftform («Fließbandroman») mit durchschnittlich 100 Lieferungen (ca. 2500–3000 Seiten).

[11] Ostern 1893–Ostern 1894. Zur Beeindruckung Döblins durch Kleist vgl. auch o. S. 170, 194, 225.

[12] Kleists (1777–1811) ‹Prinz von Homburg› (entst. 1809/11, Druck erst 1821) zählte Ende des 19. Jh.s immer noch zu den problematischen Stücken. Als Text war er ohnehin nur innerhalb der Werkausgaben zugänglich. Zu einer aktuellen Arbeit Hermann Gülows in der Schulbibliothek des Köllnischen Gymnasiums (Döblins Schule) aus dem Jahr 1893 («Die Grundgedanken in Heinrich von Kleists Prinz von Homburg») vgl. den Nachweis bei Huguet, Chron. S. 22. – Welche Aufführung Döblin besucht haben könnte, war mangels einer vollständigen Aufarbeitung der Wirkungsgeschichte dieses Stücks nicht feststellbar.

[13] Zur Lektüre Friedrich Nietzsches (1844–1900) – zunächst ‹Zur Genealogie der Moral› (1887) und ‹Also sprach Zarathustra› (1883–85) – «in der Prima [1899/1900] oder schon vorher» vgl. o. S. 151 und S. 170.

[14] ‹Der Idiot› (russisch 1868/69) erschien in dt. Übersetzung durch A. Scholz zuerst Berlin 1889. Nach ‹Mit dem Blick zur Latinität› (1930) dürfte eine intensivere, wenn auch immer noch unsystematische Lektüre des Werks erst um 1910 erfolgt sein (vgl. o. S. 188), womöglich im Zusammenhang der neuen und besseren Übersetzung E. K. Rashins (zuerst München 1910).

[15] ‹Die Brüder Karamasov› (russisch 1879/80) erschienen auf Deutsch zuerst Leipzig 1884. Döblin lernte den Roman wohl in einer bearbeiteten Jugendbuchversion des Berliner Globus-Verlages (um 1900) kennen, die in seiner Bibliothek noch erhalten ist (vgl. Kat. Döblin S. 80, Nr. 22).

[16] Lev N. Tolstoj (1828–1910) lag mit seinem Werk keineswegs am Rande des Döblinschen Leseinteresses, und er nahm ihn schon um 1900 zur Kenntnis (vgl. etwa KS I, S. 43 von 1903). Vgl. z. B. auch ‹Es ist Zeit› (1917): «Was Tolstoj und Dostojewski geschrieben und hinterlassen haben, stellt meinem Gefühl nach ganze Klassizitäten anderer Völker in Schatten.» (AW, SPG, S. 28.) Vgl. auch u. S. 551, Anm. 11.

[17] Henri Beyle's, gen. Stendhal (1783–1842), Roman ‹Le rouge et le noir› (1830, dt. zuerst innerhalb der ‹Ausgewählten Werke› hg. v. F. v. Oppeln-Bronikowski, Leipzig/Jena 1901 ff.) nahm Döblin vermutlich in der Insel-Ausgabe von A. Schwarz, Leipzig 1913 zur Kenntnis. In ‹Gerhart Hauptmann und Ibsen› von Ende 1921 rühmt Döblin ebenfalls Stendhals ‹Rot und Schwarz› (AW, KS I, S. 355).

Unter Umständen deuten diese beiden zeitlich nah zusammengehörigen Belege auf eine aktuelle Lektüre des Werks 1921 hin.

[18] Gemeint sind Johann Peter Eckermanns (1792–1854) ‹Gespräche mit Goethe in den letzten Jahren seines Lebens 1823–1832› (3 Bände, Leipzig 1836–1848, hier in einer neueren Ausgabe benutzt).

[19] Es handelt sich um das Erdbeben von Messina (vgl. das Gespräch vom 23.11. 1823).

[20] Gespräch vom 6.11. 1830

[21] George Gordon Noel, Lord Byron (1788–1824), war neben Shelley der wichtigste Vertreter der englischen, revolutionären Romantik mit ausgeprägtem, subjektivistischem Stil von großer europäischer Wirkung (Byronismus). Goethe hat Byron in der Figur des Euphorion in ‹Faust II› literarisch verarbeitet. Die auf Byron bezüglichen Stellen in den ‹Gesprächen› sind zahlreich.

[22] François-Marie Arouet, gen. Voltaire (1694–1778), wird hier von Döblin als Prototyp des politisch eingreifenden Schriftstellers zitiert, was eine einseitige Wertung dieses über Frankreich hinaus im 18. Jh. wirkenden Schriftstellers, Historikers und Philosophen darstellt. Es trifft noch am ehesten für die späte Zeit nach der 1758 erfolgten Übersiedelung Voltaires in das nahe der Schweiz gelegene Dorf Fernay (heute Fernay-Voltaire) zu, von wo aus er eine unermüdliche, praktische wie literarische Tätigkeit entfaltete (Kampf gegen Leibeigenschaft, Pamphlete usw.).

[23] Zu Dante vgl. o. S. 529, Anm. 23.

[24] Bezieht sich auf Goethes Straßburger Zeit und die darauf folgenden Jahre (u.a. mit ‹Götz von Berlichingen›, ‹Von deutscher Baukunst› usw.).

[25] Goethes Italienische Reise (Sept. 1786–Juni 1788).

EINDRÜCKE EINES AUTORS BEI SEINER PREMIERE

1. *Überlieferung:*

Eine Handschrift ist nicht erhalten. ED in: Leipziger Neueste Nachrichten vom 21.4. 1923 mit Nachdrucken in: Leipziger Tageblatt Jg. 117 (1923), Nr. 101 (29.4.), S. 2 und Prager Tageblatt Jg. 48 (1923), Nr. 103, S. 2 (vgl. Huguet Nr. 539). Neudrucke des Textes erfolgten in ZL, S. 66–68, VdG, S. 84–87 (nach ZL) und Stücke, S. 213–215 (nach VdG).

2. *Entstehung:*

Döblin verfaßte den Text während seines Aufenthaltes in Leipzig aus Anlaß der Uraufführung seines Dramas ‹Die Nonnen von Kemnade› am 21. 4. 1923 am Alten Theater.

3. *Textgrundlage:*

Der Abdruck folgt dem ED.

4. *Kommentar:*

1 ‹Die Nonnen von Kemnade‹. Das «Schauspiel in vier Akten» entstand 1921, wurde jedoch vollständig erst 1923 in einer «Fassung zweiter Hand», die die Erkenntnissse der hier besprochenen Leipziger Aufführung verarbeitete, veröffentlicht (bei S. Fischer, ND in: AW, DHF, S. 106–171).

2 Zur Uraufführung am 21. 4. 1923 am Alten Theater in Leipzig unter der Regie von Alwin Kronacher (1883–1951). Es spielten u. a. Margarete Anton als Judith und Ewald Schindler als Ambrosius.

3 Diese Zeitraumangabe gilt allenfalls für die letzte Niederschrift. Die Beschäftigung mit dem Stoff muß über mehrere Monate gelaufen sein (vgl. AW, DHF, S. 551). Im Vorwort zur Buchausgabe äußert Döblin selbst: «Dies Stück schrieb ich im Sommerbeginn 1921, nachdem ich mich schon den vorangehenden Winter damit beschäftigt hatte.»

4 Am westlichen Rand der Leipziger Altstadt führte die Goethestraße direkt auf den Hauptbahnhof zu.

5 Gemeint ist K. Seffners Statuette des jungen Goethe von 1903 auf dem Naschmarkt.

6 Es handelt sich um das Goethe-Denkmal von Fritz Schaper im Tiergarten ganz in der Nähe des Brandenburger Tors.

7 Das «Alte Theater» am Leipziger Theaterplatz.

8 Vgl. noch ausführlicher zur ganzen Episode o. S. 81 f., 122 f. und 358. Zu Mauthner vgl. u. S. 559 f., Anm. 9.

9 ‹Die jagenden Rosse› (geschrieben 1900); vgl. o. S. 517 f., Anm. 16.

10 Tilla Durieux (1880–1951) – Schauspielerin großen Ranges u. a. bei Max Reinhardt in Berlin – las im Februar 1922 (d. h. mehr als vier Wochen vor der Leipziger Dramen-Aufführung) aus Döblins neuem

Roman ‹Berge Meere und Giganten› (ersch. 1924). Vgl. den Bericht von Rudolf Kayser «Tilla Durieux las im Salon Cassirer vor geladenen Gästen aus einem noch unveröffentlichten Roman von Alfred Döblin» (in: Berliner Börsen-Courier Jg. 55, 1922, Nr. 100 vom 18. 2., S. 2 [vgl. Huguet Nr. 2942]).

11 Szene II, 2 (= AW, DHF, S. 127ff.).

12 Szene II, 6 (= AW, DHF, S. 136f.) zwischen Kardinal, Ambrosius und Cyrill.

13 ‹Lydia und Mäxchen› (1905) in: AW, DHF, S. 9–31.

14 Ewald Schindler.

15 Alwin Kronacher (1883–1951).

16 Alexander Baranowski.

17 Judith, Äbtissin von Kemnade, gespielt von Margarete Anton.

18 Ambrosius, gespielt von Ewald Schindler.

19 Karl Heinz Martin (1888–1948), Begründer der «Tribüne» in Berlin (1919), Regisseur bei Max Reinhardt, 1929 Direktor der Berliner Volksbühne, 1933–1945 Regisseur in Berlin und Wien, ab 1945 Leiter des Berliner Hebbel-Theaters. Filmregisseur. Wichtiger Initiator eines expressionistischen Inszenierungsstils auf der Bühne und im Film.

20 Leopold Jessner (1878–1945), war 1919–1930 Generalintendant der Staatlichen Schauspiele in Berlin. Als Regisseur vor allem durch einen symbolisierenden Bühnenstil bedeutend geworden, 1933 Emigration, zeitweise in Palästina, dann USA, wo Döblin ihn im Exil wiedertraf. Vgl. o. S. 365.

21 Döblin verwechselt hier offenkundig Vater und Sohn Borgia. Cesare Borgia (1475/76–1507) war der Sohn des berüchtigten Papstes Alexander VI. (1492–1503). Als Erzbischof von Valencia (1492–1498), dann französischer Herzog von Valentinois, unterwarf er sich die Romagna, Umbrien und Siena (1499–1503) mit brutaler Gewalt, mußte diese Gebiete aber wieder an Papst Julius II. 1503 ausliefern. Nach Spanien gegangen, fiel er dort im Dienst des Königs von Navarra. Cesare Borgia war der Typus des rücksichtslosen Macht- und Gewaltmenschen, der vor Morden in der eigenen Familie nicht zurückschreckte.

22 Die Anspielung ist zu vage, als daß sie spezifisch zugeordnet werden könnte. Allein Grimm, Dt. Wörterbuch, Bd. 16, 1905, Sp. 2233f. bietet schon von Schiller bis Hebbel mehrere Belege an.

[23] Die sog. Neuruppiner Bilderbogen aus den Verlagen Gustav Kühn (seit 1775) und Oehnigke & Riemenschneider (seit 1831) waren im 19. Jh. vor allem in Norddeutschland sehr verbreitet. Sie boten – aus heutiger Sicht volkskundlich interessante – ästhetisch naiv vermittelte Szenen aus Alltagsleben, Historie und Zeitgeschichte.

[24] Das Denkmal steht unmittelbar südlich der Thomaskirche.

[25] Hans Joachim von Zieten (1699–1786), preußischer Reitergeneral in den Kriegen Friedrichs d. Gr. Das Berliner Zieten-Denkmal von Gottfried Schadow stand am Wilhelmplatz (Berlin M, W8).

[26] Gerhard von Scharnhorst (1755–1813), preußischer General und Initiator der preußischen Heeresreform. Sein Denkmal von Christian Rauch stand in Berlin vor der ‹Neuen Wache› (Platz am Zeughaus, heute das östliche Ende Unter den Linden).

BEMERKUNGEN ZU «BERGE MEERE UND GIGANTEN»

1. *Überlieferung:*

Eine Handschrift fehlt ebenso wie ein Typoskript. ED in: Die neue Rundschau 35 (1924), S. 600–609. Ein Neudruck liegt in AW, AzL, S. 345–356 vor.

2. *Entstehung:*

‹Berge Meere und Giganten› erschien im Januar 1924 bei S. Fischer (Mitte Januar Lesung Döblins in der Berliner Buchhandlung Spaeth aus seinem «neuesten, im Erscheinen begriffenen Werk»; vgl. Berliner Börsen-Courier Jg. 56, 1924, Nr. 26 vom 16. 1.). Der Beitrag, der im Juni-Heft der ‹Neuen Rundschau› erschienen ist, dürfte eine Reaktion auf die Rezension des Romans von Ernst Blass in der ‹Neuen Rundschau› (aaO, S. 527f., Schuster/Bode, S. 131–133) sein, über deren Unzulänglichkeit und Einordnung in die Zeitschriftenrubrik «Anmerkungen» Döblin sich beträchtlich geärgert hatte (vgl. den Brief an E. Frisch vom 30. 4. 1924, in: AW, Briefe, S. 125). Die Abfassung des Textes, dessen Titel wohl als ironische Replik auf die «Anmerkungen» zu verstehen ist, dürfte demnach im Mai 1924 erfolgt sein.

3. *Textgrundlage:*

Nach ED unter Wahrung der Schreib- und Interpunktionseigentümlichkeiten. Fehlerberichtigungen des Herausgebers sind markiert (z. B. Merduk/Marduk usw.).

4. *Kommentar:*

1 Anspielung auf die unter dem Pseudonym veröffentlichten Arbeiten in der ‹Neuen Rundschau›. Vgl. die Übersicht o.S. 531, Anm. 14 sowie den Text ‹Das Pseudonym› o.S. 76f.

2 Immanuel Kant (1724–1804) war nie, wie Döblin hier behauptet, im eigentlichen Sinne Geographieprofessor, doch las er als Privatdozent bis 1769 in Königsberg auch über physische Geographie, die er als Wissenschaftsdisziplin an der Universität einführte.

3 ‹Die Nonnen von Kemnade›, geschrieben 1921, Druck 1923.

4 Reflex dieses Aufenthaltes im Juli/August 1921 in Arendsee ist der sehr ironische ‹Linke-Poot›-Artikel ‹Ostseeligkeit› (Neue Rundschau 32, 1921, S. 986–994 = KS I, S. 319–330), der nichts von diesem ‹Stein›-Erlebnis vermittelt.

5 14. 11. 1918 Abfahrt aus Hagenau/Elsaß, Ankunft in Berlin am 20. 11. 1918.

6 Der Einschnitt ist noch im Handschriftenkonvolut des Nachlasses (Marbach) am Papierwechsel erkennbar. Vgl. D. Mayer, Alfred Döblins Wallenstein, München 1972, S. 16. Der Einsatz beginnt danach (nach AW-Ausgabe S. 669 unteres Drittel) bei «Wie schlimm stand es . . .», d. h. nicht unmittelbar als ‹Schlußkapitel› (das es ja so eigentlich auch gar nicht gibt), sondern ca. 70 Seiten vor dem dann realisierten Schluß.

7 Gemeint ist der Band von W. Bernhardi, Konrad III., Teil 1 (1138–1145), Leipzig 1883 (=Jahrbücher der dt. Gesch. Bd. 14,1), hier S. 553 f. zu Judith von Kemnade.

8 D. h. 1893.

9 Das Köllnische Gymnasium, Inselstraße 2–5.

10 Baubeginn der elektrischen Hoch- und Untergrundbahn in Berlin war 1896 (Eröffnung 1902).

11 Die sog. Kroll-Oper am Tiergarten gegenüber dem Reichstag.

12 Die ganze Episode wird ausführlich geschildert in: A. Döblin, Großstadt und Großstädter, in: ders. (Hg.) Minotaurus, Wiesbaden o. J.

(1953), S. 221–241, hier S. 230f.: «Aber eines Sonntags nachmittags hatte ich ein Billet zur Krolloper und spazierte langsam durch den Tiergarten. [...] dann war es Zeit, und ich mußte in den Theaterraum eilen. Dazu mußte ich außen an dem Gebäude vorbei, und siehe, es standen einige Fenster offen. Drin aber, im Gewölbe, im Kellerraum, brannte Licht und ein rasselndes, metallisches, rhythmisches Geräusch ließ sich vernehmen. Ich stand gebannt. Es ließ mich über Minuten nicht los. Ich versäumte den Anfang der Oper, Bizets «Carmen». Was es da unten im Keller gab? Keine Natur. Ich hatte aber dies bis da noch nicht gesehen und erlebt. Drei oder vier mächtige, breit hingelagerte metallische Wesen, an denen sich blitzende Teile rhythmisch bewegten. [...] Es waren Dynamos, für die Licht- und Krafterzeugung, ich wußte es. Im Physikunterricht hatten wir das nötige Theoretische erfahren. Aber ich hatte sie noch nicht erlebt. Sie griffen mir ans Herz. Das war die Maschine. So sah sie aus. So! Geist vom Geist der Großstadt.»

13 Urlaubsort Döblins an der Ostsee im August/September 1921 (bei Kühlungsborn/Bad Doberan).

14 Umformuliertes Zitat aus Faust I, v. 784: «Die Träne quillt, die Erde hat mich wieder.»

15 In: Die neue Rundschau 33 (1922), S. 853–858.

16 In: Der neue Merkur 6 (1922/23,) S. 5–14.

17 In: Die neue Rundschau 32 (1921,) S. 1192–1200. Im Druck zitiert Döblin irrig den Titel mit «ihre Natur».

18 Vgl. dazu auch Döblins Brief an F. Mauthner vom 28. 9. 1922 (AW, Briefe, S. 122f.). Danach sollte die «Broschüre» den Titel «Die Natur und ihre Seelen» haben: «Ich drücke in dem Heft [...] ein Gefühl aus, das ich habe vor dem sogenannten Toten und Anorganischen.» Später verwirklichte Döblin die Publikation in erweiterter Form mit ‹Das Ich über der Natur› (1927).

19 Bezieht sich vor allem auf die Kritik Friedrich Burschells in: Der neue Merkur 4 (1920/21), S. 788–790 (= Schuster/Bode, S. 84–86) zum ‹Wallenstein› (vgl. zu dieser Kontroverse schon o. S. 526).

20 Emile Zola (1840–1902) begründete in Frankreich einen naturalistischen Schreibstil mit gesellschaftskritischer Thematik. Die ‹Rougon-Macquart›-Romane entfalteten eine bedeutende Wirkung über die französische Literatur hinaus. Döblin stand Zola ohne Interesse gegenüber. Eine nähere Beschäftigung mit ihm ist nicht nachweisbar.

21 Honoré de Balzac (1799–1850) begründete in Frankreich den soziologischen Realismus im Roman. Vor allem sein Romanzyklus ‹La comédie humaine› ist eine bedeutende Darstellung seiner zeitgenössischen, gesellschaftlichen Wirklichkeit gewesen. In Deutschland setzte eine Balzac-Rezeption erst relativ spät nach 1900 ein. Auch Döblin hat sich näher mit ihm wohl erst Ende der 20er Jahre beschäftigt. Vgl. o. S. 187f.

22 Die Seitenzahl bezieht sich auf die Originalausgabe Berlin 1924 und entspricht in der AW-Ausgabe S. 375, wo allerdings der Kapiteleinschnitt durch Wegfall der Initiale nicht mehr erkennbar ist.

23 Preußische Staatsbibliothek, Unter den Linden 38.

23 Stadtbibliothek, Breite Straße 37 (Berlin M).

23 Museum für Meereskunde, Georgenstraße 34–36.

24 Museum für Naturkunde, Invalidenstraße 43.

25 Im Marbacher Nachlaß (Depot) befindet sich unter ungeordnetem Material (Stand Ende 1985) ein derartiges «Leinenheft» im Quartformat, das u. a. Dispositionen zum ‹Wang-lun› und zum ‹Wallenstein› enthält, aber auch sonst vielerlei Notizen, deren Zugehörigkeit schwer zu identifizieren ist. Bei einer ersten Durchsicht war die zitierte Stelle nicht zu finden, was auch durch das Fehlen von Blättern begründet sein könnte.

26 Januar–Februar 1922.

29 Döblin wohnte in einer Pension in Berlin-Zehlendorf, Lessingstraße 1.

30 Originalausgabe 1924, S. 5–7, Ausgabe in AW, S. 9f.

31 Der Text konnte im Nachlaß zu ‹Berge Meere und Giganten› ebensowenig wie im «Leinenheft» (vgl. S. 543, Anm. 25) nachgewiesen werden.

32 Text wie bei Anm. 31 nicht identifizierbar.

33 Vgl. als Hintergrundsbeschäftigung zu diesem Problem bei Döblin seine zeitgenössische Rezension des Buches von Mathias Vaerting über ‹Die weibliche Eigenart im Männerstaat und die männliche Eigenart im Frauenstaat› (in: Prager Tageblatt Jg. 47, 1922, Nr. 305, S. 9 und ND in: A. Döblin, Kerl, S. 139–142.)

34 Verfremdetes Zitat von Matt. 7,16 «an ihren Früchten sollt ihr sie erkennen».

1. *Überlieferung:*

Der Text ist bisher ungedruckt und liegt nur in der Form eines Konvoluts von 10 Blatt (mit nachträglicher Seitenzählung von 1–20 versehen) im Marbacher Nachlaß (Depot) vor. Die Handschrift Döblins ist gut lesbar und ohne allzu viele Korrekturen.

2. *Entstehung:*

Der Text ist aufgrund der Schlußbemerkung (o. S. 66) wohl nach Antritt der Polenreise Döblins (Ende September – Ende November 1924), bzw. im Zusammenhang damit entstanden. Möglicherweise war er als Einleitungsartikel zu den Reiseberichten aus Polen in der ‹Vossischen Zeitung› gedacht, die ab 25. 10. 1924 (vgl. Huguet Nr. 238) Döblins Berichte druckte. Der angesprochene (Chef-)Redakteur wäre dann Georg Bernhard (1875–1944) gewesen.

3. *Textgrundlage:*

Die Ausgabe folgt der Handschrift möglichst getreu unter Wahrung der Eigentümlichkeiten in Zeichensetzung und Orthographie. Eingriffe sind markiert. Lediglich ganz fehlerhafte Schreibweisen (z. B. *zu hause* statt *zu Hause, irgend wie* statt *irgendwie*) wurden stillschweigend getilgt.

4. *Kommentar:*

[1] 10. 8. 1878 in Stettin.

[2] Max Döblin (1846–1921) und Sophie Döblin, geb. Freudenheim (1844–1920), Heirat 1871.

[3] Simon Döblin (Posen 1812 – Stettin 1881), lebte als Schneider in Stettin seit 1855, heiratete Emilie Jessel (Posen 1816 – Stettin 1886). Simon Freudenheim (Samter 1806 – Berlin 1844) war verheiratet mit Esther Wronker (Samter 1814 – Berlin 1887). Zur Genealogie der Döblins vgl. Huguet, Jeunesse, S. 729ff.

[4] Döblin schrieb im Manuskript irrig Bar-mizza, was vielleicht schon seine Distanz zum Ereignis andeutet. Die Barmizwa ist die religiöse Freisprechung des dreizehnjährigen Knaben. Sie wurde festlich begangen, wobei der hier auch angesprochene Vortrag zur Praxis ge-

hörte. Zur Feier und ihrer Entwicklung in Deutschland vgl. Jüdisches Lexikon, Bd. 1, 1927, Sp. 728–732. Das Ereignis wurde 1891 in Berlin gefeiert.

5 Die Lektüre wäre demnach auf 1896/97 anzusetzen. Vgl. auch o. S. 66, 151, 157, 170, 225, 289, 306, 335.

6 Gemeint ist hier vermutlich Rudolf Freudenheim (1839–1908), der Bruder von Döblins Mutter, der es als Möbelfabrikant zu Wohlstand gebracht hatte.

7 Eigentlich Rosch haschana, das jüdische Neujahrsfest, das am 1./2. Tischri-Monat (d. h. im Sept./Okt.) gefeiert wird.

8 Die große, 1859–1866 von Knoblauch errichtete Synagoge in orientalischem Stil (Oranienburger Straße 30).

9 Die Friedrichstraße war eine der repräsentativsten Einkaufsstraßen des alten Berlin. Döblin hat sie z. T. essayistisch beschrieben. Vgl. seinen ‹Linke Poot›-Artikel ‹Die nördliche Friedrichstraße› in: Berliner Tageblatt 53 (1924), Nr. 101 (28. 2.), Abendausgabe.

10 Döblin verließ die Jüdische Gemeinde 1912 (November?); vgl. sein Selbstzeugnis AW, Briefe, S. 259. Nach dem ‹Jüdischen Lexikon›, das Döblin im zitierten Brief selbst anführt, erfolgte der Austritt allerdings erst ‹gegen Ende des Weltkriegs› (Bd. 2, Berlin 1927, Sp. 172), was jedoch wenig wahrscheinlich ist.

11 Zum Antisemitismus am Köllnischen Gymnasium, das Döblin besuchte, vgl. einige Belege (u. a. die Affäre Iwan Cahn) bei Huguet, Chron., S. 22 und 24ff.

12 Wie fast immer bei Döblin falsch angegeben, denn das Abitur legte Döblin am 13. 9. 1900 ab.

13 Die ganze folgende Schlußpassage des Textes wird inhaltlich in der ‹Schicksalsreise› (1949) verarbeitet und referiert (AW, AS, S. 211). Direkt kommentierte Döblin den Vorgang auch in einem Artikel für das Prager Tageblatt vom 11. 11. 1923 ‹Während der Schlacht singen die Musen› (in: A. Döblin, Kerl, S. 220–223, hier S. 220f.).

14 Die Vorfälle ereigneten sich am 5. und 6. November 1923. Auslösendes Moment waren (nach ‹Vossische Zeitung› vom 5. 11. 23) Brotpreiserhöhungen, die arbeitslose Jugendliche zu systematischen Plünderungen an jüdischen Geschäften in der Münz- und Grenadierstraße veranlaßten: «Man riß die Firmenschilder ab, schlug die Fensterscheiben ein, und bedrohte die Geschäftsinhaber, falls sie ihre Ware nicht unter die Menge verteilten. [...] Während dieser Vor-

gänge war weit und breit kein Polizeibeamter zu sehen.» Die ‹Vossische Zeitung› vom 6.11. liefert dann einen Gesamtbericht ‹Die Ausschreitungen in Berlin› (S. 1) und in der «Ersten Beilage» ‹Krawalle in Berlin›. Die Vorgänge «nahmen ganz offensichtlich pogromartigen Charakter an». Es «drangen Haufen besonders jugendlicher Burschen in die Läden und Zimmer ein, prügelten die Bewohner, zogen ihnen die Kleider vom Leibe und flohen. Dieses Treiben wurde systematisch etwa eine Stunde von Haus zu Haus fortgesetzt, ehe die Schutzpolizei alarmiert war». Diese verhielt sich z. T. aber keineswegs rechtsstaatlich, sondern verhielt sich entweder allzu passiv oder leistete sich z. T. sogar Übergriffe gegen betroffene Bürger bzw. sich selbst verteidigende Juden [was Döblin Selbstschutzorganisation nennt], die in «Schutzhaft» genommen wurden, wobei es zu «Mißhandlungen schwerster Art» nach dem Zeugnis eines davon betroffenen Arztes kam: «In der Kaserne in der Alexanderstraße auf dem Hofe mußten wir inmitten von ungefähr 300 Schutzbeamten mit erhobenen Händen Aufstellung nehmen und wurden wiederum schwer mißhandelt.»

15 Beide Straßen liegen im Quartier ca. 500 m nordwestlich des Alexanderplatzes. Es ist das Gebiet des sog. «Scheunenviertels».

16 Gemeint ist die NSDAP.

17 Nach ‹Schicksalsreise› (AW, AS, S. 211) waren es Vertreter des «Berliner Zionismus», die «eine Anzahl Männer jüdischer Herkunft zu Zusammenkünften» einluden, damit «über jene Vorgänge, ihren Hintergrund und über die Ziele des Zionismus gesprochen wurde«. Ob diese (erst in der Überarbeitungsphase der ‹Schicksalsreise› eingefügte) Erinnerung schon für das Treffen Mitte November 1923 zutrifft, scheint mir fraglich. Daß die Pogrom-Vorgänge Döblins Interesse am Zionismus aktivierten und er sich dann ab 1924 dazu in zionistischen Treffen äußerte, steht fest, doch hat dies erste Treffen im November 1923 doch wohl eher aktuellen und allgemeinpolitischen Charakter gehabt. Aufgrund der ungefähren Adressenangabe käme für das Treffen als Initiator Döblins früherer Mitschüler am Köllnischen Gymnasium, Ernst Heilmann (1881–1940 im KZ Buchenwald), in Betracht, der Blücherstraße 66 wohnte. Der Journalist und führende SPD-Politiker («roter König von Preußen») leitete einen sozialistischen Gesprächszirkel, an dem Döblin auch später noch regelmäßig teilnahm (vgl. Huguet, Chron. S. 81 mit falscher Adresse).

[18] In Berlin-Kreuzberg mit der Friedenssäule.

[19] Da hierzu bisher keine weiteren Quellen zur Verfügung stehen, läßt sich die Gesprächsrunde namentlich nicht rekonstruieren.

[20] Gemeint ist der 1912–13 geschriebene «chinesische Roman» ‹Die drei Sprünge des Wang-lun› (1915).

[21] Gemeint ist der 1916–1919 geschriebene Roman ‹Wallenstein› (1920).

[22] Gemeint ist der 1921–23 verfaßte Roman ‹Berge Meere und Giganten› (1924).

[23] Sie fand von Ende September bis Ende November 1924 statt. Ihr literarischer Ertrag ist die ‹Reise in Polen› (1926).

[24] Im März 1924 hielt Döblin seinen Vortrag ‹Zionismus und westliche Kultur›, der unveröffentlicht blieb (vgl. Huguet Nr. 937), doch befindet sich das Manuskript im Marbacher Nachlaß. Zum Problemkreis Judentum-Deutschtum vgl. auch Döblins Brief an die Zeitschrift ‹Der Jude› von 1926 (in: AW, Briefe, S. 127–129) und die Ausführungen in ‹Unser Dasein› von 1933 (Ausgabe in AW, S. 355 f.) Ein eigener Komplex ist dann das jüdische Engagement im Exil mit subjektiv negativen Erfahrungen.

[25] Samuel Fischer (1859–1934).

[26] Die ‹Vossische Zeitung›, die Döblins Reiseberichte vorabdruckte (25. 10. 24–6. 3. 25; vgl. Huguet Nr. 238 und 241), bevor sie überarbeitet in Buchform erschienen (‹Reise in Polen 1927), hat möglicherweise sogar anregenden Anteil an diesem Plan. Ob der Chefredakteur, Georg Bernhard, dabei treibende Kraft gewesen sein könnte oder der Redakteur Moritz Goldstein (1880–1977), ein Mitschüler Döblins am Köllnischen Gymnasium (vgl. Huguet, Jeunesse, S. 737 und Huguet, Chron., S. 23 ff. Briefdokumente; Goldbergs Autobiographie ‹Ein Mensch wie ich› [vgl. Sternfeld/Tiedemann, S. 174] ist leider unpubliziert), muß nach gegenwärtigem Kenntnisstand offenbleiben.

[27] Die Reise wurde vom S. Fischer-Verlag finanziert. Vgl. AW, Reise in Polen, S. 349 f., Anm. 3.

[28] Faktisch blieb Döblin in Polen (Grenzen von 1924). Östlichster Ort war Lemberg, nördlichster Wilna.

WAS WAREN SIE FÜR EIN SCHÜLER?

1. *Überlieferung:*

Eine Handschrift existiert nicht. ED in: Berliner Börsen-Courier Jg. 59 (1926), Nr. 157 vom 4. 4., Morgenausgabe, S. 12 als Bestandteil einer Umfrage an Persönlichkeiten des öffentlichen Lebens (u. a. als Schriftsteller auch Leonhard Frank, Bernhard Kellermann und Arnold Zweig).

2. *Entstehung:*

Wohl unmittelbar vor der Publikation im März 1926.

3. *Textgrundlage:*

Nach dem ED unter Verzicht auf die dortigen Sperrungen, die redaktioneller Natur sind.

4. *Kommentar:*

[1] Köllnisches Gymnasium, Inselstraße 2–5.

[2] Vgl. o. S. 160ff. dazu ausführlich.

[3] Vgl. dazu ausführlich o. S. 157. Vgl. auch Döblin in seiner Antwort zur Rundfrage «Der heutige Mathematikunterricht unentbehrlich für Erziehung zum logischen Denken?» in: Berliner Tageblatt 1926, Nr. 52 (31. 1.), 1. Beiblatt, S. 1: «Ich persönlich habe einen «mathematischen Defekt». In den oberen Klassen war ich in Mathematik völlig ungenügend und habe ihretwegen zwei Jahre verloren. Zur selben Zeit aber, als meine mathematische Unfähigkeit derart eklatant war, schrieb ich meinen ersten Roman, und las Spinoza, Kant und Schopenhauer ohne jede Schwierigkeit.»

[4] 13. 9. 1900

FERIEN IN FRANKREICH

1. *Überlieferung:*

Im Marbacher Nachlaß (Depot) existiert eine unvollständige autographe Entwurfsfassung von 31 Blatt (mit handschriftlicher Paginierung 2,7–39), von der faktisch weniger fehlt, als der Zählungssprung am Anfang vermuten läßt. Gemessen am publizierten Text fehlt am Anfang wohl nur Blatt 1 und 3 sowie Blatt 40 am Ende. Für die ‹Textlücke› am Anfang, die auf einen ursprünglich anderen Beginn verweist, gibt es im Nachlaß noch ein Blatt ohne Paginierung, auf dem Döblin über seine ursprüngliche Abneigung gegenüber Frankreich Ausführungen macht, die er dann im zweiten Durchgang tilgte. Diese handschriftliche Fassung weicht vom späteren Drucktext noch relativ stark ab.
Die ebenfalls im Nachlaß erhaltene Typoskriptfassung (11 Blatt Original, davon Bl. 1 unpaginiert, Bl. 2–6 maschinenschriftlich gezählt, Bl. 7 fehlt, Bl. 8–12 handschriftlich korrigierte Maschinenpaginierung 7–11) ohne weitere Korrekturen unter dem Titel «Ferien in Frankreich» entspricht mit kleineren Abweichungen dem ED, bricht aber unvollständig ab. Es fehlt Blatt 11 bzw. 12.
ED in: Die Weltbühne 22 (1926), Bd. 2, Nr. 42 (19. 10.), S. 614–619. Danach Zweitdruck mit geringfügigen Abweichungen, die vermutlich auf Korrekturen Döblins zurückgehen, z. T. aber fehlerhaft sind, in: Das 40. Jahr. 1886–1926. Fischer-Almanach, Berlin 1926, S. 122–132.
ND in ZL, S. 110–117 (nach dem Zweitdruck im Fischer-Almanach).

2. *Entstehung:*

Döblin reiste von Mitte Juli bis Mitte August 1926 nach Frankreich (Straßburg [dazu den Artikel Huguet Nr. 627], Paris, Marseille, Côte d'Azur: Juan-les-Pins [dazu den Artikel Huguet Nr. 629]). Der Fischer-Jubiläumsalmanach erschien am 22. 10. 1926 (vgl. die Vorbemerkung zum ED, S. 614), so daß die Abfassung auf Ende August/Anfang September 1926 anzusetzen sein dürfte.

3. *Textgrundlage:*

Da der ED erkennbar nicht nur ein Vorabdruck gewesen ist, sondern offenkundig auf einem eigenen Druckmanuskript Döblins beruht, wurde er hier zugrunde gelegt. Eigentümliche Schreibweisen wurden bis auf einige irrige Großschreibungen bewahrt. Herausgebereingriffe sind markiert.

Inhaltlich relevante Textvarianten des Zweitdrucks gegenüber dem ED: S. 67,8 Literaturhistoriker (statt Literarhistoriker); S. 68,28 beschatten (statt beschäftigen); S. 69,7 gefiel (statt gefällt); S. 70,10 sicher (statt sicherlich); S. 70,32 zahlreiche (fehlt im ED); S. 72,10 eingeschrieben (statt geschrieben); S. 72,26 er (statt es).

4. *Kommentar:*

[1] Richtet sich wohl hauptsächlich, wie auch der weitere Kontext mit den Ausfällen gegen France und Proust nahelegt, gegen Ernst Robert Curtius, dessen epochemachendes Buch ‹Französischer Geist im neuen Europa› gerade 1925 erschienen war.

[2] Anspielung auf das bekannte, von Franz Schubert vertonte Gedicht ‹Wanderschaft› von Wilhelm Müller innerhalb des Zyklus ‹Die schöne Müllerin› (1820) mit der Anfangszeile «Das Wandern ist des Müllers Lust,/ Das Wandern!» (Vgl. W. Müller, Gedichte, hg. J. T. Hatfield, Berlin 1906, S. 4).

[3] Ende September 1924 – Ende November 1924. Döblins ‹Reise in Polen› war gerade als letztes Buch Ende 1925 (mit Druckjahr 1926) erschienen.

[4] Vermischung der Sprichwörter «Frisch gewagt ist halb gewonnen» und «Morgenstund' hat Gold im Mund».

[5] Anspielung auf den Vers in Goethes Faust I («Nacht»-Szene), «Die Träne quillt, die Erde hat mich wieder!» (v. 784).

[6] Der französische Nobelpreisträger von 1921 Anatole France (1844–1924) erfreute sich schon vor 1914 einer guten Rezeption in Deutschland. Eine dt. Werkausgabe erschien dann 1919–1926. Eine intensive Beschäftigung Döblins mit Anatole France oder auch nur die Lektüre eines Werks ist sonst nicht nachweisbar.

[7] Der Ausfall gegen Marcel Proust (1871–1922) beruht noch auf Unkenntnis Döblins, wenn auch die Nennung einem aktuellen Bezug entspringt. Der erste Band aus dem großen Romanzyklus ‹A la re-

cherche du temps perdu› (1913–1927), ‹Du côté de chez Swann›, war in der Übersetzung R. Schottlaenders gerade 1926 auf deutsch erschienen (‹Der Weg zu Swann›). Döblin las das Buch dann 1927 (AW, Briefe, S. 130) und in ‹Mit dem Blick zur Latinität› (vgl. o. S. 189) äußert er sich positiv zu Proust.

8 Der französische Dichter (1866–1944) war vor allem mit seinem Musikerroman ‹Jean Christophe› (1904–12, dt. 1914–17) um die geistige Auseinandersetzung zwischen Deutschland und Frankreich bemüht gewesen. Rollands pazifistische Haltung im 1. Weltkrieg ließ seinen in Deutschland zunächst gefeierten Roman bald umstritten sein. Erst in den Zwanziger Jahren fand hier ein Umschwung statt. Döblin hatte wohl mehr ästhetische Vorbehalte gegenüber Rolland als politische. Er nennt ihn 1921 einen «ungeheuerlich überschätzten vorzüglichen Menschen und schlechten Musikanten» (A. Döblin, Kerl, S. 36; vgl. auch ebd., S. 130f.). 1922 heißt es: «Dieser Romain Rolland verdient ebenso bestimmt gelobt, wie kritisiert zu werden. Gelobt als Propagator humanitärer Gefühle. Kritisiert als Dramatiker, Romanschriftsteller.» (Ebd., S. 67).

9 Der indische Dichter und Philosoph (1861–1941) wirkte in Deutschland vor allem als Lyriker und Dramatiker und er erfreute sich im Rahmen einer allgemeinen Zuwendung zu östlichen Weisheitslehren in den 20er Jahren einer gewissen Mode-Wertschätzung. Döblin interessierte trotz oder gerade wegen seiner eigenen Hinwendung zu indischem Denken Tagores Werk nicht.

10 Der französische Pazifist und spätere Kommunist (ab 1923) Henri Barbusse (1873–1935) wirkte in Deutschland vor allem durch sein Antikriegsbuch ‹Le Feu› (1916) nach 1918 (dt. Übersetzung durch L. v. Meysenburg, Zürich 1918).

11 Vgl. o. S. 536, Anm. 16. Eine nähere Untersuchung der Wirkung Tolstois auf Döblin fehlt. Jenseits des gängigen Tolstoianismus zu Anfang des 20. Jh.s in Deutschland gibt es aber, sieht man von den engeren, religiösen Themenkomplexen ab, bei Döblin zweifellos Einflüsse aus dem Werk Tolstois. Wesentliche Elemente von dessen Welt- und Kunstanschauung tauchen bei ihm wieder auf, so die Lehre vom «Nichtwiderstreben dem Bösen», die Ideen eines naturnahen Lebens, die Bestreitung des Werts von Kunst überhaupt sowie die antistaatliche Einstellung. Gerade der ‹politische› Döblin berührt sich mit Überzeugungen Tolstois.

[12] Vgl. o. S. 534, Anm. 1.

[13] Vgl. o. S. 527, Anm. 3.

[14] Vgl. o. S. 542, Anm. 20.

[15] Daß Döblin dem französischen Dichter Paul Verlaine (1844–1896) reserviert gegenüberstand, ist insofern einsichtig, als dieser durch seine Begründung einer symbolistischen Lyrik mit großer Wirkung in Frankreich, aber dann auch in Deutschland auf Stefan George und Rilke, einer anderen poetologischen Strömung der Moderne folgte, als Döblin selbst sie vertrat.

[16] Was für Verlaine gilt, läßt sich auch für Charles Baudelaire (1821–1867) sagen. Einer differenzierteren Auseinandersetzung hat Döblin sich verschlossen.

[17] Gemeint sind die Revolutionen von 1789, 1830 und 1848, eventuell noch der Kommune-Aufstand in Paris 1870.

[18] Zitierung des aus französischer Sicht oft erhobenen Vorwurfs gegenüber der deutschen Literatur, «zu schwer», wenn nicht sogar «zu plump» zu sein. Döblin fühlte sich hier persönlich betroffen, da er sich selbst ohnehin als ‹schwierigen› Autor einschätzte.

[19] Döblin zitiert hier Friedrich Hebbel (1813–1863) vor allem als Autor der ‹Maria Magdalena› und distanziert sich dadurch auch von einer spezifischen Tragödientradition des 19. Jh.s. Vgl. schon Döblins sehr negative Rezension einer Aufführung von ‹Gyges und sein Ring› 1909 (KS I, S. 68–70 «tausendfache Unnatur dieses Stückes»). Weitere Äußerungen zu Hebbel fallen auch in den Bereich der Theater-Rezensionen. Vgl. A. Döblin, Kerl, passim (s. Register).

[20] Hedwig Courths-Mahler (1867–1950) steht mit ihren rund 200 Romanen mit hohen Auflagen an der Spitze der deutschen Unterhaltungs- bzw. Trivialliteratur in der ersten Hälfte des 20. Jh.s.

[21] Vermutlich der 12. 7. 1926, ein Sonntag. Vgl. Döblins Artikel im Berliner Tageblatt Jg. 55, 1926, Nr. 334 (17. 7.), Abendausgabe S. 2 ‹Ein Sonntag in Straßburg›, wo er über Straßeneindrücke (Kirmes, Café Broglie) berichtet.

[22] Die geschilderte Episode fällt vermutlich in den Herbst 1918.

[23] Sitz des Generalkommandos, das auch für Döblin als Arzt im «Reserve-Lazarett» des lothringischen Saargemünd (Infanteriekaserne) zuständig war.

[24] Der Generalarzt des 21. Korps, Dr. Rudolf Johannes, residierte in Saarbrücken (vgl. Huguet, Chron. S. 57 mit den Nachweisen).

[25] Der Leiter des Garnisonsspitals in Saargemünd war der Kgl. Bayrische Oberarzt Dr. Ott (vgl. die Nachweise bei Huguet, Chron. S. 57). Die geschilderte Episode fällt ins Frühjahr 1917.

[26] 25. 4.–21. 5. 1917 Heil-Urlaub zum Auskurieren einer Typhus-Erkrankung in Heidelberg (vgl. AW, Briefe, S. 95 u. S. 583, Anm. 124).

[27] Versetzung nach Hagenau/Unterelsaß am 2. 8. 1917.

[28] Die Ill, allerdings im Zusammenhang des hier im folgenden beschriebenen Weges als «Stadtgraben».

[29] Nordwestlich der Altstadt um den sog. Kaiserplatz herum (heute Place de la République) die «Neustadt», gebaut ab 1877 nach einem von Conrath und Orth entworfenen Bebauungsplan.

[30] Heute «Palais du Rhin», 1883–1889 errichtet von H. Eggert als Kuppelbau mit Flügeln um zwei Höfe gruppiert.

[31] Gemeint ist hier wohl zunächst die Universitätsbibliothek (heute Bibliothèque nationale et universitaire), errichtet 1889–1894. Westlich von ihr das Kollegiengebäude der Universität, 1879–1884 gebaut.

[32] Döblin zitiert hier die elsässische Bezeichnung für die Regionalmundart mit alemannischer Prägung.

[33] Anspielung auf einen von Kaiser Wilhelm II. (1859–1941) verfaßten und komponierten ‹Sang an Ägir›.

[34] Arbeit daran 1916–1919.

[35] Am Universitätsplatz das Goethedenkmal von Ernst Waegener von 1904.

[36] Der französische Chemiker Louis Pasteur (1822–1895) hatte vor seiner Berufung nach Paris (1857) kurze Zeit in Straßburg als Professor gewirkt.

GLEISWECHSEL IM HIRNKASTEN

1. *Überlieferung:*

Im Marbacher Nachlaß (Eigenbestand) existiert eine Handschrift (5 Blatt, einseitig beschrieben). Der Text stimmt mit dem ED ziemlich überein.

ED in: Berliner Tageblatt Jg. 55 (1926), Nr. 560 (27. 11.), Morgenausgabe, 1. Beiblatt als Teil einer Umfrage «Der Künstler hinter der Maske der äußeren Erscheinung».

2. *Entstehung:*

Entstanden im August 1926, wie aus dem im Nachlaß erhaltenen Brief Döblins vom 15. 8.[1926] an den Redakteur Walter Zadek vom Berliner Tageblatt hervorgeht.

3. *Textgrundlage:*

Nach ED unter Weglassung der Sperrungen, die ebenso wie bei den übrigen Beiträgen der Umfrage nur redaktioneller Natur sind, wie dies im vorliegenden Fall auch die Handschrift bestätigt.

4. *Kommentar:*

[1] Anspielung auf ‹Berge Meere und Giganten› (1924), Buch 7 (Ausgabe in AW, S. 339ff.).

[2] Bezieht sich auf den ‹Manas›, an dem Döblin zur Zeit der Umfrage gerade arbeitete. Das Epos erschien erst im Mai 1927.

DAS PSEUDONYM

1. *Überlieferung:*

Eine handschriftliche Fassung fehlt. ED in: Berliner Börsen-Courier Jg. 59 (1926), Nr. 574 (9. 12.), S. 2 im Rahmen einer Umfrage «Wie kamen Sie zu ihrem Pseudonym?» Der Titel dürfte redaktionell gewählt sein. Außer Döblin beteiligten sich noch Max Adalbert, Klabund, Mynona und Ringelnatz.

2. *Entstehung:*

Wohl kurz vor der Veröffentlichung verfaßt (November 1926).

3. *Textgrundlage:*

Nach dem ED mit Korrektur des fehlerhaften «Fregmentierung».

4. *Kommentar:*

[1] Es handelt sich um insgesamt 42 Artikel zwischen Herbst 1919 und Mai 1924, davon 21 Artikel für die ‹Neue Rundschau› und ebenfalls 21 für die ‹Frankfurter Zeitung› (ab April 1922). Zwei Artikel, die im Nachlaß erhalten sind, blieben ungedruckt: ‹Trauertag in Berlin› (von 1922, jetzt in: AW, SPG, S. 218–222) und ‹Thomas Münzer und Thomas Falschmünzer› (1922, 11 Blatt, bisher ungedruckt). Die genauen Drucknachweise vgl. bei Huguet, Nr. 427ff.

[2] Berlin, S. Fischer 1921. Zum Inhalt vgl. o. S. 531, Anm. 14.

[3] Ob diese ‹naive› Wahl des Pseudonyms so zutrifft, scheint keineswegs eindeutig. Vgl. dazu E. Kleinschmidt, Döblin-Studien II, in: Jb. d. dt. Schillerges. 26 (1982), S. 406, Anm. 20.

[4] Seit 1919. Vgl. dazu die Selbstdarstellung o. S. 49ff.

[5] Anspielung auf die Stelle in Goethes Faust I, v. 1112: «Zwei Seelen wohnen, ach! in meiner Brust...».

[6] Ironische Anspielung auf den griechischen Krankheitsnamen «Podagra» für ‹Gicht›.

ÖKONOMISCHES AUS DER LITERATUR

1. *Überlieferung:*

Im Nachlaß befindliches Konvolut für einen Entwurf (11 Seiten) unter diesem Titel, wobei zwei Seiten einen konkurrierenden Inhalt zum davor schon einmal skizzierten Text enthalten. Vgl. unten Nr. 3. Ungedruckt.

2. *Entstehung:*

Da sich der Text auf Honorareinnahmen aus den Jahren 1924 und 1925 bezieht, fällt seine Entstehung ins Jahr 1926, und zwar nach der inhaltlich erwähnten Uraufführung von ‹Lusitania› am 15.1. Der Text war vermutlich als Presseglosse gedacht.

3. *Textgrundlage:*

Der Abdruck folgt der Handschrift mit markierten Eingriffen. Die inhaltlich konkurrierende Passage (S. 7 und 8), die nicht zu integrieren war (vgl. o. Nr. 1), lautet:

«Hier gebe ich einen getreuen Bericht meiner literarischen Einnahmen aus den Jahren 1924 und 1925.

In einem Verlag vereint liefen 1924 sieben Bücher von mir, nämlich die Romane: «Wang-lun», «Wadzek», «Wallenstein» (zwei Bände), «Schwarzer Vorhang», «Berge Meere und Giganten», ferner ein Theaterstück «Die Nonnen» und ein Essayband «Maskenball».

Diese 7 Bücher wurden in 4662 Exemplaren verkauft im Jahre 1924 und brachten mir 3793,51 Mark. Ich hatte also an den 7 Büchern monatlich etwa 300 Mark Einnahmen.

[Davon war das eine («Berge») ein neues Buch, das mich zwei Jahre beschäftigt hatte. Dies stellte mit 3174 Exemplaren den Hauptanteil an dem Absatz.]»

4. *Kommentar:*

[1] ‹Reise in Polen› erschien schon im November 1925, obwohl der Titel als Druckjahr 1926 nennt.

[2] Gemeint sind neben der ‹Reise in Polen› die sieben bei S. Fischer erschienenen Bücher: ‹Die drei Sprünge des Wang-lun› (1915; 9.–12. Auflage 1922); ‹Wadzeks Kampf mit der Dampfturbine› (1918 1.–4. Auflage); ‹Der schwarze Vorhang› (1919 1.–3. Auflage); ‹Wallenstein› (1920; 4. Auflage 1923); ‹Der deutsche Maskenball› (1921 1.–4. Auflage); ‹Die Nonnen von Kemnade› (1923 1.–2. Auflage); ‹Berge Meere und Giganten› (1924 1.–9. Auflage).

[3] In einem im Nachlaß erhaltenen Notizbuch Döblins («Leipzig 28/42») finden sich Notizen für die hier genannten Berechnungen zum Jahr 1925. Im einzelnen lauten die Verkaufszahlen: ‹Wang-lun› 335; ‹Wadzek› 41; ‹Schwarzer Vorhang› 35; ‹Wallenstein› 338; ‹Maskenball› 21; ‹Nonnen von Kemnade› 35; ‹Berge Meere und Giganten› 887; ‹Reise in Polen› 882. Dies ergibt 2594 Exemplare und als Einnahme (so im Notizbuch) 2756,93 RM.

[4] ED in: Die Gefährten 3 (1920), Heft 4, S. 29–59. Uraufführung am Hessischen Landestheater Darmstadt 15.1.1926 (vgl. AW, DHF, S. 549).

5 Döblins erster Novellenband ‹Die Ermordung einer Butterblume›, erschienen 1913 in München bei Georg Müller (^{2}1913).

6 ‹Die Lobensteiner reisen nach Böhmen. 12 Novellen und Geschichten›, München: Georg Müller 1917 (1.–3. Auflage).

7 ‹Die beiden Freundinnen und ihr Giftmord›, Berlin: Die Schmiede o. J. (1925).

8 Der ‹Wallenstein› erschien in zwei Bänden.

9 Im schon Anm. 3 zitierten Notizbuch («Leipzig 28/42») finden sich folgende Verkaufszahlen notiert (für 1924): ‹Wang-lun› 649; ‹Wadzek› 114; ‹Wallenstein› 441; ‹Nonnen v. K.› 83; ‹Schwarzer Vorhang› 51; ‹Maskenball› 42; ‹Berge Meere und Giganten› 3174. Für diese 4662 Exemplare (um auf 6200 zu kommen, müßte man die in anderen Verlagen erschienen Bände hinzurechnen) notierte sich Döblin als Einnahme 3793,51 mit dem Zusatzvermerk: «wirklich erhalten Mark 4506,40».

10 Zur negativen Einschätzung des PEN-Klubs in dieser Zeit als Clique vgl. Döblins Antwort auf eine Rundfrage «Was erwarten Sie von der Berliner Tagung des PEN-Clubs?» (1926), in: Die literarische Welt 2 (1926), Nr. 20 (14. 5.), S. 2: «Ich erwarte von der Tagung des PEN-Klubs gar nichts. Die deutsche Gruppe führt die Öffentlichkeit des In- und Auslandes irre. Sie ist absolut nicht die Vertreterin der deutschen Geistigkeit, sondern sie ist eine Clique. Es ist die Clique des Herrn Fulda. Die kriegsgegnerische und junge Dichtergeneration ist nicht vertreten.» Der angegriffene Ludwig Fulda (1862–1939) hatte seine Verdienste als Übersetzer, als Dramatiker ist er zweitrangig.

PHANTASIE ODER VORBILD?

1. *Überlieferung:*

Eine Handschrift ist nicht erhalten. ED in: Schleswig-Holsteinische Volkszeitung (Kiel) 1927, Nr. 18 (22. 1.), 2. Beilage unter der Überschrift: «Phantasie oder Vorbild? Eine Umfrage nach dem Ursprung dichterischer Gestalten.» Es antworteten außer Döblin noch Bert Brecht, Curt Corrinth und Klaus Mann. ND liegt in VdG, S. 378 vor.

2. *Entstehung:*

Vermutlich zur Veröffentlichung um den Jahreswechsel 1926/27.

3. *Textgrundlage:*

Nach ED unter Verzicht auf die redaktionellen Sperrungen.

4. *Kommentar:*

[1] Anspielung auf den ‹Wang-lun›-Roman (1915) und das gerade entstandene Epos ‹Manas›, das erst im Mai 1927 erschien.

[2] Der amerikanische Dichter (1819–1892) erlebte in Deutschland um 1920 eine bedeutende Wirkungsgeschichte («Whitmanomanie»), innerhalb derer auch Döblin ihn für sich entdeckte. Vgl. dazu ausführlich J. Duytschaever, Alfred Döblin und Walt Whitman, in: Revue d'Allemagne 5 (1973), S. 746–766 (mit Belegen, doch fehlt der vorliegende). Da Döblin Whitman nur auf deutsch zu dieser Zeit gelesen haben konnte, beruhte seine Begegnung vermutlich auf der 1922 bei S. Fischer erschienenen Werkauswahl in zwei Bänden in der Übertragung von Hans Reisiger. Die hier allerdings zugrundegelegte Stelle ist in dieser Ausgabe nicht enthalten.

STILLE BEWOHNER DES ROLLSCHRANKS

1. *Überlieferung:*

Eine Handschrift existiert nicht. ED in: Berliner Tageblatt Jg. 56 (1927), Nr. 286 (19. 6.), Morgenausgabe, 5. Beiblatt innerhalb der Umfrage-Rubrik «Kleinigkeiten aus verschlossenen Schränken». Es antworteten außer Döblin noch Max Pechstein, Gunnar Leistikow, Arthur von Kampf und Käthe Haack.
Neudrucke liegen vor in ZL, S. 117–119 (ungenau) und AW, AzL, S. 356–358 (ebenfalls ungenau wie ZL).

2. *Entstehung:*

Sie dürfte relativ kurz vor der Publikation auf ca. Mai 1927 anzusetzen sein.

3. *Textgrundlage:*

Nach dem ED unter Wahrung der Eigentümlichkeiten Döblins. Die redaktionell bedingten Sperrungen wurden nicht übernommen. Herausgebereingriffe erscheinen markiert.

4. *Kommentar:*

[1] Im Marbacher Nachlaß erhalten als Autograph von 136 Seiten in einem kartonierten Heft. Vgl. AW, JR, S. 228. Nach den Informationen des vorliegenden Textes muß es sich um die ‹Rekonstruktionsfassung› nach Verlust des Originals handeln.

[2] Abitur Döblins 13. 9. 1900. Das Manuskript ist datiert: «Beendet September 1900» (vgl. AW, JR, S. 228).

[3] So auch die Widmung im Manuskript (vgl. AW, JR, S. 228).

[4] Vgl. o. S. 151 und S. 170.

[5] Vgl. die Ausgabe in: AW, JR, S. 47 allerdings mit Abweichungen (Absatzgliederung und Textvarianten). Döblin hat für die Auszugszitate den Manuskripttext offenkundig geglättet.

[6] Ausgabe in: AW, JR, S. 47 mit Textabweichungen.

[7] Ausgabe in: AW, JR, S. 83 mit Textabweichungen.

[8] Die Berechnung bezieht sich auf den ersten Novellenband ‹Die Ermordung einer Butterblume› (1913). Der schon 1906 bei J. Singer in Straßburg erschienene Einakter ‹Lydia und Mäxchen› wird wohl deshalb nicht mitgezählt, weil Döblin seinen Druck selbst finanzierte (vgl. Kat. Döblin, S. 95).

[9] 1849–1923; Studium in Prag, Schriftleiter und bedeutender Kritiker beim ‹Berliner Tageblatt›; lebte seit 1905 in Freiburg i. Br., ab 1909 in Meersburg/Bodensee. Zunächst naturalistischer Romanautor und Erzähler, wandte er sich später philosophischen und sprachtheoretischen Studien zu. Immer noch wichtig sind seine ‹Beiträge zu einer Kritik der Sprache› (3 Bände 1901–02), sein ‹Wörterbuch der Philosophie› (2 Bände 1910) und ‹Der Atheismus und seine Geschichte im Abendland› (4 Bände 1920–23). – Döblin legte 1903 Mauthner seinen

zweiten Roman ‹Der schwarze Vorhang› vor (vgl. AW, Briefe, S. 21). Über eine Reaktion ist nichts mehr bekannt, doch bewahrte Döblin gegenüber Mauthner bis zu dessen Tode eine hohe Verehrung. Vgl. AW, Briefe, S. 122f.

10 Zur ganzen Episode vgl. auch o. S. 46.

11 Mauthner wohnte in Berlin-Grunewald, Wangenheimstraße 46.

12 ‹Der schwarze Vorhang›, geschrieben 1902–1903, erschien zuerst im ‹Sturm› 2 (1911/1912), vgl. AW, JR, S. 254, und kam erst 1919 in überarbeiteter Form als Buch bei S. Fischer heraus.

13 Geschrieben 1908. Vgl. AW, DHF, S. 32–61 nach dem erhaltenen Manuskript im Nachlaß.

14 Der eine ist trotz dieses Verdikts hier als ‹Szenen eines Filmskripts› von Döblin 1930 in: Die literarische Welt 6 (1930), Nr. 39, S. 4 veröffentlicht worden (jetzt in: AW, DHF, S. 321–324 unter dem Titel ‹Siddi›). Der zweite, im Nachlaß als ausgearbeitetes Filmszenarium erhalten und 1920/21 vergeblich zu veröffentlichen versucht (vgl. AW, DHF, S. 563f.), erschien als Teildruck (Anfangsszenen) in: Das Dreieck 1 (1924), S. 22–24. Der Gesamttext von ‹Die geweihten Töchter› jetzt in: AW, DHF, S. 325–364.

15 Als auf Anfang 1915 datiertes Fragment (14 Blatt) im Nachlaß erhalten. Text von Blatt 1–5 in: Kat. Döblin, S. 145–147.

16 Das ebenfalls bis ins Jahr 1915 zurückreichende Material befindet sich noch im Marbacher Nachlaß im Rahmen des Konvoluts zu dem Drama ‹Die Nonnen von Kemnade› (vgl. AW, DHF, S. 610).

17 Gemeint sind hiermit die ‹Gespräche mit Kalypso›, die Döblin schon 1910 gegenüber H. Walden als «Musikästhetik» bezeichnete (AW, Briefe, S. 52). Das «musikphilosophische Buch» (vgl. o. S. 13) erschien größtenteils im ‹Sturm› in Fortsetzungen und erst 1980 vollständig in Buchform (vgl. o. S. 518, Anm. 19).

VON EINEM ZAHNARZT UND SEINEM OPFER

1. *Überlieferung:*

Ein Manuskript ist nicht erhalten. ED in: Berliner Tageblatt Jg. 56 (1927), Nr. 370 vom 7. 8., Morgenausgabe S. 2–3.

2. *Entstehung:*

Döblin verbrachte seine Ferien 1927 im Juli im Riesengebirge. Der behandelte Vorfall dürfte demnach in den Juni dieses Jahres fallen. Die Abfassung des Anfang August erschienenen Artikels müßte demnach Ende Juli erfolgt sein.

3. *Textgrundlage:*

Aufgrund des ED mit gekennzeichneten Eingriffen.

4. *Kommentar:*

[1] Ein Dr. Krebs, der aufgrund des Artikels dann einen Prozeß gegen Döblin anstrengte (vgl. u. S. 562, Anm. 2).

[2] Nicht sicher identifizierbar.

[3] «Kaufhaus des Westens» in der Tauentzienstraße am Wittenbergplatz.

[4] Zellgewebsentzündung.

BRIEFE, DIE MICH NICHT ERREICHEN

1. *Überlieferung:*

Im Marbacher Nachlaß (Depot) befindet sich eine Entwurfsfassung (6 Blatt Autograph) mit z. T. ausformuliertem, z. T. nur stichwortartigem Text, der aber der Endfassung schon recht nahe steht. Der Titel «Briefe die mich erreichten» weicht noch ab.

ED in: Berliner Tageblatt Jg. 56 (1927), Nr. 383 (15. 8.), Abendausgabe, S. 2.

2. *Entstehung:*

Als Reaktion auf Leserbriefe zum Artikel ‹Vom Zahnarzt und seinem Opfer› nach dem 7. 8. 1927 verfaßt.

3. *Textgrundlage:*

Nach dem ED mit gekennzeichneten Eingriffen.

4. *Kommentar:*

1 Robert Musils (1880–1942) Besprechung des ‹Manas› in: Berliner Tageblatt Jg. 56 (1927), Nr. 271 (10. 6.), Abendausgabe, S. 2–3 (in vier weitere, große deutsche Tageszeitungen übernommen), jetzt in: R. Musil, Gesammelte Werke, Bd. 2, Reinbek bei Hamburg 1978, S. 1674–1680 unter dem Titel ‹Alfred Döblins Epos› (auch in: Schuster/Bode, S. 187–192).

2 Es kam in der Tat zu einem Prozeß am 20. 12. 1927, der zugunsten Döblins ausging, da ihm «dichterische Freiheit» zugestanden wurde. Vgl. Huguet, Chron. S. 85 sowie der Bericht im Berliner Tageblatt Jg. 56 (1927), Nr. 601 (21. 12.), Morgenausgabe, S. 3: «Alfred Döblin vor Gericht. Der Zahnarzt und der Dichter». Döblin hat dann diesen Prozeß noch einmal feuilletonistisch aufgegriffen in: ‹Von Prozessen und Vergleichen› in: Berliner Tageblatt Jg. 57 (1928), Nr. 213 (6. 5.), S. 2f. und später in: Hannoverscher Anzeiger 1930, Nr. 49 (27. 2.), Beilage.

3 Anspielung auf Goethes ‹Elegie› mit dem Vorspruch: «Und wenn der Mensch in seiner Qual verstummt /Gab mir ein Gott zu sagen, was ich leide.» (HA, Bd. 1, S. 381).

4 Üblicher in der Schreibung Schlemihl, auch Schlemiel, als von jiddisch «Schlimassel» abgeleitete Bezeichnung für einen unglücklichen, unbeholfenen und lässigen Menschen (vgl. Jüd. Lexikon Bd. 4,2, Sp. 227).

ARZT UND DICHTER

1. *Überlieferung:*

Eine Handschrift existiert nicht mehr. ED in: Die literarische Welt 3 (1927), Heft 43 (28.10), S. 1–2 innerhalb der Artikelserie «Neben dem Schriftstellerberuf. Ein Zyklus Selbstbiographien».
Weitere, von Döblin autorisierte Abdrucke dieses Textes sind: Der Lesezirkel 15 (Zürich 1927), Heft 3, S. 23–26 (im Zusammenhang der Lesung Döblins in Zürich am 5.12. 1927; vgl. Huguet Nr. 946); Magdeburgische Zeitung 1928, Nr. 9 (6.1.), Tägliche Unterhaltungs-Beilage, 2. Beilage, S. 9; Weser Zeitung Jg. 85 (Bremen 1928), Nr. 176 (14.11.), Morgenausgabe, S. 1 unter dem Titel «Arzt und Dichter. Eine Lebensbeichte» (Angabe nach Huguet Nr. 251 ohne Autopsie); Paul E. H. Lüth (Hg.), Alfred Döblin zum 70. Geburtstag, Wiesbaden 1948, S. 133–138 unter dem Titel «Selbstporträt 1927. Arzt und Dichter» (weicht geringfügig von der Fassung im ED ab); Ciba-Symposium Bd. 5 (1958), Heft 6 (Februar), S. 204–207 mit der Vorbemerkung der Redaktion: «stellte uns [Döblin] seinen Beitrag einige Zeit vor seinem Tode zur Verfügung.» (Textfassung nach der Redaktion des Textes von 1948).
ND liegen vor in: AW, AzL, S. 361–367; VdG, S. 88–93; AW, AS, S. 23–29 (alle nach dem ED).

2. *Entstehung:*

Das im Text erwähnte «indische Buch», der 1926 geschriebene ‹Manas›, war im Mai 1927 herausgekommen (vgl. AW, Briefe, S. 130). Sein Erscheinen als «neues Buch» wird von Döblin vorausgesetzt. Demnach fiele die Abfassung in den Sommer 1927.

3. *Textgrundlage:*

Aufgrund des ED mit gekennzeichneten Eingriffen.

4. *Kommentar:*

[1] 10. 8. 1878.

[2] 1888.

[3] Ludwig Döblin (1872–1930).

[4] 1905.

[5] Vgl. o. S. 517, Anm. 11.

[6] Vgl. o. S. 530, Anm. 3.

[7] An ihr arbeitete Döblin von Oktober 1906 bis Juni 1908.

[8] Gemeint ist der Aufsatz ‹Aufmerksamkeitsstörungen bei Hysterie› in: Archiv für Psychiatrie und Nervenkrankheiten 45 (1909/10), S. 464–488.

[9] Bezieht sich auf den im angeführten Aufsatz von Döblin geprägten Begriff der «Dysergasie».

[10] Das Verhältnis Döblins zum Begründer der Psychoanalyse, Sigmund Freud (1856–1939), war ambivalent. Schon als Student, erst recht aber dann als Psychiatrie- und Nervenarzt kam er schon früh mit Terminologie und Methodik der Psychoanalyse in Berührung. Als Arzt teilte er zwar gewisse Vorbehalte gegen sie, erkannte sie aber in den 20er Jahren als Methode der Wahl an. Vgl. u. a. seine Artikel ‹Soll man die Psychoanalyse verbieten› (in: Berliner Tageblatt Jg. 54, 1925, Nr. 211 v. 5. 5.) und ‹Psychoanalyse von heute› (in: Vossische Zeitung 1923, Nr. 271, S. 2f.). Die offenere Beschäftigung mit Freud dürfte auch damit zusammenhängen, daß sich Döblin 1920 einer Lehranalyse bei dem Berliner Psychoanalytiker Ernst Simmel (1882–1947) unterzogen hatte (vgl. R. Minder, Hommage à Alfred Döblin, in: Allemagne d'aujourd'hui 5, 1957, Nr. 3, S. 5–19, hier S. 8 mit falscher Nennung des Vornamens von Simmel). Simmel, Dr. med., war durch eine Arbeit über ‹Kriegsneurosen und psychische Traumata› (München 1918) hervorgetreten. Seit 1920 leitete er das Berliner Psychoanalytische Institut mit. 1926 war er Präsident des Vereins Sozialistischer Ärzte, dem Döblin ebenfalls angehörte (vgl. u. S. 632f., Anm. 2). 1933 kurze Zeit verhaftet, emigrierte er 1934 in die USA. – Döblin hielt am 26. 5. 1926 zu Freuds 70. Geburtstag den Festvortrag in der Deutschen Psychoanalytischen Gesellschaft in Berlin. Vgl. seinen Beitrag ‹Sigmund Freud zum 70. Geburtstag›, in: Almanach für das Jahr 1927, Wien o. J. (1926), S. 28–38 sowie in: Die medizinische Klinik 22 (1926), Nr. 869 (= ZL, S. 80–88). Dies hin-

derte ihn nicht, gleichzeitig sich reserviert zu äußern. Vgl. seinen Artikel ‹Die Seele vor dem Arzt und dem Philosophen. Schriften zur Psychoanalyse›, in: Vossische Zeitung 1926, Nr. 285 (28.11.), Literaturumschau Beilage, S. 3–4: «Freud gehört [...] zu den Erscheinungen des Ressentiments [...]: seine negative Konzeption des Ich, im Gegensatz zu Spinoza.» 1930 setzte Döblin sich entschieden mit dafür ein, Freud den Frankfurter Goethe-Preis zu verleihen (vgl. AW, Briefe, S. 162 und 552f.). Im Exil verteidigte er, der die ‹Praxis der Psychoanalyse› (in: Vossische Zeitung 1923, Nr. 301 vom 28. 6., Morgenausgabe S. 2–3) selbst kritisiert hatte, diese gegen die offizielle nationalsozialistische Psychiatrie-Kritik Oswald Bumkes (vgl. seine Besprechung von dessen Buch ‹Die Psychoanalyse und ihre Kinder› in: Die Zukunft 2, Straßburg/Paris 1939, Nr. 8 vom 24. 2., S. 8). Zur abgeklärten Alterseinschätzung Freuds im Exil vgl. schließlich auch ‹Schicksalsreise› (1949, in: AW, AS, S. 355).

11 Anspielung auf 2. Mos. 1,8.

12 Eröffnung der Berliner Kassenarztpraxis 1911.

13 13. 2. 1911 Erna Reiss an deren 23. Geburtstag.

14 ‹Die drei Sprünge des Wang-lun›, geschrieben 1912–13, erschienen 1915.

15 Blücherstraße 18 Berlin-Kreuzberg SW 29 in unmittelbarer Nähe des Halleschen Tores bzw. des Blücherplatzes.

16 Nicht mehr feststellbar.

17 Das 1785 von Friedrich II. gegründete Krankenhaus war die größte Berliner Klinik mit um 1900 ca. 1450 Betten (Schuhmannstraße 21–22), das unmittelbar dem Kultusministerium unterstand und durch die an ihm wirkenden Ärzte internationalen Ruf genoß.

18 Umzug in die Frankfurter Allee 194 (Bezirk Lichtenberg) 1913.

19 Vom französischen Arzt P. Blaud (1774–1858) erfundenes Eisenpräparat gegen Blutarmut und Bleichsucht (Pillulae ferri carbonici Blaudii).

20 ‹Die drei Sprünge des Wang-lun› sollten ursprünglich bei Georg Müller in München erscheinen (vgl. AW, Briefe, S. 58), was ebenso scheiterte wie ein Versuch bei Kurt Wolff (vgl. K. Wolff, Briefwechsel eines Verlegers 1911–1963, hg. B. Zeller/E. Otten, Frankfurt/M. 1963, S. 163f.). Schließlich gelang im April 1914 der Vertragsabschluß mit dem S. Fischer-Verlag.

[21] Peter Döblin, geb. 27. 10. 1912.

[22] Wolfgang Döblin, geb. 17. 3. 1915.

[23] Peter, Wolfgang und Klaus Döblin (geb. 20. 5. 1917).

[24] Es handelt sich um die Romane ‹Wang-lun› (1915), ‹Wadzeks Kampf mit der Dampfturbine› (1918) und ‹Wallenstein› (1920). Der 1919 erschienene Jugendroman ‹Der schwarze Vorhang› zählt hier offenkundig schon nicht mehr mit. Die Novellenbände sind ‹Die Ermordung einer Butterblume› (1913) und ‹Die Lobensteiner reisen nach Böhmen› (1917). Als Dramen zählt Döblin nur ‹Lusitania› (1920) und ‹Die Nonnen von Kemnade› (1923), nicht aber den frühen Einakter ‹Lydia und Mäxchen› (1906).

[25] Vom 20. 11. 1921 bis 2. 9. 1924 war Döblin Berliner Theaterkorrespondent des liberalen ‹Prager Tageblatts›. Die Beiträge sind hg. von M. Beyer, Olten/Freiburg i. Br. 1976 unter dem Titel ›Ein Kerl muß eine Meinung haben›.

[26] Anspielung auf 2. Moses 16, 15 ff.

[27] ‹Berge Meere und Giganten› (1924).

[28] September bis November 1924 mit dem Buchergebnis ‹Reise in Polen› (1926).

[29] Das Epos ‹Manas›, geschrieben 1926, erschienen 1927.

[30] Samuel Fischer (1859–1934).

[31] Stefan Döblin, geb. 7. 12. 1926.

[32] Frankfurter Allee 340 (Bezirk Friedrichshain).

[33] Vgl. dazu ausführlich den Artikel ‹Ökonomisches aus der Literatur› o. S. 77–79.

[34] Gemeint ist hier ‹Manas›, der im Mai 1927 erschien.

[35] ‹Das Ich über der Natur› erschien demnach Ende 1927. Die naturphilosophische Schrift enthält schon früher konzipierte und veröffentlichte Beiträge aus den Jahren 1921–22 neben neuen Passagen.

EINE KASSENÄRZTLICHE SPRECHSTUNDE

1. *Überlieferung:*

Eine handschriftliche Vorlage fehlt. ED in: Frankfurter Zeitung und Handelsblatt Jg. 73 (1928), Nr. 14 (6.1.), 1. Morgenblatt, S. 1. Zweitdrucke in: Hamburger Anzeiger Jg. 41 (1928), Nr. 18 (21.1.), S. 2; Saarbrücker Zeitung 9.10. 1928 (sehr fehler- und lückenhafter Nachdruck).
ND in ZL, S. 122–126 (mit zahlreichen Auslassungen und Fehlern, da nach dem Abdruck der ‹Saarbrücker Zeitung›) und VdG, S. 98–101 (nach ZL mit dessen Mängeln).

2. *Entstehung:*

Wohl in enger zeitlicher Nähe zur Publikation Ende Dezember 1927, jedenfalls nach der im Text erwähnten Lesung Döblins in Zürich am 5.12. 1927 (Huguet Nr. 946) und der daran anschließenden Reise nach Mailand und über München zurück (vgl. Meyer, S. 19).

3. *Textgrundlage:*

Nach dem ED mit gekennzeichneten Eingriffen des Herausgebers.

4. *Kommentar:*

[1] Frankfurter Allee 340

[2] Döblin praktizierte nach Eröffnung seiner eigenen Praxis als Kassenarzt im Oktober 1911 (Blücherstraße 18 in Berlin-Kreuzberg) ökonomisch bedingt z. T. noch nebenher als Vertreter in Privatkliniken.

[3] Am 5.12. 1927 las Döblin im Rahmen der «Abende für Literatur und Kunst» des «Lesezirkels Hottingen» im kleinen Tonhallesaal in Zürich. Vgl. Der Lesezirkel 15 (1927), Heft 3, S. 1 und ‹Neue Zürcher Zeitung› vom 8.12. 1927.

[4] Vermutlich am 8.12. 1927 Aufenthalt in Mailand bei dem Journalisten und Kritiker Walter Franke-Ruta (Pseudonym für Walter Franke, 1890–1958, Dr. phil), bei dem Döblin in Leipzig schon 1923 gewohnt hatte, als er der Uraufführung seines Dramas ‹Die Nonnen von Kemnade› (21.4. 1923) beiwohnte. Franke-Ruta war 1923 nach Italien gegangen und emigrierte dann 1944 in die Schweiz. 1957 verfaßte er ei-

nen Nachruf auf Döblin für die ‹Basler Nachrichten› (vgl. Huguet Nr. 1391). Zu Kontakten im Exil und noch 1954 vgl. auch AW, Briefe, S. 203 f. und S. 471 f.

[5] Emile Coué (1857–1926), ursprünglich Apotheker, begründete autodikaktisch ein psychologisches Heilverfahren (Couéismus), das auf dem Prinzip der Autosuggestion beruht und sich einige Zeit einer gewissen Wertschätzung als Therapie erfreute.

[LEBENSLAUF FÜR DIE PREUSSISCHE AKADEMIE DER KÜNSTE]

1. *Überlieferung:*

Vordruckformular mit handschriftlichen Zusätzen Döblins für die «Personalnachrichten für das Archiv der Preußischen Akademie der Künste zu Berlin», heute in: Akademie der Künste in West-Berlin. Kopie im Marbacher Nachlaß (Eigenbestand). Danach ED in AW, Briefe, S. 137–140 mit Abbildung des «Lebenslauf»-Textes S. 139. Dieser (ohne den vorhergehenden Text) auch in: Kat. Döblin, S. 318.

2. *Entstehung:*

Anlaß war die Zuwahl Alfred Döblins am 10. 1. 1928 als Mitglied der Preußischen Akademie der Künste, Sektion für Dichtkunst. Den Personalfragebogen erhielt er am 7. 2. 1928 vom damaligen Präsidenten der Akademie, dem Maler Max Liebermann, zugesandt und dürfte ihn wenig später im Februar 1928 ausgefüllt haben.

3. *Textgrundlage:*

Nach der Handschrift. Im Gegensatz zur vollständigen Publikation des Fragebogens in AW, Briefe, S. 137–140 wird im Zusammenhang dieses Bandes nur der «Lebenslauf»-Text nochmals veröffentlicht. Der Titel wurde vom Herausgeber nach Vorgabe und Zweckbestimmung des Fragebogens formuliert.

4. *Kommentar:*

[1] 10. 8. 1878.
[2] WS 1900/01 bis SS 1905 in Berlin und Freiburg i. Br.
[3] Vgl. o. S. 517, Anm. 11 und 12.
[4] Vgl. o. S. 517, Anm. 13.
[5] 23. 1. 1912 mit Erna Reiss.
[6] Peter Döblin, geb. 27. 10. 1912; Wolfgang Döblin, geb. 17. 3. 1915; Klaus Döblin, geb. 20. 5. 1917; Stefan Döblin, geb. 7. 12. 1926.
[7] Frankfurter Allee 340 (Lichtenberg).
[8] Max Döblin (1846–1921) und Sophie Freudenheim (1844–1920).

ABERGLAUBE UND BERUF

1. *Überlieferung:*

Eine Handschrift existiert nicht. ED in: Berliner Tageblatt 57. Jg. (1928), Nr. 168 (8. 4.), Morgenausgabe, Beilage «Berliner Stadtblatt» 40. Jg. (1928), Nr. 84 (8. 4.), S. 2 (Die Angabe bei Huguet Nr. 662 ist verwirrt).

2. *Entstehung:*

Wohl vermutlich kurz vor der Publikation im März 1928.

3. *Textgrundlage:*

Die Publikationsform ist insofern problematisch, als dem wohl unstrittigen und hier publizierten Döblin-Text ein weiterer Text folgt (in der Anordnung wie hier wiedergegeben):
«Ein prominenter und sehr bekannter Finanzmann sagte – diesmal ausnahmsweise sehr ernst –: «Welcher denkende Mensch wäre nicht abergläubisch?»

«Aberglauben.»

Wenn Sie ein off'nes Wort mir erlauben,
Ob Münzen, Frauenhaar, Glas, alte Schrauben –
Man kann den Fetisch aus dem Müll sich klauben,
An seine Stärke muß man «Aber-Glauben»!!

Paul Graetz.»

Es spricht alles dafür, diesen Text zweier weiterer ‹Gewährsleute› zum Thema für eine redaktionelle Hinzufügung zu halten, zumal es ja um die Beantwortung einer Rundfrage ging. Paul Graetz (1890–1937) war ein Filmschauspieler, dessen Zitierung wohl kaum auf Döblin selbst zurückgehen kann.

ZWEI SEELEN IN EINER BRUST

1. *Überlieferung:*

Eine Handschrift existiert nicht. ED in: Berliner Volkszeitung 76. Jg. (1928), Nr. 168 (8. 4.), Morgenausgabe, Zweites Beiblatt innerhalb der Thema-Vorgabe «Interviews über Kreuz».
Neudrucke liegen vor in: ZL, S. 120–122 unter dem Titel «Döblin über Döblin» (mit einer Reihe von sinnentstellenden Fehlern); AzL, S. 359–361 unter dem Titel «Döblin über Döblin» (nach ZL mit dessen Fehlern); Welt und Wort 18 (1963), Heft 1, S. 11–12 unter dem Titel «Dichter und Nervenarzt. Ein Selbstporträt» (nach ZL mit dessen Fehlern); Die Brücke 1966, Nr. 27, S. 8–9 unter dem Titel «Döblin über Döblin» (nach ZL mit dessen Fehlern); VdG, S. 94–96 unter dem Titel «Interview übers Kreuz» (nach ZL bzw. AzL mit dessen Fehlern).

2. *Entstehung:*

Wohl Anfang 1928, wie nicht nur das Publikationsdatum nahelegt, sondern auch der Hinweis auf die Arbeit an dem «Berliner Roman [...] um den Alexanderplatz». Die erste geschlossene Niederschrift von ‹Berlin Alexanderplatz› fällt in den Herbst 1927.

3. *Textgrundlage:*

Nach dem ED unter Wahrung von dessen Besonderheiten. Die redaktionell bedingten Sperrungen wurden getilgt. Sonstige Eingriffe des Herausgebers sind markiert.

4. *Kommentar:*

[1] Frankfurter Allee 340 (Lichtenberg).

[2] Anspielung auf den «chinesischen Roman» ‹Die drei Sprünge des Wang-lun› (1915) und auf das in Indien spielende Epos ‹Manas› (1927).

[3] ‹Berlin Alexanderplatz›, an dem Döblin seit Herbst 1927 arbeitete.

[4] Bezieht sich distanzierend auf ‹Manas›, der in einer stilisierten Versprosa geschrieben ist, «die außer Interpunktionszeichen noch den Zeilenbruch als[...] Gliederungsmittel verwendet.» (R. Musil in seiner ‹Manas›-Rezension in: Schuster/Bode, S. 190).

[5] Samuel Fischer (1859–1934)

KUNSTWERK UND NATURWERK

1. *Überlieferung:*

Eine Handschrift existiert nicht mehr. ED in: Stimmen der Zeit. Adele Gerhard zum 60. Geburtstag am 8. Juni 1928, Berlin-Grunewald: Horen-Verlag 1928, S. 13–14.

2. *Entstehung:*

Der Text, der sich inhaltlich auf den 1924 erschienenen Roman ‹Berge Meere und Giganten› bezieht, liefert keinen genauen Anhaltspunkt für seine Abfassung. Er dürfte jedoch im Zusammenhang der Aufforderung des Bandherausgebers Carl Enders (1877–1941, Hg. der ‹Rheinischen Sammlung› und der ‹Rheinischen Monatsschrift› sowie Vorsitzender der «Gesellschaft für Rheinische Literatur») stehen, zu der auf den 8. 6. 1928 terminierten Festschrift für die Kölner Schriftstellerin Adele Gerhard (1868–1956) beizutragen. Eine Entstehung wohl noch im Jahr 1927 ist demnach wahrscheinlich. Über nähere Beziehungen zwischen Adele Gerhard und Döblin ist nichts bekannt, doch dürfte dies auch für den überwiegenden Teil der Festschrift-Beiträger gelten, deren Zusammensetzung merklich auf ein repräsentatives Moment bei der Auswahl schließen läßt.

3. *Textgrundlage:*

Nach dem ED.

4. *Kommentar:*

[1] Bezieht sich aufgrund der mitgeteilten Entstehungsdaten 1922/23 eindeutig auf ‹Berge Meere und Giganten› (erschienen 1924).

ERSTER RÜCKBLICK

1. *Überlieferung:*

Es existieren umfangreiche Manuskriptentwürfe, die textlich mehr oder minder ausgearbeitet sind. Teils handelt es sich um durchlaufenden Text, der in wesentlichen Teilen der Endfassung ziemlich nahesteht, zum Teil nur um stichwortartige Notizen oder um Passagen, die später ganz ausgeschieden oder grundlegend umgearbeitet wurden. Das ganze Konvolut ist mit Beiblättern und Zusätzen ungeordnet. Ein geschlossener Text ist aber daraus nicht herstellbar, zumal er – legt man die Druckfassung zugrunde – auch insgesamt unvollständig ist.
Ein kleines Konvolut (4 Blatt zu 6½ beschriebenen Seiten) ‹Mutter und Tochter› (Titel vom Herausgeber), das vom Anfang her zum Kapitel «Lebensabschluß meiner Mutter» (vgl. o. S. 130ff.) gehört, bietet einen durchlaufenden, wenn auch fragmentarischen Text von eigenständigem Überlieferungswert. (Vgl. den Abdruck o. S. 175–178).
Vom Kapitel «Das Leben Jacks des Bauchaufschlitzers» (vgl. o. S. 170–175) ist ein Typoskriptentwurf (7 Blatt) mit handschriftlichen Passagen erhalten, der bis auf kleine Abweichungen dem Drucktext entspricht. Ansonsten fehlen maschinenschriftliche Fassungen des ‹Ersten Rückblicks›.
Erhalten hingegen sind die Druckfahnen des Textes in zweifacher Form. Ein Konvolut mit Zählung von 1–22 ist unkorrigiert (bis auf wenige Notizen) und bricht unvollständig ab. Das zweite Konvolut umfaßt die Fahnen 6–25 (d. h. Anfang und Schluß fehlen) mit zahlreichen Zusätzen, Streichungen und sogar Textumstellungen Döblins. Einige größere Zusätze sind auf Beiblättern hand- oder maschinenschriftlich

angefügt. Dieses Fahnenkonvolut ist datiert: 1. Fahnenkorrektur am 23. 5. 1928.« Der redigierte Text, für dessen Grundfassung die Satzvorlage bis auf den schon erwähnten Typoskriptrest des Schlußkapitels nicht mehr vorhanden ist, stimmt, soweit er überhaupt erhalten ist, bis auf einige kleinere Abweichungen mit dem endgültigen Druck überein.

Als von Döblin autorisierte Druckfassung existiert zunächst der Vorabdruck in 12 Fortsetzungen unter dem Titel «Ich unterhalte mich mit meinen Eltern und Lehrern« in: Frankfurter Zeitung und Handelsblatt Jg. 73 (1928), Nr. 527 (17. 7.), 1. Morgenblatt, S. 1 f.; Nr. 528 (17. 7.), 2. Morgenblatt, S. 1; Nr. 531 (18. 7.), 2. Morgenblatt, S. 1; Nr. 534 (19. 7.), 2. Morgenblatt, S. 1 [irrtümlich statt als 3. als 2. Fortsetzung gezählt]; Nr. 537 (20. 7.), 2. Morgenblatt, S. 1; Nr. 540 (21. 7.), 2. Morgenblatt, S. 1; Nr. 543 (22. 7.), 2. Morgenblatt, S. 1 f.; Nr. 547 (24. 7.), 2. Morgenblatt, S. 1; Nr. 550 (25. 7.), 2. Morgenblatt, S. 1; Nr. 553 (26. 7.), 2. Morgenblatt, S. 1; Nr. 556 (27. 7.), 2. Morgenblatt,S. 1; Nr. 559 (28. 7.), 2. Morgenblatt, S. 1. Dieser Vorabdruck des Textes ist unvollständig. Es fehlen auch die Bilder der Buchausgabe. Ansonsten besteht Übereinstimmung mit der Buchfassung. Nicht abgedruckt wurden der Schluß von Kapitel XII (ab o. S. 169,34) und Kapitel XIII außer dessen Schluß (ab o. S. 174,11), von dem (wohl aus Raumgründen) auch die letzten vier Zeilen wegfielen.

Der maßgebliche Text des ‹Ersten Rückblicks› steht in: Im Buch – Zu Haus – Auf der Straße. Vorgestellt von Alfred Döblin und Oskar Loerke, Berlin: S. Fischer 1928 (1.–3. Tausend), S. 7–109. Die Ausgabe scheint ausgesprochen selten zu sein, da über die deutsche Fernleihe nur das Exemplar des Deutschen Literaturarchivs in Marbach nachzuweisen war.

Schließlich gibt es noch einen Teildruck in: Almanach 1929, Berlin: S. Fischer 1928, S. 13–19 unter dem Titel «Von der Mutter» die Abschnitte VII «Ehre, dem Ehre gebührt» und IX «Lebensabschluß meiner Mutter».

An Neudrucken existieren ein Teildruck in ZL, S. 107–110 («Das Leben Jacks des Bauchaufschlitzers» = Kapitel XIII) und vollständige Drucke in VdG, S. 9–76 und AW, AS, S. 37–94.

2. *Entstehung:*

Über welchen Zeitraum sich die Arbeit am Text des ‹Ersten Rückblick› hinzog, ist nicht mehr genau zu ermitteln. Alle expliziten Datierungsanhalte verweisen auf 1928: «Im Osten Berlins sitze ich nun schon [. . .] seit vierzig Jahren» (o. S. 108; vgl. auch S. 110); «Wir schreiben 1928», wir haben ein neues Parlament» (o. S. 163); das der chirologischen Textpassage (o. S. 137f.) beigegebene Foto von Döblins linker Hand ist von ihm selbst auf den 28. 4. 1928 datiert. Da die erste Fahnenkorrektur (vgl. o. S. 572f.) auf den 23. 5. 1928 festgelegt ist, dürfte die Abfassung insgesamt in die ersten vier Monate des Jahres fallen. Möglicherweise reichen Vorstudien noch ins Jahr 1927 zurück. Unabhängig von der Frage einer genauen Datierung des Beginns der Arbeit an ‹Berlin Alexanderplatz› (wohl Oktober 1927) steht somit fest, daß der ‹Erste Rückblick› parallel zu diesem Roman entstanden ist, was auch innere Berührungspunkte zwischen beiden Texten offenlegt. – Nachdem am 7. 5. 1928 Oskar Loerke die «Biographie Döblins mit Vergnügen» gelesen hatte (O. Loerke, Tagebücher, hg. H. Kasack, Heidelberg/Darmstadt 1956, S. 173), somit zu diesem Zeitpunkt ein fertiges Manuskript vorlag, erschien die Buchausgabe zum 10. 8. 1928, dem 50. Geburtstag Döblins.

3. *Textgrundlage:*

Die Buchausgabe (einschließlich der beigefügten Bilder und ihrer auf Döblin zurückgehenden Untertitelungen) liegt hier dem Abdruck zugrunde. Alle notwendigen Korrekturen des Herausgebers sind markiert. Der Anhang ‹Mutter und Tochter› wird hier erstmals nach der Handschrift veröffentlicht.

4. *Kommentar:*

[1] Die Münzstraße in Berlin M (C 25) verläuft unweit des Alexanderplatzes und begrenzt u. a. das (jüdische) «Scheunenviertel».

[2] 1888.

[3] In das Köllnische Gymnasium, Inselstraße 2–5 (Bezirk M, S 14). Abbildung der Schule in Kat. Döblin, S. 67.

[4] WS 1904/05 und SS 1905 studierte Döblin in Freiburg i. Br.

[5] November 1905 bis August 1906 als Assistenzarzt in der Kreisirrenanstalt Kart(h)aus Prüll in Regensburg.

[6] Von Januar 1915 bis Mitte November 1918 war Döblin bis auf Ur-

[7] laube nicht in Berlin, sondern lebte als Militärarzt in Saargemünd und Hagenau.

[7] Brücke über die Spree, vor allem aber Bahnhofsstation der Berliner Stadtbahn ca. 1 km südöstlich des Alexanderplatzes.

[8] Vorort im Osten Berlins, in den Döblin nach dem 1. Weltkrieg Anfang 1919 zog, da er seine Praxis in die Frankfurter Allee 340 verlegt hatte. Ein Foto von Döblin in seinem Sprechzimmer dort vgl. in: Schünemanns Monatshefte, Bremen 1928, S. 677 (im Zusammenhang des Artikels von K. Otten ‹Wie Dichter wohnen›).

[9] Der Plan wurde im Januar 1931 realisiert, nachdem der ökonomische Erfolg von ‹Berlin Alexanderplatz› dies ermöglicht hatte. Döblin zog nach Berlin-Charlottenburg an den Kaiserdamm 28 unter Verlust der Kassenarztpraxis. Zu den Folgen vgl. ‹Erfolg› o. S. 220–222.

[10] In Berlin-Dahlem (Unter den Eichen 5–10).

[11] Üblichere Form ist «Fisimatenten» ‹Umstände› (zur Erklärung vgl. H. Paul/W. Mitzka, Dt. Wörterbuch, ^{5}1966, S. 202), aber es gibt viele Varianten in den verschiedenen Mundarten. Zur berlinischen Form «Fiesematenten» vgl. Kiaulehn, S. 98.

[12] D. h. die Psychoanalytiker aus der Schule Sigmund Freuds (1856–1939).

[13] Ursprünglich 1873 auf dem Königsplatz vor dem Reichstagsgebäude zur Erinnerung an die siegreichen Kriege von 1864, 1866 und 1870/71 errichtet (heute Straße des 17. Juni, Großer Stern).

[14] Ironische Anspielung auf die besonders sichere, mündelsichere Anlage in festverzinslichen Schuldverschreibungen des Staates Preußen, geregelt durch das Hypothekenbankgesetz vom 13. 7. 1899.

[15] Anspielung auf die Einsetzungsworte Matt. 26, 28 (bzw. Mk. 14, 24): «Das ist mein Blut des neuen Testaments».

[16] Zu Freud und dem Verhältnis Döblins zu ihm vgl. o. S. 564 f., Anm. 10.

[17] Alfred Adler (1870–1937), österreichischer Arzt und Tiefenpsychologe, war Schüler S. Freuds seit 1902 bis zum Bruch 1911 mit der psychoanalytischen Schule. Er begründete die Individualpsychologie.

[18] Anspielung auf 1. Moses 2, 7: «Gott der Herr machte den Menschen aus einem Erdenkloß».

[19] Vulgäraussprache für hebräisch Sabbat/Schabbat. Die weitere Nennung der «Nachspeise» spielt auf die jüdische Praxis des zweiten Sabbatmahles an, wo speziell eine süße Speise, «Kugel» oder «Kaul», gereicht wurde. Vgl. Jüd. Lex. Bd. 4, 2, S. 23.

[20] Vgl. o. S. 523, Anm. 34.

[21] Sophie Döblin, geb. Freudenheim, war 1888 schon 44 Jahre alt (* 1844).

[22] Ludwig (* 1872), Meta (* 1874), Hugo (* 1876), Alfred (* 1878) und Kurt Döblin (* 1880).

[23] Ein Vollhering ist ein Hering, der noch nicht gelaicht hat, also noch nicht geschlechtsreif ist. Döblin bezeichnet mit diesem Ausdruck also den Altersstatus der Geschwister.

[24] Max Döblin (Posen 26. 2. 1846 – Hamburg 22. 4. 1921).

[25] Die Eröffnung wurde, begünstigt durch die ‹Gründerjahre›, überhaupt erst möglich, weil Sophie Freudenheim eine Mitgift einbrachte (Heirat und Geschäftsaufnahme 1871). Die wirtschaftlichen Krisen der 70er Jahre brachten auch das Geschäft Max Döblins in Schwierigkeiten, so daß er es liquidierte und 1878 eine «Zuschneidestube» eröffnete.

[26] Beliebter Ausflugsort in der Nähe Stettins.

[27] Dorf ca. 8 km südöstlich Stettins (mit Bahnstation), das ein besuchter Vergnügungsort der Stettiner war.

[28] Die «Rhetia». Vgl. o. S. 523, Anm. 28.

[29] Die Freiheitsstatue des französischen Bildhauers F.-A. Bartholdi (1834–1904) wurde 46 m hoch 1886 im Hafen von New York errichtet, existierte also schon.

[30] Chiffrierungsform für Henriette Zander (22. 3. 1866–10. 5. 1924). Zu ihr und ihrer Herkunft vgl. Huguet, Jeunesse, S. 732, bes. Anm. 2 und Huguet, Chron. S. 10f.

[31] Trifft sachlich nicht ganz zu, da Max Döblin ein halbes Jahr (April-September 1889) mit seiner Familie wieder in Hamburg zusammenlebte. Der Aussöhnungsversuch mit Sophie Freudenheim, der Mutter, erfolgte schon im Januar 1889. Zweimal besuchte er dann noch seine Familie in Berlin, wohin diese zurückgekehrt war: 12. 2.–25. 3. 1895 und 29. 1.–1. 6. 1897 (vgl. Huguet, Jeunesse, S. 736).

[32] Anspielung auf Ps. 46,2 «wie der Hirsch schreit nach frischem Wasser».

[33] Ironische Anspielung auf den Iuppiter tonans, dem Kaiser Augustus 22 n. Chr. einen vielbesuchten Tempel weihte, wodurch seine schon ältere Verehrung als Blitz- und Wettergott sehr wirksam gefördert wurde, aber sich auch als literarische Bezeichnung (u. a. Vergil) einführte.

[34] Die Wendung zitiert – wohl nur als vage, trivialisierte Reminiszenz – Terenz ‹Phormio› 1, 2, 18: «montes aures pollicere» (‹goldene Berge versprechen›).

[35] Henriette Zander (vgl. o. S. 576, Anm. 30).

[36] Eine Frau Sauter (vgl. o. S. 21).

[37] Dies trifft sachlich nicht zu. Der Aufenthalt Max Döblins und Henriette Zanders in New York dauerte kaum mehr als einen Monat. Sie kamen am 23. 7. 1888 an, waren aber schon am 22. 9. 1888 wieder in Hamburg (vgl. Huguet, Jeunesse, S. 733 f.).

[38] Max Döblin starb am 22. 4. 1921 in Hamburg an Kehlkopfkrebs. Sein ältester Sohn, Ludwig, fuhr zur Beerdigung nach Hamburg (vgl. o. S. 118), wo er begraben wurde. Er lebte zuletzt in Hamburg im Winterhuder Weg 53 «bei Zander».

[39] Sophie Döblin beerbte ihren vermögenden Bruder Rudolf Freudenheim (6. 2. 1839–4. 3. 1908).

[40] Die bisher nicht genau datierbare Scheidung im April (?) 1908 (vgl. Huguet, Chron., S. 47) steht im Zusammenhang der Erbschaft, die eine Trennung zwecks Vermögenssicherung zugunsten der Kinder erforderte.

[41] Durch den ältesten Sohn Ludwig, der den Vater auch in Hamburg mehrfach besuchte.

[42] April–September 1889 (vgl. o. S. 576, Anm. 31).

[43] Der Lehrter Bahnhof (am Wilhelmufer, Bezirk Tiergarten) war der Fernbahnhof nach Hamburg.

[44] Nachgewiesene gemeinsame Adressen in Hamburg sind: Große Rosenstraße 47 (1890) und Winterhuder Weg 53 (1921). Vgl. Huguet, Jeunesse, S. 735.

[45] Max Döblin ist in keiner der Hamburger Logen als Mitglied bisher nachweisbar gewesen (vgl. Huguet, Jeunesse, S. 736).

[46] 22. 4. 1921.

[47] In Hamburg-Ohlsdorf (Kapelle 9–4, G 39/139 E. 13/236). Vgl. den Nachweis bei Huguet, Chron., S. 72.

[48] Henriette Zander wurde 1923 im Allgemeinen Krankenhaus St. Georg in Hamburg aufgenommen, von dort wurde sie am 2. 4. 1924 in das Versorgungsheim und Heilanstalt Oberaltenallee überführt, wo sie am 10. 5. 1924 starb. Vgl. Huguet, Jeunesse, S. 735.

[49] Vgl. 2. Moses 20,5; 4. Mos. 14,18 und 5. Mos. 5,9.

[50] 1871.

51 Sophie Freudenheim (vgl. o. S. 576, Anm. 21).

52 Simon Döblin starb am 12. 2. 1881 in Stettin, seine Frau Emilie Jessel am 24. 3. 1886.

53 Anspielung auf Max Döblins ‹Flucht› nach Hamburg 1888 und seinen späteren Aufenthalt dort bis zu seinem Tode.

54 Der Name war nicht zu ermitteln.

55 Es handelt sich um das Friedrich-Wilhelm-Realgymnasium (vgl. o. S. 516f., Anm. 2).

56 Emilie Jessel (1816–1886). Sie war die Schwester von Samuel Jessel (1839–1915), dem Vater von Léon Jessel (Anm. 57).

57 Der Kapellmeister und Komponist (1871–1942) war vor allem erfolgreich als Komponist von Operetten, darunter eine der in Deutschland meistgespielten überhaupt: ‹Schwarzwaldmädel› (1917). Der von Döblin zitierte «Zinnsoldat» ist das Charakterstück «Die Parade der Zinnsoldaten» (Op. 23).

58 Die Freudenheims stammten aus Samter/Sżamotuly, einer kleinen Kreisstadt (1905 ca. 6500 Einwohner) 40 km nordwestlich von Posen. Sophies Vater, Simon Freudenheim (1806–1884), betrieb ein kleines Wirtshaus, das mit einem Kolonialwarenladen verbunden war. Er hatte fünf Kinder: Zwei Töchter (Sophie und Rosa, 1846–1936) und drei Söhne (Joseph – als kleines Kind gestorben –, Rudolf 1839–1908, Leopold 1852–1926), von denen vor allem Rudolf für Sophie Döblin und ihre Kinder die entscheidende ökonomische Stütze in Berlin bedeutete.

59 Der Einakter ‹Lydia und Mäxchen› (entstanden 1905, jetzt AW, DHF, S. 9–31), dessen Uraufführung, ohne daß Döblin dabei anwesend war, unter Pseudonym nicht 1906, sondern schon am 1. 12. 1905 im Saal von Herwarth Waldens Gesellschaft der Freunde des «Vereins für Kunst», Berlin, Potsdamer Straße 9, stattfand (vgl. AW, Briefe, S. 34 und S. 512).

60 Es handelt sich um Paul Scheerbarts (1863–1915) Groteske ‹Herr Kammerdiener Kneetschke› (in: P. Scheerbart, Revolutionäre Theater-Bibliothek, Bd. 1, hg. M. Rausch, München 1977, S. 118–132).

61 Alfred Börne (wohl in Anlehnung an den Vormärzautor Ludwig Börne). Döblins Autorschaft muß jedoch bald allgemein bekannt gewesen sein. Vgl. Döblins Ärger darüber (AW, Briefe, S. 34), der im Zusammenhang der hier autobiographisch geschilderten Konstellation zu verstehen ist.

62 ‹Jagende Rosse›, der allerdings schon 1900 und nicht 1902 entstanden ist. Vgl. AW, JR, S. 228 ff. zur Überlieferungslage.

63 Vgl. oben Döblins Beitrag ‹Stille Bewohner des Rollschranks› S. 80–82.

64 Vgl. o. S. 559 ff., Anm. 9.

65 Dieses ist nicht mehr feststellbar.

66 Vgl. o. S. 560, Anm. 11.

67 Das im Marbacher Nachlaß erhaltene autographe Manuskript trägt den Datierungsvermerk «Beendet September 1900», eine weitere erhaltene Abschrift von anderer Hand die Datierung «1900–1901». Wenn die Manuskriptdatierung den Zeitpunkt der neuerlichen Niederschrift des Romans angäbe, so wäre die Abfassung des ursprünglichen, an Mauthner gesandten Manuskriptes früher anzusetzen als September 1900. Nähme man «lange Monate» hier als Angabe ernst, so fiele die ‹Urfassung› möglicherweise noch ins Jahr 1899.

68 Bezieht sich auf Döblins Reise nach Polen Ende September bis Ende November 1924. In der Schilderung dieser ‹Reise in Polen› (1926) wird die hier angesprochene «Ehrfurcht vor dem Buch» explizit so nicht behandelt. Vgl. aber die Ausführungen Döblins dort zur kabbalistischen Buchtradition im Ostjudentum (AW, RiP, S. 256 ff.).

69 Rudolf (1839–1908) und Leopold (1852–1926) Freudenheim.

70 Henriette Zander (vgl. o. S. 576, Anm. 30).

71 Zitat aus J. W. Goethes Drama ‹Iphigenie auf Tauris›, 4. Akt, 5. Szene, vv. 1726–1732 (HA, Bd. 5, S. 54).

72 Gemeint ist Alfred Döblins Vater, Max Döblin.

73 Henriette Döblin (1843–?), verheiratet mit Jakob Pakuscher, sechs Kinder (vgl. Huguet, Jeunesse, S. 730 und Huguet, Chron. S. 9).

74 Rosa Freudenheim (1846–1936).

75 Vgl. o. S. 578, Anm. 58.

76 Simon Freudenheim (17. 4. 1806–23. 7. 1884), verheiratet mit Esther Wronker (22. 4. 1814–8. 9. 1887), Vgl. Huguet, Chron. S. 9.

77 Gemeint ist natürlich das hebräische Alphabet, hier in der Form einer Kursivschrift.

78 Vgl. o. S. 579, Anm. 69.

79 Es handelt sich um die Ballade ‹Das erste und das letzte Bild› von Johann Gabriel Seidl (1804–1875), eines im 19. Jh. sehr populären österreichischen Lyrikers, Erzählers und Folkloristen. Abdruck der Ballade von 21 Strophen in: J. G. Seidl, Ausgewählte Werke in 4 Bänden,

hg. W. v. Wurzbach, o. O. u. J. (Leipzig 1905), Bd. 1, S. 134–139 (auch in: H. Kluge, Hg., Auswahl deutscher Gedichte, Altenburg [15]1913, S. 591 f.). Döblin zitiert die erste Stophe (allerdings nur bis zur vierten Zeile korrekt). Die Zeile «Drum, Meister, laß mich Maler werden» gehört in Strophe 6, 3. Die weiter zitierte ‹Schlußzeile› steht schon Strophe 18, 3 f.: «Und zieht mit stierem Blick den Schleier / Vom Liebchen auf dem Leichenbett.»

80 Rudolf und Leopold Freudenheim (vgl. o. S. 579, Anm. 69), die in Berlin eine Firma für Import exotischer Hölzer und für Möbelherstellung betrieben.

81 1901 als Firma «Ludwig Döblin und Martin Mamlock» in Berlin (Bezirk Friedrichshain), Markusstraße 5.

82 Juli (?) 1903 mit Gertrud Katharina Leipziger (vgl. Huguet, Chron. S. 36).

83 Zuerst (1888) die 49. Gemeindeschule, Blumenstraße (vgl. Huguet, Jeunesse S. 734), dann (nach der Rückkehr aus Hamburg, Herbst 1889) die 33. Gemeindeschule, Friedenstraße 19–20 (Huguet, Jeunesse, S. 737). Nach Döblins Selbstzeugnis in ‹Altes Berlin› (vgl. o. S. 217) ging er allerdings in der «Wallstraße» zur Schule, was auf der anderen Spreeseite als die Wohnungen gewesen wäre und deshalb eher unwahrscheinlich ist. Die von Huguet, Chron., S. 19 erwähnte 51. und 130. Gemeindeschule in der Niederwallstraße scheiden deshalb wohl auch aus, weil sie noch weiter entfernt gelegen hätten als die Wallstraßenschule.

84 Ostern 1891 Eintritt in die Sexta des Köllnischen Gymnasiums (Inselstraße 2–5), obwohl von der Marsiliusstraße 20, der damaligen Wohnung, das Königsstädter Gymnasium und Realschule näher gelegen hätte. Die Wahl des Köllnischen Gymnasiums muß deshalb eine bewußte Entscheidung gewesen sein.

85 Hugo Döblin (1876–1960) machte zunächst ab 1890 eine Kaufmannslehre, daneben ab 1891 heimliche Schauspielerausbildung bei Joseph Kainz. Danach Schauspieler auf verschiedenen Berliner Bühnen (u. a. bei Max Reinhardt). 1930–33 Leiter der ersten Tonfilmschule in Berlin. Spielte selbst in vielen Filmrollen. Nach 1933 Ausschluß aus der Reichstheaterkammer, Emigration in die Tschechoslowakei (Prag), 1936 Österreich , 1938 Zürich; dort 1944 Gründung einer Schauspielschule für Sprache und Film. 1947 Manager eines Züricher Filmstudios. Autor von Songs, Gedichten, Novellen, Essays,

Dramen, Filmskripten. Vgl. zu ihm IBDE, Bd. 2,1, S. 220 (mit Werkverzeichnis und Literatur).

86 Paul Pauli spielte bei der Uraufführung der ‹Weber› von Gerhart Hauptmann (1862–1946) am 26. 2. 1893 den alten Baumert. Vgl. Berliner Börsen-Courier vom 28. 2. 1893.

87 Nach IBDE Bd. 2,1, S. 220 heiratete Hugo Döblin Martha Blissé.

88 Januar 1901. Später (wann?) wurde die Ehe geschieden.

89 Kurt Döblin (1880–1940 deportiert nach Auschwitz)

90 Meta Döblin (1874–1919) war in erster Ehe mit einem N. N. Abramson verheiratet. Die Ehe wurde nach ca. 1 Jahr geschieden. Zweite Eheschließung mit dem Russen Bernhard Goldenberg (1874–?) am 3. 1. 1906 in London. Lebte mit ihm, der von Beruf Dekorateur war, zuerst in Istanbul, ab 1908 in Antwerpen. Rückkehr nach Berlin Oktober 1914. Wohnung in der Frankfurter Allee 278. Die Verwundung erfolgte am 11. 3. 1919 (Tod am 12. 3.). Ob die von Huguet, Chron., S. 68 aufgrund eines späten Erinnerungszeugnisses von Meta Goldenbergs Tochter, Luise (Lony) Kasswahn, behauptete frühere Verwundung schon um den 5. 3. 1919 zutrifft, scheint fragwürdig.

91 Am 3. 3. 1919 wurde unter dem Einfluß der Spartakisten vom Arbeiterrat von Groß-Berlin der Generalstreik ausgerufen. Im Gegenzug verhängte die Regierung den Belagerungszustand. Am 5. 5. Kämpfe zwischen Volksmarinedivision und Freikorps. Am 6. 3. Rückeroberung des Polizeipräsidiums durch Regierungstruppen. 8. 3. Abbruch des Generalstreiks. 9.–16. 3. Eröffnung des Standrechts durch Reichswehrminister Noske. Besetzung Lichtenbergs am 12. 3. mit folgenden Massenerschießungen (nach amtlichen Angaben ca. 1200 Tote im März 1919). – Döblin hat diese Ereignisse aus seiner Sicht aktuell in seinem Beitrag ‹Kannibalisches› (AW, DW, S. 10–25, hier S. 14ff.) für die ‹Neue Rundschau› 1919 dargestellt.

92 Berlin O 17 (Friedrichshain), Überführung der Warschauer Straße über die Gleise des Schlesischen Bahnhofs.

93 Nach Huguet, Jeunesse S. 731 angeblich die Klinik am Scheideplatz 12, der aber in Berlin gar nicht existiert. Vermutlich handelt es sich eher um das Städtische Krankenhaus «Friedrichshain» an der Landsberger Allee 159.

94 Parkaue 10 bei Ludwig Döblin.

95 Bernhard Goldenberg (vgl. o. S. 581, Anm. 90).

96 N. N. Abramson (vgl. o. S. 581, Anm. 90).

[97] Antwerpen fiel am 10. 10. 1914.

[98] Meta und Bernhard Goldenberg zogen in die Frankfurter Allee 278, wohnten also in der Nähe Alfred Döblins (Frankfurter Allee 194).

[99] Aus ihrer Ehe mit Bernhard Goldenberg stammen drei Kinder: Luise (*1907), Hilde (*1909) und Heinrich Jakob (*1912). Vgl. Huguet, Chron. S. 43. Alle drei emigrierten später. Hinzu kamen die Kinder aus der ersten Ehe ihres Mannes, der Witwer war: Clement (*1901) und Sophie (*1903).

[100] Marsiliusstraße 20 wohl ab 1892.

[101] 49. Gemeindeschule, Blumenstraße 63 a.

[102] Berlin-Lichtenberg, Grüner Weg 108 (1896; vgl. Huguet, Chron. S. 25) bzw. Grüner Weg 122 (1898; vgl. ebd., S. 28).

[103] Besuch des Vaters, Max Döblin, aus Hamburg 29. 1.–1. 6. 1897.

[104] Berlin M, O 27, Wallnertheaterstraße 44 (bis 1902; vgl. Huguet, Chron. S. 28), dann Nr. 32,1 (1903; vgl. ebd., S. 36); Döblin wohnte als Student 1904 Wallnertheaterstraße 14 (vgl. Huguet Nr. 1570).

[105] Vgl. o. S. 580, Anm. 81.

[106] Markusstraße 6 (1904–1906), vgl. Huguet, Chron. S. 37.

[107] Berlin O 34. Die Memeler Straße (Hausnummer nicht ermittelt) liegt ebenfalls im Bezirk Friedrichshain ganz in der Nähe des Schlesischen Bahnhofs.

[108] 1901.

[109] Herbert Döblin (*1902).

[110] Juli (?) 1903 Hochzeit Ludwig Döblins mit Gertrud Katharina Leipziger.

[111] Datum dieser Heirat (1904?) Meta Döblins nicht genau ermittelbar (vgl. o. S. 581, Anm. 90).

[112] April 1904 nach Freiburg i. Br.

[113] 24. 1. 1921.

[114] Kurt Döblin.

[115] Vgl. o. S. 577, Anm. 39f.

[116] Im Juli 1910. Vgl. o. S. 522, Anm. 15. Sophie Döblin reiste mit ihrem Sohn Alfred.

[117] Internist (1848–1916), seit 1890 Direktor des Städtischen Krankenhauses «Am Urban». Fränkel entdeckte den Erreger der Lungenentzündung.

[118] Die sog. Parkinsonsche Erkrankung in ihrer erblichen Ausprägungsform.

[119] Erste Julihälfte 1913.

[120] Bad Oeynhausen, zwischen Herford und Minden gelegen, war ein berühmtes Thermalsolebad mit spezifischer Indikation für Lähmungen, Nerven- und Rückenmarkserkrankungen.

[121] Es war der zweite Geburtstag Peter Döblins am 27.10. 1914.

[122] Döblin hatte sich freiwillig gemeldet, um einer Dienstverpflichtung zu entgehen, die für ihn kein bezahltes Vertragsverhältnis, sondern nur noch ein schlechter bezahltes Militärverhältnis bedeutet hätte. Vgl. dazu ausführlich AW, Briefe, S. 62 f. – Die offizielle Einberufung erreichte Döblin am 26.12. 1914 telegraphisch nach Saargemünd. Er kam dort am 28.12. an.

[123] Der erste Berlin-Urlaub Döblins war erst in der zweiten Märzhälfte 1918 möglich (vgl. AW, Briefe, S. 102), d.h. Döblin sah seine Mutter mehr als drei Jahre nicht. Das von Döblin erinnerte Treffen mit dem ‹Sturm›-Kreis schon 1917 (vgl. u. S. 628) ist wohl ein Irrtum, zumal auch der Gästebuch-Eintrag bei Walden am 19. 3. 1918 (vgl. Meyer, S. 14) keinen früheren Aufenthalt realistisch erscheinen läßt.

[124] Genesungsurlaube in Bad Kissingen (15. 7.–15. 8. 1916) und Heidelberg (25. 4.–21. 5. 1917).

[125] Nicht mehr Parkaue 10, wo Sophie Döblin ab 1914 zunächst wohnte (bei ihrem Sohn Ludwig), sondern jetzt Kielblockstraße 2 (bei ihrem Sohn Kurt).

[126] Parkaue 10 (in Lichtenberg)

[127] 11. 3. 1919

[128] Altonaer Straße (Berlin NW 87, Bezirk Tiergarten) 32

[129] Vorort im Nordosten Berlins. Dort das Grab auf dem großen jüdischen Friedhof südwestlich der Lichtenberger Straße (vgl. die genaue Grabnummer bei Huguet, Chron. S. 70).

[130] 1. Kor. 13,8

[131] Gemeint ist die illustrative Ausstattung der Originalausgabe des ‹Ersten Rückblicks›. Folgende Bilder Döblins sind darin enthalten: Portrait vor dem Titel (Foto Yolla Niclas), das zugleich das Umschlagfoto zum ‹Manas› 1926 war (vgl. Kat. Döblin, S. 199); Portrait-Foto nach S. 48 (Yolla Niclas); Foto mit Erna Döblin und Sohn Stefan (Atelier Jacobi = Lotte Jacobi) vor S. 81. Vor Seite 49 Foto von Döblins linker Hand.

[132] Ernst Kretschmer (1888–1964), Psychiater und Begründer der Konstitutionstypologie (‹Körperbau und Charakter› 1921).

[133] Der ursprünglich expressionistische Lyriker, Dramatiker und Erzähler (1889–1952; vgl. Raabe, S. 380ff.) wandte sich später graphologischen Forschungen zu (‹Symbolik der Handschrift› 1930; ‹Trieb und Verbrechen in der Handschrift› 1934). – Max Pulver publizierte in: Der Lesezirkel 15 (Zürich 1927/28), Heft 3 (Dezember), S. 21–23 einen kleinen Artikel ‹Alfred Döblin› im Zusammenhang der Lesung Döblins in Zürich am 5. 12. 1927 bei den «Abenden für Literatur und Kunst» des «Lesezirkels Hottingen». Döblin traf Pulver dann auch gleich wieder im Züricher Exil 1933 (vgl. AW, Briefe, S. 446).

[134] Nähere Daten zur Chirologin Marianne Raschig waren nicht zu ermitteln. Zur Praxis der chirologischen Deutung vgl. als Standardwerk der 20er Jahre und darüber hinaus E. Issberner-Haldane, Die wissenschaftliche Handlesekunst – Chirosophie, Freiburg i. Br. o. J. ([8]1962; Erstauflage 1920).

[135] Im Norden Stettins als Endplatz der Hauptstraße, der Lindenstraße.

[136] Wilhelmstraße 7 (Ecke Lindenstraße).

[137] Ausflugsort nördlich Stettins am sog. Dammscher See.

[138] Die ganze Passage ist erkennbar aus ‹Doktor Döblin› (o. S. 18) übernommen.

[139] Das Verlassen der Familie durch den Vater im Juli 1888.

[140] Im Juli (?) 1905 vermutlich am Allgemeinen Städtischen Krankenhaus, Appelsallee 71–72. Vermutlich sind nach den Andeutungen Döblins antisemitische Vorbehalte für die Ablehnung mit wirksam gewesen.

[141] Vielmehr Friedrich-Wilhelm-Realgymnasium.

[142] August 1888

[143] Köllnisches Gymnasium.

[144] Zeugnis der Reife vom 13. 9. 1900 (im Nachlaß erhalten; vgl. Kat. Döblin S. 72f., Nr. 16). DerText des Reifezeugnisses wurde von Döblin vollständig und unverändert (mit Ausnahme der angemerkten Auslassungen) im folgenden mitgeteilt.

[145] Quintus Horatius Flaccus, römischer Dichter (65–8 v. Chr.) und zentraler Schulautor.

[146] Der anschließende Passus für Englisch wurde von Döblin wohl wegen seiner Abweichung vom sonstigen Leistungsprofil ausgelassen. Er lautet: «Er weiß auch schwierige Texte mit gutem Ver-

ständnis zu übersetzen; seine Aussprache ist namentlich im letzten Halbjahr immer besser geworden. Gut.»

147 Die anschließende Physik-Beurteilung «Gut» wurde von Döblin ausgelassen.

148 Vgl. o. S. 66.

149 Programmatische Titelübernahme von August Strindbergs (1849–1912) ‹Spöksonaten› = ‹Gespenstersonate› (1908; dt. Uraufführung 1916), eines Traumspiels, das zum zentralen Thema die Entlarvung und Bestrafung des Bösen hat und dazu Tote beschwört.

150 Köllnisches Gymnasium.

151 Ostern 1891 bis September 1900. Die zehnjährige Schulzeit erklärt sich durch die Wiederholung der Oberprima, bzw. die Nichtzulassung zum Abiturstermin im Frühjahr 1900.

152 Schlüsselname für Zellmer (vgl. Huguet, Jeunesse, S. 742).

153 Bezieht sich auf das Konfliktverhältnis zwischen Friedrich Wilhelm I. von Preußen und seinem Sohn, dem späteren Friedrich II. d. Gr. in dessen Jugend, die in der versuchten Flucht des Prinzen 1730 und seiner drakonischen Bestrafung gipfelte.

154 Herkunft des Zitats unklar, möglicherweise freie Abänderung Döblins von Nietzsches Wort «Werde, der du bist.» (F. Nietzsche, Werke, ed. K. Schlechta, Bd. 2, München 1965 S. 479).

155 Schlüsselname für den Französischlehrer Hoffmann (vgl. Huguet, Jeunesse S. 744 und ders., Chron., S. 32).

156 Schlüsselname für den Mathematiklehrer Dr. Meder (vgl. Huguet, Jeunesse, S. 737 und ders., Chron. S. 32), der wesentlichsten Anteil am ersten Scheitern Döblins beim Abitur hatte.

157 Schlüsselname für Heidemann (Klassenlehrer Sexta). Vgl. Huguet, Jeunesse, S. 737 und ders., Chron. S. 32.

158 Schlüsselname für Pappenheim (Lateinlehrer in Quarta und Griechischlehrer in Prima).

159 Kurt Neimann. Zu ihm vgl. u. S. 698, Anm. 36.

160 Es handelt sich um die Brücke über die Ringbahn am Bahnhof Halensee (im Südwesten Berlins).

161 Alfred Döring.

162 «Kerka» alias Zellmer (vgl. o. S. 585, Anm. 152).

163 1893/94 (Versetzung nach Untertertia Ostern 1894). Außer dem ältesten, bisher bekannten und publizierten Text Döblins von 1896,

der Erzählung ‹Modern› (AW, JR, S. 7–25), existieren im Nachlaß noch frühere Schreibversuche (Märchen). Vgl. u. S. 674, Anm. 3.

164 Dr. Meusel.

165 Die Schlacht bei den Thermopylen 480 v. Chr. zwischen den Persern und den Griechen unter dem Spartaner Leonidas, die gegen die Übermacht fielen, wurde im nationalistischen Geschichtsunterricht der wilhelminischen Epoche stets zentral behandelt, da sie das Muster für einen ‹preußischen› Verhaltenskodex abgab.

166 1813–1814 gegen die französische Besetzung durch Napoleon. Die Freiheitskriege wurden durch die damit verbundenen Reformen sowohl zur Geburtsstunde des ‹modernen› Preußen, als auch zur Keimzelle des deutschen Einigungsgedankens im 19. Jh.

167 Zitate aus Friedrich Schillers Drama ‹Wilhelm Tell›, 2. Akt, 2. Szene (Rütlischwur). Das erste Zitat (v. 1275, Schiller, Werke, Nationalausgabe Bd. 10, Weimar 1980, S. 185) stellte Döblin schon als Motto der ‹Reise in Polen› (1926) programmatisch voran. Das zweite Zitat ist ungenau. Es heißt bei Schiller (vv. 1277ff.): «... greift er [sc. der Gedrückte] / Hinauf getrosten Mutes in den Himmel, / und holt herunter seine ewgen Rechte.»

168 Schlüsselname für Gustav Weldig, den Klassenlehrer Döblins in Obersekunda (Huguet, Jeunesse, S. 741 und ders., Chron. S. 32). Döblins Schulkamerad Moritz Goldstein (1880–1977; vgl. zu ihm IBDE Bd. 2,1, S. 398) erinnert sich an ihn. Weldig habe unverfälscht Berlinisch gesprochen und sei nicht sehr gebildet gewesen: «Er stammte offenbar aus einer kleinen Berliner, vielleicht Arbeiterfamilie. Er hat dann ein trauriges Ende gefunden, indem er an Zungenkrebs gestorben ist, nach seiner Pensionierung.» (Brief Goldsteins in Huguet, Chron. S. 27 vom 20. 5. 1967). Zum Charakter Weldigs heißt es ebd.: «Ein hochgewachsener, grauhaariger, vollbärtiger Mann, der einzige unter meinen Lehrern am Köllnischen Gymnasium, dem ich einen ausgesprochen schlechten, niederträchtigen Charakter zutraute. Er unterrichtete alte Sprachen und Deutsch.»

169 Schlüsselname für Dr. Rudolf (Klassenlehrer in Obertertia, Griechisch Untersekunda, Deutsch in Prima). Vgl. Huguet, Jeunesse, S. 741 f. und ders., Chron. S. 24 bzw. S. 32.

170 Die Kroll-Oper am Tiergarten (gegenüber dem Reichstag) Königsplatz, später Platz der Republik und ›Staatsoper‹.

171 Berlin W35 (Bezirk Tiergarten). Die Proben dürften im Falk-Real-

gymnasium stattgefunden haben, das zwischen Steglitzer Straße und Lützowstraße liegt.

172 Das Chorwerk mit Orchester ‹La damnation de Faust› nach Goethe des französischen Komponisten Hector Berlioz (1803–1869) entstand 1846.

173 August Boeckh (1785–1867), Altphilologe und Begründer der historischen Altertumswissenschaften, seit 1811 Professor in Berlin.

174 Alfred Döring.

175 Döblin war ursprünglich als «Freischüler» von der Zahlung des Schulgeldes befreit gewesen.

176 Versetzung nach Untersekunda Ostern 1896, nach Obersekunda Ostern 1897. Das davor abgelegte Zeugnis der ‹Mittleren Reife› berechtigte zum nur einjährigen Militärdienst, daher auch «Einjährigenzeugnis».

177 Arthur Schopenhauers (1788–1860) philosophisches Hauptwerk (1819; 2. erweiterte Auflage 1844), dessen pessimistische Grundhaltung für die künstlerische Weltanschauung in der zweiten Hälfte des 19. Jh.s anziehend und überaus wirksam war. Döblin hat wesentliche Anregungen (nicht zuletzt die Beschäftigung mit Hinduismus und Buddhismus) von Schopenhauer empfangen, ohne daß er dessen erkenntnistheoretische Disposition für sein Werk übernommen hätte. Neben Nietzsche ist aber für ihn Schopenhauer der entscheidende Vermittler für eine antibürgerliche, radikale Kunstästhetik gewesen.

178 Die Erzählung ‹Modern› mit ihrer Rezeption sozialistischer Gesellschaftskritik (August Bebel) entstand 1896 (AW, JR, S. 7–25).

179 Schlüsselname für Dr. Holländer (Griechischlehrer in Untersekunda). Vgl. Huguet, Chron., S. 32.

180 Der «Kgl. Provinzialschulrat» Dr. Vogel (laut Abiturzeugnis vom 13. 9. 1900 im Nachlaß).

181 Anspielung auf die Pariser «Bastille», das berüchtigte französische Staatsgefängnis an der Porte St. Antoine, dessen Erstürmung am 14. 7. 1789 das erste Fanal der Französischen Revolution war.

182 Der Vorgang ist relativ genau auf November 1899 zu datieren, da der «Jahresbericht über das Schuljahr 1899–1900» des Köllnischen Gymnasiums die Vertretung des an sich amtierenden Fachlehrers, des Direktors Dr. Meusel, durch Gustav Weldig, den «Unaussprechlichen» (vgl. o. S. 586, Anm. 168) belegt.

183 Zitat aus der 4. Strophe von Martin Luthers berühmtem Lied über

den 46. Psalm «Ein feste Burg ist unser Gott» (entstanden 1521/28): «Nehmen sie den Leib, Gut, Ehr, Kind und Weib, laß fahren dahin...»

184 Parodistische Zitierung der (später in ‹Faust I› integrierten) Ballade J. W. Goethes ‹Der König in Thule› (1774).

185 Wahl des Reichstags am 20. 5. 1928.

186 Es müßte sich um den Biologen Dehnicke am Köllnischen Gymnasium handeln (vgl. die Erinnerung Moritz Goldsteins bei Huguet, Chron., S. 33), der nach Döblins Zeugnis von Haus aus Süddeutscher war (vgl. S. 169).

187 Nicht eindeutig zu identifizieren.

188 Vgl. den Beitrag Döblins ‹Die Zeitlupe› für die ‹Vossische Zeitung› aus dem Jahr 1926 (als Teilbeitrag von ‹Sechs Dichter sehen durch die Zeitlupe›), in: ZL, S. 100–106.

189 Berühmtes, auch therapeutisch genutztes Mineralwasser aus Fachingen (bei Limburg/Lahn).

190 Parodistisches Zitat aus Albert Lortzings (1803–1851) Oper ‹Zar und Zimmermann› (1837), wo es heißt: «O selig, o selig, ein Kind noch zu sein.» (vgl. Büchmann, S. 272)

191 Das Verhältnis Döblins zu Richard Wagner (1813–1883) ist nur in der Jugendzeit affirmativ, später distanziert er sich zusehends. Die Beschäftigung mit Wagner teilt die Faszination vom «Wagnerischen Künstler» mit «der Grandiosität des neuen Weltbildes, das ein Schlachtenbild ist» (AW, KS, I, S. 32), wie Döblin es auch für Nietzsche diagnostizierte.

192 1860–1903, Komponist und Musikkritiker, vor allem aber wichtig als Liederkomponist an der Schwelle zur Moderne.

193 Die Reminiszenz an Josef Haydn (1732–1809) und W. A. Mozart (1756–1791) ist für Döblin nur allgemein zu bewerten. Es gibt bei ihm sonst keine weitere Rezeption von Gewicht.

194 Vgl. o. S. 40ff.

195 1894/1895.

196 Zur ‹Prinz von Homburg›-Rezeption vgl. o. S. 194 und S. 536, Anm. 12.

197 Das Trauerspielfragment ‹Robert Guiskard, Herzog der Normänner› (entstanden 1802/03, gedruckt 1808) wurde erst 1901 in Berlin uraufgeführt (Berliner Theater, Charlottenstraße), wo Döblin es möglicherweise sogar gesehen hat.

198 1896/97. Vgl. o. S. 157.

199 Mit großer Wahrscheinlichkeit dürfte es sich mangels entsprechend anderer, ‹tragbarer› Ausgaben um die Edition von Hölderlins ‹Gesammelten Dichtungen› durch B. Leitzmann in der «Cotta'schen Bibliothek der Weltliteratur» (Bd. 1, Gedichte, Bd. 2 Hyperion und Empedokles) handeln (Stuttgart 1895–1897).

200 1899/1900.

201 Erschienen 1887.

202 Erschienen 1883–1885.

203 Anspielung auf den unbekannt gebliebenen Londoner Massenmörder «Jack the Ripper», der zwischen 7. 8. und 10. 11. 1888 in Whitechapel-Distrikt von London East End sieben Frauen umbrachte. Er wurde in zahlreichen erzählerischen und dramatischen Werken behandelt, u. a. in dem bekannten Roman von Belloc Lowndes ‹The Lodger› (1913), der mehrfach verfilmt wurde (1926, 1932, 1944). Eine Anthologie zu den Fakten über Jack the Ripper und seine literarische Verarbeitung gab Allan Barnard 1953 heraus. – Weshalb Döblin seinem autobiographischen Text dieses Schlußkapitel anfügte, ist nicht ganz klar zu erkennen. Möglicherweise ist es ein Reflex auf den Arbeitskontakt mit Bert Brecht im Kreis um Erwin Piscator (vgl. dazu F. Sternberg, Der Dichter und die Ratio. Erinnerungen an B. Brecht, Göttingen 1963, S. 16f.). Die ironische Erzählung von Jack, dem Bauchaufschlitzer, berührt sich ja inhaltlich mit der ‹Dreigroschenoper› Brechts, die ebenfalls 1928 entstanden ist (vgl. schon W. Muschg, in ZL, S. 265).

204 September 1889. Vgl. zur Passage den Eingang zu ‹Das Leben meiner Mutter› o. S. 130ff.

205 Genaue Wohnung in dieser großen Straße zwischen Friedensstraße und Alexanderstraße nicht ermittelt. Friedrichshain ist ein großer Park im Nordosten Berlins.

206 Vgl. o. S. 582, Anm. 100.

207 Ludwig Döblin (1872–1930).

208 Sophie Freudenheim war 1844 geboren, d. h. die hier gegebene Beschreibung zielt auf den Zeitraum um 1889.

209 Vgl. zu ihm o. S. 578, Anm. 58.

210 Rudolf Freudenheim (1839–1908).

211 Max Döblin (1846–1921), Heirat 1871.

212 Simon Döblin (1812–1881).

213 Meta Döblin (1874–1919). Vgl. zu ihr o. S. 581, Anm. 90.

214 Der Vorfall fiele demnach in die Zeit 1891/92.

215 Es ist unklar, wer von den beiden Großmüttern, Emilie Döblin, geb. Jessel (1816–1886) oder Esther Freudenheim, geb. Wronker (1814–1887), hier gemeint sein könnte.

216 Ludwig Döblin, der damals schon selbständiger Fabrikbesitzer war.

217 N. N. Abramson (vgl. Huguet, Jeunesse, S. 731). Heirat ca. 1903.

218 3. 1. 1906 in London, Bernhard Goldenberg.

219 Vgl. o. S. 582, Anm. 99.

ZUR PHYSIOLOGIE DES DICHTERISCHEN SCHAFFENS

1. *Überlieferung:*

Eine Handschrift existiert nicht. ED in: Die literarische Welt 4 (1928), Nr. 39 (28. 9.), S. 3 im Rahmen einer Fragebogenaktion, der von der Redaktion zusammen mit dem Arzt und Sexualforscher Magnus Hirschfeld (1868–1935) entworfen worden war.

2. *Entstehung:*

Vermutlich in zeitlicher Nähe zum Publikationsdatum, möglicherweise während seines Urlaubes im August im Harz (Sorge bei Tanne) oder kurz danach.

3. *Textgrundlage:*

Döblins Text wird unverändert nach dem ED wiedergegeben. Seinen Antworten ist der redaktionelle Fragebogen vorangestellt, um den Bezug der Ausführungen deutlich zu machen.

ZUKUNFTSPLÄNE

1. *Überlieferung:*

Keine Handschrift erhalten. Der Druckort des Textes ließ sich bisher nicht identifizieren, doch existiert im Marbacher Nachlaß ein Zeitungsausschnitt ohne nähere Angaben. Huguet in seiner Bibliographie verzeichnet ihn nicht. – Döblins Text ist Teil einer Umfrage «Zukunftspläne. Eine Rundfrage bei Künstlern und Artisten». Außer Döblin beantworteten sie Lion Feuchtwanger, Enrico Rastelli, Oscar Strauß, Max Terpis, Bert Brecht, Heinrich Schlusnus, Hans Heinz Ewers, Ernst Lubitsch.

Eine Verifizierung des Druckorts gelang auch mit Hilfe des Bert Brecht-Archivs bei der Berliner Akademie der Künste (DDR) nicht, wo auch nur der Ausschnitt archiviert ist, aber ein Publikationsnachweis bisher nicht gelungen ist.

Ein ND des Textes liegt schon VdG, S. 97 vor.

2. *Entstehung:*

Sie dürfte in engem Zusammenhang zur Publikation stehen, die sich ziemlich genau auf September 1928 bestimmen läßt, da Brechts Beitrag zur Rundfrage die Uraufführung der ‹Dreigroschenoper› (31. 8. 1928) voraussetzt. Döblins Text verweist auf ein im Prinzip fertiges Manuskript von ‹Berlin Alexanderplatz›, das aber noch nicht gedruckt war (erst Oktober 1929).

3. *Textgrundlage:*

Nach dem durch den Zeitungsausschnitt repräsentierten ED.

WAS WAR UNS DIE SCHULE?

1. *Überlieferung:*

Eine Handschrift ist nicht mehr vorhanden. ED in: Schule und Elternhaus 7 (Siegen 1930), Sp. 60 innerhalb der Umfrage «Was war uns die Schule?» (zusammen mit Antworten von Julius Bab, Artur Brausewetter, Eduard Engel, Anton Erkelenz, Paul Ernst, Herbert Eulenberg, Ludwig Finckh, Ludwig Fahrenkrog, Arthur Landberger).

2. *Entstehung:*

Vermutlich in zeitlicher Nähe zur Publikation Anfang 1930.

3. *Textgrundlage:*

Nach dem ED, wobei die mit abgedruckten Fragen dem redaktionellen Vorspann entnommen sind (Sp. 59). Bei den Antworten Döblins konnte deshalb auf die in der Vorlage vorhandenen Frageziffern 1. bis 5. verzichtet werden. Der Beitrag ist im ED mit einem handschriftlichen Faksimile der Unterschrift Döblins «Dr. Döblin» abgeschlossen. Ihm vorangestellt wurde die hier ebenfalls weggelassene Autorenangabe «Dr. med. Alfred Döblin, Schriftsteller in Berlin».

ALFRED DÖBLIN ERZÄHLT SEIN LEBEN.

1. *Überlieferung:*

Im Marbacher Nachlaß (Depot) existiert das Fragment eines unkorrigierten und unpaginierten Typoskripts im Umfang von drei Blatt (eingeordnet unter «Verschiedenes Autobiographisches»). Es fehlt der Anfang, wobei es sich von der Gesamtanlage des Textes her wohl nur um ein Blatt gehandelt haben kann.
Ein Teildruck des Textes – ohne Identifizierung seiner Herkunft – liegt in Kat. Döblin, S. 214 vor.

2. *Entstehung:*

Bei dem Text handelt es sich ohne Zweifel um das Sendemanuskript der für den 21. 4. 1930, 19.00 Uhr beim Berliner Sender (Berliner Funkstunde) innerhalb der Reihe «Die Autobiographie» angesetzten Sendung «Alfred Döblin erzählt sein Leben». Vgl. Die Funkstunde, Berlin 1930, Nr. 16 vom 17. 4., S. 486 und O. Loerke, Tagebücher, hg. H. Kasack, Heidelberg/Darmstadt 1955, S. 205 im Eintrag zum 28. 4. rückbezogen. Der bei Huguet Nr. 964 angeblich nachgewiesene Bericht über die Sendung in der Vossischen Zeitung 1930, Nr. 95 vom 24. 4., S. 2 ließ sich nicht verifizieren. Die Abfassung des Textes dürfte relativ nahe zur Sendung anzusetzen sein (März/April 1930).

3. *Textgrundlage:*

Der Abdruck folgt dem Typoskript-Fragment, wobei offenkundige Fehler zwar gekennzeichnet berichtigt wurden, Eigentümlichkeiten in Schreibweise und Interpunktion aber bewahrt wurden. Die Zeichensetzung wurde nur dort ergänzt, wo ihr Fehlen Anlaß zu Mißverständnissen geben würde. Der Schluß des letzten Satzes («... der Erkenntnis.») vom fehlenden ersten Blatt wurde, da ohne Verständniswert, getilgt.

4. *Kommentar:*

[1] Seit dem 10. 1. 1928.

[2] Vgl. zu dieser Ansicht schon den Lebenslauf für die Preußische Akademie o. S. 102.

[3] Bezieht sich auf die drei Bücher ‹Die drei Sprünge des Wang-lun› (1915), den ‹Manas› (1927) und ‹Berge Meere und Giganten› (1924).

[4] ‹Die drei Sprünge des Wang-lun› (1915).

[5] In Saargemünd/Lothringen war Döblin als Arzt im allgemeinen Lazarett der Infanteriekaserne tätig (nur z. T. für Infektionskrankheiten). Die Tätigkeit in einem speziellen «Seuchenlazarett» trifft erst für Hagenau/Unterelsaß zu, wo Döblin ab August 1917 arbeitete.

[6] Gemeint ist der ‹Wallenstein›, an dem Döblin von 1916–1919 schrieb (erschienen 1920).

[7] Bezieht sich auf den utopischen Roman ‹Berge Meere und Giganten› (1924).

[8] Gemeint ist die epische Dichtung ›Manas‹ (1927).

[9] ‹Berlin Alexanderplatz›, an dem Döblin 1927–1928 schrieb und das 1929 bei S. Fischer erschienen war.

[10] Das Zitat ließ sich mangels näherer Anhalte nicht identifizieren.

ENTSTEHUNG UND SINN MEINES BUCHES ‹WALLENSTEIN›

1. *Überlieferung:*

Dieter Mayer fand im Marbacher Nachlaß (Depot) ein 6 lose und unpaginierte Blätter umfassendes Manuskript Döblins, das nahezu ohne Korrekturen sauber geschrieben ist. Es fehlt Blatt 1. Der Text setzt mit «... Manuskriptmaterial oben von neuem aus.» ein. Die Handschrift war mir nur als Fotokopie zugänglich, die mir Dieter Mayer zur Verfügung stellte. Das Original ließ sich derzeit nicht im ‹Wallenstein› – Konvolut, wo es sich ursprünglich befunden haben muß, nachweisen. Auf deutsch ist der Text zu Lebzeiten Döblins nicht gedruckt worden. Der ED erfolgte in tschechischer Übersetzung in: Panorama 8 (Praha 1930/31), S. 106 unter dem Titel «Vznik a smysl mé knihy o Valdštejnovi» (= Huguet Nr. 1175).

Diese Übertragung wurde von dem gleichen Dr. Balthazar, der Döblins Text ins Tschechische übersetzt hatte, wieder ins Deutsche rückübersetzt und publiziert in: Jürgen Jahn (Hg.), Hundertfünfundzwanzig Jahre Rütten & Loening 1844–1969. Ein Almanach, Berlin (DDR) 1969, S. 409–411 (= Huguet Nr. 82). Der Vergleich mit dem erhaltenen Originaltext zeigt, daß sowohl die ursprüngliche Übersetzung wie die Rückübertragung nicht der Diktion Döblins entspricht und auch sachliche Fehler enthält.

Ohne Kenntnis von diesem Neudruck zu haben, publizierte Dieter Mayer in seiner Dissertation ‹Alfred Döblins Wallenstein. Zur Geschichtsauffassung und zur Struktur› (München 1972, S. 11–12) den Text nach dem handschriftlichen Original (allerdings fehlerhaft und unter Verwischung der Absatzgliederung). Den fehlenden Anfang ergänzte er durch Rückübersetzung aus dem tschechischen Text (stilistisch und inhaltlich fragwürdig).

2. *Entstehung:*

Döblin dürfte durch die geplante Übersetzung seines ‹Wallenstein›

(durch M. Novotný, V. Svoboda und L. Drubek, Praha 1931) veranlaßt worden sein, für die tschechische Literaturzeitschrift «Panorama» eine Art Einführungsartikel zu schreiben. Darauf deutet auch der unmittelbar an Döblins Artikel anschließende Aufsatz von Miloslav Novotný, ‹Romano o Valdštejnovi› (Panorama 8, 1930/31, S. 106–108) hin, der als Mitübersetzer den Roman interpretatorisch vorstellte.
Die Abfassung des Döblinschen Textes dürfte wohl noch auf Ende 1929 zu datieren sein, da Döblin im Januar 1930 (Rückkehr nach Berlin vor dem 21. 1.; vgl. AW, Briefe, S. 150) mit seiner Frau für einige Tage nach Prag reiste und dabei möglicherweise das Manuskript mitbrachte, aber es wäre eventuell auch an eine Entstehung im Anschluß an diese Reise als Folge der in Prag geschlossenen Kontakte zu denken. Am 26. 1. 1930 erschien im ‹Berliner Tageblatt› Döblins Bericht ‹Ausflug nach Prag› (jetzt ZL, S 161–166), allerdings ohne jeglichen aktuellen, literarischen Bezug.

3. *Textgrundlage:*

Der Abdruck folgt der Handschrift, soweit diese erhalten ist, unter Wahrung ihrer Eigenarten. Eingriffe sind gekennzeichnet. Der fehlende Anfang wurde als eigene, neue Rückübersetzung aus dem Tschechischen hinzugefügt, weil die schon vorliegenden Rückübertragungen stilistisch nicht der Diktion Döblins entsprachen. Es wurde – gemessen am tschechischen ‹Original› – eine freie ‹Rekonstruktionsfassung› versucht.

4. *Kommentar:*

[1] Vgl. o. S. 593, Anm. 5.
[2] Das Haus, in dem Döblin in Saargemünd wohnte, lag in der Neunkirchner Straße 19 (darin möblierte Dreizimmerwohnung).
[3] Ab 14. 11. 1918. Am 20. 11. 1918 ist Döblin dann in Berlin.
[4] Bezieht sich hier wohl eher auf die ‹späten› Antikriegsromane vom Typus Arnold Zweigs (‹DerStreit um den Sergeanten Grischa› 1929), Ludwig Renns (‹Krieg› 1928) oder E. M. Remarques (‹Im Westen nichts Neues› 1929), wohl weniger auf Darstellungen wie Ernst Jüngers ‹In Stahlgewittern› (1920/22).
[5] Ihre Benutzung war möglich geworden durch Döblins Versetzung nach Hagenau (Unterelsaß) im August 1917 (bis Kriegsende).

[6] Bezieht sich auf die Konzeption Schillers in seinem «dramatischen Gedicht» ‹Wallenstein› (Uraufführung der drei Teile 1798/99; Druck 1800).

[7] Napoleon I. (1769–1821; französischer Kaiser 1804–1814/15.

[8] 1619–1637 Kaiser des Deutschen Reiches (*1578).

MIT DEM BLICK ZUR LATINITÄT

1. *Überlieferung:*

Eine handschriftliche Fassung existiert nicht. ED in: Deutsch-französische Rundschau 3 (1930), S. 357–360
Neudrucke sind erschienen in: ZL, S. 189–193; AW, AzL, S. 367–371; VdG, S. 398–401

2. *Entstehung:*

Wohl in relativer Nähe zur Publikation im Sommer 1930. Der Text entsprang wohl einer Anregung oder Aufforderung Otto Grautoffs, des Vorsitzenden der Deutsch-Französischen Gesellschaft, in der Döblin um 1930 «oft» verkehrte (vgl. AW, Briefe, S. 459).

3. *Textgrundlage:*

Nach dem ED.

4. *Kommentar:*

[1] 1876–1937, Kunsthistoriker und Schriftsteller, seit 1927 Gründer und Vorsitzender der Deutsch-Französischen Gesellschaft (bis 1933), zugleich Herausgeber der ‹Deutsch-Französischen Rundschau›; 1933 Emigration nach Frankreich.

[2] Zu ihm vgl. o. S. 543, Anm. 21.

[3] ‹Illusions perdues›, Victor Hugo gewidmet, erschien zuerst 1837 und ist ein eindrucksvoller, vielschichtiger Roman über die Gesellschaft im Frankreich der Restaurationszeit. Welche Übersetzung Döblin gelesen hat (F. P. Greve 1909; H. Lachmann 1920; O. Flake 1924), ist nicht zu entscheiden.

[4] 1816–1895. Er wurde bekannt vor allem als Verfasser historischer

Romane (u. a. ‹Die Ahnen› 1873–1891) und kulturhistorischer Darstellungen (‹Bilder aus der deutschen Vergangenheit› 1859–1867). Im Vergleich zu Balzac hatte Döblin aber wohl am ehesten seinen im zeitgenössischen Kaufmannsmilieu angesiedelten Roman ‹Soll und Haben› (1855) im Auge, einem zwar realistischen, aber auch von ideologischen Untertönen nicht freien, in Deutschland vielgelesenen Werk.

5 Vgl. o. S. 534, Anm. 1.

6 Zu S. Freud und Döblins Verhältnis zu ihm vgl. o. S. 564f., Anm. 10. Zur ‹Priorität› Dostojevskijs und damit der Dichter überhaupt vor Freud vgl. auch Döblins Artikel ‹Sigmund Freud zum 70. Geburtstag›, in: ZL, S. 80–88, hier S. 87: «Noch immer hat Dostojewski vor Freud gelebt, haben Ibsen und Strindberg vor Freud geschrieben.»

7 1844–1924, als Erzähler von großer Resonanz (Nobelpreis 1921), der sich in seinem vielseitigen Werk vor allem als subtiler Stilist mit Hilfe sarkastischer und ironischer sowie paradoxer Ausdrucksmittel und -inhalte erwies. France wurde gerade auch in Deutschland nach 1900 viel gelesen. Döblin dürfte sich mit ihm allem Anschein nach kaum intensiver beschäftigt haben. Für ihn war France offenkundig ein obsoleter Autor des ‹alten› Romans.

8 Charles Baudelaire (1821–1867) begründete den französischen Symbolismus und lieferte vor allem mit seinem lyrischen Werk – voran ‹Les fleurs du mal› – wichtige Impulse für die poetologische Entwicklung der Moderne und eine dazugehörige Ästhetik des Häßlichen.

9 Arthur Rimbaud (1854–1891) zeichnete sich als Dichter durch hohe Bildkraft und innovativen Sprachduktus aus, durch die er maßgebende Bedeutung für die moderne Lyrik im 20. Jh. gewann, wenn auch diese Wirkung erst spät nach seinem Tode einsetzte. In Deutschland wurde er wenig rezipiert. Döblin dürfte nur ein allgemeines und flüchtiges Eindrucksbild von Rimbaud gehabt haben.

10 Georges Bernanos (1888–1948), französischer Schriftsteller mit starker katholischer Ausrichtung, der religiöse Gewissensromane schrieb. Döblin bezieht seinen Eindruck hier aus der Lektüre von ‹Sous le soleil de Satan› (1926, dt. ‹Die Sonne Satans› 1927), dem Erstlingsroman von Bernanos.

11 Vgl. o. S. 550f., Anm. 7.

12 Vgl. o. S. 536, Anm. 14.

13 Vgl. schon zu Stendhal o. S. 536, Anm. 17.

[FRAGEN AN ALFRED DÖBLIN]

1. *Überlieferung:*

Eine Handschrift des Textes ist nicht mehr vorhanden. Es existiert aber ein Typoskript mit zwei ungezählten Blättern, die erkennbar flüchtig getippt sind. Da es erst mit Frage 4 einsetzt, fehlt mindestens ein Blatt mit den Fragen 1–3. Andererseits dürfte der Fragenkatalog mit Frage 9 erschöpft sein.
Ein Druck dieses Antwortbogens ist bisher nicht nachweisbar gewesen. U. U. erfolgte er in einer ausländischen (skandinavischen?) Zeitung, wie sich aus einigen Textanhalten vermuten läßt.

2. *Entstehung:*

Aufgrund der Textanhalte ist der Fragebogen auf Anfang – Mitte 1930 zu datieren, da das Theaterstück ‹Die Ehe› schon als «geschrieben» bezeichnet wird. Dieses ist im wesentlichen in der zweiten Jahreshälfte 1929 entstanden und Anfang 1930 nur noch überarbeitet worden. Als Bühnenmanuskriptdruck lag es Mitte 1930 vor. Die Münchner Uraufführung erfolgte am 29. 11. 1930. Vgl. AW, DHF, S. 554.

3. *Textgrundlage:*

Druck nach dem fragmentarischen Typoskript mit gekennzeichneten Eingriffen. Um das Verständnis und die Übersicht des Textes zu erhöhen, wurden die Fragestellungen inhaltlich rekonstruiert und den Antworten Döblins jeweils vorangestellt.

4. *Kommentar:*

[1] Der Hinweis auf James Joyce (1882–1941) und seinen ‹Ulysses› (entstanden 1914–1921, erschienen 1922, dt. Übersetzung erst 1927) findet sich in den meisten Rezensionen zu ‹Berlin Alexanderplatz›, allerdings in der Regel keineswegs mit dem Vorwurf der Beeinflussung verbunden (vgl. Schuster/Bode, S. 210, 218, 226, 227, 241, 244, 246, 251, 254, 266), mehr werden gemeinsame Herkunftstendenzen für den Stil (auch hinsichtlich Dos Passos) oder sogar explizite Unterschiede betont. Döblin fühlte sich allerdings durch derartige Vergleiche mit Joyce, obwohl er schon im März 1928 auf ihn und seinen

Roman sehr positiv verwiesen (in der Akademierede ‹Schriftstellerei und Dichtung›, vgl. AW, AzL, S. 94) und den ‹Ulysses› etwa zur gleichen Zeit sehr positiv besprochen hatte (vgl. AW, AzL, S. 287–290), offenkundig stärker betroffen, als es ein nüchterner Befund rechtfertigen würde. Dies hängt allerdings damit zusammen, daß der Vorwurf von der Seite kam, die auch ‹Berlin Alexanderplatz› ideologisch ablehnte: den «Arbeiterliteraten» (vgl. o. S. 194). Symptomatisch dafür ist etwa F. C. Weiskopf gewesen (‹Die Pleite des großen deutschen Romans. Teil 3: Döblin der deutsche Normaleinheits-Joyce›, in: Berlin am Morgen Jg. 2, 1930, Nr. 28 vom 2. 2., S. 5). – Döblin hat auch nach dem 2. Weltkrieg immer wieder seine Eigenständigkeit gegenüber Joyce betont. Vgl. u. a. seinen Brief an P. Lüth aus dem Jahr 1947 (AW, Briefe, S. 376 f.).

2 ‹Berlin Alexanderplatz› (1929).

3 Der dänische Schriftsteller J. P. Jacobsen (1847–1885), der mit seinem sehr nuancenreichen Beschreibungsstil im Sinne der Naturalisten schrieb, faktisch aber den europäischen Impressionismus vorwegnahm und folglich diesen dann stark beeinflußte (u. a. Hofmannsthal und Rilke), wurde in Deutschland mit seinen Hauptwerken (‹Frau Marie Grubbe› 1876 und ‹Niels Lyhne› 1880) nach 1900 vielgelesen.

4 Der norwegische Dichter Henrik Ibsen (1828–1906) mit europäischer Wirkung als naturalistischer Dramatiker beeindruckte auch Döblin wohl schon früh. Als Theaterkritiker in den Zwanziger Jahren betonte er immer wieder die Gegenwärtigkeit dieses Autors und seine künstlerische Gestaltungskraft, zudem auch die eigene Betroffenheit durch Ibsen (vgl. A. Döblin, Kerl, S. 29 z. B.).

5 Der norwegische Dramatiker Björnstjerne Björnson (1832–1910) vertrat eine naturalistische Dramatik, die aber auch darwinistische und positivistische Ideen zu vermitteln versuchte. Er setzte sich für einen geistigen Anschluß Norwegens an Deutschland ein, wo er auch zu Anfang des 20. Jh.s viel gespielt und gelesen wurde.

6 Edvard Munch (1863–1944), norwegischer Maler und Graphiker, der entscheidend den künstlerischen Expressionismus vorbereitete und beeinflußte.

7 Anders Zorn (1860–1920), schwedischer Maler, Radierer und Bildhauer, erfreute sich Anfang des Jh.s einer gewissen Wertschätzung in Deutschland, die jedoch nicht anhielt.

8 Zu ihm vgl. o. S. 40ff.

9 Die Werke des norwegischen Epikers Knut Hamsun (1859–1952) wurden vor allem in Deutschland früh und stark rezipiert, weniger wegen ihrer z. T. sozialen Thematik (‹Hunger› u. a.) als wegen der Darstellung von Naturgefühl und irrationalistischen Verhaltensschilderungen. Nobelpreis 1920. Hamsun vertrat schon im 1. Weltkrieg den deutschen Standpunkt, was seine deutsche Rezeption nochmals begünstigte. Döblin schätzte in ihm «den Freund, Liebhaber und Anbeter der Natur» als «ein Mitfreund, Mitliebhaber und Mitanbeter» (Grußadresse zu Hamsuns 70. Geburtstag 1929 in: Die literarische Welt 5, 1929, Nr. 31, S. 2).

10 Vgl. o. S. 550f., Anm. 7.

11 Zum Teil in diesem Band enthalten, soweit sie im Kontext der eigenen Werkdeutung entstanden sind, sonst weitgehend in AW, AzL enthalten. Der Aufsatz von 1917 ‹Roman und Prosa› jetzt in: AW, KS I, S. 226–232.

12 ‹Der Bau des epischen Werks›, in ‹Jb. der Preußischen Akademie der Künste. Sektion für Dichtkunst, [Jg. 1], Berlin 1929, S. 228–262 (gleichzeitig auch in: Die neue Rundschau 40, 1929, S. 527–541), jetzt in: AW, AzL, S. 103–132.

13 Im wesentlichen noch 1929 entstanden, aber weitere Bearbeitung noch Anfang 1930. Es wird hier noch mit seinem vorläufigen bzw. ursprünglichen Titel bezeichnet. Schon der Typoskriptdruck des S. Fischer-Verlags für Aufführungszwecke von 1930 hat nur noch den Titel ‹Die Ehe› (vgl. AW, DHF, S. 553), was dann auch für die Buchausgabe (1931) gilt.

14 Der Plan wurde bekanntlich nicht realisiert, wenn er auch bis 1931 noch erwogen wurde. Vgl. Döblins Brief an J. Petersen vom 18. 9. 1931: «1. ist das Buch [sc. ‹Berlin Alexanderplatz›] als erstes gedacht zu einem zweibändigen. Das zweite sollte (oder soll?) den aktiven Mann, wenn auch nicht dieselbe Person geben.» (AW, Briefe, S. 165). Vorarbeiten zur Fortsetzung sind, soweit bekannt, nicht erhalten. Die Idee eines weiteren Berlin-Romans hängt bei Döblin auch mit der ‹linken› Kritik an ‹Berlin Alexanderplatz› von seiten des Bundes revolutionär-proletarischer Schriftsteller (K. Neukrantz, J. R. Becher usw.) zusammen, die dieser in der ‹Linkskurve› formuliert hatte (vgl. Kat. Döblin, S. 266ff.).

[MEIN STANDORT]

1. *Überlieferung:*

In derzeit noch ungeordnetem Nachlaß-Material (Depot) befindet sich als «noch zu identifizierende Handschrift» ein kleiner, überschriftsloser Text von 3 Blatt (fast DIN A 4-Format), der persönliche Bemerkungen zum geistigen Lebensstandort Döblins enthält. Die erhaltene Handschrift scheint Fragment, da der Text auf Blatt 3 zwar syntaktisch vollständig, aber mit einem Komma am Ende der letzten, die Seite füllenden Zeile endet. Über dem Text auf Blatt 1 steht in der Mitte der Bleistiftvermerk Döblins «Letztes Buch! Konkretes». Die Identifizierung und Zuordnung wird dadurch nicht erleichtert, da sich ein zwingender Kontext weder zu ‹Wissen und Verändern› (ED in: Das Tagebuch 11, 1930, zwischen Juli und Oktober [vgl. Huguet Nr. 268], als Buch 1931) noch zu ‹Unser Dasein› (1933) zumindest in der publizierten Form ergibt. Zu denken wäre aber immerhin, daß der Entwurf im Zusammenhang der länger sich hinziehenden Arbeit an ‹Unser Dasein› entstanden sein könnte, möglicherweise als Teil eines dann aufgegebenen Schluß-«Buches» gedacht war. Für eine Werkeinbindung in den Schreibkomplex ‹Unser Dasein› spricht zudem die abschließende Wendung Döblins im vorliegenden Text, er habe als «kleiner Mann unter kleinen Männern» in Berlin gelebt (o. S. 194). Dies nimmt die Überschrift des sechsten Buches von ‹Unser Dasein› vorweg: «Von kleinen und großen Menschen» (AW, UD, S. 293). Da in diesem Buch auch Autobiographisches aufgenommen erscheint, das Döblin früher publiziert hatte (unter dem Pseudonym ‹Linke Poot› den Beitrag ‹Dämon oder krankhafte Verstimmung» in: Berliner Tageblatt Jg. 53, 1924, Nr. 53 vom 31. 1. = AW, UD, S. 308–310) oder neu formulierte (‹Dieses ist ein Café›, AW, UD, S. 305–308), so hätte der vorliegende Text hier durchaus auch Platz finden können. Da es nicht geschehen ist, rechtfertigt dies seine eigenständige Publikation.

2. *Entstehung:*

Eine genaue Datierung ist schwierig, doch spricht die persönliche Abgrenzung von den «Arbeiterliteraten» ziemlich klar für eine Entstehung im Jahr 1930, das den Konflikt mit der ‹Linkskurve› gebracht hatte (vgl. o. S. 602, Anm. 1).

3. *Textgrundlage:*

Der Abdruck folgt der Handschrift mit Kennzeichnung der Eingriffe. Der Titel ‹Mein Standort› wurde hinzugefügt.

4. *Kommentar:*

[1] Im Dezember 1929 veröffentlichte die ‹Linkskurve›, das Organ des «Bundes proletarisch-revolutionärer Schriftsteller» (zu ihm vgl. W. Fähnders, Proletarisch-revolutionäre Literatur in der Weimarer Republik, Stuttgart 1977, S. 79ff.) eine radikal negative Kritik an ‹Berlin Alexanderplatz› durch Klaus Neukrantz (Schuster/Bode, S. 228f.), die J. R. Becher in der folgenden Nummer polemisch fortsetzte (‹Einen Schritt weiter!›, in: Die Linkskurve Jg. 2 (1930), Nr. 1, S. 1–5). Döblin antwortete darauf in seinem Artikel ‹Katastrophe in einer Linkskurve› (in: Das Tagebuch 11, 1930, Heft 18, 3.5., S. 694–698, jetzt in: AW, SPG, S. 247–253) ausgesprochen polemisch. Die Antwort blieb nicht aus. Otto Biha antwortete in der nächsten Nummer der ‹Linkskurve› ‹Herr Döblin verunglückt in einer Linkskurve› (in: Die Linkskurve 2, 1930, Nr. 6, S. 21–24) wiederum aggressiv und persönlich. Döblin hat hierauf nicht weiter reagiert, die ‹Linkskurve› hat ihre Polemik noch einige Zeit fortgesetzt (vgl. Kat. Döblin, S. 271f.). Döblin hat in der Folge auf eine Auseinandersetzung mit kommunistischen Literaturpositionen verzichtet.

[2] Vgl. o. S. 40 zur Kleistlektüre um 1894.

[3] Die «Tragödie in Versen» Heinrichs von Kleist (1777–1811) hatte, obwohl schon 1808 erschienen, ihre Uraufführung in Berlin erst 1876 und war und blieb ein ‹Außenseiterstück›, dessen mythologische Wildheit in Verbindung mit einer durchaus schon ‹modernen› seelischen Differenziertheit Döblin fasziniert haben muß, da sein Frühwerk den Kleistschen Tendenzen durchaus nicht fern steht. Ob er Hugo Wolfs symphonische Dichtung ‹Penthesilea› (1883–85) gekannt hat, ist nicht feststellbar, wäre aber bei der Schätzung dieses Komponisten durch ihn (vgl. o. S. 170) nicht unmöglich.

4 Vgl. o. S. 589, Anm. 199.
5 13. 9. 1900.
6 1899/1900.
7 Zur Nietzsche-Rezeption vgl. o. S. 41.

MEIN LEBENSGESETZ

1. *Überlieferung:*

Im Nachlaß (Depot) existiert ein zusammengeklebtes Typoskriptblatt (= ML 1) mit eigenhändigen Korrekturen Döblins und einem auch korrigierten Titel «Das Öl auf meinen Federn» (statt «Mein Lebensgesetz»). Des weiteren ist im Marbacher Nachlaß (Depot) unter dem Titel «Mein Lebensgesetz. Ein Brief» eine einspaltige Zeitungs- bzw. Zeitschriftendruckfahne erhalten, deren ursprünglicher Fahnensatz (= ML 2) durch ausführliche Streichungen und Korrekturen von der Hand Döblins seiner Briefform entkleidet und auch inhaltlich erheblich gekürzt und verändert wurde, so daß eine neue Textfassung (= ML 3) vorliegt. Diese berührt sich zwar stark mit ML 1, ist aber keineswegs mit dieser identisch, da ML 1 gegenüber ML 3 wiederum durchaus eigenständige Textpartien hat.
Trotz der vorliegenden Druckfahne ist eine Publikation des Textes in welcher Form auch immer bisher nicht nachweisbar gewesen. Ob es überhaupt zu einer Veröffentlichung kam, ist somit durchaus fraglich.
Unter dem Titel «Das Öl auf meinen Federn» hat J. Meyer in: Kat. Döblin, S. 59, Nr. 1 den Text von ML 1 veröffentlicht.

2. *Entstehung:*

Nähere Umstände der Abfassung sind unklar. Die stark abweichenden Fassungen deuten auf Formulierungsprobleme hin. Der Anlaß könnte eine der zeitüblichen Rundfragen gewesen sein. Hinsichtlich der Datierung läßt sich sagen, daß der Text um 1930 (eventuell aber auch noch später) entstanden sein muß (d. h. nach ‹Berlin Alexanderplatz› und nach ‹Der Bau des epischen Werks›), wie sich aus der inhaltlichen Argumentation ergibt.

3. *Textgrundlage:*

Angesichts der Relevanz wurden sowohl der ursprüngliche Druckfahnentext (= ML 2) als auch der gekürzte Folgetext (= ML 3) für sich gesondert abgedruckt. Auf den Abdruck von ML 1 wurde verzichtet, weil er in Kat. Döblin, S. 59 schon vorliegt und zudem von ML 3 nicht grundsätzlich abweicht. ML 1 bietet allerdings außer kleineren Textvarianten gegenüber ML 3 einen zusätzlichen Schlußabsatz. Er lautet: «Ich bin nicht irrational. Ich kann nicht dafür, daß die Objekte irrational sind. Aber die Objekte sind ja, in meinem Sinne, weitgehend rational. Dann kann ich nicht dafür, daß die andern nicht meinen Sinn haben.»
ML 1 bietet in einer überklebten, stark korrigierten Passage noch weitere Information. Es heißt da:
«Ein literarisches Werk sagt, wie jedes Einzelprodukt, wenig über seinen Hersteller. Es prägt ihn nicht aus, nicht ganz und gar täuschend. Ich könnte versucht sein, Leitmotivisches von mir aufzuzeigen. Aber ich bin noch nicht zu Ende. Was sollen diese Aphorismen. Ich liege noch nicht auf dem Strand, ich bin tätig.»
Diese Korrekturfassung beruht auf dem Grundtext:
«Ein literarisches Werk sagt, wie überhaupt jedes Einzel-Produkt, wenig über die seelische Gesamtart seines Bereiters. Es prägt natürlich den Menschen nicht aus, nicht ganz und nur sehr täuschend. Ich könnte allerlei Leitmotivisches von mir aufzeigen. Aber es ist unnatürlich, sich selbst bei der Arbeit zuzusehen. Denn ich lebe und arbeite noch. Ich habe den Grundsatz des normalen Menschen: erkenne dich nicht selbst.»

4. *Kommentar:*

[1] Paraphrasierende Zitierung von J. W. Goethes «Nach dem Gesetz, wonach du angetreten» aus ‹Urworte. Orphisch› Strophe 1, 4 (HA, Bd. 1, S. 359).

[2] Anspielung auf das griechische «Gnôti seautón» ‹Erkenne dich selbst›, das als Inschrift des Apollo-Tempels in Delphi überliefert ist.

1. *Überlieferung:*

Eine Handschrift existiert nicht. ED in: Berliner Tageblatt Jg. 60 (1931), Nr. 13 vom 8.1., Abendausgabe, S. 2–3. Neudrucke liegen vor in: ZL, S. 185–189; VdG, S. 102–106; Stücke, S. 218–221.

2. *Entstehung:*

Der Text wurde aktuell wohl kurz vor der Publikation Anfang Januar 1931 formuliert, worauf als Indiz die «gestern» erhaltene Abrechnung des S. Fischer-Verlages über die acht Münchner Aufführungen der ‹Ehe› (Ende November bis Mitte Dezember 1930) verweisen.

3. *Textgrundlage:*

Nach dem ED

4. *Kommentar:*

[1] Döblin zählt hier nur ‹Lusitania› (1920), ‹Die Nonnen von Kemnade› (1923) und ‹Die Ehe› (1929/30 geschrieben, erscheint erst im Jahr 1931 als Buch). Der frühe Einakter ‹Lydia und Mäxchen› (1906) sowie die unpublizierte ‹Comteß Mizzi› (1908) werden nicht einbezogen. Alle Texte jetzt zugänglich in AW, DHF.

[2] Die ‹Lusitania› wurde am Hessischen Landestheater in Darmstadt (Kleines Haus) innerhalb des Aufführungszyklus «Junge Bühne» am 15. 1. 1926 uraufgeführt.

[3] Vgl. zu den wesentlich von Heidelberger Studenten getragenen, nationalsozialistisch eingefärbten Provokationen die Rezension der Aufführung von W. Michel (Schuster/Bode, S. 76–80, hier S. 79).

[4] ‹Die Nonnen von Kemnade› wurden am 21. 4. 1923 am Alten Theater in Leipzig uraufgeführt.

[5] Vermutlich Frankfurt a. M., da die von Huguet, Nr. 2549 angegebene Rezension vom 5. 12. 1923 über eine Frankfurter Aufführung der ‹Nonnen von Kemnade› nicht existiert. Insofern ist wohl auch die bei Meyer, S. 17 und Huguet, Chron. S. 76 für den 4. 12. 1923 angegebene Frankfurter Inszenierung hinfällig. Möglicherweise ist die von Döblin 1956 behauptete Zurückweisung des ‹Ehe›-Stückes in

Frankfurt/M. (vgl. AW, Briefe, S. 476) eine Verwechslung mit der Ablehnung der ‹Nonnen von Kemnade›. Träfe sie aber zu, so würde sie mit der hier kommentierten Stelle in Verbindung zu bringen sein.

6 ‹Die Ehe›. Die Angabe der Abfassung «vor etwa eineinhalb Jahren» kann gerechnet von der Jahreswende 1930/31 nicht zutreffen, da Döblin bis ins Jahr 1930 hinein am Stück gearbeitet hat. Die Datierung Mitte 1929 trifft wohl für den Beginn der Arbeit zu.

7 Das wäre Ende 1928 gewesen. Faktisch lagen die Spannungen mit dem Verleger S. Fischer wohl schon früher, ausgelöst durch den ökonomischen Mißerfolg des ‹Manas› (1927). Eine Beruhigung des Verhältnisses wurde durch eine Lesung Döblins aus dem entstehenden Manuskript von ‹Berlin Alexanderplatz› im Hause des Verlegers erreicht. (Vgl. G. Bermann-Fischer, Bedroht-Bewahrt, Frankfurt/M. 1967, S. 53ff.) Die genaue Datierung ist allerdings unklar. Möglicherweise fand die Lesung schon im März 1928 statt (so Meyer, S. 19, wobei die von ihm angegebene Lesung Döblins aus ‹Berlin Alexanderplatz› im «Verein der Literaturfreunde» erst am 19. 3. 1929 stattfand; vgl. Huguet Nr. 956) oder erst im Herbst (September?), wie dies Huguet, Chron., S. 89 annimmt. – Wie der weitere Text des Artikels aber erkennen läßt, ist die Angabe Döblins mit Ende 1928 ein Irrtum, da sich die Unterstützung im «verfluchten Jahr» durch Jakob Wassermann ohnehin auf 1928 beziehen muß, der Verlegerkonflikt demnach auf Ende 1927 anzusetzen ist.

8 1873–1934, Erzähler und Essayist; in den Zwanziger Jahren sehr erfolgreicher Autor von Romanen (‹Christian Wahnschaffe› 1919/32; ‹Der Fall Mauritius› 1928; ‹Etzel Andergast› 1930). Döblins Verhältnis zu Wassermann beruhte weniger auf Übereinstimmung als Autor. Es war zunächst eine sehr persönliche Vertrauensverbindung. Vgl. zur Dankbarkeit Döblins gegenüber Wassermann auch AW, Briefe, S. 170 sowie o. S. 198 und S. 357.

9 Zitat aus J. W. Goethes ‹Iphigenie auf Tauris›, 4. Akt, 5. Szene, vv. 1726–1732 (HA, Bd. 5, S. 54).

10 ‹Berlin Alexanderplatz› (1929).

11 ‹Die Ehe›.

12 Es handelt sich um den meist bei Bert Brecht, aber auch bei Piscator tagenden Zirkel mit Döblin, Brecht, Piscator und F. Sternberg als festen sowie anderen, wechselnden Teilnehmern. Vgl. zu diesen

Treffen AW, Briefe, S. 476 und AW, DHF, S. 616ff. sowie F. Sternberg, Der Dichter und die Ratio, Göttingen 1963, S. 16f.

13 Erwin Piscator (1893–1966), Regisseur und Theaterleiter; zum Zeitpunkt der Diskussion 1927/28 Direktor einer eigenen Bühne, des Theaters am Nollendorfplatz (Nr. 5). Zum Produktionshintergrund des ‹Ehe›-Stücks als Ergebnis eines ‹Piscator-Kollektivs› vgl. E. Piscator, Das politische Theater, neubearbeitet von F. Gasbarra, Reinbek b. Hamburg 1979, S. 142. Vgl. auch den Artikel ‹Theorie und Praxis› (gezeichnet L. W.), in: Die Literatur 31 (1928/29), Heft 12 (Sept.), S. 688: «Ein Kollektiv von Nationalökonomen, Soziologen und Medizinern arbeitet zur Zeit an einem gemeinsamen Drama über die Ehe. Die Namen der Mitarbeiter, zu denen auch [...] Alfred Döblin gehört, bürgen für eine ernste Behandlung des Themas. Das Stück wird in der kommenden Spielzeit von Erwin Piscator zur Aufführung gebracht werden.»

14 Voran natürlich Bert Brecht, aber z. T. auch J. R. Becher, Walter Mehring, E. Toller u. a. Auch Herbert Jhering (1888–1977), der führende Theaterkritiker des ‹Berliner Börsen-Couriers›, nach 1933 ausgeschaltet, 1946 Chefdramaturg des ‹Deutschen Theaters› in Berlin, gehörte zum Kreis. Er notierte schon im Juli 1930 (d. h. vor der Uraufführung der ‹Ehe›) zum Stück: «Es zeigen sich vom Inhaltlichen und Stofflichen her [sc. neue] Wege zur Form, wenn man an das Ehestück von Alfred Döblin denkt.» (Vgl. H. Jhering, Der Kampf ums Theater, Berlin 1974, S. 329f.)

15 Nicht ermittelt. Noch im August 1930 äußerte sich Döblin allerdings in einem Interview ‹Nur der veränderte Autor kann den Film verändern› (in: Film-Kurier Jg. 12, Ausg. vom 16. 8. 1930), daß Piscator sein neues Stück «Ehe und Kapital [...] aufzuführen gedenke.» (ND in: Stücke, S. 256).

16 Möglicherweise Karol Rathaus (*1895), der dann die Musik zur ‹Ehe› schrieb (als Op. 31 in der Universal-Edition Wien 1931 erschienen). Vgl. dazu AW, DHF, S. 633f.

17 Dieser war nicht zu ermitteln.

18 Gemeint sind die Inszenierungen in München, Studio der Kammerspiele (Uraufführung 29. 11. 1930) und Leipzig durch das Stadttheater (Uraufführung 2. 12. 1930).

19 Neue Badische Landeszeitung (Mannheim) vom 12. 12. 1930. Abdruck des anonym verfaßten Artikels bei Schuster/Bode, S. 312.

[20] Ebd. (wie Anm. 19) heißt es: «Die Idee und der dramaturgische Rahmen, insbesondere die Einführung des Sprechers stammt von Erwin Piscator. Der wesentliche Teil des dramaturgischen Aufrisses und seiner Durchführung von Bert Brecht.» (Schuster/Bode, S. 312). Man kann annehmen, daß diese Meldung bewußt lanciert war, da, wie auch die Nachlaßmanuskripte zeigen, von einer derartigen ‹Urheberschaft› nicht die Rede sein kann.

[21] Hierzu waren keine Informationen zu gewinnen. Möglicherweise unterblieb diese Klage oder sie wurde auch von Döblin zurückgezogen.

[22] In München wurde am 12. 12. 1930 die weitere Aufführung der ‹Ehe› mit Wirkung vom 15. 12. wegen «kommunistischer Propaganda» untersagt, was zu heftigen Protesten (u. a. von Thomas Mann) führte. Vgl. Werner Richter, Zensur in München. Zum Verbot von Döblins «Ehe», in: Berliner Tageblatt Jg. 59 vom 13. 12. 1930 und ders., Das «Literatur-Erzeugnis». Die Begründung des Münchner Verbots von Döblins «Ehe», in: Berliner Tageblatt Jg. 59, Nr. 591 (16. 12.), Morgenausgabe, S. 3.

[23] Damit wäre Leipzig gemeint. Die genaueren Hintergründe sind nicht mehr klärbar.

[24] Angesichts der Struktur des Stückes ist die Bestimmung einer «Hauptdarstellerin» schwierig. Zur Besetzung vgl. AW, DHF, S. 555, u. U. war es Lina Carstens, die die Arbeiterfrau spielte.

[25] S. Fischer.

[26] Gemeint ist München.

[27] Es handelt sich um den Typoskriptdruck ‹Die Ehe. 3 Scenen und ein Vorspiel von Alfred Döblin› mit Druckjahr 1930. Von den hier angegebenen 180 Exemplaren hat sich zumindest ein Exemplar erhalten (New York Public Library; vgl. AW, DHF, S. 553). Die überarbeitete Buchausgabe erschien erst 1931.

GESPRÄCHE ÜBER GESPRÄCHE

1. *Überlieferung:*

Der Text ist Bestandteil eines Artikels von Adolf Hoffmeister ‹Rožpravy rožprav› mit dem deutschen Untertitel ‹Döblin am Alexanderplatz› in: Rožpravy Aventina 6 (Praha 1930/1931), Císlo 26, S. 301–302. Der erste Teil des auf Tschechisch erschienenen Beitrags enthält einen Stimmungsbericht über einen Besuch in Döblins Berliner Arztpraxis und nur der zweite Teil ist ein wörtlich wiedergegebenes Interview.
Der bei Huguet Nr. 900 angegebene Zweitdruck des Artikels in: Piš, jak slyš iš, Praha: Družstevní práce 1931, S. 140–145 konnte von mir weder nachgewiesen noch über die Fernleihe zugänglich gemacht werden.

2. *Entstehung:*

Aufgrund der Textanhalte ist das Interview kurz nach dem Januar 1931 entstanden.

3. *Textgrundlage:*

Aus dem Gesamttext des Artikels wurde nur der Teil mit den wörtlichen Äußerungen Döblins einschließlich der Interviewer-Fragen (wie in der Vorlage kursiv gesetzt) in der Übertragung von Karla Juchelka und Martin Roscher abgedruckt. Hoffmeister hatte dem Interview die fingierte Situation eines Sprechstundenbesuchs gegeben. Die Schlußwendung («Die Sprechstunde ist beendet. Auf mich warten Patienten. Auf Wiedersehen, mein Herr.») konnte deshalb wegfallen.
Der einleitende, essayistische Text Hoffmeisters, der hier nicht mitgeteilt wird, gibt ein Stimmungsbild vom Leben im Berliner Osten und von Döblins Erscheinung: «Es ist ein zierlicher, kleiner Mann mit einer scharfgeschnittenen Nase, rasiert, mit nervösen und abgerissenen Gesten. Er ist einer von den Menschen, die, wenn sie sprechen, gehen und, wenn sie schweigen, singen müssen. [...] Er redet sehr exakt und bestimmt. Das ist sein Redestil.»

4. *Kommentar:*

1 Gemeint ist der ‹Manas. Epische Dichtung› (1927).

2 Zu ihm vgl. u. S. 711, Anm. 147.

3 Zu ihm vgl. u. S. 716f., Anm. 190.

4 Die ‹Wallenstein›-Übertragung durch V. Svoboda und L. Drubek erschien Praha: Druzstvení práce 1931 (vgl. o. S. 595).

5 Jaroslav Durychs (1886–1962) große Wallenstein-Trilogie ‹Bloudení› (‹Die Irrwege›; die deutsche Übersetzung von M. Hartmann-Wagner erschien München 1933 unter dem verfälschenden Titel ‹Friedland›) war in Prag 1929–1930 veröffentlicht worden. Es war ein bahnbrechendes Werk auf dem Feld des historischen Romans. Aus katholischer Sicht geschrieben, entfaltet der Text ein barockes Welttheater mit breiter Schilderungsweise der wirren Ereignisse vor einem stark betonten (und in der Handlung auch personalisierten) religiösen Konflikthintergrund. Der Roman ist streng nach Motiven komponiert und zeichnet sich durch eine spröde, expressionistische Sprache aus. Der mögliche Einfluß Döblins auf Durych ist in der Forschung bisher nicht diskutiert. Für das Interview Hoffmeisters bildet Durychs Schriftstellerpersönlichkeit und sein neues Buch den Vergleichsanlaß mit Döblin und seiner Art zu schreiben.

6 Inwieweit das wirklich zutrifft, erscheint vor Erscheinen der deutschen Übersetzung Durychs fraglich. Der erste fachwissenschaftliche Artikel zum Roman Durychs erschien erst in: Jahrbücher für Kultur und Geschichte der Slawen N. F. 9 (1933), S. 596–609: H. Jílek, Jaroslav Durychs «Wallenstein». Allerdings existierten schon vorher zwei tschechische Studien zum Verhältnis Durychs zu Döblin von Paul Eisner: Döblin a Durych (in: Akord 2, 1929, Heft 6–7, S. 162–166) und ders., Durych a Döblin (in: Literárne Noviny 5, 1931, Nr. 5).

7 Vgl. o. S. 598f., Anm. 1.

8 Die Abkürzung ist ebenso rätselhaft wie die Behauptung Döblins von einer größeren Studie über Joyce. Döblins umfangreiche Rezension des ‹Ulysses› erschien in: Das deutsche Buch 8 (1928), Heft 3/4, S. 84–86 (jetzt in: AW, AzL, S. 287–290).

9 Der amerikanische Schriftsteller portugiesischer Abkunft (1896–1970) ist der Begründer des amerikanischen Montageromans gewesen, z. T. von Joyce mitbeeinflußt, aber doch auch mit großer Eigenständigkeit. Döblin kannte wohl nur ‹Manhattan Transfer› (1925,

dt. 1927) und allenfalls noch den ersten Teil der USA-Trilogie ‹The 42nd Parallel› (1930, dt. ebenfalls 1930). Sonstige Äußerungen zu Dos Passos von Döblin sind nicht bekannt.

10 Miguel de Cervantes Saavreda (1547–1616) wurde mit seinem Hauptwerk ‹El ingenioso hidalgo Don Quijote de la Mancha› (1605–1615) für Döblin zu einem seiner zentralen Leitbilder des Epischen, weil er in seinem Sinne erzählerisch «das Exemplarische des Vorgangs und der Figuren», «Elementarhaltungen des Menschen» zu gestalten wußte, wie dies auch Döblin für seine eigenen Werke in Anspruch nahm (vgl. AW, AzL, S. 106).

11 Der tschechische Text hat «handžar», wobei es sich um eine Hiebwaffe türkischen Ursprungs handelt, für die es keinen deutschen Namen gibt.

12 An sich müßte man als korrektes Entstehungsdatum Juni/Juli 1930 ansetzen, denn Döblins «Offene Briefe an einen jungen Studenten» (so der Untertitel der Buchausgabe von ‹Wissen und Verändern› 1931, jetzt AW, DM, S. 125ff.) wurde ausgelöst durch einen Brief Gustav René Hockes (*1908), der seinerseits eine Reaktion auf Döblins Artikel ‹Katastrophe in einer Linkskurve› vom Mai 1930 war (vgl. o. S. 602, Anm. 1). Dieser Brief erschien zusammen mit Döblins (erster) Antwort in: Das Tagebuch 11 (1930), S. 1061–1070. Die weiteren Beiträge Döblins folgten dann von August bis Oktober 1930 (vgl. Huguet Nr. 268). Die Datierung «Januar» hier bezieht sich offenkundig auf die Auslieferung der Buchausgabe im Januar 1931 (nicht erst Februar, wie Meyer, S. 22 angibt).

13 Gustav René Hocke (*1908), Schriftsteller und Essayist, 1930 Student in Bonn bei E. R. Curtius (Romanistik).

14 Steht in dieser deutschen Formulierung im tschechischen Text.

15 Bezieht sich auf den skeptizistischen Zentralsatz des griechischen Philosophen Sokrates (ca. 470–399 v. Chr.), dem es um die Erforschung des Menschen und der Möglichkeit seiner Selbsterkenntnis ging: «Ich weiß, daß ich nichts weiß.»

16 Steht so als deutscher Begriff im tschechischen Text.

17 Vgl. o. S. 40ff. zum Verhältnis Döblins zu Goethe.

18 Vgl. o. S. 536, Anm. 13.

19 Hier umreißt Döblin sein zentrales Angriffsmoment in ‹Wissen und Verändern›.

20 Vgl. zu ihm u. S. 638, Anm. 6.

[21] 1875–1926, den Döblin hier vor allem als Lyriker des Fin de siècle-Geistes apostrophiert und ihn dadurch der Realitätsferne zeiht. Die Dichtungsästhetik Rilkes wird von Döblin als Wirklichkeitsflucht verstanden.

RÜCKKEHR ZUR NATUR

1. *Überlieferung:*

In derzeit noch ungeordnetem Nachlaß-Material (Depot) fand sich unter den noch zu identifizierenden Handschriften ein kleiner Text Döblins auf zwei beidseitig beschriebenen Blättern. Eine Überschrift fehlt. Der Text bricht auf Blatt 2^v in der Mitte ab, da der Satz «Es kommt das Land, in dem es nicht Tod und Leben gibt» nur mit einem Komma abgeschlossen ist.
Inwieweit der kleine, autobiographisch orientierte Text in einen konzeptuellen Zusammenhang mit der Entstehung von ‹Unser Dasein› gehören könnte (vgl. dazu o. S. 601 bezogen auf ‹Mein Standort›), läßt sich nicht mehr entscheiden, da die publizierte Buchform hierfür keinerlei Anhalte bietet. Der Charakter der Äußerung weist ihr ohnehin Selbständigkeit zu, geht es doch um die Reflexion über aktuelle geistige Befindlichkeit und Orientierung.

2. *Entstehung:*

Aufgrund der im Text selbst mitgeteilten Datierung erfolgte die Niederschrift im Mai 1931. Die programmatische Hinwendung zur Natur erklärt sich vor dem Hintergrund einer zunehmenden Belastung Döblins durch tagespublizistische Anliegen im Umfeld von ‹Wissen und Verändern›, das in Buchform im Februar 1931 erschienen war. Hinzu kamen aktuell vermutlich Rundfunkquerelen, da Döblins Rundfunkdiskussion (16. 4. 1931) über seine umstrittenen Thesen bei der Eröffnung der 64. Ausstellung der Berliner Sezession «Künstler unter sich» (am 11. 4.) sein letzter Beitrag für dieses Medium vor 1933 war. Zur mutmaßlichen Rolle von Arnolt Bronnen dabei vgl. AW, Briefe, S. 475. Die Berliner Aufführung des ‹Ehe›-Stückes (Premiere ebenfalls am 11. 4.) brachte zudem den Konflikt mit Alfred Kerr, der das Stück vehement verriß (vgl. Schuster/Bode, S. 313–315), was Döblin zu einer polemischen Gegenreaktion veranlaßte (‹Die Ehe und ein Krr-itiker›), die aber nicht publiziert wurde (jetzt in: Stücke, S. 224–229 aus dem Nachlaß). Möglicherweise spiegelt der Text auch schon einen problematischen Gesundheitszustand (Mai – August 1931; vgl. AW, Briefe, S. 164).

3. *Textgrundlage:*

Nach der Handschrift mit gekennzeichneten Eingriffen.

4. *Kommentar:*

[1] Die Anspielung bezieht sich vermutlich auf ‹Berge Meere und Giganten›, an dem Döblin von 1921–1923 arbeitete (erschienen 1924).

«ICH BIN NICHT IM STANDE, ‹STELLUNG› ZUR RELIGION ZU NEHMEN.»

1. *Überlieferung:*

Eine Handschrift existiert nicht. ED in: Harald Braun (Hg.), Dichterglaube. Stimmen religiösen Erlebens, Berlin-Steglitz, Eckart-Verlag 1931 (^{2}1932), S. 71–75.

2. *Entstehung:*

Über die Hintergründe der Abfassung ist nichts Näheres bekannt. Der Anlaß dürfte vermutlich eine Bitte des Herausgebers gewesen sein, sich an der Anthologie zu beteiligen. Die Entstehung wird auf 1931 zu datieren sein.

3. *Textgrundlage:*

Nach dem ED.

4. *Kommentar:*

[1] Die Anspielung bezieht sich auf eine Teilüberlieferung in der Siegfried/Sigurd-Mythe, daß dieser die Sprache der Vögel verstanden habe, nachdem er seine Zunge mit Drachenbrühe bestrichen habe (vgl. W. Grimm, Die deutsche Heldensage, Gütersloh ^{3}1889, S. 84 f.).

[2] ‹Jagende Rosse› (1900)

[3] Bezieht sich auf die Hinwendung zur Natur um 1920 (vgl. o. S. 49 ff.).

[4] Die Formulierung geht auf Döblin selbst zurück.

NACHWORT [ZU ‹GIGANTEN›]

1. *Überlieferung:*

Ein handschriftlicher Entwurf ist nicht mehr erhalten. ED in: Alfred Döblin, Giganten. Ein Abenteuerbuch, Berlin: S. Fischer 1932, S. 375–377 unter der Überschrift «Nachwort». ND in AW, AzL, S. 371–374.

2. *Entstehung:*

Die Auslieferung des Druckes erfolgte im März 1932. Die Abfassung dürfte demnach auf Ende 1931 zu datieren sein.

3. *Textgrundlage:*

Nach dem ED mit ergänzter Titelformulierung.

4. *Kommentar:*

[1] Beginn der ersten Niederschrift Herbst 1921, Abschluß des Manuskripts August 1923.
[2] Januar 1924.
[3] Die Kalkulation fußt auf der 589 Seiten umfassenden Originalausgabe von 1924.

MEIN BUCH ‹BERLIN ALEXANDERPLATZ›

1. *Überlieferung:*

Eine Handschrift existiert nicht. ED in: Der Lesezirkel 19 (Zürich 1932), Heft 5 (15. 2.), S. 70–71. Neudrucke liegen vor in: AW, BA, S. 505–507 (danach seiten-identisch auch in der Taschenbuchausgabe des Deutschen Taschenbuchverlags München 1965); A. Döblin, Berlin Alexanderplatz. Die Geschichte vom Franz Biberkopf. Mit einem Nachwort von K. Hermsdorf, Berlin (DDR) 1963, S. 521–523.

2. *Entstehung:*

Die Abfassung des Textes steht in unmittelbarem Zusammenhang mit dem eineinhalbstündigen Vortrag Döblins am 29. 2. 1932 in der Aula der Züricher Universität über Entstehung und Stil von ‹Berlin Alexanderplatz›. Der Vortragstext selbst ist weder als Stichwortentwurf noch als ausgearbeitetes Manuskript erhalten. Es existiert nur die Einführung.

Einen sehr subjektiven und zum Teil falsch wertenden Bericht über die «tief überzeugte und ausgezeichnet gesprochene Rede» Döblins verfaßte E. Korrodi für die Neue Zürcher Zeitung (‹Döblin über Döblin›, 1. 3. 1932, Abendausgabe Nr. 387). Daraus geht hervor, daß Döblin zunächst über seine Poetik (im Sinne von ‹Der Bau des epischen Werks›) sprach, danach, daß «die Nährquelle des heutigen, des lebendigen deutschen Gestalters vor allem der Osten sei». Zugleich betonte er aber anscheinend die Eigenständigkeit eines am Jetzt orientierten Schreibens. Die Rede schloß Döblin dann mit einer Montage aus «grotesken Kritiken» über seinen Roman.

3. *Textgrundlage:*

Nach dem ED.

4. *Kommentar:*

[1] Der «Lesezirkel Hottingen» war eine Züricher Traditionseinrichtung, die schon seit dem 19. Jh. bestand. Döblin hatte auf Einladung dieser Vereinigung schon einmal, am 27. 2. 1927, aus seinen Werken gelesen (Huguet Nr. 943).

[2] Der Vortrag fand am 29. 2. 1932, einem Montag, in der Aula der Universität statt. Vgl. Der Lesezirkel 19 (Zürich 1932), S. 103.

[3] Diese Tätigkeit dürfte in seine Assistenzarztzeit in der Berliner Anstalt Buch (Oktober 1906–Juni 1908) fallen. Aus dem gleichen Arbeitszusammenhang heraus ist vermutlich auch das Gutachten ‹Die Witwe Steinheil› entstanden (in: Morgen 2, 1908, Nr. 51/52 vom 18. 12., S. 1711 f.; jetzt in KS I, S. 57–61).

[4] Soweit bekannt, hat Döblin nur einen Urlaub als Arzt in Berlin während des 1. Weltkrieges verbracht, und zwar im März 1918 (vgl. o. S. 583, Anm. 123).

[5] Erschienen 1927.

[6] Gemeint ist die englischsprachige Übersetzung «into the American» von Eugene Jolas ‹Alexanderplatz, Berlin. The Story of Franz Biberkopf›, die zugleich in New York (Viking Press) und London (Secker) 1931 erschienen war.

[7] Vgl. o. S. 598 f., Anm. 1.

[8] Die erste Niederschrift des Romans begann Döblin im Oktober 1927, die Rezension des ‹Ulysses› in der deutschen Übersetzung von G. Goyert (Herbst 1927 als Privatdruck im Rhein-Verlag erschienen) erfolgte im März/April-Heft von ‹Das deutsche Buch› Jg. 8 (1928), wurde also spätestens im Februar 1928 verfaßt. Die Lektüre wäre entsprechend davor anzusetzen.

[9] Die wichtigsten Kritiken vgl. bei Schuster/Bode, S. 207–266. Die ausführlichen Nachweise (vor allem auch die Rezensionen der englischen Ausgabe) bis Anfang 1932 vgl. bei Huguet, Nr. 1965–2079.

ALTES BERLIN

1. *Überlieferung:*

Eine Handschrift ist nicht mehr erhalten. ED in: Die literarische Welt 8 (1932), Nr. 29/30 (15. 7.), S. 9 innerhalb der Artikelserie «Die deutsche Landschaft», hier unter der dritten Rubrik «Die Mitte».
ND in: Neue Texte. Almanach für deutschsprachige Literatur, Herbst 1968, Berlin/Weimar 1968, S. 301–303.

2. *Entstehung:*

Nach Döblins Vermerk im Text, er habe zum erstenmal «nach einunddreißig Jahren» sein altes (Köllnisches) Gymnasium «vorige Woche» erstmals wieder betreten, wäre an sich ein Indiz für eine Abfassung im Jahr 1931, da er sein Abitur am 13. 9. 1900 abgelegt hatte. Wie aber schon in früheren Texten (vgl. o. S. 13 und S. 63) geht Döblin sehr wahrscheinlich von einem subjektiven, aber eben irrigen Abiturdatum 1901 aus. Deshalb wird die Abfassung des Textes auch 1932, vermutlich in relativer zeitlicher Nähe zur Publikation, Mai/Juni 1932, anzusetzen sein.

3. *Textgrundlage:*

Nach dem ED mit Kennzeichnung einer falschen Namensform.

4. *Kommentar:*

1 Die Familie Döblins wohnte in zahlreichen Wohnungen innerhalb dieses Bezirks von Berlin Mitte bzw. Friedrichshain.

2 Spreebrücke in Berlin Mitte im Zuge der Brückenstraße zum Stadtbahnhof Jannowitzbrücke.

3 Am Märkischen Platz nahe dem Köllnischen Park in Berlin SO direkt nördlich der Waisenbrücke gelegen. Das Gebäude ist ein Neubau, kurz vor dem Ersten Weltkrieg errichtet, das das alte Märkische Museum in der Zimmerstraße (Berlin SW) ersetzte.

4 Dieser ‹Roland› – Zeichen der Marktfreiheit, das in vielen norddeutschen Städten existierte (u. a. Bremen) – ist späten Ursprungs und eine Nachbildung des Rolands von Brandenburg. Der ‹originale› Roland soll nach einer alten Sage von Kurfürst Friedrich III. geraubt und in der Spree versenkt worden sein. Vgl. F. Hessel, Ein Flaneur in Berlin (1929), Berlin 1984, S. 76.

5 Die Fischerbrücke (Bezirk Mitte C 2) mit den Standbildern der Markgrafen Albrecht der Bär und Waldemar, führte über die Spree vom Mühlendamm zur Straße «An der Fischerbrücke».

6 Die Waisenbrücke (Bezirk Mitte S 14) führte im Zuge der Neuen Friedrichstraße (heute nicht mehr existent) über die Spree zur Straße am Köllnischen Park (mit dem Märkischen Museum).

7 Die Wallstraße (Bezirk Mitte) ist eine Parallelstraße zum Spreekanal – sie existiert noch – und an ihr lagen sowohl das Märkische Museum wie das Köllnische Gymnasium an der Ecke zur Inselstraße, der es postalisch auch zugeordnet war.

8 Döblin legte sein Abitur am 13. 9. 1900 ab. Döblin rechnete aber vermutlich mit 1901 (vgl. o. unter Entstehung).

9 Hierzu war Näheres nicht zu ermitteln.

10 Rosenberg erteilte den Fakultativ-Unterricht für Englisch in der Prima (1899–1900). Döblin war nach Ausweis seines Abiturzeugnisses (vgl. o. S. 584 f., Anm. 146) ein guter Englischschüler.

11 Eigentlich «An der Stralauer Brücke», Straße Berlin Mitte C 2 (heute Rolandufer).

12 Vgl. dazu F. Hessel, Ein Flaneur in Berlin (1929), Berlin 1984, S. 76:

«... wo die alte Jannowitzbrücke abgebrochen wird, ein wunderbares Schauspiel aus Ruinen und Neubauwelt. Zwischen Krahnen und Kähnen, Schuttbergen und Baggermaschinen schwimmt der Trümmerrest der alten Brücke, ein ‹Ponte rotto› mitten in der Spree.»

13 Die Brückenstraße (Berlin Mitte, SO 16) führt im Zuge der alten Neanderstraße (heute Heinrich-Heine-Straße) direkt auf die Jannowitzbrücke zu. Sie existiert noch ebenso wie der Moritzplatz (heute in West-Berlin).

14 Gotthold Weil (im Druck irrig Weill) war Orientalist (1882–1960) und seit 1918 Direktor der Orientalischen Abteilung der Preußischen Staatsbibliothek, 1931 Berufung nach Frankfurt/M. Weil erteilte allerdings keinen Hebräischunterricht am Köllnischen Gymnasium, den ein Prof. Schubring gab (vgl. Huguet, Jeunesse S. 743). Demnach müßte Döblin erst nach seiner Schulzeit Hebräisch-Studien betrieben haben.

15 Sparkasse der Stadt Berlin, Berlin C2, Mühlendamm 1. Das Gebäude lag in der Spreemitte (heute Mühlendammbrücke).

16 Gemeint sind die beiden Kurfürstenstatuen an der Fischerbrücke (vgl. o. S. 617, Anm. 5) von J. Böse und W. Unger.

17 Döblin beschreibt hier eine Hauptverbindung des ‹alten› Berlin vom Spittelmarkt südwestlich der Spree über Gertraudenstraße, Mühlendamm zum Molkenmarkt. Zur Atmosphäre dieses Gebiets um 1930 vgl. F. Hessel, Ein Flaneur in Berlin (1929), Berlin 1984, S. 66ff.

MEIN ERSTER ERFOLG – MEIN ERSTER MISSERFOLG

1. *Überlieferung:*

Eine Handschrift existiert nicht. ED als Teil einer Umfrage unter dem Gesamttitel «Mein erster Erfolg – mein erster Mißerfolg» in: Die literarische Welt 8 (1932), Nr. 43 (21. 10.), S. 3.
ND in: AW, AzL, S. 370 unter dem Titel ‹Über Erfolg und Mißerfolg› sowie VdG, S. 107.

2. *Entstehung:*

Der Text dürfte kurz vor der Veröffentlichung aktuell entstanden sein (August/September 1932).

3. *Textgrundlage:*

Nach ED.

4. *Kommentar:*

[1] Gemeint ist ‹Berlin Alexanderplatz› (1929).

[2] Hier ist nicht klar, welches Werk Döblin meint, zumal auch offen ist, ob «Auflage» – wie in dieser Zeit üblich – ‹Tausend› Exemplare bedeutet, oder eine weitere, wirkliche Neuauflage (mit einigen weiteren Tausend). Eine ‹Druckauflage› von mehr als tausend Exemplaren hatten alle Bücher Döblins (sieht man von ‹Lydia und Mäxchen› 1906 ab). Zielte die Anspielung auf den ‹Manas›, so ginge es bei ihm um die real verkauften Exemplare, da der Druck eine Erstauflage von 5000 Exemplaren hatte. Selbst der schlecht gehende ‹Wadzek› (1918) hatte als Erstauflage 4000 Exemplare.

ERFOLG

1. *Überlieferung:*

Eine Handschrift ist nicht erhalten. ED in: Fortschritte der Medizin 51 (1933), Nr. 6 (13. 2.), S. 122–124.

2. *Entstehung:*

Durch die Erwähnung der Approbation als vor 27 Jahren geschehen, ergäbe sich eine Datierung auf nach Mitte 1932, wozu auch die Nennung von ‹Berlin Alexanderplatz› (erschienen im Oktober 1929) als Erfolg «vor über zwei Jahren» paßte.

3. *Textgrundlage:*

Nach dem ED mit gekennzeichneten Eingriffen.

4. *Kommentar:*

[1] Der Hinweis bezieht sich auf den im gleichen Heft der Zeitschrift ‹Fortschritte der Medizin› (51, 1933, Nr. 6, S. 115–122) publizierten Artikel von Roderich Wald ‹Alfred Döblin› innerhalb der Serie ‹Moderne Dichter-Ärzte. Schilderungen aus dem Strom der Zeit› (hier Folge XIV).

[2] Ab Oktober 1911.

[3] Köllnisches Gymnasium, Inselstraße 2–5.

[4] Berlin, Bezirk Kreuzberg, Blücherstraße 18.

[5] Vgl. o. S. 517, Anm. 12.

[6] Erna Reiss famulierte in den Jahren 1909–10 am Urban-Krankenhaus.

[7] ‹Jagende Rosse› (1900). Vgl. o. S. 530, Anm. 1.

[8] Zitat aus J. W. Goethes ‹Faust I›, vv. 382f.

[9] Am 10. 1. 1928 innerhalb der «Sektion für Dichtkunst».

[10] Döblin wurde am 8. 10. 1931 für drei Jahre in den Senat der Preußischen Akademie der Künste gewählt.

[11] ‹Berlin Alexanderplatz› (1929).

[12] Der Umzug an den Kaiserdamm 12 (Berlin-Charlottenburg) erfolgte im Januar 1931.

[13] Döblins Approbation datierte vom 9. 8. 1905.

[14] Das Krankheitsbild der Amnesie bedeutet Trübung oder Verlust des apperzeptiven Bewußtseins, u. U. bei bestimmten Psychopathologien auch als sog. alternierendes Bewußtsein auftretend, d. h. bestimmte Lebensabschnitte werden nicht mehr erinnert. Eduard Steinach (1861–1944) war ein bekannter österreichischer Physiologe.

[NOTIZEN ZU VORTRÄGEN ÜBER SEIN WERK AUS DER ZEIT DES PARISER EXILS]

1. *Überlieferung:*

Es handelt sich um insgesamt 9 autographe Blätter im Marbacher Nachlaß (Depot), eingeordnet unter «Verschiedenes. Autobiographisches», von denen 8 beschrieben sind. Die Notizen bilden keinen einheitlichen Zusammenhang, sondern verweisen aufgrund der formalen Gliederungspunkte auf drei unterschiedliche Aufzeichnungskomplexe:

(a) Über das Werk vor 1933, 4 Blatt; der Text ist gegliedert in sechs Punkte vom ‹Wang-lun› bis ‹Berlin Alexanderplatz›.

(b) Zu ‹Pardon wird nicht gegeben›, 3 Blatt, davon Blatt 1 mit Zählung 1 oben in der Blattmitte; Text auf Blatt 1^r gegliedert in Punkt I–IVb, auf Blatt 1^v gestrichener Text «Inhaltlich die drei Personen». Ein weiteres Doppelblatt (2 und 3), davon nur Blatt 2^r beschriftet, enthält nur noch lose Stichworte ohne Gliederung.

(c) Zu ‹Pardon wird nicht gegeben›, 2 Blatt; der Text ist gegliedert nach den Punkten I–III.

2. *Entstehung:*

Die Verwendungszusammenhänge der Notizen sind nicht ganz eindeutig zu klären. Auf den Funktionscharakter als Grundlage eines Vortrags verweist nur der Text (b), dessen Einleitung explizit auf Döblins Vortrag ‹Der Bau des epischen Werks› von 1928 Bezug nimmt. Aber auch die übrigen Notizen dürften für Vorträge gedient haben.

Unklar sind Datierung und Vortragsorte. Aufgrund eines referierenden Protokolls in französischer Sprache weiß man von einem deutsch gehaltenen Vortrag Döblins an der Pariser Sorbonne auf Einladung des Germanisten Henri Lichtenberger am 12.12. 1937 über «Literarische und politische Erinnerungen aus Berlin» (in: Revue de l'Enseignement des Langues Vivantes 55, 1938, S. 78–81). Hierzu aber gehören die Notizen in keinem Fall. Die von Robert Minder initiierten und bezeugten Vorträge Döblins an den Universitäten Nancy und Straßburg im Frühjahr 1938 (vgl. R. Minder, Hommage à Alfred Döblin, in: Revue d'Allemagne d'aujourd'hui 5, 1957, S. 5–19, hier S. 13 und ders., Begegnungen mit Alfred Döblin in Frankreich, in: Text + Kritik Nr. 13/14, 1966,, S. 57–64, hier S. 59) sollen sich auf ‹Berlin Alexanderplatz› bezogen haben, der in diesem Jahr auf dem Programm der «agrégation d'allemand» stand. U. U.gehört der Text (a) zu diesen Vorträgen und er wäre dementsprechend zu datieren. Offen blieben aber immer noch die Anlässe für die Texte (b) und (c), da die bisher bezeugten Pariser Exil-Vorträge (vgl. Huguet, Nr. 983, 986, 990 und 995) sich erkennbar nicht mit ‹Pardon wird nicht gegeben› beschäftigten. Ihr Entstehen setzt allerdings den Druck des Werks im Amsterdamer Querido-Verlag voraus, der im April 1935 ausgeliefert wurde.

3. *Textgrundlage:*

Der Abdruck folgt den Handschriften. Ergänzungen der z. T. sehr flüchtigen, keineswegs immer sicher lesbaren Notizen sind ebenso vermerkt wie nicht entzifferbare Stellen. Die äußere Gliederung der Notizen wird, soweit sie sinnvoll erscheint, gewahrt. Durchlaufender Text wurde immer abschnitthaft zusammengefaßt und nicht zeilengetreu wiedergegeben.

4. *Kommentar:*

[1] Bezieht sich auf die Abfassungszeit der ‹Drei Sprünge des Wang-lun›, der 1915 im Druck erschien.

[2] Aufstand des Geheimbundes der «Boxer» in China 1900. Die Ermordung des deutschen Gesandten von Ketteler in Peking führte bekanntlich zum Eingreifen der Großmächte Großbritannien, Frankreich, Rußland, Österreich, Italien, der USA und des Deutschen Reichs. – Die aktuelle, zeithistorische Beziehung des ‹Wang-lun› zum Boxeraufstand hat Döblin zumeist eher bestritten als bestätigt. Vgl. M. Prangel, Alfred Döblin, Stuttgart 1973, S. 29 im Anschluß an W. Muschg, der sich seinerseits auf P. Lüths Hinweis bezogen hatte (in: A. Döblin, Auswahl aus dem erzählerischen Werk, Wiesbaden 1948, S. 31 sowie AW, WL, S. 481), daß der auslösende Presseartikel für den Roman ein Bericht ‹Gold und Blut› über den Aufstand koreanischer Goldminenarbeiter in Sibirien gewesen sei (in: Berliner Tageblatt vom 15. 4. 1912; vgl. Huguet, Chron. S. 53).

[3] Gemeint ist die «Zueignung» (AW, WL, S. 7f.).

[4] Das Datum bezeichnet den Beginn der Arbeit am ‹Wallenstein› im September 1916, der 1919 abgeschlossen wurde und 1920 erschien.

[5] Bezieht sich vermutlich auf die Passage, in der Gustav Adolf als Kämpfender erscheint (in der Ausgabe AW, Wallenstein, S. 510, 19ff.).

[6] Entspricht in AW, Wallenstein S. 298, 1 ff. (die Begegnung in Brandeis).

[7] Geschrieben 1921–1923, Buchausgabe 1924.

[8] ‹Reise in Polen› (1926).

[9] Erschienen 1927.

[10] Erschienen 1927. Die Charakteristik «gesangsartig» bezieht sich auf den epischen, freirhythmischen Stil des Werks.

[11] Diese Parallele Manas/Biberkopf vgl. auch ‹Epilog› o. S. 295 f./312 f.

[12] Erschienen 1929.

[13] In der Handschrift groß geschrieben; ‹Mißerfolg›.

[14] Bezieht sich entweder auf den Vorspann (AW, BA, S. 9 f.) oder aber auf den Text des von Georg Salter gestalteten Schutzumschlages (Abbildung in: Kat. Döblin, S. 237).

[15] Gemeint sind die Erzählpassagen in Buch (AW, BA, S. 473 ff. «Der Tod singt sein langsames, langsames Lied».)

[16] Döblin bezieht sich hier auf den wesentlich von ihm angeregten Kontakt zwischen der «Sektion für Dichtkunst» bei der Preußischen Akademie der Künste und dem Germanistischen Institut der Berliner Universität. Vgl. seinen Brief an Julius Petersen vom 18. 4. 1928 (AW, Briefe, S. 141–143) und O. Loerke, Tagebücher 1903–1939, hg. H. Kasack, Heidelberg/Darmstadt 1956, S. 173 (Besuch Loerkes und Döblins bei Petersen 6. 5. 1928 wegen einer Zusammenarbeit). Es kam zu einer Serie von Vorträgen, die Akademiemitglieder im Wintersemester 1928/29 an der Universität hielten, darunter auch Döblins Vortrag ‹Der Bau des epischen Werks› am 10. 12. 1928 (AW, AzL, S. 103–132).

[17] Beginn der Arbeit am Roman im Juli 1934, der rasch (bis vermutlich Oktober) beendet wird. Erschienen im April 1935 bei Querido in Amsterdam.

[18] Pariser Vorort; Wohnort Döblins ab November 1933 (4 Avenue Talma) bis Dezember 1934.

[19] In Hinsicht auf ein französisches Publikum gewählter Begriff, der sich mit deutsch ‹Gesetz› auch in den Bedeutungsnuancen ziemlich deckt.

[20] Der griechische Schicksalsbegriff des zugeteilten guten oder bösen ‹Loses›.

[21] Zu Ibsen vgl. o. S. 599, Anm. 4. Die Anspielung auf «Erblastigkeit» bezieht sich auf das dramatische Verknüpfungsprinzip Ibsens mit

starker, säkularisierter Akzentsetzung des Schicksalsbegriffes als von Gott eingesetzten und geleiteten Geschicks. Dieses Konzept wird exemplarisch z. B. im ‹Peer Gynt› vorgeführt.

22 Gemeint ist offenkundig die ganze Passage S. 68–70 in der Originalausgabe, die als Beispiel für ärmliche und deshalb angespannte Lebensverhältnisse mit zugehörigen Folgen dienen soll (entspricht AW, Pwng, S. 58, 17–60, 19).

23 Entstanden 1919, ED 1920 (jetzt AW, DHF, S. 62–102). Das ‹Lusitania›-Stück ist trotz seines Titels, der auf die Torpedierung eines amerikanischen Passagierdampfers durch ein deutsches U-Boot im Jahr 1915 anspielte, ein inhaltlich nur allgemein politisches Drama ohne enge Politisierung. Die kritische Selbsteinschätzung hier im Exil entspringt nur bedingt der ursprünglichen Entstehungsdisposition. ‹Lusitania› ist in gleichem Sinne ‹politisch› wie der ‹Wallenstein›. Beide Werke sind Reaktionen auf den Krieg und ein daraus abgeleitetes Bild von Gesellschaft.

24 Entstanden 1929/30; ED 1931 (jetzt AW, DHF, S. 172–261). Das «Volksstück» ist bewußt ‹politisches Theater› «vom Krieg in unserm Land» (a.a.O., S. 182), und Döblin ging es um die Darstellung der vom Kapitalismus erzeugten Destruktionen in der Gesellschaft seiner Zeit. Die politische Botschaft besteht indes eher im ausgeglichenen Konzept von ‹Wissen und Verändern› (1931). Zum Vorwurf «kommunistischer Propaganda», der zum Verbot der Münchner Inszenierung führte vgl. o. S. 608, Anm. 22.

25 Es ist unklar, auf welchen Text sich diese Seitenangabe bezieht. ‹Pardon wird nicht gegeben› kommt mangels Umfang nicht in Frage.

26 Wohl kaum Zitat, eher ein Motto Döblins.

27 Die Zitierung Mozarts, die auch schon früher (vgl. o. S. 170) als eine wichtige Begegnung auf musikalischem Gebiet von Döblin behauptet wurde, bleibt hier funktional vage.

28 Anspielungshintergrund nicht ermittelbar.

29 Bezieht sich vermutlich auf das ‹Ich über der Natur› (1927; bisher kein ND).

30 Vgl. o. S. 170 und S. 194.

31 Vgl. o. S. 587, Anm. 177.

32 Vgl. o. S. 41, 151, 170, 194.

33 Es ist hier nicht ganz klar, ob sich Döblin auf den von E. v. Hartmann, H. Driesch, J. v. Uexküll, Henri Bergson u. a. Ende des 19. Jh.s be-

gründeten Vitalismus bezieht, der Eigengesetzlichkeit und Zielorientierung aller Organismen auf Seelenkräfte postulierte (Entelechie, Dominante), oder ob er hier auf seinen eigenen «Naturismus» aus ist.

34 Im Gegensatz zum ‹beseelten› Vitalismus steht als Denkströmung Ende des 19. Jh.s ein mechanistisch orientierter Biologismus, der eng mit dem Darwinismus – wenn nicht ohnehin dieser gemeint ist – zusammen gesehen wurde.

35 Vgl. o. S. 40ff.

36 Vgl. o. S. 599, Anm. 4.

37 Vgl. o. S. 536, Anm. 17.

38 Hugo von Hofmannsthal (1874–1929), bedeutendster Vertreter des ‹Jungen Wien› vor allem als Lyriker, aber auch als differenzierter Dramatiker und Erzähler, war mit seiner Poetik auch künstlerisch ein Antipode Döblins.

39 Zu ihm vgl. o. S. 612, Anm. 21.

40 Vgl. o. S. 51 und S. 541 f., Anm. 12.

5. *Anhang:*

Im folgenden wird das schwer zugängliche «Bulletin de la Société des Etudes Germaniques (association des Amis de l'Institut germanique et de la Bibliothèque M. Cahen)» aus der ‹Revue de l'enseignement des langues vivantes 55 (1938), S. 78–81 im französischen Original abgedruckt. Es gibt einen wenigstens mittelbaren Eindruck eines von Döblin gehaltenen Vortrags an der Pariser Sorbonne am 12. 12. 1937.
Der Text wird nicht kommentiert, da sich die Informationen ohnehin inhaltlich mit anderen, in diesem Band abgedruckten Äußerungen Döblins decken und von daher über das Register zu verifizieren sind. Einige notwendige Korrekturen erscheinen gekennzeichnet als Herausgebereingriffe.

Causerie en langue allemande de M. le docteur Alfred DÖBLIN:

LITERARISCHE UND POLITISCHE ERINNERUNGEN AUS BERLIN

Avant d'évoquer quelques-uns de ses souvenirs berlinois, M. Döblin, désirant rappeler ce qu'il considère comme le fondement même de sa propre formation, lit le *Schicksalslied* de Hölderlin. Hölderlin et Kleist ont été les maîtres et les compagnons intellectuels de sa jeunesse. C'est encore à eux qu'il entend se rattacher aujourd'hui.
Vers 1905–1910, M. A. Döblin, alors médecin psychiatre dans la ban-

lieue de Berlin, rencontrait fréquemment soit au Café Josti, près de la place de Potsdam, soit au Café Dalbelli, à Schoeneberg, soit encore au Café des Westens, sur le Kurfürstendamm, des amis dont il partageait les tendances et les aspirations littéraires. Leur groupe était celui de l'expressionnisme à ses débuts. Le grand animateur de ce groupe était Herwarth Walden, homme d'une nature originale et puissante et organisateur né; de son métier, il était musicien; c'est lui qui a été le veritable introducteur du futurisme et de l'expressionnisme en Allemagne. Dans ce milieu on rencontrait nombre de personnalités marquantes: Else Lasker-Schüler, épouse divorcée d'un médecin, femme d'une beauté etrange et prenante, d'une imagination foisonnante, auteur de poésies belles et fortes; Peter Hille, qui, sorti d'un milieu paysan de Westphalie, menait presque la vie d'un clochard, circulait en vêtements négligés et déchirés, traînant avec lui tous ses manuscrits dans un sac en guenilles, dont il ne se séparait jamais, et notant inlassablement sur de petits bouts de papier tout ce qu'il entendait; les deux frères Julius et Heinrich Hart, qui s'étaient faits les protecteurs de Hille; Paul Scheerbart, buveur incomparable, homme gros et gras, qui ne voulait pas qu'on portât attention aux minces événements de la vie individuelle et ne s'interessait qu'aux comètes, aux météores, aux astres, au cosmos; Johannes Schlaf, qui allait bientôt quitter Berlin pour Weimar; Arno Holz, qui, après avoir éte en Allemagne l'introducteur du naturalisme, était devenu un doctrinaire impérieux du lyrisme et appliquait des théories poétiques dans son *Phantasus*,, qui sera certainement un jour son titre de gloire; Erich Mühsam, qui, d'un long séjour à Münich, était revenu barbu et épris des théories anarchistes de Bakounine et de Kropotkine, nature pure, noble, d'une moralité élevée, idéaliste qu'il y a quelques années on a enfermé, puis fait périr dans un camp de concentration; René Schikkelé, et bien d'autres encore.

Quelles étaient les tendances des jeunes écrivains qui se groupaient ainsi spontanément? Ils étaient hostiles: 1° au naturalisme; 2° à l'esprit bourgeois; 3° à la politique.

Le naturalisme, alors triomphant, et représenté principalement par Gerhart Hauptmann, leur apparaissait comme une sorte de romantisme mensonger. Ils condamnaient aussi bien le contenu des œuvres naturalistes que leur forme. La pitié que les écrivains naturalistes témoignaient aux classes les moins fortunées de la société était, à leur sentiment, déclamatoire et forcée. Dans des drames comme *Die versunkene Glocke*, *Han-*

neles Himmelfahrt, Elga, Hauptmann, à leur avis, habillait d'une fausse poésie une prétendue réalité, qui n'était que banalité. Les jeunes écrivains se refusaient à considérer comme de l'art la reproduction pure et simple de la réalité. Ils s'écartaient de certains romanciers de leur temps, comme Thomas Mann, qui leur apparaissaient comme les disciples et les continuateurs du naturalisme. En revanche, ils goûtaient beaucoup l'art de Wedekind, chez qui ils trouvaient le culte de la beauté et le sens de l'originalité individuelle, en même temps qu'une critique juste de la société. Ils admiraient Richard Dehmel et appréciaient beaucoup Heinrich Mann.

D'autre part, ces jeunes écrivains condamnaient l'esprit «bourgeois». Ils entendaient le mot «bourgeois» dans un sens sociologique, et non politique. Le bourgeois accepte sans discussion tout un système d'idées conventionnelles et périmées. Les écrivains de la jeune école regrettaient de constater que Goethe, à cet égard, ne représentait pas un exemple à suivre: tout ce qu'aime et respecte le bourgeois s'identifie avec son œuvre. On ne contestait pas la valeur d'art de l'œuvre goethéenne; mais on en contestait la valeur sociale.

Enfin, la jeune école voulait délibérément se tenir à l'écart de la politique. Cet état d'esprit s'expliquait par une sorte de découragement. On sentait que la société capitaliste de l'époque wilhelminienne, loin d'encourager la liberté intellectuelle, tendait plutôt à la trahir. On vivait sous une manière de despotisme éclairé, où en fait l'esprit était asservi, sans que pourtant la servitude se fît trop pesante. L'éducation donnée à la jeunesse visait à étouffer d'avance toute critique. Les socialistes eux-mêmes étaient beaucoup moins libres d'esprit qu'ils ne le croyaient et ne le prétendaient.

Vers 1910, les doctrines de la jeune école se précisent. A ce moment, beaucoup de peintres et de sculpteurs entrent en relations avec les jeunes écrivains. A leur contact, on élabore les thèses du futurisme et du cubisme. Des étrangers, comme le Français Guillaume Apollinaire, des Italiens comme Marinetti, Boccioni et Severini, séjournent à Berlin. Ils apportent des idées nouvelles. Les Italiens attachent une extrême importance à la vie moderne, aux machines, aux usines, aux avions, font profession de mépriser les valeurs traditionnelles, prêchent leurs théories d'une façon délibérément provocante. On sent déjà en eux, dès ce temps, l'état d'esprit d'où sortira le fascisme. Boccioni – tué au cours de la guerre – souffleta un jour à Berlin, dans la Leipzigerstrasse, un passant qui l'avait fixé en souriant ironiquement; il fut conduit au poste de police, où le docteur Döblin dut l'accompagner.

A propos de cet incident et des belliqueuses manifestations d'art futuristes, qui commençaient alors (les futuristes prenaient plaisir à provoquer des bagarres dans les salles où ils réunissaient le public), M. Döblin donne une rapide vue d'ensemble du développement de l'expressionnisme. Ce mouvement se scinda en deux tendances. L'une glorifiait la technique, le progrès; avec le futurisme, elle afficha des manières extrêmement agressives; c'est elle qui, dans le domaine politique, aboutit plus tard au fascisme. L'autre tendance se porta vers les questions tout intérieurs; elle avait un caractère mystique et humaniste qui, en politique, la portait vers les doctrines radicales de gauche. Le docteur Döblin met en évidence une des raisons profondes de tout ce mouvement intellectuel: depuis 1900–1905 environ, il se produit des modifications biologiques dans le physique des hommes de l'Europe: la taille des individus s'accroît lentement, et du point de vue sexuel, la précocité est plus grande; ces modifications ont leur répercussion dans le domaine intellectuel; l'expressionnisme et les mouvements de cette sorte se rattachent à un grand phénomène général de transformation biologique.

Vers 1910 également, le groupement commença à avoir un organe régulier, qui fut la revue *Der Sturm,* fondée par H. Walden. Les numéros de la première année furent rédigés par une équipe très peu nombreuse; certains numéros furent écrits presque entièrement par H. Walden et A. Döblin, qui signaient sous des pseudonymes variés. Peu à peu, d'autres rédacteurs se joignirent à eux: l'acteur Blüm[n]er, le poète August Stramm, Lothar Schreyer, etc. Le groupe organisa des expositions. C'était d'ailleurs une époque où l'on commençait à voir apparaître des déviations de l'expressionnisme, comme le dadaïsme.

L'année 1914 et la guerre changèrent, naturellement, beaucoup de choses. Tandis que divers membres du groupe demeuraient à Berlin, que Stramm allait se faire tuer dans l'Est, A. Döblin, mobilisé et affecté successivement à divers endroits du front, voyait la guerre dans toute son horreur. Il lui apparut alors que quiconque avait passé par là ne pouvait continuer à se désintéresser de la politique. En 1917, lors d'une permission à Berlin, il retrouve divers amis qui, comme lui, avaient appartenu au groupe du *Sturm,* et qui, comme lui, avaient bien changé. A Berlin, l'état sanitaire général est médiocre, l'alimentation insuffisante. En 1918, la grippe espagnole fait d'effroyables ravages. C'est d'ailleurs une époque où se manifeste dans toutes les classes de la société un morbide appétit de plaisirs. La décadence de l'expressionnisme a été décrite par Essig dans *Taïfun;* ou peut voir dans ce roman comment le groupe du *Sturm* s'est désagrégé. A. Döblin en était déjà sorti.

Dès lors, ce sont surtout des questions politiques qui retiennent son attention. Il assiste, en 1918, à la révolution en Alsace; drapeaux rouges dans les rues, casernes pillées. Rentré à Berlin, il voit les cortèges défilant à travers les rues et devant le château impérial; et pourtant, dans l'ensemble, peu d'enthousiasme. Puis, dans les semaines qui suivent, le mouvement populaire est peu à peu trahi par Ebert, Scheidemann, Noske, qui s'entendent avec les chefs militaires, Gr[oe]ner et Schleicher.

Vient janvier 1919 et le soulèvement spartaciste. Le quartier de Lichtenberg est mis en état de siège, cerné; des centaines de gens sont arrêtés et fusillés pour des peccadilles, par exemple pour avoir volé un peu de farine. Au lendemain de la reddition, on fait dans toute la ville une grande razzia de communistes, que l'on fusille durant ces journées, et ensuite, dans la période de guerre civile qui s'est prolongée pendant des années encore, une vingtaine de mille de socialistes extrêmistes, de spartacistes, d'ouvriers, furent tués sur l'ordre ou avec la complicité des chefs socialistes. Ainsi fut étouffé dans l'œuf un profond bouleversement social, qui eût écarté les anciennes castes dominantes. Cette œuvre d'étouffement fut accomplie avec l'aide de l'ancienne caste militaire. C'est de ce moment que date le mouvement de réaction qui devait aboutir, quatorze ans plus tard, au régime actuel.

Mais alors, les écrivains qui, jusqu'à ces événements, s'étaient désintéressés de la politique, renoncent à leur indifférence. Lentement, il se produit une scission entre eux, les uns se portant vers le fascisme et l'impérialisme, les autres se rattachant, au contraire, à la tendance humaniste. Ces derniers ont essayé d'agir et de se rapprocher des partis de gauche. Mais ils se sont heurtés à cette méfiance qui, en Allemagne, est toujours opposée aux intellectuels, quand ils essaient de servir la classe ouvrière. Heinrich Mann et Alfred Döblin et d'autres s'efforcent vainement à ce moment-là, d'exercer une influence quelconque. Mais leurs efforts, connus de tous, vont bientôt leur attirer l'ostracisme des partis de droite.

En 1926, on crée à Berlin une Académie. Cinq membres désignés par le gouvernement, G. Hauptmann, Th. Mann, A. Holz, J. Petersen et L.

Fulda, sont chargés de choisir les autres. Ce choix ne va pas sans difficultés, car les cinq membres fondateurs sont loin de s'accorder toujours. Mais enfin l'assemblée est constituée. Il s'y forme dès le début une droite et une gauche. Des discussions, relatives surtout à l'activité de l'Académie et à des questions d'éducation nationale, soulèvent de longs conflits. Les membres de la droite font scission et cessent de paraître à l'Académie. Mais, en 1933, avec le changement de régime, ils prennent leur revanche. Heinrich Mann est expulsé de l'Académie dans des conditions que M. Döblin raconte par le menu et qui ne sont pas à l'honneur de ceux qui avaient monté l'intrigue. D'autres expulsions suivent, et les écrivains d'esprit libre se trouvent bientôt acculés à prendre le chemin de l'exil. ·

DER 27. SEPTEMBER 1935 / DER ANFANG EINES TAGES

1. *Überlieferung:*

H. Graber publizierte in: Akzente 20 (1973), S. 552–556 nach einem fragmentarischen Typoskript im Marbacher Nachlaß einen Text unter dem Titel ‹Der 27. September 1935›, der sich von mir im gegenwärtigen Bestand nicht nachweisen ließ. Daß das Typoskript einen Teilentwurf für einen erst 1937 in russischer Sprache veröffentlichten Artikel bot, hat Graber schon nachgewiesen. Der ED erfolgte unter dem Titel ‹Natschalo Dnja› [‹Der Anfang eines Tages›], in: Den' mira [Der Tag der Welt], hg. von Maxim Gorkij und Michail Kolzow, Moskau 1937 (Verlag: Zurnal' no gazetnoe ob''ediene) in russischer Sprache, übersetzt von N. Bykova.

2. *Entstehung:*

Aufgrund des Textes verfaßt am 28. 9. 1935 in der Pariser Wohnung, 5 Square Henri Delormel, wobei dies nur für die Typoskriptfassung gegolten haben wird, da die russische Fassung eine umgearbeitete Version bietet, deren Entstehungszeitpunkt nicht mehr genau festzustellen ist, vermutlich aber auch noch 1935 gewesen sein wird.

3. *Textgrundlage:*

Angesichts der sowohl inhaltlich wie stilistisch divergenten Fassungen wird der Text sowohl nach dem Typoskript als auch als Rückübersetzung aus dem Russischen (von Iris Schneider) hier mitgeteilt.

4. *Kommentar:*

[1] ‹Das Neue Tagebuch›, linke, demokratisch orientierte Exilzeitschrift, als Fortsetzung des in Berlin von Leopold Schwarzschild herausgegebenen ‹Tage-Buchs› konzipiert, erschien vom 1. 7. 1933 bis zum 11. 5. 1940 Paris/Amsterdam: Nederlandsche Uitgeverij. Vgl. dazu H.-A. Walter, Deutsche Exilliteratur, Bd. 4, Exilpresse, Stuttgart 1978, S. 72 ff.

[2] Der Briefschreiber war nicht mit Sicherheit zu ermitteln.

[3] Leopold Schwarzschild (1891–1950), Journalist, seit 1927 beim ‹Tage-Buchs› in Berlin; emigrierte 1933 nach Paris; 1936 vorübergehende Mitarbeit in der Volksfront, danach votiert er desillusioniert für eine neue Bewegung jenseits bekannter politischer Gruppierungen. 1940 Emigration in die USA, starb 1950 in Italien. Zu seiner Tätigkeit als Herausgeber des ‹Neuen Tage-Buchs› vgl. L. Maas, Verstrickt in die Totentänze einer Welt. Die politische Biographie des Weimarer Journalisten Leopold Schwarzschild, dargestellt an Selbstzeugnissen seiner Exil-Zeitschrift ›Das Neue Tage-Buch‹ in: Exilforschung 2 (1984), S. 56–85.

[4] Ludwig Marcuse (1894–1971); Studium der Philosophie, Dr. phil. 1917, Habilitation 1921 in Berlin; dann freier Schriftsteller und Journalist; Emigration 1933 nach Frankreich, 1939 in die USA, dort Philosophie-Professur an der University of Southern California in Los Angeles ab 1940, wo er in engeren Kontakt zu Döblin trat. Die Verbindung reichte bis zu Döblins Tod (vgl. die Briefzeugnisse in AW, Briefe); 1963 Rückkehr in die BRD. – Über seine Beziehung zu Döblin gibt auch seine Autobiographie ‹Mein 20. Jahrhundert› Auskunft (München 1960; Zürich 1975).

[5] Der Beitrag steht in: Das Neue Tage-Buch 3 (1935), S. 783–785 (Heft 33 vom 17. 8.) und bezieht sich auf Döblins Engagement für die jüdische «Freiland»-Bewegung. Vgl. dazu auch K.-U. Fischer, Ludwig Marcuses schriftstellerische Tätigkeiten im französischen Exil 1933–1939, Kronberg/Ts. 1976, hier S. 123 ff. – Döblin erwiderte

dann heftig auf diesen Artikel in: ‹Jüdische Antijuden›, ebd., Heft 42 (vom 9.10.), S. 1000–1004 (ebd., S. 1004f. dann noch eine kurze Replik Marcuses auf Döblin).

[6] Gemeint ist der «1. Internationale Schriftstellerkongreß zur Verteidigung der Kultur» in Paris vom 21.–25.6. 1935. Dokumentation hierzu in: Paris 1935. Erster Internationaler Schriftsteller-Kongreß zur Verteidigung der Kultur. Reden und Dokumente, Berlin (DDR), 1982 (ohne Erwähnung Döblins). Marcuse berichtet über seine Teilnahme am Kongreß (ohne auf Döblin einzugehen) in seiner Autobiographie ‹Mein 20. Jh.› (Zürich [2]1975, S. 203ff.). Sein Vortrag, von dem unklar ist, ob er wirklich gehalten wurde, vgl. in: Paris 1935 a.a.O., S. 395ff.

[7] ‹Natascha macht Schluß› (jetzt in: AW, DHF, S. 365–404), das unvollendet blieb und zu keiner Realisierung führte.

[8] Im russischen Original steht irrig «Messia». Es ist nicht ganz klar, welcher Ort gemeint ist, weil in Paris ein solcher Platz heute nicht (mehr?) existiert. Die Avenue de Messine in der Nähe des Parc Monceau (nördlich des Boul. Haussmann, Paris VIII) kommt wohl ebensowenig in Frage wie der Boulevard Masséna im Südosten von Paris XIII, da beide Straßenzüge von Döblins Wohnung aus in einer halben Stunde nicht zu erreichen wären. Allerdings spricht Ludwig Marcuse in seiner Autobiographie ‹Mein 20. Jh.› (Zürich [2]1975, S. 206) von einem «Café an der Place Masséna», wo er Heinrich Mann getroffen habe, d.h. das Café muß ein Emigrantentreffpunkt gewesen sein.

[9] Vgl. schon oben in Anm. 1.

ALFRED DÖBLIN

1. *Überlieferung:*

Eine Handschrift existiert nicht. ED in: Das Wort 2 (1937), Heft 4/5 (April/Mai), S. 161f. im Zusammenhang einer Reihe von Bibliographien deutscher Exilautoren (Willi Bredel, Max Brod, Ferdinand Bruckner, Albert Ehrenstein, Lion Feuchtwanger usw.).
ND in: AW, AS, S. 97f. unter dem vom Hg. gewählten Titel «Kurzbiographie» (unter Beibehaltung aller sachlichen Fehler).

2. *Entstehung:*

Einen Datierungsanhalt liefert die Werkbibliographie, die als zeitlich letzten Titel ‹Flucht und Sammlung des Judenvolkes› erwähnt, der im November 1935 ausgeliefert wurde. Der erste Band der ‹Amazonas›-Trilogie, ‹Die Fahrt ins Land ohne Tod›, erschien Ende April 1937 bei Querido und war im Manuskript im November 1936 fertig. Döblin hätte ihn vermutlich erwähnt, wäre der Text von ihm erst Ende 1936 verfaßt worden. Seine Entstehung dürfte also vermutlich in die zweite Jahreshälfte 1936 fallen. Möglicherweise fußt er aber auf einem schon älteren, verschollenen Entwurf vom Juli 1933. Vgl. Döblins Brief an H. Kesten vom 5. 7. 1933 in: H. Kesten, Literatur S. 49: «Hier also die Bibliographie (gesammelte Verbrechen in 21 Akten).»

3. *Textgrundlage:*

Der Abdruck folgt zwar grundsätzlich dem ED, korrigiert aber gekennzeichnet die z. T. groben sachlichen Fehler bei Titeln und Jahreszahlen, wobei allerdings die Daten, die sich auf die Entstehungszeit der Werke korrekt beziehen lassen, jedoch vom Druckjahr abweichen, nicht verändert wurden. Ebenso wurden offenkundig nur locker gehandhabte Titelzitierungen wie auch irrige Rubrizierungen von Werken nur berichtigend kommentiert, aber nicht explizit abgeändert.

4. *Kommentar:*

[1] Zu den biographischen Daten vgl. o. S. 517, Anm. 4, 5, 7, 9 und 13. Döblin praktizierte in seiner Privatpraxis Kaiserdamm 28 in Berlin-Charlottenburg. Anfang 1933 hatte er allerdings schon seinen Umzug nach Berlin-Neukölln, Hasenheide 83, geplant, der dann nur noch von der Restfamilie und für kurze Zeit realisiert wurde. Döblin reiste am 28. 2. 1933 aus Berlin ab.

[2] Döblins Verlust der Kassenpraxis hängt nicht, wie hier suggeriert wird, mit der nationalsozialistischen Machtergreifung und einer Mitgliedschaft beim VSÄ zusammen. Er gab selbst im Januar 1931 seine alte Kassenarztpraxis in der Frankfurter Allee 340 auf und zog in eine Privatpraxis des Berliner Westens (vgl. ‹Erfolg› o. S. 220ff.). – Döblin war seit Oktober/November 1926 Mitglied im «Verein sozialistischer Ärzte» (VSÄ); vgl. die Notiz unter der Rubrik «Neue Mitglie-

der» in: Der sozialistische Arzt 2 (1926), Heft 2/3 (November), S. 55. Der Verein war 1924 als eine ‹Linksabspaltung› der 1913 gegründeten Vereinigung sozialdemokratischer Ärzte gegründet worden und wurde 1933 natürlich aufgelöst. Seine praktische Zielsetzung war eher sozialhygienischen und arbeitsmedizinischen Aufgaben gewidmet, als daß es um medizinwissenschaftliche Dinge ging. (Für Hinweise zum VSÄ habe ich Herrn Dr. Norbert Klause zu danken.)

[3] Döblin übergeht hier seine früheren Schreibversuche ab 1894 (vgl. u. S. 674, Anm. 3) und 1896 (‹Modern›) und rechnet als Beginn die Abfassung des Romans ‹Jagende Rosse› (vgl. o. S. 13 u. ö.).

[4] Vgl. o. S. 76 f. ‹Das Pseudonym›.

[5] Wahl am 10. 1. 1928 (nicht schon 1926 wie in der Vorlage angegeben).

[6] Döblin erklärte seinen Austritt brieflich aus dem Züricher Exil am 18. 3. 1933 (AW, Briefe, S. 176).

[7] Döblin arbeitete seit 1902 an diesem Roman, der aber erst 1903 beendet wurde. Am 24. 10. 1903 bietet er das Manuskript zur Lektüre unter dem Titel «Worte und Zufälle» dem Berliner Kritiker Fritz Mauthner an (AW, Briefe, S. 21). Zum Druck vgl. o. S. 517 f., Anm. 17.

[8] Das Datum bezeichnet den Abschluß des Manuskripts, der Druck kam erst 1915 zustande.

[9] Von P. E. Isler mit Vorwort von F. Bertaux unter dem Titel ‹Wang-loun› Paris: Rieder 1932 (Huguet Nr. 1106).

[10] Im Druck irrtümlich «Dampfmaschine». Das Jahresdatum bezieht sich auf den Manuskriptabschluß; Buchausgabe erst 1918.

[11] Die Jahreszahl steht für den Manuskriptabschluß; Buchausgabe erst 1924.

[12] Unter dem Titel ‹Giganten› in der Übertragung von Aldo Oberdorfer, Milano: Mandadori 1934 (Huguet Nr. 1130).

[13] Jahreszahl selbst für den Manuskriptabschluß nicht zutreffend, da erst 1919 beendet. Buchausgabe 1920.

[14] Unter dem Titel ‹Valdštejn› in der Übertragung von V. Svoboda und L. Drubek, Praha: Družstveni práce 1931 (Huguet Nr. 1177).

[15] Entstehungsjahr, Buchausgabe 1927.

[16] Abschluß des Manuskriptes, Buchausgabe 1929.

[17] Bei den Übertragungen von ‹Berlin Alexanderplatz› handelt es sich um folgende Ausgaben: Paris: Gallimard 1933 (ins Französische durch Zoya Motchane); New York: The Viking Press/London: Sek-

ker 1931 (ins Englische durch Eugene Jolas); Milano: Modernissima 1931 (ins Italienische durch Alberto Spaini); Madrid: 1932 (ins Spanische durch Gutierréz Marin); Utrecht: W. de Haan 1930 (ins Holländische unter dem Titel ‹Franz Biberkopfs Zondevall›); KØbenhavn: Martin 1936 (ins Dänische); Moskva: Goslitizdat 1935 (ins Russische); Stockholm: Bonnier 1934 (ins Schwedische); Praha: J. Albert 1935 (ins Tschechische); Budapest: Nova 1934 (ins Ungarische).

18 Im Druck irrig als Datum 1907 statt dem Druckjahr 1937.

19 Abschluß des Druckmanuskriptes; Buchausgabe 1933 (Auslieferung noch im April).

20 1907 meint das Entstehungsjahr. Der korrekte Titel lautet ‹Gespräche mit Kalypso. Über die Musik›. Zum Druck vgl. o. S. 518, Anm. 19). Die Einordnung des musiktheoretischen Textes unter «Zeitkritik» ist falsch.

21 Im Druck irrtümlich 1922 statt 1921.

22 1926 ist Druckjahr (Entstehung 1925).

23 Die Titelangabe ist unkorrekt. Das Buch heißt ‹Im Buch – Zu Haus – Auf der Straße›, erschienen 1928 zu Döblins 50. Geburtstag.

24 1931 ist Erscheinungsjahr. Die Rubrizierung unter «Autobiographisches» ist vom Charakter der Schrift auffallend, da «Zeitkritik» sicher näher läge. Wenn nicht ein Fehler vorliegt, so erklärt sich die Einordnung allenfalls unter dem Gesichtspunkt, daß Döblin in ‹Wissen und Verändern› seinen eigenen politischen Standpunkt ‹autobiographisch› offenlegte.

25 1920 ist Druckjahr.

26 1921 ist Entstehungsjahr, Buchausgabe 1923.

27 1929 ist ungenau angegebenes Entstehungsjahr (faktisch zog sich die Arbeit noch ins Jahr 1930 hin), Buchausgabe 1931.

28 Im Druck irrtümlich «der» statt «einer». Der Novellenband erschien 1913 (nicht 1911 wie im Druck irrtümlich angegeben; allerdings stellte Döblin 1911 die schon früher entstandenen Novellen für den Band zusammen; vgl. AW, Briefe, S. 56f.).

29 Die «12 Novellen und Geschichten», die unter diesem Titel 1917 (nicht wie im Druck 1916) bei Georg Müller in München erschienen, sind im Zeitraum 1912–1915 entstanden.

30 Als «Novellenband» erschien ‹Blaubart und Miß Ilsebill› (so der korrekte Titel) 1923 in Berlin bei Hans Heinrich Tilgner als Presse-

druck (Das Prisma Bd. 10), wobei außer der Titelerzählung ‹Ritter Blaubart› (ED November 1911 im ‹Sturm›) noch‹Das verwerfliche Schwein›, ‹Die Nachtwandlerin› und ‹Die Segelfahrt› enthalten sind. Das im Druck angegebene Erscheinungsjahr 1917 ist falsch.

31 Bezieht sich auf die sog. «Liste Herrmann», d. h. der im ‹Börsenblatt für den deutschen Buchhandel› veröffentlichte Listenbeitrag des «Volksbibliothekars» Dr. Wolfgang Herrmann (Nr. 112 vom 16. 5. 1933, S. 356–358), in der S. 357 auch Döblin aufgeführt ist, wobei «alles» von ihm außer ‹Wallenstein› als entfernungswürdig aus öffentlichen Bibliotheken und Leihbibliotheken bezeichnet wurde. – Döblin gehörte indes nicht zu den sofort für den Vertrieb verbotenen Autoren in Deutschland. Ein erstes offizielles Verbot von drei Büchern Döblins im S. Fischer Verlag erfolgte erst Anfang 1934 (vgl. AW, Briefe, S. 184) und anderes war – wie im Falle von Thomas Mann – noch bis ca. 1935 im Vertrieb zulässig (vgl. AW, Briefe, S. 566). – Zur Praxis der Bücherverbote im Dritten Reich vgl. D. Aigner, Die Indizierung «schädlichen und unerwünschten Schrifttums» im Dritten Reich, Frankfurt/M. 1971. Vgl. auch S. Schliebs, Verboten, verbrannt, verfolgt..., in: «Das war ein Vorspiel nur...». Bücherverbrennung Deutschland 1933. Voraussetzungen und Folgen. Ausstellung der Akademie der Künste [Berlin] vom 8. Mai–3. Juli 1983, S. 442f.

32 Verfaßt 1932–1933, erschienen 1934 in Amsterdam beim Querido-Verlag. Titel irrig «Wanderung» statt «Wandrung».

33 Geschrieben 1934, erschienen 1935.

34 Die englische Übersetzung erschien erst 1937 in London im Verlag Gollancz (Huguet Nr. 1098). Auch die italienische Übertragung von Alessandra Scalero (Milano: Mandadori) und die (in 2 Bände zerlegte) polnische Übersetzung von Marceli Tranowski (Warschau: Nowa Powieść) kamen erst im Jahr 1937 heraus.

35 Erschienen 1933 (als Teildruck von ‹Unser Dasein›).

36 «Aufsätze und Erzählungen», Amsterdam: Querido 1935.

37 Im Druck irrtümlich 1935.

38 Trifft in dieser personalisierten Form bezogen auf völkisch-nationalsozialistische Angriffe nur sehr bedingt zu. Daß Döblin allgemein dem Verdikt der «Asphaltliteratur» verfiel, versteht sich. Für nähere Nachweise über eine ‹rechte› Kritik an Döblin fehlen aber bisher Untersuchungen.

[39] Gemeint ist der von J. Goebbels initiierte «Reichsverband deutscher Schriftsteller», der später in der sog. «Reichsschrifttumskammer» aufging.

[40] Im Frühjahr 1934 verbunden mit einer steckbrieflichen Fahndung wegen Hinterziehung von 12 000 RM Reichsfluchtsteuer. Hintergrund dieser Forderung ist der Sachverhalt, daß es dem mit Döblin befreundeten Aaron Syngalowski im November 1933 gelang, zusammen mit seinen eigenen Sachen auch Döblins Hausrat nebst Bibliothek und Manuskripten von Berlin aus der letzten (an sich bis April 1934 noch gemieteten Wohnung Hasenheide 82) nach Paris zu transferieren.

PERSÖNLICHES UND UNPERSÖNLICHES

1. *Überlieferung:*

Eine Handschrift ist nicht erhalten. ED in: Die Zukunft Jg. 1 (Strasbourg/Paris 1938), Nr. 1 (12. 10.), S. 9. ND in: AW, AS, S. 99–102.

2. *Entstehung:*

Die Publikation dieses Textes steht im Zusammenhang mit Döblins 60. Geburtstag am 10. 8. 1938, zu dem eine erste offizielle Geburtstagsfeier im Pariser Restaurant «Cercle des Nations» vom «Bund Neues Deutschland» am 27. 9. ausgerichtet wurde (Ansprachen von Heinrich Mann, Anna Seghers und Döblin). Vgl. Meyer, S. 27. Die zweite offizielle Feier fand am 14. 10. statt und wurde vom «Schutzverband Deutscher Schriftsteller im Exil» im Pariser «Institut d'Encouragement» veranstaltet. Arnold Zweig und Ludwig Marcuse hielten Ansprachen. Döblin selbst redete zum Thema «Rückblick auf vergangene, längst wesenlos gewordene Literatenkämpfe» und las aus dem ersten Band von ‹November 1918› ‹Bürger und Soldaten› vor.
Döblin wird seinen Text für die erste Nummer der neuen Exil-Zeitschrift (zu ihr vgl. H.-A. Walter, Deutsche Exilliteratur 1933–1950, Bd. 4, Stuttgart 1978, S. 128 ff.) direkt konzipiert haben, vermutlich sogar auf Veranlassung des im September 1938 verpflichteten Kulturredakteurs Ludwig Marcuse (vgl. H.-A. Walter a.a.O., S. 177 ff.). Die Abfassung fiele demnach in den September 1938. Dem ED ist auf der glei-

chen Seite der Gratulationsbrief Stefan Zweigs zu Döblins 60. Geburtstag beigegeben.

3. *Textgrundlage:*

Nach dem ED.

4. *Kommentar:*

[1] Anspielung auf Alfred Adler (1870–1937), der, ursprünglich Schüler Freuds, sich später selbständig als Begründer der Individualpsychologie durchsetzte, innerhalb derer er die Begriffe und Vorstellungen Minderwertigkeitsgefühl und Minderwertigkeitskomplex prägte. – Döblin hat sich mit Adler, den er von Berufs wegen über dessen Arbeiten kannte, sonst nicht näher auseinandergesetzt.

[2] Vgl. o. S. 523, Anm. 34.

[3] Hierzu waren weitere Informationen nicht zu ermitteln.

[4] Peter Döblin (★1912) war von Beruf Buchdrucker. Er hatte in Berlin noch am 5. 9. 1933 seine Setzer-Gehilfenprüfung abgelegt, bevor auch er der Familie ins Exil folgte. Im November 1933 (nach kurzem Aufenthalt in Paris) ging er nach London, um dort Arbeit zu finden, doch wurde ihm keine endgültige Aufenthaltserlaubnis erteilt. Er kehrte im Juli 1934 wieder nach Frankreich zurück. Da er auch dort keine Arbeit findet, geht er im Herbst 1935 in die USA.

[5] Zitat aus J. W. Goethes ‹Faust I› (vgl. schon o. S. 220).

[6] 1863–1920. Dehmel hatte als Schriftsteller großen Einfluß auf die Jugend um 1900. Er begann als sozialer Lyriker des Naturalismus und bereitete stilistisch auf den Expressionismus vor. Hauptwerk ist sein «Roman in Romanzen» ‹Zwei Menschen› (1903). Den Ersten Weltkrieg machte er trotz seines Alters als Kriegsfreiwilliger mit. Der von ihm formulierte nationale Aufruf gegen die Revolution 1918 («Warnruf») an die Siegermächte wird von Döblin nicht unterzeichnet (AW, Brief, S. 103 f.). – Zum ersten persönlichen Kontakt zwischen Döblin und Dehmel vgl. o. ‹Journal 1952/53›, S. 356 (Lesung Dehmels im März 1904). Vgl. dazu auch den Bericht von J. Bab, Richard Dehmel, Leipzig 1926, S. 268 f.

[7] 1844–1909; vor allem als Lyriker erfolgreich, erfreute er sich hoher Wertschätzung im Wilhelminischen Deutschland (besonders auch als Kriegsnovellist), voran durch Wilhelm II. selbst (Ehrensold). Lilien-

cron eröffnete die Leseabende von Herwarth Waldens «Verein für Kunst» am 4.10. 1904 (vgl. Kat. Döblin, S. 88), an denen auch Döblin teilnahm. Im November 1904 mokierte sich Döblin über eine Lesung Liliencrons in Freiburg i. Br. (AW, Briefe, S. 28).

8 1868–1952, Erzähler mit völkischer Grundeinstellung (u.a. ‹Dreizehn Bücher der deutschen Seele› 1922); erfolgreich vor allem als Verfasser von Anekdoten. Als Mitglied der Preußischen Akademie, Sektion für Dichtkunst, stimmte er 1928 mit Kolbenheyer, Ponten und Emil Strauß gegen Döblins Aufnahme in die Akademie. Im Zusammenhang der Vollversammlung aller Akademiemitglieder am 13./14.1. 1930 kam es zum Konflikt zwischen der völkischen Gruppe und den übrigen Mitgliedern im Anschluß an eine Rede E. G. Kolbenheyers (vgl. die ergänzte Fassung ‹Die Sektion der Dichter an der Berliner Akademie› in: E.G. Kolbenheyer, Gesammelte Werke, Bd. 8, München o.J. [1941], S. 506–532), auf die Döblin scharf entgegnete. Im Zusammenhang einer neuen Geschäftsordnung, die W. Schäfer vorlegte und die zunächst angenommen, dann aber am 17.12. 1930 aufgehoben wurde, traten Schäfer, Kolbenheyer und E. Strauß im Januar 1931 aus. Vgl. zu den Vorgängen ausführlich I. Jens, Dichter zwischen rechts und links, München 1971, S. 93ff.

9 Erwin Guido Kolbenheyer (1878–1962), Erzähler, Lyriker und Dramatiker, z. T. auch philosophische Ambitionen (‹Die Bauhütte›), vertrat in seinem Werk einen nationalistischen und volksbezogenen Standpunkt mit metaphysischer Begründung. Wirkung hatte er vor allem durch seine historischen Romane (‹Paracelsus›-Trilogie 1917–1922). Zum Akademie-Streit vgl. unter Anm. 8.

10 Vgl. zu ihm schon o. S. 606, Anm. 8. Zur Wertschätzung Wassermanns vgl. auch AW, Briefe, S. 171f. (zu Wassermanns 60. Geburtstag) und o. S. 357 im ‹Journal 1952/53›. Döblin besprach im Exil Wassermanns letzten Roman ‹Joseph Kerkhovens dritte Existenz› (1934) in: Die Sammlung 1 (1934), S. 517–523 sowie die Wassermann-Biographie von Marta Karlweis (in: Pariser Tageblatt 4, 1936, Nr. 768 vom 17.1., S. 4).

SELBSTPORTRÄT

1. *Überlieferung:*

Eine Handschrift existiert nicht. ED in: Die Zukunft 2 (Strasbourg/Paris 1939), Nr. 8 (24. 2.), S. 8. ND in: AW, AS, S. 98.

2. *Entstehung:*

Aufgrund der Wendung im Text «wird eben sechzig» wohl schon im Zusammenhang des 60. Geburtstags am 10. 8. 1938 formuliert und demnach erst später publiziert. Das ‹Selbstporträt› wurde in der ‹Zukunft› auf der gleichen Seite zusammen mit der kritischen Abrechnung Döblins mit Oswald Bumkes Buch ‹Die Psychoanalyse und ihre Kinder› (Berlin [2]1938) unter dem Titel ‹Die Psychoanalyse. Zu einer deutschen Kritik› publiziert. Ebenfalls auf der gleichen Seite findet sich die Ankündigung des Vorabdrucks von ‹November 1918› in der ‹Zukunft›, was sich konkret nur auf den Text des ersten Bandes ‹Bürger und Soldaten› beziehen kann, der im Manuskript im Januar 1939 abgeschlossen war und im Oktober 1939 bei Querido in Amsterdam unter dem Obertitel ‹Eine deutsche Revolution. Erzählwerk in drei Bänden› erschien. Der Titel ‹November 1918› hat demnach schon früh für das geplante Gesamtwerk gegolten. Der angekündigte Abdruck kam dann kriegsbedingt nicht mehr zustande, da die Zeitschrift nicht mehr erscheinen konnte.

3. *Textgrundlage:*

Nach dem ED.

4. *Kommentar:*

[1] 10. 8. 1938.
[2] Bezieht sich auf den Geburtsort Stettin.
[3] Diese Terminologie geht auf Döblins Aufsatz von 1938 zurück ‹Die deutsche Literatur (im Ausland seit 1933)›, in: AW, AzL, S. 187ff. hier S. 189f. zur «geistesrevolutionären Strömung».
[4] ‹Die Ermordung einer Butterblume› (1913) und ‹Die Lobensteiner reisen nach Böhmen› sind hier als Novellensammelbände gemeint. Als Essays rechnete Döblin vor allem ‹Das Ich über der Natur› (1927) und ‹Unser Dasein› (1933).

[5] ‹Die drei Sprünge des Wang-lun› erschienen bei S. Fischer in Berlin mit Druckjahr 1915, konnten aber kriegsbedingt erst 1916 im März ausgeliefert werden. Wenn die Angabe 1916 also kein Druckfehler ist, so hatte Döblin diesen Sachverhalt in Erinnerung.

[6] Im Druck irrig «Wanderung» statt der korrekten Titelformulierung ‹Babylonische Wandrung oder Hochmut kommt vor dem Fall› (1934).

[7] Erschienen 1935.

[8] Das Werk wurde in der Form publiziert, daß Band 1 den Titel trug ‹Die Fahrt ins Land ohne Tod. Roman› (1937). Band 2 erschien mit dem Titel ‹Der blaue Tiger. Roman› (1938). Der hier verwendete Obertitel ist also bibliographisch nicht gedeckt, sondern nur intentional zu verstehen. Döblin veröffentlichte nach dem Krieg als dritten Teil den Schluß des 2., bei Querido erschienenen Romanteils unter dem Titel ‹Der neue Urwald› (Baden-Baden 1948). Für die Ausgabe in AW (1963) wählte der Herausgeber W. Muschg gestützt auf Briefäußerungen Döblins als Titel für das Gesamtwerk ‹Amazonas›, schied allerdings den sog. dritten Teil ‹Der neue Urwald› aus ästhetischen Gründen aus. Eine Neuedition des Gesamtwerks ist in AW in Vorbereitung.

EINDRÜCKE VON NEW YORK
(Kleines Reisetagebuch)

1. *Überlieferung:*

An handschriftlichem Material über die New-York-Reise 1939 (vgl. dazu Ziffer 2) existieren zunächst zwei Blatt Dispositionsnotizen Döblins in acht Punkten, die für einen Vortrag gedient haben dürften (vgl. unter Ziffer 2 und 5). Außerdem sind 8 doppelseitig beschriebene Blätter (= S. 1–16) als Autograph Döblins im Nachlaß erhalten. Der Text beginnt S. 1 mitten im Satz und bricht auf S. 16 offen ab. Er ist sehr flüchtig mit zahlreichen Korrekturen verfaßt, z. T. handelt es sich nur um Stichworte.
Außerdem gibt es im Nachlaß ein Originaltyposkript (14 Blatt ohne Zählung) unter dem Titel «Eindrücke in New York» mit zahlreichen handschriftlichen Korrekturen Döblins. Am Ende von Blatt 11 steht

eine kurze, ca. fünfzeilige Textlücke (vgl. u. S. 643 f., Anm. 9), die sich anhand des oben beschriebenen Manuskripts ergänzen läßt. Mit Blatt 14 bricht das erhaltene Typoskript ab. Geht man von den Handschriftnotizen aus, so fehlt ungefähr die zweite Hälfte des Textes.
Schließlich existiert von diesem Originaltyposkript noch ein Durchschlag. Er ist weitgehend ohne Korrekturen. Wenn solche vorhanden sind, so weichen sie von den Korrekturen des Originals ab. Döblin änderte aber für diesen Durchschlagstext den Titel in «Kleines Reisetagebuch» um. Im übrigen ist der Umfang mit 14 Blatt vollkommen identisch.

2. *Entstehung:*

Die Aufzeichnungen entstanden im Zusammenhang der Reise Döblins zum «World Congress of Writers» in New York vom 8.–10. 5. 1939, der vom amerikanischen PEN-Zentrum im Rahmen der New Yorker Weltausstellung («New York World's Fair») organisiert wurde. Döblin fuhr Ende April 1939 mit dem Schiff von Le Havre ab und kehrte Ende Mai nach Paris zurück (31. 5.). Die handschriftlichen Notizen dürften noch auf der Reise entstanden sein und sie dienten Döblin als Grundlage für ein Diktat in die Maschine. Am 4. 6. 1939 schreibt er an E. und A. Rosin: «Jetzt bin ich dabei, meiner Frau einige New Yorker Eindrücke zu diktieren, ich schreibe es ihnen zu; es soll, möglichst, als Material für Koppel [= Günther Koppel, Verleger, Alliance Book Corporation] dienen.» (AW, Briefe, S. 234). Am 16. 6. kündigt er den gleichen Adressaten an: «Auch eine kleine Schilderung meiner Amerikareise, Ihnen gewidmet, soll ihnen zugehen.» (AW, Briefe, S. 236). Dazu kam es durch den Kriegsausbruch wohl nicht mehr. Fraglich erscheint auch, ob Döblin sein Diktat des Textes abgeschlossen hat, da Original wie Durchschlag nur im gleichen Fragmentzustand erhalten sind. Die handschriftliche Fassung, soweit sie noch erhalten ist, läßt bei den Überschneidungspartien mit dem Typoskript erkennen, daß Döblin sie nur als lokkeren Anhalt nahm und den Text beim Diktat grundsätzlich neu gestaltete. Was diktiert war, wurde offenkundig vernichtet, was den fehlenden Anfang des Manuskripts erklärt.
Döblin verwertete die ‹Eindrücke aus New York› für einen Vortrag in Paris am 23. 6. 1939 im «Cercle des Nations» (21, rue Casimir Perier) aus Anlaß des 2. Abends der Freunde der ‹Zukunft›: «Döblin erzählt von

seiner Amerikareise: «Wieso er durch einen Autounfall nach Amerika gekommen ist und was er dort gesehen und erlebt hat.»» Vgl. Huguet, Nr. 996 aufgrund des Hinweises in: Die Zukunft 2 (Strasbourg/Paris 1939), Nr. 24 (16. 6.), S. 7 und Nr. 25 (23. 6.), S. 1. Die im Nachlaß erhaltene Disposition (vgl. oben Ziffer 1) ist offenkundig Döblins Grundlage für diesen Vortrag gewesen. Vgl. den Abdruck unten S. 644–645.

3. *Textgrundlage:*

Der Abdruck folgt dem Originaltyposkript unter Berücksichtigung der Döblinschen Korrekturen. Die kleine Textlücke (vgl. u. S. 643 f., Anm. 9) wird nach dem erhaltenen Manuskript ergänzt.
Eine Edition des Resttextes nach der Handschrift unterblieb, weil angesichts des überaus flüchtigen und syntaktisch auch lückenhaften Schriftbildes eine ausreichend abgesicherte Textherstellung nicht möglich ist.

4. *Kommentar:*

1 Zur Einladung durch die Präsidentin des amerikanischen PEN-Zentrums, Dorothy Thompson, im Frühjahr 1939 wie zur Tagung im Rahmen der New Yorker Weltausstellung 1939 vgl. Der deutsche PEN-Club im Exil 1933–1948. Eine Ausstellung der Deutschen Bibliothek in Frankfurt a. M. 1980, S. 288 ff. Döblin erhielt seine persönliche Einladung Anfang Februar 1939 (vgl. AW, Briefe, S. 233).

2 Visumerteilung am 24. 4. 1939, Abfahrt in Le Havre am 27. 4. mit der «President Harding».

3 Vgl. dazu auch AW, Briefe, S. 234.

4 Die Ankunft wäre demnach am 6. 5. 1939 gewesen. Vgl. auch Anm. 5.

5 Der 6. 5.

6 Ein ausgestorbener Fischsaurier (bis 15 m lang), hier nur als Metapher für die Bauwerksgröße verwendet.

7 Ein krankhaft gesteigertes Wachstum beim Menschen (von Händen, Füßen, Unterkiefer und Nase) wird hier auf die Metropole begrifflich üertragen.

8 Teil des Metropolitan Museum of Art am Central Park.

9 Ab hier bis Abschnittende im Typoskript (vgl. o. Ziffer 1) Textlücke, die aufgrund der sehr flüchtigen, handschriftlichen Notizen der Manuskriptfassung ergänzt wurde, wobei angesichts der z. T. fehlenden

syntaktischen Zusammenhänge, aber oft auch nur kurzschriftartig angedeuteter Worte und Silben konjekturale Eingriffe des Herausgebers unvermeidlich waren.

[10] Dieser unter der Leitung von Raymond Hood konzipierte Gebäudekomplex zwischen Fifth und Sixth Avenue war 1931 begonnen worden und gerade 1939 fertiggestellt.

[11] Gemeint ist die «Radio City Music Hall», 50th St. and Sixth Av., eröffnet 1932, die der größte Aufführungssaal der Welt mit 6200 Plätzen seinerzeit war. Die Nutzung erfolgte außer für Konzerte, Ballett- und Theateraufführungen auch für Kinovorstellungen.

5. *Textanhang:*

Im folgenden wird der Text der Vortragsdisposition (vgl. o. Ziffer 1) mitgeteilt, wobei der Anordnungscharakter nach Möglichkeit zu wahren gesucht wurde. Die sachlich notwendigen Erläuterungen folgen dem Abdruck unmittelbar.

[Döblin erzählt von seiner Amerikareise.]

1) Die Einladung zum Kongreß[.][1]
Meine Zweifel: was soll das?
2) Der Unfall[.][2]
3) Die Fahrt
a) das Schiff, die Bewegung
– das Selbstgespräch des Meers, die Hybris des glänzenden Schiffs und der frechen Trompete zur Tafel. – die Menschen in dem schwimmenden Hotel, der Gemeinschaft:
Es fing an mit m[einen] Kabinennachbarn: ein Auswandererschiff ⅔, mehr in 1. Klasse; ihre Toiletten, die gespenstige Gala[.]
– Die Nazistewards – das blaue Heft[3] – ihre Zusammenhangslosigkeit, (gegen 3. Klasse, Spanier[4], politis[ch]) [.] Ihre Gespräche: der Kristalltag[5], – der Nazityp – Fr[au] Lew[6] –
– die Rolle der United States beim affidavit; aber jetzt anders[.]
4) Amerika
Die Mö[w]e, die Rührung Land Häuser, erst spät die Freiheitsstatue, Warnlicht, das Pilotenschiff, die Unruhe d[er] Emigranten. Liebenswürdiger Kommissar.

Die Wand der Wolkenkratzer grau[.]
Dann Peter[7] glücklich, und Freunde, – aber Uhse[8] – Erika Mann[9] – Ellis Island[10].
Aber das ungeheure Plus für die Immigranten: keine Polizei[.]
5) Die Fahrt in die Stadt; ein Vertreter des PENklubs kein Wortsprecher: später such ich ihn[.] Die überhellen Straßen, die Masse, wunderbar lebendig, wie bei uns, kein Ocean dazwischen, Times Square, Übereuropa.
Die Wolkenkratzer vom Auto nicht zu sehen, aber die Menschen fröhlich, Europa, Sonnabend;
6) Und diese Menschen, morgens, aus den Warenhäusern, in die M[é]tros, ein Wogen[.]
Mittags in die Cafeterias, Drugstor[e]s, Lunchlokale (im Warenhaus!)[,] das Gedränge[.]
Die Mechanisierung, die Ersparung der Menschenarbeit: Autobus, M[é]troautomaten.
7) Das Straßenbild: die Karte, 5th Avenue, die Quartiere – keine herrschende Rasse hier; nur die Neger[,] der Professor, Demokr[atie].
In diesem Häusermeer keine Bäume, keine Denkmäler, keine Gärten, keine Kirche[.]
Die Wolkenkratzer, die ökonom[ische] Not, die menschliche Kraft (siehe Mus[ée] de modern art)[11].
Ihre Schönheit bei Tag, Stufentürme bei Nacht.
Das Rockefellercenter, kostbar, die Technik im Dienst der Vernunft[.]
Die Warenhäuser, raffin[ierter] Geschmack.
Die Museen u[nd] Bibliotheken. (Die Wissenschaft nach L. Michaelis[12])
8) Vom Kongreß und der Ausstellung[13].
Frau Thompson[14], Kundgebung des PEN[-K]lubs, Festessen[15], geringe amerik[anische] Beteiligung; Romains[16], Maurois[17], Annette Kolb[18], – ein Tag die Deutschen[19], keine Debatte, die Gleichschaltung der Demokratie[.]

[1] Vgl. o. S. 643, Anm. 1.

[2] Am 31. 3. 1939 erlitt Döblin beim Louvre einen Unfall, als ein Auto ihn anfuhr. Es kam zu einer schweren Gehirnerschütterung mit mehrstündiger Bewußtlosigkeit. Vgl. Huguet, Chron. S. 124.

[3] Sachlich nicht zu klären, was damit gemeint sein könnte.

[4] Teilnehmer des Spanischen Bürgerkrieges, die nach ihrer Internierung in Frankreich in die USA ausreisten.

[5] Gemeint ist die sog. «Reichskristallnacht» vom 9.11. 1938, von Goebbels als Repressalie inszeniert, um die Ermordung des Mitglieds der Deutschen Botschaft in Paris, Ernst vom Rath, durch einen jüdischen Widerstandskämpfer zu rächen. Es kam zu internationalen Solidaritätsaktionen mit den deutschen Juden besonders in den USA («Kristallwoche»).

[6] Über sie ließ sich nichts ermitteln.

[7] Peter Döblin (*1912) lebte seit September 1935 in New York.

[8] Bodo Uhse (*1904), ursprünglich völkisch orientiert (Teilnahme am Kapp-Putsch), Mitglied der NSDAP (Otto Strasser-Flügel) 1921, später Konflikte und Parteiaustritt, Eintritt in die KPD 1931, 1933 Emigration nach Frankreich, Teilnahme am Spanischen Bürgerkrieg, 1937 Rückkehr nach Paris, 1939 Emigration nach den USA im Zusammenhang der PEN-Einladung. Er fährt mit Döblin auf der «President Harding», Gespräche über Hölderlins ‹Hyperion› im Hinblick auf die aktuelle Situation in Deutschland (vgl. B. Uhse, Notizen zu Döblins ‹Schicksalsreise›, in: Aufbau 1957, S. 160–163); 1940 Emigration nach Mexiko; 1948 Rückkehr in die DDR, dort kulturpolitische, journalistische und schriftstellerische Tätigkeit.

[9] 1905–1969, Schriftstellerin und Journalistin, Emigration 1933 (Schweiz) bzw. 1936 (USA), 1938 Korrespondentin im Spanischen Bürgerkrieg; 1938–1940 Mitglied der «German-American Writer's Association», für die sie vermutlich Döblin, Uhse und andere Schriftsteller begrüßt haben dürfte.

[10] Insel im Hafen von New York, von 1892–1943 Sitz der Kontrollbehörde für die Immigration.

[11] Von Döblin auffallenderweise in einer französisch-englischen Mischform zitiertes «Museum of Modern Art».

[12] Über ihn war nichts zu ermitteln.

[13] Der «World Congress of Writers» fand vom 8.–10. 5. 1939 in New York statt. Die «Ausstellung» ist die «New York World's Fair» von 1939, innerhalb derer ja der Schriftstellerkongreß tagte. Da das Dritte Reich nicht an der Weltausstellung teilnahm, war die Repräsentation einer ‹anderen› deutschen Kultur durch die Emigranten das besondere Anliegen des Treffens.

[14] Dorothy Thompson (1894–1961), Journalistin und politische Buchautorin, war 1939 Präsidentin des amerikanischen PEN-Zentrums und hatte als solche offiziell zum Treffen eingeladen. Zu den Mitor-

ganisatoren gehörten neben ihr führende Mitglieder der «American Guild for German Cultural Freedom».

15 Offizielles Dinner zu Ehren von Jules Romains im Hotel Plaza. Vgl. Klaus Mann, Letzter Tag mit Toller, in: Der deutsche PEN-Club im Exil. Eine Ausstellung der Deutschen Bibliothek Frankfurt a. M. 1980, S. 297. Toller stellte bei diesem Anlaß die deutschen Autoren den internationalen Gästen vor, gedachte dabei aber auch derer, die wie Mühsam, Ossietzky und Tucholsky als Opfer des Faschismus nicht mehr gegenwärtig sein konnten.

16 Jules Romains (1885–1972), Physiker, seit 1919 freier Schriftsteller, dessen großer Romanzyklus ‹Les hommes de bonne volonté› mit Hilfe montageartiger Momente den Eindruck der Kollektivseele von Paris darzustellen versuchte (1932–1947). Romains sprach sich auf dem Kongreß in New York für eine politische Parteinahme der Schriftsteller im gegenwärtigen Weltkonflikt aus. Vgl. Der deutsche PEN-Club im Exil a.a.O. (wie Anm. 15), S. 293 f. Romains war zu dieser Zeit internationaler Präsident des PEN.

17 André Maurois (1885–1967), französischer Erzähler und Romanautor, der die Bürgerkultur Englands und Frankreichs vielseitig darstellte; Verfasser von «biographies romancées».

18 1870–1967, Schriftstellerin, 1933 Emigration in die Schweiz und dann nach Paris; 1939 Mitglied der «Union Franco-Allemande», 1941 Emigration nach New York. Döblin schätzte mit Ausnahme ihres ‹Mozart›-Buches (1937) das Werk der Annette Kolb nicht allzu sehr (vgl. AW, Briefe, S. 218), was nicht für ihre klare politische Haltung galt. Er fuhr mit ihr von New York zurück (AW, Briefe, S. 234).

19 Der zweite Sitzungstag, der 9. 5. 1939, der dem Thema gewidmet war, wie Kultur das Exil überleben kann. Es sprachen von den deutschen Emigranten dazu Arnold Zweig, Ernst Toller, Ferdinand Bruckner und Klaus Mann. Vgl. Der deutsche PEN-Club im Exil a.a.O. (wie Anm. 15), S. 294 f.

20 Am 10. 5. 1939 nahm Döblin an einem Delegationsempfang im Weißen Haus beim amerikanischen Präsidenten Franklin D. Roosevelt teil (u. a. auch Ernst Toller, Arnold Zweig, Thomas Mann und Schalom Asch, Annette Kolb, Ferdinand Bruckner). Zum Empfang vgl. den Bericht von Klaus Mann, Letzter Tag mit Toller, hier in: Der deutsche PEN-Club im Exil a.a.O. (wie Anm. 15), S. 297.

[TAGEBUCH MAI 1940]

1. *Überlieferung:*

Im Nachlaß (Depot) befinden sich zwei Blätter eines autographen Tagebuchs auf liniertem Schreibpapier mit Eintragungen Döblins zum 5. 5., 6. 5. und 10. 5. 1940. Ob weitere Aufzeichnungen existiert haben, muß letztlich offen bleiben (vgl. 2.).

2. *Entstehung:*

Die Notizen sind erkennbar durch die Kriegssituation im Mai 1940 angesichts des drohenden und dann am 10. 5. eingetretenen deutschen Angriffs auf Frankreich ausgelöst und synchron geführt worden. Da die Aufzeichnungen auf der Rückseite des zweiten Blattes schon nach dem zweiten Drittel abbrechen – bei sonst durchgeschriebenem Text –, dürfte Döblin vermutlich das Tagebuch nicht fortgesetzt haben.

3. *Textgrundlage:*

Abdruck nach der Handschrift, wobei alle Kürzel des sehr flüchtigen Manuskripts gekennzeichnet aufgelöst wurden. Falsche Namensschreibweisen (z. B. Narwick, Trondjem statt Narvik, Trondhjem) wurden korrigiert.

4. *Kommentar:*

[1] Stadt in Mittelnorwegen (Drontheim/Trondhjem); sie war einer der wichtigeren deutschen Landungsorte bei der Invasion Norwegens ab 9. 4. 1940.

[2] Neville Chamberlain (1869–1940), 1937–1940 englischer Premierminister.

[3] Jossif W. Stalin (1879–1953), seit 1922 Generalsekretär der KPdSU mit zunehmenden diktatorischen Vollmachten als Regierungs- und Parteichef. Ab 1941 auch militärischer Oberbefehlshaber der UdSSR.

[4] Benito Mussolini (1883–1945), italienischer Faschistenführer («Duce»), seit 1922 Diktator Italiens, 1943 gestürzt. Italien trat erst am 10. 6. 1940 in den Krieg ein.

[5] Franklin D. Roosevelt (1882–1945), Präsident der USA 1933–1945.

[6] Archibald Percival Wavell (1883–1950), britischer Militär, 1939

Oberbefehlshaber im Mittleren Osten, ab 1943 dann indischer Vizekönig (bis 1947); trat auch als Schriftsteller hervor.

7 Maxime Weygand (1867–1965), französischer General; war im Mai/Juni 1940 Chef des Generalstabes und Oberbefehlshaber der französischen Armee; 1940–1944 Verteidigungsminister der Vichy-Regierung.

8 Es handelt sich hier um einen agitatorischen Text Döblins im Zusammenhang seiner propagandistischen Abwehrarbeit beim «Haut-Commissariat à l'Information» im Pariser Hotel «Continental» vom Oktober 1939 bis zum Juni 1940 unter der Leitung Jean Giraudoux'. Nach R. Minders Zeugnis (‹Hommage à Alfred Döblin›, in: Allemagne aujourd'hui 5, 1957, Heft 3, S. 5–19, hier S. 13) handelte es sich um ein «Fliegendes Blatt» (Flugblatt) mit der «Ballade von den drei Räubern» (Ballade des trois bandits) Hitler, Göring und Goebbels, das Frans Masereel (vgl. Anm. 9) mit 7 oder 8 Holzschnitten illustrierte. Das Flugblatt kam nicht mehr zum Einsatz: «Ce dépliant est encore parti à l'imprimerie Desfossés, il n'en est plus revenu: le ministère entre temps avait quitté Paris.» (R. Minder a.a.O., S. 13). Zu dieser Arbeit Döblins heißt es dann bei R. Minder, Begegnungen mit Alfred Döblin in Frankreich, in: Text & Kritik 13/14 (1966), S. 57–64, hier S. 61: «Ende Mai saßen wir mit Masereel in einem kleinen Café in der Rue Rivoli zusammen, um seine hervorragenden Bilder zu Döblins Schauerballade von den ‹Drei Räubern› – Hitler, Göring, Goebbels – mit dem Text in Einklang zu bringen. Die Deutschen standen in Paris, ehe der Drucker die Arbeit hätte abliefern können.»

9 Frans Masereel (1889–1972), belgischer Maler und Graphiker, der auch als politischer Zeichner vermittels Holzschnittillustrationen wirkte; Buchillustrator. – Im Zusammenhang des ‹Goldenen Tors› kam es nach dem Kriege zu einem neuen Kontakt zwischen Döblin und Masereel (vgl. AW, Briefe, S. 396).

10 Louis-Oscar Frossard (1889–1946), Sozialist, seit 1935 mehrere Ministerposten in den Volksfront-Regierungen; Juni 1940 Mitglied der Pétain-Regierung, lehnte aber weitere Mitarbeit dann ab und wurde wieder freier Journalist.

11 10. 5. 1940 Landung britischer Truppen in Island.

12 Klaus (Claude) Döblin hatte seine Militärdienstzeit schon am 20. 7. 1937 begonnen (Dauer 2 Jahre); Demobilisierung am 5. 8. 1940.

13 Wolfgang Döblin war am 3. 11. 1938 zur Ableistung des französi-

schen Militärdienstes eingezogen worden. Er fiel dann in den Vogesen (Housseras) am 21. 6. 1940 (vermutlich Freitod, um der Gefangennahme zu entgehen).

14 Innerhalb der ‹November 1918›-Tetralogie ist in der Form der Buchausgabe im 2. Band (‹Verratenes Volk›) das von Döblin gemeinte Gespräch nicht mehr enthalten, sondern es befindet sich im 3. Band unter dem Titel ‹Die Sünde› (DTV-Ausgabe, Stuttgart 1978, Bd. 3, S. 68 ff.). Die Situierung im 3. Band erklärt sich aus der nachträglichen Teilung des ursprünglichen ‹zweiten› Bandes, der auch nach AW, Briefe, S. 281 im Mai 1940 beendet war.

15 Bezieht sich auf die Arbeit Döblins im Informationsministerium (vgl. schon o. S. 649, Anm. 8). Zu seinen Propaganda-Arbeiten vgl. R. Minder, Hommage (wie Anm. 8), S. 13 f. und ders., Begegnungen (wie Anm. 8), S. 61 f. Die Propaganda-Arbeiten selbst vgl. in AW, SPG, S. 404–422.

TAGEBUCH 1945–1946

1. *Überlieferung:*

Fragmente eines Tagebuchs liegen im Marbacher Nachlaß (Depot) in folgender Form vor:

(a) 4 ungezählte Tagebuchblätter auf liniertem Schreibpapier mit Einträgen zum 3. 12. 1945, 13. 12. 1945, 17. 12. 1945, 5. 2. 1946 und 5. 3. 1946. Flüchtige, stark abgekürzte und schwer lesbare Handschrift Döblins.

(b) 2 Tagebuchblätter auf unliniertem, in der Mitte gefalztem Schreibbogen ohne Zählung mit Einträgen zum 5. 1. 1946 und 6. 1. 1946. Flüchtiges, doch größeres Schriftbild als in (a).

2. *Entstehung:*

Die Aufzeichnungen sind erkennbar diarischen Charakters, wesentlich motiviert aus einer stark depressiven Stimmung und Unzufriedenheit über die berufliche Situation in Baden-Baden. Was den Abbruch Anfang März 1946 veranlaßte, ist nicht klar. U. U. sind weitere Aufzeichnungen von Döblin vernichtet worden oder sie sind anderweitig abhanden gekommen.

3. *Textgrundlage:*

Abdruck aufgrund der Handschriften. Da der Text oft nur sehr schwer lesbar ist (Wortkürzungen, flüchtiges Schriftbild), ist eine Umschrift nicht in allen Fällen eindeutig und unstrittig herzustellen. Alle Ergänzungen des Herausgebers erscheinen in eckigen Klammern, auch um einen Eindruck vom Charakter des Manuskripts zu vermitteln. Lediglich bei verschliffenen Endungen (-em/-en usw.) unterblieb diese Markierung. In den Fällen wenig gesicherter Lesungen wurden in eckige Klammern gesetzte Fragezeichen hinzugesetzt, z. T. ergänzt durch Bemerkungen im Kommentar.

4. *Kommentar:*

[1] Döblin war am 9. 11. 1945 in Baden-Baden angekommen (vgl. o. S. 270f.), nachdem er am 8. 10. 1945 von New York per Schiff abgefahren, am 16. 10. in Le Havre angekommen und schließlich am 18. 10. in Paris angelangt war. Am 20. 10. dort schon eine erste Dienstbesprechung.

[2] In der Pension Bischof, Römerplatz 2 in Baden-Baden (bis Ende Juni 1946), eine «schmale Studentenbude», die «geheizt ist, aber keinen Stuhl und keine Tischbeleuchtung hat» (AW, Briefe, S. 324). Ein Foto von der Pension mit dem Platz davor in unmittelbarer Nähe der großen Thermalbäder vgl. Kat. Döblin S. 427.

[3] Max Hedinger (1880–1963), Prof. Dr. med., leitender Arzt des Sanatoriums «Quisisana» in Baden-Baden (vgl. AW, Briefe, S. 644), der privat in der Ludwig-Wilhelm-Straße 14 wohnte. Döblin verkehrte bei ihm über seine Baden-Badener Zeit hinaus (vgl. den Brief an Hedinger von 1953 in: AW, Briefe, S. 465).

[4] Schmerzmittel.

[5] Begriff nicht im heutigen, engeren psychopathologischen Sprachgebrauch (als Ableitung von Neurose), sondern noch als älterer medizinischer Terminus zu Neurose als ‹krankhafte Störung in der Funktion des Nervensystems›.

[6] Thermalbäder.

[7] Das Wort ist in dieser Form nicht sicher lesbar.

8 Dienststelle Döblins war innerhalb des «Gouvernement militaire de la Z. O. F.» in Baden-Baden die «Direction de l'éducation publique». Vgl. L'œuvre culturelle Francaise en Allemagne, o. O. 1947, S. 3.

[9] Beschlagnahmtes ehemaliges Grand- und Badehotel am Anfang der Lichtentaler Allee (Lange Straße 47) mit alter Geschichte (ursprünglich Kapuzinerkloster, Anfang des 19. Jh.s im Besitz des Verlegers Cotta). Vgl. dazu H. Berl, Das Badener Tagebuch, Baden-Baden ²1947, S. 228 ff.

[10] Nicht eindeutig für diese Anfangszeit zu identifizieren, u. U. Gustave Woytt (vgl. u. S. 655, Anm. 34), der Gymnasiallehrer in Straßburg war.

[11] Das spätere ‹Goldene Tor›, deren erste Nummer erst im Oktober 1946 erschien, war von vorneherein als Literaturzeitschrift im Stile der ‹Nouvelle Revue française› bzw. der ‹Neuen Rundschau› (vgl. AW, Briefe, S. 326) geplant, woraus sich auch in den Aufzeichnungen die mehrfache Bezeichnung des Projektes als «Revue» erklärt.

[12] So formulierte es Döblin auch wörtlich im Brief an Bert Brecht vom 25. 11. 1945 (AW, Briefe, S. 330).

[13] Es geht um den Tod des Sohnes Wolfgang Döblin, der am 21. 6. 1940 sich vermutlich durch Freitod in dem Vogesendorf Housseras der Gefangennahme durch deutsche Truppen entzog. Seine Eltern erhielten die Nachricht vom Tode erst im März 1945. Im Brief an Peter Döblin vom März 1945 heißt es dazu: «[...] haben [...] aus Paris von Wolfs Freunden, die inzwischen nachgeforscht haben, die Nachricht erhalten, daß Wolf am 21. 6. 1940 in den Vogesen bei einem Patrouillengang gefallen ist. Wir haben mitgeteilt erhalten, wo sich da in einem Dorf in der Nähe sein Grab befindet.» (AW, Briefe, S. 311 f.) Erna Döblin fuhr Ende November 1945 nach Housseras (vgl. AW, Briefe, S. 326). Sie und ihr Mann ließen sich dann 1957 auch dort begraben.

[14] Gemeint ist der Roman ‹Hamlet oder Die lange Nacht nimmt ein Ende›, wie der erst später formulierte Titel lautet, der im August 1945 noch in Hollywood begonnen wurde (beendet im Oktober 1946), aber erst 1956 erscheinen konnte. Die hier erwogene explizite Widmung unterblieb wohl auch wegen des großen zeitlichen Abstandes zwischen dieser ursprünglichen Vorstellung und der späten Veröffentlichung.

[15] Wilhelm Hausenstein (1882–1957), Kunst- und Kulturkritiker, Erzähler, Essayist und Übersetzer, seit 1917 Mitarbeiter der ‹Frankfurter Zeitung›, 1934–1943 Leiter ihres Literaturblattes; 1936–1945 Publikationsverbot; 1940 Konversion zum Katholizismus. Lebte seit

1932 in Tutzing am Starnberger See; ab 1951–1955 deutscher Botschafter in Paris, wo er auch mit Döblin weiterhin in näherem Kontakt stand.

16 Benno Reifenberg (bei Döblin irrig Reiffenberg), 1892–1970, Journalist, Kritiker und Essayist, Redakteur der ‹Frankfurter Zeitung› bis zu deren Verbot 1943. Zur Kontaktaufnahme vgl. auch AW, Briefe, S. 329 und 335. Reifenberg wurde später Redakteur der ‹Frankfurter Allgemeinen Zeitung›.

17 Neustadt im Schwarzwald, ca. 30 km östlich von Freiburg i. Br.

18 U. a. Lion Feuchtwanger, Heinrich Mann, Wieland Herzfelde, Rudolf Leonhard, Paul Wiegler, Ludwig Marcuse, Hermann Kesten, Ernst Bloch, Hermann Broch, Ferdinand Bruckner, O. M. Graf, Anna Seghers (soweit erhalten zumeist in AW, Briefe abgedruckt).

19 Ferdinand Lion (1883–1965), Kritiker, Essayist und Dramatiker, war vor dem 2. Weltkrieg Redakteur von Thomas Manns Exil-Zeitschrift ‹Maß und Wert›; 1933 Emigration in die Schweiz, lebte 1945/46 dort in dürftigen Verhältnissen (vgl. AW, Briefe, S. 346f.). Vgl. auch den Nachruf H. Benders in: Merkur 19 (1965), S. 298–300. – Döblin kannte und schätzte Lion seit 1919. Dieser setzte sich auch in den zwanziger Jahren für sein Werk ein, war daneben aber eng mit Thomas Mann verbunden, was zumal im Exil zu Spannungen führte (vgl. AW, Briefe, S. 229). Der Brief Döblins an Lion vom 26. 11. 1945 ist verschollen bzw. nicht mehr erhalten.

20 Die Russische Kirche, 1882 errichtet, liegt in Baden-Baden in der Lichtentaler Straße, ca. 1,5 km vom Zentrum entfernt.

21 Knotenförmiger Entzündungsherd, ausgelöst durch eine Infektion des Zahnwurzelkanals.

22 Der Prozeß war am 22. 11. 1945 eröffnet worden. Die Schrift Döblins erschien unter dem Pseudonym «Hans Fiedeler» in hoher Auflage (200 000 Exemplare zum Preis von 50 Pfennig) unter dem Titel ‹Der Nürnberger Lehrprozeß›, Baden-Baden: Neuer Bücherdienst 1946 mit 32 Seiten Umfang und bebildert. Im Nachlaß befindet sich ein unvollständiges Manuskriptkonvolut zu diesem Text (58 Blatt).

23 Der 17. 12. war ein Montag. Döblin hat sich hier offenkundig im Datum geirrt, da die Wochentagsangabe für den 13. 12. mit Donnerstag zutrifft. Der Eintrag müßte demnach erst am 19. 12. erfolgt sein.

24 Urlaub für Samstagabend, der auf den 21. 12. 1945 fiel. Döblin schrieb dann auch am 25. 12. an Wieland Herzfelde aus Paris (AW,

Briefe, S. 330) und ebenso an H. Kesten (Kesten, Literatur, S. 259). Döblin blieb dann «8 Tage» in Paris, was auf den 30. 12. hinausliefe. Im zitierten Brief an Kesten nennt er als Rückkehrdatum aber den 2. 1. 1946.

25 Die Möglichkeit einer Dienstreise nach Paris wurde also Döblin nicht gewährt.

26 Vgl. die «Attestation» für Döblin (Kat. Döblin, S. 428 f.) vom 10. 11. 1945: Döblin «est employé dans ses services à titre de contractuel (Bureaux des Lettres)».

27 Hans Bühler (1901–1965), Schweizer Verleger (Gründung des Verlages im September 1945, Liquidation 1948 nach der Währungsreform). Das Programm des Verlages war auf gängige Unterhaltungsbelletristik ausgerichtet, ‹seriöse› Literatur (z. B. Reinhold Schneider) diente allenfalls der Reputation.

28 Heinrich Berl (1896–1953), Schriftsteller in Baden-Baden. Zu seiner Begegnung und einem weiteren freundschaftlichen Kontakt bis zu seinem Tod vgl. o. S. 394 f. und H. Berl, Deutsche und Franzosen suchen sich zu verständigen, in: Alfred Döblin zum 70. Geburtstag, Wiesbaden 1948, S. 24–26. Die Initiative zu einer ersten Begegnung mit Berl ging indes von Döblin aus, wie sein Brief an Berl vom 25. 11. 1945 belegt: «Sehr geehrter Herr Berl, Herr von Prittwitz Gaffron und auch Herr General Schmittlein gaben mir Ihren Namen: Ich möchte mich gern allgemein mit Ihnen unterhalten und informieren lassen. Mein Büro ist: Badischer Hof, Büro 41 (service des lettres), ich bin 9–12, und ½ 3–6 da. Könnten Sie vorbeikommen? Ergebenst Alfred Döblin.» (Nachlaß H. Berl in der Landesbibliothek Karlsruhe). – Berl gehörte zum antifaschistischen «Kulturrat» in Baden-Baden. Er hatte im Dritten Reich Schreibverbot. Als Schriftsteller war er Chronist seiner Heimatstadt Baden-Baden. Zur Bibliographie seines Werks vgl. Raabe, S. 60 ff.

29 Döblin kannte Egon Vietta (1903–1959) – Erzähler, Dramatiker, Essayist und Reiseschriftsteller – schon aus der Zeit vor 1933 (vgl. seinen Brief von 1931 im Nachlaß Döblins), was ihn wohl zur neuerlichen Kontaktaufnahme mit ihm, der nicht emigriert war, bewegte. Vietta steuerte dann trotz dieser anfänglichen Reserven einen kurzen Beitrag für das ‹Goldene Tor› bei (Jg. 2, 1947, S. 752–755 über ‹Thomas Mann und Europa›). 1946 interviewte er Döblin für ‹Die Welt› (23. 7.) und besprach 1950 ‹Karl und Rosa› (Huguet Nr. 2587). 1947

hatte er auch eine Rezension von ‹Der Oberst und der Dichter› verfaßt (Schuster/Bode, S. 382f.).

30 Eigentlich ‹einfache Mahlzeit›, militärisch dann aber auch ‹Unteroffiziersküche›. Vgl. auch Döblins Brief vom 25. 11. 1945 an A. und E. Rosin: «Dazwischen Gemeinschaftsessen («popote»), das recht gut ist.» (AW, Briefe, S. 324. Vgl. auch Kat. Döblin, S. 427).

31 Irène Giron nahm in Baden-Baden die Stelle des «Directeur-Adjoint» ein, d. h. sie war Stellvertreterin von General Raymond Schmittlein (vgl. u. Anm. 47). Das Verhältnis zwischen ihr und Döblin – sie war beruflich dann auch mit ihm in Mainz zusammen – entwickelte sich positiv bis in die letzte Pariser Zeit hinein (vgl. AW, Briefe, S. 469). Döblin widmete ihr in sehr persönlichem Ton eine Reihe seiner Bücher (heute Dt. Literaturarchiv Marbach). Zu ihrer Persönlichkeit und Erscheinung vgl. H. Feist, in: Schweizer Annalen 3 (1946/47), Nr. 11, S. 670–671 ‹Begegnungen in Deutschland›.

32 Welche Stellung Hepp (Vorname nicht ermittelbar) 1946 in Baden-Baden einnahm, ist unklar. 1947 war er dann «Chef de Division» und «Inspecteur général» in der interalliierten Kontrollkommission in Berlin für die «Division des Affaires Culturelles et de l'Education».

33 Ihm war die «Sous-Direction» für «Universités et Recherche scientifique» unterstellt. Vgl. L'œuvre culturelle, S. 3 und J. Vaillant, Kulturpolitik, S. 15.

34 Gustave Woytt, Gymnasiallehrer aus Straßburg, war innerhalb der «Direction de l'éducation publique» Referent für die höheren Schulen (vgl. J. Vaillant, Kulturpolitik, S. 15 und Huguet, Chron., S. 164 mit verdrucktem Namen).

35 Anspielung auf die Figur des Komtur in der Schlußszene von W. A. Mozarts Oper ‹Don Giovanni›.

36 Erna und Stefan Döblin bewohnten eine provisorische Wohnung («appartement ... 2 Räume», AW, Briefe, S. 334) in Paris bei dem befreundeten Germanisten Ernest Tonnelat, 95 Blvd. Jourdan, der Döblin auch die Baden-Badener Anstellung vermittelt hatte (vgl. Kat. Döblin, S. 428).

37 Zu ihm vgl. u. S. 711, Anm. 147. Zum Kontakt vgl. auch AW, Briefe, S. 332 am 12. 1. 1946: «Ich habe schon von Heinrich Mann einen kleinen schönen Begrüßungsartikel und eine ebenso schöne Schilderung seines Gangs über die Pyrenäen erhalten.» Der Druck dieses Artikels ‹Abschied von Europa› erfolgte dann in: Das Goldene Tor 1 (1946),

S. 15–22, der aus Heinrich Manns Autobiographie ‹Ein Zeitalter wird besichtigt› entnommen ist (ED 1946, in: Ausgabe H. Mann, Ges. Werke, Bd. 24, Berlin/Weimar 1973, S. 438ff.).

38 Hermann Kesten (*1900), Erzähler, Essayist und Kritiker, gehörte zu den engeren Freunden Döblins, dessen langjähriger Briefpartner er war. Ursprünglich Lektor im Kiepenheuer-Verlag, emigrierte er 1933 nach Holland, wo er Leiter des Allert de Lange-Verlags in Amsterdam wurde, des neben Querido wichtigsten Exilliteratur-Unternehmens. 1940 Emigration in die USA, wo er sich für die Flüchtlingshilfe sehr engagierte. Döblins Brief an Kesten datierte vom 24. 11. 1945 (Abdruck bei Kesten, Literatur, S. 256f.), auf den Kesten antwortete (dieser Brief ist nicht erhalten). Döblin schickte dann am 30. 12. 1945 einen zweiten Werbebrief aus Paris an Kesten (abgedruckt bei Kesten, Literatur, S. 259f.).

39 Lion Feuchtwanger (1884–1958), schon in den zwanziger Jahren erfolgreicher Romanautor, emigrierte 1933 nach Frankreich, wo er für die Volksfront eintrat; mit Bredel und Brecht Hg. der Exil-Zs. ‹Das Wort›, zugleich im Zusammenhang einer Rußlandreise 1936/37 Verteidiger des Sowjet-Systems; 1940 Emigration in die USA, wo er ab 1941 in Los Angeles als finanziell erfolgreicher Autor lebte; dort auch Kontakt mit Döblin. – Der Brief Döblins an Feuchtwanger vom 24. 11. 1945 in AW, Briefe, S. 327f., auf den dieser am 12. 12. antwortete (ebd., S. 605).

40 Zu ihm vgl. u. S. 716f., Anm. 190.

41 Ludwig Marcuse (Döblin schrieb irrig Markuse), 1894–1979 (vgl. zu ihm o. S. 631, Anm. 4) gehörte im amerikanischen Exil zu den engen Freunden Döblins. Döblins erster Brief von Ende November 1945 wurde nicht beantwortet, so daß Döblin erneut am 26. 1. 1946 an ihn schrieb (AW, Briefe, S. 333f.).

42 Katholisch orientiertes Verlagshaus in Freiburg i. Br. Der seinerzeitige Verhandlungspartner war nicht sicher zu ermitteln, u. U. war es der Lektor Curt Winterhalter (AW, Briefe, S. 620).

43 Bernhard Guttmann (1869–1959), Dr. phil., Publizist und Schriftsteller, begründete mit Benno Reifenberg, Robert Haerdter und Albert Oeser die Halbmonatsschrift ‹Die Gegenwart› als Herausgeber (Verlagsort war Freiburg i. Br. mit eigener Verlagsgesellschaft Grünwälderstraße 4). Das erste Heft war zum 24. 12. 1945 erschienen. Die Zeitschrift folgte redaktionell dem Profil der alten ‹Frankfurter Zei-

tung› und gehört zu den qualitativ besten deutschen Nachkriegspublikationen. Döblin erwähnt Guttmann auch AW, Briefe, S. 335.

44 Döblin reiste Mitte Januar 1946 für «drei Tage» (vgl. AW, Briefe, S. 334) nach Freiburg i. Br.

45 Näheres zu ihm war nicht zu ermitteln; möglicherweise identisch mit dem namentlich nicht benannten «colonel» im Brief an Erna Döblin vom 9.11. 1945 (in: Kat. Döblin, S. 427), «qui me connait longtemps même de Paris, élève de Tonnelat, un monsieur professeur de Rennes».

46 Zu ihm konnte ich nähere Daten nicht ermitteln.

47 General Raymond Schmittlein (*1904) war als «Inspecteur-Général» der «Directeur de l'education publique» in Baden-Baden. Er war ein hochgebildeter Mann, Fachgermanist (1932 Agrégation), 1934 Prof. an der Universität Kaunas in Litauen, 1939 Leiter des französischen Kulturinstituts in Riga. Juli 1940 ging er zu der Truppe General de Gaulles und wurde 1942 Militärattaché in Moskau. Ab 16. 6. 1945 leitete er die Baden-Badener Abteilung. Er war zeitweise Abgeordneter der Nationalversammlung und bekleidete Ministerposten. (Vgl. zu ihm J. Vaillant, Kulturpolitik, S.200).

48 Döblin verstand sich als dessen Leiter, was – wie die Aufzeichnungen zeigen – zu dieser Zeit nur bedingt zutraf. Im April 1946 erst erhält er als offiziellen Titel «Chargé des fonctions de chef du bureau des lettres» (vgl. Huguet, Chron. S. 164). Döblin war dann der Abteilung «Etudes et Documentations censure» zugeordnet (Leitung Louis Maréchal).

49 6.1. 1946.

50 Direktor der Kunstabteilung (von insgesamt fünf Abteilungen: Dokumentation und Zensur, Kunst, Bildungswesen, Hochschulen, Jugend und Sport) war N.N. François (vgl. J. Vaillant, Kulturpolitik, S. 15), früherer Leiter des Musée Carnavalet in Paris (vgl. Döblins Zeugnis in: Kat. Döblin, S. 427). François war Vorgesetzter des Referatsleiters «Theater».

51 N.N. Thimonnier (Name von Döblin ganz falsch geschrieben) war Leiter des Referates «Theater» (vgl. J. Vaillant, Kulturpolitik, S. 15).

52 In der Handschrift irrige Verschreibung «Spectacel». «Spectacle» statt korrektem «théâtre» bezog sich auf die Abteilungsbezeichnung Thimonniers.

53 Gemeint ist die hier noch ungedruckte Erzählung ‹Der Oberst und

der Dichter›, entstanden November/Dezember 1943, die 1946 dann im Freiburger Alber-Verlag erschien.

54 ‹Berge Meere und Giganten› in der alten Buchausgabe von 1924.

55 Gemeint ist der bis heute unpublizierte, im USA-Exil 1940/41 verfaßte Fluchtbericht ‹Robinson in Frankreich› (im Marbacher Nachlaß als Typoskript vollständig erhalten), der in stark überarbeiteter Form zur Grundlage des ersten Buches (= Teil 1–3) der ‹Schicksalsreise› (1949) wurde (AW, AS, S. 103–339).

56 Vgl. den Text o. S. 265–272 und die Entstehungsbemerkungen u. S. 659.

57 Hans Paeschke (*1911), nach juristischem und philologischem Studium Sekretär der Deutsch-Französischen Gesellschaft in Berlin, 1939–1944 Hauptschriftleiter der ‹Neuen Rundschau›, 1946–1947 Schriftleitung der deutsch-französischen Kulturzeitschrift ‹Lanzelot›, dann Begründer und Herausgeber der Zeitschrift ‹Merkur› bis 1978.

58 Nicht eindeutig zu ermitteln, wer hier gemeint ist, vermutlich aber identisch mit einem der zwei, namentlich nicht genannten, germanistischen Professoren in Freiburg i. Br., von denen Döblin im ›Journal 1952/53‹ spricht (vgl. o. S. 392).

59 Der hier folgende Name ist leider nicht eindeutig zu identifizieren.

60 Ernst Jünger (*1895), manieristischer Erzähler und politischer wie kultureller Essayist, wurde bekannt durch sein Weltkriegstagebuch ‹In Stahlgewittern› (1920). In der Weimarer Republik nationalkonservative Haltung, aber im Dritten Reich zunehmend distanziertes Verhältnis zum Nationalsozialismus. Döblin zählte selbst – trotz der politischen Vorbehalte – Jünger zur «geistesrevolutionären» Autorengruppe im 20. Jh. (vgl. AW, AzL, S. 190). Im Nachlaß erhalten sind kritische Notizen zur Jünger-Schrift ‹Der Friede. Ein Wort an die Jugend Europas und ein Wort an die Jugend der Welt› (1946).

61 Döblins Verhältnis zu Franz Kafkas (1883–1924) Werk ist durchaus von Achtung gekennzeichnet, wie seine Rezension über ‹Die Romane von Franz Kafka› aus dem Jahr 1927 deutlich macht (vgl. AW, AzL, S. 283–286).

62 Zu ihm vgl. o. S. 598f., Anm. 1.

ABSCHIED UND WIEDERKEHR

1. *Überlieferung:*

Als Entwurfsmaterial ist nur ein Typoskriptfragment im Nachlaß erhalten, das den Text o. S. 269,22 (nimmt) – S. 270,5 (kann) umfaßt.
ED in: Badische Zeitung 1. Jg. (Freiburg i. Br. 1946), Nr. 7 (22. 2.), S. 5. Danach Zweitdrucke in: Die neue Zeitung 2. Jg. (München 1946), Nr. 19 (8. 3.), S. 5 und Deutsche Nationalzeitung (Berlin 1946), 8. 3. Ein überarbeiteter Text erschien dann in: Die neue Rundschau 56/57 (Stockholm 1945/46), S. 475–480 innerhalb der Rubrik «Betrachtungen zur Zeit».
Teildrucke erschienen in: Freie Tribüne/Freies Deutschland Vol. 7 (London 1946), Nr. 12 (17. 6.), S. 6–7 unter dem Titel «Meine Heimkehr» der zweite Teil des Textes («Als ich wiederkam ...») und in: Rhein-Neckar-Zeitung 2. Jg. (Heidelberg 1946), Nr. 80 (13. 8.) unter dem Titel «Meine Heimkehr» der zweite Teil allerdings in gekürzter und mit zusätzlichen Absätzen versehenen Form.
ND liegen vor in: ZL, S. 202–209 (nach dem ED in der ‹Badischen Zeitung›); VdG, S. 121–129 (nach ZL); AW, AS, S. 425–435 (nach ED).

2. *Entstehung:*

In enger zeitlicher Nähe zur Erstpublikation im Januar 1946 (vor dem 5. 2. 1946 vgl. o. S. 262). Anlaß war wohl nicht zuletzt der Besuch in Freiburg (vgl. o. S. 392), der den Kontakt zur ‹Badischen Zeitung› hergestellt haben dürfte. Der zweite Teil des Textes («Als ich wiederkam»), aber auch kürzere Teile des ersten Abschnitts werden dann im Nachkriegs-Schlußteil der ‹Schicksalsreise› mit relativ geringen Änderungen und Kürzungen verarbeitet (Ausgabe 1949, S. 395–400 = AW, AS, S. 368–371), wobei Döblin als Grundlage den ED und nicht die überarbeitete Fassung verwendete.

3. Textgrundlage:

Der Text wird nach der ‹Fassung letzter Hand› in der ‹Neuen Rundschau› abgedruckt, da er offenkundig die korrekteste Version bietet. Der Zeitungs-ED enthält etliche Flüchtigkeitsfehler, die dann auch im ND stehen geblieben sind. Die Fassung in der ‹Neuen Rundschau› bietet außer syntaktischen und stilistischen Varianten auch inhaltliche Kürzungen und eine veränderte Absatzgliederung gegenüber dem ED. Folgende Passagen fielen weg (mit Seiten- und Zeilenangabe nach vorliegender Ausgabe):

Nach S. 265,19 statt: es war: der Tenor; nach S. 265,25 (vorübergehen): Zuletzt rief mich noch ein mir bekannter Arbeiter an: ich solle doch gehen, gleich, er wisse allerhand, und es sei ja nur für kurze Zeit, längstens; nach S. 265,32 (er auch): Wenigstens diese Situation hatte ich sofort durchschaut; nach S. 266,3 (Richtung): dann; nach S. 266,23 (aus!): Ich machte mich wirklich lächerlich. Wie ich mich schämte, als ich ihm die Geschichte erzählte. Nun, er hielt Vorsicht für besser als Nachsicht. Da war ich also, wie in plötzlichen Ferien, schrieb Briefe nach Hause.; nach S. 266,26: Schon am Morgen, als ich eine Zeitung las, war mir das Datum aufgefallen. Was sagt es, was wird es bringen?; nach S. 266,11 (einer): konnte; nach S. 268,17 (Mathematiker): der Liebling; nach S. 268,19 (1940): (die babylonische Wanderung, hat es mich also «nach oben» gerissen? Ich bin schon lange nicht mehr frohgemut, ich weiß schon viel mehr als damals nach dem Überschreiten der Schweizer Grenze); nach S. 268,34 (wie): bei; nach S. 269,13 (1933): Meine Frau und der Jüngste kamen nicht mit; sie zogen es vor, obwohl nicht in eigenen Räumen und in kalten Räumen, in Paris zu bleiben; nach S. 269,15 (mich.) der folgende Absatz: Nein, da war nicht das Gefühl, das ich früher kannte, wenn bei der Rückkehr nach Berlin die Lichter aufblitzten: ich atmete auf, fühlte mich wohl, ich war zu Hause. Ich erinnere mich meiner ersten Reise nach Frankreich, vor zwanzig Jahren; ich hatte ein Manuskript mit, ich wollte daran schreiben, unterwegs. Aber ich mußte es wieder schließen, und erst als wir am Ende der Ferien Halt in Köln machten, konnte ich es wieder öffnen und konnte schreiben, als hätte ich gestern aufgehört. Jetzt – suche ich in mir, befrage mich.; nach S. 271,3 (geschrieben.): Was sagt das Datum?

4. *Kommentar:*

[1] Am 28. 2. 1933.

[2] Am 27. 2. 1933.

[3] Eigentlich: «Wem zu Nutzen?» Die Wendung geht auf Ciceros Rede ‹Pro Milone› (12, 32) zurück.

[4] Hochbahnhof unmittelbar südöstlich des Potsdamer Bahnhofs (Berlin-Tiergarten) am Potsdamer Platz.

[5] Nach «Gleisdreieck» östlich der nächste Bahnhof der S-Bahn mit Zugang zum Anhalter Bahnhof, dem Fernbahnhof der Reichsbahn nach Frankfurt/M. bzw. Basel.

[6] Ankunft am 1. 3. 1933.

[7] Übernachtung in Überlingen am Bodensee vom 1. auf den 2. 3. 1933.

[8] Schweizerischer Grenzort bei Konstanz. Grenzübertritt am 2. 3. 1933.

[9] Gemeint ist der Schweizer Psychiater Ludwig Binswanger (1881–1966), der später die Psychopathologie – unter Bezug auf Martin Heidegger – philosophisch zu begründen versuchte (sog. «Daseinsanalyse»): ‹Grundformen und Erkenntnis menschlichen Daseins› (1943). Das Sanatorium Binswangers in Kreuzlingen war der sog. «Schweizerhof» (AW, Briefe, S. 172).

[10] Im Zusammenhang einer Schweiz-Reise im Februar/März 1932, u. a. Vortrag in Zürich über ‹Berlin Alexanderplatz› (vgl. o. S. 615 ff.) und Besuch bei dem Maler Ernst Ludwig Kirchner in Davos anläßlich einer Lesung dort (vgl. Kat. Döblin, S. 119, Nr. 65 und Nr. 66 die Briefe Kirchners an Döblin vom 11. 1. und 30. 3. 1932).

[11] Gemeint ist Wolfgang Döblin, der noch sein Abitur in Berlin ablegen wollte.

[12] Aus Schillers Ballade ‹Der Taucher› wird hier von Döblin mit angepaßtem Zitat Strophe 22,6 angeführt: «Doch es war mir zum Heil, er [sc. der Strudel] riß mich nach oben.» Döblin zitierte den Vers in seiner abgewandelten Form wie hier auch gleichzeitig in einem Brief an F. Lion vom 4. 4. 1933 (AW, Briefe, S. 178).

[13] Die Keimzelle vom Gott Konrad, «der nicht büßen will», ist mit dieser Bildvorstellung verbunden, woraus das Buch ‹Babylonische Wandrung› wurde (geschrieben 1932/33, erschienen 1934 bei Querido in Amsterdam).

[14] Abschluß der ‹Babylonischen Wandrung› im Dezember 1933.

[15] Bezieht sich auf den letzten Roman von Thomas Wolfe (1900–1938) ‹You Can't Go Home Again› (1940), dt. ‹Es führt kein Weg zurück› (Bern 1942).

[16] Die «Argentine» fuhr am 8. 10. 1945 in New York ab und kam am 16. 10. in Le Havre an.

[17] Alfred Döblin reiste nur mit seiner Frau Erna nach Europa zurück. Der jüngste Sohn Stefan (*1926) war schon im April 1945 als französischer Staatsbürger zum Militärdienst eingezogen worden und nach Frankreich mit einem Truppentransporter gefahren. Er wurde allerdings schon bald demobilisiert (10. 9. 1945) und arbeitete dann als Armeedolmetscher in Vincennes bei Paris.

[18] Peter Döblin (*1912), Auswanderung in die USA 1935, Einbürgerung 1939.

[19] Klaus Döblin (*1917), heiratete am 24. 7. 1945 Juliette Foussadier.

[20] Wolfgang Döblin (vgl. o. S. 652, Anm. 13).

[21] Vgl. dazu u. S. 696, Anm. 15.

[22] Es war genauer gesagt der 3. 9. 1940, an dem Döblin mit Frau und Sohn Stefan von Lissabon aus mit dem griechischen Schiff «Nea Hellas» nach New York (Ankunft 9. 9.) abfuhr.

[23] Bezieht sich auf den Artikel ‹Die innere Emigration› von Frank Thieß in der Münchner Zeitung vom 18. 8. 1945: «Auch ich bin oft gefragt worden, warum ich nicht emigriert sei, und ich konnte nur antworten: Falls es mir gelänge, diese schauerliche Epoche [. . .] lebendig zu überstehen, würde ich dadurch derart viel für meine geistige und menschliche Entwicklung gewonnen haben, daß ich reicher an Wissen und Erleben daraus hervorginge, als wenn ich aus den Logen und Parterreplätzen des Auslands der deutschen Tragödie zuschaute.» Zur Erregung Döblins über Thieß und die «innere Emigration» Anfang 1946 vgl. auch AW, Briefe, S. 332.

[24] Abfahrt aus Hagenau am 14. 11. 1918 zurück nach Berlin.

[25] ‹Bürger und Soldaten› (ED noch 1939), ‹Verratenes Volk›, ‹Heimkehr der Fronttruppen› und ‹Karl und Rosa›. Die letzten drei Bände erschienen gedruckt erst 1948–1950 (Huguet Nr. 126) mit einer Zusammenfassung des seinerzeitigen ersten Bandes, der wegen seiner Elsaß-Thematik in der Französischen Zone nicht erscheinen durfte, als «Vorspiel» (dieser Text ist jetzt wieder greifbar in der vierbändigen Ausgabe von ‹November 1918› durch M. Beyer, Berlin [DDR] 1981, Bd.4, S. 735–779).

[26] An der Hauptlinie Basel–Karlsruhe, auf die bei Appenweier die Verbindung von Straßburg stößt.

[27] Im Druck irrig «Otersweiler» (kleiner Ort 12 km nördlich von Achern/Baden).

[ZU «NOVEMBER 1918»]

1. *Überlieferung:*

Typoskript-Abschrift (4 Blatt) einer inzwischen verschollenen bzw. gelöschten Tonband-Aufzeichnung des Südwestfunks Baden-Baden vom 5. 5. 1946 (Sendezeit 19.00–19.30 Uhr). Döblin sprach die einleitenden Worte zu seiner Lesung der Stauffer-Episode in Hamburg aus ‹November 1918› (Bd. 2, ‹Verratenes Volk›, DTV-Ausgabe, S. 246–251, S. 326, 327, 1–10 und S. 327, 28–335, München 1978).

2. *Entstehung:*

Wohl unmittelbar zur Sendung konzipiert, vielleicht sogar frei nach Konzept gesprochen.

3. *Textgrundlage:*

Da die nach der akustischen Vorlage getippte Abschrift keine volle Textauthentizität beanspruchen kann, sind Fehler in der Zeichensetzung stillschweigend korrigiert worden. Die Abschnittgliederung des Typoskripts ist natürlich problematisch, da sie z. T. zwar sicher Anhalte im Vortrag hat, zum andern aber inhaltlich problematisch, wenn nicht sogar erkennbar falsch ist. Hinzu kommt, daß mangels Einzug bei Abschnittbeginn eine mögliche Gliederung des Typoskripts nicht immer einwandfrei zu erkennen ist. Es wurden deshalb angesichts der großen, ungegliederten (und für Döblin untypischen) Passagen vom Herausgeber einige weitere Absätze angenommen als die Vorlage sie bietet. Syntaktisch fehlerhafter bzw. mangelhafter Text wurde vorsichtig und gekennzeichnet korrigiert.

4. *Kommentar:*

[1] Der griechische Tragödiendichter Aischylos (525/24–456 v. Chr.), der selber in den Perserkriegen mitkämpfte, behandelte in den ‹Persern› die Wirkung des griechischen Seesieges bei Salamis (480 v. Chr.) auf den persischen Königshof als zeitgeschichtlichen und politischen Ereignisstoff, der für ihn in seinem exemplarischen Charakter dem Mythos ebenbürtig ist, eine Verbindung von Größe und Verhängnis auf dem Theater darzustellen.

[2] Dante (zu ihm o. S. 529, Anm. 23) behandelte in der ‹Divina Comedia› durchaus zeitgeschichtliche Problemkonstellationen, wenn auch in der Einkleidung einer Jenseitsvision.

[3] Ironische Anspielung auf die Gretchen-Figur aus J. W. Goethes ‹Faust I›.

[4] Anspielung auf die Eingangszeilen von J. W. Goethes Gedicht ‹Erinnerung›: «Willst du immer weiter schweifen? Sieh, das Gute liegt so nah.» (HA, Bd. 1, S. 133.)

ALFRED DÖBLIN SCHREIBT DEM «ULENSPIEGEL»

1. *Überlieferung:*

Ein handschriftlicher Text ist nicht erhalten. ED in: Ulenspiegel 1 (1946), Nr. 17 (1. 8.), S. 2.

2. *Entstehung:*

Nach der redaktionellen Vornotiz beantwortete Döblin eine Anfrage der ‹Ulenspiegel›-Redaktion «postwendend», was auf einen Abfassungszeitpunkt im Juni/Juli 1946 schließen lassen dürfte.

3. *Textgrundlage:*

Nach dem ED mit sachlichen Korrekturen, die gekennzeichnet sind.

4. *Kommentar:*

[1] Gino Severinis (1883–1966) Bild «Pan-Pan-Tanz» (abgebildet bei Brühl, Sturm, Nr. 177) lernte Döblin bei der Berliner ‹Sturm›-Ausstellung der Futuristen im April/Mai 1912 kennen. Vgl. auch seine Kritik ‹Die Bilder der Futuristen› (KS I, S. 112–117; dort S. 116 auch zum Bild Severinis). Zur Erwähnung des Bildes vgl. auch o. S. 356.

[2] Bezieht sich letztlich auf die Kontroverse mit der völkisch-nationalen Literaturtradition in der Endphase der Weimarer Republik, die sich akzentuiert im Akademie-Streit von 1929/30 zwischen den «Asphaltliteraten» und den «Dichtern des total platten Landes». Vgl. dazu J. Meyer, Berlin-Provinz. Literarische Kontroversen um 1930, Marbacher Magazin Nr. 35, Marbach 1985, S. 48ff.

[3] Walt Whitman (1819–1892) – zu ihm schon o. S. 558, Anm. 2 – wird hier als geistiger Wegbereiter der Moderne einmal mehr von Döblin apostrophiert.

[4] Es handelt sich hier um eine wohl ironische Anspielung darauf, daß die Vertreter einer «spezifisch deutschen Kunst» innerhalb der Preußischen Dichterakademie im Oktober 1929 versuchten, den völkischen Wilhelm Schäfer (1868–1952) als einen «Dichter des volkstümlichen Lebens aus der Landschaft», der nichts gemein habe mit den «volksfremden Großstadtmachenschaften», zum Vorsitzenden der Akademie-Sektion für Dichtkunst zu wählen, was auf vehementen Widerstand der demokratisch orientierten Berliner Mitglieder stieß. Vgl. die Dokumentation – außer bei J. Meyer a.a.O. wie schon Anm. 2 – in: In jenen Tagen... Schriftsteller zwischen Reichstagsbrand und Bücherverbrennung, Leipzig/Weimar 1983, S. 79. Schäfer trat dann im weiteren Verlauf der Kontroverse am 5.1. 1931 aus der Akademie aus.

[5] Anspielung auf F. Schillers Wendung «Der ruhende Pol in der Erscheinungen Flucht» aus seiner Elegie ‹Der Spaziergang› (v. 134).

[6] Anspielung auf das völkische Literaturverdikt gegen die großstädtisch geprägte «Asphalt-Literatur». Die Äußerung Döblins korrespondiert eng mit den Erinnerungen von Döblins Freund (und Mit-Akademiemitglied) Walter von Molo (1880–1958), der über die Vollversammlung vom 28./29.10. 1929 und Döblins Reaktion dort berichtet: «Häßlicher als vordem wurde wieder auf den ‹Wasserkopf› Berlin geschimpft. Das alte Lied der Provinz. Seit Jahrzehnten klang das ‹Los von Berlin›, denn die Reichshauptstadt sollte nur Stubenpoe-

ten mit matten Herzen und schlechten Nerven beherbergen. In der Kleinstadt aber, in der Provinz und auf dem Lande, lebten die großen Poeten! [...] Da sprang der herrliche Kämpfer Döblin auf [...] erwiderte: ‹Diese wahrhaft platten Herren vom Lande [...] diese entsetzlich platten Herren vom wahrhaft platten Lande [...].» (W. v. Molo, So wunderbar ist das Leben, Stuttgart 1957, S. 338).

7 Adolf Hitler (1889–1945), hier als Initiator des Autobahnbaus zitiert.

BERLIN ALEXANDERPLATZ – HEUTE

1. *Überlieferung:*

Eine Handschrift scheint nicht erhalten zu sein. ED in: Die Funkwelt 1 (1947), Nr. 23/24 (31. 8.), S. 4–5 (mit 6 Bildern aus dem zerstörten Berlin).

2. *Entstehung:*

Döblin hatte zusammen mit seiner Frau vom 5.–12. 7. 1947 zum ersten Mal nach dem Krieg und seiner Rückkehr aus dem Exil Berlin besucht (vgl. Meyer, S. 34). Unmittelbar danach muß der Text angesichts des Publikationsdatums entstanden sein, der dann in die ‹Schicksalsreise› – allerdings völlig aufgelöst und auch verändert – eingearbeitet wurde (Ausgabe 1949, S. 447–451 = AW, AS, S. 403–405). Er steht in enger Beziehung zu dem zweiten, diesen Besuch reflektierenden Text ‹Wiedersehen mit Berlin› (vgl. o. S. 280ff.) und ist wie dieser eine Keimzelle des Schlußteils der ‹Schicksalsreise›.

3. *Textgrundlage:*

Nach dem ED.

4. *Kommentar:*

1 In einem Interview Döblins, über das in der Berliner Zeitung ‹Telegraf› 1947, Nr. 162/2 (15. 7.), S. 6 unter dem Titel ‹Hier lebten, liebten und litten sie... Mit Alfred Döblin von Lichtenberg bis zur Münzstraße› heißt es als wörtliches Zitat über den Alexanderplatz: «Unter dem Begriff Alexanderplatz verstehe ich nicht den Platz allein. Das ist

für mich eine größere Perspektive. Das geht von Lichtenberg bis zur Münzstraße. Hier ging ich in die Gemeindeschule, besuchte zehn Jahre lang als Freischüler das Köllnische Gymnasium, machte mein Abitur 1901, studierte Medizin an der Universität, wohnte mit meinen Eltern und mit meinen Brüdern, erforschte das Leben und Treiben in der Blumenstraße, am Grünen Weg und in der Landsberger Straße und war als Arzt auf meinem Platz. Ich war nämlich ein Mensch, der niemals reiste. Selbst eine Fahrt in den Berliner Westen bedeutete für mich eine Reise. Das war eine andere Welt. Aber hier rund um den Alexanderplatz war ich Berliner unter Berlinern. Heute nun, nach der großen unfreiwilligen Reise nach Paris, Lissabon, New York, Los Angeles, Hollywood, Baden-Baden stehe ich auf den Trümmern dieser Stadt, die nicht mehr ist und doch noch da ist. Ein erschütterndes Gefühl überkommt mich wie am Grabe eines Menschen, mit dem ich viele Jahre gemeinsam verlebte und den ich nun für immer verloren habe. Hier, das müssen Sie wissen, habe ich mich Jahre, Monate und Wochen aufgehalten. Das atmete, pulsierte, lebte, liebte und litt. Das war das Leben. Das war mein Leben bis zum 55. Lebensjahre. Hier kannte ich Haus um Haus, saß bei Aschinger, in den Kaschemmen der Münzstraße, nicht als exotischer Beobachter oder als Literat, sondern als Berliner, als der Nervenarzt Dr. Döblin aus der Frankfurter Straße. Das war meine Gegend.»

[2] Errichtet von den Architekten W. H. Cremer und R. Wolfenstein am Alexanderplatz.

[3] Von Emil Hundrieser, errichtet 1895.

[4] Die St. Georgenkirche, nordöstlich des Alexanderplatzes, am Georgenkirchplatz war ein neugotischer, von J. Otzen 1895–97 errichteter Bau.

[5] Südlich des Alexanderplatzes zwischen Dircksenstraße und Alexanderstraße.

[6] 28. 2. 1933.

[7] Die Königstraße war die Hauptverbindungsstraße zwischen Schloß- und Alexanderplatz (heute ungefähr entsprechend die Rathausstraße).

[8] Vgl. o. S. 533, Anm. 13.

[9] Das Viertel nordöstlich des Alexanderplatzes mit seinem hohen Anteil an ostjüdischen Immigranten, südlich begrenzt von der Münzstraße.

[10] Platz inmitten des ‹Scheunenviertels›.

[11] Die «Volksbühne» war das «Theater am Bülowplatz» (Bülowplatz 2–3).

[12] Das dem Polizeipräsidium unmittelbar benachbarte Gebäude war vorne ein Geschäftshaus mit Konditorei und Bierausschank im Erdgeschoß; dahinter, durch einen Hof getrennt, befand sich der große Saalbau mit rund 1200 m^2 Baufläche, darin ein kleinerer Festsaal (1. OG) für ca. 500 Personen, darüber der große Festsaal durch das 2. und 3. Geschoß reichend für ca. 1700 Personen mit festlicher Ausstattung in Gold und Grün.

[13] 13,5 m hohe Reiterstatue Friedrichs d. Gr. (1851) von Christian Daniel Rauch (1777–1857) am Eingang von Unter den Linden.

[14] Die Wilhelmstraße war die ‹politische› Straße Berlins mit u. a. Reichskanzleramt und Auswärtigem Amt.

WIEDERSEHEN MIT BERLIN

1. *Überlieferung:*

Eine Handschrift existiert nicht. ED in: Die Zeit Jg. 2 (Hamburg 1947), Nr. 40 (2. 10.), S. 4 mit einem redaktionellen Vorspann zu Döblins Exil, Konversion und den in der Emigration geschriebenen und nach 1945 publizierten Werken. Der Beitrag ist um ein Foto des Denkmals der Roten Armee (in der Charlottenburger Straße) herumgruppiert.

2. *Entstehung:*

Der Artikel ist im Zusammenhang des ersten Berlin-Besuchs von Döblin nach Kriegsende (5.–12. 7. 1947) entstanden, vermutlich noch im August des Jahres (vgl. auch den Artikel ‹Berlin Alexanderplatz – heute› o. S. 277ff. und den Editionsvermerk S. 669). Der Text wird dann im Schlußteil der ‹Schicksalsreise› recht erheblich verändert und erweitert verarbeitet im 24. Kapitel ‹Wiedersehen mit Berlin› (Ausgabe 1949, S. 436–440; 442, 444–447 = AW, AS, S. 395–397; 398; 399–400 mit falscher Kapitelzählung).

3. *Textgrundlage:*

Nach dem ED.

4. *Kommentar:*

[1] Berliner Vorort im Nordwesten gelegen; Bahnhofsstation.

[2] Vorort im Norden Berlins.

[3] Während des Ersten Weltkriegs war Döblin vom Januar 1915 bis Juli 1917 Militärarzt in Saargemünd, ab August 1917 bis Kriegsende in Hagenau/Elsaß. Von dort aus war Straßburg leicht und oft zu erreichen.

[4] Während seiner Flucht aus Paris nach Süden war Döblin im Sommer 1940 zunächst von seiner Frau und seinem Sohn Stefan getrennt, die in Le Puy (Auvergne) lebten. Nach einer Odyssee durch Südfrankreich traf die Familie am 10. 7. 1940 in Toulouse wieder zusammen (vgl. AW, AS, S. 247ff.).

[5] Giuseppe Verdi (1813–1901), italienischer Komponist, dessen Opern vor allem berühmt sind.

[6] Verändertes Zitat aus F. Schillers ‹Lied von der Glocke› vv.214f.: «In den öden Fensterhöhlen / Wohnt das Grauen [...]».

[7] Berlin N, südwestlich des Stettiner Bahnhofs. Die Straße stößt am Oranienburger Tor auf die Friedrichstraße. Die Weidendammer Brücke über die Spree ist schon Teil der Friedrichstraße.

[8] Berliner Hauptkrankenhaus, 1710 gegründet, mit zahlreichen Institutskliniken der Universität, Schumannstraße 21–22.

[9] Gemeint ist das «Museum für Naturkunde», Invalidenstraße 43, nordwestlich der Charité-Kliniken gelegen, das auch eine geologisch-paläontologische Abteilung besaß, die Döblin hier mit «archäologisch» bezeichnet.

[10] Fernbahnhof (nach Hamburg) Berlin NW. Döblin ging bei seinem Rundgang demnach vom Stettiner Bahnhof südwestlich querend zum Lehrter Bahnhof, der ca. 1,5 km entfernt liegt.

[11] S-Bahnhof unweit des Kurfürstendamms.

[12] In romanisch-gotischer Übergangsform 1891–1895 von Franz Schwechten errichtet am Auguste-Victoria-Platz (heute Breitscheid-Platz), aufwendige Ausstattung (Mosaiken, Schmiedewerk usw.).

[13] Berühmtes Berliner Literatencafé an der Ecke Kurfürstendamm/Kantstraße in einem der sog. «Romanischen Häuser», die der Archi-

tekt der Kaiser-Wilhelm-Gedächtniskirche, Franz Schwechten, aus städtebaulichen Überlegungen in der Nähe der Kirche errichtete (1895/96 bzw. 1901). Zur Atmosphäre des Cafés vgl. u. a. W. Koeppen, Romanisches Café, in: ders., Romanisches Café, Frankfurt/M. 1972, S. 7–11.

14 Der Allianz-Tonfilm ‹Berlin Alexanderplatz› unter der Regie von Piel Jutzi nach einem Skript von A. Döblin und H. Wilhelm (vgl. AW, DHF, S. 656ff.) hatte am 8. 10. 1931 seine Uraufführung.

15 Heinrich George (1893–1946) war der Darsteller des Franz Biberkopf. Er starb, wegen seiner Verstrickung in die nationalsozialistische Filmproduktion 1945 interniert, im russischen Lager Sachsenhausen.

16 Franz Werfel (1890–1945) schrieb diese «Komödie einer Tragödie» ‹Jacobowsky und der Oberst› im amerikanischen Exil 1941/42, gedruckt 1944 in englischer (New York) und deutscher Fassung (Stockholm). Deutschsprachige Uraufführung Basel 17. 10. 1944.

17 Der Journalist C. S., der im Berliner ‹Telegraf› 1947, Nr. 162/2 (15. 7.), S. 6 seinen Bericht von dieser Begegnung veröffentlichte (‹Hier lebten, liebten und litten sie ...›). Der Artikel beginnt: «Erkennungszeichen: Französische Uniform. Meine Frau trägt eine rote Feder am Hut. Treffpunkt: Normaluhr am Bahnhof Friedrichstraße.»

18 Das berühmte Varieté-Theater (als baulicher Bestandteil des Zentral-Hotels), Dorotheenstraße 12–18. Im C. S.-Bericht a.a.O. (wie Anm. 17) heißt es: «[...] betrachtet er die Ecken, an denen einst der Wintergarten, die Rheinterrasse, das Café Victoria oder Kranzler standen, und ist überwältigt: ‹Das sind die Linden›, sagt er traurig, ‹mein Gott, wenn ich daran denke, wie ich als junger Student aus der Staatsbibliothek gekommen bin und in dem oder jenem Café unter fröhlichen und arbeitsamen Menschen gesessen habe.›»

19 Vgl. o. S. 668, Anm. 13.

20 Wilhelm I. von Preußen (1797–1888), dt. Kaiser 1871–1888. Das ‹Palais Kaiser Wilhelm I.›, errichtet von Carl Ferdinand Langhans, lag am Opernplatz (Unter den Linden 37). Am «historischen Eckfenster» pflegte sich der Kaiser um 12 Uhr mittags zu zeigen.

21 Gemeint ist hier das ‹alte› Opernhaus am früheren Kaiser-Franz-Josef-Platz, 1741–1743 von Georg W. v. Knobelsdorff (1633–1753) erbaut, 1843 nach Brand erneuert und umgebaut (heute Deutsche Staatsoper, Unter den Linden 5–7).

[22] Am «Tag von Potsdam», dem 21. 3. 1933 mit Feier in der Garnisonskirche, wo Hindenburg als Reichspräsident mit dem neuen Kanzler Hitler die massenpsychologisch wirksame Verbindung von Preußentum und Nationalsozialismus zelebrierte. Döblin muß die Rundfunkübertragung, die im Deutschen Rundfunkarchiv in Frankfurt/M. noch erhalten ist, in Zürich gehört haben.

[23] Die Kennmelodie des Potsdamer Senders war vom Glockenspiel der Garnisonskirche übernommen. Die Melodie stammt von W. A. Mozart, der Text ist von Ludwig Chr. H. Hölty (1748–1776).

[24] Niccolò Machiavelli (1469–1527), italienischer Politiker, Geschichtsschreiber und Staatstheoretiker, wurde vor allem als Verfechter einer absoluten Staatsraison, die jederzeit auch ethische Normen überschreiten darf (Machiavellismus), in der Frühen Neuzeit rezipiert. Friedrich II., der Große (1712–1786), verfaßte (in der Redaktion Voltaires) 1740 auf französisch eine staatstheoretische Schrift ‹Antimachiavell oder Kritischer Versuch über den «Fürsten» des Machiavell› (anonym erschienen), die human-aufklärerische Ideen einer gerechten Staatsführung zu entwerfen suchte. Praktisch hat Friedrich II. sich nicht daran gehalten und reflektierte darüber auch in späteren Schriften (u. a. in den beiden ‹Politischen Testamenten› von 1752 und 1768).

[25] Der Tod der russischen Zarin Elisabeth am 5. 1. 1762 bot die Voraussetzung für eine glückliche Beendigung des Siebenjährigen Krieges (1756–1763) zugunsten Preußens, weil der Nachfolger, Zar Peter III., mit Preußen Frieden schloß. Dieses ‹Wunder› spielte in der nationalsozialistischen Propaganda gegen Ende des 2. Weltkriegs eine große Rolle.

[26] Volkstümliche Bezeichnung der Schloßbrücke wegen der vier in Kupfer getriebenen Frauenfiguren, die die Erdteile Europa, Asien, Afrika und Amerika darstellen.

[27] Kampflied der marxistischen Arbeiterbewegung nach einem ursprünglich französischen Text (E. Pottier 1871; dt. E. Luckhardt) mit einer Melodie von P. Ch. Degeyter.

[28] Friedrich Ebert (1871–1925), SPD-Politiker (seit 1911 MdR, 1913–19 Parteivorsitzender), November 1918 Reichskanzler, ab Februar 1919 erster Reichspräsident bis zu seinem Tode.

EPILOG

1. *Überlieferung:*

Es existiert ein autographes Manuskript Döblins von 34 Blatt (= 68 nachträglich von Döblin paginierte Seiten) unter dem Titel ‹Epilog› im Marbacher Nachlaß (Depot), das aufgrund der zahlreichen Korrekturen allem Anschein nach die ‹Urfassung› des Textes darstellt. Dieser wurde dann vermutlich maschinenschriftlich transskribiert, wobei an vielen Stellen Leseschwierigkeiten aufgetreten sein müssen, die durch Bleistiftunterstreichungen und meist auch ein Fragezeichen am Rand gekennzeichnet sind. Eine Reihe von Lesefehlern, aber auch von Auslassungen (zumal bei Verständnisproblemen) ist dieser heute verlorenen Abschrift anzulasten, die ihrerseits einer ersten Druckfassung (E 1948/1) zugrunde gelegen haben muß und zu diesem Zweck aber von Döblin noch durchgearbeitet worden war (Zusätze wie Streichungen), wobei viele Fehler mangels eines Vergleichs mit der ursprünglichen Handschrift stehenblieben. Charakteristische Beispiele sind etwa die irrige Lesart «mystische Landschaft» (E 1948/1, S. 397; E 1948/2, S. 167) statt richtigem «mythische Landschaft» (o. S. 295), oder die Passage «nur ... ‹Ich› fand» (E 1948/1, S. 402 bzw. E 1948/2, S. 171), wobei die drei Pünktchen nur eine (auch im Manuskript markierte) Verständnislücke des Abschreibers repräsentieren. Der korrekte Text lautet: «nur ein wenig. ‹Ich› fand» (vgl. o. S. 300). Dieser Fehler wie andere auch wurden weder von Döblin selbst noch von den bisherigen Herausgebern des Textes erkannt. Von Döblin autorisierte Drucke des ‹Epilogs› sind:

E 1948/1 A. Döblin, Auswahl aus seinem erzählenden Werk. Einleitung von P. E. H. Lüth, Wiesbaden 1948, S. 391–404.
Der Text steht der Handschrift nahe, ist gegenüber dieser aber doch durch bewußte Kürzungen und einige stilistische Varianten verändert. Viele sinnverfälschende Abweichungen vom Manuskript gehen auf Lesefehler bei der Herstellung der Druckvorlage zurück. Etliche Setzfehler kamen hinzu.

E 1948/2 Alfred Döblin zum 70. Geburtstag, Wiesbaden 1948, S. 161–173.
Der Text wurde von Döblin aufgrund von E 1948/1 überarbeitet (Streichungen und Zusätze) und stellt eine Fassung ‹letzter Hand› dar, die indes in der Vorlage vorhandene Feh-

ler weiterschleppt. Insgesamt aber doch ein fundierter Text, der teilweise allerdings eine erhebliche Sinnverschiebung gegenüber der ursprünglichen Konzeption darstellt.

Autorisierte Teildrucke des ‹Epilogs› liegen vor in: Darmstädter Echo 1948, Nr. 97 (10. 8.) unter der Überschrift «Nur Gott preisen ...» (nach 1948/2 = AW, AzL, S. 397, 29–399, 7 = Huguet Nr. 316); Stuttgarter Zeitung 1953, Nr. 184 (8. 8.), Feuilleton-Teil «Der Querschnitt», S. 13 (nach E 1948/2 = AW, AzL, S. 383, 23–384, 22; S. 397, 6–398, 24 = Huguet, Nr. 331 [kein Auszug aus ‹Schicksalsreise› und falsches Datum]); Badische Zeitung 1953, Nr. 125 (11. 8.) nach E 1948/2 (= AW, AzL, S. 383, 23–384, 24 und S. 397, 6–399, 7 = Huguet, Nr. 330); der bei Huguet, Nr. 330 ebenfalls nachgewiesene Teildruck in der Rhein-Neckar-Zeitung 1953 (28. 8.) ließ sich nicht verifizieren.

An Neudrucken des Gesamttextes liegen vor: ZL, S. 247–262; AW, AzL, S. 383–399; VdG, S. 130–147; AW, AS, S. 439–451 (alle nach E 1948/2).

2. *Entstehung:*

Die Abfassung steht in motivierendem Zusammenhang mit dem im Frühjahr 1948 im Wiesbadener Limes-Verlag erschienenen Auswahlband aus den Werken Döblins, die P. E. H. Lüth vorgenommen hatte. Der ‹Epilog› war erkennbar als eine Art ‹Geleitwort› gedacht, dessen Abfassung demnach wohl noch ins Jahr 1947 fallen dürfte (vgl. AW, Briefe, S. 374). Nähere Entstehungsbelege sind nicht bekannt.

3. *Textgrundlage:*

Da der handschriftliche Entwurf eigenen Überlieferungswert für sich beanspruchen kann, wird er hier erstmals vollständig mitgeteilt. Obwohl die Fassung ‹letzter Hand› E 1948/2 schon in AW, AzL und AW, AS abgedruckt ist, wurde sie hier erneut aufgenommen, da sie eigenständigen Charakter hat und zudem durch Textfehler entstellt ist. Die Anmerkungsziffern des Kommentars sind für Manuskript- wie Endfassung identisch. Lediglich zwei Anmerkungen entfallen in der Endfassung.

4. *Kommentar:*

[1] Bezieht sich auf den im Limes-Verlag, Wiesbaden 1948 erschienenen Band ‹Alfred Döblin. Auswahl aus dem erzählenden Werk› von P. E. H. Lüth, in dem der ‹Epilog› zum erstenmal erschienen ist (S. 391–404).

[2] Manche Salze haben die Fähigkeit, daß ihre Lösungen unter Luftabschluß und bei vollkommener Ruhe über den Grad vollkommener Sättigung hinaus flüssig bleiben. Bei Luftzutritt oder Erschütterung entsteht dann aber schlagartig die an sich notwendige Kristallisation.

[3] Diese Notizen wären demnach 1892 entstanden. Von ihnen ist im Sinne eines «blauen Heftes» im Nachlaß nichts mehr erhalten. Dort befinden sich allerdings noch Fragmente früher Texte Döblins aus seiner Schülerzeit, die der Schrift nach in die Zeit 1892/94 fallen können. Es handelt sich um Aufzeichnungen auf kariertem Schulheftpapier. Es sind ein Märchen (13 Blatt, S. 3–28, es fehlt das Deckblatt mit Anfang und Schluß), eine Erzählung (4 Blatt, S. 3–10 abweichendes Format) und ein musiktheoretisches Manuskript (5 Blatt, ohne Paginierung, anderes Papier als bei den beiden übrigen Texten).

[4] Abitur am 13. 9. 1900.

[5] Vgl. o. S. 548, Anm. 3.

[6] Vgl. o. S. 587, Anm. 177.

[7] Vgl. o. S. 41.

[8] Die Textfassung ist hier im Manuskript noch etwas unklar. Gemeint ist, wie dann auch in den Druckfassungen E 1948/1 und E 1948/2 verdeutlicht: «beim Schreiben».

[9] Herwarth Walden (Pseudonym für Georg Lewin), 1878–1941, Schriftsteller, Kunstkritiker, Musiker (Pianist) und Journalist, zählt zu den zentralen Vermittlungsfiguren der künstlerischen und literarischen Moderne in Deutschland als Organisator des sog. ‹Sturm›-Kreises in Berlin. Vgl. zu ihm jetzt umfassend G. Brühl, Herwarth Walden und «Der Sturm», Köln 1983. Vgl. auch ausführlich IBDE, Bd. 2,2, S. 1201 f. (mit weiterer Bibliographie). – Döblin kannte Walden seit Anfang 1904 (vgl. AW, Briefe, S. 21), und es kam zu einer langjährigen, z. T. sehr engen Beziehung, bis sich Döblin um 1913/14 vom «Sturm»-Kreis entfremdete, ohne daß indes der Kontakt bis zur Emigration abriß. Zu dem Kreis um Walden vgl. auch o. S. 354ff. im ‹Journal 1952/53›.

[10] Holzmarktstraße 67 (Berlin M), d. h. also in ziemlicher Nähe zu Döblin. Walden war aber kein Mitschüler Döblins.

[11] Viktor Lewin/Levin war urologischer Facharzt in der Holzmarktstraße 67. Genauere Lebensdaten waren nicht zu ermitteln.

[12] 1862–1946, ursprünglich einer der Leitautoren des deutschen Naturalismus (‹Vor Sonnenaufgang›, ‹Die Weber› u. a.) wird hier von Döblin als Autor von «Traumdichtung» (‹Hanneles Himmelfahrt› 1894/96), «Märchendrama» (‹Die versunkene Glocke› 1897) und «Märchenspiel» (‹Und Pippa tanzt› 1906) verspottet.

[13] 1868–1933. George wird hier von Döblin sicher unzureichend eingeschätzt. Die Abwehr resultiert aus dem eigenen, anderen Kunstverständnis, das der symbolistischen Dichtungsart des George-Kreises wenig abgewinnen konnte.

[14] Gemeint ist Thomas Mann (1875–1955); ‹Die Buddenbrooks› erschienen 1901. Das sehr negative Urteil über Thomas Mann gehört zwar sicher auch in den Zusammenhang von Döblins Nachkriegs-Rivalität mit dem Werk Thomas Manns (gipfelnd in der Debatte im ‹Goldenen Tor› 1947), doch spiegelt die Äußerung durchaus auch eine ästhetische Grenzlinie vor 1914 zwischen der Avantgarde Berlins und dem ‹bürgerlichen› Roman und seinen Repräsentanten.

[15] 1876–1945, verheiratet seit 1901 (bis 1911) mit H. Walden, wodurch der Kontakt zu Döblin hergestellt wurde. Döblin schätzte die Lasker-Schüler trotz (oder gerade wegen) ihrer Extravaganz durchaus persönlich, aber auch ihrem Werk gegenüber bewahrte er bis ins Alter hinein Hochachtung.

[16] Zu ihm vgl. u. S. 701, Anm. 65.

[17] Die berühmte italienische Weinstube im Berliner Westen an der Potsdamer Brücke über den Landwehr-Kanal (Bezirk Tiergarten), die ein wichtiger Treffpunkt von Künstlern und Autoren vor dem 1. Weltkrieg war (Potsdamer Straße).

[18] Zu ihm vgl. o. S. 638, Anm. 6 und u. S. 701, Anm. 64.

[19] Frank Wedekind (1864–1978) wirkte vor allem als Dramatiker mit Hilfe grotesker und satirischer Momente. Er provozierte die wilhelminische Bürgerlichkeit und deren Moralbegriffe. Döblin lernte Wedekind, der in München lebte, vermutlich bei einem ‹Sturm›-Abend kennen (vgl. Brühl, Sturm, S. 21). 1947 schrieb Döblin über sein Verhältnis zu Wedekind: «Nun, ich selbst stand sehr positiv zu ihm und sah ihn öfters in Berlin. Er ist zwar nun auch sehr verschollen und war

ja auch zu Lebzeiten niemals auf dem Platz, der ihm zukam. Er wurde falsch gesehen, nicht richtig eingeschätzt.» (AW, Briefe, S. 363).

[20] Paul Scheerbart (Döblin schrieb zweimal irrig Scheerbarth), 1863–1915, als Dramatiker und Erzähler ein Vorläufer des Expressionismus, der eng mit dem ‹Sturm›-Kreis verbunden war und viel in der Zeitschrift veröffentlichte. Die Beziehung Döblins zu Scheerbart ist substanziell nur allgemein zu erfassen (so die Aufführung von ‹Lydia und Mäxchen› zusammen mit einem Scheerbart-Stück vgl. o. S. 122). Wie weit persönliche Kontakte bestanden, ist nicht mehr rekonstruierbar. Zur Schätzung Scheerbarts als Kritiker vgl. AW, Briefe, S. 50.

[21] Niederschrift Sept./Oktober 1905. Zur Uraufführung am 1. 12. 1905 (nicht erst 1906!) im Saal von Herwarth Waldens Gesellschaft der Freunde des Vereins für Kunst (Potsdamer Straße 9) vgl. AW, DHF, S. 542. Die Angabe «Residenztheater» für die Uraufführung ist falsch (wie auch ‹Journal 1952/53› o. S. 360). Das Residenztheater lag in der Blumenstraße 8, d. h. im Wohnquartier Döblins, was zur Verwechslung beigetragen haben könnte.

[22] ‹Herr Kammerdiener Kneetschke›, in: P. Scheerbart, Revolutionäre Theaterbibliothek, Bd. 1, hg. v. M. Rausch, München 1977, S. 118–132.

[23] November 1905–September 1906 in der Anstalt Kart(h)aus-Prüll.

[24] Diese frühe Entstehungsdatierung der ‹Kalypso›-Gespräche auf die Regensburger Zeit 1905/06 entspricht allenfalls Vorarbeiten und Überlegungen zu dieser Musikästhetik. Faktisch fertiggeschrieben wurde sie erst 1907 (vgl. o. S. 13).

[25] Vgl. o. S. 518, Anm. 19. An eine Lesung Döblins aus den ‹Gesprächen mit Kalypso› im Café Dalbelli im Jahr 1913 erinnerte sich 1928 Rudolf Kayser in: ‹Zu seinem 50. Geburtstag›, in: Berliner Tageblatt Jg. 57, 1928, Nr. 374 (9. 8.) (Zitat daraus auch in: Brühl, Sturm, S. 23). Dieser Leseabend (u. a. in Anwesenheit der Lasker-Schüler und G. Benns) ist nicht bei Huguet verzeichnet.

[26] Vgl. o. S. 518 f., Anm. 22.

[27] Rudolf Blümner (1873–1945), Dr. phil., Schauspieler und Schriftsteller, seit 1903 eng mit H. Walden befreundet und verantwortlich für viele Veranstaltungen der ‹Sturm›-Bühne; publizierte im ‹Sturm› zahlreiche Artikel. Vgl. zu ihm Brühl, Sturm, S. 287 f.; AW, Briefe, S. 512.

[28] 1886–1966, Dr. jur., Schriftsteller und Maler; 1911–1918 Dramaturg am Deutschen Schauspielhaus/Hamburg, 1919–1921 Leiter der dortigen, von ihm begründeten «Kampfbühne», daneben Mitleiter der ‹Sturm›-Bühne in Berlin. 1921–1923 Professur am Bauhaus in Weimar, 1924–1927 Mitleiter der Wegschule in Berlin und Dresden, 1928–1931 Schriftleiter der Hanseatischen Verlagsanstalt in Hamburg, 1933 Konversion zum Katholizismus, danach religiöse schriftstellerische Orientierung. Vgl. zu ihm Raabe, S. 424ff. – Schreyer war 1916–1926 Redakteur des ‹Sturm›. Vgl. dazu auch N. Walden/L. Schreyer (Hgg.), Der Sturm. Ein Erinnerungsbuch an Herwarth Walden und die Künstler aus dem Sturm-Kreis, Baden-Baden 1954; L. Schreyer, Erinnerungen an Sturm und Bauhaus. Was ist des Menschen Bild?, München 1956; L. Schreyer, Das war «Der Sturm», in: A. Döblin (Hg.), Minotaurus, Wiesbaden o. J. (1953), S. 112–130.

[29] August Stramm (1874–1915), Dr. phil., höherer Postbeamter in Bremen und Berlin (ab 1905); wurde als expressionistischer «Wortkunst»-Lyriker und als Dramatiker zu einem der wesentlichsten Autoren des ‹Sturm›-Kreises bis zu seinem Kriegstod in Rußland. Vgl. zu ihm Raabe, S. 459f.

[30] Franz Marc (Döblin schreibt irrig Mark), 1880–1916, vor allem Maler, aber auch schriftstellerisch tätig, Mitbegründer des ‹Blauen Reiter› in München; 1913 entscheidende Teilnahme an dem von Walden ausgerichteten «Ersten deutschen Herbstsalon» in Berlin. Vgl. zu ihm K. Lankheit, Sein Leben und seine Kunst, Köln 1976.

[31] Oskar Kokoschka (1886–1980), Maler und Schriftsteller; lebte ab 1910/11 in Berlin und war dort Mitarbeiter am ‹Sturm›; 1912 erste Ausstellung in H. Waldens Kunstsalon. Vgl. Raabe, S. 282ff.

[32] 1912 bezeichnet den Beginn der Arbeit des erst 1915 erschienenen Romans ‹Die drei Sprünge des Wang-lun›.

[33] Otto Wilhelm Nebel (1892–1973), Maler, Schauspieler und expressionistischer Dichter (vgl. Raabe, S. 357f.); Kontakt mit dem ‹Sturm›-Kreis erst 1917; 1919 Mitglied der ‹Novembergruppe›, 1933 Emigration in die Schweiz.

[34] Der Zen-Buddhismus bezeichnet allgemein die mystischen Geheimlehren des Buddhismus unter dem Vorzeichen von Kontemplation und Meditation. Es geht dabei – vor allem in der japanischen Version – um mystische Versenkung und intuitive Erleuch-

tung des Geistes, d. h. um Abschaltung bzw. Umgehung der Ratio. Döblin gebraucht den Vergleich hier also polemisch.

[35] Geschrieben 1914/15, veröffentlicht Mitte 1918.

[36] Zur zweibändigen Fortsetzungskonzeption von ‹Wadzeks Kampf mit der Dampfturbine› vgl. schon Döblins Brief an Martin Buber vom 12. 10. 1915 in: AW, Briefe, S. 77 sowie an H. Walden schon am 10. 5. 1915 (ebd., S. 72). Es kam nicht dazu und exakt zuweisbare Vorarbeiten sind im Nachlaßkonvolut des ‹Wadzek› nicht nachweisbar.

[37] Vgl. o. S. 531, Anm. 10.

[38] Beginn der Arbeit am ‹Wallenstein› September 1916.

[39] Hier folgt im Manuskript der gestrichene Zusatz «mit spinozistischer Prägung», was als erläuterndes Selbstverständigungsmoment für die Interpretation des ‹Wallenstein› nicht unwichtig erscheint.

[40] Nach längeren Vorstudien begann Döblin die Arbeit im Herbst 1921; Abschluß August 1923.

[41] Die Berliner Stadtbibliothek, Breite Straße 36 am Schloßplatz, befand sich im ehemaligen Marstall-Gebäude.

[42] Welcher dies war, ist von der Forschung bisher noch nicht identifiziert worden. Es kämen Texte in Frage wie z. B. E. Schlagintweit, Indien in Wort und Bild, 2 Bände, Leipzig 1880–1881.

[43] Wohnsitz des Shiwa, Berg im Himalaya.

[44] Shiwa/Schiwa ist einer der Hauptgötter des Hinduismus, der sowohl als Zerstörer wie als Heilsbringer verstanden wurde.

[45] Geschrieben 1926, erschienen im Mai 1927.

[46] Gängige, nur dem Sinn nach korrekte Zitierung des «Le style c'est l'homme» nach Buffons (1707–1788) «le style est l'homme même» aus dessen Akademierede von 1753: «Ces choses sont hors de l'homme, le style est l'homme même.» Vgl. Büchmann, S. 308.

[47] Samuel Fischer (1859–1934).

[48] Schreibbeginn im Herbst 1927, Abschluß 1928, erschienen im Oktober 1929.

[49] Vgl. o. S. 598f., Anm. 1. Die Joyce-Parallele wurde weniger von der deutschen als von der englischsprachigen Kritik gezogen. Vgl. u. a. E. Shackleton, A German James Joyce. Alfred Döblin, in: Evening Standard, London 1931, Nr. 33 (29. 10.).

[50] Pseudo-Zitat. Der Text dürfte von Döblin selbst stammen.

[51] Eingangszeile des katholischen Kirchenliedes aus dem 17. Jh., das als

«Erntelied» in Arnim/Brentanos ‹Des Knaben Wunderhorn› (Teil 1, Heidelberg ²1819, S. 55) aufgenommen wurde. Zur Überlieferung und Umdichtung Brentanos vgl. K. Bode, Die Bearbeitung der Vorlagen in ‹Des Knaben Wunderhorn›, Berlin 1909, S. 381 ff. – Döblin dürfte den Text wohl kaum aus dieser Quelle gekannt haben, sondern er wurde ihm wohl durch die Vertonung Felix Mendelsohn-Bartholdys (1809–1847) vermittelt.

52 Begonnen 1932, abgeschlossen im Pariser Exil Dezember 1933, erschienen 1934.

53 In der Banlieu von Paris, 4 avenue Talma (November 1933–Dezember 1934).

54 Begonnen Juli 1934, im gleichen Jahr beendet, erschienen im April 1935.

55 Vgl. dazu auch die briefliche Äußerung Döblins gegenüber R. Minder: «Es ist der bisher einzige Roman, den ich ohne Studien, Stoffsammlungen etc. schrieb. Aus einem simplen Grunde: es ist und sollte ein persönliches Erlebnis bleiben. Das Buch sollte nicht in extensive Zeitdarstellung hineingeraten. Welches Erlebnis? Meiner Familie.» (zitiert nach R. Minder. Begegnung mit Alfred Döblin in Frankreich, in: Text & Kritik Nr. 13/14, 1966, S. 57–64, hier S. 60).

56 Kein wörtliches Zitat, sondern Umschreibung der Auffassungen im ‹Berliner Programm› von 1913 (AW, AzL, S. 15 ff.).

57 Vgl. ‹Berliner Programm› von 1913 in: AW, AzL, S. 17: «Die Fassade des Romans kann nicht anders sein als aus Stein oder Stahl [...].»

58 Søren Kierkegaard (1813–1855), dänischer Theologe und Philosoph von eigenwilliger Prägung in Auseinandersetzung mit dem deutschen Idealismus bei gleichzeitigem, religiös-reformerischen Anspruch Begründer eines Literaturtypus, der dichterische Arbeit ethisch und religiös reflektiert. Die Wirkung Kierkegaards setzte in Deutschland erst nach dem 1. Weltkrieg ein, wo sein Werk zu einer wesentlichen Grundlage für die Existenzphilosophie wurde. Zur Beschäftigung Döblins mit Kierkegaard (ab 1935) vgl. M. Weyemberg-Boussart, Alfred Döblin. Seine Religiosität in Persönlichkeit und Werk, Bonn 1970, S. 348 ff.

59 Gemeint ist damit das unter Pseudonym 1843 erschienene «Lebensfragment» ‹Enten-Eller› (‹Entweder-Oder›), in dem sich eine Analyse von Mozarts ‹Don Giovanni› befindet (‹Die unmittelbaren erotischen Studien oder das Musikalisch-Erotische›), deren innere The-

matik dann im ‹Tagebuch eines Verführers› im gleichen Werk neu behandelt wird. Die Apostrophierung des ‹Don Juan› als «zweibändig» trifft nur insofern zu, als ‹Entweder-Oder› in zwei Teile gegliedert ist und in der von Döblin vermutlich benutzten Ausgabe innerhalb der Werkedition Kierkegaards bei Diederichs (Jena 1911–1913) editorisch in zwei Bänden erschienen ist. Die ältere deutsche Übersetzungsausgabe von O. Gleiß wahrte die originale Einbändigkeit.

60 Entsprechende Auszüge sind im Nachlaß als Bestandteil des ‹November 1918›-Konvoluts erhalten.

61 Vgl. die briefliche Äußerung gegenüber R. Minder: «Für den Beginn des ersten Bandes, ja für den Trieb, etwas zu schreiben, hatte ich nur meine tiefe alte Bewunderung (schwaches Wort) des Wassers, jetzt des Stroms meines Amazonas..., hat mich ganz fest an das alte Thema, eines meiner Leitmotive gebunden.» (Zitat nach R. Minder a.a.O., wie schon Anm. 55, S. 60).

62 Berlin 1927, S. 22ff. («Das Wasser als Lebewesen»).

63 Eigentlich ‹Berge Meere und Giganten› (1924).

64 Erschienen 1938. Wie die Äußerung in: ‹Rückkehr zur Natur› o. S. 207 von 1931 zeigt, reicht diese Themaformel durchaus vor das Exil zurück.

65 Fray Bartolomé de Las Casas 1474–1566, Dominikanermönch, kämpfte gegen die Versklavung und Mißhandlung der Indios durch die Spanier, wobei er bei der Krone einen gesetzlichen Schutz der Eingeborenen erreichte, wenn auch mit der fatalen Folge der Einführung von Negersklaven nach Amerika.

66 Erschienen 1939 als zweiter Band der ‹Amazonas›-Trilogie. Zum dritten Teil vgl. Anm. 68.

67 Bezieht sich auf die Gott-Figur in der ‹Babylonischen Wandrung› (1934).

68 Dieser 3. Teil des «Südamerikawerkes» erschien erst im Rahmen der Neuauflage von ‹Das Land ohne Tod› und der ‹Der blaue Tiger› separat unter dem Titel ‹Der neue Urwald› in Baden-Baden im Keppler-Verlag 1948. Das Gesamtwerk erhielt den Titel ‹Das Land ohne Tod. Südamerika-Roman in 3 Teilen› (1947–1948).

69 ‹Bürger und Soldaten›, erschienen 1939 im Doppelverlag Stockholm: Bermann-Fischer und Amsterdam: Querido. Als Obertitel des Gesamtwerks galt hier noch ‹Eine deutsche Revolution. Erzählwerk in drei Bänden›.

[70] In Hagenau/Unterelsaß August 1917–Mitte November 1918.

[71] Friedrich Becker.

[72] Anspielung auf den Untertitel des vierten Teils von ‹November 1918›, den Band ‹Karl und Rosa› (1950) als ‹Eine Geschichte zwischen Himmel und Hölle›.

[73] Anspielung auf die Inschrift des Höllentors in Dantes ‹Divina Comedia› (Inferno 3,1 ff.).

[74] ‹Verratenes Volk› und ‹Heimkehr der Fronttruppen›, erschienen München: K. Alber 1948–1949 unter dem Obertitel ‹November 1918. Eine deutsche Revolution. Erzählwerk›. Die Zählung als Band 2 und 3 geht davon aus, daß der erste Band ‹Bürger und Soldaten› 1939 schon erschienen war (vgl. Anm. 69), dann aber in der Französischen Zone wegen der Elsaß-Thematik nicht erscheinen durfte, sondern sein Inhalt nur als ‹Vorspiel› im Band ‹Verratenes Volk› integriert präsent sein konnte.

[75] München: K. Alber 1950.

[76] Trifft so nicht zu. Der ‹zweite› Band von ‹November 1918› war noch in Frankreich beendet worden (vgl. o. S. 259) und umfaßte in geteilter Form ‹Verratenes Volk› und ‹Heimkehr der Fronttruppen› (= Bd. 2 und 3 der Tetralogie). Als fertiger Text wird er aber erst im September 1941 in Los Angeles abgetippt (Abschluß der anschließenden Überarbeitung November 1941). Im Februar 1942 beginnt die Arbeit an ‹Karl und Rosa›, die sich bis zur fertigen maschinenschriftlichen Fassung im September 1943 hinzieht.

[77] So lautet der Titel des Erlebnisberichts von Döblins Flucht durch Frankreich im Sommer 1940, erschienen 1949 in Frankfurt/M. Es handelt sich dabei aber um einen durch die Nachkriegserlebnisse erweiterten Text einer ursprünglichen, ‹Robinson in Frankreich› benannten Fassung, die Ende 1940–Anfang 1941 in Los Angeles entstand.

[78] Anspielung auf die Konversion zum Katholizismus (Taufe am 30.11. 1941 in der Blessed Sacrament Church, Hollywood).

[79] Religionsgespräch; entstand im Jahr 1942 parallel zur Arbeit an ‹Karl und Rosa›; erschien zuerst München: K. Alber 1946.

[80] Diese ‹Pausentheorie› trifft nur bedingt zu, da sowohl ‹Das Ich über der Natur› (1927) Ansätze und Vorarbeiten vor ‹Berge Meere und Giganten› (1924) als auch ‹Unser Dasein› (1933) werkgeschichtliche Voraussetzungen vor ‹Berlin Alexanderplatz› aufzuweisen haben. Es

bestehen zudem stärkere Verbindungen zwischen allen Texten, als Döblin es hier zugeben will. Er entwirft ein idealisiertes Produktionsbild.

81 Ungenaues Zitat aus J. W. Goethes ‹Faust I› vv.682f.: «Was du ererbt von deinen Vätern hast, / Erwirb es, um es zu besitzen.»

82 Entstanden im Herbst 1943 (Abschluß im Dezember); erschien in Freiburg i. Br. bei K. Alber 1946.

83 Beide Erzählungen entstanden im Frühjahr 1944 (Abschluß im Mai). Sie sind zuerst gemeinsam erschienen unter dem Titel ‹Heitere Magie› in Baden-Baden bei J. Keppler 1948.

84 Seit dem 10. Jh. über lange Zeit erweiterte, arabische Märchensammlung, deren immenser Stoff durch die Rahmenerzählung von Scheherazade, die, um ihr Leben zu retten, dem König Scherigar von Samarkand jede Nacht eine Geschichte erzählt, miteinander verbunden ist. Dieses Organisationsprinzip ist indes ein rein äußerliches und es kann im Grunde nicht mit dem des ‹Hamlet›-Romans verglichen werden, wo die Erzählungen zum Handlungsraum durchaus beitragen, ihn ja sogar erst richtig entfalten.

85 ‹Hamlet› ist der ursprüngliche Arbeitstitel des letzten Romans von Döblin, an dem er seit August 1945 bis Oktober 1946 arbeitete. Die Publikationsgeschichte gestaltete sich schwierig. Eine Veröffentlichung unterblieb zunächst, weil Döblin zuerst seine früheren Werke – vor allem ‹November 1918› – vorher gedruckt sehen wollte (vgl. AW, Briefe, S. 394). Später bestand nur noch geringes Interesse von Seiten der Verlage, so daß der Roman mit dem ergänzten Titel ‹Hamlet oder Die lange Nacht nimmt ein Ende› erst 1956 in Berlin (DDR) erscheinen konnte (BRD-Ausgabe München 1957).

86 Ital. ‹Kerker›.

87 Anspielung auf die alttestamentliche Brudermordgeschichte von Kain und Abel (1. Mos. 4), die sich in der christlichen Exegese dahingehend entwickelte, in Kain den Typus des Verfolgers der Gerechten zu sehen (vgl. schon im NT, Judas-Brief, v.11).

UND ICH HABE DIE SIEBZIG ÜBERSCHRITTEN

1. *Überlieferung:*

Eine handschriftliche Fassung existiert nicht. Im Marbacher Nachlaß (Depot) ist ein geschlossen erhaltenes, geringfügig von Döblin korrigiertes Typoskript (Durchschlag) im Umfang von acht Blatt (ab Blatt 2 maschinenschriftlich gezählt) erhalten. Der Text weist die Titelüberschrift auf und ist am Ende mit dem getippten Namen «Alfred Döblin» unterzeichnet.

2. *Entstehung:*

Aufgrund der Textanhalte muß die Niederschrift um die Jahreswende 1948/49 bzw. Anfang 1949 – der Exilbeginn wird 16 Jahre zurückdatiert – erfolgt sein. Eine selbständige Drucklegung dürfte erwogen worden sein, doch ließ sich bisher zumindest kein Abdruck nachweisen.
Der Text wurde allerdings in folgender Weise in die ‹Schicksalsreise› (Auslieferung im November 1949) übernommen: Blatt 1–2 bilden den Anfang des 26. Kapitels (S. 413–415,4 = AW, AS, S. 462–464,15 mit falscher Kapitelzählung 29); Blatt 3–5 Mitte wurden zum Anfang von Kapitel 27 (S. 417,2 [Eingangssatz fehlt] – S. 419,14 unter Einfügung der Überschriften «Das Vergehen der Bäume» und «Das Vergehen der Menschen» = AW, AS, S. 467,9–470,22 bei falscher Kapitelzählung); Blatt 5 Mitte–6 Mitte wird ebenfalls in Kapitel 27 unter der Überschrift «Der Wille aller Zeitlichkeit» eingebaut (S. 471,14–472,15 = AW, AS, S. 419,35–420,26 bei falscher Kapitelzählung); Blatt 6 Mitte–Schluß Blatt 8 liefert ebenfalls noch einen Teil von Kapitel 27 unter dem Titel «Glück, Schönheit, Liebe in diesem Leben» (S. 474,17–476,18 = AW, AS, S. 422,5–423,20 bei falscher Kapitelzählung). Der übrige Text von Kapitel 27 (S. 467–480 = AW, AS, S. 417–426, gezählt als Kapitel 30) ist demnach spätere Zutat Döblins. ‹Und ich habe die Siebzig überschritten› kann aufgrund seiner Geschlossenheit Priorität und Eigenständigkeit beanspruchen. Der Text ist kein ‹Auszug› aus der ‹Schicksalsreise›, sondern es gilt für ihn wie für einige andere in die ‹Schicksalsreise› integrierten Texte (vgl. Huguet Nr. 290, 293, 306 und 317), daß es sich um einen primär selbständigen Entwurf handelt, der erst später von Döblin in der Schlußpassage der ‹Schicksalsreise› verarbeitet wurde.

3. *Textgrundlage:*

Der Abdruck folgt dem Typoskript unter Wahrung der Döblinschen Eigentümlichkeiten. Eingriffe des Herausgebers sind markiert. Die im Typoskript zur Kennzeichnung der Großabschnitte verwendeten Punkte wurden durch die bei Döblin sonst in den Manuskripten üblichen drei Sternchen ersetzt.

4. *Kommentar:*

1 Döblins 70. Geburtstag war am 10. 8. 1948 gewesen.

2 Flucht aus Paris (Juni 1940) quer durch Frankreich vor den deutschen Truppen, bis die Ausreise (31. 7.) nach den USA über Spanien und Portugal gelingt. Döblin stellte diese Ereignisse sachlich und stimmungsmäßig in ‹Robinson in Frankreich› dar, das nur als Typoskript im Nachlaß erhalten ist (Abfassung Ende 1940/Anfang 1941 in Los Angeles). Dieser Text bildete dann in stark überarbeiteter und gekürzter Form die Grundlage für die Fluchtpassagen der ‹Schicksalsreise› (1949).

3 Ließ sich als Zitat nicht verifizieren. Es handelt sich u. U. um ein ‹Selbstzitat› Döblins, d. h. die Formulierung geht auf ihn zurück.

4 Grenzübertritt in die Schweiz am 2. 3. 1933.

5 5.–12. 7. 1947. Die anschließende Episode ist außer in der hier vorliegenden Fassung auch in der ‹Schicksalsreise› behandelt (AW, AS, S. 401 f.).

6 Vgl. o. S. 668, Anm. 13.

7 Wer dies war, ist nicht eindeutig festzustellen, u. U. ist es der Journalist C. S. (vgl. o. S. 670, Anm. 17), der Döblin im Juli 1947 in Berlin interviewte.

8 Jes. 55,10–11 (nicht im Luthertext).

9 Aufgrund der angedeuteten Topographie ist hier Baden-Baden gemeint.

10 Von Charles Darwin (1809–1882) als Schlagwort Ende des 19. Jh.s allgemein übernommene Formel («struggle for live») aus dem Titel der Schrift ‹On the Origin of species [...]› (1859).

11 Nach der alten Antiphon «Media vita in morte» aus dem 11./12. Jh. existiert die zitierte Strophe in deutscher Fassung schon im 15. Jh. Das Lied wurde im protestantischen Bereich dadurch besonders rezipiert, weil Luther dieser Strophe eine zweite und dritte hinzufügte (1524).

[12] Die Stelle spielt auf die letzte Krankheitsgeschichte des Buddha vor seinem Tode bzw. seinem Nirwana nach den ‹Mahaparinibbanasutta› an.

[13] Bezieht sich auf die griechischen Worte éris ‹Streit› und éros ‹Liebe›, die etymologisch an sich nichts miteinander zu tun haben. Eine inhaltliche Verbindung zwischen beiden kann sich deshalb nur auf den äußeren Wortklang berufen.

DICHTEN HEISST, GERICHTSTAG ÜBER SICH SELBST HALTEN

1. *Überlieferung:*

Eine Handschrift ist nicht erhalten. ED in: Der Sonntag im Bild 2 (Frankfurt/M. 1949), Heft 12, S. [12].

2. *Entstehung:*

Die Buchausgabe der ‹Schicksalsreise› erschien im November 1949 (vgl. AW, Briefe, S. 401). Sie wird als Fußnote zum ED als vorhanden vorausgesetzt. Der Verlag Joseph Knecht/Carolusdruckerei in Frankfurt a. M., der den ‹Sonntag› verlegte, brachte auch die ‹Schicksalsreise› heraus. Der Text wird demnach ungefähr im Oktober 1949 niedergeschrieben worden sein.

3. *Textgrundlage:*

Nach dem ED, wobei etliche sinnentstellende Fehler markiert korrigiert wurden.

4. *Kommentar:*

[1] Ungenaue Titelangabe von J. W. Goethes ‹Aus meinem Leben. Dichtung und Wahrheit› (1811–1822).

[2] Wilhelm von Kügelgen (1802–1867), Maler und Schriftsteller, verfaßte die ‹Jugenderinnerungen eines alten Mannes› (1870), die Ende des 19. Jh.s eine viel gelesene und geschätzte Autobiographie waren.

[3] Jean-Jacques Rousseau (1712–1778) schrieb seine epochemachende

Lebensbeichte ‹Les Confessions› in den Jahren 1765 ff. Sie erschienen in Buchform erst postum 1782–1789.

4 Zu ihm und seinem Einfluß auf Döblin vgl. o. S. 40 ff. Neben den autobiographischen Momenten in Dostojevskijs (1821–1881) Romanen ist das Buch mit direkter eigener Lebensdarstellung, das Döblin hier im Auge haben könnte, ‹Aufzeichnungen aus einem Totenhaus› (1860–1862).

5 Des Kirchenvaters Aurelius Augustinus (354–430) Lebensbericht vor dem Hintergrund seiner christlichen Bekehrung, die ‹Confessiones› (um 400) sind wirkungsgeschichtlich ein Leitdokument der Autobiographie weit über den religiösen Bezirk hinaus.

6 Im Text steht irrtümlich «Brüder Kameraden». Der 1879/80 entstandene Roman enthält viele Züge der inneren Biographie Dostojevskijs. Vgl. o. S. 536, Anm. 15.

7 1868/69. Vgl. o. S. 536, Anm. 14.

8 Zitat nach Matt. 7,16.

9 August Strindberg (1849–1912) nahm in vielen seiner dramatischen und erzählerischen Werke, die z. T. stark autobiographisch sind, tiefenpsychologische Einsichten vorweg, ohne im eigentlichen Sinn von der entstehenden Psychologie seiner Zeit (etwa Freud) beeinflußt zu sein.

10 Vgl. o. S. 622, Anm. 2.

11 Geschrieben 1912/13, erschienen 1915.

12 Bezieht sich auf den Roman ‹Wallenstein› (1920).

13 Die Hauptteile dazu entstanden schon Ende 1940/Anfang 1941 für die Passagen der Flucht aus Frankreich 1940. Die Darstellung der Nachkriegserlebnisse bezieht z. T. veröffentlichte Einzeltexte mit ein, die alle in diesem Band enthalten sind, fügt aber weitere Inhalte hinzu. Auch die alten Aufzeichnungsteile von 1940 werden grundlegend überarbeitet. Dies geschieht im wesentlichen wohl noch 1948. Das fertige Buch erscheint dann Ende 1949.

14 Diese Ansicht geht auf Henrik Ibsens (1828–1906) Vierzeiler ‹Ein Vers› zurück: «Leben heißt – dunkler Gewalten / Spuk bekämpfen in sich. / Dichten – Gerichtstag halten / über sein eignes Ich.» (H. Ibsen, Sämtl. Werke in dt. Sprache, hg. G. Brandes/J. Elias/R. Schlenther, Bd. 1, Berlin 1903, S. 167 in der deutschen Fassung von Christian Morgenstern).

WARUM SCHREIBEN SIE?
FÜR WEN SCHREIBEN SIE?

1. *Überlieferung:*

Eine Handschrift existiert nicht. ED in: Aussprache. Internationale kulturpolitische Zeitschrift 2 (1950), Heft 1, S. 39–40.

2. *Entstehung:*

Vermutlich Ende 1949 nach dem Umzug von Baden-Baden nach Mainz (Oktober 1949). Der Text, der eine Antwort auf eine Umfrage an deutsche und französische Schriftsteller war, reflektiert schon Gedankengänge des am 4. 3. 1950 bei der Mainzer Akademie gehaltenen Vortrags ‹Die Dichtung, ihre Natur und ihre Rolle›.
Die Redaktion stellte den Antworten der Autoren (Fritz Usinger, Ernst Kreuder, Edith Klipstein, Ernst Wiechert, H. E. Nossack, Alfred Kantorowicz, Walter Kolbenhoff und Walter Tritsch) ihren ausführlichen Aufforderungsbrief voran, der in den beiden Fragen kulminiert: «1. Aus welchem inneren oder äußeren Anlaß, aus welcher Notwendigkeit, zu welchem Zweck und Ziel – kurz: Warum schreiben Sie? 2. Für welche Menschen, welche Gruppen oder Gemeinschaft – für wen schreiben Sie?»

3. *Textgrundlage:*

Der Abdruck folgt dem ED. Der Beitrag Döblins steht dort unter dem als Zitat aus dem Text selbst entlehnten Titel «Die Aufgabe des Schriftstellers besteht darin, einen Zusatz zu der beobachteten und erfahrenen Realität zu geben ...» Diese Überschrift geht zweifellos auf die Redaktion zurück. Ihre Übernahme hier wäre insofern problematisch gewesen, als Döblins Text strukturell klar auf die Formulierung der Umfrage Bezug nimmt, die in der verkürzten und deshalb für den Abdruck hier auch gewählten Form als Obertitel des gesamten Umfrage-Ergebnisses (a.a.O., S. 37–52) vorangestellt ist.

4. *Kommentar:*

[1] Charles Dickens (1812–1870) war der Begründer des sozialen Ro-

mans im England des 19. Jh.s. Eine intensivere Dickens-Rezeption ist bei Döblin nicht nachzuweisen.

[2] Gerhart Hauptmann (1862–1946) trug durch seine naturalistischen und sozialkritischen Dramen in den 90er Jahren des 19. Jh.s entscheidend zu einem neuen Literaturbegriff bei. Döblin stand Hauptmann sonst sehr reserviert gegenüber, wenn auch eine Reihe von Briefen und persönlichen Kontakten zwischen beiden Autoren belegt sind. Die persönliche Haltung wie das Werk Hauptmanns waren für Döblin nicht akzeptabel. Das hier intendierte Frühwerk – im Auge hatte Döblin vorzugsweise ‹Die Weber› (1892) – entsprach aber in seiner Intention durchaus noch einem menschenbezogenen Literaturbild, wie Döblin es seit den 20er Jahren zunehmend vertrat.

[3] Weshalb Döblin Baudelaire (1821–1867) hier anführte, kann nur vermutet werden. Vermutlich ging es ihm um einen französisch-deutschen Kontext. Das dichterische Werk Baudelaires, obwohl es eine Ästhetik des Häßlichen und eine großstädtische Erfahrungswelt literaturgeschichtlich begründete (‹Les fleurs du mal› 1857), hat Döblin grundlegend nie beschäftigt oder gar beeinflußt, zumal die Formkunst dieser Art des Schreibens seiner eigenen Diktion zuwiderlief. Den Literaturtheoretiker Baudelaire, der sich mit der Abbildungsfunktion von Sprache und der Erfahrung von Realität in der Dichtung beschäftigte, hat Döblin, obwohl diese Ebene hier angedeutet erscheint, nur bedingt rezipiert.

[BEMERKUNGEN ÜBER MEIN LEBEN UND LITERARISCHES WERK]

1. *Überlieferung:*

Ein handschriftlicher Entwurf ist nicht erhalten. Der Text ist aber in maschinenschriftlicher Briefform (4 Blatt, einzeilig getippt) im Archiv der Newark Abbey, Newark/New Jersey erhalten. Den Hinweis darauf verdanke ich Anthony W. Riley (Kingston/Ontario).
Die Informationen des Briefes wurden von K. Reinhardt, W. Berger und M. A. Hoehn zu einem englischen Lexikon-Artikel verarbeitet in: Catholic Authors. Contemporary Biographical Sketches, Bd. 2, Newark/N. J.: M. Hoehn 1952, S. 133–135 (= Huguet, Nr. 1495).

2. *Entstehung:*

Nach Aufforderung des damaligen Priors (1946–1956) P. Matthew A. Hoehn OSB (1898–1959) der St. Mary's Abbey in Newark/N.J. vom 11. 7. 1951 verfaßte Döblin seinen Brief in Mainz am 23. 7. 1951. Hoehn verfaßte auf der Grundlage dieses Briefes einen neuen Text und schickte ihn an Döblin, der ihn mit Brief vom 3.10. 1951 (ebenfalls im Archiv der Newark Abbey) nach «einige(n) unwesentliche(n) Korrekturen» guthieß.

3. *Textgrundlage:*

Der publizierte Text beruht auf dem Typoskript-Brief Döblins vom 23. 7. 1951. Weggelassen wurden die kurze einleitende Anrede-Wendung («Euer Ehrwürden, sehr verehrter Herr Prior, Den Empfang Ihres Schreibens vom 11. Juli bestätige ich Ihnen und beeile mich zu beantworten.») sowie der Schlußabsatz: «Hiermit glaube ich, Ehrwürden, Ihrem Wunsch nachgekommen zu sein, Ihnen außer einfach biographischen Angaben noch einige allgemeine Bemerkungen über mein Leben und mein lit. Werk – aber beide sind eng miteinander verbunden – zu geben. Haben Sie Dank für Ihre Einladung und Ihren christlichen Gruß, den ich erwidere als Ihr Dr. Alfred Döblin. P. S. Ich stelle Ihnen natürlich anheim nach Belieben Kürzungen an dem Text vorzunehmen.»
Die für die Edition gewählte Titelformulierung stammt demnach aus dem Schlußabsatz des Briefes.

4. *Kommentar:*

[1] Vgl. o. S. 522, Anm. 25 und 26.
[2] Außer Alfred noch Hugo Döblin (gest. 1960).
[3] Zu ihm vgl. o. S. 580, Anm. 85.
[4] 28. 4. 1930 durch Freitod.
[5] Ernst Döblin (1904–1951) und Rudolf Döblin (*1911) emigrierten nach Buffalo, wo ihr Onkel Alfred Döblin sie 1945 vor seiner Rückreise nach Europa besuchte (vgl. Huguet, Chron. S. 163).
[6] Eva Döblin (1905–1940 in Auschwitz).
[7] Gertrud Katharina Döblin, geb. Leipziger.
[8] Kurt Döblin (*1880) und Hedwig Döblin, geb. Lessler wurden 1940 nach Auschwitz deportiert.
[9] Meta Döblin vgl. o. S. 581, Anm. 90.

10 Zu ihnen vgl. o. S. 582, Anm. 99.

11 Vgl. dazu ausführlich o. S. 129 und S. 352.

12 Zu Max Döblin vgl. o. S. 516, Anm. 1.

13 Zu Henriette Zander vgl. o. S. 523, Anm. 27.

14 Am 13. 9. 1900.

15 Vgl. o. S. 530, Anm. 1.

16 J. W. Goethe, ‹Faust I›, vv. 382f.

17 Vgl. o. S. 517, Anm. 8.

18 7. 7. 1905 mündliches Examen, 9. 8. 1905 Approbation.

19 ‹Gedächtnisstörungen bei der Korsakoffschen Psychose›, Diss. med. Freiburg i. Br. 1905 (Umfang 63 Seiten).

20 Es handelt sich um: ‹Der Wille zur Macht als Erkenntnis bei Friedrich Nietzsche› (1902, zuerst aus dem Nachlaß hg. von B. Hillebrand, Hg., Nietzsche und die deutsche Literatur, Bd. 1, München/Tübingen 1978, S. 315–330; jetzt in: KS I, S. 13–29) und ‹Zu Nietzsches Morallehren› (1903, zuerst aus dem Nachlaß durch B. Hillebrand a.a.O., S. 331–358, jetzt KS I, S. 29–55).

21 Vgl. o. S. 518f., Anm. 22.

22 Vgl. zu den Angaben o. S. 517, Anm. 11 und 12.

23 23. 1. 1912.

24 Vgl. o. S. 517, Anm. 13. Praxis in der Frankfurter Allee 194 ab 1913 (bis Ende 1914), nach dem Kriege dann Frankfurter Allee 340 (bis 1931).

25 Erna Reiss (1888–1957) war die Nichte des Berliner Verlegers Erich Reiss (1887–1951), eines der führenden Betreuers expressionistischer Literatur (u. a. Benn, K. Edschmid, R. Huelsenbeck, v. Unruh, Kafka), aber auch wichtiger Periodika wie der ‹Schaubühne› (Hg. S. Jacobsohn) und ‹Zukunft› (M. Harden). Vgl. zu ihm IBDE, Bd. 2, 2, S. 958.

26 Peter Döblin (*1912) emigrierte 1935 in die USA, Einbürgerung dort 1939; lebt in Lindenhurst, N.Y.

27 Klaus (Claude) Döblin (*1917) lebt noch heute in Nice/Nizza, Stephan (Steve) Döblin (*1926) in Louveciennes.

28 Wolfgang Döblin (*1915, gest. 21. 6. 1940 in Housseras/Vogesen).

29 Die Erstausgabe des ‹Wang-lun› weist das Druckjahr 1915 auf, doch erfolgte die Auslieferung kriegsbedingt erst im März 1916 (AW, Briefe, S. 84).

30 Ende August 1916 den durch Erik-Ernst Schwabach (1891–1938)

finanzierten Fontane-Preis. Schwabach war der mäzenatische Begründer der ‹Weißen Blätter› (1. Jg. von ihm selbst redigiert, ab. Jg. 2 von René Schickele); er veröffentlichte selbst unter Pseudonym Dramen, Romane und Novellen (vgl. Raabe, S. 429 f.).

31 Ein exakter Mitgliedsnachweis (Mitgliedsbuch) existiert nicht, so daß dieses Selbstzeugnis Döblins als Beleg genügen muß. Die im Nachlaß erhaltene Zusammenstellung von biographischen Daten Döblins (von der Hand Erna Döblins) enthält auch den Hinweis auf eine USPD-Mitgliedschaft 1919–1921, «dann SPD mehrere Jahre». Diese USPD-Mitgliedschaft ist sonst von Döblin selbst nicht bezeugt, wenn auch nicht unwahrscheinlich. Der Übertritt zur SPD wäre die Folge der Spaltung der USPD auf dem Parteitag in Halle (16. 10. 1921) gewesen, auf dem eine Mehrheit für die III. Internationale votierte und daraufhin zur KPD übertritt, eine Minderheit – und mit ihr Döblin – ging in der SPD auf. Zur SPD-Mitgliedschaft vgl. auch den Brief an Irma Loos vom 28. 10. 1951 (also zeitgleich zu dem vorliegenden Zeugnis) in AW, Briefe, S. 437. Danach hing der Austritt mit der Verabschiedung des sog. «Schmutz- und Schundgesetzes» 1927 zusammen: «[...] trat erst aus, als man 1927 ein Schund- und Schmutzgesetz machte, das sich auch gegen uns richtete. Ich war mit der Gruppe des Aufbruchs, der Menschlichkeit; Ossietzky, Kisch, Brecht, Becher etc. waren Gesinnungs- und Kampfgenossen.» (AW, Briefe, S. 437).

32 Erschienen 1927 bzw. 1933.

33 Vgl. o. S. 76 f. ‹Das Pseudonym›.

34 Erschienen 1918.

35 Erschienen 1920.

36 Erschienen 1927.

37 Bezieht sich auf die wesentliche Abfassungszeit des im Herbst 1927 begonnenen Romans, der 1929 erschien.

38 28. 2. 1933.

39 Bis Anfang September 1933.

40 Erste Hälfte September 1933–Juni 1940.

41 Alfred Döblin ist nie offiziell ausgebürgert worden. Vgl. M. Hepp (Hg.), Die Ausbürgerung deutscher Staatsangehöriger 1933–1945 nach den im Reichsanzeiger veröffentlichten Listen, München/New York/London/Paris 1985; dort findet sich kein Eintrag zu Alfred Döblin und seiner Familie.

42 Am 16.10. 1936 zusammen mit seiner Frau und den drei Söhnen Wolfgang, Klaus und Stefan. Peter Döblin behielt seine deutsche Staatsangehörigkeit bis zu seiner US-Einbürgerung 1939.

43 Korrekter Titel ist ‹Die Fahrt ins Land ohne Tod› (1937).

44 Erschienen 1938.

45 Eigentlich Amazonasstrom. Die hier gewählte Form erscheint aber sowohl in der ‹Amazonas›-Trilogie als auch in anderen Texten Döblins.

46 Vgl. o. S. 680f., Anm. 69 und 74–76.

47 Vgl. o. S. 681, Anm. 77.

48 Am 30.11. 1941 in Los Angeles zusammen mit Erna und Stefan Döblin. Peter Döblin trat zeitgleich in Philadelphia über.

49 Gemeint ist ‹Schicksalsreise›.

50 Entstanden 1942, erschienen München: K. Alber 1946.

51 Vgl. o. S. 682, Anm. 85.

52 «Erzählung», entstanden 1947–1949. Zu Lebzeiten des Dichters erschienen nur Teildrucke. Vollständige Edition erst in AW zusammen mit ‹Der Oberst und der Dichter› 1978.

53 Entstanden 1950/51. Zu Lebzeiten nicht publiziert; aus dem Nachlaß veröffentlicht in AW zusammen mit dem Religionsgespräch ‹Der unsterbliche Mensch› 1980.

JOURNAL 1952/53

1. *Überlieferung:*

Im Marbacher Nachlaß (Depot) existieren die folgenden Überlieferungsteile zum ‹Journal 1952/53›:

J 1 Typoskript (teils Original, teils Durchschlag) mit handschriftlichen Korrekturen, Zusätzen und Streichungen von Erna Döblin, 117 gezählte Blätter (handschriftlich rechts oben) mit vier markierten Beiblättern (zu S. 57, 112, 114, 116), einem Titelblatt «Alfred Döblin Journal 1952/53» und einem Blatt Inhaltsübersicht. Nach Blatt 115, an dessen Ende der Text mitten im Satz abbricht (vgl. o. S. 444, 14 ... Realität auf –) und vor Blatt 116 fehlt ein Blatt Text in J 1, das aber im ‹Journal›-Konvolut Mappe 4 erhalten ist und deshalb einfügbar war.

J 1 beigefügt ist ein grüner Kartonzettel mit dem Vermerk: «Alfred Döblin Journal 1952/53 komplettes Exemplar (Abschrift des schwarzgebundenen Originals, mit Korrekturen und Ergänzungen).» Es existiert nun zwar eine «starke Oktavkladde» im Privatbesitz Claude Döblins (Nice) im Format 21,5 auf 15,5 cm mit 84 beidseitig beschriebenen und 42 leeren Blättern, die erkennbar Vornotizen für die von Döblin diktierten Fassungen des ‹Journals› enthält (vgl. Kat. Döblin, S. 502 f.), doch deckt die dort niedergelegte Textsubstanz nur einen kleinen Teil des ‹Journals› ab. Der größere Teil betrifft erzählerische und religiöse Notizen, die nicht zum ‹Journal› gehören. Die Kladde stand für eine textliche Verwertung in der vorliegenden Ausgabe nicht zur Verfügung.

J 2 Typoskript, 117 gezählte Blatt (handschriftlich rechts oben), davon Blatt 1–44 Durchschlag, Blatt 45–117 Original sowie ein Beiblatt zu S. 116. Von Blatt 68 ist nur noch ein Rest vorhanden, der Text ist in J 1 handschriftlich ergänzt. Nach Blatt 115 fehlt das folgende Anschlußblatt wie ursprünglich in J 1. J 2 ist vom maschinenschriftlichen Erscheinungsbild identisch mit J 1, doch sind die handschriftlichen Korrekturen Döblins oft nur markiert, nicht ausgeführt und wenn, dann sehr schwer lesbar. J 2 wirkt als Vorstufe von J 1.

J 3 Fragment einer Typoskript-Fassung (Entwurf) mit den maschinenschriftlich rechts oben gezählten Blättern 27–68 (davon Blatt 59 zweifach vorhanden, einmal mit Korrekturen; bis Blatt 47 und Blatt 60 Durchschlag, der Rest Originale), 75–78 (Durchschläge) und 80–93 (Durchschläge) mit handschriftlichen Korrekturen. Der Text, der ungefähr mit der Passage «Januar 1953» einsetzt, ist erkennbar Vorstufe zu J 1 und J 2 und bietet inhaltlich z. T. parallele Textteile (so mehrfach zur Mainzer Akademie in unterschiedlicher Darstellung). J 3 geht im Detail manchmal über J 1/J 2 hinaus, hat aber meist keinen grundsätzlichen Eigenwert.

J 4 Fragment einer Typoskript-Fassung (Entwurf) mit paginierten Blättern 32, 41–44 (Originale) und 46–56 (Durchschläge) auf gleichem, aber schlechtem Papier. Es handelt sich erkennbar um ausgeschiedenen Text, der Döblin aber immerhin noch aufhebenswert erschienen sein muß. J 4 repräsentiert auch eine Vorstufenphase zu J 1/J 2, aber eine andere als J 3.

Der Text von J 4 wurde o. S. 448–456 ab Blatt 42 abgedruckt. Blatt 32 (Eingangspassage «Es ist der 24. Januar 1953») bezieht sich auf die

Ankunft in Baden-Baden. Blatt 41 beginnt mitten in einer offenkundig auf Thomas Mann bezogenen Passage, die J 3, Blatt 43 entspricht und danach u. S. 731, Anm. 326 zitiert wird. Der weitere Text auf Blatt 41 und noch Blatt 42 acht (später gestrichene) Zeilen bezieht sich auf das Thema Vergänglichkeit.

J 5 Fragmente: Ein Blatt handschriftliche Aufzeichnungen Döblins auf Vorder- und Rückseite aus der Zeit des ‹Journals› als Ausriß aus der «Kladde» (vgl. o. bei J 1). Der Text bezieht sich auf Natur-Erleben (u. a. Verweis auf W. Whitman). Die übrigen drei handschriftlichen Blätter, die dem Konvolut beigefügt sind, gehören nicht in die Zeit des ‹Journals›, sondern sind der Exilphase zuzuordnen (philosophische Textbruchstücke). Das Typoskriptfragment (Durchschlag) schließlich von einem Blatt in Mappe 4 (Inc.: «Der Glaube nun ...») kann u. U. dem ‹Journal› zugehören, doch läßt sich dies nicht sicher beantworten. Es handelt sich um Ausführungen zur Glaubensfrage.

Text ‹letzter Hand› ist unstrittig J 1. Das Typoskript entspricht auch in seiner Anlage einem veröffentlichungsreifen Status.

Der Druck in AW, AS, S. 453–539 folgt zwar im Prinzip J 1, weist aber zahlreiche Fehler, ungekennzeichnete Eingriffe und die Unterschlagung der Textlücke nach Blatt 115 auf. Die Textanordnung entspricht nur bedingt der Vorlage.

Ein früherer Teildruck der Passage «Mittwoch, den 29. April 53» erfolgte durch H. Graber in: Akzente 20 (1973), S. 556–559 (vgl. o. S. 416–420). Ein kurzer Auszug aus dem Abschnitt «Vom Ursprung» steht auch in: Kat. Döblin, S. 503.

2. *Entstehung:*

Das ‹Journal› wurde im Juni 1952 begonnen. Eine Unterbrechung verursacht der Herzinfarkt Döblins Ende September, so daß eine kontinuierliche Weiterführung erst ab Ende November/Anfang Dezember 1952 wieder möglich ist. Sie dauert bis Mai 1953. Der letzte Abschnitt «Vom Ursprung» entsteht dann noch Ende September 1953. Eine weitere Durchsicht und Ergänzung dürfte dann bis Ende 1953 oder sogar Anfang 1954 reichen. Nach der Eingangsnotiz von ‹Trauer über Trauer› (o. S. 456) ist das ‹Journal› vor Anfang Mai 1954 beendet gewesen.

Daß ein Druck zumindest erwogen wurde, geht aus einem Brief an Ludwig Marcuse vom 3. 9. 1953 hervor: «Ich schreibe ein kleines Journal 1952/53 für mich, zum Druck schicken kann ichs natürlich an niemand.» (AW, Briefe, S. 463). Trotz dieser resignativen Ansicht kann kein Zweifel darüber bestehen, daß J 1 einen im Prinzip druckfertigen Text darstellt.

3. *Textgrundlage:*

Grundlage der Ausgabe ist J 1 unter Berücksichtigung der dortigen Korrekturen. Schreibweise und Interpunktion wurden weitgehend gewahrt. Eingriffe sind auf das unbedingt notwendige Maß beschränkt geblieben und erscheinen markiert. Bei falschen Zitaten Döblins wurden diese, soweit sie irrtümlicher Natur sind (z. B. beim «Glockenlied» Nietzsches o. S. 413 f.), gekennzeichnet berichtigt. Bei offenkundig bewußt raffenden Zitaten (z. B. im Falle von Lukács o. S. 433 f.) wurde die stilistische Umsetzung Döblins beibehalten. Nähere Nachweise finden sich dann im Kommentar. Die gliedernden Kapitelüberschriften wurden einheitlich in Kursivsatz wiedergegeben.
An einigen wenigen Stellen sind einige eigenhändige Korrekturen Döblins infolge seiner krankheitsbedingten Schreibbehinderung nahezu unlesbar und auch in ihrer Satzstellung nicht klar festlegbar. Hier wurde so verfahren, daß soweit wie möglich die Korrekturen berücksichtigt erscheinen. Waren sie nicht mehr eindeutig zu sichern, so fiel die Entscheidung zugunsten des maschinenschriftlichen Grundtextes.
J 1 enthält eine Reihe gestrichener Passagen, deren Aussagegehalt aber doch auch ein gewisses Interesse beanspruchen kann. Wenn dies der Fall ist, so erscheinen sie in den Kommentar eingerückt. Ebenso wurden aus Vorfassungen (J 3 und J 4) Passagen dem Kommentar eingefügt.

4. *Kommentar:*

[1] Die eingedeutschte Schreibweise Etagere (von frz. etagère) für ‹Bücherbrett› ist schon seit dem 19. Jh. üblich.

[2] Der ganze Abschnitt ist in J 1 ursprünglich gestrichen, wurde aber angesichts seiner Geschlossenheit doch aufgenommen.

[3] Döblins Büro bei der «Direction Générale des Affaires Culturelle» befand sich seit Oktober 1949 in Mainz-Gonsenheim in einem alten Kasernengelände (Centre Mangin).

[4] Blasenentzündung

[5] 23.9.1952–8.1.1953 im St. Hildegardis-Krankenh. (Hildegardstr. 2).

[6] Hildegard von Bingen (1098–1179), Begründerin des Klosters Rupertsberg bei Bingen 1147/48, war Benediktinerin, die schon seit 1136 Priorin in Disibodenberg gewesen ist. Trotz kränklicher Konstitution von großer Tatkraft begründete sie als bedeutende Schriftstellerin mit ihren visionären Hauptwerken (‹Liber Scivias 1141/51, ‹Liber vitae meritorum› 1158/63 und des ‹Liber divinorum›) eine deutsche Mystik-Tradition. Von hohem kultur- und literaturgeschichtlichem Wert sind auch ihre medizinischen und wissenschaftlichen Schriften.

[7] Ihrem Todestag im Jahr 1179.

[8] ‹Hildegardisnonnen› als eine eigene Kongregation gibt es nicht. Es handelt sich um Benediktinerinnen.

[9] Anspielung auf das «ora et labora» der Benediktiner-Regel.

[10] Diese Reise nach Bagnères-de-Luchon im Departement Haut-Garonne, einem viel besuchten Thermalbad, erfolgte vermutlich im Juli 1937. Döblin besuchte von dort aus auch den nahen Wallfahrtsort Lourdes (vgl. Huguet, Chron. S. 120).

[11] Ab Dezember 1945 (vgl. o. S. 259) Behandlung bei Dr. Hedinger.

[12] Zwischen Herbst 1921 und August 1923.

[13] Zu Wolfgang Döblin vgl. o. S. 652, Anm. 13. Seine Eltern erfuhren von seinem Tode am 20. 3. 1945 brieflich durch eine Studienfreundin ihres Sohnes, Simone Tonnelat.

[14] Promotion an der Sorbonne in Paris im März 1938 über das Thema: «Sur les proprietés asymptotiques de mouvement regie par certain types de chaînes simples» (Bucaresti 1938).

[15] Eine umfassende Bibliographie der Werke Wolfgang Döblins findet sich in: L. Huguet, Alfred Döblin. Elements de Biographie et bibliographie systematique. Thèse pour le doctorat du 3eme cycle, Bd. 2, Paris 1968 (Masch.; Exemplar Dt. Literaturarchiv Marbach), S. 267–269 (außer der Dissertation 23 Aufsätze zwischen 1936 und 1947 publiziert). Noch aus dem Nachlaß wurde von M. P. Levy ein Text veröffentlicht: «Le dernier manusrit inédit de Wolfgang Döblin», in: Bulletin des sciences mathematiques, Sér. 2, Tom. 80 (Paris 1956), S. 61–64. Der Nachlaß Wolfgang Döblins befindet sich jetzt auch im Dt. Literaturarchiv Marbach.

[16] Auf ihn antwortete Döblin am 28.11. 1945. Text teilweise abgedruckt in: Kat. Döblin, S. 393 f.

[17] In Housseras/Vogesen.

[18] 21. 4. 1921.

[19] Simone Tonnelat, Mathematikerin und Tochter des mit Döblin befreundeten Germanisten Ernest Tonnelat. Vgl. zur Identifizierung Kat. Döblin, S. 393.

[20] Vgl. o. S. 544, Anm. 2.

[21] Vgl. o. S. 516, Anm. 1.

[22] Henriette Zander (vgl. o. S. 523, Anm. 27).

[23] Gest. 21. 4. 1921.

[24] Vgl. o. S. 583, Anm. 129.

[25] Meta Döblin (vgl. o. S. 581, Anm. 90). Zum Vorgang o. S. 129.

[26] Ludwig Döblin (vgl. o. S. 522, Anm. 25), gest. 28. 4. 1930.

[27] Seine Frau Gertrud Katharina Leipziger wurde 1940 nach Auschwitz deportiert. Das gleiche Schicksal teilte ihre ebenfalls in Deutschland gebliebene Tochter Eva (1905–1940). Die beiden Söhne Ernst (1904–1951) und Rudolf Döblin (*1910) emigrierten in die USA. Vgl. u. S. 697, Anm. 31 und 32).

[28] Die Weltwirtschaftskrise 1928/29 verstärkte nur noch die schuldenbedingte, wirtschaftliche Binnenkrise des Deutschen Reiches mit über 2 Millionen Arbeitslosen im Winter 1928/29.

[29] Ihr Name konnte von der Forschung bisher nicht ermittelt werden.

[30] Demnach wäre der Selbstmord am 26. 4. 1930 unternommen worden.

[31] Ernst Martin Döblin (1904–1951), Dr. phil. (1929) in Wirtschaftswissenschaft emigrierte nach Entlassung aus dem Beamtenverhältnis 1933 zunächst nach Großbritannien, 1936 in die USA. Er heiratete dort 1942 Claire Pohly (*1913). 1933 wiss. Assistent an der London School of Economics; in den USA Stipendiat Brooking Institute in Washington/D. C., Lehrtätigkeit New School for Social Research New York; Mitarbeit in der Abteilung für Auslandsnachrichten. Nach dem Krieg bei der UNO; Dozent am City Coll. New York. Veröffentlichte im Exil mehrere wirtschaftswissenschaftliche Arbeiten.

[32] Rudolf Döblin (*1910), Musiker, emigrierte 1933 in die USA nach Snyder bei Buffalo, wo Alfred Döblin ihn 1945 besuchte (Vgl. Meyer, S. 33). Musikausbildung; 1931–33 Hilfsdirigent an der Danziger Staatsoper, 1945–1960 Leiter des Niagara Falls Symphony Orchestra/N. Y., 1965–1975 Ass. Prof. Achirondack Comm. Coll./N. H.

[33] Elga Boie (*1911 in Freiburg i. Br.)

[34] Kurt Döblin (vgl. o. S. 522, Anm. 25).

[35] Hedwig Lessler.

[36] Kurt Neimann (1877–1944 im KZ Theresienstadt; vgl. u. S. 708, Anm. 126), Dr. jur. (Examen 1904, vgl. AW, Briefe, S. 27, Promotion erst 1907 in Leipzig über «Der Satz: Kauf bricht nicht Miete im neuen bürgerlichen Recht»), war Rechtsanwalt in Berlin. Döblin kannte ihn als Mitschüler vom Köllnischen Gymnasium (Neimann legte schon 1899 das Abitur ab). Er war offenkundig musikbegabt (Kompositionsversuche nach AW, Briefe, S. 35). Der Kontakt zu Neimann riß 1933 ab. 1947 erkundigt sich Döblin brieflich nach seinem Schicksal (AW, Briefe, S. 360).

[37] Vgl. zu ihm o. S. 674, Anm. 9.

[38] Zu Viktor Lewin vgl. o. S. 675, Anm. 11.

[39] Holzmarktstraße 65.

[40] Walden hatte nach seinem Abitur Klavier bei dem Liszt-Schüler Conrad Ansorge (1862–1930), Komposition und Musikwissenschaft bei H. Hofmann am Berliner Konversatorium studiert. Walden komponierte selbst Opern, Pantomimen, Sinfonien, Klavierwerke und Lieder (u. a. nach Arno Holz). Über den «Beethovenverein» ließ sich in der Sekundärliteratur zu Walden (vgl. zuletzt Brühl, Sturm) nichts ermitteln.

[41] Es handelt sich um das Margareten-Lyzeum, Ifflandstraße 9–11 in Berlin O 27.

[42] Else Lasker-Schüler (1869–1945), Tochter des Bankiers Aaron Schüler; nach frühem Verlust der Eltern und des Vermögens 1894 Heirat mit dem Arzt Lasker (vgl. folgende Anm.) in Berlin; Trennung von ihm 1899, Scheidung 1901. 1901–1911 Ehe mit Herwarth Walden. In Berlin Mittelpunktsfigur der Avantgarde mit exzentrischem Auftreten. Lyrikerin von hohen Graden, daneben auch Dramatikerin (‹Die Wupper›), Erzählerin und Essayistin, zählt sie zu den Wegbereitern des Expressionismus. Zu ihrer Zeit mit Walden vgl. Brühl, Sturm, S. 18 ff. Zu Döblin bestand ein näheres Kontaktverhältnis.

[43] Dr. med. Jonathan Bertold Lasker, der Bruder des berühmten Schachspielers Emanuel Lasker (1868–1941).

[44] Geb. 1899. Der Vater war nach G. Benn angeblich ein spanischer Prinz, andere behaupten, es sei der Grieche Alcibiades de Ronan

gewesen. Lasker erkannte das Kind als ehelich an, später wurde es von Walden anscheinend adoptiert (vgl. Brühl, Sturm, S. 18). Paul Lasker/Walden starb 1927.

45 Im Berliner Westen unweit der Kaiser-Wilhelm-Gedächtniskirche (Hausnummer war nicht zu ermitteln), allerdings nur kurzfristig; spätere Wohnungen sind Uhlandstr. 159 (1905), Ludwigkirchstr. 12, Spichernstr. 19 (1907), ab 1909 Halensee, Katharinenstr. 5.

46 Gertrud Lewin, verh. Schlasberg (gest. um 1975).

47 Nell Walden, geb. Roslund (1887–1975), Heirat mit Walden 1912, Scheidung 1924; Organisatorin, Journalistin, Malerin und Kunstsammlerin, Mitarbeiterin am ‹Sturm›. Zur ersten Begegnung 1911 zwischen Walden und ihr vgl. Nell Walden, in: dies./L. Schreyer (Hgg.), Der Sturm, Baden-Baden 1954, S. 9f.

48 Zunächst Potsdamer Straße 18 (Bezirk Tiergarten). ‹Sturm›-Verlag und -Redaktion folgten von Halensee 1912. Im Juni zog alles in die Potsdamer Straße 134a (bis zur Emigration Waldens).

49 Begründet 1910 (1. Nummer 3.3.), erschien sie bis Jg. 20/21 (1929/30–1932) als die führende expressionistische Zeitschrift, die auch besonders durch die Bildausstattung nahezu aller modernen Kunstrichtungen (Futurismus, Kubismus, Konstruktivismus, Expressionismus) Bedeutung und Wirkung besaß. Seit 1912 existierte eine «Sturm»-Galerie (in 10 Jahren mehr als 100 Ausstellungen), ab 1913 eine Reihe ‹Sturm›-Bücher; Vortragsabende, geleitet von Rudolf Blümner ab 1913. 1918 ‹Sturm›-Bühne durch Lothar Schreyer. Vgl. P. Raabe, Die Zeitschriften und Sammlungen des literarischen Expressionismus, Stuttgart 1964, S. 25ff. und Brühl, Sturm, S. 207ff. (ausführliche Bio-Bibliographie der gesamten Zeitschrift).

50 1821–1902, Pathologe, seit 1856 Professor in Berlin.

51 Ernst von Bergmann (1836–1907), Chirurg, seit 1887 Professor in Berlin.

52 Friedrich Paulsen (1846–1908), Philosoph, seit 1878 Professor in Berlin.

53 Adolf Lasson (1832–1917), Philosoph, seit 1897 Professor in Berlin, Hegelianer und anerkannter Aristoteles-Übersetzer. Zu Döblins Studium bei ihm vgl. O. Loerke, Das bisherige Werk Alfred Döblins, in: A. Döblin, Im Buch – Zu Haus – Auf der Straße, Berlin 1928, S. 127: Döblin «lernt bei Lasson ausführlich Hegel kennen, arbeitet bei ihm über die Nikomachische Ethik des Aristoteles. [...] In Freiburg [...]

steht [er] bei seinen Kameraden in dem Ruf, ein unduldsamer Hegelianer zu sein. Er war es auf seine Weise [...]. Er nahm von Hegel nur an, was ihn befreite, er folgte ihm nicht in die starren Konsequenzen [...].»

54 Peter Hille (1854–1904) vertrat in Berlin den Typus des Wanderpoeten, war aber zugleich ein bedeutender Lyriker, Erzähler und Aphoristiker. Um 1900 war Hille eine Schlüsselfigur der Berliner Bohême; zuvor abgebrochenes Studium in Leipzig, journalistische Tätigkeit, dann nur noch freier Schriftsteller unter extrem bedrängten materiellen Bedingungen. Enge Beziehung zum Berliner Kreis um die Brüder Hart («Neue Gemeinschaft»), aber auch zu Liliencron, Bierbaum, vor allem dann zu Else Lasker-Schüler, die ihm ‹Das Peter Hille-Buch› (1906) widmete. Lovis Corinth malte ihn.

55 Alfred Mombert (1872–1942), Dr. jur., zunächst Rechtsanwalt in Heidelberg, später freier Schriftsteller. Er hatte als Lyriker mit mystisch-visionärer Konzeption Bedeutung. Mitglied in der Preußischen Akademie, Sektion für Dichtkunst, vertrat er den Typus des esoterischen ‹Dichters›.

56 Theodor Däubler (1876–1934), großbürgerlicher Herkunft aus dem deutsch-italienischen Kulturraum von Triest (bis 1906), lebte reisend zwischen Neapel, Wien, Dresden, Paris, Florenz und Berlin; umfangreiche Auslandsreisen (Ägypten, Nubien, Syrien, Türkei, Rumänien usw.); Erzähler und Reiseschriftsteller, expressionistischer Lyriker und Versepiker (‹Das Nordlicht› 1910). Däubler war eine charismatische Begleitfigur für die literarische Moderne in Deutschland, aber zugleich auch eine bedeutende Mittlergestalt zur Romania.

57 Vgl. o. S. 675, Anm. 17.

58 Das Ereignis fällt in den März 1904. Vgl. dazu auch S. 701 und S. 638, Anm. 6.

59 Es handelte sich um die literarische Gruppe der freien studentischen Verbindung «Finkenschaft», deren Vorsitzender zu dieser Zeit Döblin war. Vgl. AW, Briefe, S. 21.

60 Zu ihm vgl. o. S. 638, Anm. 6.

61 Das sog. «Architektenhaus» lag auf der Westseite der Wilhelmstraße (Berlin M) auf dem Gelände des späteren Reichsluftfahrtministeriums, wies einen großen Festsaal (mit Decken- und Wandfresken von H. Prell) und mehrere kleinere Säle auf, die im Berliner Kulturleben häufig für repräsentative Veranstaltungen genutzt wurden. – Die Typoskript-Vorlage an dieser Stelle ist syntaktisch verwirrt («... wo

wir Richard Dehmel empfingen nach einer Vorlesung bei uns, im Architektenhaus.») und wurde korrigiert.

[62] Ida Coblenz (1870–1942 Freitod) war in erster Ehe mit L. Auerbach, ab 1901 in zweiter Ehe mit Richard Dehmel verheiratet.

[63] Paula Oppenheimer (1862–1918), Märchendichterin, geschieden 1899.

[64] Vgl. den Bericht bei J. Bab, Richard Dehmel. Die Geschichte seines Lebens, Leipzig 1926, S. 268f.: «Einmal, im März 1904, hatte er auf Einladung einer Gruppe freier Studenten gesprochen, deren Vorsitzender damals der später bekannt gewordene Dichter und Arzt Alfred Döblin war. Der Freund Ansorge hatte, wie häufig, mitgewirkt; er hatte den Vortrag seiner zu Dehmels Gedichten geschaffenen Kompositionen ... selber begleitet. Dann zogen die jungen Leute mit den beiden berühmten Männern in eine kleine Weinstube an der Potsdamer Brücke, in das italienische Lokal von Dalbelli, das damals ein Stammquartier mancher Künstlerkreise war. In einem kleinen runden Raum saß man beisammen, eng, aber voll Begeisterung, und von einer rauschhaften Gehobenheit, die vielmehr von Dehmels Versen und Ansorges Musik als von Dalbellis Wein stammte. Feurige Sprüche in Vers und Prosa wurden ausgebracht, und schließlich verlangte man stürmisch nach einer Äußerung von Dehmel.» Es folgt dann der weitere Bericht über Dehmels Vortrag seines Gedichts ‹Venus Fantastica›.

[65] Die zeitgenössischen Legenden um Hilles Tod inklusive Selbstmord- und Mordthesen reduzieren sich auf den Sachverhalt des Todes durch Tuberkulose. Am 27. 4. 1904 erlitt Hille auf dem Bahnhof Zehlendorf einen Blutsturz, nachdem schon vorher Anzeichen eines finalen Zustandes bestanden hatten. Die Brüder Hart brachten ihn daraufhin in die Klinik Berlin-Lichterfelde, wo Hille, ohne das Bewußtsein wiederzuerlangen, am 7. 5. 1904 starb. Döblin war also (zumindest in seiner Erinnerung) schlecht informiert, was auch durch seine Abwesenheit von Berlin (Studium in Freiburg i. Br. ab April 1904) nicht verwundern kann. Döblin schlug brieflich dann der «Finkenschaft» in Berlin die «Veranstaltung einer größeren Hillefeier» vor (AW, Briefe, S. 24), deren Zustandekommen sich nicht mehr nachprüfen läßt.

[66] 1880–1918; begründete als Lyriker, Erzähler und Dramatiker den französischen Surrealismus; verfocht als Essayist die kubistische Ma-

lerei. Apollinaire war im Januar 1913 in Berlin bei H. Walden zu Besuch gewesen. Er hielt im ‹Sturm›-Kreis am 18.1. 1913 einen Vortrag. Döblin lernte ihn hier kennen. Aus Paris (anläßlich eines Besuchs von H. und Nell Walden) schrieb Apollinaire dann am 25. 3. 1913 gratulierend an Döblin zu dessen Aufsatz ‹Futuristische Worttechnik› (gerade im ‹Sturm› erschienen): «War sehr gut ihr Artikel, ich gratuliere [:] es lebe der Döblinismus.» (vgl. Kat. Döblin, S. 109).

67 Emilio F. T. Marinetti (1876–1944), italienischer Schriftsteller, begründete mit seinem ‹Manifesto futuristica› (1905) den Futurismus. Dieses erschien auf deutsch im März 1912 im ‹Sturm› (Jg. 2, S. 828f.). Sein literarisches Hauptwerk ist der Roman ‹Mafarka le futuriste› (1910). Marinetti war später Anhänger des italienischen Faschismus. – Sein erster Berliner Besuch bei Walden erfolgte im Zusammenhang der Futuristenausstellung im Kunstsalon des ‹Sturm› April 1912 (vgl. Döblins Besprechung dazu ‹Die Bilder der Futuristen› in: KS I, S. 112–117). Marinetti hielt einen Vortrag. An der Ausstellung waren u.a. die futuristischen Maler Umberto Boccioni, Carlo C. Carrà Luigi Russolo, Giacomo Ballo und Gino Severini beteiligt, die ihrerseits auch ein futuristisches Manifest publizierten (in: Der Sturm Jg. 3, April 1912, S. 3). Döblins Verhältnis zum Futurismus war nur anfangs positiv, schwächte sich dann aber ab (vgl. Kat. Döblin, S. 105–109) und führte literarisch sogar zur Kampfansage gegenüber Marinetti (vgl. seinen Artikel ‹Futuristische Worttechnik‹ AW, AzL, S. 9–15 von 1913).

68 Umberto Boccioni (1882–1916), Mitbegründer und künstlerischer Wortführer des Futurismus; führte die abstrakte Plastik ein. Sein erster Besuch in Berlin erfolgte zusammen mit Marinetti im April 1912.

69 «Pan-Pan-Tanz im Monice», Gemälde von Gino Severini (1883–1966). Abbildung in: Brühl, Sturm, Nr. 177. Das Bild war auch als Künstlerpostkarte im ‹Sturm›-Verlag erhältlich (vgl. die Anzeige in: Der Sturm Jg. 3, 1911/12, Nr. 128ff.).

70 Nell Walden erinnert sich an den Besuch so: «Wir [...] zogen nun immer zu Viert (Herwarth Walden, Marinetti, Boccioni und ich) nach einem kleinen italienischen Lokal an der Bülowstraße – Dalbelli [vgl. o. S. 675, Anm. 17], wo wir zu Abend aßen. Es waren hinreißende Stunden voll Glut, Enthusiasmus, südlicher Verve und Freundschaft. Die beiden waren immer sehr elegant gekleidet, in Hawlock und Smoking, und es ging hoch her mit Rufen wie «Eviva Garibaldi» und

«Eviva l'amore». Und jeden Abend wurden die Weingläser nach dem letzten Schluck an die Wand geschmissen. Anders wollten es Marinetti und Boccioni nicht haben.» (in: N. Walden/L. Schreyer, Hgg., Der Sturm, Baden-Baden 1954, S. 14f.).

71 Arno Holz (1863–1929) lebte als Dramatiker, Kritiker und vor allem Lyriker in Berlin. Er war Anreger und Theoretiker eines «konsequenten Naturalismus». Döblin schätzte Holz (vgl. AW, AzL, S. 62–83 ‹Der Geist des naturalistischen Zeitalters›) als geistigen Vorläufer seines um 1922/23 entwickelten «neuen Naturalismus». In den 20er Jahren kam es auch zu einem engeren persönlichen Kontakt. Döblin hielt die Grabrede auf Holz als Akademiemitglied (AW, AzL, S. 133–138) und zur gleichen Zeit die programmatische Akademierede ‹Vom alten zum neuen Naturalismus› (AW, AzL, S. 138–145). Schon 1920 wies Döblin auf Holz hin (AW, SPG, S. 143f.) und 1923 im Beitrag zur Arno-Holz-Festschrift heißt es: «Es weiß seit langen Jahrzehnten niemand wie Arno Holz, was die deutsche Sprache ist.» (in: Arno Holz und sein Werk. Deutsche Stimmen zu seinem 60. Geburtstag, hg. v. F. Avenarius u. a., Berlin 1923, S. 33). Nach dem 2. Weltkrieg edierte Döblin als ersten Band der Mainzer Akademiereihe «Verschollene und Vergessene» einen Arno-Holz-Band (Wiesbaden 1950).

72 Gemeint ist hier wohl weniger die große, erweiterte Ausgabe des ‹Phantasus› (Erstausgabe 1898/99) im Insel-Verlag, Leipzig 1916, sondern es dürfte gehen um: «Phantasus. Einführungstext zu einer neuen Phantasus-Ausgabe», der 1922 in der Officina Serpentinis in Berlin erschien. Die Ausgabe des ‹Phantasus› kam siebenbändig erst 1925 im Berliner Diez-Verlag heraus.

73 Zu ihm vgl. o. S. 606, Anm. 8.

74 Erschienen 1920.

75 Anspielung auf die nationalsozialistische Machtergreifung Adolf Hitlers am 30.1.1933.

76 Wassermann starb am 1.1.1934. Döblin schrieb im Exil dazu einen Nachruf ‹Das Leben Jakob Wassermanns› in: Pariser Tageblatt Jg. 4, 1936, Nr. 768 (17.1.), S. 4 (= Huguet, Nr. 773). – Altaussee war eine beliebte Sommerfrische in der Steiermark, die von verschiedenen Literaten (u. a. Hofmannsthal, aber auch S. Freud) geschätzt wurde. Im Juli 1930 hatte sich Döblin als Gast Wassermanns zusammen mit seiner Frau in Altaussee aufgehalten.

77 Vgl. o. S. 674, Anm. 3.

78 Erhalten ist davon (datiert auf Oktober 1896) nur die Erzählung ‹Modern› (in: AW, JR, S. 7–25).

79 Vgl. o. S. 80.

80 Döblin datiert hier seine Entstehung aus der Erinnerung zu früh, denn ‹Der schwarze Vorhang› entstand erst 1902/03. Vgl. o. S. 517f., Anm. 17.

81 Vgl. zum ganzen Vorgang o. S. 46, 81 und S. 122.

82 Vgl. o. S. 698, Anm. 36.

83 Richard Wagner (1813–1883) beeindruckte Döblin nur in seiner Schüler- und frühen Studentenzeit. Döblin las nach dem Zeugnis seines Schulkameraden Moritz Goldstein (vgl. o. S. 547, Anm. 26) damals das Reclam-Bändchen «Musikalische Aphorismen. Zitate aus den Werken großer Philosophen, Schriftsteller und Tonkünstler», hg. von O. Girschner (darunter auch Wagner, H. Wolf und Brahms). Vgl. Huguet, Chron., S. 29.

84 Gemeint sind die Trilogie ‹Der Ring des Nibelungen› (1869–1874) und der ‹Tristan› (entstanden 1859, Uraufführung erst 1865).

85 Johannes Brahms (1833–1897) galt um 1900 durchaus als ‹moderner‹ Komponist.

86 Frühwerk Richard Wagners, entstanden 1841, Uraufführung 1843.

87 Infrage kommen das Staatliche (Königliche) Opernhaus gegenüber der Universität am Opernplatz Unter den Linden und das Neue Opernhaus, die ‹Krolloper› am Königsplatz (später Platz der Republik) gegenüber dem Reichstag.

88 Vgl. o. S. 534, Anm. 1.

89 Vgl. o. S. 536, Anm. 16.

90 Vgl. o. S. 536, Anm. 15.

91 Vgl. schon o. S. 599, Anm. 4. Eine intensivere Beschäftigung mit Ibsen dürfte schon in die Studienzeit fallen, möglicherweise im Zusammenhang des großen Ibsen-Zyklus am Lessingtheater (vgl. Huguet, Chron., S. 36). Vgl. auch J. Duytschaewer, Alfred Döblins Ibsen-Rezeption, in: Arcadia 9 (1974), S. 161–167.

92 Vgl. o. S. 675, Anm. 12.

93 Vgl. o. S. 675, Anm. 13.

94 WS 1900/01 – SS 1905.

95 Vgl. o. S. 620, Anm. 8.

96 Vgl. o. S. 356.

97 ‹Die Vögel›, Komödie (‹Ornithes›) des Aristophanes (um 445–385 v. Chr.), in der die Gründung eines Vogelstaates vorgeführt wird. Dieser dient als idealer Emigrationsort aus der politischen Misere Athens.

98 1904–1905.

99 Die Novelle spielt in Freiburg i. Br. und dort z. T. in der Gegend des sog. Schloßberges (östlich der Altstadt gelegen). Im Nachlaß ist ein frühes Notizbuch Döblins erhalten, in dem eine auf «Mittwoch 20. 4. [19]04» datierte Bleistiftzeichnung Bl. 20^{v} von seiner Hand eingetragen ist. Sie zeigt den Blick vom Schloßberg (vom sog. Kanonenplatz) nach Süden. – Außer im vorliegenden Zeugnis ist die explizite Datierung der Novelle nicht überliefert. Ob sie schon in dem brieflich durch Döblin erwähnten «Novellenmanuskriptband» vom Dezember 1904 (vgl. AW, Briefe, S. 29) enthalten war, ist unklar. Gedruckt erschien sie zuerst in: Der Sturm Jg. 1 (1910/11), Heft 28 (8. 9.), S. 220 f. und Heft 29 (15. 9.), S. 229. Der Novellenband mit ihr als Titelerzählung erschien 1913 bei Georg Müller in München.

100 Die erste autographe Entwurfsfassung von ‹Lydia und Mäxchen› ist auf den 12. 9. 1905 datiert, die Endfassung dann auf den 26. 10. 1905, Druck Straßburg: J. Singer 1906 (jetzt in: AW, DHF, S. 9–31). Die erste Idee zum Stück reicht indes weiter zurück, findet sich doch in einem Nachlaßnotizbuch (28 Blatt wie schon Anm. 99) auf Blatt 17^{v} und 18^{r} eine erste Skizze der Eingangsszene unter dem Titel «Lydia und Mäxchen. Groteske in 1 Akt», datiert auf den 13. 4. [19]03.

101 Vgl. oben S. 702, Anm. 66.

102 Irrtümliche Annahme Döblins wie schon im ‹Epilog› o. S. 290 bzw. 307. Vgl. auch o. S. 676, Anm. 21.

103 Vgl. o. S. 676, Anm. 22.

104 Vgl. o. S. 518, Anm. 19. Der Titel wird hier von Döblin falsch zitiert: ‹Gespräche mit Kalypso. Über die Musik›.

105 Döblin war vom November 1905 bis September 1906 in Regensburg. In den ‹Biographischen Bemerkungen› o. S. 13 von 1917 gibt er als Entstehungszeit der ‹Gespräche› 1907 an, was für die faktische Ausarbeitung wohl zutreffen dürfte. Brieflich äußert sich Döblin aber schon im Sommer 1906 gegenüber H. Walden, daß er an «Ästhetischem» arbeite (AW, Briefe, S. 44).

106 Oktober 1906 – Juni 1908.

107 Vgl. o. S. 677, Anm. 29.

[108] Der Maler Wassily Kandinsky (1866–1944), gebürtiger Russe, lebte seit 1896 in München, dort Mitbegründer der Künstlergruppe «Der blaue Reiter» (1911); lebte im 1. Weltkrieg wieder in Rußland, ab 1921 erneut in Deutschland. Er hatte wesentlichen Anteil an der Entstehung einer ungegenständlichen Kunst in Deutschland und er beeinflußte auch als Kunsttheoretiker die malerische Entwicklung. Ab 1922–1933 Tätigkeit am Bauhaus. 1933 emigrierte er nach Frankreich (Paris). Walden stellte Kandinsky erstmals im März 1912 in der ersten ‹Sturm›-Ausstellung zusammen mit anderen Malern des «Blauen Reiter» aus. Illustrationen im ‹Sturm›.

[109] Paul Klee (1879–1940), Schweizer Maler und Graphiker, lebte ab 1906 in München, dort enge Beziehung zum «Blauen Reiter», später dann stark vom Kubismus beeinflußt. 1921–1930 am Bauhaus tätig. Walden stellte Bilder von Klee erstmals 1913 beim Herbstsalon aus. Klee ist auch als Illustrator im ‹Sturm› reich vertreten.

[110] Vgl. o. S. 677, Anm. 31.

[111] Plakatentwurf Oskar Kokoschkas von 1911 für die Zeitschrift ‹Der Sturm›, Öl auf Leinwand 102 × 70 cm (heute Budapest, Museum der bildenden Künste), abgebildet in: Brühl, Sturm, S. 28, Abb. 30.

[112] Erich Mühsam (1878–1934), ursprünglich Apotheker, ab 1901 freier Schriftsteller, der neben literarischen Texten (Lyrik, Drama, Satire) vor allem politisch als Anarchist schrieb. Lebte seit 1909 in München, dort 1918/19 Mitwirkung an der Räterepublik. Nach Haft (1920–1924) von 1925–1933 politische Tätigkeit in Berlin als Wortführer der «Anarchistischen Vereinigung»; 1933 verhaftet, wurde er 1934 im KZ Oranienburg ermordet.

[113] Hugo Lyck (1882–?) war ein Außenseiter-Dichter wie Hille. Zu ihm (mit Abdruck von Gedichten) vgl. H. Blüher, Werke und Tage. Geschichte eines Denkers, München 1953, S. 22–24.

[114] Vgl. o. S. 675, Anm. 13.

[115] Gemeint ist die Gestalt des Jugendfreundes Paul, der eine zeitlang zur Leitfigur von Karl (= Ludwig Döblin) wird. Später entwickelt er sich zum politischen Agitator und erscheint dann als Gegner.

[116] Vermutlich im April oder Mai 1933, denn Else Lasker-Schüler war erst im April 1933 nach Zürich emigriert.

[117] Vgl. o. S. 698 f., Anm. 44.

[118] Es existieren zwei Totenmasken. Die eine wurde von Grete Krakauer-Wolf (abgebildet in: E. Klüsener, Else Lasker-Schüler in

Selbstzeugnissen und Bilddokumenten, Reinbek 1980, S. 128) abgenommen, die zweite stammt von dem Bildhauer Jacov Löw in Jerusalem (abgebildet in: S. Bauschinger, Else Lasker-Schüler, Heidelberg 1980, Bildteil Abb. 23).

119 Vgl. o. S. 677, Anm. 30.

120 Vgl. o. S. 677, Anm. 29.

121 Alfred Wolfenstein (1883–1945) wuchs in Berlin auf, Dr. phil., ab 1916 in München und ab 1922 wieder in Berlin lebend, war als Lyriker, Dramatiker und Erzähler einer der wesentlichen Autoren des Expressionismus. 1933 Emigration in die Tschechoslowakei, dann 1938 nach Frankreich, 1940 in Paris verhaftet, nach dreimonatiger Haft entlassen und in der Folge ständig auf der Flucht; Freitod in Paris am 22. 1. 1945.

122 Albert Ehrenstein (1886–1950) war Wiener, Dr. phil., ab 1912 in Berlin, dort kurze Zeit Lektor im Kurt Wolff-Verlag, dann bei S. Fischer; 1917 Emigration in die Schweiz, nach dem Kriege zunächst wieder Wien, dann erneut Berlin. Lebte seit 1932 in der Schweiz, von dort 1941 in die USA. Verfaßte expressionistische Gedichte, Grotesken, Erzählungen und Essays. Sein erstes veröffentlichtes Buch war ‹Tubutsch› (Wien 1911) mit Illustrationen von O. Kokoschka. Döblin hatte zu Ehrenstein schon früh eine positive Beziehung – im Januar 1912 besprach er den ‹Tubutsch› (KS I, S. 108f.) –, weil dieser den Roman ‹Der schwarze Vorhang›, 1912 im ‹Sturm› erschienen, schon 1913 gewürdigt hatte (vgl. Kat. Döblin, S. 82f.); eine Korrespondenz erhielt sich. Ehrenstein veröffentlichte dann 1920 in seiner Schriftenreihe ‹Die Gefährten› ‹Lydia und Mäxchen›, ‹Lusitania› und die Novelle ‹Das verwerfliche Schwein›. Döblin seinerseits veröffentlichte gleich im ersten Heft des ‹Goldenen Tors› 1946 Übertragungen Ehrensteins von chinesischer Lyrik.

123 Albrecht Schaeffer (1885–1950) studierte Philologie, dann wurde er freier Schriftsteller in Hannover, Berlin und Neubeuern (Oberbayern) ab 1919; 1939 Emigration in die USA. Lyriker, Dramatiker und hauptsächlich Romanautor. Der ‹Helianth› erschien zuerst 1920–24 in 3 Bänden, dann 1928 gekürzt auf 2 Bände. Schaeffer starb kurz nach seiner Rückkehr aus dem Exil am 5. 12. 1950 in München, noch bevor er in Hannover den Niedersächsischen Staatspreis entgegengenommen hatte. Döblin publizierte im ‹Goldenen Tor› (5, 1950, S. 321–326) aus dem Nachlaß ein Textfragment des ‹Helianth›.

[124] Die genauen Umstände des Todes von Schaeffer hatte Döblin aus einem Brief von Helene Knickenberg erfahren, den er in: Das goldene Tor 6 (1951), Heft 1, S. 36f. veröffentlichte.

[125] Name konnte nicht ermittelt werden.

[126] Nach Huguet, Chron. S. 160 starb Kurt Neimann am 9. 3. 1944 im KZ Theresienstadt.

[127] Vgl. z. B. ‹Die deutsche Literatur im Ausland seit 1933, in: AW, AzL, S. 187 im Zusammenhang des Begriffs Emigrationsliteratur (vgl. auch ebd., S. 193 und 195).

[128] Der Vortrag Stefan Zweigs im Rahmen einer Vortragsreise nach Bern und Genf fand Anfang März 1933 statt. Der positive Eindruck war gegenseitig. Zweig schreibt an seine Frau Friederike am 9. 3. 33: «Von den Flüchtlingen aus Berlin sah ich einige, sehr nett Döblin, der beim Vortrag und nachher mit mir war [...].» (St. Zweig/F. Zweig, Unrast der Liebe. Ihr Leben und ihre Zeit im Spiegel ihres Briefwechsels, Wien 1981, S. 216).

[129] Stefan Zweig (1881–1942), Dr. phil., lebte als freier Schriftsteller in Salzburg; 1935 Emigration nach Großbritannien, 1938 USA und Brasilien; dort am 23. 2. 1942 Freitod. Bedeutend als Erzähler, Essayist und Biograph. Zweig schätzte Döblin. Vgl. sein Urteil im Brief zu Döblins 60. Geburtstag: «Von allen deutschen Schriftstellern hat keiner eine regere, raschere, universalere Phantasie. [...] jeder von uns hat an Ihnen gelernt oder zu lernen versucht.» (in: Die Zukunft Jg. 1, 1938, Nr. 1 vom 12. 10., S. 9)

[130] Alexander Moissi (1880–1935), Schauspieler; wirkte vor allem in Berlin an Max Reinhardts Deutschem Theater, aber auch international. Nach 1933 kein Auftritt mehr in Deutschland; emigrierte 1933 nach Italien. Moissi war ein legendärer, wenn auch nicht unumstrittener Schauspieler. Vgl. Döblins eigene, reservierte Urteile über ihn in: A. Döblin, Kerl, passim (vgl. Register).

[131] Nach der Scheidung von seiner ersten Frau Friederike heiratete Zweig Lotte Altmann (1908–1942), mit der zusammen er sich in Brasilien am 23. 2. 1942 das Leben nahm.

[132] Nähere Informationen zu einer solchen Gedenkveranstaltung in Los Angeles ließen sich nicht nachweisen. Es fand eine Gedächtnisfeier in New York am 28. 2. 1942 statt, bei der Emil Ludwig, Ferdinand Czernin, Klaus Mann und Berthold Viertel sprachen. Vgl. D. A. Prater, Stefan Zweig, München/Wien 1981, S. 517, Anm. 2.

[133] Robert Breuer (1878–1943) war in der Weimarer Republik ein einflußreicher, sozialdemokratischer Journalist (u. a. auch Pressesprecher der Preußischen Regierung); 1933 Emigration in die Tschechoslowakei und nach Frankreich. In Paris Redakteur am Pariser Tageblatt, Unterzeichner des Volksfrontaufrufes, Vorstandsmitglied des SDS; 1939 interniert, emigrierte er 1940 nach Martinique. Döblin hat Breuer sowohl in Berlin als auch in Paris gekannt, wenn auch nähere Belege dafür bisher fehlen.

[134] Kurt Kersten (1891–1962) war Publizist (u. a. auch von historischen Monographien), Dr. phil., 1919–1933 in Berlin. Er arbeitete u. a. mit Willi Münzenberg zusammen; Mitglied im BPRS; 1933 Emigration nach Prag, 1937 nach Frankreich (Paris); aktiv in der Volksfrontbewegung tätig, arbeitete an nahezu allen Exilzeitschriften mit. 1939 interniert, wurde er 1940 nach Martinique deportiert. 1946 ging er dann nach New York, dort Mitarbeit am ‹Aufbau›. – Zu Breuers und Kerstens Schicksal in Martinique vgl. ausführlicher auch A. Kantorowicz, Exil in Frankreich, Hamburg 1983, S. 238 f. und 241.

[135] Dieses war nicht genau zu ermitteln. Nach A. Kantorowicz aaO (wie Anm. 134), S. 238 war es eines der «nördlichen Internierungslager». Nach dem militärischen Zusammenbruch Frankreichs im Juni 1940 flüchteten beide nach Bordeaux, um von dort über Casablanca nach Martinique zu gelangen.

[136] Alexander Granach (1890–1945) gehörte zu den profiliertesten Berliner Schauspielern der 20er Jahre unter Reinhardt, Jessner, Piscator u. a.; 1933 Emigration in die Schweiz, dann Polen, UdSSR, erneut Schweiz und endlich 1938 USA. Dort u. a. 1939–1944 Filmtätigkeit in Hollywood. Döblin, der Granach schon seit Anfang der 20er Jahre kannte, wohnte anfangs in Hollywood zusammen mit ihm (und dem Regisseur Jessner) in einem Apartmenthouse in der Cherokee Avenue Nr. 1842 (vgl. Kesten, Literatur, S. 170 und Kat. Döblin, S. 394).

[137] Es handelt sich um seine Autobiographie, die zuerst auf englisch erschien: ‹There goes an actor› (New York 1945), auf deutsch ‹Da geht ein Mensch› (Stockholm 1945); eine Neuausgabe davon erschien in München 1982 (unvollständig) bzw. ebd. 1985 (vollständig).

[138] Leopold Jessner (1878–1945) gehört zu den großen Berliner Theaterregisseuren der Weimarer Republik, der sich auch publizistisch betätigte (Schriften, hg. H. Fetting, Berlin DDR, 1979), 1933 Emi-

gration nach Palästina, dann USA. Zu ihm und seiner Arbeit im Exil vgl. M. Mierendorff, Leopold Jessner, in: Spalek/Strelka, S. 738–750. – Jessner begrüßte Döblin im USA-Exil am 26. 10. 1940 im «Jewish Club of 1933» in Los Angeles mit einer Ansprache (vgl. Kat. Döblin, S. 392).

139 Franz Werfel (1890–1945) begann als Lektor bei Kurt Wolff (1912); als Schriftsteller aus dem Prager Kreis hatte er wesentlichen Anteil am deutschen Expressionismus (Lyrik, Drama, Erzählung). Er heiratete 1929 Alma Mahler und emigrierte 1938 nach Frankreich, 1940 in die USA, wo er als erfolgreicher Romanautor in Beverly Hills lebte. Zu Döblins 65. Geburtstag verfaßte er 1943 eine kurze Würdigung (vgl. Kat. Döblin, S. 400 f.). Zu ihm und seinem USA-Exil vgl. B. Foltin/J. M. Spalek in: Spalek/Strelka, S. 644–667.

140 Bruno Frank (1887–1945) lebte nach Jurastudium (Dr. jur.) als freier Schriftsteller bis 1933 in München; Emigration 1933 zunächst in die Schweiz und nach Großbritannien, 1937 USA; lebte in Beverly Hills. Bruno und Liesl Frank kümmerten sich dort sehr um Döblin. Vgl. V. Sease, in: Spalek/Strelka, S. 352–370.

141 Ernst Toller (1893–1939), Lyriker (‹Schwalbenbuch›), vor allem aber Dramatiker des Expressionismus mit radikalsozialistischer Einstellung. 1918/19 führende Beteiligung an der Bayrischen Räterepublik, 1919–24 Haft, danach in Berlin, 1927–29 zahlreiche Auslandsreisen. 1933 Emigration in die Schweiz, dann nach Frankreich (1935) und in die USA (1936). Engagierte sich im Exil allgemein- wie literaturpolitisch stark. Döblin hatte in den 20er Jahren viele Stücke Tollers bei deren Berliner Aufführungen rezensiert und traf mit ihm auch im Exil mehrfach privat wie bei offiziellen Gelegenheiten zusammen.

142 Vgl. o. S. 249 zum «World Congress of Writers» 8.–10. 5. 1939.

143 Am 22. 5. 1939. Zu dieser letzten Lebensphase Tollers vgl. auch den Bericht von Klaus Mann ‹Letzter Tag mit Toller›, in: Die neue Weltbühne 1939, Nr. 25 (22. 6.), S. 784–788 (jetzt in: ders., Prüfungen. Schriften zur Literatur, hg. M. Gregor-Dellin, München 1968, S. 312–319), wo auch über den PEN-Kongreß und die Reise nach Washington zu Roosevelt berichtet wird. Zu den näheren Umständen von Tollers Freitod vgl. auch den Brief L. Marcuses an H. Kesten vom 15. 6. 1939 (in: Kesten, Literatur, S. 106 f.)

Zu den Nachrufen des Exils auf Toller vgl. W. Frühwald/J. M. Spalek (Hgg.), Der Fall Toller, München/Wien 1979, S. 227ff.

144 Ilse Herzfeld (nach dem Zeugnis von L. Marcuse aaO, wie Anm. 143, S. 107).

145 Toller befand sich in der Behandlung mehrerer Ärzte, so daß eine Zuweisung hier schwierig ist.

146 Gemeint ist der auch im Exil erfolgreiche Dramatiker (‹Die Rassen›) Ferdinand Bruckner (1891–1958), der aus Wien stammte, dann nach Berlin ging und dort 1923 das Renaissancetheater gründete und als Spielleiter und Theaterdirektor betreute. 1933 Emigration nach Österreich, später Frankreich, 1936 USA. Bruckner nahm am New Yorker PEN-Kongreß teil. Bruckner schrieb auch einen sehr kritischen Nachruf auf Toller, in dem er den Selbstmord verurteilte (vgl. Frühwald/Spalek aaO, wie Anm. 143, S. 231f.).

147 Heinrich Mann (1871–1950) lebte als freier Schriftsteller in Berlin seit 1925. 1931 Wahl zum Präsidenten der «Sektion für Dichtkunst» bei der Preußischen Akademie der Künste; 1933 als erster deutscher Autor ausgebürgert, emigrierte über die Tschechoslowakei nach Frankreich, wo er sich für die Volksfront engagierte. 1940 Flucht in die USA, wo er unter dürftigen Verhältnissen in Los Angeles lebte. Döblins Kontakt zu Heinrich Mann hing vor 1933 eng mit der Akademietätigkeit zusammen. H. Mann schrieb zu Döblins 65. Geburtstag 1943 einen Essay ‹Der Dichter Alfred Döblin› (in: H. Mann, Essays, Bd. 3, Berlin [DDR], 1962, S. 493–496, AW in Einzelausgaben Bd. 13).

148 Im Juli 1932 traf Döblin H. Mann in Bad Gastein/Österreich. Auf der Rückreise von dort nach Berlin war Döblin Gast Thomas Manns in München. Ein Reflex dieses Aufenthaltes ist Döblins Artikel ‹Ein Tag in München› (in: Frankfurter Zeitung Jg. 77, 1932, Nr. 603–604 (14. 8.), S. 1f. und Nr. 717–718 (25. .9.), S. 1).

149 Januar 1931.

150 Oskar Loerke (1884–1941), Lyriker, Erzähler und Essayist, war seit 1917Lektor des S. Fischer Verlags; mit Döblin nahe befreundet; Mitglied der Preußischen Akademie der Künste, Sektion für Dichtkunst seit 1926, später dann auch als deren Sekretär tätig. Er wurde aus diesem Amt am 18. 3. 1933 entlassen. Trotz der hier eher negativ klingenden Einschätzung von Loerkes Verhalten im Februar 1933 schrieb Döblin ihm noch aus dem Pariser Exil zu seinem 49. Ge-

burtstag im Februar 1934: «Ich bekräftige die geistige Solidarität in den entscheidenden Dingen, die immer zwischen uns bestand.» (AW, Briefe, S. 189).

151 Ricarda Huch (1864–1947), Dr. phil., war ursprünglich Lehrerin, nach zwei gescheiterten Ehen freie Schriftstellerin (Lyrik, Literatur- und Kulturhistorie, Erzählung); 1926 Mitglied der Berliner Akademie der Künste, aus der sie im April 1933 solidarisch austrat, wobei ihr Austrittsschreiben ausdrücklich auf Döblin Bezug nimmt und von der «besonderen Achtung und Sympathie» ihm gegenüber spricht (vgl. R. Huch, Briefe an die Freunde, Tübingen 1955, S. 162). Sie schrieb an Döblin ins Pariser Exil im Oktober 1933 (Abdruck in: Kat. Döblin S. 338). Umgekehrt ehrte Döblin sie durch einen Nachruf und die Erinnerung an ihr letztes Zusammentreffen im Juli 1947 in Berlin (vgl. Das goldene Tor 3, 1948, S. 100 ‹Für Ricarda Huch›). An W. v. Molo schrieb Döblin am 14. 6. 1950 über die Akademievorgänge von 1933 und die Rolle Ricarda Huchs dabei: «Eine einzige Stimme tönte aus ihrem Kreis zu mir herüber: die Stimme von Ricarda Huch, einer herrlichen Frau [...] mit Kraft, Geist und Mut, Ihr werdet niemals ihresgleichen sehen.» (Zitat nach M. Baum, Leuchtende Spur – Das Leben Ricarda Huchs, Tübingen 1954, S. 345).

152 Am 15. 2. 1933 fand diese außerordentliche Sitzung der Gesamtakademie statt. Sie wurde durch die angedrohte Auflösung der Akademie durch den neuen Reichskommissar Bernhard Rust veranlaßt, weil Käthe Kollwitz und Heinrich Mann als Akademiemitglieder den Wahlaufruf zum Wahlbündnis der SPD mit der KPD unterzeichnet hatten. Die Sitzung war kurzfristig und nur für die Berliner Mitglieder anberaumt worden. Vor der Sitzung hatte Käthe Kollwitz schon ihren Austritt erklärt. Heinrich Mann, der zunächst gar nicht eingeladen worden war, erklärte dann ebenfalls – nachträglich zugezogen - seinen Austritt. Vgl. J. Wulf, Literatur und Dichtung im Dritten Reich, Gütersloh 1963, S. 17ff.; I. Jens, Dichter zwischen rechts und links, München 1971, S. 181ff.; H. Brenner, Ende einer bürgerlichen Kunst-Institution. Die politische Formierung der Preußischen Akademie der Künste ab 1933, München 1972 sowie F. Berger u. a. (Hgg.), In jenen Tagen ..., Leipzig/Weimar 1983, S. 116ff. – Heinrich Mann hat diese Sitzung in seiner Autobiographie ‹Ein Zeitalter wird besichtigt› ausführlich beschrieben (Düsseldorf 1974, S. 342ff.).

[153] Kreuzritterstraße 8. Loerke nahm an der Sitzung allerdings teil. Vgl. dazu sowie zu den Vorgängen aus seiner Sicht (mit recht negativer Einschätzung des Verhaltens von Döblin, der zusammen mit Leonhard Frank die Sitzungsvorgänge der Presse zugänglich machte) O. Loerke, Tagebücher 1903–1939, hg. H. Kasack, Heidelberg/Darmstadt 1956, S. 261 f.

[154] Käthe Kollwitz (1867–1945), sozialkritisch eingestellte Graphikerin, Malerin und Bildhauerin. Zum Austritt aus der Akademie vgl. schon Anm. 152.

[155] Plakatiert im Februar 1933, nachdem er schon als «Dringender Apell» des internationalen Sozialistischen Kampfbundes im Juli 1932 (zur Reichstagswahl vom 31. 7. 1932) veröffentlicht worden war. Vgl. die Abb. des Plakats in: Der deutsche PEN-Club im Exil, Ausstellungskatalog der Deutschen Bibliothek in Frankfurt/M. 1980, S. 4.

[156] Max von Schillings (1868–1933), nachromantischer und veristischer Komponist, 1919–1925 Intendant der Staatsoper.

[157] 27. 1 1931.

[158] Leonhard Frank (1882–1961), Schriftsteller, Mitglied der Preußischen Akademie seit 1927; als Romanautor (‹Die Räuberbande›) schon vor dem 1. Weltkrieg bekannt, ging er 1915 als überzeugter Pazifist in die Schweiz; nach 1918 bis 1933 in Berlin, dann Emigration in die Schweiz (1933), Frankreich (1937) und USA (1940). Döblin traf Frank dann in Los Angeles wieder, wo er als Drehbuchschreiber bei MGM ein Jahr mit ihm zusammenarbeitete (AW, Briefe, S. 248). Zu Frank im USA-Exil vgl. O. F. Best in: Spalek/Strelka, S. 371–382.

[159] Das offizielle Protokoll der Sitzung vermerkt dazu: «Um ¾ 10 Uhr trifft Herr Heinrich Mann ein. Der Präsident spricht zunächst in seinem Dienstzimmer mit ihm, nur in Gegenwart des Herrn Loerke.» (vgl. Wulf, S. 19)

[160] Im Typoskript steht irrig «neese», obwohl die Wendung zu berlinisch «Nese» ‹Nase› gehört: «Jetzt bin ick Nese» = ‹jetzt bin ich reingefallen› (vgl. H. Meyer/S. Mauermann/W. Kiaulehn, Der richtige Berliner, München/Berlin [10]1965, S. 142).

[161] Anspielung auf den giftigen Schierlingsbecher, den der zum Tode verurteilte Sokrates trinken mußte.

[162] Schillings starb am 24. 7. 1933.

[163] Ironisch gemeintes Zitat aus Goethes ‹Faust I› v. 4610 (Kerkerszene).

[164] Döblin verschweigt hier seinen eigenen Protest. Im Protokoll heißt es: «Dr. Döblin spricht sein Bedauern darüber aus, daß aus der Versammlung heraus kein Einspruch dagegen erhoben wurde, daß Heinrich Mann in dieser Weise zu seinem Entschluß beeinflußt wurde. Er hält auch das Verhalten des Präsidenten nicht für richtig. Heinrich Mann hätte hier vor dem Plenum der Akademie frei seine Meinung sagen müssen. ... Dr. Döblin verlangt nochmalige Befragung des Herrn Heinrich Mann. Dies wird von der Versammlung abgelehnt.» (Wulf, S. 20).

[165] Am 20. 2. 1933. Der Sitzung ging die Aufforderung an die auswärtigen Akademiemitglieder voraus, sich vertraulich zum Austritt von Heinrich Mann zu äußern. Zum Sitzungsverlauf vgl. das Protokoll bei I. Jens aaO (wie o. S. 712, Anm. 152), S. 192 ff. Die Zuschriften der auswärtigen Mitglieder vgl. bei F. Berger u. a. (Hgg.), In jenen Tagen ..., Leipzig/Weimar 1983, S. 141 ff. An der Sitzung nahmen teil: Max von Schillings (als Präsident der Gesamtakademie), G. Benn, R. G. Binding, A. Döblin, L. Frank, L. Fulda, O. Loerke, E. Stucken und der Sekretär der Akademie Alexander Amersdorffer.

[166] Abgedruckt bei I. Jens aaO (wie S. 712, Anm. 152), S. 190 (zur Vorgeschichte S. 185 ff.). Sie ist im Nachlaß Döblins in Marbach erhalten: «Zum Ausscheiden von Mitgliedern» (1 Blatt Kopie).

[167] Rudolf G. Binding (1867–1938), Lyriker, Erzähler und Essayist, war erst seit 1932 Akademiemitglied. Konservativ-nationalen Zuschnitts, identifizierte sich Binding 1933 mit der «Nationalen Revolution» (öffentlicher Brief ‹Antwort eines Deutschen an die Welt› 1933) und wurde zum stellvertretenden Präsidenten der neuen «Deutschen Akademie der Dichtung» bestimmt. In der Folge verweigerte er aber seine Unterschrift unter das Treuegelöbnis deutscher Dichter für Hitler und focht auch kulturpolitische Konflikte mit Goebbels, B. v. Schirach u. a. aus. Der NSDAP trat er nie bei. Seine künstlerische und eher unpolitische Position bezeichnet die am 28. 4. 1933 gehaltene Rede ‹Von der Kraft deutschen Worts als Ausdruck der Nation› (in: Die neue Rundschau 44, 1933, S. 801–814).

[168] G. Benn (1886–1956) war im Hauptberuf Arzt, als Schriftsteller Lyriker und Essayist. 1933 bekannte er sich kurzfristig zum NS-Staat unter Beharrung auf seiner expressionistischen Herkunft. Bald als «Entarteter» diffamiert, geriet er in Opposition, 1938 Ausschluß aus

der Reichsschrifttumskammer. Benns Eintreten für den Nationalsozialismus fußt auf seinem eigenen Irrationalismus, beruhte aber letztlich auf grotesken Fehleinschätzungen. Für diese Phase aussagekräftig sind die beiden Bücher ‹Der neue Staat und die Intellektuellen› (1933), darin auch die ‹Antwort an die literarischen Emigranten›, sowie ‹Kunst und Macht› (1934). – Zu den Sitzungsvorgängen selbst vgl. I. Jens aaO (wie S. 712, Anm. 152), S. 183 ff.

169 Zuwahl am 29. 1. 1932. Döblins Wertschätzung Benns in dieser Zeit belegt ein Einführungsreferat zu einer Lesung von Benn (vgl. Kat. Döblin, S. 330 ff.). Nach 1945 kam es trotz der Vermittlungsbemühungen L. Marcuses zu keiner Annäherung mehr zwischen beiden Autoren. Benn schätzte Döblin seinerseits als «großen Epiker» (G. Benn, Lyrik und Prosa, Briefe und Dokumente, Wiesbaden 1962, S. 163 f.).

170 Benns erste Veröffentlichung: ‹Morgue und andere Gedichte› (Berlin-Wilmersdorf: A. R. Meyer 1912).

171 27./28. 2. 1933.

172 Zugänglich in: R. Huch, Briefe an die Freunde, hg. M. Baum, Tübingen 1955, S. 154–162. Die auf Döblin bezogene Stelle lautet: «Es ist wahr, daß ich mit Herrn Heinrich Mann nicht übereinstimmte, mit Herrn Dr. Döblin tat ich es nicht immer, aber doch in manchen Dingen. Jedenfalls möchte ich wünschen, daß alle nichtjüdischen Deutschen so gewissenhaft suchten, das Richtige zu erkennen und zu tun, so offen und anständig wären, wie ich ihn immer gefunden habe» (S. 162). Döblin kannte diesen Briefwechsel im ED in: Die Wandlung 4 (1949), S. 165–171.

173 Vgl. o. S. 712, Anm. 151.

174 5.–12. 7. 1947.

175 Vermutlich ein Erinnerungsfehler Döblins, denn brieflich nennt er am 8. 10. 1947 als Übernachtungsort die «Bleibtreustraße [u. U. zusammen mit dem Verleger Peter Suhrkamp nach AW, AS, S. 399], wo wir Ricarda Huch trafen» (AW, Briefe, S. 374). Bleibtreu- und Fasanenstraße sind allerdings beides parallele Querstraßen zum Kurfürstendamm.

176 Dies wurde später herausgegeben von G. Weisenborn unter dem Titel: ‹Der lautlose Aufstand. Bericht über die Widerstandsbewegung 1933–1945› (Hamburg 1953).

177 Der sog. «1. deutsche Schriftstellerkongreß» vom 4.–8. 10. 1947 in

Berlin. Ricarda Huchs Begrüßungsansprache steht in: Ost und West 1 (1947), Heft 4, S. 25–28.

178 Am 17. 11. 1947 in Schönberg/Taunus.

179 Loerke starb am 24. 2. 1941 in Berlin. Seinen Tod hatte Döblin schon 1946 von Clara Westphal (1889–1953), der Lebensgefährtin Loerkes, erfahren (vgl. AW, Briefe, S. 341).

180 Der S. Fischer-Verlag.

181 Binding starb am 4. 8. 1938.

182 Nelly Mann, geb. Kroeger (1888–1944), war die zweite Frau Heinrich Manns (Heirat 1939).

183 Zu diesem Hilfsprogramm für deutsche Exilautoren in den USA vgl. E. B. Johnson, Der European Film Fund und die Exilschriftsteller in Hollywood, in: Spalek/Strelka, S. 135–146.

184 301, So. Swall Drive, Los Angeles.

185 Im Rahmen des Hilfsprogramms des «European Film Fund» waren 1940 nur 9 Autoren angestellt worden. Bei Warner Brothers: Leonhard Frank, Heinrich Mann, Alfred Neumann, Friedrich Torberg; bei MGM: Alfred Döblin, Alfred Polgar, Wilhelm Speyer, Jan Lustig, Walter Mehring. Vgl. H. B. Moeller, Exilautoren als Drehbuchautoren, in: Spalek/Strelka, S. 676–714, hier S. 678. Weitere Autoren wie Georg Froeschel, Carl Zuckmayer, H. Kesten u. a. hatten keine Verträge aufgrund dieses Programms. Alle verdienten 100 Dollar pro Woche bei einer Vertragsdauer von einem Jahr.

186 Charlotte Dieterle war die Frau des Filmschauspielers und Filmregisseurs William Dieterle (1893–1972). Sie initiierte aktiv mit Liesel Frank den «European Film Fund».

187 Liesel (Elisabeth) Frank (*1908), geb. Massary-Pallenberg, war die Frau des Schriftstellers Bruno Frank (1887–1945) und arbeitete mit Charlotte Dieterle zusammen. Beide Frauen betreuten Döblin und seine Familie nach deren Ankunft in Los Angeles im Oktober 1940 persönlich.

188 ‹Professor Unrat oder das Ende eines Tyrannen› (München 1905, 1930 erfolgreich mit Emil Jannings und Marlene Dietrich unter dem Titel ‹Der blaue Engel› verfilmt).

189 Es handelt sich um die beiden Bände ‹Die Jugend des Königs Henri Quatre› (Amsterdam: Querido 1935) und ‹Die Vollendung des Königs Henri Quatre› (Amsterdam: Querido 1938).

190 Thomas Mann (1875–1955), Romanautor und Essayist, lebte seit

1894 in München (bis zur Emigration 1933); als Autor machte ihn sein Erstlingsroman ‹Buddenbrooks› (1901) bekannt; künstlerische Rivalität mit seinem Bruder Heinrich; im 1. Weltkrieg national und konservativ gesinnt (‹Betrachtungen eines Unpolitischen› 1918), entwickelt er sich später zum Verfechter der Weimarer Republik; Nobelpreis 1929. Emigration 1933 in die Schweiz, 1938 USA, wo er in Pacific Palisades wohnte (ab Februar 1942 im neuen Haus 1550, San Remo Drive). Nach anfänglich reservierter Haltung gegenüber dem Dritten Reich ab 1935 international bekanntester und akzeptiertester deutscher Exilautor.

191 Freitod 17.12. 1944. Begräbnis am 20.12. auf dem Friedhof von Santa Monica.

192 Vgl. o. S. 631, Anm. 4.

193 Sascha Marcuse, geb. Reich.

194 Mitte September 1945 Abfahrt von Los Angeles nach New York, 8.10. 1945 Einschiffung auf der «Argentine» in New York.

195 Es handelt sich um die Autobiographie ‹Ein Zeitalter wird besichtigt› (Stockholm 1946).

196 Vgl. dazu V. Ebersbach, Heinrich Mann. Leben, Werk, Wirkung, Frankfurt/M. 1978, S. 309f.

197 H. Mann starb am 12. 3. 1950 in Santa Monica, wo er auch zunächst begraben wurde. 1961 erfolgte die Überführung der Urne nach Berlin (DDR) auf den Dorotheenstädtischen Friedhof.

198 Petrus Christus (um 1410–1472), niederländischer Maler. Das beschriebene Bild ist die Darsellung des Hlg. Eligius in der Goldschmiedewerkstatt, entstanden 1449 (Heute in New York, R. Lehmann Coll.).

199 Es handelt sich um den letzten Merowinger-König Dagobert I. (gest. 639).

200 Üblicher ist die Schreibweise Godeberta (gest. um 690), Gründerin und Äbtissin des Columban-Klosters Noyon. Sie erhielt angeblich vom Hlg. Eligius (vgl. Anm. 201) den Äbtissinnen-Schleier (nach Überlieferungen des 11. Jh.s).

201 Döblin nennt als Heiligennamen irrtümlich Aegidius; Eligius (um 590–660/661), Bischof von Noyon 640–659, war ursprünglich Goldschmied und Münzmeister unter den Merowingern Chlotar und Dagobert I. Als Ratgeber soll er hochangesehen und als Wohltäter verehrt worden sein. Nach dem Tod Dagoberts I. wird er 639

Priester. Sein Festtag ist der 1. 12. Er ist der Patron der Goldarbeiter und Schmiede.

[202] Stefan Döblin (*1912).

[203] Zu den Hintergründen der im folgenden geschilderten Entscheidung vgl. AW, Briefe, S. 307–309.

[204] Januar 1945.

[205] Abreise am 23. 3. 1945 in das französische Trainingslager bei Baltimore (Camp Mead/Maryland). Vgl. Huguet, Chron., S. 162.

[206] Ende September/Anfang Oktober.

[207] Vgl. o. S. 658, Anm. 55.

[208] Bei dem befreundeten Germanisten Ernest Tonnelat, 95 Blvd. Jourdan, Paris XIV (vgl. AW, Briefe, S. 326). Stefan Döblin war schon demobilisiert (10. 9. 1945), arbeitete aber zivil weiter beim Militär als Dolmetscher in Vincennes (vgl. AW, Briefe, S. 322–324).

[209] Gemeint ist der ‹Hamlet›-Roman, der keineswegs «halb fertig» war, sondern erst im August 1945 begonnen worden war.

[210] Dies war ein altes Grand-Hotel («Brenners Stephanie-Hotel») im Zentrum Baden-Badens rechts der Oos gelegen, das im Stil der französischen Schlösser im 19. Jh. erbaut worden war. Vgl. Berl, Tagebuch, S. 233 ff. zur Geschichte.

[211] Raymond Schmittlein (vgl. o. S. 657, Anm. 47).

[212] Vgl. zu den Schwierigkeiten o. S. 262f..

[213] Gemeint ist der «Badische Hof» (vgl. o. S. 652, Anm. 9).

[214] Es handelt sich um den Artikel ‹Fahrt ins Blaue›, zuerst erschienen in: Badische Zeitung 3. 5. 1946, S. 5 (auch in: ZL, S. 210–214).

[215] Vgl. o. S. 651, Anm. 2.

[216] Vgl. o. S. 653, Anm. 22.

[217] Ursprünglich als Essay ‹Die deutsche Utopie von 1933 und die Literatur›, in: Das goldene Tor 1 (1946), S. 136–147 und S. 258–269, der auf Überlegungen Döblins von 1938 ‹Die deutsche Literatur im Ausland seit 1933› zurückging (Teilneudruck AW, AzL, S. 187–210). Eine erweiterte Form war dann die Broschüre ‹Die literarische Situation› (Baden-Baden 1947; Teildruck daraus in AW, SPG, S. 423–438).

[218] Vgl. ‹Die literarische Situation› aaO (Ausgabe 1947, wie Anm. 217), S. 35f.

[219] Die sog. «Réunionen» in den Jahren 1946/47. Vgl. zu ihnen O. Flake, Es wird Abend, Gütersloh 1960, S. 568: «Den von Döblin veranstal-

teten Reunionen, wo Deutsche und Franzosen nebeneinander saßen, ohne sich etwas zu sagen zu haben, blieb ich bald fern.»

220 Gemeint ist hier das alte, 1862 an der Lichtentaler Allee (Goetheplatz) eröffnete Stadttheater («Neues Theater»), das noch heute im Originalzustand erhalten ist.

221 Monique Haas (*1909), französische Pianistin.

222 Zur französischen Schulbuchreform vgl. L'oeuvre culturelle Française en Allemagne, o. O. [1947], S. 12–18.

223 J. W. Goethe, Belagerung von Mainz 1793, Offenburg/Mainz: Lehrmittel-Verlag o. J. (1946), Huguet Nr. 172.

224 Gemeint ist hier Otto Flake (1880–1963), Erzähler und Essayist –, mit dessen Roman ‹Stadt des Hirns› Döblin sich schon romanpoetologisch auseinandergesetzt hatte (vgl. AW, AzL, S. 32 ff.) –, lebte seit 1928 in Baden-Baden (Kaiser-Wilhelmstraße 25). Zum Besuch Döblins im November 1945 vgl. O. Flake, Es wird Abend, Gütersloh 1960, S. 552 sowie AW, Briefe, S. 326 f.: «Hier in Baden-Baden traf ich Otto Flake, es gibt einen «Kulturrat», von den einheimischen Antifaschisten gebildet [...].» Flake spricht in seiner Autobiographie noch später davon (aaO), daß Döblin «seinen Kollegen in der Uniform des Okkupanten gegenüber(stand)».

225 F. Schiller, An die Freude, Strophe 1,7.

226 Friedrich Bischoff (1896–1976), Schriftsteller, 1946–1965 Rundfunkintendant beim Südwestfunk Baden-Baden.

227 Beginn dieser Kommentarserie am 20. 02. 1946, beendet Ende 1951. Vgl. die (nicht vollständigen) Angaben bei Huguet, Nr. 1005 ff. (bis 1072). Es schloß sich dann 1952 noch die Reihe «Literatur und Wissenschaft» an (Huguet, Nr. 1073–1075). Eine Gesamtedition der nur noch abschriftlich erhaltenen Beiträge im SWF-Archiv ist für AW in Vorbereitung.

228 Vermutlich denkt hier Döblin an den Journalisten und Schriftsteller Anton Betzner (1895–1976), der Döblin auch als Redakteur (bis 1949) bei der Herausgabe der Zeitschrift ‹Das goldene Tor› unterstützte. Döblin kannte Betzner schon aus den 20er Jahren, weil er damals dessen Roman ‹Antäus› bei einem Wettbewerb der ‹Literarischen Welt› ausgezeichnet hatte (vgl. AW, Briefe, S. 609). Döblin erinnerte sich 1952 an die «fröhlichen Stunden in der Villa Stefanie», d. h. den Baden-Badener Büroräumen, mit Betzner (AW, Briefe, S. 448).

[229] Leiter der Abteilung «Etudes et Documentation, Censure» innerhalb der «Direction de l'Education Publique» war Louis Maréchal (vgl. J. Vaillant, Kulturpolitik, S. 15).

[230] Nach J 3, S. 36 (vgl. o. S. 693) existierte diese Gruppe in Freiburg i. Br. Wer zu ihr gehörte, ist nach gegenwärtigem Kenntnisstand nicht sicher zu ermitteln.

[231] Bezieht sich hier vermutlich auf die dreitägige Reise Döblins nach Freiburg i. Br. Mitte Januar 1946 (vgl. o. S. 262 sowie AW, Briefe, S. 334). Eine zweite Reise muß Anfang Mai 1946 erfolgt sein (vgl. Anm. 232).

[232] Diese Zusammenkunft muß Mitte Januar 1946 (vgl. Anm. 231) stattgefunden haben, da sie im Zusammenhang des Treffens mit zwei Freiburger Germanistik-Professoren hier erwähnt wird, von dem dieses Datum über das ‹Tagebuch 1945–1946› (vgl. o. S. 264) gesichert ist. Hinzu kommt das Datum des Todestages von Oskar Wöhrle (vgl. Anm. 234). Das von Helene Henze (*1910, damals Schriftstellerin in Freiburg) in: ‹Unbarmherziger Augenblick. Reinhold Schneider und Alfred Döblin 1946› (in: Frankfurter Allgemeine Zeitung 1964, Nr. 260 vom 7. 11., Beilage S. 4) geschilderte Treffen Anfang Mai 1946 bezog sich auf ein weiteres Treffen mit Autoren (u. a. Reinhold Schneider und Helene Henze) in Freiburg, dessen Ziel von Seiten Döblins die Werbung von Mitarbeitern für seine Zeitschrift ‹Das goldene Tor› war. Es kam dabei zu keiner Annäherung, da die angesprochenen Schriftsteller sich nicht der noch existenten Zensur der Franzosen aussetzen wollten. – Nach J 3, S. 37 (vgl. o. S. 693) lieferte Döblin «ein genaues Protokoll» des Januar-Treffens an seinen «damaligen Chef [= R. Schmittlein] ab», das sich archivmäßig von mir bisher nicht auffinden ließ, möglicherweise aber noch im Material der «Archives de l'Occupation Française en Allemagne» in Colmar/Elsaß nachweisen lassen könnte.

[233] Infrage kommen nur (als ordentliche Professoren) der Altgermanist Friedrich Maurer (1898–1984; Prof. in Freiburg st. 1937) und der Neugermanist Walter Rehm (1901–1963; Prof. st. 1943). Erich Ruprecht (*1906) war 1943 erst Universitätsdozent geworden und wurde zum apl. Professor erst 1949 ernannt. Zum Treffen vgl. o. S. 264.

[234] Infrage kommt hier nur der Erzähler und Lyriker Oskar Wöhrle (1890–1946), der in Freiburg (Glottertal) wohnte und am 31. 1. 1946

dort verstarb. Er war von Geburt her Elsässer und besaß als Schriftsteller nur lokale Bedeutung. Seine Werke hatten vorwiegend regional gebundene Themen. In der Zeit des Dritten Reichs hatte er sich durchaus mit nationalsozialistischen Vorstellungen einer großdeutschen Kultur (einschließlich des ‹Auslandsdeutschtums›) identifiziert.

235 Der «Verband südwestdeutscher Autoren» (VSA) wurde am 29./30. 4. 1947 in Baden-Baden begründet. Den Vorsitz dabei führte Edwin Krutina (1888–1953). Zum ersten Vorsitzenden wurde Heinrich Berl (vgl. o. S. 654, Anm. 28), zum Generalsekretär E. Krutina gewählt. Berl hielt bei dieser Gründungsversammlung eine Rede über ‹Die geistige Situation des deutschen Schriftstellers› (Baden-Baden: H. Bühler 1947, 28 SS.). Zur Gründung vgl. Die Quelle 1 (1947), Heft 3, S. 130; Börsenblatt 3 (1947), Nr. 10 (20. 6.), S. 195; Badische Biographien NF Bd. 1, Stuttgart 1982, S. 45. Der VSA trat zu seiner ersten Tagung dann vom 7.–9. 11. 1947 in Lahr zusammen. Einen etwas ironisch-distanzierten Kurzbericht über diese Tagung lieferte Döblin in: Das goldene Tor 2 (1947), S. 1120–1122 (Der Artikel ist ungezeichnet, aber im Namensregister des Jahrgangs Döblin zugewiesen.). Danach hielt Döblin in Lahr eine Rede, in der er «einige kräftige Worte (fand), zum Beispiel im Hinblick auf Bechers Appell in Berlin [beim Deutschen Schriftstellerkongreß 4.–8. 7. 1947], die Schriftsteller sollten sich (wieder einmal) politisieren (siehe Hölderlins Warnung vor dem Schicksal des alten Griechenland, wo die Künste gediehen, aber das ‹Vaterländische› verdarb).» Dazu meinte dann Döblin: «Was vaterländisch ist, bestimme ich auch. Wir lassen uns das ‹Vaterland› von keinem vorschreiben.» – Weitere zwei Tagungen des VSA fanden dann noch 1948/49 in Badenweiler (dem Wohnort E. Krutinas) statt. Im Mai 1948 stiftete auf Anregung des VSA die Stadt Lahr einen Literaturpreis für ein Werk über die Revolution von 1848, den mehrere Autoren erhielten. Am 27. 1. 1950 wurde in Freiburg i. Br. das «Literarische Institut» gegründet, das aber ohne Wirkung blieb. Zur Gründung hielt Berl eine Rede zur Lage des VSA (Text als Typoskript im Nachlaß Berls, LB Karlsruhe, Signatur K 3076, C, e, 17). Nach dem Tod Berls löste sich der Verband durch Übernahme der Mitglieder in den «Süddeutschen Autorenverband» in Stuttgart auf (Januar 1954). Zum VSA vgl. (mit z. T. unvollständigen Angaben) U. Buergel-Goodwein,

Die Reorganisation der westdeutschen Schriftstellerverbände 1945–1952, in: Arch. f. Gesch. d. Buchwesens 18 (1977), Sp. 362–523, hier Sp. 403.

[236] Sitz des VSA war Baden-Baden, Schloßstraße 8 (wo H. Berl wohnte). Vgl. Kürschners deutscher Literaturkalender 1952, S. 605. – In J 3 (vgl. o. S. 693), S. 37 heißt es: «Eine Anzahl Herren und auch eine Dame trafen sich in meinem Büro, so lief alles glatter, wir kannten uns, es war eine Vereinsbildung, es wurde die Geburtsstunde des Verbandes Süd-Westdeutscher Autoren. Natürlich machten einige, sozusagen die prominentesten, bald nicht mehr mit, aber das Schifflein schwamm und die allgemeine Stummheit war durchbrochen.»

[237] Zu ihm vgl. o. S. 654, Anm. 28.

[238] Friedel Berl, geb. Kassewitz (1896–1950).

[239] Schloßstraße 8 wohnte Berl.

[240] Sanatorium im Nordschwarzwald südlich von Baden-Baden an der sog. Schwarzwaldhochstraße.

[241] 1. 4. 1950.

[242] Im Nachlaß Döblins ist dieser Brief nicht mehr erhalten.

[243] Der Nachruf ließ sich nicht ermitteln.

[244] Ruth Berl, verheiratete Prudhomme (1923–1975).

[245] Berl starb am 3. 4. 1953. Die ‹Badische Zeitung› erscheint in Freiburg i. Br. Döblin hatte in ihr auch gelegentlich publiziert (u. a. ‹Abschied und Wiederkehr› o. S. 265ff.). Es lag möglicherweise hier eine Verwechslung mit dem ‹Badischen Tagblatt› vor, das als Lokalzeitung in Baden-Baden erschien.

[246] Zum Übergang in den «Süddeutschen Autorenverband» Vgl. o. S. 721, Anm. 235. Dieser selbst war aber schon Teil der 1953 gegründeten «Vereinigung Deutscher Schriftstellerverbände» mit Sitz in Hamburg.

[247] Sachlich trifft dies wohl nicht zu. Wilhelm von Scholz (1874–1969) war zwar Mitglied des VSA seit seiner Gründung, doch amtierte er nie als gewählter Vorsitzender. Scholz war allerdings 1949 zum Präsident des Verbandes deutscher Bühnenschriftsteller und Komponisten gewählt worden. Döblin kannte Scholz von der Preußischen Akademie der Künste her, da dieser 1926–1928 der Präsident der «Sektion für Dichtkunst» gewesen war. Als Dramatiker, Lyriker und Erzähler vertrat Scholz eine neoklassizistische Richtung

und arrangierte sich nach 1933 recht gut mit den Verhältnissen (u. a. Goethe-Medaillen-Träger). Noch (oder wieder) 1953 verfaßte er einen offenen Brief an den Bundespräsidenten Th. Heuss gegen die «beängstigende Überfremdung der deutschen Theater und Verlage» durch ausländische Autoren.

248 Döblin zitiert ungenau und sinnentstellend aus J. W. Goethes ‹Belagerung von Mainz› (HA, Bd. 10, S. 391, 31 f.): «[...] ich will lieber eine Ungerechtigkeit begehen als Unordnung ertragen.» Vom Kontext her geht es aber um den Sachverhalt, daß Goethe bei dem ausgemachten freien Abzug der Franzosen aus Mainz gegen willkürliche Lynchjustiz eingeschritten war, obwohl vielleicht der Gefährdete ein «verbrecherischer Mensch» gewesen sei. Aber die Ordnung der freien Abzugszusage schien ihm wichtiger.

249 Das Thema wurde zeitgenössisch und in Rezensionsform von Döblin schon in ‹Zeitschriftenschau› aufgegriffen (in: Das goldene Tor 1, 1946, S. 198–204 und S. 299–304).

250 Neue Zeit. Wochenschrift, hg. W. Beresin Jg. 1 (Moskau 1945 ff.); erschien in 9 Sprachen, darunter auch in deutsch.

251 Neue Welt. Halbmonatsschrift, hg. A. W. Krisanow/S. J. Tjulpanow, Berlin: Verlag Tägliche Rundschau, Jg. 1946 ff. (1. Heft Mai). Döblin rezensierte die Zeitschrift in: Das goldene Tor 1 (1946), S. 300 f.

252 Zukunft. Zeitschrift junger Menschen, Reutlingen: Futurum Verlag, Jg. 1 (1946) – 3 (1948 Oktober); erschien halbmonatlich; Kultur- und Bildungszeitschrift.

253 Blick in die Welt, Hamburg: Verlag «Die Welt», Jg. 1 (1946)–5 (1950); erschien unregelmäßig; Kultur- und Bildungszeitschrift.

254 Heute, hg. P. Hart, München 1 (1946) ff. – Ende 1951; halbmonatlich erscheinende, illustrierte Zeitschrift.

255 Horizont, Berlin 1 (1945/46) – 3 (1948); erschien vierzehntägig als Kinder- und Jugendzeitschrift.

256 Der Strom. Monatsschrift für Junge und jung Gebliebene, Karlsruhe 1 (1946) – 2 (1947 März); Kultur- und Bildungszeitschrift.

257 Sie. Berliner Illustrierte Wochenzeitung, Berlin: Ullstein Jg. 1 (1945/46) ff. (mit Beilage «Radio-Revue»).

258 Die Frau von heute, hg. vom Bundessekretariat des Demokratischen Frauenbundes Deutschlands, Berlin Jg. 1 (1946) ff.; erschien wöchentlich als Illustrierte.

[259] Die Frau, Karlsruhe Jg. 1 (1946) ff. (bis Dezember 1950); erschien vierzehntäglich als Frauenzeitschrift.

[260] Für Dich. Die illustrierte Frauenzeitung, Berlin Jg. 1 (1946) – 5 (1950 März); erschien wöchentlich.

[261] Vgl. AW, Briefe, S. 341: Im April 1946 erwog Döblin als Titelalternativen «Dichtung und Wahrheit», «Dichtung und Wirklichkeit», «Die Neue Literatur» und auch schon «Das goldene Tor, Zeitschrift für Literatur und Kunst».

[262] Das goldene Tor. Zweimonatsschrift für Literatur und Kunst, hg. A. Döblin, (zuerst) Lahr: Schauenburg, dann Baden-Baden: Verlag für Kunst und Wissenschaft; Jg. 1 (1946), Heft 1 (September)-3; Jg. 2 (1947), Heft 1–12; Jg. 3 (1948), Heft 1–8; Jg. 4 (1949), Heft 1–6; Jg. 5 (1950), Heft 1–6; Jg. 6 (1951), Heft 1–2 (April). Eine Tübinger Dissertation von Alexandra Birkert über die Zeitschrift steht vor dem Abschluß.

[263] Das goldene Tor 1 (1946), Heft 1 (September), S. 3–6 (= AW, AzL, S. 374–379). Das ungenaue Zitat wurde für den Druck hier nach der Vorlage korrigiert, allerdings blieben abweichende Zusätze Döblins stehen. Es handelt sich um die Eingangspassage.

[264] Döblin rückte gleich in das erste Heft den Essay von Hanns Braun über Lessing ein (Das goldene Tor 1, 1946, S. 7ff.) und wies auch schon in seinem Geleitwort programmatisch auf Lessing hin: «Zur Realität hinziehen, die Wirklichkeit mit offenen Augen ansehen und menschlich vor ihr stehen, frei, aufrecht und tapfer im Handeln, Konsequenzen ziehen und lernen, das Gewissen schärfen, um sich und in sich blicken – das hat Lessing den Lebenden hinterlassen [...].» (AW, AzL, S. 376). Vgl. auch als Hinweis auf das Leitbild Lessing für die Zeitschrift den Brief Döblins an Rudolf Leonhard vom 2. 4. 1946: «Lessing als Mann des Verstandes, der Kritik, der Helle, der Nüchternkeit, der Feind der Phrasen, der logische Analytiker, – dazu der mutige einfache Kämpfer, und kein Fürstendiener (wie gewisse Goethe).»

[265] Der erste und zweite Jahrgang erschienen noch monatlich, der 3. Jg. war dann nur noch acht Hefte stark und ab dem 4. Jg. bis zur Einstellung der Zeitschrift kamen jährlich 6 Hefte heraus.

[266] Das letzte Heft war das Aprilheft 1951.

[267] Gemeint ist das «Gesetz zum Vertrieb jugendgefährdender Schriften», das 1953 in Kraft trat. Die Formulierung «Schund- und

Schmutzgesetz» knüpft an den Streit um das «Gesetz zur Bewahrung der Jugend vor Schund- und Schmutzschriften» von 1926 an, das Döblin wie viele andere Intellektuelle der Weimarer Republik heftig bekämpft hatte und dessen Verabschiedung seinen Austritt aus der SPD wesentlich mit veranlaßte. Die Aktivität gegen das geplante Gesetz geht ins Jahr 1950 zurück, wo Döblin im Namen der Mainzer Akademie der Wissenschaften und der Literatur brieflich gegenüber dem Bundespräsidenten, dem Bundeskanzler und dem Innenminister vor einer Verabschiedung warnte. Vgl. E. Belzner, Ein wichtiger Schritt der Mainzer Akademie. Alfred Döblin warnt vor Schund- und Schmutzgesetz, in: Rhein-Neckar-Zeitung Jg. 6 (Heidelberg 1950), Nr. 176 (2. 8.), S. 2 (mit Briefpublikation); vgl. auch: Der Tagesspiegel 6 (Berlin 1950), Nr. 1488 (3. 8.), Beiblatt S. 2.

268 Die Gründung der «Akademie der Wissenschaften und der Literatur» erfolgte am 9. 7. 1949 in Worms mit Sitz in Mainz. Zu ihr und Döblins Aktivitäten dabei vgl. Kat. Döblin, S. 469–480. Vgl. auch o. S. 405 ff.

269 Konnte von mir nicht sicher ermittelt werden, welches Akademie-Mitglied mitfuhr.

270 Es handelte sich um die Kommission «Frage der Jugendfürsorge». Döblin nahm an der Sitzung vom 29. 11. 1950 teil und besuchte am Abend auf dessen Einladung Theodor Heuss (vgl. Huguet, Chron. S. 177 mit Nachweis der brieflichen Quellen). Döblin hatte in Angelegenheit der Mainzer Akademie schon am 29. 3. 1950 bei Heuss mit Prof. Eckart (Vizepräsident der Akademie) und Prof. Helmut Scheel (Generalsekretär) amtlich vorgesprochen. Vgl. seinen Bericht darüber (in Abschrift – 7 Blatt – im Dt. Literaturarchiv Marbach als Teil des Nachlasses Ernst Kreuder).

271 Vgl. o. S. 724, Anm. 263. Die Stelle hier vgl. in AW, AzL, S. 375 mit einer kleinen Variante.

272 Die näheren Umstände des Vorfalls konnten mangels genauerer Datumsangabe nicht verifiziert werden.

273 Am 9. 5. 1946. Vgl. dazu Döblins Artikel ‹Reise zur Mainzer Universität›, in: Das goldene Tor 1 (1946), Heft 1 (September), S. 96–102.

274 In J 1 irrig «Septuagesimi». Septuagesimi ist der Eröffnungssonntag der annähernd siebzigtägigen Vorbereitungszeit auf das Osterfest.

275 Ps. 18,5 ff. (nicht wie bei Döblin der 17. Psalm).

276 1. Kor. 9,24–27.

277 Ps. 129 (in der Luther-Zählung Ps. 130),1–3.

278 Die «Quadragesima», die vierzigtägige Fastenzeit vor Ostern.

279 Zitat aus der Aschermittwochsliturgie (in Anlehnung an Gen. 3,20): «Memento, homo, quia pulvis es, et in pulverem reverteris.» (Feria IV Cinerum nach Antiphon und Responsorium; Missale Romanum, Regensburg 1950, S. 65).

280 Zitate (mit Fehlern) aus der deutschen Fassung der Aschermittwochsliturgie (Feria IV Cinerum) und zwar aus dem Introitus (nach Sap. 11,24,25 und 27): «Misereris omnium, Domine, et nihil odisti eorum, quae fecisti, dissimulans peccata hominum propter poenitentiam et parcens illis: quia tu es Dominus, Deus noster.» (Missale Romanum, 1950, S. 65). Das zweite Zitat entstammt dem Tractus ebd. (S. 67) nach Ps. 102,10: «Domine, non secundum peccata nostra, quae fecimus nos: neque secundum iniquitates nostras retribuas nobis.»

281 Im August 1945 begann die Arbeit am ‹Hamlet›-Roman (vgl. AW, Briefe, S. 320); Abschluß Oktober 1946 (AW, Briefe, S. 356).

282 Entstanden 1947 – Januar 1950 (vgl. AW, Briefe, S. 406). Vgl. o. S. 692, Anm. 52.

283 Entstanden 1942, erschienen Sept./Okt. 1946 im Verlag K. Alber in Freiburg i. Br. ([2]München 1948). Vgl. die Ausgabe in AW (1980).

284 Vgl. o. S. 692, Anm. 53.

285 Gemeint ist das «Vollständige Meßbuch, lateinisch und deutsch, mit allgemeinen und besonderen Einführungen» im Anschluß an das Meßbuch von Anselm Schott, Freiburg i. Br. [6]1937 u. ö. Die Erwähnungen der Aetheria finden sich in den Kommentaren zu den Festen Mariä Reinigung (2. 2.), zur Karwoche und zu Pfingstsonntag.

286 Aetheria (eig. Egeria) war eine Nonne oder Äbtissin eines aquitanischen Klosters in der 2. Hälfte des 4. Jh., die eine Reise an die heiligen Stätten Palästinas gemacht hatte und darüber einen Reisebericht, die ‹Peregrinatio (Aetheriae) ad loca sancta› (hg. O. Prinz 1960, dt. K. Vretska 1958), verfaßte, der im Mittelalter viel gelesen wurde.

287 Nach der Ausgabe des Textes in AW (1978), S. 277 lauten die Schlußzeilen: «Sie hatte sich der himmlischen Gnaden entwunden./ Jetzt war sie an Gottes Stuhl gebunden.»

288 Am 30. 11. 1941 (vgl. o. S. 692, Anm. 48).

[289] Diese Datierung (u. U. ein Tippfehler?) wäre für den ‹Hamlet›-Roman sehr früh. Döblin spricht am 15. 8. 1945 brieflich erst davon, er habe «eine neue große Romanarbeit begonnen» (AW, Briefe, S. 320). Dies spricht nicht für einen schon längeren Arbeitsprozeß. Die ‹Frühdatierung› ins Jahr 1944 ist auch deswegen unwahrscheinlich, weil der ‹Hamlet›-Roman seiner Entstehung nach eng mit der Verarbeitung des Todes von Wolfgang Döblin zu tun hat, von dem Döblin erst im März 1945 erfuhr (vgl. o. S. 259f. und 350).

[290] ‹Hamlet› 1. Akt, 5. Szene.

[291] Vgl. zur Quellenlage A. W. Riley, Jaufre Rudel und die Prinzessin von Tripoli. Zur Entstehung einer Erzählung und zur Metamorphose der Legende in Alfred Döblins Hamlet-Roman, in: Festschrift f. Friedrich Beißner, Bebenhausen 1974, S. 341–358. Vgl. auch ders., Jaufre Rudel in Alfred Döblins last novel, Hamlet, in: Mosaic 10 (1976/77), S. 131–145.

[292] Wie Riley aaO (wie Anm. 291 Fs. Beißner) gezeigt hat, ist die Quellenberufung nur bedingt zutreffend, da Döblin Algernon Charles Swinburnes (1837–1909) Gedicht ‹The Triumph of Time› (1866) nur mittelbar über ein Sammelwerk des englischen Kulturhistorikers Walter Clifford Meller ‹A Knight's Life in the Days of Chivalry› (1924) rezipierte.

[293] ‹Hamlet› 3. Akt, 2. Szene.

[294] Bezieht sich auf den von Döblin allerdings variierten Stoff des Shakespearschen Dramas. Vgl. A. W. Riley, Ein deutscher Lear? Zu einigen Quellen in Alfred Döblins ‹Erzählung von König Lear› in seinem ‹Hamlet›-Roman, in: Akten des V. Internationalen Germanisten-Kongresses, 1976, Bd. 3, S. 475–482.

[295] Diese Schlußversion ist noch die primäre und wird dann im Zusammenhang der Überlegungen für die Druckausgabe 1956 geändert. Vgl. dazu das Nachwort von W. Muschg zur Ausgabe des Romans in AW (1966), S. 590ff. sowie o. S. 500f. ‹Zu Hamlet›. Ausführlich zum Schluß A. W. Riley, Zum umstrittenen Schluß von Alfred Döblins «Hamlet oder Die lange Nacht nimmt ein Ende», in: Lit. wiss. Jb. N. F. 13 (1972), S. 331-358.

[296] Zu Lebzeiten Döblins sind 1946 zwei Auflagen erschienen. Die erste hatte 8000, die zweite noch 5000 Exemplare.

[297] ‹Der Kampf mit dem Engel› (vgl. o. S. 692, Anm. 53).

[298] Die zweibändige Exilfassung (‹Das Land ohne Tod› 1937 und ‹Der

blaue Tiger› 1938) erschien im Baden-Badener Keppler-Verlag 1947–1948 in der Form, daß der zweite Band geteilt wurde und ein dritter Band ‹Der neue Urwald› hinzukam. Der Gesamttitel lautete: ‹Das Land ohne Tod. Südamerika-Roman in 3 Teilen›. Die Neuausgabe in AW unter dem Titel ‹Amazonas› 1963 unterschlug diesen dritten Teil. Eine neue Ausgabe des Gesamtwerks ist für AW in Vorbereitung.

299 Oktober 1949 zog Döblin nach Mainz um.

300 Paul Keppler.

301 Vgl. o. S. 681, Anm. 74.

302 Gemeint ist hier wohl der Karl Alber-Verlag. Vgl. auch die Verlagsquerelen im Zusammenhang mit der letztlich gescheiterten Veröffentlichung des Religionsgesprächs ‹Der Kampf mit dem Engel› in AW (1980), Nachwort S. 678f. Vgl. auch AW, Briefe, S. 647f. (Brief vom 16. 10. 1954) zur gleichen Konstellation, leider auch ohne Namensangabe des Verlages.

303 Zitat der Anfangszeilen aus Heinrich Heines (1797–1856) Gedicht ‹Nachtgedanken› (ED 1843) (H. Heine, Hist.-krit. Gesamtausgabe der Werke, Bd. 2, 1983, S. 129).

304 Die Preußische Akademie der Wissenschaften wurde ebenso wie die Akademie der Künste 1699 gestiftet und befand sich im 19. Jh. ursprünglich im gleichen Gebäude (Unter den Linden 38), bis die Akademie der Künste ihr eigenes Gebäude am Pariser Platz 4 bezog (direkt östlich vom Brandenburger Tor). Die Nationalsozialisten verlegten sie dann allerdings in das Kronprinzenpalais. Beide Akademien lagen somit nach 1945 im Russischen Sektor Berlins.

305 Döblin selbst, der 1933 aus der Akademie der Künste ausgeschlossen worden war, wurde 1946 nach der Restitution dieser Institution wieder als ordentliches Mitglied aufgenommen (vgl. AW, Briefe, S. 346).

306 Bezieht sich auf die Bayrische Akademie der Wissenschaften.

307 Neugründung der Johannes-Gutenberg-Universität Mainz auf französische Initiative am 9. 5. 1946 (vgl. o. S. 725, Anm. 273). Die alte, 1467 begründete Universität Mainz war Anfang des 19. Jh.s. als selbständige Institution erloschen.

308 Erste Gespräche über die Gründung einer Literaturklasse reichen schon in den April 1946 zurück, wo Döblin mit dem Rechtsphilosophen Carl August Emge entsprechende Pläne erörterte. Vgl. C. Ser-

vatius, Bewahrung und Förderung geistiger Kultur. Die Akademie der Wissenschaften und der Literatur zu Mainz, in: H. Büchert (Hg.), Mainz – Porträt einer wiedererstandenen Stadt, Mainz 1984, S. 235–250, hier S. 243.

309 Vgl. o. S. 366ff.

310 Die Gründungsversammlung fand am 9. 7. 1949 in Worms statt, wobei 9 Wissenschaftler (vgl. u. S. 729, Anm. 313) und zwei Autoren anwesend waren. Die Ortswahl war durch die äußeren Schwierigkeiten, einen Tagungsraum zu beschaffen, bestimmt, den einer der Mitbegründer, Prof. Dr. Christian Eckert, in dem von ihm bewohnten Hotel zur Verfügung stellen konnte. – Zur Akademiegründung selbst vgl. die Beiträge in: Das goldene Tor 5 (1950), S. 83–85 (Chr. Eckert, Die Mainzer Akademie) und S. 85 f. (C. A. Emge, Über die Akademie der Wissenschaften und der Literatur).

311 Walter von Molo (1880–1958) war ursprünglich Ingenieur gewesen; seit 1914 freier Schriftsteller in Berlin; lebte ab 1933 in Murnau/Obb.; Erzähler, Dramatiker und Lyriker; Präsident der Sektion für Dichtkunst bei der Preuß. Akademie der Künste 1928–1930; zur Beziehung dort mit Döblin vgl. W. v. Molo, Erinnerungen an die Akademie-Zeit, in: A. Döblin z. 70. Geb., Wiesbaden 1948, S. 12–17. Zu Döblins Freundschaft mit Molo vgl. auch A. Döblin, Glückwunsch für W. v. Molo (1950), in: AW, AzL, S. 322–328.

312 Wilhelm Schmidtbonn (1876–1952), Dramatiker, Novellist und Lyriker, war in den 20er Jahren Dramaturg am Stadttheater Düsseldorf und Redakteur der Theater-Zs. ‹Masken› gewesen; Mitglied der Preuß. Akademie der Künste; schrieb im Dritten Reich unverfängliche Texte.

313 Es sind die 11 Unterzeichner der Satzung (vgl. Jb. der Akad. der Wiss. u. d. Lit. Mainz 1950, S. 11): Prof. Dr. med. et phil. Paul Diepgen, Dr. med. Alfred Döblin; Prof. Dr. jur. et phil. Christian Eckert; Prof. Dr. jur et phil. Carl August Emge; Prof. Dr. phil. Georg Hamel; Walter von Molo; Prof. Dr. phil. Helmut Schell, Prof. Dr. ing. Friedrich Seewald, Prof. Dr. phil. Franz Specht, Prof. Dr. med. Otmar Freiherr von Verschuer, Prof. Dr. phil. Willy Wagner.

314 Die Genehmigung der Satzung und die Zuerkennung der Eigenschaft als Körperschaft öffentlichen Rechts erfolgte am 3. 10. 1949 durch die Landesregierung von Rheinland-Pfalz.

315 Der Kreis der ersten ordentlichen Mitglieder 1949–1950 umfaßte die

folgenden Autoren (in der Reihenfolge ihres Eintritts): Alfred Döblin, W. v. Molo, Wilhelm Hausenstein, Manfred Hausmann, Hans Henny Jahnn, Hermann Kasack, Bernhard Kellermann, Annette Kolb, Wilhelm Schmidtbonn, Wilhelm Speyer, Ernst Kreuder, Werner Milch, Hans Erich Nossack, Reinhold Schneider, Martin Kessel, Elisabeth Langgässer, Ernst Penzoldt, Friedrich Bischoff, Erich Kästner, Horst Lange, Friedrich Schnack, Frank Thieß, Albrecht Schaeffer.

316 Es handelt sich vielmehr um die geistes- und sozialwissenschaftliche Klasse.

317 Als erster Band der Reihe erschien eine von Döblin herausgegebene Auswahl von Arno Holz: ‹Die Revolution der Lyrik› (Wiesbaden 1951). In der «Vornotiz» zur Reihe (ebd., S. 5) charakterisiert Döblin die Intention des Unternehmens.

318 Hier folgt in J 1 der gestrichene Absatz: «Daß ich selbst hier nichts mehr durchsetzte, gehörte zum Charakter der Jahre, die ich jetzt erlebe.»

319 In Berlin-Dahlem, Unter den Eichen 5–10.

320 ‹Die drei Sprünge des Wang-lun› (1915).

321 Winston Churchill (1874–1965) war im Oktober 1951 wieder als britischer Premierminister gewählt worden.

322 Dwight D. Eisenhower (1890–1969) war als 34. Präsident der USA 1953 gerade gewählt worden.

323 Da Persien nie Teil des britischen Empire war, bezieht sich die Anspielung Döblins auf den Streit Großbritanniens mit dem Iran um die Verstaatlichung der englischen Ölquellen (1951), der sich als diplomatischer Konflikt noch bis 1954 hinzog.

324 Den Schlüssel für die Identifizierung der chiffrierten Stelle liefert J 3, S. 42f., wo der Sachverhalt eines nicht explizit genannten Aufsatzes zum Ausgangspunkt einer Thomas-Mann-Polemik gemacht wird. Es geht um den Essay Thomas Manns, ‹Lob der Vergänglichkeit›, der ursprünglich als Rundfunksendung für die USA konzipiert war. Der S. Fischer-Verlag hatte den Text als Sonderdruck für die Freunde des Verlags zu Weihnachten 1952 herausgebracht (jetzt in: Th. Mann, Ges. Werke in 13 Bdn., hier Bd. 10, Frankfurt/M. [2]1974, S. 383–385). Dieser ist das «purpurrote Heft».

325 Die Stelle (Eingangspassage) lautet korrekt: «Sie werden überrascht sein, mich auf ihre Frage, woran ich glaube, oder was ich am höch-

sten stelle, antworten zu hören: Es ist die Vergänglichkeit.» (Th. Mann, Ges. Werke, Bd. 10, 1974, S. 383).

326 Über Thomas Mann heißt es in J 3, S. 43 (nach Zitaten aus dem Essay): «Wo gehört dieser Mann hin? Welche Rolle spielt er? Er hat sich vor langer Zeit das Feuerchen am Herd des französischen Naturalismus geholt. Er hatte nur etwas zu sagen als Nachfolger, Epigone Goethes, für die ruhige, nicht notleidende Bevölkerung, besonders für die feinen deutschen Bürger. Er hielt die klassische deutsche Tradition aufrecht, er, weniger noch konservativ, als reaktionär und passiv. Darum war er geeignet nach dem verstorbenen Goethe in unserer Zeit die deutsche Bürgerschicht, die wohlsituierte Bevölkerung um sich zu sammeln. Der bestehende Staat, das Nationale, gehört dazu. So überdauerte er den ersten Krieg, begriff noch nichts von der Revolution, die dann folgte, hielt sich immer gemäßigt zurück, und paßte sich den gebildeten Massen an, so daß er schließlich um 1930 so weit war zu rufen, man müsse die Demokratie und Republik schützen, ja, sogar heiter ist, er trat für etwas ein, was er für Sozialismus hielt, aber er sprach wohl nur vom Sozialen.» Es folgen noch allgemeine Ausführungen über das Verhältnis der «Gebildeten» zum Nationalsozialismus.

327 AaO (wie Anm. 325), S. 383: Die Vergänglichkeit «ist die Seele des Seins, ist das, was allem Leben Wert, Würde und Interesse verleiht, denn sie schafft Zeit, – und Zeit ist wenigstens potentiell, die höchste, nutzbarste Gabe, in ihrem Wesen verwandt, ja identisch mit allem Schöpferischen und Tätigen, aller Regsamkeit [...] allem Fortschritt zum Höheren und Besseren.»

328 AaO (wie Anm. 325), S. 384: «Zu den wesentlichen Eigenschaften, welche den Menschen von der übrigen Natur unterscheiden, gehört das Wissen von der Vergänglichkeit [...].»

329 Röm. 8,19 und 8,21 f.

330 Röm. 8,26.

331 Röm. 6,23.

332 Des französischen Schriftstellers und Pazifisten Romain Rolland ‹Tagebuch der Kriegsjahre 1914–1919› ist in deutscher Fassung erst innerhalb der DDR-Ausgabe der Gesammelten Werke in Einzelbänden erschienen (Berlin ^{2}1983). Die hier zitierte Passage steht dort Bd. 1, S. 123. Döblin benutzte aber noch die französische Ausgabe Paris 1952, hier S. 102 und übersetzte den Text selbst. Das Zitat

wählt aus dem umfangreicheren Brief nur aus. – Die Nennung von «Schulz» (Döblin schreibt irrig «Schultz») und der blinden Sängerin bezieht sich auf den alten Musiker Schulz und das junge Bauernmädchen Modesta im ‹Jean-Christophe› (1904–1912) von Romain Rolland (dt. 3 Bände 1914–1917), die der den Brief schreibende Soldat Gillet zum Symbol der deutschen Seele stilisierte.

333 Es handelt sich um den Aufsatz ‹Carnets des Démons› in der ‹Nouvelle Revue Française› 1953, S. 577–598.

334 Hierauf folgt im Typoskript (nach den drei Sternchen) als Eingangsabsatz die gestrichene Passage: «Dieses hier diktiere ich und bewege mich da wie in einem Nebelmeer. Kein Suchen dabei. Ich breite dieses und jenes aus und sage es hin. Die Natur bringt Gestalten hervor, aber es gibt doch Unterschiede zwischen den Gestalten. Gestern hörte ich am Radio eine Symphonie von Mozart. Sie war schön. Eine Gestalt der Natur diese Symphonie? Es ist der Mensch, der singt und sich freut, und doch klagt, und was er äußert [,] nennt man Kunst.»

335 Döblin verließ Deutschland zusammen mit seiner Frau am 29. 4. 1953 und zog nach Paris in die dort 1952 erworbene Wohnung, 31, Boulevard de Grenelle.

336 Die Ortsangabe bezieht sich auf Baden-Baden, doch ließ sich die angesprochene Eichendorff-Feier nicht genau verifizieren. Sie müßte entweder 1947 (160. Geburtstag) bzw. 1948 (90. Todestag) stattgefunden haben, wenn sie überhaupt mit einem Jubiläumstermin zu tun hatte. Neben der Vertonung von einzelnen Gedichten Eichendorffs hat Robert Schumann (1810–1856) vor allem als Op. 39 1840 den «Liederkreis» nach Texten des Dichters vertont.

337 Aus F. Nietzsches ‹Also sprach Zarathustra› (1883–85) im 3. Teil, Kap. ‹Das andere Tanzlied› (Nr. 3), in: F. Nietzsche, Werke, ed. G. Colli/M. Montinari, 6. Abtlg., Bd. 1, Berlin 1968, S. 281 f. Der Titel geht nicht auf Nietzsche zurück. Döblin zitierte erkennbar aus der Erinnerung und deshalb fehlerhaft.

338 Die Beziehung zu diesem Text Nietzsches dürfte wesentlich auch durch musikalische Rezeption bestimmt gewesen sein, ist er doch in der 3. Symphonie Gustav Mahlers (1860–1911) im 4. Satz als Altsolo vertont. Dazu Döblin 1920 in ‹Blendwerk, Feuer und Pharaonen›: «Das sind Klänge zu – Nietzsche! Ja, dies ist, ist Säkularisation der Musik.» (AW, KS I, S. 291).

[339] Marsch aus Giuseppe Verdis (1813–1901) Oper ‹Aida› (1871).

[340] Konrad Adenauer (1876–1967).

[341] Es handelt sich um den CDU-Parteitag in Hamburg vom 19.–22. 4. 1953. Konrad Adenauer hielt seine Rede am 20. 4. Zum Parteitag und seinem Verlauf vgl. Der Spiegel 7 (1953), Heft 18 (29. 4.), S. 12–15. Zum niederdrückenden Eindruck der Hamburger Ereignisse auf Döblin vgl. auch seinen Brief an Th. Heuss vom 31. 5. 1953: «schrecklich neulich der Adenauer-Empfang in Hamburg bei seiner Rückkehr, die ‹Jugend› spielte da mit, es war alles wie vor 8–10 Jahren.» (AW, Briefe, S. 643.).

[342] Die Zeitung, aus der Döblin im folgenden zitierte, ließ sich nicht verifizieren.

[343] Laut Der Spiegel 7 (1953), Heft 18, S. 13 lautet der Satz: «Der Bundeskanzler des Deutschen Reiches ist in Kanada ... empfangen worden – ich meine: der deutsche Bundeskanzler, denn der andere Titel ist noch verfrüht.»

[344] Anspielung auf Homers ‹Odyssee›, 6. Gesang und ff. Die Phäaken lebten danach immer herrlich und in Freuden auf der Insel Scheria (Corfu).

[345] Der Boulevard de Grenelle in Paris XV. Döblins wohnten in Nr. 31.

[346] Blücherstraße 18 am Halleschen Tor, die erste Praxis-Wohnung Döblins 1911.

[347] Bezieht sich auf die jeweiligen Wohnungen in der Frankfurter Allee 194 und 340 (bis 1914 bzw. ab 1919–1931) sowie dann bis zur Emigration am Kaiserdamm 28.

[348] Wohnort in der Banlieue von Paris ab Herbst 1933, 4 avenue Talma (bis Dez. 1934)

[349] Vgl. ausführlich dazu o. S. 64 f.

[350] Anspielung auf Ricarda Huchs Brief vom 22. 10. 1933 an Döblin: «Im Sommer war ich in Berlin ..., konnte aber ihre Spur nicht finden. Sollten Sie in Palästina sein?» (Kat. Döblin, S. 338).

[351] Anspielung auf die Westmauer des Jerusalemer Tempelplatzes, dem einzigen noch stehenden Rest des alten Tempels, wo gläubige Juden zu jeder Tageszeit, besonders am Sabbat oder an Feiertagen sich versammeln, um zu beten und über den Untergang Jerusalems zu wehklagen.

[352] Vgl. o. S. 413 f.

[353] Anspielung auf Friedrich Hardenbergs/Novalis' Gedichtzyklus

‹Hymnen an die Nacht› (ED 1800), in: Novalis, Schriften, hg. P. Kluckhohn/R. Samuel, Bd. 1, Darmstadt 1960, S. 130–157.

354 Die näheren Umstände und die französischen Pressenotizen ließen sich mangels Zugänglichkeit nicht weiter klären.

355 Anspielung auf Röm. 8,29.

356 Die zitierte Stelle aus dem umfangreichen Werk der bedeutendsten spanischen Mystikerin des 16. Jhs., der Hlg. Theresia (Teresa) von Avila (1515–1582), ließ sich in der großen deutschen Werkausgabe durch Aloysius ab Immacolata Conc. (1933 ff.) nicht nachweisen. Sie findet sich (ohne Stellennachweis) allerdings bei G. Kranz, Lexikon der christlichen Weltliteratur, Freiburg/Basel/Wien 1978, S. 939 in etwas abgewandelter Form. Möglicherweise benutzte Döblin eine Auswahlausgabe.

357 Vgl. o. S. 731, Anm. 329 und 330.

358 Vor diesem Satz als gestrichene Einleitung des Absatzes steht in J 1: «Es bleibt also uns die Hoffnung, daß wir nicht ganz in den Strudel hineingerissen und völlig dem Tod verfallen sind. Nein, es ist so, daß wir im Tod der Sünde Sold empfangen.»

359 Zitat aus J. W. Goethes ‹Maifest› (HA, Bd. 1, S. 30f., hier Strophe 6,1–2) bzw. in der späteren Fassung ‹Mailied›, bekannt vor allem auch durch L. van Beethovens Vertonung als ‹Maigesang› Op. 52,4.

360 Bei Döblin steht irrig Deanira. Der Deianira/Herakles-Mythos – schon im Frühwerk Döblins einmal zitiert (vgl. AW, KS I, S. 26, dazu S. 378) – findet sich u. a. zusammenhängend in Ovids ‹Metamorphosen›, 9. Buch, v. 1 ff. dargestellt.

361 Die Quelle ließ sich nicht ermitteln.

362 Georg Lukács, Einführung in die ästhetischen Schriften von Marx und Engels, in: Sinn und Form 5 (1953), Heft 1 (Jan./Febr.), S. 5–34. Die folgenden Zitate sind recht inkorrekt von Döblin wiedergegeben, wobei es sich z. T. um schlichte, oft aber sinnentstellende Flüchtigkeitsfehler handelt, z. T. aber auch eine bewußte Redaktion der ursprünglichen Lukács-Diktion vorliegt. Entsprechend wurde editorisch verfahren, d. h. Eingriffe wurden dort vorgenommen, wo störende Sinnfehler zu korrigieren waren. Der Döblin-Text blieb dort aber unverändert, wo er eine eigene Formulierung trotz der Zitatkennzeichnung darstellt.

363 AaO (wie Anm. 362), S. 19.

364 AaO (wie Anm. 362), S. 21, aber stark verändert. Bei Lukács heißt

es: «Die wirkliche Kunst tendiert daher auf Tiefe und Umfassung. Sie ist bestrebt, das Leben in seiner allumfassenden Totalität zu begreifen. Das heißt, sie erforscht, so weit wie möglich in die Tiefe dringend, jene wesentlichen Momente, die hinter den Erscheinungen verborgen sind, aber sie steht nicht abstrakt, von den Erscheinungen abstrahierend, sie ihnen gegenüberstellend dar, sondern gestaltet gerade jenen lebendigen didaktischen Prozeß, in dem das Wesen in Erscheinung umschlägt, [...].»

365 AaO (wie Anm. 362), S. 22 stark verkürzt: «Der Typus ist also, nach Marx und Engels, nicht der abstrakte Typus der klassischen Tragödie, nicht die Gestalt der Schillerschen idealisierenden Verallgemeinerung, aber noch weniger das, wozu ihn die Zolasche und nach-Zolasche Literatur und Literaturtheorie gemacht haben: der Durchschnitt.»

366 AaO (Wie Anm. 362), S. 23 stark verkürzt: «Die marxistische Ästhetik wünscht bloß, daß das vom Schriftsteller erfaßte Wesen nicht abstrakt dargestellt werde, sondern als das Wesen von Erscheinungen des sprudelnden Leben, [...].»

367 AaO (wie Anm. 362), S. 23 stark verändert: «[...] selbst das ausschweifendste Spiel der dichterischen Phantasie, die weitestgehende Phantastik in der Darstellung der Erscheinungen sind in vollstem Maße mit der marxistischen Auffassung des Realismus vereinbar. Es ist kein Zufall, daß gerade einige phantastische Novellen von Balzac, von E. T. A. Hoffmann zu jenen schriftstellerischen Leistungen gehören, die Marx besonders hoch schätzte.» – Das vom Hg. ergänzte «genannt» steht also nicht in der Vorlage, ist aber aufgrund der Syntax der Döblinschen Fassung notwendigerweise zu ergänzen.

368 AaO (wie Anm. 362), S. 24 als Verkürzung einer von Lukács als Zitat (ohne Nachweis der Quelle) mitgeteilten, Marx zugeschriebenen Äußerung gegenüber dem Schriftsteller Paul Lafargue (1842–1911, Arzt und Schwiegersohn von Marx). In Wirklichkeit handelt es sich aber um ein urteilendes Zitat aus den Erinnerungen von Paul Lafargue an Marx. Vgl. K. Marx/F. Engels: Über Kunst und Literatur, Frankfurt/Wien 1968, Bd. 1, S. 21, wo es korrekt (und nicht fehlerhaft wie bei Lukács) heißen muß: «Balzac war nicht nur der Historiker der Gesellschaft seiner Zeit, sondern auch der prophetische Schöpfer von Gestalten, die unter Louis Philippe

sich noch im embryonalen Zustande befanden und erst nach seinem Tode, unter Napoleon III., sich vollständig entwickelten.»

369 Zitat aus J. W. Goethes ‹Faust I›, v. 454.

370 1. Kor. 15,55.

371 Anspielung auf Nietzsches angebliches, in Wirklichkeit aus einer amorphen Nachlaßmasse kompiliertes ‹Hauptwerk› «Der Wille zur Macht», zuerst hg. von P. Gast und A. und E. Horneffer, Leipzig 1901, dann stark erweitert hg. von E. Förster-Nietzsche und P. Gast 1906, schließlich mit dem Untertitel «Versuch einer Umwertung aller Werte» hg. von O. Weiss, Leipzig 1911. In dieser verfälschten Nachlaßform kannte Döblin wie alle seine Zeitgenossen das Werk, das zu den Texten mit der größten Wirkungsgeschichte aus dem Œuvre Nietzsches gehört.

372 Anspielung auf eine Zeile aus dem schon zitierten ‹Glockenlied› Nietzsches. o. S. 413 f.

373 Vgl. o. S. 380.

374 Joh. 21,18.

375 Bezieht sich auf den Genesis-Bericht 1. Mos. 1,1 ff., in dem die Welt durch das Sprechen Gottes ins Leben gerufen wird («Und Gott sprach ...»).

376 Nikolaus Kopernikus (1473–1543), Astronom und Begründer des heliozentrischen Weltbildes.

377 Johannes Kepler (1571–1630), Astronom und Entdecker der Gesetze für die Planetenbewegungen.

378 Vgl. o. .S. 340.

378a Anspielung auf F. Schillers «Wir wollen sein ein einzig Volk von Brüdern» aus der Rütli-Schwurszene des ‹Wilhelm Tell› (II,2).

379 Freie Verknüpfung von Röm. 6,22 f. bzw. 8,19 und 8,21 f.

380 Baum der Erkenntnis und Baum des Lebens beziehen sich auf 1. Mos. 2,16 ff.

381 Die ‹Upanischaden› setzen sich aus altindischen, philosophisch-theologischen Texten ungleicher Qualität und aus unterschiedlichen Epochen (von den ältesten Schrifttumszeugnissen bis 1500 n. Chr.) zusammen. In ihrer lateinischen Fassung (übersetzt 1801/02 aus einer persischen Übertragung) haben sie wesentlich auf Schopenhauer gewirkt, wodurch Döblin auf sie schon früh aufmerksam geworden sein dürfte. Eine spätere Beschäftigung erfolgte sicher im Zusammenhang der ‹Manas›-Entstehung, aber wohl auch schon vorher im

Kontext der Hinwendung Döblins zu östlicher Religion und Philosophie sowohl vor dem 1. Weltkrieg als auch massiv dann zu Anfang der 20er Jahre.

382 Vgl. o. S. 525f., Anm. 6.

383 Kung-(fu-)tse, chinesischer Philosoph (um 551–um 479 v. Chr.), aus dessen überlieferten Schriften sich eine von Nachfolgern ausgebildete Staats- und Sittenlehre des Konfuzianismus entwickelte, die für China und darüber hinaus im ostasiatischen Raum prägend wurde. Döblin beschäftigte sich mit dieser Überlieferung schon bei der Arbeit am ‹Wang-lun›-Roman. Im Pariser Exil verfaßte er eine mehrfach aufgelegte Auswahl in englischer Sprache aus den konfuzianischen Schriften und schrieb dazu einen Einleitungsessay. Diese Auswahl erschien dann unter dem Titel: Alfred Döblin, The Living Thoughts of Confucius, New York 1940 (innerhalb der Reihe ‹Living Thoughts Library› Bd. 17).

384 Bezieht sich auf die Konversion zum Katholizismus 1941 im Gefolge der religiösen ‹Wendeerfahrung› auf der Flucht durch Frankreich Ende Juni 1940 in Mende.

385 Bezieht sich vermutlich auf den Verleger Hans Bühler (vgl. o. S. 261) in Baden-Baden Ende 1945.

386 Gemeint ist Otto Flake (vgl. o. S. 719, Anm. 224).

387 Zu Döblins eigener Auseinandersetzung mit diesem Begriff vgl. auch seine um Klärung bemühte redaktionelle Vorbemerkung zu «Veranstaltungen und Kundgebungen» in: Das goldene Tor 1 (1946), S. 94: «Man ist Okkupationsmacht, aber spricht nicht Sieger und Besiegte. [. . .] Man unterscheidet viererlei: erstens Okkupation, zweitens was sich gelegentlich der Okkupation ereignet, drittens Gerechtigkeit und viertens den Willen der Okkupation.»

388 Wichtig und programmatisch war in dieser Hinsicht gleich die erste, im Baden-Badener Kurhaus veranstaltete Ausstellung «Zwei Jahrhunderte nachbarlicher Beziehungen zwischen Frankreich und Baden» (Eröffnung am 15. 5. 1946). Vgl. dazu auch den Bericht in: Das goldene Tor 1 (1946), S. 94f.

389 Die Bemerkung zielt auf die Konversion zum Katholizismus 1941, doch ist ihre Datierung – mit einer etwas unklaren Ausdruckweise – von der ersten Baden-Badener Zeit 1945/46 aus und nicht von der Abfassung des ‹Journals 1952/53› an berechnet.

390 Vgl. o. S. 718, Anm. 210.

391 Paul Keppler. In seinem Verlag erschienen ‹Die drei Sprünge des Wang-lun› (1946), ‹Die literarische Situation› (1947), die ‹Amazonas›-Trilogie (1947–48), ‹Heitere Magie› (1948) und eine Arno Holz-Auswahl (1949), hg. von Anita Holz mit einer Einleitung von Alfred Döblin. – Keppler organisierte dann zusammen mit der «Direction de l'Education Publique» und dem «Verband südwestdeutscher Autoren» die offizielle Geburtstagsfeier am 28. 8. 1948.

392 Ende Juli–Mitte August (vgl. AW, Briefe, S. 389) Aufenthalt bei seinem Sohn Klaus (Claude) Döblin.

393 Prof. Dr. Kurt Beringer (1893–1949), Direktor der Psychiatrie- und Nervenklinik an der Universität Freiburg i. Br.

394 Die Konsultation Beringers durch Döblin erfolgte schon am 27. 11. 1947 (vgl. AW, Briefe, S. 379 und 618). Eine stationäre Aufnahme erfolgte damals nicht, da Döblin zwei Briefe am 28. 11. 1947 aus Baden-Baden datiert (AW, Briefe, S. 379 und S. 381) Der (nur fünftägige) Klinikaufenthalt erfolgte dann vom 1.–5. 3. 1948 (vgl. Huguet, Chron., S. 172).

395 Vermutlich vom 13. auf den 14. 2. 1949 (vgl. u. Anm. 397).

396 Döblin wohnte seit Ende Dezember 1946 in Baden-Baden in der Schwarzwaldstraße 6 (d. h. im Westen Richtung des Vororts Baden-Oos).

397 Dr. Max Hedinger (1880–1963), Leiter des Sanatoriums «Quisisana», wo Döblin vom 18. 2.–15. 3. 1949 als Patient aufgenommen wurde (vgl. Huguet, Chron., S. 174).

398 Vgl. o. S. 710, Anm. 139.

399 Heinrich Mann hatte am 27. 3. Geburtstag, Werfel starb am 26. 8. 1945. Welcher Geburtstag Manns hier gemeint ist, läßt sich nicht klar entscheiden. Vermutlich ist aber H. Manns 70. Geburtstag 1941 gemeint, den Salka Viertel ausrichtete. Döblin berichtete darüber brieflich an H. Kesten (24. 7. 1941): «Als wir neulich den 70. Geburtstag von H. Mann feierten bei der Salka Viertel, war es wie einstmals: Th. Mann zückte ein Manuskript und gratulierte daraus, dann zückte der Bruder sein Papier und dankte auch gedruckt daraus, wir saßen beim Dessert, etwa 20 Mann und 1 Weib, und lauschten deutscher Literatur unter sich. Da waren noch Feuchtwanger, Werfel, Mehring, die Reinhardts, einige vom Film» (AW, Briefe, S. 256).

400 Salka Viertel (1889–1978) war die 2. Frau (verh. 1918, gesch. 1948) des Dramatikers und Theaterleiters Berthold Viertel (1885–1953),

der schon 1928 als Regisseur und Drehbuchautor zur 20th Century Fox nach Hollywood gegangen war. 1932 kurzfristig nach Europa zurückgekehrt, emigrierte er 1933 erneut in die USA (Santa Monica/Calif.).

401 Der Besuch Dresdens auf Einladung des Staatstheaters erfolgte im März 1926 (15. 3. Premiere der Verdi-Oper). Zur im folgenden geschilderten Skandal-Episode aus Arnolt Bronnens Sicht vgl. ders., Arnolt Bronnen gibt zu Protokoll. Beiträge zur Geschichte des modernen Schriftstellers. Mit einem Nachwort von H. Mayer, Kronberg/Ts. 1978, S. 144 f.

402 Vgl. Giuseppe Verdi, Die Macht des Schicksals (La forza del destino). Oper in einem Vorspiel und drei Akten (Acht Bildern). Dem Italienischen des F. M. Piave frei nachgedichtet und für die deutsche Opernbühne bearbeitet von Franz Werfel, Leipzig/Mailand/Rom u. a.: G. Ricordi o. J. (1926), 101 SS. (Vgl. Raabe, S. 330/55).

403 Generalintendant war seinerzeit ein Dr. Reucker.

404 Nach A. Bronnen aaO (wie Anm. 401), S. 144 das «schöne» Hotel Weber.

405 Der Publikationsort ist irrig zitiert. Es handelt sich um den Beitrag ‹Döblin, Bronnen, Brecht und Dresden. Eine Dichterreise mit Hindernissen› in: Vossische Zeitung Nr. 72 vom 26. 3. 1926, Unterhaltungsblatt, S. 3. Es heißt da zum Vorgang: «Es hat sich, als man uns galerieartige Plätze anbot, nie einer in Dresden deshalb entschuldigt. Es hat jeder die Schuld auf den anderen geschoben. Und als wir schimpften, haben sie erklärt: sie seien Beamte und wir bloß – Autoren.

Bronnen hatte keinen Anzug mit als den er trug; und wenn er der Intendanz nicht paßte, hätte sie ihm einen anderen kaufen müssen.

Sehr geehrte Herren: Sie hätten Ihren Spaß an der Sache gehabt, als wir nach Bronnens improvisiertem Losbruch auf der Bühne verhörsartig in dem Intendantenzimmer vernommen wurden und die Mentalität der Beamten nicht davon loskam: ‹Ein beliebiger Subalterner hat die Chose pekziert; die Feststellung dieser Tatsache *genügt*, diese Aufklärung *genügt*.› Ich selbst hätte die Sache längst fallen lassen; ich sah: der Standpunkt ist unheilbar. Aber Bronnen ist noch jünger und rannte los. Und zum Schluß hatten wir den Triumph, daß ein Beamter im Konferenzzimmer ganz wild wurde und erst uns generell kindlich, und dann den sanften guten Brecht, ausgerechnet den heiteren versöhnlichen Brecht, der noch eben wunderschöne Balladen gelesen hatte, als ungezogen und unerzogen bezeichnete. Ein tobender schäumender Beamter nennt Brecht so, den freundlichen, den Gast, vor der versammelten Intendanz und Beamtenschaft, den Vorgesetzten, die schweigen. Bis zum Schluß nicht in ihrer Ansicht erschüttert werden: ‹Der Subalterne ist schuld; Ihr müßt das einsehen.› Der Braten ist angebrannt, der Wirt ist nicht schuld, nur die Köchin, eigentlich das Feuer.

Und kein Wort fiel von den schönen Sachen, die wir vorgelesen hatten: von Brechts wunderschönen Balladen (Ihr Propyläenverlag bringt sie bald heraus), von meinem ersten Versuch eines epischen Gesanges, dem Vorstoß ins Oratorium, dem Zwischenreich von Drama und Epos. Ah, nie wieder Dresden.»

Gleichlautend auch unter dem Titel ‹Die Rache der Halbgötter› in: ‹Leipziger Neueste Nachrichten › vom 17. 3. 1926 erschienen (Huguet, Nr. 1585 irrig eingeordnet, wie Hitzer, S. 91 schon nachgewiesen hat).

406 U. a. sprach er sein aktuell verfaßtes, die Situation verschlüsselndes Gedicht ‹Matinee in Dresden› (vgl. B. Brecht Ges. Werke in 8 Bänden, Bd. 4, Frankfurt/M. 1967, S. 158f.), das von Döblin und Bronnen mitunterzeichnet zuerst im Berliner Börsencourier Jg. 59 (1926), Nr. 136 (22. 3.) publiziert worden war.

407 Daß die Arbeit am ‹Manas› im Frühjahr 1926 schon weit gediehen sein muß, belegt die Tatsache dieses Vortrags (vgl. auch Döblins Zeugnis Anm. 405). Nach ‹Schicksalsreise› (Ausgabe 1949, S. 398) scheiterte die Arbeit am ‹Manas› während der Frankreich-Reise im Juli/August 1926. – Nach Bronnens Erinnerungen aaO (wie Anm. 401), S. 145 las Döblin allerdings nicht kurz, sondern «lang und eindringlich».

408 Vgl. Bronnens Selbstzeugnis aaO (wie Anm. 401), S. 145: «Es war Toten-Stille, als ich das Benehmen der Generalintendanz gegenüber Gästen und Repräsentanten der neuen deutschen Literatur mit dem schmückenden Beiwort ‹schamlos› versah. [...] Ich tat einen Blick in die Natur-Geschichte des Skandals. [...] die andern brüllten, ich schwieg dazu und harrte aus. Zog langsam und ernst mein Manuskript heraus, getreu meiner Verpflichtung, es vorzulesen. Und als sich die ersten Ermüdungs-Erscheinungen der Brüller zeigten, rief ich hinunter: ‹Einer von uns beiden muß still sein, Sie oder ich; wenn

ich lesen soll – Sie!› Darauf klatschten ein paar, und die anderen schwiegen. Ich las.»

409 Leipziger Volkszeitung Nr. 72 vom 26. 3. 1926, 3. Beilage: ‹Alibi am Flusse Alibe›; Vossische Zeitung 1926, Nr. 75 (30. 3.) ‹Immer noch die Dichterreise nach Dresden›; Vossische Zeitung 1926, Nr. 79 (4. 4.), Sonntagsbeilage, S. 2: Hans Meisel, Dichter? Dichter! Honoratioren des Geistes; Leipziger Neueste Nachrichten 17. 3. 1926 ‹Die Rache der Halbgötter› (vgl. Huguet Nr. 1582–1585).

410 Greta Garbo (*1905), schwedische Filmschauspielerin, zuerst erfolgreich in Deutschland, dann in Hollywood als eine der ersten großen Weltstars; filmt seit 1941 nicht mehr.

411 Beverly Hills.

412 Vgl. o. S. 710, Anm. 140. Frank starb am 20. 6. 1945 in Beverly Hills.

413 Vgl. o. S. 716, Anm. 187.

414 Fritzi Massary, geb. Friederike Massaryk (1882–1969), Sängerin und Schauspielerin, die «Kaiserin von Berlin» als sehr erfolgreiche Operettensängerin der 20er Jahre; Emigration 1933, 1939 USA; Gründerin und Leiterin des «European Film Fund»; nach dem Krieg Drehbuchautorin.

415 Roman (ED Mexico: E. libro libre 1943, dann Stockholm: Bermann-Fischer 1945; davor schon schwedische Übersetzung Stockholm: Norstedt 1943; englisch New York: Viking Press 1943 und London: Hutchinson 1945).

TRAUER ÜBER TRAUER

1. *Überlieferung:*

Zwei Typoskripte in Mappe 4 des Konvoluts ‹Journal 1952/53›:

a) Bl. 1–4 (davon gezählt 2–4) unter dem Titel «Trauer über Trauer».
b) Bl. 1–3 (davon gezählt 2–3) unter dem Titel «II Trauer über Trauer».

Die Texte sind jeweils mit handschriftlichen Korrekturen von Erna Döblin versehen.
ED in AW, AS, S. 543–546 und 546–548 ohne klare Aufgliederung.

2. *Entstehung:*

Aufgrund der Textanhalte im Mai 1954 entstanden. Döblin muß den Text ursprünglich diktiert haben. Es handelt sich um den Versuch einer Fortsetzung des ‹Journals 1952/53› während seines Aufenthaltes in der Universitätsklinik Freiburg i. Br. (26. 4.–27. 7. 1954). Vgl. Huguet, Chron., S. 186.

3. *Textgrundlage:*

Abdruck nach den Typoskripten unter Berücksichtigung der Korrekturen bei Wahrung der Eigentümlichkeiten. Eingriffe sind gekennzeichnet.

4. *Kommentar:*

[1] Gemeint ist das ‹Journal 1952/53›.

[2] Das Datum bezieht sich auf den Fall der Festung Dien Bien Phu nach monatelangen, erbitterten Kämpfen zwischen der aufständischen Vietmin-Bewegung (unter Ho Tchi-min) und Frankreich, das im September 1945 Indochina wiederbesetzt hatte. Vietnam war als assoziierter französischer Staat Mitglied der sog. Französischen Union (ab 1946). Die Auseinandersetzung begann 1950 durch Bildung einer kommunistisch orientierten Gegenbewegung im Umfeld des Kalten Krieges. Der Fall der Festung wurde in Frankreich als Fanal empfunden («Stalingrad» Indochinas).

[3] Bezieht sich auf den Angriff des Deutschen Reiches gegenüber Frankreich ab 10. 5. 1940. Der von Döblin erwähnte Durchbruch erfolgte am 13. 5. zwischen Dinant und Sedan zur Somme hin.

[4] Gründer, Herausgeber und Autoren der ‹Enzyklopédie ou Dictionnaire raisonné des sciences, des arts et des métiers›, zunächst unter der Leitung von Denis Diderot (bis 1757), dann d'Alemberts (1751–1780) erschienen. Außer den beiden Herausgebern arbeiteten mit: Voltaire, Holbach, Turgot, Jaucourt, F. M. Grimm, Montesquieu, Rousseau, Condillac, Marmontel.

[5] François-Marie Arouet, gen. Voltaire (1694–1778); bedeutendster französischer Schriftsteller des 18. Jh.s hinsichtlich einer Wirkungsgeschichte in Europa durch seine aufklärerische Haltung, die sich nicht nur literarisch, sondern auch publizistisch und politisch artikulierte.

[6] Jean-Jacques Rousseau (1712–1778), weniger als Philosoph, denn als Schriftsteller von großer Wirkung im 18. Jh. hinsichtlich eines neuen Menschen- und Weltbildes.

[7] Im Typoskript steht hier «Morgen», was an dieser Stelle aber keinen Sinn gibt. Es liegt wohl eine Kontamination mit dem im gleichen Satz folgenden, sinnvollen «Morgen» vor, der sich auf die durch die Französische Revolution von 1789 eingeleiteten Zukunftsfolgen beziehen läßt.

[8] Napoleon I. (1769–1821), Kaiser der Franzosen 1804–1814/15.

[9] Alphonse Lamartine (1790–1869), französischer Dichter.

[10] Victor Hugo (1802–1885), französischer Dichter (Lyrik, Roman) von großer Wirkung auf die Literatur Frankreichs im 19. Jh.; seit 1843 auch politisch engagiert; 1848 Deputierter in der Pariser Kammer; Exil nach Errichtung des 2. Kaiserreichs (1851–1870).

[11] Louis Philippe (1773–1850), der «Bürgerkönig» in Frankreich zwischen den beiden Revolutionen von 1830 und 1848.

[12] Vgl. o. S. 543, Anm. 21.

[13] Vgl. o. S. 597, Anm. 8.

[14] Paul Verlaine (1844–1896) steht als Dichter in der Nachfolge Baudelaires, besitzt aber als Lyriker auch eigenes Profil. Innerhalb der symbolistischen Literaturströmung von europäischer Wirkung (neben Rimbaud) war er vor allem der geistige Wegbereiter der literarischen Bohème-Strömung.

[15] Ludwig van Beethoven (1770–1827) wird von Döblin hier als Komponist auf der Ebene des Freiheits-Pathos in der Nachfolge der Revolutions-Ideale von 1789 apostrophiert.

[16] Schlußchor der 9. Symphonie (1823) L. van Beethovens nach F. Schillers Ode ‹An die Freude›.

[17] Anspielung auf J. W. Goethe als Minister im Herzogtum Weimar.

[18] Der Verweis auf F. Schiller (1759–1805) zielt auf dessen gegen deutsche Fürstenwillkür revoltierendes Frühwerk (‹Die Räuber›, ‹Kabale und Liebe› usw.). Döblin sah diesen Gestus in der klassischen Periode als erloschen an.

[19] Georg Büchner (1813–1837), der 1834 an den Kämpfen gegen die Reaktion in Hessen teilnahm (‹Der Hessische Landbote›), mußte 1835 nach Straßburg fliehen und von dort aus weiter nach Zürich. Das eigentliche literarische Werk Büchners entstand im Exil.

[20] Heinrich Heine (1797–1856) war der führende Dichter des literari-

schen Vormärz, der seit 1831 in Paris lebte. 1835 wurden seine Schriften in Deutschland durch den Bundesbeschluß gegen das ‹Junge Deutschland› verboten. Seit 1848 war Heine durch ein Rükkenmarksleiden an das Bett, seine «Matratzengruft» gefesselt. – 1923 hatte Döblin eine kleine Auswahlausgabe Heines (‹Deutschland. Ein Wintermärchen›, ‹Atta Troll›) eingeleitet (in: AW, AzL, S. 273–280).

21 Anspielung auf den Prometheus-Mythos, in dem (nach Hesiod) ein Adler die stets nachwachsende Leber des an einen Felsen geschmiedeten Prometheus zur Strafe dafür, daß er den Menschen das Feuer brachte, immer wieder zerhackt.

22 Der endgültige militärische Sieg Preußens und der süddeutschen Bundesstaaten im deutsch-französischen Krieg 1870/71 erfolgte erst im Januar 1871, vorentscheidend war jedoch die Schlacht bei Sedan im September 1870, die zum Sturz des Kaisertums in Frankreich führte.

23 Bernhard von Clairvaux (1090–1153), bedeutender Kirchenlehrer und Ordensreformator (Zisterzienser) des 12. Jh.s, der vor allem auch die Kreuzzugsbewegung in Predigt und Schrift ideologisch überaus wirksam formierte.

24 Jean Monnet (1888–1979), französischer Wirtschaftspolitiker; hatte 1950 wesentlichen Anteil an der Gründung der Montanunion (1952–1955 Vorsitzender der Hohen Behörde).

25 Der Artikel, aus dem das Zitat entnommen ist, konnte von mir nicht identifiziert werden.

26 Wjatscheslaw Molotow (1890–1985), alter Mitkämpfer Stalins, 1939–1949 und 1953–1956 Außenminister der UdSSR.

NACHWORT [ZUR DDR-AUSGABE VON ‹BERLIN ALEXANDERPLATZ›]

1. *Überlieferung:*

Ein handschriftlicher Entwurf existiert als Diktatnachschrift nicht. ED in: Alfred Döblin, Berlin Alexanderplatz, o. O. (Berlin DDR): Das neue Berlin o.J. (1955), S. 491–493. Neudrucke liegen vor in AW, BA, S. 507–509 sowie in M. Prangel (Hg.), Materialien zu Alfred Döblin ‹Berlin Alexanderplatz›, Frankfurt/M. 1975, S. 46f.

2. *Entstehung:*

Aufgrund der Datierung Ende Juli 1955 in Höchenschwand (ca. 30 km östlich von Freiburg i. Br.) diktiert.

3. *Textgrundlage:*

Nach dem ED.

4. *Kommentar:*

[1] Vgl. o. S. 554, Anm. 2.
[2] Zur Mitgliedschaft in USPD und SPD Vgl. o. S. 691, Anm. 31.
[3] Bezieht sich auf ‹Die drei Sprünge des Wang-lun› (1915) und ‹Wallenstein› (1920).
[4] Der französische Schriftsteller Emile Zola (1840–1902) wird hier als Begründer des naturalistischen Großstadtromans zitiert, dessen Vorbildfunktion für die deutschen ‹Berlin-Romane› – beginnend mit Max Kretzers (1854–1941) ‹Meister Timpe› (1888) – zum literarischen Traditionsbild in der deutschen Literaturgeschichtsschreibung zählt, von dem sich Döblin hier abzugrenzen wünscht.
[5] Vgl. o. S. 598 f., Anm. 1.
[6] Döblin bot den Vorabdruck von ‹Berlin Alexanderplatz› zunächst der ‹Vossischen Zeitung› an, doch scheiterte der Abdruck am Widerstand des Feuilleton-Redakteurs Monty Jacobs (1875–1945). Vgl. dazu auch den Brief an Max Krell in: Kat. Döblin, S. 238. Ein weiteres Angebot Döblins ist quellenmäßig bisher nicht zu sichern. Infrage kämen der ‹Berliner Börsen-Courier› und das ‹Berliner Tageblatt›, in denen Döblin regelmäßig publizierte.
[7] Der Vorabdruck des Romans erfolgte in verkürzter und z. T. auch noch von der endgültigen Buchfassung abweichender Form in: Frankfurter Zeitung und Handelsblatt Jg. 54 (1929), Nr. 670 (8. 9.) bis Nr. 759 (11. 10) in 29 Folgen (vgl. die genauen Angaben bei Huguet, Nr. 261).

VON LEBEN UND TOD, DIE ES BEIDE NICHT GIBT.

1. *Überlieferung:*

An Handschriften existieren nur noch Diktattexte Döblins, deren Entstehung an die Verfügbarkeit eines Mitschreibenden gebunden waren. Entsprechend heterogen ist das Material dieser letzten Aufzeichnungen im Marbacher Nachlaß (Depot). Es handelt sich im einzelnen um:

(a) Schulschreibheft 12 Blatt ohne Paginierung; Bl. 1^r Bleistiftnotizen von der Hand Döblins unter der Überschrift «Der Tod und das Leben», die nur stichwortartig und nahezu unlesbar sind. Bl. 1^v ist leer, ab Bl. 2^r Diktattext Döblins in der Handschrift der amerikanischen Studentin Anne Liard Jennings, verh. Smith (bis Bl. 11^v), dann bis zum Schluß Nachschrift von der Hand Erna Döblins.

(b) Aus dem Umschlag herausgetrennte Schulheftblätter (9 Blatt). Der Text schließt unmittelbar an (a) an und ist auf Bl. 1^r oben Mitte mit I gekennzeichnet. Die Nachschrift wurde von Erna Döblin gemacht.

(c) Aus dem Umschlag herausgetrennte Schulheftblätter (10 Blatt). Der Text schließt an (b) an und ist auf Blatt 1^r oben Mitte mit II gekennzeichnet. Die Nachschrift stammt von Erna Döblin.

(d) Aus dem Umschlag herausgetrennte Schulheftblätter (6 Blatt). Bl. 1^r–2^r Nachschrift Erna Döblins, dann ab Bl. 2^v wieder Anne Jennings/Smith im Wechsel mit Erna Döblin. Dazwischen läßt sich noch Bl. 2^v (unten)–3^v eine dritte Hand nachweisen, die nicht zu identifizieren war. Der Text schließt unmittelbar an (c) an und ist auf Bl. 1^r oben Mitte mit III gekennzeichnet.

(e) 1 Blatt Diktattext (nur Vorderseite) von der Hand Erna Döblins, datiert auf den 7. 9. 1955 (oben rechts) unter dem Titel «Zu Hamlet». Das Blatt ist im Deutschen Literaturarchiv Marbach nicht unter Alfred, sondern unter Erna Döblin katalogisiert. Da der Text eindeutig zu diesen letzten Aufzeichnungen gehört, wurde er editorisch ihnen zugeordnet.

(f) 2 Blatt, paginiert mit I und II ohne Titel; Nachschrift von Erna Döblin: Wie (e) läßt sich auch (f) überlieferungsmäßig nicht genau in die tagebuchartigen Aufzeichnungen einordnen, stammt aber aufgrund der inhaltlichen Anspielungen aus der Wiesnecker Klinikzeit (März 1956–Ende Mai 1957). Der Text muß, da die Edelkastanie noch als belaubt geschildert wird, im Spätherbst 1956 entstanden sein, gehört also zu den Novemberaufzeichnungen.

ED aus dem Nachlaß in: Sinn und Form 9 (1957), S. 902–933 unter der Überschrift «Von Leben und Tod, die es beide nicht gibt. Aus nachgelassenen Diktaten». Der Abdruck folgt zwar den Handschriften (a)–(d), doch ist er sehr fehlerhaft und sein Herausgeber greift stilistisch stark ein. Auch Auslassungen sind zu verzeichnen (so vor allem die Thomas-Mann-Passage). Es fehlt der Text von (e) und (f).
Die Ausgabe in AW, AS, S. 548–583 folgt zwar auch den Handschriften (mit Ausnahme von (e)) im Rahmen der «Letzten Aufzeichnungen», die auch schon ‹Trauer über Trauer› einschließen. Der Abdruck ist fehlerhaft (z. T. in offenkundiger Abhängigkeit vom ‹Sinn und Form›-Druck) und sinnentstellend in einer Reihe von Fällen. Die erheblichen Eingriffe sind nicht gekennzeichnet. Der Text (f) wurde als selbständiger Text gedruckt (unter dem Titel «Edelkastanie ganz oben» S. 582 f.). Der S. 577 gewählte Titel «Der Ursinn und die Vielheiten. Fragment» ist eine Erfindung des Herausgebers E. Pässler.

2. *Entstehung:*

Aufgrund der im Text vermerkten Daten ist die Entstehung der Aufzeichnungen recht genau zu datieren. Der erste Diktateintrag erfolgte demnach am 21. 5. 1955 noch in der neurologischen Klinik der Universität Freiburg i. Br. Der letzte explizit datierte Eintrag dieses Tagebuchs wurde dann am 16. 2. 1957 gemacht. Die Texte (e) und (f) wurden ihrer zeitlichen Situierung nach eingefügt (September 1955 bzw. November 1956).

3. *Textgrundlage:*

Für die vorliegende Edition bilden die Handschriften zwar die Basis, doch war angesichts der zahlreichen orthographischen und interpunktatorischen Fehler ein einfacher Nachdruck nicht möglich. Orthographie und Zeichensetzung wurden stillschweigend normiert. Gleiches gilt bei der Auflösung von Kürzeln und Zahlen. Alle Texteingriffe des Herausgebers erscheinen hingegen in eckigen Klammern. Sie betreffen die Syntax, Namenskorrekturen und nicht eindeutig auflösbare Kürzelschreibweisen. Die nicht immer eindeutige Absatzgliederung der Vorlage wurde restriktiv beibehalten, d. h. bei Unklarheit wurde auf einen Absatz verzichtet. Die von den Manuskripten her gegebene Abfolge der Aufzeichnungen wurde nicht verändert, lediglich die Handschriften (e) und (f) wurden zeitlich entsprechend (nach der Thomas Mann-Passage bzw. als Anhang zu den «November 1956»-Notizen) eingefügt.

4. *Kommentar:*

[1] Die sog. Parkinsonsche Krankheit, eine durch Dopamin-Mangel bedingte Erkrankung, die die Nervenleitfähigkeit herabsetzt und schließlich zur Lähmung der gesamten Muskulatur führt.

[2] In der seit April 1953 bewohnten Wohnung, 31, Boulevard de Grenelles, Paris XV.

[3] Vgl. o. S. 736, Anm. 376.

[4] Galileo Galilei 1564–1642) begründete experimentell die moderne Kinematik sowie als Mathematiker eine mathematisch fundierte Naturwissenschaft, was ihn in Gegensatz zum Aristotelismus als der offiziellen kirchlichen Lehre brachte. Der Konflikt mit der katholischen Kirche entzündete sich an der Frage des kopernikanischen Weltbildes. Galilei wurde zwei Inquisitionsprozessen unterworfen (1615/16 und 1633), mußte Lehren widerrufen und wurde dann in kirchlicher Haft gehalten.

[5] Christoph Kolumbus (1451–1506), Entdecker des amerikanischen Kontinents 1493. – Alle drei Figuren, vor allem aber Kopernikus und Galilei spielen bei Döblin in der ‹Amazonas›-Trilogie eine wichtige Rolle.

[6] Die zitierte Stelle findet sich ebensowenig in der ‹Antigone› (um 442 v. Chr.) des Sophokles (497/96–406 v. Chr.) wie in einem seiner anderen Stücke. Die Herkunft der Stelle ließ sich nicht klären, was auch an der Textgestalt liegen kann.

[7] René Descartes (Cartesius) (1596–1650) begründete als französischer Philosoph aus einer mechanistischen Naturauffassung heraus sein Gedankensystem. Er führte eine rationalanalytische Denktechnik ein, an deren Anfang das «Cogito, ergo sum» («je pense, donc je sui») als Ausgangspunkt steht. Der Satz findet sich in ‹Discours de la méthode› von 1637 (IV,3).

[8] Woher Döblin das Datum 6. 10. 1618 für den Erkenntnis-Einfall hat, ist nicht zu entscheiden, es handelt sich aber ohnehin um einen sachlichen Fehler, denn das von Descartes selbst als Funddatum der «mirabilis scientiae fundamenta» genannte Datum ist der 10. 11. 1619 gewesen. Vgl. Ch. Adam, Vie et œuvres de Descartes, Paris 1910, S. 50.

Welche Erkenntnis ihm damals aber im einzelnen kam, ist keineswegs klar (vgl. Adam aaO, S. 56 ff.) und die Zuordnung zum «Cogito ergo sum»-Satz wäre rein hypothetisch.

[9] Universitätsklinik Freiburg i. Br., Neurologische Abteilung, Hauptstraße 5. Der Bau steht heute (1985) noch.

[10] Die Deszendenzlehre, von Lamarck 1809 begründet und 1859 durch Ch. Darwin gestützt und verbreitet, zielt auf die These, daß alle Lebewesen sich in einer langen Entwicklung evolutionär aus einfachen Formen, letztlich aus einer gemeinsamen Urform herausgebildet hätten.

[11] 9. 7. 1955.

[12] Im Manuskript steht irrtümlich «überirdische Welt».

[13] Bezieht sich auf Döblins Zeit bei der «Direction de l'Education publique» (November 1945–Oktober 1949).

[14] Bezieht sich auf die von dem amerikanischen Mikrobiologen Jonas E. Salk 1954 angegebene Impfung gegen Kinderlähmung.

[15] Der Namensteil -schwand in Höchenschwand bezeichnet den Vorgang der Waldrodung, von dem der Luftkurort seinen Namen hat. Döblin hielt sich ab dem 15. 6. 1954 in Höchenschwand auf (bis Mitte September).

[16] Jean Pauls (= Jean Paul Friedrich Richter) (1763–1825) Roman ‹Siebenkäs› (eigentlich ‹Blumen-, Frucht- und Dornenstück oder Ehestand, Tod und Hochzeit des Armenadvokaten F. St. Siebenkäs›) wurde 1795/96 geschrieben. Die recht ungenau und mit Auslassungen zitierte Stelle findet sich im 3. Bändchen, 9. Kapitel (Ausgabe J. Paul, Werke, ed. N. Miller, Bd. 2, München [3]1971, S. 283 f.).

[17] Döblin hatte am 5. 7. 1905 sein Dr. med.-Examen abgelegt. Zum goldenen Doktorjubiläum vgl. o. .S. 485 f.

[18] Das Bild von der mahlenden Schicksalsmühle (u. U. Gottes) ist schon antik (Plutarch) und wird dann sprichwörtlich auch in Deutschland in der Wendung «Gottes Mühlen mahlen langsam» (vgl. Büchmann, S. 380). Döblin selbst hat das Bild in seinem Artikel ‹Male, Mühle, male [sic!]», in: Die neue Rundschau 31 (1920), S. 874–881 (= AW, KS I, S. 273–283) schon früher verwendet.

[19] Arie aus Georges Bizets (1838–1875) Oper ‹Carmen› (1875).

[20] Medizinische Abkürzung für Elektro-Enkephalogramm.

[21] André Billy (vgl. u. Anm. 27), Gide, Claudel et Valery devant le grand mystère, in: Le Figaro Jg. 129, Nr. 3367 (6. 7. 1955), S. 11.

[22] André Gide (1869–1951), französischer Schriftsteller (Nobelpreis 1947).

[23] Paul Claudel (1868–1955), französischer Schriftsteller (Dramatiker) mit religiöser Akzentuierung (Rückkehr zum Katholizismus) und stark bestimmt von persönlichen Erlebniseinflüssen.

[24] Paul Valéry (1871–1945), französischer Dichter; bedeutend und epochemachend als Lyriker, daneben auch Essayist und poetologischer Theoretiker von Rang. – Alle drei Autoren kannten einander näher, z. T. bestanden intensive persönliche und briefliche Kontakte.

[25] Das Folgende ist Übersetzung des Artikelbeginns: «Le mort est une vieille histoire. De géneration en géneration, les hommes s'en transmettent l'angoisse. Le seul progrès serait de leur en rendre l'idée supportable. Nous en sommes loin. Il faut pourtant le reconnaître, l'apprehension de l'inévitable n'est pas égale chez tous. Heureux ceux qui ne l'eprouvent que comme par échairs!» Der weitere Text wird dann von Döblin nur noch summarisch referiert.

[26] Robert Mallet (*1915).

[27] In der Handschrift irrig «Biyo». Es handelt sich aber um den französischen Schriftsteller André Billy (1892–1971), der als Erzähler vor allem religiöse Erfahrungen seiner Jugend verarbeitete und Verfasser des ‹Figaro›-Artikels ist.

[28] Der Artikel war mangels Zugänglichkeit der Illustrierten im Fernleihverkehr nicht näher identifizierbar.

[29] Der Artikel ließ sich nicht identifizieren.

[30] Die Diktathandschrift hatte ursprünglich «der Bundespräsident», was dann in dem vorliegenden Text von Erna Döblin korrigiert wurde. In der Tat feierte Th. Heuss sein Goldenes Doktorjubiläum 1955. Er hatte am 21. 9. 1905 bei Lujo Brentano (1844–1931) in München über «Weinbau und Weingärtnerstand in Heilbronn a. N.» promoviert. – Die Tilgung des namentlich klaren Bezuges liegt wohl darin begründet, daß Döblin zu Heuss ein ansonsten sehr freundschaftliches Verhältnis hatte, wie die Nachkriegskorrespondenz zwischen beiden und die persönlichen Kontakte belegen.

[31] Alfred Hoche (1865–1943), Dr. med., Psychiater, ord. Prof. in Freiburg i. Br. und Gegner der Freudschen Psychoanalyse. Hoche verfaßte auch eine Reihe literarischer Werke (ab 1920) u. a. auch eine Autobiographie ‹Jahresringe› (1935), allerdings alle unter dem Pseudonym Alfred Erich (vgl. Kürschners Literatur-Kalender 1943, S. 452).

Hoche war als Hochschullehrer zu seiner Zeit eine Kapazität ersten Ranges, der die Entwicklung der Psychiatrie entscheidend mit beeinflußt hat.

[32] Vgl. o. S. 690, Anm. 19.

[33] 16. 5. 1943.

[34] Die Handschrift hat «Poncke/Pomcke», was entweder ein Hörfehler oder ein Erinnerungsfehler ist, denn gemeint ist zweifellos der spätere Münchner Psychiatrie-Ordinarius (ab 1924) Oswald Bumke (1877–1950), der sich 1904 in Freiburg bei Hoche habilitiert hatte. Döblin hat später im Exil Bumkes Buch ‹Die Psychoanalyse und ihre Kinder› (1931, [2]1938) vehement kritisiert in: Die Psychoanalyse. Zu einer deutschen Kritik, in: Die Zukunft (Paris/Strasbourg 1939), Nr. 8 (24. 2), S. 8: Dort heißt es zu Bumke: «übrigens mir bekannt aus der Freiburger Klinik Hoches 1905, wo ich ‹famulierte›.»

[35] Walter Spielmeyer (1879–1935) habilitierte sich in Freiburg 1906 und wurde später in den 20er Jahren Leiter der Deutschen Forschungsanstalt für Psychiatrie in München.

[36] Richard Jung (*1911), Ordinarius für Neurologie an der Universität Freiburg i. Br. seit 1951.

[37] Die Bestätigungsurkunde der Promotion ist auf den 7. 7. 1955 ausgestellt (im Marbacher Nachlaß erhalten). Es handelt sich nicht, wie Huguet, Chron., S. 188 behauptete, um die Verleihung einer Ehrendoktorwürde.

[38] Traugott Riechert (*1905), Ordinarius für Neurochirurgie an der Universität Freiburg i. Br.

[39] Vgl. o. S. 478.

[40] 28. 4.–27. 7. 1954.

[41] Richard Wagners (1813–1883) Oper ‹Tannhäuser› (entst. 1842–1845, neu bearbeitet und uraufgeführt 1861) enthält den hier angesprochenen Pilgerchor zu Anfang des 3. Aktes.

[42] Soldatenlied nach der Melodie des Dessauer Marsches (vgl. Erk/Böhme, Dt. Liederhort, Bd. 2, Leipzig 1893, S. 130f., Nr. 322) mit den Anfangszeilen: «So leben wir, so leben wir / So leben wir alle Tage.» (Vgl. auch Weltkriegs-Liedersammlung, Dresden 1926, S. 612).

[43] Von Friedrich II. (1740–1786) angeblich selbst nach seinem Sieg (4. 6. 1745) über die Österreicher bei der niederschlesischen Stadt Hohenfriedberg komponierter Marsch, der zu den zentralen Reprä-

sentationsmärschen des preußischen, wilhelminischen und nationalsozialistischen Militarismus gehörte.

44 Gedicht ‹Wanderschaft› von Wilhelm Müller (1794–1827) in der Sammlung ‹Gedichte aus den hinterlassenen Papieren eines reisenden Waldhornisten› (1820) innerhalb des Zyklus ‹Die schöne Müllerin› veröffentlicht, den Franz Schubert (1797–1828) dann vertonte.

45 Altes, sehr verbreitetes Studentenlied nach einer Melodie des 16. Jh.s (z. T. als Parodie eines mittelalterlichen Bußliedes entstanden), dessen bis heute noch gebräuchliche Fassung von 1781 auf C. W. Kindleben zurückgeht.

46 Operette in 3 Akten von Franz Lehar (1870–1948); Uraufführung Wien 1909. Döblin hatte schon 1910 die Berliner Premiere des Stükkes gesehen und witzig besprochen. Vgl. ‹Der Graf von Luxemburg› in: AW, KS I,S. 75f.

47 Französische Nationalhymne «Allons enfants de la patrie, le jour de gloire est arrivé», gedichtet und vertont von dem Pionieroffizier Rouget de Lisle (1760–1836) 1796. Die Melodie wurde ab 1864 auch als Kampflied der Sozialdemokratie adaptiert («Arbeitermarseillaise»).

48 In der Handschrift steht irriges «verjuckt».

49 Marsch im 3. Aufzug der Oper (Uraufführung 1868) von Richard Wagner (1813–1883).

50 Ursprünglich ein irisches Volkslied, 1855 durch Robert Willings ins deutsche übersetzt. Inc.: «Sag mir das Wort, das dereinst mich betört ...». Der Refrain lautet: «Lang, lang ist's her.» Vgl. F. M. Böhme (Hg.), Volkstümliche Lieder der Deutschen im 18. und 19. Jh., Leipzig 1895, S. 554f., Nr. 728.

51 Sehr verbreitetes Soldatenlied nach einem Text Ludwig Uhlands (1787–1862), das aber auch darüber hinaus als Volkslied oft gesungen wurde. Vgl. z. B. AW, BA, S. 95f.

52 Volkslied des 18. Jh.s. Vgl. F. M. Böhme aaO (wie Anm. 50), S. 272, Nr. 356.

53 Das Lied (von Döblin mit «schütz» statt «schirm» falsch zitiert) von F. Küken nach einem Text von H. v. Rustige ist ein nationalistisches «Vaterlandslied» auf die deutsche Freiheitsverteidigung gegen den «Erbfeind» Frankreich.

54 Aus R. Wagners (1813–1883) Oper ‹Die Walküre› (1870), Anfang des 3. Aktes.

[55] 10. 8. Der heilige Laurentius zählt zu den frühen Märtyrern (gest. 258 n. Chr.) und ist (nach den Anhalten in seiner Legende) spezifisch der Patron der Armen, aber auch Krankenheiliger.

[56] Das Zitat, wenn es überhaupt eines ist, konnte nicht identifiziert werden.

[57] Thomas Mann starb am 12. 8. 1955 in Zürich (*6. 6. 1875). Die kritische Auseinandersetzung mit Th. Mann aus Anlaß von dessen Tod steht in der Linie der grundsätzlichen Ablehnung nach 1945 (vgl. Kat. Döblin, S. 413 ff.), aber z. T. auch schon im Exil. Vgl. o. S. 731, Anm. 326 aus einer Entwurfsfassung zum ‹Journal 1952/53›.

[58] Vgl. o. S. 542, Anm. 20.

[59] ‹Buddenbrooks. Verfall einer Familie›. Roman 2 Bände, Berlin: S. Fischer 1901. Der Roman war Manns zweite Publikation überhaupt nach dem Novellen-Debütband ‹Der kleine Herr Friedemann› (1898).

[60] 1929 (vgl. u. Anm. 67). Offiziell wurde vom Nobelpreiskomitee die Verleihung mit den ‹Buddenbrooks› begründet. Der weitaus aktuellere und artifiziellere Roman ‹Der Zauberberg› wurde nicht näher berücksichtigt.

[61] Thomas Mann lebte mit seinem Bruder Heinrich 1896–1898 in Rom und z. T. auch (Sommer 1897) in Palestrina. Dort entstanden wesentliche Teile der ‹Buddenbrooks›.

[62] Anspielung auf die 1918 in Berlin erschienene, kulturpolitische Streitschrift ‹Betrachtungen eines Unpolitischen› (entstanden 1915–1917), die entgegen ihrem Titel durchaus eine politisch-konservative Geschichtssicht artikulierte, wobei der Anspruch eines antisozialen und antipolitischen Künstlertums eine wichtige Rolle spielte. Geist und Politik sollten getrennt sein, der «Zivilisationsliterat» und seine Grundlage, der westeuropäische Demokratie-Typus (mit seinen in Manns damaliger Sicht negativen Begleitumständen), sollten zugunsten einer ästhetischen Kunst-Metaphysik zurücktreten. Dabei wird dem «Deutschtum» eine positive Rolle mit seiner «Kultur, Seele, Freiheit und Kunst» gegenüber der «Zivilisation, Gesellschaft, Stimmrecht, Literatur» prononziert zugesprochen.

[63] Die besondere Erwähnung der Nobelpreis-Diskussion steht im Erinnerungszusammenhang mit Herbert Jherings am 2. 11. 1929 im ‹Berliner Börsen-Courier› gemachtem Vorschlag: «Döblin wäre der einzige deutsche Kandidat für den Nobelpreis. Das wäre eine Tat. Sie

würde dem ramponierten Preisgedanken plötzlich wieder Berechtigung geben.» (Zitat nach Kat. Döblin, S. 29).

64 Hans von Hülsen (1890–1968), Schriftsteller. Es handelt sich um die Darstellung in Hülsens autobiographischem Buch ‹Zwillings-Seele. Denkwürdigkeiten aus einem Leben zwischen Kunst und Politik›, Bd. 2, München 1947, S. 63 f. Hauptmann rief danach Hülsen an: «Der Brief Thomas Manns, den er mir vorlas, lautete etwa: Es sei das Gerücht verbreitet, daß gewisse Kreise Arno Holz für den diesjährigen literarischen Nobelpreis kandidierten. ‹Das geht ja denn doch nicht.› Wenn überhaupt ein deutscher Kandidat in Frage komme, so gebe es noch andere Potenzen, etwa Stefan George oder Ricarda Huch. Und er bat Hauptmann, seinen Einfluß beim Nobel-Comité in Stockholm in dem Sinne geltend zu machen, damit eine derartige Blamage und Diskreditierung des Preises vermieden werde. Ich [Hülsen] lachte, weil der Verfasser die Hauptmannsche Mentalität so ungeheuer verkannte, und Hauptmann selber lachte am Telephon und gab der Meinung Ausdruck, daß die wahre Absicht dieses Briefes wohl nicht mißzuverstehen sei. Er lehnte es aufs bestimmteste ab, sich vor den Mann'schen Ruhmeswagen spannen zu lassen.» Hülsen verfaßte dann selbst einen Artikel für ‹Dagens Nyeter›, wo er sich u. a. für Thomas Mann als Nobelpreis-Kandidaten einsetzte. Mann dankte Hülsen dafür am 23. 10. 1929. Jeder Vernünftige müsse hoffen, daß «eine gewisse Narretei» (Verleihung des Preises an Arno Holz) nicht geschehe, es wäre ein Affront gegen einen früheren deutschen Preisträger (nämlich Gerhard Hauptmann). Vgl. Die Briefe Thomas Manns. Regesten und Register, Bd. 1, Frankfurt/M. 1976, S. 566, Nr. 20/175.

65 Vgl. o. S. 703, Anm. 71.

66 Vgl. o. S. 712, Anm. 151.

67 Der Preis wurde Thomas Mann am 12. 11. 1929 zugesprochen. Der offizielle Festakt der Entgegennahme erfolgte am 10. 12. 1929. Daß Döblins Einschätzung von Thomas Manns Einstellung zur Verleihung nicht nur parteilicher Wertung entspricht, sondern durchaus einen Anhalt in Äußerungen Manns selber hat, belegt u. a. die stilisierte Äußerung Manns über die Verleihung im ‹Lebensabriß› 1930: «Die sensationelle Auszeichnung, welche die schwedische Akademie zu vergeben hat und die nach siebzehn Jahren zum erstenmal wieder nach Deutschland fiel, hatte, soviel ich wußte, schon mehr als einmal

dicht über mir geschwebt und traf mich nicht unvorbereitet. Sie lag wohl auf meinem Wege – ich sage es ohne Überheblichkeit, aus gelassener, wenn auch nicht uninteressierter Einsicht in den Charakter meines Schicksals, meiner ‹Rolle› auf Erden [...].» (Th. Mann, Ges. Werke in 13 Bdn., Bd. 11, Frankfurt/M. 1974, S. 141 ff.).

68 Bezieht sich vermutlich auf die bekannte Rede Thomas Manns ‹Deutsche Ansprache›, die er im Berliner Beethovensaal am 17.10. 1930 unter Unruhen, Störungen und Schlägereien hielt, worin er vor der drohenden Gefahr des Nationalsozialismus warnte und dem Bürgertum die Sozialdemokratie als notwendige Alternative empfahl. Zu erwägen wäre aber auch noch eine Anspielung Döblins auf die Veranstaltung des «Sozialistischen Kulturbundes» am 19. 2. 1933 in der Berliner Volksbühne, an der Mann zwar nicht persönlich teilnahm (Absage am 20. 1. 1933), bei der aber die in Briefform vorbereitete Ansprache «Bekenntnis zum Sozialismus» (Th. Mann, Ges. Werke, Bd. 12, Frankfurt/M. ²1974, S. 678–684) vor der polizeilichen Zwangsauflösung noch vorgelesen wurde.

69 Gemeint sind die militanten 35 Rundfunkansprachen Thomas Manns 1940–1945 (in: Th. Mann, Ges. Werke, Bd. 11, Frankfurt/M. ²1974, S. 983–1123).

70 30. 6.–23. 7. 1955.

71 Rede zur Schiller-Feier (150. Todestag) am 14. 5. 1955 im Weimarer Nationaltheater. Sie war eine Kurzfassung des ‹Versuchs über Schiller›, der im September-Dezember 1954 geschrieben worden war (Buchausgabe Frankfurt/M. 1955). Mann hatte sie schon bei der Schiller-Feier in Stuttgart am 8. 5. 1955 gehalten.

72 Hans Mayer (*1907), damals noch Germanistik-Professor in Leipzig, hatte am 7. 9. 1954 Döblin zusammen mit Peter Huchel (1903–1981), damals Redakteur von ‹Sinn und Form›, im Kurhaus von Friedenweiler/Schwarzwald besucht. Bei dieser Gelegenheit (vgl. dazu H. Mayer ‹Fahrt zu Döblin›, in: Literarium 1966 [Olten], Nr. 14, S. 3 f.) wurde ein Teildruck des ‹Hamlet›-Romans in ‹Sinn und Form› vereinbart. Vgl. auch AW, Hamlet, S. 591 f. die Nachweise. Die Ausgabe des ganzen Romans im Verlag Rütten & Loening in Berlin (DDR) wurde beschlossen, doch sollte eine Überarbeitung des Schlusses (ursprünglich Edwards Eintritt ins Kloster) erwogen werden. Döblin hat dies getan (vgl. AW, Hamlet, S. 593 ff. zur Überlieferung) und schrieb das neue Schlußkapitel «Das Ende der langen

Nacht», dessen Konzeption aufgrund des hier vorliegenden Textes jetzt auf September 1955 zu datieren ist. R. Minder, Begegnung mit Alfred Döblin in Frankreich, in: Text + Kritik 1966, Nr. 13/14, S. 64 behauptet die Umarbeitung des Schlusses erst für Februar 1956, was schon aufgrund des Gesundheitszustandes Döblins in dieser Zeit (vgl. AW, Briefe, S. 657 und die Überführung nach Freiburg am 13./14. 2. 1956) kaum zutreffen kann. Vermutlich entstand das Schlußkapitel doch früher. Der ‹Hamlet›-Roman erschien dann im September 1956.

73 Dies ist der erste Hinweis auf den erweiterten Titel des im Manuskript stets nur ‹Hamlet› genannten Romans. Die endgültige Fassung lautete dann: ‹Hamlet oder Die lange Nacht nimmt ein Ende›.

74 Die (heute so benannte) Friedrich Husemann-Klinik in Wiesneck (bei Freiburg). Döblin war dort seit dem 17. 3. 1956 bis zum 1. 6. 1957 als Pflegefall untergebracht. Zur Aufnahme dort und der Kündigung vgl. AW, Briefe, S. 657f. sowie S. 498–500. Die Frage des Verhaltens der Wiesnecker Klinik hat zu späteren Pressekontroversen geführt, die sachlich dargestellt und vom damaligen Direktor des Emmendinger Krankenhauses korrigiert worden sind in: H. Neumann, Leben, wissenschaftliche Studien, Krankheiten und Tod Alfred Döblins, St. Michael/Österreich, 1982, S. 95ff.

75 Zur Begebenheit vgl. schon o. S. 467. Eine «Ulmer Straße» existiert in Paris nicht.

NACHWORT

«Ich bin kein Mann der Selbstbiographie, ich richte meine Augen und mein Interesse lieber und sogar einzig nach außen und auf andere» (AW, Briefe, S. 405). Diese Einschätzung Döblins, die er im Januar 1950 gegenüber seinen New Yorker Exilfreunden Elvira und Arthur Rosin im Hinblick auf die gerade erschienene autobiographische Darstellung ‹Schicksalsreise› formulierte, wirkt als eine Form der Rechtfertigung. Der Bericht über seine Flucht durch Frankreich 1940, über das amerikanische Exil und die Rückkehr nach Deutschland muß Döblin selbst suspekt gewesen sein. Das Dokument einer für ihn schweren Lebenszeit entsprach nicht seinen Überzeugungen als Autor.

Die Begründung ist nicht nur eine Frage der psychologischen Disposition. Es ist der Epiker Döblin, der seinen poetologischen Vorstellungen gemäß hier spricht. Er, der «in seiner verschlossenen Zelle» arbeiten wollte, folgt man dem ‹Berliner Programm› von 1913, und der «sein Persönliches» zu «zwei Drittel(n)» als «Selbsttäuschung und Blague» verstand (AW, AzL, S. 15), lehnte alles Schreiben mit nur autobiographischer Grundlegung ab. Was einer über sich selbst denkt und ins Fiktionale und Narrative gewendet schreibt, entbehrt der distanzierten Beobachtung und diskreditiert die Romanprosa als subjektive Aussage des Autors. «Entselbstung, Entäußerung des Autors» (AW, AzL, S. 18) ist aber Döblins altes Ziel und künstlerisches Selbstverständnis gewesen. Für die Autobiographie ist da zunächst kein Platz. Der erste Versuch, eine solche zu schreiben, der Text ‹Doktor Döblin› von 1917/18 (o. S. 14 ff.), bleibt denn auch unveröffentlichtes Fragment, wenn seine Entstehung auch eine sich wandelnde Einstellung zum Verhältnis von Autor und Werk einschnitthaft kennzeichnet.

Es braucht indes noch einige Zeit, bis Döblin sich auch poetologisch dazu durchringt, erzählerisch «selber Faktum (zu sein) und sich Raum schaffen dafür in seinen Werken» (AW, AzL, S. 115).

Diese Position ist erstmals in ‹Berlin Alexanderplatz› verwirklicht, dessen Entstehungsanfänge nicht zufällig, sondern konsequent mit der autobiographischen Schreiberfahrung Döblins im ersten Halbjahr 1928 zusammenfallen. Der ‹Erste Rückblick› legt zum erstenmal wesentliche Grundelemente seines Lebens öffentlich bloß. Was zehn Jahre vorher in ‹Doktor Döblin› noch in der Schublade verschlossen liegenblieb, wird neu gefaßt nun erzählt. Döblin spricht von sich und seiner Familie, vom zentralen Trauma seiner Kindheit, der Flucht des Vaters und ihren belastenden Folgen. Hinzu tritt, was 1917/18 noch nicht darstellbar war, der Bericht über die unselige Schulzeit in den Zwängen eines wilhelminischen Gymnasiums, aus denen psychisch sich zu befreien es fast dreier Jahrzehnte bedurfte. Erst dann konnte geschildert werden, was prägende Belastung einer schon schöpferisch vorgezeichneten Jugend gewesen ist. Wie schwer dies Döblin fiel, vermitteln das Bemühen um ironische Distanz, die Wendung zur Groteske und letztlich – mit dem Schlußkapitel vom «Leben Jacks, des Bauchaufschlitzers» – die Einmündung in die epische Parodie. Obwohl autobiographisch, ist so der ‹Erste Rückblick› letztlich doch ein erzählerisches ‹Nachdenken›, ein Spiel mit Beobachtungen und Erfahrungen der Berliner Welt, in der Döblin lebte und deren Dimensionen er zunächst im erlebten Daseinskreis seiner Kindheit und Jugend erprobend ausschritt, um sie dann im Roman ‹Berlin Alexanderplatz› zu weiten und zu verallgemeinern. Beide Schreiberfahrungen gehören eng zusammen. Unter den ersten Verstörungen des Exils werden sie sich noch einmal verbinden in ‹Pardon wird nicht gegeben›, dieser «Familiengeschichte mit autobiographischem Einschlag» (o. S. 314), die noch einmal als Absage an die alte, depersonale Poetik des ‹steinernen Stils› von Döblin verstanden sein wollte (vgl. o. S. 314).

Die ausformulierten Selbstdeutungen Döblins von Gewicht, die über beiläufige, tagespublizistisch bedingte Äußerungen hinausgehen, markieren stets auch Wendepunkte seines geistigen Lebens. ‹Doktor Döblin› entsteht im Umfeld der sozialistischen

Politisierung, wie sie noch im Altersrückblick Döblins (vgl. AW, Briefe, S. 437) der Aufsatz ‹Es ist Zeit› für die ‹Neue Rundschau› im August 1917 (AW, SPG, S. 25–33) markiert. Der ‹Erste Rückblick› 1928 begleitet den Einsatz einer neuen, ‹personalen› Poetik, fundiert von dem mit ‹Manas› (1927) einsetzenden Prozeß, Bücher zu schreiben, «welche sich drehen um den Menschen und die Art seiner Existenz» (o. S. 312). Die ‹Schicksalsreise›, in erster Fassung als ‹Robinson in Frankreich› 1940/41 entstanden, thematisiert die konfessionelle Durchbruchserfahrung, deren epische Entfaltung die Schlußbände der ‹November 1918›-Tetralogie prägt. Schließlich vereinigen sich in den letzten Aufzeichnungen mit journalhafter Form aus den fünfziger Jahren autobiographische Schilderung und intellektuelle Selbstreflexion zu einer nicht mehr trennbaren Darstellungshaltung. Leben und Schreiben sind in diesen von Krankheit gezeichneten Abschiedsjahren zur gestalterischen Einheit verschmolzen.

Äußerungen über die eigene Biographie und über das Werk bilden bei Döblin im Grunde eine Einheit, da die poetologische Selbstreflexion über Schreibanliegen und Schreibbedingungen Rechenschaft abzulegen sucht. Die Entscheidung für eine neuartige, ‹naturale› Schlußkonzeption des ‹Wallenstein› setzt das autobiographisch wie politisch neu definierte Selbstverständnis Döblins 1918 als Begleitumstand voraus. Der naturphilosophisch fundierte Entwurf von ‹Berge Meere und Giganten› ist keineswegs nur eine Frage einer Schreibidee, sondern die Utopie spiegelt einen gedanklichen Entwicklungsprozeß Döblins, der sich zu einer ‹Schreibbiographie› verdichtet und auch als solche vom Autor erläutert wird (vgl. o. S. 49 ff.). Diese Verschränkung von Auto- und Schreibbiographie findet sich als Konfiguration in vielen Texten dieses Bandes entworfen. Im ‹Epilog› von 1948 verdichtet sich diese Anschauung in idealer Weise. Das Werk, «das war ich, meine Art zu dieser Zeit, und dann noch mehr: etwas, was unpersönlich, als Natur in mir arbeitete und sich im Geistigen, im Phantastischen zu formen beliebte [...]» (o. S. 305). Aus dieser Perspektive heraus wird verständlich, weshalb Döblin der konventionellen, autobiographischen Form gerne auswich. Er empfand sie zum einen wohl als ungenügend, da sie in seinen Augen nur Oberflächliches mitteilen konnte, zum anderen sah er sein literarisches Werk als Medium seiner Biographie an. Dort war nachzulesen, was ihn bewegte und weiterbrachte. Es sekundär zu erläutern, brachte nicht mehr an Erkenntnis ein.

Exemplarisch ist die enge Verknüpfung von Schreibprozeß und fiktionaler Projektion am Roman ‹Berlin Alexanderplatz› ablesbar. Äußerlich markieren diesen Sachverhalt die Daten im Text, die nur nachvollziehbar machen, was für die Konstitution des Romans wohl generell anzusetzen ist: Das Material der «Geschichte vom Franz Biberkopf» dokumentiert die Erlebens- und Schreibwelt Döblins 1928. Seine Kristallisationsfigur im Großstadtkosmos Berlins dient ihm als «Sonde», eigene, komplexe Erfahrungen darzustellen. Der Roman erhält dadurch insgesamt den Status «Das bin ich» (o. S. 319). Dies gilt für den Text als ganzen, nicht jedoch für das erzählerische Detail oder gar für die Demonstrationsfigur des Transportarbeiters Biberkopf. Dessen Geschichte ist das Entfaltungsbild der Schreibbiographie Döblins. Obwohl er seine Werke überindividuell als Durchbrechung der «Form des Individuums» (o. S. 319) verstanden wissen wollte, und dies rezeptionsästhetisch für die Leser auch zutrifft, so darf dieses poetologische Konzept nicht darüber hinwegtäuschen, daß für Döblin seine Romane subjektive Erfahrungspotentiale waren. Er experimentierte in und mit ihnen: «[...] der eigentliche Prozeß der Besinnung und Feststellung erfolgt im Schreiben selbst» (o. S. 311). Der Roman wird zum Terrain der Erfahrungswelt des Autors. Döblin entschied sich zumeist für verfremdete, exotische Wirklichkeiten, seltener für das vertraute Berlin, obwohl in diesem Fall die Darstellung ihre enge Beziehung zur Schreibbiographie erst richtig erkennbar macht. Über den Berliner Osten, in dem Döblin lebte, ließ sich aus eigener Anschauung erzählen, «indem man mitteilt, mithandelt, mitleidet» (vgl. o. S. 215 f.), ohne für seine Darstellung in fremde oder historische Räume distanzierend ausweichen zu müssen.

Trotz derartiger Äußerungen hat Döblin die schöpferische Nähe von eigenem Leben und Werk eher herunterzuspielen versucht, als daß er sie betont hätte. Die Offenlegung der schreibbiographischen Zusammenhänge bleibt zumeist im Rahmen von poetologischen und lebensphilosophischen Anmerkungen stecken. Die Reflexionen über die Erzählerrolle oder über die Konstitution des «Ich» in dieser Welt sind bei Döblin neben ihrem allgemeinen Aussagecharakter auch als schreibbiographische Standortbestimmungen zu verstehen. Sie stellen zwar gemäß ihrem eher abstrahierenden Äußerungskontext ideale Konzeptionen dar, die in den fiktionalen Realisierungen dann keineswegs vollständig eingelöst sind, sie sagen aber doch viel über das Selbstverständnis und die Vorstellungen Döblins aus. In direkter Kommentarform zu seinem Werk vermied er es in aller Regel, sich deutlich zu artikulieren. Entsprechend unergiebig sind die Äußerungen zu seiner Produktion, die autobiographischen Texte, deren ‹Offenheit› bei genauerer Analyse nur relativ oberflächliche Daten und Sachverhalte betrifft, zur inneren Problembiographie aber nur wenig mitteilt. Aber auch persönliche Bereiche bleiben ausgespart. Döblin übt hier erkennbar Zurückhaltung, die nur bedingt von erhaltenen Briefen oder Informationen Dritter durchbrochen wird. Unverstellte autobiographische Dokumente wie das Tagebuchfragment 1945/46 (o. S. 259–264) sind ein Glücksfall, der Einblick in das wirkliche Denken und Erleben gibt. Daß der ‹Hamlet›-Roman seiner primären Werkidee nach den Versuch darstellt, das unglückliche Verhältnis zu seinem ältesten, 1940 als Soldat umgekommenen Sohn Wolfgang zu bewältigen, läßt sich nur diesen eher zufällig erhaltenen Notizen entnehmen (vgl. o. S. 260). In Hinsicht auf eine Kenntnis der ‹inneren› Biographie Döblins kann man es nur bedauern, daß es an privaten Aufzeichnungen mangelt, und er uns ganz überwiegend ein stilisiertes, autobiographisches Deutungsbild überliefert.

Döblin entwirft seine Lebensdarstellung narrativ mit einer großen Kontinuität. Über Jahrzehnte hinweg bis in die letzten Aufzeichnungen hinein werden inhaltlich gleiche Informationen reproduziert, die auf ein bestimmtes Überlieferungsprofil hin angelegt sind, das zuweilen von skurrilen Details nicht frei ist. So erwähnt Döblin immer wieder als Abiturdatum das Jahr 1901, obwohl er in Wirklichkeit die Reifeprüfung im September 1900 abgelegt hat. Was oberflächlich betrachtet nur ein Erinnerungsfehler zu sein scheint, dürfte Absicht gewesen sein. Die Länge der traumatischen Schulzeit und die Tatsache des wiederholten Abiturs ließ sich mit der Angabe 1901 akzentuieren. Inwieweit Döblin in anderen Fällen ähnlich umdeutend verfuhr, ist nicht immer rekonstruierbar. Es fällt auch auf, daß die autobiographischen Aufzeichnungen über eine Reihe von subjektiv für Döblin wichtigen Episoden und Werkprozesse wenig oder gar nichts mitteilen. So bleibt das Frühwerk ebenso unkommentiert wie die Entstehung des ‹Wadzek›-Romans in den ersten Kriegsmonaten 1914. Das ganze gestalterische Umfeld der Novellen und Erzählungen wird von Döblin nicht näher erläutert. Aber selbst wenn er vage Mitteilungen über ‹Die drei Sprünge des Wanglun› macht, so weicht er einer inhaltlichen Darstellung der wirklichen Schreibimpulse eher aus, als daß er sie präzisierte. Selbst für ‹Berlin Alexanderplatz› fehlt es an Äußerungen über produktive geistige Anregungen. Die schöpferischen Krisen des Exils bleiben weitgehend verdeckt. Insgesamt informiert uns Döblin wenig genau. Kein Wort fällt über eine deshalb auch nur mittelbar bezeugte Lehranalyse um 1920 (vgl. o. S. 564, Anm. 10), über die Umstände seiner USPD-Mitgliedschaft oder über sein Verhältnis zu Yolla Niclas. Der Autobiograph Döblin weicht vielem aus, stilisiert Sachverhalte und verhüllt so sein Persönlichkeits- und Lebensbild in erheblichem Umfang.

Daß dahinter eine klare Tendenz steckt, illustriert das an sich heterogene Textmaterial des vorliegenden Bandes recht gut. Obwohl es sich um Äußerungen aus unterschiedlichen Alters- und Werkepochen handelt und zudem die Anlässe für das Zustande-

kommen der Texte ganz unterschiedlich sind, ergibt sich doch ein konstantes, kontinuierliches Aussageprofil. Grundsätzliche Umbrüche oder auch nur Abweichungen bei der eigenen Lebensdeutung sind nicht festzustellen, wenn natürlich auch die gewählten Darstellungsformen und -akzentuierungen durchaus abweichen, da hier Publikationsumstände eine erhebliche Rolle spielen. So ist die narrative Qualität der einzelnen Texte sehr unterschiedlich. Neben nur beiläufig Formuliertem, das für den Augenblick locker dahingeschrieben ist, stehen intensiv gestaltete, reflektierte Texte, die das Kalkül des Epikers erkennen lassen. Aber trotz derartiger Modalitäten ist immer erkennbar, daß Döblin zur Inszenierung seines Lebens- und Werkbildes neigt und Momente seiner ‹inneren› Biographie möglichst ausspart.
Zu ihr vorzustoßen gelingt, wenn überhaupt, über das fiktionale Werk. Entsprechend problematisch ist dabei aber die Interpretation, da die Spielräume der Auslegung und Zuordnung natürlich nicht gering sind. Döblins eigene Beiträge zum Verständnis seines Werks sind nicht allzu hilfreich, da er in ihnen auch suggestive Deutungslinien anbietet, deren Tragfähigkeit keineswegs als gesichert anzusehen ist. Es spielten für ihn öffentlichkeitswirksame Aspekte offenbar eine wichtige Rolle und zugleich war er auch stets um repräsentative Äußerungen bemüht, die zu allgemein gehalten sind, als daß sie Detailaufschlüsse erbringen. Obwohl es so an Informationen über wirkliche Antriebe oder auch nur über Sachverhalte bei der Entstehung mangelt, sind die Werkkommentierungen Döblins doch für uns wichtig, weil sie in der Art der Mitteilung eine intentionale Willensebene seiner Existenz und seines Schreibens zugänglich machen. Für ihn waren es Texte, mit denen er sich seiner Umwelt verständlich machen wollte. Dabei verselbständigte sich bei der Niederschrift ihr Charakter. Wie immer bei Döblin ist jeder Text von einer eigenen Darstellungsdynamik bestimmt, die bei der Abfassung oder auch bei späteren Korrekturen (vgl. etwa ‹Mein Lebensgesetz› o. S. 195 ff.) eintrat. Was als ‹Kommentar› gedacht war, wird zu einem jeweils neuen Aussagebild, das unser Interesse für sich

beanspruchen kann, das aber hinsichtlich der behandelten Werke nur bedingt aussagefähig ist. Wenn Döblin die Entstehung seines ‹Wallenstein› kommentiert, über ‹Berge Meere und Giganten› oder ‹Berlin Alexanderplatz› schreibt (vgl. o. S. 184ff., 49ff. und 215ff. und 463), so sind die Mitteilungen im Vergleich zur schöpferischen Komplexität der Romane nur wenig erhellend.

Döblin hat diesen Abstand zweifellos empfunden und vermutlich sogar bewußt angestrebt. Abgesehen davon, daß die Äußerungen zum eigenen Werk meist aufgrund externer Anstöße (Kritiken, Leseeinladungen, Übersetzungen u. ä.) entstanden sind und deshalb auch absolute Verbindlichkeit kaum anstreben können, so lassen sie formal in der Beiläufigkeit ihrer Anlage auch ein kalkuliertes Zurücktreten des Autors vor der Sphäre des schöpferischen Schreibens erkennen: «Wo fängt es an, wo hört es auf? Man frage nicht danach» (o. S. 305).

Trotz seiner steten Bereitschaft zur öffentlichen Stellungnahme, die er liebte, war Döblin kein glänzender Selbstdarsteller seines Lebens und seines Werks. Für ihn, dem jedes neue Gestalten ein Versuch zur weiteren Klärung, ein Vorstoß ins Unbekannte war, bedeutete die Erläuterung dieser Prozesse wenig. Sie waren darstellerisch und intellektuell nicht zu wiederholen, weil sie zu komplex waren, zu weit auch in den unklaren Bezirk des schöpferischen Unterbewußtseins hinabreichten. Was im Werk abgearbeitet worden war, entzog sich der diagnostischen Wiederholung: «Was weiß ich eigentlich?» (o. S. 320).

Die Werkstatteinblicke, die Döblin uns gibt, sind oberflächlicher Natur, vermitteln eine abgeklärte Szenerie, die in Wirklichkeit nicht vorliegt. Sie sind trotzdem nicht belanglos, weil sie etwas über Döblins Erklärungsverhalten aussagen. Ihm ging es in seinen Kommentaren um eine kalkulierte, wenn auch von schöpferischer Spontaneität bestimmte Gestaltungswelt, die nur dem Anschein nach als poetologische Fiktion zutrifft. Ihre Brüchigkeit erweist sich rasch angesichts der Werke, zu deren Verständnis und interpretatorischer Erschließung sie nur sehr wenig beiträgt. Die Erläuterungen bleiben plakativ und erweisen sich als unzureichend, selbst wenn ihnen im Detail Hinweise zu entnehmen sind. Sie wirken aber als selbständige Diskurse und markieren Denkbewegungen, die mit den fiktionalen Ausdruckskomplexen nicht stimmig zur Deckung zu bringen sind. Werke und ihre Kommentierungen sind getrennte Sphären bei Döblin.

Ein wesentlicher Grund dafür ist allein schon daran zu erkennen, daß die Aussagen Döblins zu seinen Texten ihrer Entstehung nach meist das Ergebnis äußerlicher Anstöße waren, was ja auch für die autobiographischen Aufzeichnungen in vielen Fällen gilt. Es gab einen datenmäßigen oder publizistischen Anregungsanlaß und es entstanden – nicht ungern konzipiert, aber eben doch recht zufällig – aktuell und recht unsystematisch angelegt künstliche Szenarien über schon abgeschlossene Werkkomplexe. Es sind lockere Überlegungen, die mehr eine gestalterische Stimmung vermitteln, als daß sie wirkliche Kommentierung leisteten.

Wie schweifend die Denkbewegungen Döblins bezüglich seines Lebens und seines Werks sind, demonstrieren, wenn es nicht schon die epischen Texte zur Genüge zeigten, die späten ‹Journal 1952/53›-Aufzeichnungen. Sie sind zwar auch alters- und krankheitsbedingt locker konzipiert, diktierte Döblin sie doch weitgehend, aber sie führen ihn eindrücklich als lebendig reagierendes Medium seines Innern wie seiner Umwelt vor. Der Reiz seines Schreibens offenbart sich hier, lebendig und auch experimentell den Dingen nachzugehen, sich selber darzustellen, aber dennoch gedanklichen Exkursen nicht auszuweichen, die eher melancholische und depressive Züge vermitteln. Alle diese Äußerungen lassen sich als Versuche verstehen, der eigenen Begrenztheit zu entkommen, Sprache werden zu lassen, was einen angeht und bedrängt.

Die selbst- und werkbiographischen Texte Döblins lassen erkennen, daß hier «kein Schriftsteller oder bloßer Dichter» schrieb, sondern «einer, der sich gedrängt fühlt, sich zu äußern» (AW, Briefe, S. 436). Selbst das Belanglose und scheinbar Nebensächliche hat so seine Funktion für den Schreibenden und

verweist oft auf eine komplexere, im fiktionalen Werk ausgebreitete Problematik. Trotz mancher kalkulierter Sentenzen, wie Döblin sie, um zu provozieren, suchte und liebte, sind seine Selbstdarstellungen eher vom Wissen um eigene und fremde Ängste, Bedrohungen und Schwierigkeiten geprägt. Die Texte sind vielfach auch Versuche der Selbstbehauptung, der sprachlichen Rückversicherung, wo und wie man in dieser Welt bestehen kann. Den subjektiven wie äußeren Verunsicherungen das Mittel des bannenden Ausdrucks entgegenzustellen, kennzeichnet die Schreibbiographie Döblins. Es geht um produktive Gestaltungsantworten, aber auch um Träume und Hoffnungen, etwas zu erreichen, was immer wieder neu gefunden werden muß, ohne daß wirkliches Wissen bestünde (vgl. ‹Epilog› o. S. 320).
Für Döblin war die «Selbstbiographie» ein suspektes Unternehmen, da ihre fiktionale Komponente von «Enthüllung und Verdecken und Verdrängen» (o. S. 330) ihn störte. Die Konfession schien ihm unehrlich, da man «nicht zugleich der Mann sein (kann), der in den Spiegel schaut und der Spiegel» (o. S. 330f.). Sich selbst erkennt man nach Döblin im entbundenen, erzählerisch frei gestalteten Werk, das auch für ihn der Ibsenschen Bekenntnisformel unterworfen war: «Dichten heißt Gerichtstag über sich selbst halten» (vgl. o. S. 686, Anm. 14). Daran haben sich auch die Leser zu halten. Das Werk ist das eigentliche, das unverstellte Leben des Autors.

Jede Darstellung seiner selbst ist demgegenüber nur eine mehr oder minder unwahre Maskierung, sie ist fingierte und erzählte Wirklichkeit, wie sie eigentlich nur als Literatur legitim gestaltet werden darf. Allein die Fiktion ist ‹wahr› und als Selbstdarstellungsraum angemessen. Allerdings lehnt auch dafür Döblin eine psychologisch orientierte Textkonstitution ab, weil sie ebenso wie im autobiographischen Äußerungsfall die Freiheit des Erzählers hemmt, der zudem von sich als Autor letztlich nicht weiß, «wer ich bin, was ich bin, was mit mir ist» (o. S. 340). Jede psychologisierende Schilderung der eigenen Existenz, des eigenen Denkens und Handelns ist eine Anmaßung, wenn nicht sogar eine Fälschung und Verdrängung. Das Deutungsangebot gegenüber dem Leser gibt sich den Anschein einer Authentizität, die in Wahrheit nur inszeniert ist. Identität wird hier nicht vermittelt, sondern allenfalls simuliert. Nur die freie erzählerische Projektion setzt reale Maßstäbe, da sie ihre Voraussetzungen selbst bestimmen kann. Ihr Autor liefert keine ‹Abbildung›, sondern eine autonom erschaffene Daseinswelt, die nichts vortäuschen muß, sondern selbst wirklich ist.

Die Skepsis gegenüber der Autobiographie wie die Ablehnung einer psychologischen Fundierung der Literatur reflektiert das Problem von Autorschaft in der Moderne. Auf der einen Seite bedrängt von der Faszination, menschliches Leben und Verhalten mit der Präzision eines wissenschaftsorientierten Bewußtseins beschreiben zu können, stellt sich auf der anderen Seite die Unsicherheit der subjektiven Selbsterfahrung ein. Die Entscheidung zwischen beiden Vorstellungspolen fällt zugunsten der Fiktion, die auf subjektive Psychologie verzichtet, der ‹objektiven› Deskription huldigt und es dabei doch erlaubt, «von sich zu sprechen» (o. S. 331). Das phantastisch projizierende Bewußtsein wird so zur Instanz der eigenen Identität erhoben, die Dichtung wird zur ‹Rolle› der auktorialen Existenz. Dies beinhaltete bei Döblin auch den Verzicht auf beliebige ästhetische Kalküle. Das Schreiben ist Ausdruck der individuell voll eingebrachten Persönlichkeit des Autors, der sich für ‹seine› Wirklichkeit entscheidet: «Das bin ich, und hier wird keine Objektivität wiederholt» (AW, AzL, S. 217). Diese Anschauung bedeutet indes nicht die Einführung des «bürgerliche(n) Mann(es), der sich Autor nennt», in die Fiktion, sondern die dort entwickelten Projektionen sind sensible Äußerungen allgemeiner Bewußtseinsprovenienz: «Der Mensch, das Menschliche spricht – wenn sie wollen die Menschheit» (AW, AzL, S. 218).

Über sich selbst autobiographisch zu schreiben, ist da keine anziehende Aufgabe mehr. Die Selbstdarstellung begrenzt die Gestaltung auf die eigene Lebensrealität. Dies interessierte den Epiker Döblin nicht, der sich seinen Freiraum schreibend schaffen wollte und mußte. So sind die autobiographischen Äußerungen im Grunde nur ein Tribut an eine Öffentlichkeit, die etwas über den Autor zu wissen begehrte. Döblin genügte diesem konventionellen Anspruch in dem Maße, wie er sich als Autor etablierte, unterlief aber in der Darstellung letztlich die Regeln des autobiographischen Textgenres. Da er der Ansicht war, daß der Autor «zu viel mit sich um(geht), um etwas von sich zu halten» (AW, AzL, S. 265), und er sich als eher «trüb und tragische Zwischenfigur» (AW, AzL, S. 226) in dieser Welt begriff, sind seine autobiographischen Darstellungen um Verfremdung bemüht. Wo es um ihn selbst geht, weicht er in ironisch gebrochene, ja zuweilen satirische Stilmuster aus, um die eigene Betroffenheit zu verbergen. Oder er sucht den Weg in die gedankliche Überhöhung, in die Verallgemeinerung seiner individuellen Situation, damit das «Ich» nicht unverhüllt erfaßt werden konnte.

Döblin hat in seinen philosophischen Texten häufig über das «Ich» reflektiert. Die dort entwickelten Positionen sind ebenso als Standortbestimmungen seines eigenen «Ich» zu verstehen, wenn auch der Anspruch auf eine übergeordnete Gültigkeit der Aussageperspektiven immer die Diktion bestimmt. Diese Einbindung des Individuellen in die Kollektive von Natur und Gesellschaft erlaubte Döblin, von sich selbst abzulenken und sich auch in seiner schöpferischen Produktivität als «weltunmittelbar» (AW, UD, S. 92) stilisieren zu können. Letztlich ist auch dies ein geistiges Maskenspiel gewesen, das sich einem eindeutigen Verständnis durch Widersprüche nur allzu leicht entzieht. Wie im autobiographischen Diskurs steht hinter diesem Verhalten der Antrieb, Distanz zwischen sich und der Welt zu schaffen. Das «Ich» ist so zwar ein «Zentrum, das organisiert« (AW, UD, S. 90), dessen wahren Einbindungen man als Leser aber nicht auf die Spur kommen soll. Die Welt ist erst als Fiktion ‹wirklich›.

Die autobiographischen Äußerungen Döblins sind trotz allem ein Angebot, eine Version, wie sie der Autor von sich vermitteln wollte. So erfährt man denn auch etwas über ihn, doch es bleibt mehr Motiv, oft auch nur Anekdote und Aperçu, als daß ein konsistentes Bild angeboten würde. Döblin weicht aus, lenkt ab und berichtet von allerlei, aber am wenigsten über sich selbst. Trotz des Wertes, den die Texte aufgrund ihrer Daten, Anspielungen und Entstehungsumstände für seine äußere Lebens- und Werkbiographie haben und insofern die Briefe ergänzen, so bleibt er doch in ihnen als Person recht fremd und unscharf. Zuweilen blitzen zwar Details auf, die Döblin und die Zeit seines Lebens für den Leser wirklich lebendig werden lassen. Doch es bleiben Splitter, Mosaiksteine einer inszenierten Existenz. Dies mag enttäuschend sein, aber diese Art der Selbstdarstellung ist in ihrer Entfremdung markantes Indiz für die schöpferische Realität dieser Autorschaft, die nicht in bürgerliche, autistische Konventionalitäten einzufügen war. Die Enge der eigenen Biographik war für Döblin kein angemessener Gestaltungsraum. Wer wie Döblin «hinter alle geschlossenen Lider» blicken wollte, «damit ich ihnen gerecht werde und nichts versäume» (AW, UD, S. 477), wollte und konnte sich nicht auf sich selbst beschränken: «Was in der Welt vorgeht, erkenne ich als meine Sache, und meine Sache ist etwas, das die Welt angeht» (AW, UD, S. 475). Dieser Anspruch war nur im schriftstellerischen Werk selbst zu verwirklichen. Über sich zu schreiben, blieb ungenügend, ein Zugeständnis an den wißbegierigen Kulturbetrieb, dem Döblin sich nicht verschloß.

Die Ergebnisse können sich indes durchaus sehen lassen. Döblin verstand es, seine Selbstdarstellung, obwohl sie nicht einem wirklichen, eigenen Schreibanliegen entsprang, publizistisch wirksam zu betreiben. In dem Maße, wie er sich allerdings als kunstvoller Stilist dabei erweist, wird auch erkennbar, daß die Darstellungsaufgabe ihn herausforderte und reizte. Trotz der internen Sperren entwickelte der Schreibprozeß seine eigene Suggestivität. Das entworfene Bild erscheint entsprechend eindrücklich. Sein Realitätsgehalt ist aber nur mit Vorbehalten glaubhaft. Es trifft insofern sinnvoll zu, als Döblin sich literarisch inszenierte, und der dabei beanspruchte Gestus schon eine relevante Dimension seines schriftstellerischen Selbstverständnisses mitteilt. Das Bemühen um Repräsentanz als zeittypischer Autor wird dabei im Modus kritischer und gebrochener Selbstreflexion erkennbar. Nicht die Sicherheit und Souveränität des bürgerlich etablierten Schriftstellers führt Döblin vor, sondern er stellt sich als Mensch dar in aller seiner leidenschaftlichen Umgetriebenheit und seinem Bemühen um «ein komplexeres Sehen und Denken, ein tieferes Einfühlen» (AW, AzL, S. 179). Dieses Leitbild von Autorschaft, das er in seinen literaturtheoretischen Äußerungen immer wieder entworfen hat, bestimmt auch die Autobiographie. In den Texten, in denen er von sich selbst spricht, wird etwas von der Humanität spürbar, die er immer wieder in seinem Werk zu behaupten suchte. Vieles erscheint zwar widersprüchlich und inkonsistent, doch tritt hier nur die Wirklichkeit eines Lebens entgegen, das nicht als Sonderfall begriffen sein wollte. «Ein geöffneter und ganzer Mensch» (AW, AzL, S. 182), der Döblin als Autor immer zu sein wünschte, spricht aus diesen autobiographischen Texten, die letztlich auch «unser Dasein» (AW, UD, S. 132) betreffen.

Freiburg i. Br., April 1986 ERICH KLEINSCHMIDT

REGISTER

Die Texte des vorliegenden Bandes werden durch die folgenden vier Register erschlossen. Die einzelnen Positionen erfassen sowohl die expliziten Nennungen als auch die nur mittelbaren Erwähnungen, bei denen die Seitenzahlen in Klammern gesetzt erscheinen. Das Personenregister erfaßt Alfred Döblin selbst nicht. Ebenso sind alle fiktiven Namen, Chiffrierungen (wie die Lehrernamen im ‹Ersten Rückblick›) und Namen aus den Werken Döblins (z. B. Franz Bieberkopf), nicht aufgenommen worden. Auch die Verfassernamen zitierter Sekundärliteratur erscheinen im Register nicht.
Nicht in allen Fällen ließen sich für die zitierten Personen die Vornamen ermitteln wie z. B. im Falle der Lehrer des Köllnischen Gymnasiums oder der französischen Militärs in Baden-Baden. Den jeweiligen Vornamen vertritt dann im Register ein N. N. (= nomen nescio).
Die kursiv gesetzten Seitenangaben im Personenregister bezeichnen die Stellen mit ausführlicheren Informationen zur Biographie oder auch zum Verhältnis zwischen ihnen und Döblin.
Für die Mithilfe bei der Fahnenkorrektur und der Erstellung der Register habe ich Frau Annette Danner herzlich zu danken.

ORTSREGISTER

BERLINER LOKALREGISTER

PERSONENREGISTER

Alfred Döblin

Ausgewählte Werke in Einzelbänden
Begründet von Walter Muschg †
In Verbindung mit den Söhnen des Dichters
herausgegeben von Anthony W. Riley

Lieferbare Titel:

Die drei Sprünge des Wang-lun

Pardon wird nicht gegeben

Babylonische Wandrung oder Hochmut kommt vor dem Fall

Unser Dasein

Wallenstein

Hamlet oder Die lange Nacht nimmt ein Ende

Reise in Polen

Schriften zur Politik und Gesellschaft

Der deutsche Maskenball / Wissen und Verändern

Der Oberst und der Dichter oder Das menschliche Herz / Die Pilgerin Aetheria

Berge Meere und Giganten

Erzählungen aus fünf Jahrzehnten

November 1918
Eine deutsche Revolution
4 Bände

Autobiographische Schriften und letzte Aufzeichnungen

Jagende Rosse / Der schwarze Vorhang und andere frühe Erzählwerke

Wadzeks Kampf mit der Dampfturbine

Drama – Hörspiel – Film

Kleine Schriften I + II

Schriften zu Leben und Werk

Amazonas, 3 Bände
Romantrilogie

Schriften zu Ästhetik, Poetik und Literatur

Kritik der Zeit:
Rundfunkbeiträge 1946–1952

Schicksalsreise
Bericht und Bekenntnis

Außerhalb der Werke:

Ein Kerl muß eine Meinung haben
Berichte und Kritiken 1921–1924

Das Alfred Döblin Lesebuch
Ausgewählt von Wolfgang Minaty

Die beiden Freundinnen und ihr Giftmord

Walter-Verlag

Alfred Döblin im dtv

Berlin Alexanderplatz
Roman · dtv 295

Die Ermordung einer Butterblume
und andere Erzählungen
dtv 1552

Ein Kerl muß eine Meinung haben
Berichte und Kritiken 1921–1924
dtv 1694

Der Überfall auf Chao-lao-sü
Erzählungen aus fünf Jahrzehnten
dtv 10005

Babylonische Wandrung oder
Hochmut kommt vor dem Fall
dtv 10035

Werkausgabe in Einzelbänden
Herausgegeben von A. W. Riley

Eine auf dreiunddreißig Bände angelegte, nach Gattungen chronologisch geordnete Werkausgabe der erzählerischen, philosophischen und kritischen Schriften von Alfred Döblin. Die ersten 13 Bände:

Jagende Rosse
Der schwarze Vorhang
und andere frühe Erzählwerke
dtv 2421

Die drei Sprünge des Wang-lun
Chinesischer Roman · dtv 2423

Wadzeks Kampf mit der
Dampfturbine
Roman · dtv 2424

Wallenstein
Roman · dtv 2425

Der deutsche Maskenball
von Linke Poot
Wissen und Verändern!
dtv 2426

Reise in Polen · dtv 2428

Manas
Epische Dichtung · dtv 2429

Unser Dasein
dtv 2431

Pardon wird nicht gegeben
Roman · dtv 2433

Der Oberst und der Dichter
oder Das menschliche Herz
Die Pilgerin Aetheria
Zwei Erzählungen · dtv 2439

Hamlet oder Die Lange Nacht
nimmt ein Ende
Roman · dtv 2442

Drama, Hörspiel, Film
dtv 2443

Briefe · dtv 2444

Heinrich Mann im dtv

Der Untertan

»Dieses Buch Heinrich Manns, heute, gottseidank, in aller Hände, ist das Herbarium des deutschen Mannes. Hier ist er ganz: in seiner Sucht, zu befehlen und zu gehorchen, in seiner Roheit und in seiner Religiösität, in seiner Erfolganbeterei und in seiner namenlosen Zivilfeigheit . . .« (Kurt Tucholsky)
dtv 256

Eine wohltätige Frau
Sechs Novellen

In diesen 1894 bis 1897 entstandenen Fin-de-siècle-Novellen, in denen es um Jugend, Tod und Vergänglichkeit geht, zeigt sich bereits der große Erzähler und der satirisch scharfe Gesellschaftskritiker der späteren Jahre. dtv 10366

Die Unschuldige
Sieben Novellen

Mit treffsicherer Ironie, kühl und leidenschaftlich zugleich zeichnet Heinrich Mann in diesen zwischen 1892 und 1916 entstandenen Novellen die oberflächlich-dekadente Welt der Wilhelminischen Ära.
dtv 10778

Die roten Schuhe
Sechs Novellen

In diesen witzig-ironischen, phantastisch-gruseligen und pointiert-gesellschaftskritischen Novellen Heinrich Manns – veröffentlicht in den Jahren 1916 bis 1926 – entfaltet sich das ganz Spektrum seines erzählerischen Könnens.
dtv 10829

Julien Green im dtv

Junge Jahre
Autobiographie

Aufgewachsen zwischen zwei Kulturen, früh vom Tod seiner Mutter betroffen, mit siebzehn als Kriegsfreiwilliger schon an der Front, sucht ein ebenso sensibler wie arroganter junger Mann seinen Weg ... dtv 10940

Jugend
Autobiographie 1919 – 1930

In Amerika, dem Land seiner Väter, erhält der junge Julien Green den Schlüssel zu seinen geheimen Wünschen und Sehnsüchten. Doch das Bewußtwerden seiner homoerotischen Neigungen stürzt ihn in eine tiefe Krise. dtv 11068

Paris

In 19 Abschnitten streift Green durch die verschiedensten Viertel der Stadt, besucht Museen und Straßen, erlebt Jahreszeiten und Gesichter. dtv 10997

Leviathan

Als Gueret begreift, daß die »Liebe« der hübschen Angèle durchaus zu erlangen ist und daß zahlreiche Männer von dieser Möglichkeit Gebrauch machen, gerät er außer sich ... dtv 11131

Von fernen Ländern

Elisabeths Begegnung mit Jonathan, einem unberechenbaren Abenteurer und Frauenhelden, weckt unerfüllbare Wünsche in ihr. Aus dem verträumten Mädchen wird eine leidenschaftliche, zielstrebige junge Frau. dtv 11198

Foto: Isolde Ohlbaum

Meine Städte
Ein Reisetagebuch
1920 – 1984

Julien Greens Städte besitzen eine zusätzliche Dimension; die Einbildungskraft eines Dichters sorgt für Entdeckungen, die kein Reiseführer zu bieten hat.
dtv 11209

Der andere Schlaf

Die Erinnerungen eines Arztsohnes an seine Jugendtage in Paris, die verhaltene Geschichte einer ausklingenden Kindheit und einer Knabenliebe.
dtv 11217

Mont-Cinère

Ein Anwesen in der Nähe von Washington wird Gegenstand einer alles verzehrenden Leidenschaft: Der Geiz ergreift langsam von all seinen Bewohnern Besitz.
dtv 11234